Mitveräußerungspflichten im deutschen und italienischen Recht

Studien zum vergleichenden und internationalen Recht -
Comparative and International Law Studies

Herausgeber: Bernd von Hoffmann†, Erik Jayme
und Heinz-Peter Mansel

Band 195

PETER LANG

Matthias A. Sauter

Mitveräußerungspflichten im deutschen und italienischen Recht

Rechtsvergleichende Untersuchung bei Venture-Capital-Finanzierungen

PETER LANG

Bibliografische Information der Deutschen Nationalbibliothek
Die Deutsche Nationalbibliothek verzeichnet diese Publikation in der Deutschen Nationalbibliografie; detaillierte bibliografische Daten sind im Internet über http://dnb.d-nb.de abrufbar.

Zugl.: München, Univ., Diss., 2017

D 19
ISSN 0930-4746
ISBN 978-3-631-75533-4 (Print)
E-ISBN 978-3-631-75943-1 (E-PDF)
E-ISBN 978-3-631-75944-8 (EPUB)
E-ISBN 978-3-631-75945-5 (MOBI)
DOI 10.3726/b14275

Peter Lang – Berlin · Bern · Bruxelles · New York · Oxford · Warszawa · Wien

www.peterlang.com

Für Ines,
Mama und Karl

Vorwort

Die vorliegende Arbeit wurde im Herbst 2017 von der Juristischen Fakultät der Ludwig-Maximilians-Universität München als Dissertation angenommen.

Mein besonderer Dank gilt meinem Doktorvater, Herrn Prof. Dr. jur. Dr. h.c. Peter Kindler, für die Inspiration, Betreuung und jederzeit hervorragende Unterstützung.

Ferner danke ich Herrn Prof. Dr. Hans Christoph Grigoleit für die zeitnahe Erstellung des Zweitgutachtens.

Herrn Prof. Dr. Heinz-Peter Mansel danke ich, stellvertretend für die Herausgeber, für die Aufnahme der Arbeit in die Schriftenreihe „Studien zum vergleichenden und internationalen Recht - Comparative and International Law Studies“.

Besonders bedanke ich mich auch bei meinen ehemaligen Kollegen, Herrn RA Dr. Bernhard Noreisch und Herrn RA Björn Weidehaas, für die stete Unterstützung und Ermöglichung der Erstellung meiner Dissertation begleitend zu meiner Tätigkeit als Rechtsanwalt.

Größter Dank gilt meiner Mutter Helga Sauter und ihrem Lebensgefährten Karl Elsner, die mich stets liebevoll und großzügig unterstützt und mir mein Studium samt Auslandssemester in Ferrara sowie die Erstellung dieser Arbeit überhaupt erst ermöglicht haben.

Unendlicher Dank gebührt meiner wundervollen Ehefrau Ines Sauter, ohne deren Unterstützung diese Arbeit nicht möglich gewesen wäre. Ich danke Dir, liebe Ines, nicht nur für das Korrekturlesen, sondern auch für Deine große Geduld, Deinen unerschütterlichen Glauben an mich, Deine stete Motivation, Deine wertvollen Ratschläge und insbesondere für Deine großartige Liebe.

Mindelheim, im Dezember 2017 — Matthias Arthur Sauter

Inhaltsübersicht

Inhaltsverzeichnis

Einleitung

„For I must tell you friendly in your ear
Sell when you can, you are not for all markets.“[1]

I. Problemaufriss

Angesichts der aktuellen Niedrigzinsphase[2] und des europaweit in den letzten Jahren schwachen bzw. gar stagnierenden Wirtschaftswachstums[3] können sich sowohl für Investoren als auch für Unternehmensgründer neue Möglichkeiten bei der Finanzierung junger Unternehmen bieten. Zum einen stellt das klassische Bankdarlehen unabhängig von der aktuellen Zinshöhe für junge Unternehmen nach wie vor keine ernsthafte Finanzierungsmöglichkeit bzw. -alternative dar. Zum anderen steht aufgrund der eben erwähnten Niedrigzinsphase vielen, auch privaten, Investoren einzig die Möglichkeit offen, ihr Kapital zu beinahe zinsfreien Konditionen oder gar unter Zahlung von Strafzinsen auf den Sparkonten zu parken. Es steht daher zu erwarten, dass sich auch private Anleger mit renditeträchtigeren Investments beschäftigen werden.[4] Diese Renditen können Privatanleger als auch institutionelle Kapitalgeber etwa durch die mittelbare Beteiligung an jungen Unternehmen über Venture-Capital-Fonds erzielen. Die Chance junger Unternehmen, ihrer Gründer, der Investoren sowie

---

1 *Shakespeare*, As you like it, S. 26; *Shakespeare*, in: Bodenstedt, Wie es euch gefällt, S. 68 mit der deutschen Übersetzung: „Wohlmeinend sag' ich Euch ins Ohr: verkauft Baldmöglichst; Ihr seid nicht für jeden Markt.“

2 Europäische Zentralbank (EZB), Pressemitteilung vom 8. Dezember 2016. Geldpolitische Beschlüsse, abrufbar unter https://www.bundesbank.de/Redaktion/DE/Downloads/Presse/EZB_Pressemitteilungen/2016/2016_12_08_beschluesse.pdf?__blob=publicationFile (Stand: 12.12.2016).

3 Eurostat, Pressemitteilung 244/2016 vom 6. Dezember 2016 – Schätzung des BIP und der Hauptaggregate für das dritte Quartal 2016. BIP im Euroraum um 0,3% und in der EU28 um 0,4% gestiegen, S. 1; Eurostat, Wachstumsrate des realen BIP. Volumen, danach betrug die Wachstumsrate des realen BIP jeweils gegenüber dem Vorjahr im Jahr 2012 in der EU (28 Länder) –0,5%, im Euroraum –0,9%, im Jahr 2013 in der EU (28 Länder) 0,2%, im Euroraum –0,3% und im Jahr 2014 in der EU (28 Länder) 1,6%, im Euroraum 1,2%.

4 Vgl. *Köllen*, die hier insbesondere auf Crowdinvesting, als direkte Beteiligung von Privatpersonen an einem jungen Unternehmen, eingeht.

sogar der gesamten Wirtschaft in der momentanen ökonomischen Lage heißt folglich: Venture-Capital[5].

Bei einer Finanzierung mit Eigenkapital durch Venture-Capital fließen neben den für das junge Unternehmen erforderlichen finanziellen Mitteln, im Gegensatz zur klassischen Fremdkapitalfinanzierung, darüber hinaus Wissen, Erfahrung, Kontakte und Know-how in das junge Unternehmen. Daher kann sich ein Gründer durch eine Venture-Capital-Beteiligung nicht nur das finanzielle Fortkommen seines Unternehmens sichern. Er profitiert durch das Venture-Capital zudem auf der gesamten Bandbreite der Unternehmensentwicklung. Zwar wird nur ein geringer Prozentsatz von Unternehmen durch Venture-Capital finanziert.[6] Unter diesen finden sich jedoch Global Player[7] wie Amazon.com[8], AOL[9], Apple[10], Cisco Systems[11], Compaq[12], Electronic Arts[13], Facebook[14], Google[15],

5 Vgl. Bundesministerium für Wirtschaft und Energie, Eckpunktepapier Wagniskapital vom 16.9.2015, https://www.bmwi.de/BMWi/Redaktion/PDF/E/eckpunkte-wagniskapital,property=pdf,bereich=bmwi2012,sprache=de,rwb=true.pdf (Stand: 18.11.2015), S. 1 ff., dieses von der Bundesregierung verabschiedete Eckpunktepapier zielt darauf ab, die Bedingungen für Wagniskapital zu verbessern. Hierin wird u.a. gefordert, dass (i) Deutschland einer neuen Gründerzeit bedürfe, (ii) junge Unternehmen in Deutschland starten und in die Welt expandieren, (iii) Deutschland als Investitionsstandort für Wagniskapital international wettbewerbsfähig gestaltet wird und (iv) angesichts des globalen Wettbewerbs und umwälzender Innovationen Deutschland einen starken Wagniskapitalmarkt benötigt.

6 *Feld/Mendelson*, S. xiii.

7 *Bartlett*, S. 2, spricht in diesem Zusammenhang von Venture-Capital finanzierten Unternehmen, die vom klassischen Garagen Start-up zum Multimilliarden Dollar Konzern wurden.

8 Http://www.kpcb.com/companies (Stand: 3.12.2015).

9 Https://www.crunchbase.com/organization/kleiner-perkins-caufield-byers#/entity (Stand: 3.12.2015).

10 Http://www.matrixpartners.com/portfolio/#/current-all (Stand: 3.12.2015); https://www.sequoiacap.com/companies/apple/ (Stand: 3.12.2015).

11 *Wenger*, in: Gericke, Private Equity, S. 2.

12 Http://www.rhoventures.com/investments.htm (Stand: 3.12.2015).

13 Https://www.sequoiacap.com/companies/electronic-arts/ (Stand: 3.12.2015).

14 Http://westerntech.com/portfolio/ (Stand: 3.12.2015); http://a16z.com/portfolio/ (Stand: 3.12.2015).

15 Http://www.kpcb.com/companies (Stand: 3.12.2015).

Instagram[16], Intel[17], Microsoft[18], PayPal[19], SanDisk[20], Segway[21], Starbucks[22], Sun Microsystems[23], Skype[24], Tesla Motors[25], Twitter[26] und Yahoo[27], um nur einige wenige zu nennen. Diese Unternehmen führen vor Augen, dass in den USA schon sehr früh und vor langer Zeit das Potenzial des Venture-Capitals erkannt wurde. Diese Unternehmen kennzeichnet eine hohe Innovationskraft und überragende Marktabdeckung. Weiterhin darf nicht verschwiegen werden, dass es sich bei den vorgenannten Unternehmen gänzlich um Unternehmen aus den USA handelt. Gerade dem Venture-Capital und Venture-Capital-Gesellschaften wird eine zentrale Rolle zugeschrieben, wenn es darum geht, die imposante Leistung der Wirtschaft der USA und ihrer technologischen Vorherrschaft durch die geeignete Auswahl der zu fördernden Unternehmen in den letzten Jahrzehnten zu erklären.[28] Im Gegensatz hierzu fand in bankendominierten Finanzsystemen eine weniger erfolgreiche Förderung innovativer Unternehmen statt.[29] Zu diesen Systemen gehören seit jeher auch Deutschland und Italien.[30]

Neben diesen positiven Aspekten des Venture-Capitals sowohl für das einzelne geförderte Unternehmen als auch für die gesamte Wirtschaft, kann der Einstieg eines fremden Investors mittels einer direkten Beteiligung auch Risiken und Unwägbarkeiten für den Gründer bergen. Dies gilt insbesondere dann, wenn die Interessen der beteiligten Parteien nicht von Anfang an klar geregelt

---

16 Https://www.sequoiacap.com/companies/instagram/ (Stand: 3.12.2015).

17 Http://www.venrock.com/portfolio/ (Stand: 3.12.2015).

18 *Bottazzi/Da Rin*, Economic Policy 2002, Vol. 17, Issue 34, S. 229, 233.

19 Https://www.sequoiacap.com/companies/paypal/ (Stand: 3.12.2015).

20 Http://www.matrixpartners.com/portfolio/#/current-all (Stand: 3.12.2015).

21 Https://www.crunchbase.com/organization/kleiner-perkins-caufield-byers/investments (Stand: 3.12.2015).

22 Http://www.trinityventures.com/portfolio/ (Stand: 3.12.2015).

23 Http://www.kpcb.com/companies/category/enterprise-digital (Stand: 3.12.2015).

24 Http://www.bvp.com/portfolio (Stand: 3.12.2015).

25 Http://vpcp.com/companies-achievin-an-ipo-or-ma-event/ (Stand: 3.12.2015).

26 Http://www.kpcb.com/companies (Stand: 3.12.2015).

27 Https://www.sequoiacap.com/companies/yahoo/ (Stand: 3.12.2015).

28 *Gehrig/Stenbacka*, in: Kanniainen/Keuschnigg, Venture capital, entrepreneurship, and public policy, S. 151.

29 *Gehrig/Stenbacka*, in: Kanniainen/Keuschnigg, Venture capital, entrepreneurship, and public policy, S. 151.

30 *Zanoni*, S. 37, 140; vgl. *Occhilupo*, Banca impresa società 2013, n. 3, 389, 392, 412; jeweils speziell für Deutschland: Black/*Gilson*, JFE, Vol. 47 (1998), 243, 244 und *Pfeiffer*, BB 1999, 1665, 1667.

sind bzw. sich im Laufe der gemeinsamen Beteiligung entgegengesetzt entwickeln und hierfür kein geeignetes rechtliches Instrumentarium vorgesehen ist. Zu den Risiken und Unwägbarkeiten zählen nicht nur Meinungsverschiedenheiten über den Aufbau und operativen Betrieb des jungen Unternehmens. Hierzu zählen auch diejenigen einer möglichen Veräußerung des gesamten Unternehmens an einen Dritten, sobald dieses die oftmals schwierige Gründungsphase überstanden und sich das jeweilige Produkt am Markt durchgesetzt hat. Ein Venture-Capital-Investor zielt nämlich von Anfang an auf einen Verkauf des von ihm finanzierten Unternehmens ab.[31]

Im Rahmen der vorliegenden Arbeit wird lediglich das Konfliktfeld der Veräußerung des Unternehmens nach Einschätzung und auf Wunsch des Venture-Capital-Investors untersucht. Der Arbeit liegt folgender Sachverhalt zugrunde: Der oder die am jungen Unternehmen beteiligte(n) Venture-Capital-Investor(en) (Venture-Capital-Fonds)[32] haben einen Interessenten für den Erwerb des gesamten Unternehmens gefunden. Der oder die Gründungsgesellschafter in ihrer Gesamtheit oder einzeln[33] wehren sich gegen den Verkauf ihrer Beteiligung. Dies kann auf verschiedenen Motiven beruhen, wie z.B. der Hoffnung auf eine Verbesserung der eigenen Verkaufskonditionen, die Angst um den damit möglicherweise verbundenen Verlust des eigenen Arbeitsplatzes im Unternehmen oder schlicht die Angst das eigene Lebenswerk aus den Händen zu geben und sich nicht von „seinem" Unternehmen trennen zu können. Als eine der Hauptfehlerquellen beim Venture-Capital wird eine affektive Beziehung zwischen dem Gründer und der von ihm entwickelten Technologie angesehen.[34]

Im deutschen Recht gibt es keine gesetzliche Regelung, die für die typische Venture-Capital-Konstellation passt, nach der eine Vertragspartei die andere zu

---

31 So u.a. *Kühni*, in: Gericke, Private Equity, S. 147, 150.

32 Im Folgenden wird in diesem Zusammenhang, soweit nicht ausdrücklich anders dargelegt, lediglich von dem „Venture-Capital-Investor" oder dem „Investor" gesprochen, obwohl in der Praxis häufig mehrere Investoren gleichzeitig an einem jungen Unternehmen beteiligt sind. Hierunter fallen sowohl die Fallkonstellationen, in denen nicht nur ein Investor vorhanden ist, sondern auch mehrere und diese sich in ihrer Gesamtheit für den Verkauf des jungen Unternehmens aussprechen.

33 Im Folgenden wird in diesem Zusammenhang, soweit nicht ausdrücklich anders dargelegt, lediglich von dem „Gründer" gesprochen, obwohl in der Praxis häufig mehrere Personen zusammen ein junges Unternehmen gründen. Hierunter fallen sowohl die Fallkonstellationen, in denen nicht nur ein Gründer vorhanden ist, sondern auch mehrere und diese sich in ihrer Gesamtheit oder nur teilweise gegen den Verkauf des jungen Unternehmens aussprechen.

34 *Bartlett*, S. 9.

einem Verkauf ihrer Anteile an einem Unternehmen an einen Dritten zwingen kann. Dies gilt insbesondere auch für das GmbHG, das die für ein junges Unternehmen wichtige Rechtsform der GmbH betrifft. Die Regelungen der §§ 327a ff. AktG zum sog. *Squeeze-out* passen allein schon aufgrund des Normzwecks, dem Hauptaktionär eine effektive Führung der Gesellschaft zu ermöglichen,[35] beim Venture-Capital-Investor nicht. Dieser strebt nämlich, wie oben gesehen, von Anfang den Verkauf und nicht den eigenen Betrieb des jungen Unternehmens an. Weiterhin mangelt es an einer dem *Squeeze-Out* gemäß §§ 327a ff. AktG entsprechenden Regelung bei der als Investitionsziel verwendeten GmbH.[36] Zudem ist nicht von einer entsprechenden Anwendbarkeit der Regelungen der §§ 327a ff. AktG auf die GmbH auszugehen, da bei dieser ansonsten der umfangreich gewährleistete Bestandschutz der einzelnen Mitglieder unangemessen eingeschränkt würde.[37]

Ebenso fehlt es im italienischen Recht an der gesetzlichen Regelung einer Mitveräußerungspflicht.[38] Die italienische Regelung zum *Squeeze-out* gemäß Art. 111 des einheitlichen Gesetzes der Regelungen der Materie der Finanzvermittlung (TUF)[39] betrifft ausschließlich börsennotierte Gesellschaften und ist daher für den Untersuchungsgegenstand der Arbeit im Bereich des Venture-Capitals unpassend. Daher gilt das zum deutschen Recht zum *Squeeze-Out* Gesagte entsprechend für das italienische Recht. Insbesondere handelt es sich dabei im Vergleich zu einer Vereinbarung, nach der eine Vertragspartei die andere zu einem Verkauf ihrer Anteile an einem Unternehmen an einen Dritten zwingen kann, um einen anderen Tatbestand.[40] Zudem wird der Art. 111 TUF als Ausnahmevorschrift angesehen, der daher nicht analogiefähig ist und nicht zur Schaffung eines Allgemeinprinzips herangezogen werden kann.[41]

---

35 *Grunewald*, in: Goette/Habersack/Kalss, MünchKommAktG, § 327a Rn. 2.

36 *Hauschild/Kallrath*, in: Hauschild/Kallrath/Wachter, Notarhandbuch, § 16 Rn. 318; *von Morgen*, WM 2003, 1553, 1556.

37 So *Habersack*, in: Emmerich/Habersack, Aktien- und GmbH-Konzernrecht, § 327a Rn. 5 m.w.N.

38 Trib. Milano 24 marzo 2011, Giur. comm. 2012, II, 1050, 1054; *Ballerini*, Contr. e impr. 2014, 1011, 1012; *Malimpensa*, in: Colombo, I nuovi tipi di circolazione forzata delle partecipazioni sociali, S. 226, 234.

39 D.lgs. 24 febbraio 1998, n. 58: Testo unico delle disposizioni in materia di intermediazione finanziaria, ai sensi degli articoli 8 e 21 della L. 6 febbraio 1996, n. 520F in der Fassung des D.lgs. 15 febbraio 2016, n. 25.

40 *Passarelli*, Rivista Notarile 2013, 65, 82.

41 *Di Paolo*, Vita not. 2014, 1409, 1422.

Mangels gesetzlicher Regelung und um derartige Situationen und Meinungsverschiedenheiten zu lösen, entwickelte die Kautelarjurisprudenz einen speziellen Mechanismus, die sog. Mitveräußerungspflichten. Fraglich ist jedoch, ob diese für den Venture-Capital-Investor ein taugliches und rechtssicheres Instrumentarium zur Durchsetzung des von ihm gewünschten und autonom zu entscheidenden Verkaufs des Unternehmens darstellen und dieser den Verkauf im äußersten Fall auch gegen den Willen des Gründers durchsetzen kann.

Mitveräußerungspflichten gehören mittlerweile sowohl in Deutschland als auch in Italien zum Standardrepertoire eines Venture-Capital-Investments.

In einer Studie aus dem Jahr 2010 wurden u.a. im Hinblick auf die Vereinbarung einer Mitveräußerungspflicht die Verträge von 464 Finanzierungsrunden von Venture-Capital-Beteiligungen bei 290 Portfolio-Unternehmen im Zeitraum zwischen 1990 und 2004 in Deutschland untersucht.[42] Danach enthalten ca. 39% eine Mitveräußerungspflicht.[43] Hierbei muss hervorgehoben werden, dass das Vorkommen einer Mitveräußerungspflicht von ca. 31% bei der ersten Finanzierungsrunde auf ca. 69% ab der dritten oder einer späteren Finanzierungsrunde beim vom Venture-Capital-Investor finanzierten Zielunternehmen steigt.[44] Eine weitere Studie zur Häufigkeit der Verwendung einer Mitveräußerungspflicht in sämtlichen Unternehmensphasen befragte 73 Venture-Capital-Investoren aus Deutschland, Österreich und der Schweiz im Jahr 2004.[45] Von diesen vereinbaren 66% stets, 24% oft und lediglich 10% selten eine Mitveräußerungspflicht beim Zielunternehmen.[46]

Eine aktuelle Studie u.a. zum Gebrauch von Mitveräußerungspflichten in Italien[47] aus dem Jahr 2012 befragte zehn in Italien tätige Venture-Capital-Investoren, die zusammen ca. 85% des dortigen Venture-Capital-Marktes

---

42 *Bienz/Walz*, J. Econ. Manag. Strateg., Vol. 19 (2010), Issue 4, 1071, 1073.

43 *Bienz/Walz*, J. Econ. Manag. Strateg., Vol. 19 (2010), Issue 4, 1071, 1089.

44 *Bienz/Walz*, J. Econ. Manag. Strateg., Vol. 19 (2010), Issue 4, 1071, 1092; *Reißig-Thust/Brettel/Witt*, FB 2004, 636, 640 ff., stellen dar, dass in ihrer Untersuchung aus dem Jahr 2001, ohne Differenzierung nach einzelnen Finanzierungsrunden, in 54,4% aller Unternehmensbeteiligungen Mitveräußerungspflichten vereinbart wurden.

45 *Trezzini*, S. 12 f.

46 *Trezzini*, S. 280.

47 *Agrusti*, Amministrazione & Finanza 2014, n. 6, 34, 35, geht auch von einer immer stärkeren Verbreitung der Mitveräußerungspflichten in Italien aus.

repräsentieren.[48] Von diesen gaben 90% an, dass Mitveräußerungspflichten verwendet werden.[49]

II. Methode der Rechtsvergleichung und Auswahl der Rechtsordnungen

Gegenstand dieser Untersuchung ist der Vergleich der Rechtslage in Deutschland und Italien zur Lösung des Falles, ob und unter welchen Voraussetzungen eine Vertragspartei (Gesellschafter) die andere zu einem Verkauf ihrer Anteile an einem Unternehmen an einen Dritten zwingen kann.

Ausgehend hiervon orientiert sich diese rechtsvergleichende Untersuchung am Prinzip der Funktionalität.[50] Dies betrifft sowohl die Regelung des eben genannten Falles als auch dessen Lösungsmöglichkeiten in der deutschen und italienischen Rechtsordnung. Dabei wird nicht nur die Rechtsprechung und Lehre, sondern auch das aufgrund entsprechender wirtschaftlicher Bedürfnisse entwickelte Kautelarrecht in den Rechtsvergleich einbezogen.[51] Es wird aufgezeigt, durch welche unterschiedlichen Formen und Strukturen die jeweilige Funktion erreicht wird.[52] Insbesondere durch die wachsende weltweite und grenzüberschreitende Zusammenarbeit einzelner Vertragsparteien und den Einsatz bestimmter Standardklauseln ergeben sich für die Rechtsvergleichung neue Herausforderungen.[53] Diese Problemstellung zeigt sich insbesondere an international tätigen Venture-Capital-Investoren. Durch die Rechtsvergleichung können Gemeinsamkeiten und Unterschiede bei der Herangehensweise und Lösung juristischer Probleme herausgearbeitet werden. Der Ausgangspunkt der Rechtsvergleichung ist, sich von der Vorstellung der Überlegenheit[54] der heimischen Rechtsordnung zu lösen. Das Ziel der Rechtsvergleichung ist jedoch nicht, die untersuchten Rechtsordnungen und deren Lösungsmöglichkeiten in die Kategorien Gut oder Schlecht einzuteilen.[55] Als vorrangiges Ziel wird vielmehr der Erkenntnisgewinn für die eigene Rechtsordnung angesehen, der durch die

48 *Panfilo*, INNOV'AZIONE 2012, n. 17, 16.
49 *Panfilo*, INNOV'AZIONE 2012, n. 17, 16, 17.
50 *Zweigert/Kötz*, S. 33.
51 *Coing*, NJW 1981, 2601, 2604.
52 *Oderkerk*, ERCL 2007, 315, 330 f.; *Zweigert/Kötz*, S. 33.
53 *Kötz*, JZ 2002, 257, 261 f.
54 *Zweigert/Kötz*, S. 47.
55 *Zweigert/Kötz*, S. 39.

Untersuchung einer fremden Rechtsordnung erlangt wird.[56] Dadurch soll nicht nur die Möglichkeit geschaffen werden, Elemente der fremden Rechtsordnung in der eigenen zur Lösung diverser Problemstellungen heranzuziehen, sondern durch den Erkenntnisgewinn, die heimische Rechtsordnung weiterzuentwickeln, um sie besser zu machen.[57]

Der romanische Rechtskreis, der durch das italienische Recht repräsentiert wird, bietet sich aus mehreren Gründen für einen Rechtsvergleich an. Im italienischen Recht gibt es bereits aktuelle, einschlägige Rechtsprechung, einen Schiedsspruch sowie eine rege Diskussion in der rechtswissenschaftlichen Literatur zur Zulässigkeit von Mitveräußerungspflichten. Einen weiteren Grund für den Rechtsvergleich mit Italien stellt die am 17.1.2003 verabschiedete Reform des italienischen Kapitalgesellschaftsrechts mit Wirkung zum 1.1.2004 durch die sog. *Riforma Vietti*[58] dar. Vor dieser Reform wurde nämlich bemängelt, dass das italienische Recht unter vielen Gesichtspunkten einen unpassenden und ungeeigneten Rahmen für einen Venture-Capital-Investor bietet.[59] Dies betraf zum einen die weitgehende Unmöglichkeit typische Klauseln[60] in die Satzung aufzunehmen, die bei einem Venture-Capital-Investment vorkommen.[61] Zum anderen stellte die im Gesetz abschließende Aufzählung der Austrittsmöglichkeiten eines Gesellschafters, die den Gesellschaftern keinen Spielraum zur Satzungsautonomie beließ, eine Begrenzung des Schutzes des Investors dar.[62] Letztlich bestand das Risiko, dass etwa eine in der Satzung einer *società per azioni* (*s.p.a.*) geregelte Mitveräußerungspflicht aufgrund der Regelung des Art. 2355 Abs. 3 c.c. a.F.[63]

56 *Zweigert/Kötz*, S. 14.

57 *Zweigert/Kötz*, S. 14, 32.

58 D.lgs. 17 gennaio 2003, n. 6: Riforma organica della disciplina delle societa' di capitali e societa' cooperative, in attuazione della L. 3 ottobre 2001, n. 366.

59 *Szego*, Quaderni di ricerca giuridica, S. 27 ff.

60 So entschied etwa vor der Gesellschaftsrechtsreform aus dem Jahr 2003 das Trib. Monza 7 maggio 1997, Le società 1997, 1304, 1306 ff. und hierauf das App. Milano 23 giugno 1997, Le società 1997, 1308, 1309 dass ein Mitveräußerungsrecht, das das Pendant zur Mitveräußerungspflicht darstellt und aufgrund dessen Ausübung im konkreten Fall ein veräußerungswilliger Aktionär seine Aktien lediglich teilweise veräußern kann, aufgrund Verstoßes gegen Art. 2355 c.c. a.F. nicht wirksam in einer Satzung einer *s.p.a.* aufgenommen werden kann; vgl. hierzu auch: *Scalese/Scalese*, S. 153.

61 *Szego*, Riv. dir. comm. 2005, I, 821, 825.

62 *Szego*, Quaderni di ricerca giuridica, S. 49.

63 Soweit in dieser Untersuchung im Folgenden auf Vorschriften des Codice civile vor Inkrafttreten der sog. *Riforma Vietti* am 1.1.2004 Bezug genommen wird, sind diese

dem Prinzip der freien Veräußerbarkeit der Aktien zuwiderlief.[64] Diese Kritikpunkte betrafen im Wesentlichen in gleicher Weise sowohl die *s.p.a.* als auch die *società a responsabilità limitata* (*s.r.l.*).[65] Durch die Gesellschaftsrechtsreform aus dem Jahr 2003 sollte u.a. sowohl bei der italienischen *s.p.a.* als auch bei der *s.r.l.* die Finanzierung durch Venture-Capital erleichtert werden.[66] Zudem enthält der Codice civile seit dieser Reform eine gesetzliche Regelung gesellschaftsrechtlicher Nebenvereinbarungen. In diesen sowie in der Satzung der jeweiligen Gesellschaft werden Mitveräußerungspflichten üblicherweise geregelt. Weiterhin spricht die italienische Rechtsprechung im Zusammenhang mit Mitveräußerungspflichten von einem Recht zur Desinvestition (*diritto di disinvestimento*)[67] und einem Recht zum *Exit* (*diritto di exit*)[68] des Investors.

Im deutschen Recht findet sich hingegen keine gesetzliche Regelung gesellschaftsrechtlicher Nebenvereinbarungen. Die Regelung des § 136 Abs. 2 AktG ist nicht als eine derartige gesetzliche Regelung anzusehen. Durch sie werden vielmehr lediglich die Schranken bestimmter Stimmbindungsverträge festgelegt.[69] Der § 136 Abs. 2 AktG regelt daher nicht etwa gesellschaftsrechtliche Nebenvereinbarungen im Allgemeinen, sondern vielmehr, dass bestimmte Stimmbindungsverträge, etwa in der Form einer gesellschaftsrechtlichen Nebenvereinbarung, nicht geschlossen werden dürfen. Zudem fehlt es bislang an einschlägiger Rechtsprechung, die sich mit der Zulässigkeit der Mitveräußerungspflichten im deutschen Recht auseinandersetzt. Seit relativ kurzer Zeit gibt es auch in der deutschen juristischen Literatur (meist sehr knappe) Ausführungen zu Mitveräußerungspflichten im deutschen Recht, die sich jedoch oftmals nicht oder nur oberflächlich mit deren Zulässigkeit im deutschen Recht auseinandersetzen.

III. Ziele der Arbeit

Das italienische Recht stellt eines der wenigen weltweit dar, in dem schon Gerichtsentscheidungen zur Zulässigkeit von Mitveräußerungspflichten vorliegen.

---

mit a.F. gekennzeichnet. Ansonsten beziehen sich die Vorschriften des Codice civile auf die nach dieser Reform geltende Fassung.

64 *Szego*, Quaderni di ricerca giuridica, S. 50; *Szego*, Riv. dir. comm. 2005, I, 821, 825.

65 *Szego*, Riv. dir. comm. 2005, I, 821, 825.

66 *Occhilupo*, Banca impresa società 2013, n. 3, 389, 402.

67 Trib. Milano 31 marzo 2008, RDS 2010, 370, 372.

68 Trib. Milano 31 marzo 2008, RDS 2010, 370, 373.

69 *Arnold*, in: Goette/Habersack/Kalss, MünchKommAktG, § 136 Rn. 76 ff.; *Rieckers*, in: Spindler/Stilz, AktG, § 136 Rn. 45.

Wie eben gesehen[70], mangelt es an jeglicher richterlicher Entscheidung und gesetzlicher Vorgabe hierzu im deutschen Recht.

Durch die vorliegende Untersuchung soll daher überprüft werden, welchen inhaltlichen Schranken und Grenzen Mitveräußerungspflichten im deutschen und italienischen Recht unterliegen und ob diese nach dem jeweils geltenden Recht zulässig sind bzw. in zulässiger Weise gestaltet werden können. Weiterhin wird geprüft, ob die in Italien herrschenden und durch die Rechtsprechung anhand der italienischen Gesetze geschaffenen Vorgaben zur Mitveräußerungspflicht, in vergleichbarer Weise auch im deutschen Recht bestehen. Falls dem nicht so ist, wird untersucht, ob die Vorgaben des italienischen Rechts auch im deutschen Recht Anwendung finden oder hieraus jedenfalls Erkenntnisse für das deutsche Recht gewonnen werden können, um auch dort zu einer rechtssicheren Gestaltung der Mitveräußerungspflichten zu gelangen. Dies geschieht stets vor dem Hintergrund der Prüfung, ob durch den Rechtsvergleich Argumente für die Zulässigkeit der Mitveräußerungspflichten im deutschen Recht gewonnen werden können, sofern diese im italienischen Recht überhaupt in zulässiger Weise vereinbart werden können.

Wie oben gesehen[71] legen die Aussagen der italienischen Rechtsprechung über das unter gewissen Voraussetzungen bestehende Recht zur Desinvestition bzw. zum *Exit* nahe, dass der durch eine Mitveräußerungspflicht berechtigte Gesellschafter im italienischen Recht einen hohen Schutz, insbesondere seiner Investment-Ziele, genießt. Es ist zu überprüfen, ob dies zutrifft und ob dieses Recht auch im deutschen Recht bejaht werden kann. Vor diesem Hintergrund wird erörtert, ob die Vorgaben der italienischen Rechtsprechung und des italienischen Rechts zu Mitveräußerungspflichten auch in Deutschland erforderlich oder eher hinderlich sind, um den Investoren einen Anreiz unter gleichzeitiger Absicherung ihrer Investitionen in junge Unternehmen zu geben. Falls sich hieraus divergierende Anforderungen an die zulässige Vereinbarung einer Mitveräußerungspflicht ergeben, wird sich die Frage stellen, ob auch dies einen Grund für die unterschiedliche Ausprägung des Venture-Capital-Marktes in Deutschland und Italien darstellt. Es wird nämlich beklagt, dass in Italien seit langem regulatorische und administrative Hindernisse bestehen, die die Gründung und das Wachstum von Unternehmen erschweren.[72] Dies hat auch der italienische Gesetzgeber erkannt und daher zielte die sog. *Riforma Vietti* aus dem Jahr 2003

70 Oben Einleitung II.

71 Oben Einleitung II.

72 *Occhilupo*, Banca impresa società 2013, n. 3, 389.

unter anderem auf eine einfachere Finanzierung italienischer Kapitalgesellschaften durch Venture-Capital ab.[73]

Unterschiedliche gesetzliche Rahmenbedingungen haben nämlich einen unmittelbaren Einfluss auf die Investitionsbereitschaft von Investoren.[74] Gerade die internationalen Unterschiede in der Entwicklung der Venture-Capital-Märkte werden mit hoher Wahrscheinlichkeit auch dem Einfluss des jeweils geltenden Rechts auf die rechtlichen Rahmenbedingungen des Venture-Capitals zugeschrieben.[75] Eine großflächige Studie untersuchte den Einfluss des Rechtssystems auf die Entwicklung von Venture-Capital durch Überprüfung von 3.828 Venture-Capital-Investments in 39 Ländern im Zeitraum von 1971–2003.[76] Danach erleichtert ein geeignetes Rechtssystem die Möglichkeit der Unternehmen eine Venture-Capital-Finanzierung zu erhalten.[77] Ein hoher Grad an gesellschaftsrechtlicher Autonomie wird als ein begünstigender Faktor für eine Finanzierung durch Venture-Capital angesehen.[78] Hierdurch eröffnen sich nämlich einem Investor größere Möglichkeiten sich gegenüber dem Gründer rechtswirksam bestimmte Rechte zusichern zu lassen. Die Wechselwirkung zwischen den gesellschaftsrechtlichen Gegebenheiten und dem Venture-Capital ist allerdings von der einschlägigen Literatur bislang kaum untersucht.[79] Insgesamt lässt sich jedoch sagen, dass das Recht zwar eine wichtige, aber keineswegs die ausschließlich entscheidende Komponente für die Entwicklung des jeweiligen Venture-Capital-Marktes darstellt.[80]

IV. Gang der Untersuchung und Themeneingrenzung

1. Gang der Untersuchung

Die Untersuchung beginnt mit einer Einführung in das Thema der Mitveräußerungspflichten im deutschen und italienischen Recht sowie der Darstellung der angewandten Methode der Rechtsvergleichung und der Ziele dieser Arbeit. Danach gliedert sie sich in acht Kapitel.

---

73 *Occhilupo*, Banca impresa società 2013, n. 3, 389, 402.

74 *Da Rin/Hege/Llobet/Walz*, EBOR 2006, Vol. 7, 525, 532.

75 *Cumming/Johan*, S. 405.

76 *Cumming/Johan*, S. 406.

77 *Cumming/Johan*, S. 427; so auch *Szego*, Riv. dir. comm. 2005, I, 821, 863 m.w.N.

78 *Occhilupo*, Banca impresa società 2013, n. 3, 389, 394.

79 *Zanoni*, S. 8.

80 *Szego*, Riv. dir. comm. 2005, I, 821, 866.

Im ersten Kapitel wird der Begriff des Venture-Capitals, insbesondere durch eine Abgrenzung zum Private-Equity und Crowdfunding bestimmt. Hierbei werden die einzelnen Finanzierungsphasen und -arten, die sich einem Unternehmen bieten, sowie die Ausstiegsmöglichkeiten des Venture-Capital-Investors aufgezeigt. Anschließend wird die historische Entwicklung des Venture-Capitals insbesondere mit Bezug zu Deutschland, Italien und den USA aufgezeigt. Dieses Kapitel schließt mit der Darstellung gewisser Kennziffern zur Verbreitung von Venture-Capital in Deutschland und Italien, der hieran beteiligten Personen sowie des Ablaufs eines Venture-Capital-Investments.

Sodann wird im zweiten Kapitel der Begriff der Mitveräußerungspflicht im deutschen und italienischen Recht sowie deren genauer Inhalt und die hiermit verbundenen Interessen der Parteien bei einer Venture-Capital-Finanzierung herausgearbeitet. Insbesondere findet eine Überprüfung statt, ob ein Bedürfnis nach diesem Mechanismus besteht. Hierzu wird anhand der deutschen und italienischen Rechtsordnung untersucht, ob nicht schon die gesetzlich geregelten bzw. gesellschaftsrechtlich etablierten Rechtsinstitute geeignet sind, um die mit der Mitveräußerungspflicht verfolgten Interessen zu befriedigen. Weiterhin erfolgt in diesem Kapitel eine Abgrenzung der Mitveräußerungspflicht zu ähnlichen Klauseln, die bei einer Venture-Capital-Finanzierung im Zusammenhang mit dem Ausstieg eines Gesellschafters stehen. Letztlich wird die Mitveräußerungspflicht in den Vergleich zu bestimmten in der Vertragspraxis entwickelten Mechanismen zur Lösung von Gesellschafterstreitigkeiten gesetzt.

Die rechtliche Einordnung der Mitveräußerungspflicht erfolgt im dritten Kapital dieser Untersuchung. Dabei wird von der bislang spärlichen Behandlung dieser Thematik im deutschen Recht ausgegangen und eine eigenständige Einordnung für die deutsche Rechtsordnung vorgenommen. Hieran schließt eine Darstellung der umfassenden und breit gefächerten Ansichten in der italienischen Rechtsprechung und Rechtsliteratur zur systematischen Einordnung der Mitveräußerungspflicht. Anschließend folgt durch einen Rechtsvergleich eine Überprüfung, ob die im italienischen Recht vorgenommene rechtliche Einordnung der Mitveräußerungspflicht für das deutsche Recht herangezogen werden kann.

Im vierten Kapitel werden die möglichen Regelungsorte der Mitveräußerungspflicht bei einer Venture-Capital-Finanzierung in Deutschland und Italien aufgezeigt. Dabei erfolgt eine Darstellung der für die Aufnahme in den Gesellschaftsvertrag oder die Beteiligungsvereinbarung geltenden Voraussetzungen sowie der Vor- und Nachteile des jeweiligen Regelungsortes. Im Rahmen eines Rechtsvergleichs werden schließlich die Ergebnisse dieses Kapitels gegenübergestellt und bewertet.

Weiterhin wird in Kapitel fünf die rechtliche Zulässigkeit der Mitveräußerungspflicht im deutschen und italienischen Recht untersucht. Dabei geht es insbesondere auch darum, inwiefern zum Schutz der beteiligten Parteien die Privatautonomie eingeschränkt werden muss. Dieses Kapitel endet mit einer Überprüfung, ob und inwiefern die im italienischen Recht geltenden und durch die dortige Rechtsprechung aufgestellten Vorgaben zur Zulässigkeit der Mitveräußerungspflicht auf das deutsche Recht zu übertragen sind.

Die gerichtliche Durchsetzung der Mitveräußerungspflicht in Deutschland und Italien wird im sechsten Kapitel der Untersuchung dargestellt. Hierbei geht es sowohl um das Hauptsacheverfahren, das Verfahren im einstweiligen Rechtsschutz sowie das Schiedsverfahren.

Im siebten Kapitel werden, auch für das italienische Recht vorgeschlagene, Mechanismen untersucht und entwickelt, um eine Mitveräußerungspflicht im deutschen Recht durchzusetzen. Dabei geht es um vertragliche Vorkehrungen, die eingreifen sollen, falls sich ein Gründer weigert, seiner Mitveräußerungspflicht nachzukommen. Zudem wird überprüft, ob diese geeignet sind, bereits eine Verletzung der Mitveräußerungspflicht zu verhindern.

Die Untersuchung schließt mit dem achten Kapitel, in dem die wesentlichen Erkenntnisse dieser Arbeit zusammengefasst werden.

2. Themeneingrenzung

Die Untersuchung betrifft Mitveräußerungspflichten im Rahmen eines Venture-Capital-Investments im deutschen und italienischen Recht. Mitveräußerungspflichten können ebenfalls in börsennotierten Gesellschaften, Familienunternehmen und bei sog. Joint Ventures vorkommen, wobei dieser Anwendungsbereich bei der vorliegenden Untersuchung außer Betracht bleibt.

Ein Venture-Capital-Investor investiert mit dem von ihm geführten Venture-Capital-Fonds üblicherweise in mehrere junge Unternehmen gleichzeitig. Daher strebt er eine klare Risikotrennung dieser Investments voneinander an. Aus Gründen der Haftungsbeschränkung, des Fernziels, ein erfolgreiches Desinvestment vorzunehmen, und aus steuerlichen Gründen, scheidet ein Zielunternehmen aus, das als Personengesellschaft ausgestaltet ist.[81] Somit kommt für den Investor nur ein Investment in eine Kapitalgesellschaft in Betracht.[82]

---

81 *Breithecker*, DStR 1998, 219, 220; *Mailänder*, in: Weitnauer, Venture Capital, Teil E. Rn. 211.

82 So auch *Kröll*, in: Weitnauer, Venture Capital, Teil E. Rn. 262.

Während der Hochphase der *New Economy* um das Jahr 2000 gab es einen kurzfristigen Trend ein junges Unternehmen direkt in der Rechtsform einer Aktiengesellschaft zu gründen, um sich die Kosten der Umwandlung vor einem Börsengang zu sparen.[83] Allerdings können die Aktionäre der deutschen Aktiengesellschaft Mitveräußerungspflichten lediglich in sehr begrenztem Umfang vereinbaren. Außerdem ist die Aktiengesellschaft aufgrund ihrer Satzungsstrenge gemäß § 23 Abs. 5 AktG ungeeignet für ein junges Unternehmen, das sich in ständigem Wandel befindet.[84] Weiterhin spricht gegen ihre Verwendung der hohe Gründungsaufwand. Die Aktiengesellschaft erlangt erst im Zeitpunkt eines bevorstehenden Börsengangs des finanzierten Unternehmens nach einer Umwandlung der GmbH Bedeutung. Daher enthält diese Untersuchung ausschließlich vereinzelt Ausführungen zur Rechtslage bei der Aktiengesellschaft, soweit dies jeweils von Interesse ist.

Der Schwerpunkt der Untersuchung behandelt für den deutschen Teil die Möglichkeiten der Vereinbarung von Mitveräußerungspflichten unter GmbH-Gesellschaftern. Dies geschieht vor dem Hintergrund, dass die GmbH in Deutschland die typische Rechtsform darstellt, in die ein Venture-Capital-Investor investiert.[85] So ergab die oben erwähnte Studie aus dem Jahr 2010[86], dass ca. 70% der untersuchten Portfolio-Unternehmen rechtlich als GmbH und lediglich ca. 28% als Aktiengesellschaft konstruiert waren.[87] Außer Betracht bleibt bei dieser Untersuchung die Unternehmergesellschaft (haftungsbeschränkt). Diese wurde zwar durch das MoMiG zur Förderung von Existenzgründungen geschaffen.[88] Allerdings wird insbesondere aufgrund der zwingenden Verwendung des Musterprotokolls heftige Kritik an ihr geübt, dass diese dadurch sinnvollerweise lediglich auf Einpersonen-, nicht jedoch auf Mehrpersonengesellschaften Anwendung finden wird.[89] Bei der Beteiligung eines oder mehrerer Investoren und oftmals mehrerer Gründer, scheidet diese Rechtsform daher

83 Vgl. *Schäfer/Stephan*, Rn. 51.

84 *Pfeiffer*, BB 1999, 1665, 1668; *Schäfer/Stephan*, Rn. 51.

85 So auch *Schäfer/Stephan*, Rn. 45.

86 Oben Einleitung I.

87 *Bienz/Walz*, J. Econ. Manag. Strateg., Vol. 19 (2010), Issue 4, 1071, 1085.

88 *Fastrich*, in: Baumbach/Hueck, GmbHG, § 5a Rn. 1; *Pfisterer*, in: Saenger/Inhester, GmbHG, § 5a Rn. 1.

89 *Mayer*, in: Fleischer/Goette, MünchKommGmbHG, § 2 Rn. 255.

für ein typisches Venture-Capital-Investment aus. Diese Untersuchung lässt die rechtliche Struktur der Venture-Capital-Fonds weitgehend außen vor.[90]

Wie für das deutsche Recht lässt sich auch für das italienische Recht sagen, dass für einen Venture-Capital-Investor ausschließlich Kapitalgesellschaften, also die *s.r.l.*[91] und die *s.p.a.*[92], als geeignetes Zielunternehmen infrage kommen. Hierbei ist hervorzuheben, dass nach Daten aus dem Jahr 2013 von den gemäß Art. 25 Abs. 2 des decreto legge 18 ottobre 2012, n. 179[93] als innovative Start-up Unternehmen (*impresa start-up innovativa*) im Unternehmensregister eingetragenen Gesellschaften ca. 83% als *s.r.l.*, ca. 7% als vereinfachte *s.r.l.* (*società a responsabilità limitata semplificata, s.r.l.s.*), ca 6% als *s.r.l.* mit einem einzigen Gesellschafter und weniger als 2% als *s.p.a.* organisiert waren.[94] Zwar verfügen die einfache Gesellschaft (*società semplice*), die offene Handelsgesellschaft (*società in nome collettivo*) und die Kommanditgesellschaft (*società in accomandita semplice*) als Personengesellschaft im italienischen Recht über eine Rechtssubjektivität.[95] Aufgrund der mangelnden Haftungsbeschränkung (Artt. 2267 und 2291 c.c.) bzw. der beschränkten Veräußerbarkeit der Anteile (Art. 2322 c.c.), sind diese jedoch, wie im deutschen Recht, für einen italienischen Investor ungeeignet.[96]

Bei der Darstellung des italienischen Rechts werden aufgrund der aktuellen, einschlägigen Rechtsprechung, eines Schiedsspruchs sowie der regen Diskussion in der rechtswissenschaftlichen Literatur die Grenzen und Vorgaben zur Zulässigkeit von Mitveräußerungspflichten behandelt, die zwischen den

---

90 *Sagasser*, in: Assmann/Schütze, Handbuch des Kapitalanlagerechts, § 27 Rn. 400, der hervorhebt, dass in Deutschland ein Venture-Capital-Fonds üblicherweise in der Rechtsform einer GmbH & Co. KG ausgestaltet ist; eine umfassende Darstellung zur rechtlichen Strukturierung von Venture-Capital-Fonds bietet z.B. *Weitnauer*, in: Weitnauer, Venture Capital, Teil B. Rn. 1 ff.; *Zanoni*, S. 10 m.w.N., hebt hervor, dass in Italien die meistgewählte Rechtsform eines solchen Fonds ein geschlossener Investmentfonds (*fondo di investimento chiuso*) ist, der wiederum von einer Ersparnisverwaltungsgesellschaft (*società di gestione del risparmio*) geführt wird.

91 *Damiani*, S. 72.

92 *Damiani*, S. 48.

93 D.L. 18 ottobre 2012, n. 179 recante "Ulteriori misure urgenti per la crescita del Paese", convertito con modifiche dalla L. 17 dicembre 2012 n. 221.

94 *Ministero dello Sviluppo Economico*, Restart, Italia! Un anno dopo, 2013, abrufbar unter http://www.italiastartup.it/wp-content/uploads/2013/11/RestartItalia-1AnnoDopo.pdf (Stand: 8.1.2016), S. 14.

95 *Kindler*, Italienisches Handels- und Wirtschaftsrecht, § 4 Rn. 21.

96 *Damiani*, S. 44 ff.

Gesellschaftern der gewöhnlichen *s.r.l.* vereinbart werden. Bei der Gründung junger Unternehmen, die für eine Venture-Capital-Investition geeignet sind, mangelt es in der Regel an Kapital. Daher steht bei diesen die *s.r.l.* aufgrund des mit EUR 10.000 im Vergleich zur *s.p.a.* mit EUR 120.000 erforderlichen Stammkapitals üblicherweise im Vordergrund.[97] Dies zeigen auch die oben erwähnten Zahlen zur Verwendung der jeweiligen Rechtsform aus dem Jahr 2013. Trotzdem betrifft die Untersuchung neben dem Recht der *s.r.l.* auch vor dem Hintergrund der bereits einschlägigen Rechtsprechung im Gegensatz zum deutschen Teil in größerem Ausmaß das Recht der italienischen Aktiengesellschaft, der *s.p.a.*, da deren Aktionären insofern ein größerer Gestaltungsspielraum zusteht als den Aktionären der deutschen Aktiengesellschaft.

Aspekte des deutschen und italienischen Steuerrechts bleiben bei der Untersuchung weitgehend außer Betracht.

Dies gilt in gleicher Weise für öffentlich-rechtliche bzw. regulatorische Anforderungen an Venture-Capital-Fonds. Der Vollständigkeit halber wird hierzu insbesondere auf die AIFM-Richtlinie[98], auf deren Grundlage im deutschen Recht das KAGB und im italienischen Recht eine Gesetzesverordnung[99] geschaffen wurde, sowie die unmittelbar geltende EuVECA-VO[100] hingewiesen. Obwohl die AIFM-Richtlinie auf die Fondsverwalter abzielt, sind von ihr auch Investmentfonds betroffen.[101] Es erfolgt nämlich eine Regulierung quasi sämtlicher kollektiver Systeme zur Kapitalanlage.[102]

Desweiteren unterbleibt aufgrund der Komplexität der Materie, die einer eigenen Untersuchung würdig wäre, eine tiefgehende Darstellung der verschiedenen Methoden zur Unternehmensbewertung, die bei der Veräußerung von Anteilen einer Kapitalgesellschaft eine Rolle spielen.

---

97 *Portolano Cavallo Studio Legale*, in: Rickman/Abirascid, La start-up digitale, S. 143.

98 Richtlinie 2011/61/EU des Europäischen Parlaments und des Rates vom 8. Juni 2011 über die Verwalter alternativer Investmentfonds und zur Änderung der Richtlinien 2003/41/EG und 2009/65/EG und der Verordnungen (EG) Nr. 1060/2009 und (EU) Nr. 1095/2010.

99 D.lgs. 4 marzo 2014, n. 44, in attuazione della direttiva 2011/61/UE.

100 Verordnung (EU) Nr. 345/2013 des Europäischen Parlaments und des Rates vom 17. April 2013 über Europäische Risikokapitalfonds.

101 *Cacciapuoti/Witney/Lanfranchi*, in: Gervasoni, Private Equity and Venture Capital, S. 159; *Weitnauer*, in: Weitnauer, Venture Capital, Teil A. Rn. 110 f.

102 *Mansfeld*, Die Bank, 07/2011, S. 12; *Patzner/Schneider-Deters*, in: Patzner/Döser/Kempf, Investmentrecht, Vor § 1 Rn. 11.

Der dieser Untersuchung zugrunde liegende Venture-Capital-Investor zielt auf ein gesundes Wachstum des Unternehmens durch kooperatives Vorgehen mit dem Gründer ab. Die Methoden des sog. „*Shareholder Activism*"[103] liegen ihm fern. Unter dieses aus den USA stammende Phänomen fallen Methoden einzelner Gesellschafter, die darauf abzielen, kurzfristige Gewinne zu erzielen, indem etwa das Management abgesetzt wird, Aktienrückkaufprogramme durchgeführt werden oder Sonderdividenden durch vorhandene Barreserven ausgeschüttet werden.[104] Um ihre Ziele zu erreichen und gleichzeitig Druck auf andere Gesellschafter aufzubauen, schalten diese Gesellschafter hierzu ebenso die Öffentlichkeit durch diverse Kampagnen ein.[105]

Mit der vorliegenden Arbeit soll hingegen zwar gleichfalls untersucht werden, inwiefern durch den Investor Einfluss auf andere Gesellschafter ausgeübt werden kann bzw. inwiefern andere Gesellschafter zu einem Verkauf ihrer Gesellschaftsanteile gezwungen werden können. Dies betrifft jedoch erst den Fall des Ausstiegs des Investors, nachdem das junge Unternehmen durch gemeinsame Anstrengungen erfolgreich aufgebaut wurde und hierzu keine öffentlichen Diskreditierungen der Gründer eingesetzt wurden.

---

103 *Bunz*, NZG 2014, 1049, 1050; *Schockenhoff/Culmann*, ZIP 2015, 297.

104 *Bunz*, NZG 2014, 1049, 1050; *Schockenhoff/Culmann*, ZIP 2015, 297 m.w.N., der prominente Beispiele nennt.

105 *Bunz*, NZG 2014, 1049, 1051; *Schockenhoff/Culmann*, ZIP 2015, 297, 300.

§ 1 Venture-Capital

I. Einführung

Der maßgebliche von dieser Arbeit zu untersuchende Einsatzbereich der Mitveräußerungspflicht stellt die Finanzierung eines Unternehmens durch Venture-Capital dar. Daher wird in dem vorliegenden Kapitel dieser Begriff näher konkretisiert und von dem des Private-Equity abgegrenzt. Daneben wird auf die historischen Ursprünge des Venture-Capitals und dessen Entwicklung in Deutschland und Italien eingegangen. Schließlich erfolgt ein Überblick über die im Rahmen einer Venture-Capital-Finanzierung beteiligten Personen und den Ablauf eines Investments.

II. Begrifflichkeit

Der Begriff Venture-Capital stammt aus dem Englischen. Das Wort *venture* ist im Deutschen am Ehesten mit Risiko oder Wagnis zu übersetzen. Vorab ist festzuhalten, dass keine allgemeingültige Definition von Venture-Capital existiert. Es ist nicht einmal bekannt, wer den Begriff erfunden hat.[1] Hervorzuheben ist, dass es sich hierbei um eine bestimmte Finanzierungsform handelt, die durch die tägliche Arbeit der in diesem Segment tätigen Investoren bestimmt und nicht etwa durch wissenschaftliche und praxisferne Theorien entwickelt wurde.[2] Zudem unterscheiden sich die Definitionen im Mutterland des Venture-Capitals, den USA, und Deutschland sowie Italien. Nichtsdestotrotz und gerade deshalb ist es sinnvoll, den Begriff des Venture-Capitals näher darzustellen bzw. gar für diese Arbeit zu definieren, da es sich hierbei um den konkreten Einsatzbereich der zu untersuchenden Mitveräußerungspflicht handelt.

1. Grundansichten von General Georges Doriot

Um sich in einem ersten Schritt dem klassischen Begriff des Venture-Capitals anzunähern, ist es hilfreich, sich die Investitionsregeln des bedeutendsten

---

1 So z.B. *Bartlett*, S. 3; *Jesch*, S. 22, geht hingegen ohne Nennung einer entsprechenden Quelle von einer Begriffsprägung durch Jock H. Whitney aus; *Leopold/Frommann/Kühr*, S. 3 und *Weitnauer*, in: Weitnauer, Venture Capital, Teil A. Rn. 50, dagegen führen den Begriff auf Arthur Rock zurück.

2 *Grisebach*, S. 3 m.w.N.

Akteurs auf diesem Gebiet zu vergegenwärtigen, General Georges Doriot.[3] Die Auswahl der Zielunternehmen, in die sein Finanzierungsvehikel seit dem Jahr 1946 investierte, erfolgte unter Berücksichtigung der folgenden Punkte: (i) neue Technologien und Anwendungsmöglichkeiten wurden entwickelt, (ii) eine maßgebliche, jedoch nicht notwendigerweise kontrollierende Beteiligung des Investors an der Geschäftsführung des Unternehmens, (iii) die Gründer zeichnen sich durch außerordentliche Fähigkeiten aus, (iv) die jeweiligen Produkte oder Prozesse haben wenigstens die Schwelle der Schaffung eines Prototyps überstanden und sind ausreichend durch Patente und gewerbliche Schutzrechte geschützt, (v) die Serienreife bzw. der Durchbruch muss in einigen Jahren absehbar sein, sodass das Unternehmen an die Börse gebracht oder im Ganzen verkauft werden kann und (vi) das Unternehmen bedarf neben rein finanzieller auch anderweitiger Unterstützung durch den Investor.[4] Dabei steht außer Frage, dass sich eine Finanzierung von Fall zu Fall bei dem jeweiligen Unternehmen unterscheidet.[5] Für General Doriot stellte Venture-Capital einen Prozess der Durchführung und Betreuung einer Finanzierung dar.[6] Insgesamt lässt sich aus dieser Umschreibung hervorheben, dass es nach General Doriot um die Investition mittels einer direkten Kapitalbeteiligung in junge Unternehmen mit außerordentlichem Wachstumspotenzial geht, mit dem Ziel, sich von dieser Investition in naher Zukunft wieder zu lösen.

2. Verschiedene Finanzierungsphasen

Die Definition des Venture-Capitals hängt u.a. unmittelbar mit der jeweiligen Finanzierungsphase zusammen, in der sich das Unternehmen befindet. Der schrittweisen Annäherung an eine Definition des Begriffs Venture-Capital geht daher eine Darstellung der verschiedenen Finanzierungsphasen eines Unternehmens voraus.

Der gesamte Kapitalbedarf eines Unternehmens von dessen Gründung bis zur Erwirtschaftung regelmäßiger Gewinne bzw. einem Verkauf oder Börsengang kann nicht vorab exakt bestimmt werden. Kein vernünftiger Investor wird auf dieser ungewissen Grundlage und der Unsicherheit, ob sich das Produkt überhaupt am Markt durchsetzen wird, den Kapitalbedarf des Unternehmens auf einmal und im Ganzen befriedigen. In diesem Bereich entwickelte sich daher

3 *Bartlett*, S. 3.
4 *Bartlett*, S. 3.
5 *Bartlett*, S. 4; *Gervasoni*, in: Gervasoni, Private equity e venture capital, S. 11, 12.
6 *Bartlett*, S. 4.

sowohl in Deutschland als auch in Italien eine Praxis der schrittweisen Bereitstellung des für das Unternehmen erforderlichen Kapitals auf verschiedenen Stufen (sog. *stage(d) financing*)[7,8] Die Bezeichnungen dieser einzelnen Stufen sind wieder, ganz im Duktus der gesamten Venture-Capital-Branche, durch englische Begriffe geprägt. Zudem muss hervorgehoben werden, dass die Bestimmung der einzelnen Stufen in der einschlägigen Literatur nicht durchgehend einheitlich erfolgt und es teilweise auch in der Praxis schwierig ist, eine exakte Trennlinie zwischen den einzelnen Finanzierungsrunden zu ziehen.

Zur Klarstellung sei angemerkt, dass in der Finanzierungspraxis bei der Bezeichnung der einzelnen Phasen teilweise nicht von der sog. *stage*, sondern von der sog. *round*[9] oder der sog. *series*[10] gesprochen wird. Dabei werden die einzelnen Finanzierungsrunden oftmals, sofern Zwischenfinanzierungen vor dem Eintritt in die nächste, eben bezeichnete, Finanzierungsrunde erforderlich sind und dieselben Investoren Kapital bereitstellen, mit Buchstaben und/oder Zahlen versehen, wie z.B. Series A oder Series B1.[11]

Allgemein hilft jedoch zur Abgrenzung der einzelnen Phasen, drei Makrobereiche der Unternehmensfinanzierung aufzuzeigen.[12] Dies sind die sog. *early stage*[13] (Frühphasenfinanzierung)[14], die sog. *expansion stage*[15]

---

7 So z.B. *Bergemann/Hege*, J. Bank. Financ., Vol. 22 (1998), 703, 726; *Szego*, Quaderni di ricerca giuridica, S. 19; *Steier/Greenwood*, JMS 1995, Vol. 32(3), 337, 340; *Tian*, JFE, Vol. 101 (2011), 132, 134.

8 *Divizia*, Notariato 2009, 157, 163; *Heitzer*, FB 2002, 471, 474; *Heitzer*, FB 2006, 514, 516; *Szego*, Quaderni di ricerca giuridica, S. 19.

9 So z.B. *Bartlett*, S. 7.

10 So z.B. *Feld/Mendelson*, S. 32 f.

11 *Bartlett*, S. 7; *Feld/Mendelson*, S. 32 f.

12 *Gervasoni*, in: Gervasoni, Private equity e venture capital, S. 17 f.; *Szego*, Quaderni di ricerca giuridica, S. 15.

13 So z.B. *Ernst/Häcker*, S. 70 ff.; *Gabrysch*, in: Breithaupt/Ottersbach, Kompendium Gesellschaftsrecht, Teil 1., C. Rn. 23; *Kußmaul/Richter*, DStR 2000, 1155, 1158; *Schäfer/Stephan*, Rn. 13; *Weitnauer*, in: Weitnauer, Venture Capital, Teil A. Rn. 18.

14 So z.B. *Gabrysch*, in: Breithaupt/Ottersbach, Kompendium Gesellschaftsrecht, Teil 1., C. Rn. 23; *Weitnauer*, in: Weitnauer, Venture Capital, Teil A. Rn. 18.

15 So z.B. *Ernst/Häcker*, S. 70 ff., *Fusaro/Muzio*, in: Gervasoni, Private Equity and Venture Capital, S. 13, 18, die in diesem Zusammenhang auch vom sog. *growth* sprechen; *Kußmaul/Richter*, DStR 2000, 1155, 1158; *Schäfer/Stephan*, Rn. 13; *Weitnauer*, in: Weitnauer, Venture Capital, Teil A. Rn. 19.

(Expansionsphasenfinanzierung)[16] und die sog. *exit stage*[17] bzw. *later stage*[18] (Exitphasenfinanzierung). Innerhalb dieser Makrobereiche kann weiter in Mikrobereiche untergliedert werden.

Danach fallen allgemein sowohl nach deutschem als auch italienischem Begriffsverständnis unter die sog. *early stage* das sog. *seed financing*, das sog. *start-up financing* und das sog. *first stage financing*.[19]

Zu dem danach folgenden zweiten Makrobereich, der sog. *expansion stage*, gehören das sog. *second stage financing*, das sog. *third stage financing* und das sog. *bridge financing*.[20]

Die letzte Phase der Unternehmensfinanzierung betrifft die sog. *exit stage* bzw. *later stage*, zu der in Deutschland und Italien u.a. die sog. *Management Buy-outs*, die sog. *Management Buy-ins* sowie der Verkauf oder Börsengang des Unternehmens zählen.[21]

a) *Frühphasenfinanzierung*

Zu Beginn eines Unternehmens hilft das sog. *seed financing* die erforderliche Forschung und Entwicklung bis zur Herstellung eines Prototyps und die Erstellung des Unternehmenskonzepts sowie eines Businessplans zu finanzieren.[22]

---

16 So z.B. *Gabrysch*, in: Breithaupt/Ottersbach, Kompendium Gesellschaftsrecht, Teil 1., C. Rn. 23; *Weitnauer*, in: Weitnauer, Venture Capital, Teil A. Rn. 18 f.

17 *Ruhnka/Young*, JBV, Vol. 2 (1987), 167, 178.

18 *Kußmaul/Richter*, DStR 2000, 1155, 1158; *Weitnauer*, in: Weitnauer, Venture Capital, Teil A. Rn. 18 f.

19 *Damiani*, S. 21; *Ernst/Häcker*, S. 71 f.; *Gabrysch*, in: Breithaupt/Ottersbach, Kompendium Gesellschaftsrecht, Teil 1., C. Rn. 23; *Gervasoni*, in: Gervasoni, Private equity e venture capital, S. 20; *Schäfer/Stephan*, Rn. 13 ff.; *Szego*, Quaderni di ricerca giuridica, S. 16 f.; abweichend: *Kußmaul/Richter*, DStR 2000, 1155, 1158; *Weitnauer*, in: Weitnauer, Venture Capital, Teil A. Rn. 18 f., die das sog. *first stage financing* erst in die darauffolgende Finanzierungsphase einordnen.

20 *Ernst/Häcker*, S. 72 ff.; *Schäfer/Stephan*, Rn. 13 ff.; abweichend: *Kußmaul/Richter*, DStR 2000, 1155, 1158; *Weitnauer*, in: Weitnauer, Venture Capital, Teil A. Rn. 18 f., die das sog. *first stage financing* erst dieser Finanzierungsphase zuordnen.

21 *Ernst/Häcker*, S. 72 ff., die als Überbegriff hierfür das sog. *fourth-stage financing* verwenden; *Gervasoni*, in: Gervasoni, Private equity e venture capital, S. 23 ff., die als Überbegriff hierfür das sog. *finanziamento del cambiamento* (Finanzierung des Wechsels) verwendet.

22 *Ernst/Häcker*, S. 71; *Gabrysch*, in: Breithaupt/Ottersbach, Kompendium Gesellschaftsrecht, Teil 1., C. Rn. 23; *Gervasoni*, in: Gervasoni, Private equity e venture capital, S. 20;

Im nichtproduzierenden Gewerbe wird die Herstellung eines Prototyps etwa durch das Verfassen eines Quellcodes für eine Software-Lösung ersetzt.

Im zweiten Finanzierungsschritt, dem sog. *start-up financing*, erfolgt, auch durch Marktanalysen, die Vorbereitung der Markteinführung des jeweiligen Produkts bzw. Unternehmenskonzepts und der Produktionseinrichtungen sowie eine ggf. erforderliche Vergrößerung des Managements.[23]

Der erste große Teilkomplex der Unternehmensfinanzierung schließt mit dem sog. *first stage financing*, bei dem das Produkt am Markt eingeführt werden soll, wozu erforderlich ist, dass der Vertrieb und die Produktion gesichert sind.[24]

b) Expansionsphasenfinanzierung

Anschließend tritt das Unternehmen in die Phase des sog. *second stage financing* ein. Hierbei wird das Umlaufvermögen für die weitere Entwicklung des Unternehmens durch Ausbau der Produktion und des Vertriebs bereitgestellt, wobei das Unternehmen bereits über wachsende Verkäufe verfügt, die Einkünfte aber noch nicht die Ausgaben decken.[25]

Darauffolgend erzielt das Unternehmen während des sog. *third stage financing* bereits Gewinne und es stehen die Weiterentwicklung und Ausweitung der Forschung, der Produktion, des Marketings und des jeweiligen Produkts oder gar neuer Produkte im Vordergrund.[26]

Durch das sog. *bridge financing* wird die letzte große Phase der Unternehmensfinanzierung, die sog. *exit stage* bzw. *later stage*, insbesondere deren Finanzierung und die Vorbereitung eines Börsengangs, eingeläutet.[27]

Kußmaul/Richter, DStR 2000, 1155, 1160; *Schäfer/Stephan*, Rn. 15 f.; *Weitnauer*, in: Weitnauer, Venture Capital, Teil A. Rn. 18.

23 *Gabrysch*, in: Breithaupt/Ottersbach, Kompendium Gesellschaftsrecht, Teil 1., C. Rn. 23; *Gervasoni*, in: Gervasoni, Private equity e venture capital, S. 20; *Kußmaul/Richter*, DStR 2000, 1155, 1160; *Schäfer/Stephan*, Rn. 17 ff.; *Weitnauer*, in: Weitnauer, Venture Capital, Teil A. Rn. 18.

24 *Kußmaul/Richter*, DStR 2000, 1155, 1160; *Schäfer/Stephan*, Rn. 20; *Weitnauer*, in: Weitnauer, Venture Capital, Teil A. Rn. 18.

25 *Bruno/Tyebjee*, JBV, Vol. 1 (1985), 61, 65 f.; *Ernst/Häcker*, S. 72 f.; *Gabrysch*, in: Breithaupt/Ottersbach, Kompendium Gesellschaftsrecht, Teil 1., C. Rn. 23; *Weitnauer*, in: Weitnauer, Venture Capital, Teil A. Rn. 18.

26 *Bruno/Tyebjee*, JBV, Vol. 1 (1985), 61, 66; *Ernst/Häcker*, S. 73; *Sherman*, S. 184.

27 *Damiani*, S. 24 f.; *Ernst/Häcker*, S. 75; *Ruhnka/Young*, JBV, Vol. 2 (1987), 167, 176; *Schäfer/Stephan*, Rn. 25; *Sherman*, S. 184.

c) *Exitphasenfinanzierung*

Bei dieser kommt es zum einen zu sog. *Management Buy-outs*, bei denen das bisherige Management die Kontrolle am Unternehmen durch Anteilserwerb erlangt.[28] Zum anderen findet sich hier auch das Gegenteil hierzu, nämlich der Kontrollerwerb durch ein bislang außenstehendes Management durch den sog. *Management Buy-in.*[29] Weiterhin wird mit dieser Finanzierungsrunde auch der Börsengang des Unternehmens vorbereitet.[30]

Die Beteiligung des Investors endet bei der Venture-Capital-Finanzierung durch den Ausstieg des Investors, sog. *Exit*. Sofern der erhoffte Erfolg des Unternehmens und des von ihm entwickelten Produkts/Konzepts eingetreten ist, war das Investment in der Regel für den Investor finanziell erfolgreich.

3. Arten der Venture-Capital-Beteiligung

Auf dem Weg zu einer Begriffsbestimmung des Venture-Capitals ist es weiterhin erforderlich, darzustellen, auf welche Weise die Finanzierung des jeweiligen Unternehmens erfolgt. Sofern sich ein Unternehmen (noch) nicht durch selbst erwirtschaftete Gewinne finanzieren kann, kommen vielfältige Finanzierungsmöglichkeiten in Betracht. Hierzu zählt eine Finanzierung durch Eigenkapital, Fremdkapital oder auch gemischte Formen.

a) *Fremdkapitalfinanzierung*

Eine reine Fremdkapitalfinanzierung etwa durch das klassische Bankdarlehen kommt für junge Unternehmen aus mehreren Gründen nicht in Betracht. Oftmals, gerade zu Beginn des jeweiligen jungen Unternehmens, liegt dessen gesamter Wert in einer guten und wirtschaftlich erfolgsversprechenden Idee. Eine Idee gilt im Bereich des Venture-Capitals dann als gut, wenn durch sie ein gewinnbringendes Geschäft entsteht.[31] Bei einer bloßen Idee fehlen jedoch nicht nur überhaupt Sachwerte, die als Sicherheit herangezogen werden könnten, sondern auch konkrete Nachweise des Erfolgs der Idee, des tatsächlich erzielten

---

28 *Gabrysch*, in: Breithaupt/Ottersbach, Kompendium Gesellschaftsrecht, Teil 1., C. Rn. 23; *Gervasoni*, in: Gervasoni, Private equity e venture capital, S. 24.

29 *Gabrysch*, in: Breithaupt/Ottersbach, Kompendium Gesellschaftsrecht, Teil 1., C. Rn. 23; *Gervasoni*, in: Gervasoni, Private equity e venture capital, S. 24.

30 *Leopold/Frommann/Kühr*, S. 28.

31 *Gladstone/Gladstone*, S. 4.

Umsatzes sowie bestehender Geschäfts- und Kundenverbindungen.[32] Ein junges Unternehmen muss und wird das sämtliche Kapital zur Entwicklung der eigenen Geschäftsidee bzw. des eigenen Produkts einsetzen, um damit auf dem Markt Erfolg zu haben. Daher können sich derartige Unternehmen keine zusätzlichen Ausgaben zur Bedienung von Fremdkapital, wie Zins und Tilgung, leisten.[33] Zudem bestehen für diese Unternehmen u.a. infolge der Vorschriften zur Bankenregulierung durch Basel III[34] erschwerte Bedingungen, Fremdkapital zu erhalten.[35] Dieses wird zudem von einer Bank in deutlich geringerem Umfang als die Beiträge eines Venture-Capital-Investors gewährt werden können.[36]

b) Eigenkapitalfinanzierung

Zwangsläufig muss die Finanzierung junger Unternehmen, die für die Entwicklung ihres Produkts einen hohen Kapitalbedarf benötigen, daher durch Eigenkapital erfolgen. Hierbei wird der Gründer in der Regel versuchen, die für das Unternehmen und seine Idee erforderlichen finanziellen Ressourcen selbst bereitzustellen. Oftmals und gerade ganz zu Beginn erhalten Gründer darüber hinaus finanzielle Unterstützung durch ihre Familie oder Freunde oder gar Lieferanten.[37] Diese unterstützen den Gründer jedoch regelmäßig aus persönlicher Verbundenheit und nicht aus Renditegesichtspunkten wie ein professioneller Investor, der gewisse Mitspracherechte einfordern wird, sodass der Gründer zum einen alleiniger Entscheider im Unternehmen bleibt und zum anderen das Unternehmen selbst keine wirtschaftliche Belastung durch Bedienung des eigentlichen Fremdkapitals erleidet.[38] In der Regel reicht jedoch angesichts der hohen

---

32 Vgl. *Honold*, Corporate Finance 2015, 197, 198; *Möllmann/Möllmann*, BWNotZ 2013, 74, 78; *Pfeiffer*, BB 1999, 1665, 1667.

33 *Kußmaul/Richter*, DStR 2000, 1155; *Möllmann/Möllmann*, BWNotZ 2013, 74, 78.

34 *Schulte-Mattler*, in: Boos/Fischer/Schulte-Mattler, Kreditwesengesetz, Einf. EU-Bankenaufsichtsverordnung – CRR Rn. 27 ff. führt aus, dass es sich hierbei um Regelungen des Baseler Ausschusses für Bankenaufsicht u.a. zur Stärkung des Eigenkapitals der Banken handelt.

35 *Dallocchio*, in: Cenciarini/Dallocchio/Dell'Acqua/Etro, Un ponte per la crescita, S. 75, 76; *von Bünau/Bassewitz*, Corporate Finance biz 2013, 42, 43; *Weitnauer*, in: Weitnauer, Venture Capital, Teil A. Rn. 1.

36 *Batterson*, S. 57, der davon ausgeht, dass ein junges Unternehmen von einer Bank lediglich 10% des Betrags erhalten würde, den es von einem Venture-Capital-Investor erhält.

37 *Möllmann/Möllmann*, BWNotZ 2013, 74, 78; *Sherman*, S. 69.

38 *Möllmann/Möllmann*, BWNotZ 2013, 74, 78.

Kosten für die Entwicklung eines Produkts, man denke nur an die kostspielige Entwicklung eines Arzneimittels, das auf diese Weise generierte Kapital nicht aus, um den gesamten Kapitalbedarf des Unternehmens von der ursprünglichen Idee bis zur konstanten Erwirtschaftung von Gewinnen zu decken.[39]

Sowohl die GmbH als auch die *s.r.l.* können mangels Börsennotierung kein Kapital über die Börse (*Public Equity*) einsammeln. Der Kapitalbedarf des jungen Unternehmens wird daher sowohl in Deutschland als auch in Italien typischerweise durch eine unmittelbare Beteiligung des Venture-Capital-Investors mit Eigenkapital am Zielunternehmen gedeckt.[40] Durch die Erhöhung des Eigenkapitals soll dem Unternehmen ausreichend Spielraum zur Erreichung des nächsten Entwicklungsschritts gegeben werden.[41] Zudem wird dadurch die Eigenkapitalquote des Unternehmens gestärkt. Dies erleichtert eine ggf. ergänzende Fremdkapitalfinanzierung des Unternehmens. Kennzeichnend für eine Venture-Capital-Finanzierung in Deutschland und Italien ist, dass das Eigenkapital ohne eine Absicherung durch Sicherheiten, die aus den eben erwähnten Gründen[42] nicht möglich ist, gewährt wird.[43] Zudem erhält der Investor für die Bereitstellung des Eigenkapitals keine laufende Verzinsung.[44] Für diesen treten die Rückzahlung des von ihm bereit gestellten Kapitals und ein wirtschaftlicher Erfolg des Investments durch Kapitalgewinne erst mit der erhofften, zukünftigen

39 *Kußmaul/Richter*, DStR 2000, 1155; *Möllmann/Möllmann*, BWNotZ 2013, 74, 79.

40 *Freyling/vom Hofe/Klingsch*, StB 2003, 21, 22; *Kußmaul/Richter*, DStR 2000, 1155, 1156; *Pfeiffer*, BB 1999, 1665, 1668; *Schäfer/Stephan*, Rn. 5; *Trezzini*, S. 42; *Weitnauer*, in: Weitnauer, Venture Capital, Teil A. Rn. 1; *Zanoni*, S. 134 ff; vgl. *Baums/Möller*, in: FS Buxbaum, 2000, S. 33, 41 und *Cumming/Johan*, S. 319 sowie *Pytlik*, S. 27 m.w.N, die darauf hinweisen, dass in den USA hingegen hauptsächlich mit wandelbaren Wertpapieren (*convertible securities*) gearbeitet wird.

41 Vgl. *Leopold*, DStR 1999, 470; *von Bünau/Bassewitz*, Corporate Finance biz 2013, 42, 44.

42 Oben § 1 II. 3. a).

43 *AIFI/PricewaterhouseCoopers*, Guida pratica al Capitale di Rischio, http://www.aifi.it/?wpdmact=process&did=MzQ5LmhvdGxpbms= (Stand: 5.1.2016), S. 10; *Freyling/vom Hofe/Klingsch*, StB 2003, 21, 22; *Weitnauer*, in: Weitnauer, Venture Capital, Teil A. Rn. 1.

44 *Freyling/vom Hofe/Klingsch*, StB 2003, 21, 22; *Grisebach*, S. 6; *Inhester*, in: Jesch/Striegel/Boxberger, Rechtshandbuch Private Equity, S. 252, der darauf hin weist, dass dies auch steuerliche Gründe habe; *Schefczyk*, S. 10.

Veräußerung der übernommenen und dann in ihrem Wert gesteigerten Geschäftsanteile an dem jungen Unternehmen ein.[45]

aa) Eigenkapitalfinanzierung im deutschen Recht

Bei Venture-Capital-Investitionen in Deutschland erfolgt die Bereitstellung des erforderlichen Kapitals durch den Investor üblicherweise durch die Zahlung der Einlage auf das Stammkapital gemäß § 3 Abs. 1 Nr. 4 GmbHG bei der GmbH bzw. auf das Grundkapital gemäß § 1 Abs. 2 AktG bei der Aktiengesellschaft sowie durch eine Zuzahlung in die Kapitalrücklage der finanzierten Gesellschaft gemäß § 272 Abs. 2 Nr. 4 HGB. Dabei werden beide Posten aus bilanzieller Sicht als Eigenkapital angesehen.[46]

Im deutschen Recht unterliegt das Eigenkapital bei Kapitalgesellschaften der vollen Haftung und wird im Insolvenzfall nachrangig gegenüber Ansprüchen sonstiger Gläubiger des Unternehmens bedient.[47] Es wird auch dadurch deutlich, dass ein Venture-Capital-Investor ein hohes Risiko eingeht, da er somit im Fall der Insolvenz des finanzierten Unternehmens gegenüber der klassischen Fremdkapitalfinanzierung, etwa durch ein Bankdarlehen, nachrangig bedient wird.

bb) Eigenkapitalfinanzierung im italienischen Recht

Auch im italienischen Recht zählen zum Eigenkapital (*patrimonio netto*) gemäß der Vorschrift des Art. 2424 Abs. 1 c.c. zum Inhalt der Bilanz einer *s.p.a.* u.a. sowohl das Gesellschaftskapital (*capitale sociale*) als auch die Rücklagen aus dem Aufpreis von Aktien (*riserva da soprapprezzo delle azioni*).[48] Über die

---

45 *Albach/Hunsdiek/Kokalj*, S. 166; *Freyling/vom Hofe/Klingsch*, StB 2003, 21, 25; *Gervasoni*, in: Gervasoni, Private equity e venture capital, S. 13; *Grisebach*, S. 6 f.; *Mitter*, ZfKE 2010, 121, 124; *Schefczyk*, S. 18.

46 *Ballwieser*, in: Schmidt/Ebke, MünchKommHGB, § 246 Rn. 82; *Kropff*, in: Hennrichs/Kleindiek/Watrin, MünchKommBilR, § 272 HGB Rn. 137; *Reiner*, in: Schmidt/Ebke, MünchKommHGB, § 272 Rn. 64.

47 *Ballwieser*, in: Schmidt/Ebke, MünchKommHGB, § 246 Rn. 81, § 247 Rn. 56; *Kropff*, in: Hennrichs/Kleindiek/Watrin, MünchKommBilR, § 272 HGB Rn. 253.

48 Zur Föderung von jungen Unternehmen und aufgrund entsprechender Ermächtigung hat das italienische Ministerio dell'economia e delle finanze mit der D. 30 gennaio 2014, Modalita' di attuazione dell'articolo 29, del D.L. 18 ottobre 2012, n. 179, convertito, con modificazioni, dalla L. 17 dicembre 2012, n. 221, in materia di incentivi fiscali all'investimento in start-up innovative, festgelegt, dass junge, als Start-up definierte Unternehmen betreffend Einlagen in Geld in das *Capitale sociale* sowie in die *Riserva da soprapprezzo delle azioni* gewissen Steuererleichterungen unterliegen. Dies sind die

Verweisungsnorm des Art. 2478-bis Abs. 1 Satz 1 c.c. findet dies auch bei der *s.r.l.* Anwendung. Wie in Deutschland, leisten die Gesellschafter einer *s.r.l.* häufig diese Rücklagen als zusätzliche Kapitalzufuhr zur Finanzierung des Unternehmens.[49] Das Vermögen der jeweiligen Gesellschaft (*patrimonio sociale*) stellt gemäß Art. 2740 c.c. die Haftungsmasse für die Gesellschaftsgläubiger dar.[50] Weiterhin erfolgt in Italien ebenso im Falle der Auflösung der Gesellschaft eine vorrangige Befriedigung der Gesellschaftsgläubiger vor der Befriedigung der Forderungen der Gesellschafter.[51]

Durch die sog. *Riforma Vietti* wurde für das Recht der *s.r.l.* die Sonderregelung des Art. 2467 c.c.[52] zum zusätzlichen Schutz der Gesellschaftsgläubiger in Anlehnung an die deutsche Regelung zu eigenkapitalersetzenden Gesellschafterdarlehen des § 32a GmbHG a.F.[53] eingeführt.[54] Danach werden gleichfalls die Forderungen aus Gesellschafterdarlehen als nachrangig gegenüber sonstigen Gläubigern der Gesellschaft behandelt und sind an die Gesellschaft zurückzuerstatten, sofern die Gewährung des Darlehens binnen eines Jahres vor Erklärung der Insolvenz der Gesellschaft erfolgt ist. Gelegentlich kommt es vor, dass Venture-Capital-Investoren flankierend zur Bereitstellung von Eigenkapital dem von ihnen finanzierten Unternehmen auch Darlehen gewähren. Durch diese Regelung erfolgt daher eine Ausdehnung des Gläubigerschutzes, der sich auf die vorrangige Befriedigung dieser Forderungen gegenüber Gesellschafterdarlehen erstreckt.[55]

Einlagen, die ein Venture-Capital-Investor typischerweise im Rahmen seiner Beteiligung vornimmt.

49 Vgl. *Ginevra*, in: Dolmetta/Presti, S.r.l. commentario, Art. 2463 c.c. D. Rn. 8 f.

50 *Kindler*, Italienisches Handels- und Wirtschaftsrecht, § 4 Rn. 12.

51 Vgl. *Sangiovanni*, Le Societá 2008, 1202, 1202 f.

52 Vgl. z.B. *Tognacci*, Rirea 2013, 694, 697 ff. zum Streitstand der Anwendbarkeit des Art. 2467 c.c. auf die *s.p.a.*

53 Soweit in dieser Untersuchung im Folgenden auf deutsche Vorschriften (§§) Bezug genommen wird, die nicht mehr in Kraft sind, sind diese mit a.F. gekennzeichnet. Ansonsten beziehen sich die deutschen Vorschriften auf die zum Zeitpunkt dieser Untersuchung geltenden Fassungen.

54 *Barth*, MittBayNot 2006, 1, 5 f.; *Magrini*, S. 196; *Montalenti*, ECFR 2004, 368, 374; *Sangiovanni*, Le Societá 2008, 1202; *Tognacci*, Rirea 2013, 694, 695.

55 Vgl. in diesem Sinne die Rechtsprechung zur Finanzierung eines Start-up Unternehmens in der Rechtsform einer *s.r.l.*: Trib. Milano 4 dicembre 2014, Le Società 2015, 839, 840; *de Campo*, Le Società 2015, 841, 842 f. m.w.N.

c) *Eigenkapitalähnliches Kapital bzw. Mezzaninekapital*

Der Investor stellt dem von ihm finanzierten Unternehmen ergänzend zur Eigenkapitalbeteiligung in Deutschland und Italien oftmals auch eigenkapitalähnliches Kapital bzw. Mezzaninekapital zur Verfügung.[56] Letzteres rührt vom italienischen Begriff *mezzanino* her und bezeichnet das Zwischengeschoss eines Gebäudes.[57] Hieraus folgend handelt es sich um eine gemischte Finanzierungsform, bei der es jeweils auf die konkrete Regelung ankommt, ob diese entweder mehr als Eigen- oder Fremdkapital angesehen wird.[58] Den Parteien stehen hierbei vielfältige Gestaltungsmöglichkeiten offen. Typisch, jedoch nicht in jedem Fall vorkommend, für eine Mezzanine-Finanzierung sind dabei eine Haftungsbegrenzung des Investors, ein Gewinnbeteiligungs- oder Zinsanspruch, eine Begrenzung der Laufzeit sowie gelegentlich Informations- und Kontrollrechte.[59]

Zu diesen Finanzierungsvarianten zählen u.a. Genussrechte, Nachrangdarlehen, partiarische Darlehen, stille Beteiligungen und Wandelanleihen (bei der GmbH kann die Absicherung der Wandelanleihe durch genehmigtes Kapital erfolgen).[60] Am Beispiel der stillen Beteiligung zeigt sich, dass diese, je nach ihrer Ausformung als typische oder atypische, als Fremdkapital[61] bzw. als Eigenkapital angesehen werden kann.[62] Typischerweise erfolgt aufgrund des Vorhandenseins von Elementen des Eigen- und Fremdkapitals eine Befriedigung der Ansprüche der Mezzanine-Investoren erst nach den anderen Gläubigern der finanzierten Gesellschaft, insbesondere nach klassischen Fremdkapitalgebern.[63]

---

56 *Albach/Hunsdiek/Kokalj*, S. 166; *Bonini/Motta*, in: Cenciarini/Dallocchio/Dell'Acqua/Etro, Un ponte per la crescita, S. 55; *Gervasoni*, in: Gervasoni, Private equity e venture capital, S. 11; *Grisebach*, S. 3 f.; *Kußmaul/Richter*, DStR 2000, 1155, 1156; *Weitnauer*, in: Weitnauer, Venture Capital, Teil A. Rn. 1; teilweise wird in diesem Zusammenhang auch der Begriff des „Hybrid-Kapitals" verwendet, so z.B.: *Kropff*, in: Hennrichs/Kleindiek/Watrin, MünchKommBilR, § 272 HGB Rn. 243.

57 *Becker*, Investition und Finanzierung, S. 183.

58 Vgl. *Bonini/Motta*, in: Cenciarini/Dallocchio/Dell'Acqua/Etro, Un ponte per la crescita, S. 55; *Gündel/Hirdes*, BC 2005, 205, 206; *Honold*, Corporate Finance 2015, 197, 197 f.

59 *Becker*, Investition und Finanzierung, S. 184; *Kraus*, in: Weitnauer, Venture Capital, Teil D. Rn. 24 ff.

60 *Honold*, Corporate Finance 2015, 197, 199; *Kraus*, in: Weitnauer, Venture Capital, Teil D. Rn. 24 ff.

61 Als Fremdkapital wird sie eingeordnet von: *Kußmaul/Richter*, DStR 2000, 1155, 1159.

62 *Gündel/Hirdes*, BC 2005, 205, 206; *Kraus*, in: Weitnauer, Venture Capital, Teil D. Rn. 103.

63 *Gündel/Hirdes*, BC 2005, 205, 206; *Kropff*, in: Hennrichs/Kleindiek/Watrin, MünchKommBilR, § 272 HGB Rn. 243.

Für den Gründer hat die Mezzanine-Finanzierung den Vorteil, dass er dem Investor nicht in gleichem Umfang wie bei der Finanzierung durch Eigenkapital Kontroll- und Mitspracherechte gewähren muss. Mit der alleinigen Gewährung von eigenkapitalähnlichem Kapital bzw. Mezzaninekapital werden jedoch häufig die Unternehmensziele nicht in optimalem Ausmaß befriedigt, da mit ihr zwar in der Regel keine Mitspracherechte und damit eine Einmischung in die Unternehmensführung verbunden ist, gleichzeitig fehlt jedoch eine Verbesserung der organisatorischen und unternehmerischen Führung des Unternehmens.[64] Die aktive Unterstützung durch einen Venture-Capital-Investor ist für einen häufig geschäftsunerfahrenen Gründer von großer Bedeutung. Zudem erfolgt eine überdurchschnittlich hohe Zinsbelastung für das Unternehmen.[65] Dies schränkt das finanzierte Unternehmen in seiner finanziellen Handlungsfreiheit in höherem Maße ein als bei einer reinen Eigenkapitalfinanzierung, da hier keine laufenden Zinsleistungen gezahlt werden müssen. Daher kommt für ein junges Unternehmen im Einzelfall lediglich als Ergänzung zur Eigenkapitalbereitstellung durch den Investor eine Finanzierung durch eigenkapitalähnliches Kapital bzw. Mezzaninekapital in Betracht.

d) Direkte und indirekte Venture-Capital-Finanzierung

Klassischerweise wird beim Venture-Capital zwischen zwei Finanzierungsarten unterschieden.

Dies ist zum einen die direkte Venture-Capital-Finanzierung bzw. das sog. informelle oder nicht institutionalisierte Venture-Capital, bei der/dem ohne Zwischenschaltung einer weiteren Gesellschaft eine unmittelbare Kapitalbeteiligung am jungen Unternehmen erfolgt.[66] Dieser Art der Beteiligung bedienen sich in der Regel die Freunde und Familie des Gründers, um diesen bei der Entwicklung seiner Geschäftsidee zu unterstützen, sowie die sog. *Business Angels*.[67] Bei Letzteren handelt es sich um geschäftserfahrene und vermögende Privatinvestoren, die

64 *Von Bünau/Bassewitz*, Corporate Finance biz 2013, 42, 43.

65 *Von Bünau/Bassewitz*, Corporate Finance biz 2013, 42, 43; *Weitnauer*, in: Weitnauer, Venture Capital, Teil D. Rn. 14; *Ziegert*, S. 90, erwähnt, dass der Zinssatz im Bereich 12–14% liegen kann.

66 *Grisebach*, S. 8; *Kußmaul/Richter*, DStR 2000, 1155, 1159; *Leopold*, DStR 1999, 470; *Mitter*, ZfKE 2010, 121, 124; *Möllmann/Möllmann*, BWNotZ 2013, 74, 79; *Pytlik*, S. 7; *Schefczyk*, S. 12.

67 *Kußmaul/Richter*, DStR 2000, 1155, 1159; *Leopold*, DStR 1999, 470; *Möllmann/Möllmann*, BWNotZ 2013, 74, 79 f.

den Gründer neben der Kapitalbereitstellung u.a. mit ihrer Erfahrung und ihrem Netzwerk aus dem eigenen Berufsleben unterstützen.[68]

Auf der anderen Seite steht die indirekte Venture-Capital-Finanzierung bzw. das sog. formelle oder institutionalisierte Venture-Capital, bei der/dem zwischen den eigentlichen Kapitalgebern und dem zu finanzierenden jungen Unternehmen der Venture-Capital-Investor als Intermediär steht.[69] Die eigentlichen Kapitalgeber sind dabei etwa Privatpersonen, die ihr Geld in einen Venture-Capital-Fonds einzahlen, der sich an dem jeweiligen Unternehmen beteiligt.[70] Einen Spezialfall hiervon stellt das sog. Corporate Venture-Capital dar, bei dem ein großes Industrieunternehmen eine Venture-Capital-Gesellschaft gründet, damit diese sich an jungen und innovativen Unternehmen beteiligen kann.[71] Hierdurch erhofft sich der Kapitalgeber zum einen den kostengünstigen Erwerb neuer Technologien für den eigenen Geschäftsbereich.[72] Zum anderen geht es ihm um die Erkenntnis neuer und innovativer Herangehensweisen und Techniken, die aufgrund der Gesamtstruktur und Organisationsvorgänge des großen Unternehmens bei diesem nicht in gleicher Weise zu realisieren sind. Zudem werden auch Banken über eigene Venture-Capital-Gesellschaften in diesem Bereich der Unternehmensfinanzierung tätig, um sich u.a. einen besseren Zugang zu Firmenkunden zu sichern und das eigene Beratungsangebot auszubauen.[73] Letztlich bestehen auch staatliche Förderprogramme, in deren Rahmen sich der Staat, die Länder oder staatliche Einrichtungen als Venture-Capital-Geber bzw. -Förderer betätigen.[74] So beteiligte sich etwa die KfW über lange Jahre im Rahmen des ERP-Startfonds mit Eigenkapital an jungen Technologieunternehmen. In jedem dieser Fälle entscheidet jedoch der Investor, ob und in welcher Höhe in ein bestimmtes junges Unternehmen investiert wird. Die eigentlichen Kapitalgeber, z.B. Privatpersonen, entscheiden lediglich zu Beginn, welchem Venture-Capital-Fonds sie ihr

---

68 *AIFI/PricewaterhouseCoopers*, Guida pratica al Capitale di Rischio, http://www.aifi.it/?wpdmact=process&did=MzQ5LmhvdGxpbms= (Stand: 5.1.2016), S. 19; *Leopold*, DStR 1999, 470; *Möllmann/Möllmann*, BWNotZ 2013, 74, 80.

69 *Grisebach*, S. 8; *Leopold*, DStR 1999, 470; *Mitter*, ZfKE 2010, 121, 124; *Möllmann/Möllmann*, BWNotZ 2013, 74, 79; *Pytlik*, S. 7; *Schefczyk*, S. 13 f.

70 *AIFI/PricewaterhouseCoopers*, Guida pratica al Capitale di Rischio, http://www.aifi.it/?wpdmact=process&did=MzQ5LmhvdGxpbms= (Stand: 5.1.2016), S. 19; *Schefczyk*, S. 14.

71 *Kußmaul/Richter*, DStR 2000, 1155, 1159; *Leopold/Frommann/Kühr*, S. 167; *Möllmann/Möllmann*, BWNotZ 2013, 74, 80; *Schefczyk*, S. 20.

72 *Kußmaul/Richter*, DStR 2000, 1155, 1159; *Schefczyk*, S. 20.

73 *Schefczyk*, S. 19.

74 *Kußmaul/Richter*, DStR 2000, 1155, 1159; *Leopold*, DStR 1999, 470, 474; *Schefczyk*, S. 9.

Vermögen anvertrauen und ob dieser z.B. einen bestimmten Investitionsschwerpunkt bevorzugt. Dabei hat die indirekte Venture-Capital-Finanzierung den Vorteil, dass der Venture-Capital-Investor üblicherweise zeitgleich in mehrere junge Unternehmen (sog. Portfolio-Unternehmen) investiert und sich hieraus eine gewisse Risikostreuung der Investments ergibt.[75] Für die weitere Untersuchung ist es ohne Belang, wer als tatsächlicher Kapitalgeber im Rahmen der indirekten Venture-Capital-Finanzierung fungiert, da es einzig um die Beteiligung als Gesellschafter am zu finanzierenden jungen Unternehmen geht.

Es muss angemerkt werden, dass es theoretisch auch möglich ist, dass zwischen einem Gründer und einem sich an dessen Unternehmen beteiligenden *Business Angel* eine Mitveräußerungspflicht vereinbart wird. Bei der indirekten im Vergleich zur direkten Venture-Capital-Finanzierung besteht jedoch eine höhere Markttransparenz und eine insgesamt höhere Kapitalzurverfügungstellung. Zudem wird der Gründer in der Regel eine Mitveräußerungspflicht aufgrund deren einschneidenden Wirkung erst ab einer signifikanten Beteiligungshöhe vereinbaren. Somit beschränkt sich die weitere Untersuchung auf die indirekte Venture-Capital-Finanzierung.

e) Art der Beteiligung

Den Venture-Capital-Investoren stehen verschiedene Arten der Beteiligung an einem jungen Unternehmen zur Verfügung.

aa) Minderheitsbeteiligung

Bei einem Venture-Capital-Investment in Deutschland und Italien beteiligt sich der Investor typischerweise mit einer Minderheitsbeteiligung direkt und unmittelbar durch die Übernahme eines Geschäftsanteils als Gesellschafter an dem zu finanzierenden Unternehmen.[76] Unter einer Minderheitsbeteiligung wird eine Beteiligung am Stammkapital von unter 50% verstanden. Diese liegt in der

---

75 *Grisebach*, S. 8; *Schefczyk*, S. 13.

76 Vgl. *Corno*, in: Gervasoni, Private Equity and Venture Capital, S. 335, 349; *Divizia*, Notariato 2009, 157, 163; *Feld/Mendelson*, S. 61; *Gores*, in: Hauschild/Kallrath/Wachter, Notarhandbuch, § 20 Rn. 94; *Kußmaul/Richter*, DStR 2000, 1155, 1156; *Mitter*, ZfKE 2010, 121, 124; *Schefczyk*, S. 10 m.w.N.; *Sörgel*, M&A REVIEW 2014, 474, 475; *Szego*, Riv. dir. comm. 2005, I, 821, 830; *Toninelli*, Rivista delle operazioni straordinarie 2015, fasc. 6, 4; *Trezzini*, S. 42; *von Bünau/Bassewitz*, Corporate Finance biz 2013, 42, 43; *Weitnauer*, NZG 2001, 1065; *Wenger*, in: Gericke, Private Equity, S. 3; *Zirngibl/Kupsch*, BB 2011, 579.

Praxis regelmäßig zwischen 20% und 35%.[77] Es gibt mehrere Gründe, warum der Venture-Capital-Investor keine Mehrheitsbeteiligung anstrebt. Gerade zu Beginn eines Unternehmens ist ungewiss, ob dieses den erwünschten Erfolg und die erhoffte Rendite erwirtschaften wird. Durch die zunächst erfolgende Minderheitsbeteiligung werden der erforderliche Kapitaleinsatz und damit das Verlustrisiko bei einem Scheitern des Unternehmens begrenzt. Weiterhin bezweckt der Investor, durch eine Mehrheitsbeteiligung des Gründers, dessen Motivation und Einsatz zum Gelingen des Unternehmens sowie seine Bindung an das Unternehmen insgesamt hoch zu halten.[78] Der Erhalt der Mehrheitsstellung ist auch im Sinne des Gründers, der ohnehin vor der ungewohnten Situation der Aufnahme eines fremden Mitgesellschafters steht, und somit wenigstens weiterhin über die Stimmenmehrheit verfügt und sich eine gewisse Selbstständigkeit erhalten kann.[79]

bb) Special Purpose Vehicle

Zudem kann im Rahmen einer Venture-Capital-Finanzierung ein sog. Special Purpose Vehicle zum Einsatz kommen.[80] Hierbei werden wesentliche Vermögenswerte des jungen Unternehmens, wie z.B. Kapital, gewerbliche Schutzrechte oder auch Arbeitnehmer, in eine hierfür zu gründende Zweckgesellschaft eingebracht.[81] Somit bestehen zwei Gesellschaften. Der Investor beteiligt sich in diesem Fall jedoch lediglich als Gesellschafter an der Zweckgesellschaft.[82] Bei dieser sind nämlich die wesentlichen Vermögensgegenstände vorhanden. Allerdings muss bei dieser Konstruktion mit einem erhöhten finanziellen Aufwand, Transaktionskosten, gerechnet werden, da zwei Gesellschaften bestehen.[83] Weiterhin wird der Investor mit seinem Investment in die Zweckgesellschaft tendenziell eine höhere Beteiligungsquote erlangen, als dies ohne eine Aufspaltung der Fall wäre.[84] Dies wird ein Gründer üblicherweise nicht ohne Not akzeptieren. Zudem muss erwähnt werden, dass diese Konstruktion bislang wenig Verbreitung im

---

77 *Gores*, in: Hauschild/Kallrath/Wachter, Notarhandbuch, § 20 Rn. 94; *Weitnauer*, NZG 2001, 1065, 1065 f.

78 *Trezzini*, S. 42; *Bünau/Bassewitz*, Corporate Finance biz 2013, 42, 44.

79 *Kußmaul/Richter*, DStR 2000, 1155, 1156; *Schefczyk*, S. 22.

80 *Honold*, Corporate Finance 2015, 197, 202.

81 *Honold*, Corporate Finance 2015, 197, 203.

82 *Honold*, Corporate Finance 2015, 197, 203.

83 *Honold*, Corporate Finance 2015, 197, 204.

84 *Honold*, Corporate Finance 2015, 197, 203.

Bereich des Venture-Capital gefunden hat.[85] Daher fehlen weitgehende Erfahrungen hiermit und die nachfolgende Untersuchung wird sich auf die klassische unmittelbare Minderheitsbeteiligung eines Investors an einer Zielgesellschaft beschränken, in der sämtliche Unternehmenswerte vorhanden sind.

4. Dauer der Beteiligung

Die Entwicklung und Finanzierung eines Unternehmens lässt sich zwar anhand eines Geschäftsplans (*business plan*) auf dem Papier und in der Theorie darlegen. Ob dies jedoch in der Praxis genauso eintritt, hängt von vielen, auch nicht planbaren, externen Faktoren ab. Aus unzähligen Gründen, wie z.B. einer schwierigen Marktentwicklung, kann sich eine längere Beteiligungsdauer bis zu einem Ausstieg aus dem Investment, oder auch eine kürzere, z.B. bei einer den Markt sofort durchdringenden Idee, ergeben.

Somit wird ein Investor zwar eine Vorstellung haben, wie lange sein Investment idealerweise dauern solle. Die zeitliche Begrenzung der Finanzierung und der zwangsläufig in der Zukunft erfolgende Ausstieg (*Exit*) aus dem Investment ist nämlich gerade ein wesentliches Element der Venture-Capital-Beteiligung.[86] Ob dies jedoch dann exakt in dem geplanten Umfang zu einem Erfolg wird, lässt sich angesichts der vorgenannten Faktoren lediglich in gewissem Umfang planen. Folglich gibt es keine exakten Grenzen, bis zu denen oder innerhalb derer eine Finanzierung ablaufen muss, damit diese als Venture-Capital-Finanzierung anzusehen ist. Freilich entwickelten sich gewisse Richtwerte, deren Grenzen jedoch nicht zwingend eingehalten werden müssen. Als typische Dauer einer Venture-Capital-Finanzierung werden jedoch Zeiträume von zwei bis zehn Jahren angegeben.[87]

---

85 *Honold*, Corporate Finance 2015, 197, 202.

86 *Freyling/vom Hofe/Klingsch*, StB 2003, 21, 22; *Fritzsche/Häußermann*, in: Berens/Brauner/Frodermann, Unternehmensentwicklung mit Finanzinvestoren, S. 375, 376; *Gervasoni*, in: Gervasoni, Private equity e venture capital, S. 11; *Grisebach*, S. 6; *Schäfer/Stephan*, Rn. 6; *Schefczyk*, S. 10; *Sherman*, S. 189; *Szego*, Riv. dir. comm. 2005, I, 821, 835.

87 *Bartlett*, S. 5: für die USA vier bis sechs Jahre; *Freyling/vom Hofe/Klingsch*, StB 2003, 21, 22 m.w.N.: drei bis acht Jahre; *Fritzsche/Häußermann*, in: Berens/Brauner/Frodermann, Unternehmensentwicklung mit Finanzinvestoren, S. 375, 376 m.w.N.: zwei bis fünf Jahre; *Gabrysch*, in: Breithaupt/Ottersbach, Kompendium Gesellschaftsrecht, Teil 1., C. Rn. 28: drei bis sieben Jahre; *Gervasoni*, in: Gervasoni, Private equity e venture capital, S. 11: für Italien drei bis sechs Jahre; *Grisebach*, S. 62: sechs bis zehn Jahre; *Schefczyk*, S. 10: fünf bis zehn Jahre; *Sherman*, S. 189: z.B. für die USA vier bis sechs

5. Bedürfnis eines jungen Unternehmens nach Venture-Capital

Häufig steht der Gründer zu Beginn seiner Unternehmung mit der bloßen Hoffnung auf die Durchdringung des Marktes und damit den Erfolg seiner Idee da. Die Gründe, warum daher für ein junges Unternehmen aus rein finanzieller Sicht allein eine Venture-Capital-Finanzierung und keine Fremdkapitalfinanzierung infrage kommt, wurden bereits erläutert.[88]

Unbestritten ist bei jedem ernsthaft gemeinten Gründungsversuch, dass der Gründer über das notwendige Wissen und Können für die Entwicklung, Forschung und Produktion seines jeweiligen innovativen Produkts verfügen muss. Diesen Gründern fehlt es jedoch häufig an dem für den Erfolg ihres Produkts erforderlichen betriebswirtschaftlichen, organisatorischen und rechtlichen Know-how. Genau dies bietet ihm jedoch ein Venture-Capital-Investor, da dieser im Gegensatz zu einem passiven Fremdkapitalgeber durch Einbringung seiner Erfahrung und seines Wissens in dem jungen Unternehmen mitwirkt.[89] Zudem kann er durch sein Netzwerk Geschäftskontakte herstellen und somit den Marktzugang erleichtern. Dies geschieht selbstverständlich nicht nur aus altruistischen Motiven. Durch die direkte Beratung und Unterstützung des Gründers bei der Geschäftsführung sollen die jeweilige Gesellschaft und damit letztlich die eigene Beteiligung an Wert gewinnen, sodass diese zu gegebener Zeit mit einer möglichst hohen Rendite veräußert werden kann.[90]

Hinsichtlich des Grads der Betreuung durch den Investor wird üblicherweise zwischen zwei Kategorien unterschieden. Bei der *hands-on* Betreuung ist der Investor wesentlich in sämtliche Unternehmensfragen und -entwicklungen eingebunden und wirkt z.B. bei der generellen Unternehmensausrichtung, Einstellung von Personal, Akquirierung von Kunden und Partnern sowie zusätzlichen Kapitalgebern mit.[91] Beschränkt sich der Investor hingegen eher auf die

Jahre; *Szego*, Riv. dir. comm. 2005, I, 821, 835: für Italien drei bis acht Jahre; *Wenger*, in: Gericke, Private Equity, S. 3 f.: fünf bis sieben Jahre.

88 Oben § 1 II. 3. a).

89 *Albach/Hunsdiek/Kokalj*, S. 175 f.; *Black/Gilson*, JFE, Vol. 47 (1998), 243, 252; *Grisebach*, S. 7; *Mitter*, ZfKE 2010, 121, 130, die in diesem Zusammenhang von sog. value-adding-Aktivitäten spricht; *Pfeiffer*, BB 1999, 1665, 1669; *Schäfer/Stephan*, Rn. 7; *Schefczyk*, S. 10.

90 *Grisebach*, S. 7; *Schefczyk*, S. 10.

91 *AIFI/PricewaterhouseCoopers*, Guida pratica al Capitale di Rischio, http://www.aifi.it/?wpdmact=process&did=MzQ5LmhvdGxpbms= (Stand: 5.1.2016), S. 31; *Freyling/vom Hofe/Klingsch*, StB 2003, 21, 23; *Pfeiffer*, BB 1999, 1665, 1669; *Trezzini*, S. 40; *Weitnauer*, in: Weitnauer, Venture Capital, Teil A. Rn. 3.

Wahrnehmung von Kontroll- und Mitspracherechten, auf die Prüfung regelmäßiger Geschäftsberichte und überlässt der Geschäftsführung im Wesentlichen allein die Steuerung der finanzierten Gesellschaft spricht man von der *hands-off* Betreuung.[92] Hinter all dem steht die Grundeinstellung beim Venture-Capital, nach der der Investor stets darauf achtet, dass nicht nur er selbst, sondern auch der Gründer wirtschaftlichen Erfolg und damit am langen Ende Geld mit seiner Idee verdienen wird.[93]

6. Rendite

Grundsätzlich ist festzustellen, dass es das Ziel des Venture-Capital-Investors ist, mit seinem Investment eine möglichst hohe Rendite zu erwirtschaften, da der Erfolg eines Venture-Capital-Fonds unmittelbar damit zusammenhängt. So hoffen Investoren auf Renditen von 25–50% p.a. oder gar höher.[94] Diese Hoffnung des Investors hängt jedoch unabhängig von dem Erfolg des finanzierten Unternehmens auch vom jeweiligen Marktumfeld zum Zeitpunkt seines Ein- und Ausstiegs ab. Steigt er in einem überhitzten Markt ein, besteht das Risiko, dass er für seine Beteiligung einen übermäßig hohen Preis bezahlen muss. Dies mindert die Rendite. Fällt der *Exit* hingegen in eine wirtschaftliche Schwächephase oder Börsenkrise, scheiden gewisse Ausstiegsoptionen, wie ein Börsengang, aus und wird die Rendite geringer ausfallen. Denkt man an die oben[95] genannten und mit Venture-Capital finanzierten Branchengrößen, so wird deutlich, dass in diesen Fällen erheblich über dem Durchschnitt liegende Renditen erzielt werden konnten. So gibt es sicherlich Fälle, in denen die Veräußerung zu einem Wert erfolgt ist, der mehrere tausend Prozent des originären Investments betrug.[96] Nicht unerwähnt bleiben darf, dass bei der Investition in eine neue Idee und ein neues Produkt stets das Risiko eines Totalverlusts des Investments besteht, sofern

---

92 *AIFI/PricewaterhouseCoopers*, Guida pratica al Capitale di Rischio, http://www.aifi.it/?wpdmact=process&did=MzQ5LmhvdGxpbms= (Stand: 5.1.2016), S. 31; *Freyling/vom Hofe/Klingsch*, StB 2003, 21, 23; *Pfeiffer*, BB 1999, 1665, 1669; *Trezzini*, S. 40.

93 *Gladstone/Gladstone*, S. 4.

94 *Batterson*, S. 57; *Fritzsche/Häußermann*, in: Berens/Brauner/Frodermann, Unternehmensentwicklung mit Finanzinvestoren, S. 375, 376 m.w.N.; *Gabrysch*, in: Breithaupt/Ottersbach, Kompendium Gesellschaftsrecht, Teil 1., C. Rn. 28.

95 Oben Einleitung I.

96 *Leopold*, DStR 1999, 470, 472.

sich dies am Markt nicht durchsetzt. Auf lange Sicht gesehen ergeben sich beim Venture-Capital-Renditen zwischen 10–20% p.a.[97]

7. Definition und Abgrenzung des Venture-Capital zu Private-Equity

Sämtliche bislang behandelten Punkte sind kennzeichnend und erforderlich für die Bestimmung des Begriffs Venture-Capital.[98] Hiervon ausgehend wird daher die Begriffsentwicklung in den USA, als Mutterland des Venture-Capitals, Deutschland und Italien sowie dessen Abgrenzung zum Begriff des Private-Equity dargestellt.

a) Begriffe des Venture-Capitals und Private-Equity in den USA

In den USA versteht man heutzutage unter Venture-Capital ein Investment durch spezialisierte Venture-Capital-Unternehmen in Unternehmen, die sich durch hohes Wachstum, hohes Risiko und oft durch eine Betätigung im Bereich der Hochtechnologie auszeichnen, die wiederum Kapital zur Finanzierung der Produktentwicklung und ihres Wachstums benötigen, wobei dieses Kapital aufgrund des Wesens des Unternehmens weitgehend in der Form von Eigenkapital anstatt durch Fremdkapital beschafft werden muss.[99] Unter Venture-Capital fallen nach US-amerikanischem Verständnis üblicherweise lediglich Finanzierungen in der Phase des sog. *early stage*.[100] Nach dieser klassischen US-amerikanischen Definition fallen sog. *Buy-outs* nicht unter den Begriff Venture-Capital.[101]

Die Finanzierungsformen Venture-Capital und Private-Equity unterscheiden sich nach US-amerikanischer Sichtweise dadurch, dass sich die Erste auf die Finanzierung von Unternehmen, die sich noch in den Anfängen, die Zweite hingegen auf die Finanzierung von Unternehmen, die schon weiter fortgeschritten

---

97 *Leopold*, DStR 1999, 470, 472 m.w.N, wobei dieser auf ein Werk aus dem Jahr 1992 verweist.

98 Oben § 1 II. 1. bis § 1 II. 6.

99 *Black/Gilson*, JFE, Vol. 47 (1998), 243, 245; Venture-Capital ist jedoch nicht zwingend auf die Finanzierung von Hochtechnologie ausgelegt wie *Bottazzi/Da Rin*, Economic Policy 2002, Vol. 17, Issue 34, S. 229, 233 und *Zanoni*, S. 2 erwähnen, da auch Unternehmen wie Federal Express und Starbucks damit finanziert wurden.

100 *Cumming/Johan*, S. 5; *Trezzini*, S. 23 m.w.N.

101 *Black/Gilson*, JFE, Vol. 47 (1998), 243, 245, 267; *Cumming/Johan*, S. 5; *Dallocchio*, in: Cenciarini/Dallocchio/Dell'Acqua/Etro, Un ponte per la crescita, S. 75; *Gervasoni*, in: Gervasoni, Private equity e venture capital, S. 11, 12.

sind, sowie auf die sog. *Buy-outs* beziehen.[102] In der US-amerikanischen Literatur wird darauf aufmerksam gemacht, dass hingegen in Europa unter den Begriff des Venture-Capitals auch häufig die sog. *Buy-outs* gefasst werden.[103] Insgesamt lässt sich jedoch sagen, dass Private-Equity in den USA als Oberbegriff für die sog. *Buy-outs*, Mezzanine-Finanzierungen und Venture-Capital angesehen wird.[104]

b) Begriffe des Venture-Capitals und Private-Equity in Deutschland

In Deutschland werden die Begriffe des Venture-Capitals und Private-Equity hingegen von einigen synonym verwendet.[105] Andererseits wird Venture-Capital auch häufig, ebenso wie in den USA, als eine Unterform von Private-Equity, das sämtliche Eigenkapitalanlagen umfasst und dieselben Bestandteile wie nach der US-amerikanischen Sicht[106] enthält, angesehen.[107] Innerhalb dieser Meinung wird, ganz im Sinne der US-amerikanischen Einordnung, vertreten, dass unter Venture-Capital lediglich die Finanzierung von ganz am Anfang stehenden, auch sogar noch nicht gegründeten, Unternehmen fällt.[108] Mehrheitlich wird jedoch im Gegensatz zur US-amerikanischen Sichtweise vertreten, dass unter den Begriff

---

102 *Cumming/Johan*, S. 5; dies vertreten beispielhaft für Deutschland *Albach/Hunsdiek/Kokalj*, S. 172 f.

103 *Black/Gilson*, JFE, Vol. 47 (1998), 243, 245.

104 *Cumming/Johan*, S. 5 ff.; *Dallocchio*, in: Cenciarini/Dallocchio/Dell'Acqua/Etro, Un ponte per la crescita, S. 75; *Fusaro/Muzio*, in: Gervasoni, Private Equity and Venture Capital, S. 13, 17; vgl. *Gervasoni*, in: Gervasoni, Private equity e venture capital, S. 11, 12; *Leopold/Frommann/Kühr*, S. 6; *Schefczyk*, S. 8; *Strehle*, S. 24.

105 *Freyling/vom Hofe/Klingsch*, StB 2003, 21, 22 m.w.N.; *Leopold/Frommann/Kühr*, S. 6, die auf die zunächst auch synonyme Verwendung in den USA hinweisen; *Schefczyk*, S. 9; *Strehle*, S. 24 m.w.N., bezugnehmend auf Europa.

106 Oben § 1 II. 6. a).

107 *BVK*, Private Equity-Eigenkapital für den Mittelstand – Ein Leitfaden für Unternehmer, abrufbar unter http://www.bvkap.de/sites/default/files/publication/bvk_mittelstandsleitfaden_0.pdf (Stand: 18.1.2016), S. 14; *Ernst/Häcker*, S. 70; *Gabrysch*, in: Breithaupt/Ottersbach, Kompendium Gesellschaftsrecht, Teil 1., C. Rn. 61; *Hofert von Weiss/Arends*, in: Wachter, Handels- und Gesellschaftsrecht, Teil 2, 16. Kapitel, Rn. 238; *Invest Europe*, Professional Standards Handbook, abrufbar unter http://www.investeurope.eu/media/431779/invest-europe-professional-standards-handbook-2015.pdf (Stand: 18.1.2016), S. 61, die sich als europäische Private-Equity- und Venture-Capital-Vereinigung auf die europäische Ebene bezieht; *Kestler*, S. 125; *Leopold/Frommann/Kühr*, S. 7; *Schäfer/Stephan*, Rn. 2; *Wenger*, in: Gericke, Private Equity, S. 3.

108 *Leopold/Frommann/Kühr*, S. 4.

Venture-Capital sowohl Finanzierungen auf den Stufen der sog. *early stage* als auch der sog. *expansion stage* fallen.[109] Aus finanzieller Sicht muss erwähnt werden, dass bei Private-Equity-Finanzierungen ein erheblich höherer Anteil an Fremdkapital eingesetzt wird als beim Venture-Capital.[110] Wie bereits oben gesehen, ist es jedoch nicht immer möglich eine scharfe Trennlinie zwischen den einzelnen Finanzierungsphasen zu ziehen.[111] Folglich gilt dies erst recht für die jeweilige Bestimmung, ob, gerade bei einem schon seit gewisser Zeit bestehenden Unternehmen, eine Private-Equity- oder Venture-Capital-Finanzierung vorliegt.

c) Begriffe des Venture-Capitals und Private-Equity in Italien

Ebenso wie in Deutschland und den USA gibt es auch in Italien keine allgemeingültige Definition der Begriffe Venture-Capital und Private-Equity und es gibt folglich auch dort unterschiedlichste Eingrenzungsversuche. Grundsätzlich findet in Italien ebenfalls eine Unterscheidung zwischen Venture-Capital und Private-Equity statt.[112] Dabei versteht man unter Venture-Capital die Finanzierung nicht börsennotierter Unternehmen mit Wachstumspotenzial durch im

---

109 *BVK*, Private Equity-Eigenkapital für den Mittelstand – Ein Leitfaden für Unternehmer, abrufbar unter http://www.bvkap.de/sites/default/files/publication/bvk_mittelstandsleitfaden_0.pdf (Stand: 18.1.2016), S. 14; *Freyling/vom Hofe/Klingsch*, StB 2003, 21, 22; *Invest Europe*, Professional Standards Handbook, abrufbar unter http://www.investeurope.eu/media/431779/invest-europe-professional-standards-handbook-2015.pdf (Stand: 18.1.2016), S. 61, die sich als europäische Private-Equity- und Venture-Capital-Vereinigung auf die europäische Ebene bezieht; *Kußmaul/Richter*, DStR 2000, 1155, 1158, die hierbei vom Venture-Capital im engeren Sinn sprechen; vgl. *Leopold/Frommann/Kühr*, S. 7; *Wenger*, in: Gericke, Private Equity, S. 3; a.A. *Albach/Hunsdiek/Kokalj*, S. 172 f., die unter Venture-Capital auch die sog. *Management Buy-outs* fassen; a.A. *Trezzini*, S. 24, der zum Venture-Capital auch die Exitphasenfinanzierung zählt.

110 *Gabrysch*, in: Breithaupt/Ottersbach, Kompendium Gesellschaftsrecht, Teil 1., C. Rn. 63, der bei sog. Private-Equity-Buy-outs von 60/70% Fremdkapital ausgeht.

111 Oben § 1 II. 2.

112 *AIFI*, Guida al Venture Capital. Come finanziare lo startup dell'impresa, https://dato-images.imgix.net/32/1446106257-Guida%20al%20venture%20capital_VentureUp.pdf?ixlib=rb-0.3.5 (Stand: 19.1.16), S. 2 ff.; *AIFI/PricewaterhouseCoopers*, Guida pratica al Capitale di Rischio, http://www.aifi.it/?wpdmact=process&did=MzQ5LmhvdGxpbms= (Stand: 5.1.2016), S. 6, die auf eine teilweise synonyme Verwendung in Italien hinweisen, selbst jedoch unterscheiden; *Dallocchio*, in: Cenciarini/Dallocchio/Dell'Acqua/Etro, Un ponte per la crescita, S. 75; *Gervasoni*, in: Gervasoni, Private equity e venture capital, S. 11; *Tiberi*, in: Brechbühl/Wooder, Global Venture Capital Transactions, S. 245; *Zanoni*, S. 1.

Allgemein den Erwerb einer Minderheitsbeteiligung mit der Absicht diese mittel-/langfristig zu veräußern, um damit Geld zu verdienen.[113] In Italien werden ebenso Unterstützungsleistungen durch den Venture-Capital-Investor als typisch angesehen, die über die reine Finanzierung hinausgehen.[114] Jedoch wird auch dort darauf hingewiesen, dass diese Kriterien nicht zwingend festgelegt sind, und damit etwa auch die Übernahme von (nicht) wandelbaren Anleihen verbunden sein kann.[115] Teilweise wird, wie in den USA, angenommen, dass sich eine Venture-Capital-Finanzierung ausschließlich auf Unternehmen bezieht, die sich in der Phase der sog. *early stage* befinden.[116] Es gibt jedoch auch, wie in Deutschland, Stimmen, u.a. der italienischen Private-Equity- und Venture-Capital-Vereinigung (*AIFI*), die als typische Phasen einer Venture-Capital-Finanzierung die sog. *early stage* sowie die sog. *expansion stage* ansehen.[117] Überdies greift die Regelung des Art. 31 Abs. 2 des decreto legge 6 luglio 2011, n. 98[118], mit der die Finanzierung junger Unternehmen durch Venture-Capital gefördert werden soll, bei der Definition eines Venture-Capital-Fonds auf diese Einordnung zurück. Eine Private-Equity-Finanzierung liegt demnach bei Finanzierungen vor, die sich auf einen späteren Zyklus in der Unternehmensentwicklung beziehen und beinhaltet die sog. *Buy-outs*.[119] Allgemein zeichnet sich jedoch auch in Italien eine Venture-Capital-Finanzierung im Vergleich zum Private-Equity durch ein erhöhtes Risiko aus.[120] Venture-Capital wird auch in Italien neben den sog. *Buy-outs* als Unterkategorie des Private-Equity angesehen.[121]

---

113 Vgl. *Damiani*, S. 10; *Tiberi*, in: Brechbühl/Wooder, Global Venture Capital Transactions, S. 245.

114 *Dallocchio*, in: Cenciarini/Dallocchio/Dell'Acqua/Etro, Un ponte per la crescita, S. 75, 75 f.

115 *Tiberi*, in: Brechbühl/Wooder, Global Venture Capital Transactions, S. 245.

116 *Dallocchio*, in: Cenciarini/Dallocchio/Dell'Acqua/Etro, Un ponte per la crescita, S. 75; *Gervasoni*, in: Gervasoni, Private equity e venture capital, S. 11, 12; *Tiberi*, in: Brechbühl/Wooder, Global Venture Capital Transactions, S. 245, 246.

117 *AIFI*, Glossario, http://www.aifi.it/glossario/ (Stand: 19.1.2016); *AIFI*, Guida al Venture Capital. Come finanziare lo startup dell'impresa, https://dato-images.imgix.net/32/1446106257-Guida%20al%20venture%20capital_VentureUp.pdf?ixlib=rb-0.3.5 (Stand: 19.1.16), S. 3 f.; *Gervasoni*, in: Gervasoni, Private equity e venture capital, S. 11, 17; *Szego*, Quaderni di ricerca giuridica, S. 15.

118 D.L. 6 luglio 2011, n. 98, Disposizioni urgenti per la stabilizzazione finanziaria.

119 *Tiberi*, in: Brechbühl/Wooder, Global Venture Capital Transactions, S. 245, 246.

120 *Gervasoni*, in: Gervasoni, Private equity e venture capital, S. 11.

121 *Gervasoni*, in: Gervasoni, Private equity e venture capital, S. 11; *Szego*, Riv. dir. comm. 2005, I, 821, 822; *Zanoni*, S. 1.

d) *Deutsche oder englische Begrifflichkeit*

Sowohl in Deutschland als auch in Italien gibt es Diskussionen, ob der englische Begriff des Venture-Capitals oder eine deutsche bzw. italienische Übersetzung zu verwenden ist.

In Deutschland wird bisweilen versucht, den Begriff des Venture-Capitals mit Risikokapital oder Wagnisfinanzierung bzw. -kapital zu übersetzen.[122] Zudem findet man die hierfür verwendeten Begriffe Beteiligungs- oder Investitionskapital.[123] Sämtliche dieser Übersetzungsversuche sind jedoch nicht vollständig geeignet, den englischen Begriff zu ersetzen, obwohl hierbei teilweise die wörtlich korrekte Übersetzung verwendet wird.[124] Hat die finanzierte Idee wirtschaftlichen Erfolg, kann mit dem Investment eine außerordentlich hohe Rendite erzielt werden. Scheitert die Idee jedoch, so steht das Risiko des Totalverlusts des Investments zu befürchten. Diese beiden Punkte sind wesentlich und kennzeichnend für diese Finanzierungsart. Die Begriffe Risiko und Wagnis kennzeichnen hingegen eher das gefährliche, letztere Element, dessen sich der Investor im Übrigen von Anfang an bewusst ist, ohne auf die besondere Renditechance des Investments einzugehen und könnten den Eindruck einer unredlichen Anlageform erwecken.[125] Zudem wird mit Risikokapital u.a. eine Kapitalüberlassung beschrieben, bei der der Gläubiger in der Insolvenz nachrangig befriedigt wird, die der Gläubiger nicht kündigen kann und bei der eine Verzinsung vom konkreten Erfolg des Unternehmens abhängt.[126] Danach stellt Venture-Capital eine Form des Risikokapitals dar und geht durch die sonstigen Beratungsleistungen des Investors sogar darüber hinaus.[127] Die Begriffe Beteiligungs- und Investitionskapital sind hingegen sehr allgemein gehalten, wobei hier die Besonderheiten dieser Finanzierungsform, u.a. das Risiko, die Chancen sowie die Beratungsleistungen, nicht ausreichend zum Ausdruck kommen, da diese Begriffe bei verschiedenen Finanzierungsformen zutreffend sind.[128]

---

122 *Grisebach*, S. 2 m.w.N.; *Jäger*, NZG 1998, 718, 719; *Jesch*, S. 21; vgl. *Leopold*, DStR 1999, 470; *Leopold/Frommann/Kühr*, S. 3 f.; *Pfeiffer*, BB 1999, 1665; *Schäfer/Stephan*, Rn. 1.

123 Vgl. *Jesch*, S. 21; *Leopold/Frommann/Kühr*, S. 3.

124 Oben § 1 II. für die Begriffe Risiko und Wagnis.

125 Vgl. *Grisebach*, S. 2 m.w.N.; *Jäger*, NZG 1998, 718, 719; *Leopold/Frommann/Kühr*, S. 3.

126 Vgl. *Albach/Hunsdiek/Kokalj*, S. 166; *Leopold/Frommann/Kühr*, S. 4.

127 Vgl. *Albach/Hunsdiek/Kokalj*, S. 166; *Jesch*, S. 21; *Leopold/Frommann/Kühr*, S. 4.

128 *Jesch*, S. 21; *Leopold/Frommann/Kühr*, S. 3; *Schäfer/Stephan*, Rn. 1.

Die direkte italienische Übersetzung von Venture-Capital durch den Begriff *capitale di ventura* wird gleichsam in Italien abgelehnt, da auch dort die US-amerikanische Herkunft dieser Finanzierungsform und deren besondere Aspekte betont und erhalten bleiben sollen.[129]

Ein Venture-Capital-Investor finanziert häufig nicht nur in seinem Heimatland, sondern auch ausländische Unternehmen, sofern er von einer Idee überzeugt ist. Auch aufgrund dieser internationalen Tätigkeit und weltweiten Verbreitung hat sich der Begriff Venture-Capital in hohem Maße durchgesetzt.[130] Daher gilt nicht nur allgemein für die internationalen Wirtschaftsbeziehungen, sondern auch in diesem Fall und für die gesamte Vertragspraxis des Venture-Capitals, dass die englische Sprache die *lingua franca* in diesem Bereich darstellt.[131]

Somit ergibt sich, dass allein durch die Verwendung der englischen Bezeichnung Venture-Capital in ausreichendem Ausmaß deren zugleich risiko- und chancenreicher Inhalt ausgedrückt werden kann. Daher kommt im Rahmen dieser Untersuchung der Originalbegriff Venture-Capital zur Verwendung.

e) *Vergleichende Betrachtung und eigene Einordnung der Begriffe des Private-Equity und Venture-Capital*

Aufgrund der Vielzahl der möglichen Sichtweisen in den USA, Deutschland und Italien sowie auch innerhalb dieser einzelnen Länder ist für diese Untersuchung eine eigene Einordnung der Begriffe des Venture-Capitals und Private-Equity vorzunehmen.

In den USA wird Private-Equity vorwiegend als Überbegriff für u.a. Venture-Capital angesehen. Der Bereich des Venture-Capitals wird sehr eng gezogen und umfasst grundsätzlich nur die Finanzierung von Unternehmen, die am Anfang ihrer Entwicklung stehen, sog. *early stage*.

In Deutschland hingegen werden zum einen die Begriffe Private-Equity und Venture-Capital synonym verwendet als auch zum anderen das US-amerikanische Begriffsverständnis zugrunde gelegt, nach dem Venture-Capital einen Teilbereich des Private-Equity darstellt. In der überwiegenden Sichtweise wird Venture-Capital in Deutschland nicht nur auf die Phase der sog. *early stage* sondern auch der sog. *expansion stage* ausgedehnt.

---

129 *Grisebach*, S. 2 m.w.N.

130 *Grisebach*, S. 2.

131 Vgl. *Merkt*, in: FS Sandrock, 2000, S. 657, 685.

Die italienische Sichtweise und Einordnung lehnt sich im Wesentlichen an die deutsche und auch in Europa[132] vorherrschende Auffassung zur Einordnung der Begriffe Private-Equity und Venture-Capital an.

In dieser Untersuchung wird die Anwendbarkeit und Vereinbarkeit von Mitveräußerungspflichten im deutschen und italienischen Recht untersucht. Es geht also um den Einsatz dieser Klauseln bei Portfolio-Unternehmen in diesen beiden Ländern. Zudem ist es, wie gesehen, häufig schwierig, eine exakte Grenze zwischen den einzelnen Finanzierungsphasen zu ziehen. Dies gilt umso mehr zwischen den beiden ersten großen Makrophasen, da sich das Unternehmen bei diesen immer noch in der häufig einhergehenden Start- und Entwicklungsphase befindet. In der sog. *exit stage* bzw. *later stage* befindet sich das Unternehmen jedoch häufig am Ende seiner Entwicklung. In dieser Zeit kommt es zur Abstoßung und Loslösung der Beteiligung des Venture-Capital-Investors vom bis dahin finanzierten Unternehmen. Daher entwickelt gerade in dieser Phase die Mitveräußerungspflicht häufig ihre Wirkung; sie wird jedoch in diesen Phasen in der Regel nicht mehr vereinbart. In dieser Phase kommen Private-Equity-Investoren ins Spiel, die sich grundsätzlich auf die Finanzierung reiferer Unternehmen beschränken. Ganz im Sinne der vorherrschenden Meinungen in den USA, Deutschland und Italien wird Venture-Capital als ein Teilbereich des Private-Equity angesehen, da dies die Gesamtheit von Eigenkapitalanlagen abdeckt.

Aufgrund vorgenannter Erörterungen zeichnet sich eine Venture-Capital-Finanzierung im Rahmen dieser Untersuchung durch nachfolgende Bestandteile aus:

Finanzierung junger Unternehmen mit hohem Wachstumspotenzial aus dem Bereich der Hochtechnologie durch voll haftendes Eigenkapital bzw. Mezzaninekapital;

Zeitlich begrenzte (mittel-/langfristige) Finanzierung ohne laufende Rendite, da diese erst durch eine Veräußerung der Beteiligung am Ende des Investments erzielt werden soll;

---

132 *Europäische Kommission*, Public Consultation Paper. Problems that arise in the direct tax field when venture capital is invested across borders, abrufbar unter http://ec.europa.eu/taxation_customs/resources/documents/common/consultations/tax/venture_capital/consultation_document_en.pdf (Stand: 9.2.2016), S. 2, die Finanzierungen während der sog. *early stage* und der sog. *expansion stage* dem Venture-Capital zurechnet; *Fusaro/Muzio*, in: Gervasoni, Private Equity and Venture Capital, S. 13, 17.

Neben finanzieller auch betriebswirtschaftliche, organisatorische und sonstige Beratung und Unterstützung des Gründers durch den Investor.

8. Abgrenzung des Venture-Capitals zum Crowdfunding bzw. -investing

Heutzutage kommt man bei einer Untersuchung im Rahmen von Venture-Capital-Investitionen nicht mehr um den Begriff des aus den USA stammenden Crowdfunding bzw. -investing herum. Diese Form der Unternehmensfinanzierung erlangte nämlich bereits innerhalb kurzer Zeit auch auf europäischer Ebene großen Erfolg.[133] In Deutschland gibt es, wie beim Venture-Capital, Übersetzungsversuche mit dem Begriff Schwarmfinanzierung.[134] Dabei handelt es sich um eine besondere Form der Unternehmensfinanzierung, die vom Venture-Capital zu unterscheiden ist. Zwar soll mit dieser Finanzierungsform, ebenso wie beim Venture-Capital, jungen, ganz am Anfang stehenden Unternehmen mit innovativen Ideen entsprechendes Kapital für ihre Entwicklung zur Verfügung gestellt werden.[135] Die Finanzierungsphase ist jedoch beim Crowdinvesting im Gegensatz zum Venture-Capital auf diesen Anfangszeitraum beschränkt.[136] Den entscheidenden Unterschied stellt jedoch die Art der Kapitalüberlassung an das zu finanzierende Unternehmen dar. Ziel des Crowdinvestings ist es, dass viele Kapitalgeber mit jeweils geringen Beträgen das erforderliche Kapital dem Unternehmen zur Verfügung stellen.[137] Die Suche nach den Kapitalgebern läuft dabei in der Regel über sog. Crowdfunding-Plattformen im Internet.[138] Auf diese Weise besteht die Möglichkeit, dass sich unzählige Kapitalgeber am zu finanzierenden Unternehmen mit Kleinstbeträgen beteiligen, um dadurch eine entsprechende Rendite zu erzielen.

---

133 *Europäische Kommission*, Aktionsplan zur Schaffung einer Kapitalmarktunion vom 30.9.2015, abrufbar unter http://ec.europa.eu/finance/capital-markets-union/docs/building-cmu-action-plan_de.pdf (Stand: 17.11.2015), S. 8, die hervorhebt, dass das Crowdfunding zügig gewachsen ist und es in der EU über 500 Crowdfunding-Plattformen gibt.

134 Z.B. *Becker*, Investition und Finanzierung, S. 240; *Schmitt/Doetsch*, BB 2013, 1451.

135 *Becker*, Investition und Finanzierung, S. 241; *Schmitt/Doetsch*, BB 2013, 1451, 1452.

136 Vgl. *Becker*, Investition und Finanzierung, S. 242; *Schmitt/Doetsch*, BB 2013, 1451, 1452.

137 *Becker*, Investition und Finanzierung, S. 241; *Ferrarini/Ottolia*, ERCL 2013, 363, 375; *Schmitt/Doetsch*, BB 2013, 1451 m.w.N.; *Weitnauer/Parzinger*, GWR 2013, 153, die von einer Kapitalbereitstellung zwischen EUR 50.000 und EUR 350.000 ausgehen.

138 *Becker*, Investition und Finanzierung, S. 240; *Ferrarini/Ottolia*, ERCL 2013, 363, 375; *Schmitt/Doetsch*, BB 2013, 1451.

Im deutschen Recht fehlt eine gesetzliche Regelung des Crowdfundings bzw. -investings. Die Beteiligung der Kapitalgeber kann daher auf unterschiedlichste Weise erfolgen, etwa durch eine direkte Unternehmensbeteiligung, mittels qualifizierter nachrangiger partiarischer Darlehen, oder durch eine stille Beteiligung an einer von der Crowdfunding-Plattform geschaffenen Gesellschaft, die sich an dem zu finanzierenden Unternehmen in der Regel als atypisch stille Gesellschafterin beteiligt.[139]

Im Gegensatz hierzu gibt es im italienischen Recht als erstes europäisches Land bereits eine Kodifikation des Crowdfundings.[140] In Art. 100 Abs. 1 TUF finden sich zudem Regelungen zur Möglichkeit der Kapitalbeschaffung der in Art. 25 Abs. 2 des decreto legge 18 ottobre 2012, n. 179[141] definierten innovativen Start-up Unternehmen (*impresa start-up innovativa*) über Angebote auf bestimmten Portalen im Internet. Diese Start-up Unternehmen müssen gemäß dieser Vorschrift gewisse Voraussetzungen erfüllen, z.B. dürfen sie nicht länger als 60 Monate gegründet sein, dürfen keine Gewinne ausschütten und müssen im Bereich der Hochtechnologie tätig sein, damit sie Crowdfunding nutzen können. Ziel dieser Regelungen ist eine Erleichterung der Kapitalbeschaffung dieser Start-up Unternehmen durch Crowdfunding.[142] Dabei wird den diese Voraussetzungen erfüllenden Unternehmen in der Rechtsform der *s.r.l.* im Gegensatz zu einer gewöhnlichen *s.r.l.*, u.a. zur Kapitalbeschaffung erlaubt, in Abweichung des Verbots des Art. 2468 Abs. 1 c.c., der Öffentlichkeit über diese Online-Plattformen eigene Anteile anzubieten.[143] Neben einer direkten Beteiligung als Gesellschafter kommt auch in Italien bei der *s.r.l.*, wie bei der *s.p.a.*, eine Beteiligung über

---

139 *Becker*, Investition und Finanzierung, S. 241; *Weitnauer/Parzinger*, GWR 2013, 153.

140 Siehe hierzu die D.L. 18 ottobre 2012, n. 179 recante "Ulteriori misure urgenti per la crescita del Paese", convertito con modifiche dalla L. 17 dicembre 2012 n. 221 sowie hierauf durch das Consob ergehenden Beschluss, delibera n. 18592 del 26 giugno 2013 e l'allegato regolamento sono pubblicati nella Gazzetta Ufficiale n. 162 del 12 luglio 2013; *Consob*, Equity Crowdfunding: cosa devi assolutamente sapere prima di investire in una "start-up innovativa" tramite portali on-line, http://www.consob.it/documenti/crowdfunding/equity_crowdfunding_v3.pdf (Stand: 21.1.2016), S. 2; vgl. *Occhilupo*, Banca impresa società 2013, n. 3, 389, 409.

141 D.L. 18 ottobre 2012, n. 179 recante "Ulteriori misure urgenti per la crescita del Paese", convertito con modifiche dalla L. 17 dicembre 2012 n. 221.

142 *Ferrarini/Ottolia*, ERCL 2013, 363, 377.

143 *Ferrarini/Ottolia*, ERCL 2013, 363, 378; *Occhilupo*, Banca impresa società 2013, n. 3, 389, 412, die auf den S. 411 ff. darüber hinaus weitere Abweichungen von Bestimmungen des Rechts der *s.r.l.* darstellt.

Finanzierungsinstrumente, die mit Vermögensrechten oder auch Verwaltungsrechten ausgestattet sind, gemäß Art. 2346 Abs. 6 c.c. in Betracht.[144]

Je nach Art der konkret gewählten Beteiligungsmodelle, besteht das Risiko, dass das finanzierte junge Unternehmen mit jedem Kapitalgeber gesondert in vertraglichen Beziehungen steht.[145] Den Crowdfunding-Investoren können im Einzelfall bestimmte Rechte zustehen, die die weitere Unternehmensentwicklung behindern. So wird darauf verwiesen, dass eine Vielzahl von Crowdfunding-Investoren für eine Anschlussfinanzierung mit Venture-Capital hinderlich sein könnte, da ein Investor durch das drohende Konfliktpotenzial abgeschreckt werden kann.[146] Den für den Venture-Capital-Investor bedeutsamen *Exit* aus dem finanzierten Unternehmen kann er sich durch eine Mitveräußerungspflicht bei einem nahezu unüberschaubaren Gesellschafterkreis lediglich unter erschwerten Bedingungen absichern. Daher beschränkt sich diese Untersuchung auf die Vereinbarung von Mitveräußerungspflichten im Bereich des Venture-Capitals und unter der Annahme, dass nicht zuvor eine Crowdfunding-Finanzierung stattgefunden hat.

9. Möglichkeiten des Exits

Das Ziel des Venture-Capital-Investors stellt nicht die operative Führung des Unternehmens dar, sondern vielmehr dessen Wertsteigerung, die er durch den Ausstieg (*Exit*) in höchstmöglichem Maß realisieren möchte.[147] Dieser und damit die Beendigung seiner Gesellschafterstellung und seines Investments hat demnach für ihn die fundamentale Bedeutung im gesamten Investitionsprozess. Dies gilt umso mehr, als er erst durch einen erfolgreichen Ausstieg eine Rendite für sein Investment erzielen kann, da er während der Investitionsdauer keine Dividenden oder Zinsgewinne erzielt.[148] Weiterhin findet während des Aufbaus und der

---

144 *Occhilupo*, Banca impresa società 2013, n. 3, 389, 413.

145 Vgl. *Occhilupo*, Banca impresa società 2013, n. 3, 389, 420; *Weitnauer/Parzinger*, GWR 2013, 153, 157.

146 *Becker*, Investition und Finanzierung, S. 242; *Occhilupo*, Banca impresa società 2013, n. 3, 389, 420; *Weitnauer/Parzinger*, GWR 2013, 153, 157.

147 *Cumming/Johan*, S. 591; *Gervasoni*, in: Gervasoni, Private equity e venture capital, S. 11; *Fritzsche/Häußermann*, in: Berens/Brauner/Frodermann, Unternehmensentwicklung mit Finanzinvestoren, S. 375, 376; *Mitter*, ZfKE 2010, 121, 124; *von Beauvais/Hellich*, in: Jesch/Striegel/Boxberger, Rechtshandbuch Private Equity, S. 364; *Weinheimer*, in: Hölters, Handbuch Unternehmenskauf, Rn. 12.116.

148 *Freyling/vom Hofe/Klingsch*, StB 2003, 21, 22; *Grisebach*, S. 6; *Inhester*, in: Jesch/Striegel/Boxberger, Rechtshandbuch Private Equity, S. 252; *Kühni*, in: Gericke, Private Equity, S. 147, 150; *Schefczyk*, S. 10.

Entwicklung von mit Venture-Capital finanzierten jungen Unternehmen in der Regel auch keine jährliche Gewinnausschüttung statt, da das gesamte Kapital für den Betrieb des Unternehmens benötigt wird.[149] Zudem muss beachtet werden, dass die Laufzeit der Venture-Capital-Fonds sowohl in Deutschland als auch in Italien endlich ist, da sie in der Regel für eine Dauer zwischen acht bis zwölf Jahren ausgelegt sind.[150] Sie werden daher nach Ablauf dieser Zeit liquidiert und es erfolgt die Gewinnausschüttung an die Kapitalgeber.[151] Die dauerhafte Gesellschafterstellung und die, bei einem Erfolg des Unternehmens, jährliche Gewinnbeteiligung ist somit nicht möglich und auch nicht Sinn eines Venture-Capital-Investments.[152] Der Investor kann daher einen wirtschaftlichen Erfolg seines Investments erst durch die erfolgreiche Veräußerung seiner Geschäftsanteile erzielen, die hierfür in ihrem Wert gestiegen sein müssen.[153] Folglich hat ein Venture-Capital-Investor den *Exit* von Anfang an im Blick und sucht bereits bei seinem Einstieg in das Unternehmen die möglichen Ausstiegsszenarien zu regeln.[154] Dies ist insbesondere deshalb wichtig, weil kein offizieller Markt für Gesellschaftsbeteiligungen existiert und daher das Risiko besteht, dass ohne vertragliche Regelungen aufgrund opportunistischer Verhaltensweisen der Gesellschafter eine effiziente Desinvestition verhindert wird.[155] Die Ursache der fehlenden Handelbarkeit der Geschäftsanteile einer GmbH auf dem Kapitalmarkt im Gegensatz zu den Aktien einer Aktiengesellschaft findet u.a. ihre Ursache in der in größerem Ausmaß eingeräumten Satzungsautonomie bei der GmbH.[156] Diese Freiheit sucht sich der Investor durch

149 *Grisebach*, S. 61.

150 *AIFI*, Alcune domande e risposte sul come e perché investire in fondi di Private Equity, http://www.aifi.it/?wpdmact=process&did=ODk5LmhvdGxpbms= (Stand: 21.1.2016), S. 9; *Levedag*, in: Gummert/Weipert, MünchHdbGesR, Bd. 2, § 71 Rn. 201; *Sagasser*, in: Assmann/Schütze, Handbuch des Kapitalanlagerechts, § 27 Rn. 401.

151 *Grisebach*, S. 61 f. m.w.N.

152 Vgl. *Grisebach*, S. 61.

153 *Albach/Hunsdiek/Kokalj*, S. 166; *Freyling/vom Hofe/Klingsch*, StB 2003, 21, 25; *Gervasoni*, in: Gervasoni, Private equity e venture capital, S. 13; *Grisebach*, S. 6 f.; *Mitter*, ZfKE 2010, 121, 124; *Schefczyk*, S. 18.

154 *Fritzsche/Häußermann*, in: Berens/Brauner/Frodermann, Unternehmensentwicklung mit Finanzinvestoren, S. 375, 380; *Inhester*, in: Jesch/Striegel/Boxberger, Rechtshandbuch Private Equity, S. 252; *Pfeiffer*, BB 1999, 1665, 1670; *Trezzini*, S. 277; *von Beauvais/Hellich*, in: Jesch/Striegel/Boxberger, Rechtshandbuch Private Equity, S. 369.

155 *Stabilini/Trapani*, Riv. dir. comm. 2010, 949, 963.

156 *Kindler*, BB 2010, 74, 75.

die Regelung geeigneter *Exit*-Mechanismen im Gesellschaftsvertrag zunutze zu machen. Im Rahmen des Venture-Capital ist der bereits beim Einstieg geplante *Exit* aufgrund seiner Bedeutung für den Investor als Geschäftsgrundlage der Beteiligung des Investors als Gesellschafter an der Gesellschaft anzusehen.[157] Ist ein geeigneter Zeitpunkt des Ausstiegs aus Sicht des Investors gekommen, wird er sich bei der Wahl der Ausstiegsmöglichkeit allein an der höchst erreichbaren Kapitalrendite (*return on investment*) orientieren.[158] Dem Investor bieten sich dabei vielfältige Ausstiegsoptionen, die jeweils auch vom konkreten Marktumfeld und der allgemeinen Wirtschaftssituation abhängen.

Grundsätzlich stehen dem Venture-Capital-Investor in Deutschland und Italien fünf Ausstiegsmöglichkeiten zur Verfügung. Es ist daher zu überprüfen, ob die im Rahmen dieser Untersuchung zu behandelnden Mitveräußerungspflichten in sämtlichen dieser Varianten eine Rolle spielen.

a) Veräußerung sämtlicher Geschäftsanteile (Trade Sale)

Zunächst besteht die Möglichkeit der Veräußerung sämtlicher Geschäftsanteile bzw. der wesentlichen Vermögenswerte des Unternehmens (*Trade Sale*).[159] Der *Trade Sale* stellt statistisch gesehen in Deutschland, nach dem Ausstieg durch Totalverlust, und in Italien generell die häufigste Form des Ausstiegs des Investors dar.[160] In der Regel erfolgt bei dieser *Exitvariante* die Veräußerung der

---

157 *Otto*, GmbHR 1996, 16, 22.

158 *Grisebach*, S. 61; *von Beauvais/Hellich*, in: Jesch/Striegel/Boxberger, Rechtshandbuch Private Equity, S. 366.

159 *Caselli*, S. 161 f.; *Freyling/vom Hofe/Klingsch*, StB 2003, 21, 22; *Grisebach*, S. 70 ff.; *Pintucci*, in: Carlotti, Tecniche di private equity, S. 449, 460 f.; *von Beauvais/Hellich*, in: Jesch/Striegel/Boxberger, Rechtshandbuch Private Equity, S. 364 f.

160 *AIFI*, Il Mercato Italiano del Private Equity e Venture Capital nel 2014, http://www.aifi.it/?wpdmact=process&did=MTQ3NS5ob3RsaW5r (Stand: 22.1.2016), S. 44 und *AIFI*, Il mercato italiano del private equity, venture capital e private debt nel 2015, abrufbar unter https://dato-images.imgix.net/45/1460365169-Datiprivateequity,venturecapitaleprivatedebt2015.pdf?ixlib=rb-1.1.0 (Stand: 3.6.2016), S. 60, die ausführen, dass in Italien im Jahr 2013 48%, im Jahr 2014 38% und im Jahr 2015 31% aller *Exits* mittels eines *Trade Sales* erfolgten; *Bienz/Walz*, J. Econ. Manag. Strateg., Vol. 19 (2010), Issue 4, 1071, 1072 m.w.N., die darlegen, dass seit dem Jahr 2001 der *Trade Sale* in den USA die dominierende Ausstiegsvariante ist; vgl. *BVK*, BVK-Statistik – Das Jahr 2015 in Zahlen. Vorläufige Ergebnisse, abrufbar unter http://www.bvkap.de/sites/default/files/page/20150222_bvk-statistik_das_jahr_in_zahlen2015_final.pdf (Stand: 24.2.2016), S. 34, woraus sich ohne Berücksichtigung der Rückzahlung stiller Beteiligungen und Gesellschafterdarlehen ergibt, dass in Deutschland im Jahr

gesamten Anteile am Unternehmen, sog. *Share Deal.*[161] Lediglich in Ausnahmefällen, wenn etwa der Erwerber nur an den einzelnen oder den grundlegenden Wirtschaftsgütern, wie z.B. Patenten interessiert ist, kommt eine isolierte Veräußerung dieser Gegenstände in Betracht, sog. *Asset Deal.*[162]

Diese Ausstiegsvariante wird insbesondere dann relevant, wenn aufgrund interner Gründe, etwa schlechter Finanzsituation, geringes Wachstum in der Referenzbranche oder externer Gründe, etwa schlechter Börsenstimmung, ein Börsengang des finanzierten Unternehmens nicht in Betracht kommt und es dem Unternehmen somit an der Börsenreife fehlt.[163] Zudem erfolgt die Veräußerung per *Trade Sale* in der Regel schneller und kostengünstiger als durch einen Börsengang.[164] So ist hierfür keine Umwandlung in eine Aktiengesellschaft oder eine Kommanditgesellschaft auf Aktien des als GmbH bzw. *s.r.l.* strukturierten Portfolio-Unternehmens erforderlich. Zudem entfallen Kosten für die Herstellung und Veröffentlichung eines Verkaufsprospekts sowie die Einschaltung einer Investmentbank.[165]

Der Gründer weiß vorab nicht, in welcher Weise das Unternehmen durch den neuen Eigentümer geführt wird und ob dieser das bisherige Management beibehalten oder austauschen wird. Daher muss der Gründer befürchten, dass er neben seiner Gesellschafterstellung auch als Geschäftsführer des Unternehmens

---

2013 ca. 24,2%, im Jahr 2014 ca. 25,8% und im Jahr 2015 ca. 27,7% aller *Exits* mittels eines *Trade Sales* erfolgten; vgl. *Heitzer*, FB 2002, 471, 476; vgl. *Leopold*, DStR 1999, 470, 474; *Mueller*, VentureCapital Magazin, 2015, Heft 6, 28, 30, der ausführt, dass der *Trade Sale* im Jahr 2014 auf europäischer Ebene die wichtigste Ausstiegsvariante war; *Tiberi*, in: Brechbühl/Wooder, Global Venture Capital Transactions, S. 245, 256.

161 *Bernardi/De Biasi*, in: Gervasoni, Private Equity and Venture Capital, S. 289, 302; *von Beauvais/Hellich*, in: Jesch/Striegel/Boxberger, Rechtshandbuch Private Equity, S. 367.

162 Vgl. *Bernardi/De Biasi*, in: Gervasoni, Private Equity and Venture Capital, S. 289, 303; *Picot*, in: Picot, Handbuch Mergers & Acquisitions, S. 297, 301; *von Beauvais/Hellich*, in: Jesch/Striegel/Boxberger, Rechtshandbuch Private Equity, S. 367.

163 *Fritzsche/Häußermann*, in: Berens/Brauner/Frodermann, Unternehmensentwicklung mit Finanzinvestoren, S. 375, 394; *Pintucci*, in: Carlotti, Tecniche di private equity, S. 449, 460 f.; *von Beauvais/Hellich*, in: Jesch/Striegel/Boxberger, Rechtshandbuch Private Equity, S. 367.

164 *Caselli*, S. 162; vgl. *Fritzsche/Häußermann*, in: Berens/Brauner/Frodermann, Unternehmensentwicklung mit Finanzinvestoren, S. 375, 394; *Fusaro/Muzio*, in: Gervasoni, Private Equity and Venture Capital, S. 13, 21.

165 Vgl. *von Beauvais/Hellich*, in: Jesch/Striegel/Boxberger, Rechtshandbuch Private Equity, S. 367.

durch den neuen und alleinigen Eigentümer abberufen wird.[166] Folglich kann diese Form des *Exits* in der Regel mit einem hohen Konfliktpotenzial und Widerständen durch den Gründer verbunden sein.[167] Andererseits beschäftigen sich Gründer durchaus schon während des Aufbaus und der Entwicklung des Unternehmens mit dem *Exit*.[168]

In Ausnahmefällen hat ein strategischer Käufer, z.B. ein Industrieunternehmen, Interesse daran, lediglich die Anteile des Investors und damit eine Minderheitsbeteiligung zu übernehmen, um dadurch eine Kooperation mit dem jungen Unternehmen zu erreichen oder nähere Kenntnis des entwickelten Produkts zu erlangen.[169] Dies vermindert jedoch die Höhe des erzielbaren Kaufpreises im Vergleich zu einem vollständigen Erwerb.[170] Die Gründe hierfür werden nachfolgend dargestellt.

In der Regel ist z.B. ein Industrieunternehmen oder ein langfristiger Finanzinvestor als Erwerber daran interessiert, das junge Unternehmen vollständig zu übernehmen, um dieses bzw. die von ihm entwickelte Technologie im Fall eines Industrieunternehmens, in das eigene Unternehmen zu integrieren und dort zu nutzen.[171] Hierbei zielt er auf eine vollständige Autonomie über die wirtschaftliche und operative Eingliederung des jungen Unternehmens in das eigene Unternehmen ab.[172] Diese Autonomie wird durch möglicherweise weiterhin vorhandene Mitgesellschafter bzw. -aktionäre, verbunden mit den diesen gesetzlich und vertraglich zustehenden Rechten, gestört, führt zu unerwünschten Opportunitätskosten und üblicherweise zu einer überproportionalen Kaufpreisminderung oder gar Gefährdung der gesamten Transaktion.[173] Daher ist ein als Käufer auftretendes

166 *Pintucci*, in: Carlotti, Tecniche di private equity, S. 449, 462.

167 *Bienz/Walz*, J. Econ. Manag. Strateg., Vol. 19 (2010), Issue 4, 1071, 1072 m.w.N., 1075; *Kühni*, in: Gericke, Private Equity, S. 147, 195.

168 *Ernst & Young*, Start-up-Barometer Deutschland August 2015, abrufbar unter http://www.ey.com/Publication/vwLUAssets/EY-Start-up-Barometer-2015-August/$FILE/EY-Start-up-Barometer-2015.pdf (Stand: 10.2.2016), S. 14, wonach sich immerhin 29% der befragten Gründer mit dem *Exit* beschäftigen und sich von diesen 56% auf die vollständige Veräußerung ihrer Geschäftsanteile einstellen.

169 Vgl. *Caselli*, S. 161; *Grisebach*, S. 71.

170 Vgl. *Fritzsche/Häußermann*, in: Berens/Brauner/Frodermann, Unternehmensentwicklung mit Finanzinvestoren, S. 375, 394.

171 Vgl. *Fritzsche/Häußermann*, in: Berens/Brauner/Frodermann, Unternehmensentwicklung mit Finanzinvestoren, S. 375, 394; *von Beauvais/Hellich*, in: Jesch/Striegel/Boxberger, Rechtshandbuch Private Equity, S. 367.

172 Vgl. *Kühni*, in: Gericke, Private Equity, S. 147, 152.

173 *Kühni*, in: Gericke, Private Equity, S. 147, 152.

Industrieunternehmen oder ein langfristiger Finanzinvestor bei einem vollständigen Erwerb bereit, einen Zuschlag zum aktuellen Marktwert der Anteile für die sog. Kontrollprämie (*premio di controllo*) bzw. Mehrheitsprämie (*premio di maggioranza*) zu bezahlen.[174] Er erhofft sich nämlich zudem, durch die Einbindung des Produkts in das eigene Unternehmen gewisse Synergieeffekte realisieren zu können.[175] Für das junge Unternehmen bieten sich hierdurch gleichsam Vorteile, wie der Zugang zu erprobten Technologien, das Netzwerk des Industrieunternehmens und dessen Erfahrungen. Das Ziel des Investors ist daher, dass er das von vornherein lediglich auf bestimmte Zeit ausgelegte Investment zu gegebener Zeit beenden kann; nämlich wenn ein Verkauf des Unternehmens aus seiner Sicht wirtschaftlich günstig und sinnvoll ist. Diese Autonomie über den richtigen Ausstiegszeitpunkt sucht er daher durch passende vertragliche Regelungen zum *Exit* vorab zu gewährleisten.[176] Er muss also in der Lage sein, dass er dem am Erwerb des jungen Unternehmens Interessierten nicht nur seine eigenen Anteile, sondern auch die des Gründers und notfalls gegen dessen Willen zum Kauf anbieten kann. Dies regeln die sog. Mitveräußerungspflichten, die somit grundsätzlich zur Durchsetzung dieser *Exitvariante* das geeignete Instrumentarium darstellen.[177]

b) Börsengang (Going-public bzw. Initial Public Offering)

Weiterhin kommt der Börsengang (*Going-public* bzw. *Initial Public Offering* (*IPO*)) des finanzierten Unternehmens als Ausstiegsszenario in Betracht.[178] Dabei

---

174 Vgl. *Badini Confalonieri*, NDS – n. 20/2012, 133, 179; *Caselli*, S. 162; *Fritzsche/Häußermann*, in: Berens/Brauner/Frodermann, Unternehmensentwicklung mit Finanzinvestoren, S. 375, 394; *Proverbio*, S. 99; *Tiberi*, in: Brechbühl/Wooder, Global Venture Capital Transactions, S. 245, 256.

175 *Pintucci*, in: Carlotti, Tecniche di private equity, S. 449, 462; *Tiberi*, in: Brechbühl/Wooder, Global Venture Capital Transactions, S. 245, 256; *von Beauvais/Hellich*, in: Jesch/Striegel/Boxberger, Rechtshandbuch Private Equity, S. 367.

176 *Fritzsche/Häußermann*, in: Berens/Brauner/Frodermann, Unternehmensentwicklung mit Finanzinvestoren, S. 375, 380 f.; *Kühni*, in: Gericke, Private Equity, S. 147, 152.

177 *Bienz/Walz*, J. Econ. Manag. Strateg., Vol. 19 (2010), Issue 4, 1071, 1077; *Inhester*, in: Jesch/Striegel/Boxberger, Rechtshandbuch Private Equity, S. 252 f.; *Pintucci*, in: Carlotti, Tecniche di private equity, S. 449, 461 f.; *von Beauvais/Hellich*, in: Jesch/Striegel/Boxberger, Rechtshandbuch Private Equity, S. 369 f.; vgl. *Tiberi*, in: Brechbühl/Wooder, Global Venture Capital Transactions, S. 245, 256.

178 *Caselli*, S. 164; *Freyling/vom Hofe/Klingsch*, StB 2003, 21, 22; *Gabrysch*, in: Breithaupt/Ottersbach, Kompendium Gesellschaftsrecht, Teil 1., C. Rn. 28; *Grisebach*, S. 63; *Pintucci*, in: Carlotti, Tecniche di private equity, S. 449, 457.

müssen die Aktien des Unternehmens zunächst an der Börse ausgegeben und in einem zweiten Schritt verkauft werden. Die oben[179] genannten Branchengrößen haben diesen Weg gewählt und hatten damit großen Erfolg. Hierbei handelt es sich um die Idealvorstellung zur Beendigung eines Venture-Capital-Investments, da bei diesem Ausstieg die höchste Rendite erwartet wird und sich der Gründer nunmehr einer Vielzahl von Aktionären gegenübersieht, die einzeln lediglich einen Bruchteil der vormaligen Stimmrechte des Investors inne haben.[180] Aus diesem Grund wird dies auch als der Königsweg[181] im Bereich des Venture-Capitals bezeichnet. Dabei muss jedoch ein Portfolio-Unternehmen, das die Rechtsform einer GmbH bzw. *s.r.l.* inne hat, zunächst gemäß den Vorschriften der §§ 190 ff. UmwG in eine Aktiengesellschaft oder Kommanditgesellschaft auf Aktien bzw. der Artt. 2498 ff. c.c. in eine *s.p.a.* oder Kommanditgesellschaft auf Aktien (*società in accomandita per azioni*) umgewandelt werden. Bei einem Börsengang werden jedoch regelmäßig sog. *lock-up agreements* vereinbart, mit denen die bisherigen Aktionäre die Verpflichtung eingehen, ihre Aktien nicht vor Ablauf eines festgelegten Zeitraumes zu veräußern.[182] Dies kann sich nachteilig auf die zu erzielende Rendite auswirken, da der Investor möglicherweise das Unternehmen in einem günstigen Marktumfeld an die Börse bringen konnte, dieses sich jedoch bis zum Zeitpunkt, an dem er die Aktien veräußern kann, verschlechtert und er somit mit niedrigeren Kursen und damit einer niedrigeren Rendite zu rechnen hat.

Diese Ausstiegsmöglichkeit hängt jedoch, wie kaum eine andere, von externen Faktoren ab. Hierzu zählt insbesondere die Stimmung an den Börsen. Die schlechte Stimmung wie nach dem Zusammenbrechen des Neuen Marktes ab dem Jahr 2001 führte beispielsweise dazu, dass diese Ausstiegsmöglichkeit erst wieder ab dem Jahr 2004 in Betracht kam.[183] So darf nicht verschwiegen werden, dass diese Variante des *Exits* nicht einmal zu den Börsenhochzeiten, wie der des

---

179 Oben Einleitung I.

180 Vgl. *Freyling/vom Hofe/Klingsch*, StB 2003, 21, 25 m.w.N.; *Pfeiffer*, BB 1999, 1665, 1670; *Pintucci*, in: Carlotti, Tecniche di private equity, S. 449, 457; *Tiberi*, in: Brechbühl/Wooder, Global Venture Capital Transactions, S. 245, 256; *Weinheimer*, in: Hölters, Handbuch Unternehmenskauf, Rn. 12.116.

181 *Weitnauer*, in: Weitnauer, Venture Capital, Teil I. Rn. 11.

182 *Hannich*, S. 37; *Pintucci*, in: Carlotti, Tecniche di private equity, S. 449, 459; *Sudmeyer*, in: Schüppen/Schaub, MAH Aktienrecht, § 47 Rn. 147.

183 Vgl. *Freyling/vom Hofe/Klingsch*, StB 2003, 21, 25 f.; *Fritzsche/Häußermann*, in: Berens/Brauner/Frodermann, Unternehmensentwicklung mit Finanzinvestoren, S. 375, 377 f.; *Tiberi*, in: Brechbühl/Wooder, Global Venture Capital Transactions, S. 245, 256.

Neuen Marktes im Jahr 2000, in Deutschland und Italien die mehrheitlich Gewählte war.[184] Der Börsengang stellt auch aktuell lediglich einen Randbereich der Ausstiegsmöglichkeiten dar.[185]

Für den Gründer ist mit einem Börsengang oftmals die Hoffnung verbunden, wieder mehr Kontrolle über das Unternehmen zu erlangen, da er es nun mit einer Vielzahl von Aktionären im Gegensatz zu ein paar wenigen Venture-Capital-Investoren zu tun hat.[186] Zudem ist jeder Aktionär frei in seiner Entscheidung, ob er seine Aktien des börsennotierten Unternehmens veräußert. Der Investor erlangt in diesem Stadium somit nach Ablauf der sog. *lock-up agreements* vollständige Autonomie und kann die Aktien unabhängig vom Gründer verkaufen. Daher ist bei dieser Ausstiegsvariante in der Regel mit einem geringen Konfliktpotenzial

---

184 *AIFI*, Il Mercato Italiano del Venture Capital e Private Equity, http://www.aifi.it/?wpdmact=process&did=ODUuaG90bGluaw== (Stand: 22.1.2016), S. 26, die ausführt, dass in Italien im Jahr 2000 ca. 11,3% aller *Exits* einen Börsengang darstellten; *Bienz/Walz*, J. Econ. Manag. Strateg., Vol. 19 (2010), Issue 4, 1071, 1072 m.w.N., die ausführen, dass seit dem Jahr 2001 in den USA der Börsengang in 10–20% der Fälle gewählt wird; *Bonini/Zullo*, Venture Capital ed imprenditorialità. Prospettive di crescita a confronto, Quaderni di Ricerche n. 30, abrufbar unter http://www.enteluigieinaudi.it/pdf/Pubblicazioni/Quaderni/Q_30.pdf (Stand: 11.11.2015), S. 24 ff., die dies neben Italien und Europa auch für die USA bestätigen; vgl. *BVK*, BVK Statistik 2000, http://www.bvkap.de/sites/default/files/page/bvk_statistik_2000.pdf (Stand: 22.1.16), S. 22, woraus sich ohne Berücksichtigung der Rückzahlung stiller Beteiligungen und Gesellschafterdarlehen ergibt, dass in Deutschland im Jahr 2000 ca. 10,7% aller *Exits* über einen Börsengang erfolgten; *von Beauvais/Hellich*, in: Jesch/Striegel/Boxberger, Rechtshandbuch Private Equity, S. 366; *Weinheimer*, in: Hölters, Handbuch Unternehmenskauf, Rn. 12.116.

185 *AIFI*, Il Mercato Italiano del Private Equity e Venture Capital nel 2014, http://www.aifi.it/?wpdmact=process&did=MTQ3NS5ob3RsaW5r (Stand: 22.1.2016), S. 44 und *AIFI*, Il mercato italiano del private equity, venture capital e private debt nel 2015, abrufbar unter https://dato-images.imgix.net/45/1460365169-Datiprivateequity,venturecapitaleprivatedebt2015.pdf?ixlib=rb-1.1.0 (Stand: 3.6.2016), S. 60, die ausführen, dass in Italien im Jahr 2013 8%, im Jahr 2014 9% und im Jahr 2015 10% aller *Exits* über einen Börsengang erfolgten; vgl. *BVK*, BVK-Statistik – Das Jahr 2015 in Zahlen. Vorläufige Ergebnisse, abrufbar unter http://www.bvkap.de/sites/default/files/page/20150222_bvk-statistik_das_jahr_in_zahlen2015_final.pdf (Stand: 24.2.2016), S. 34, woraus sich ohne Berücksichtigung der Rückzahlung stiller Beteiligungen und Gesellschafterdarlehen ergibt, dass in Deutschland im Jahr 2013 ca. 2,3%, im Jahr 2014 ca. 2,2% und im Jahr 2015 ca. 1,4% aller *Exits* über einen Börsengang erfolgten; *Weinheimer*, in: Hölters, Handbuch Unternehmenskauf, Rn. 12.116.

186 *Bienz/Walz*, J. Econ. Manag. Strateg., Vol. 19 (2010), Issue 4, 1071, 1075; *Hannich*, S. 38; *Pintucci*, in: Carlotti, Tecniche di private equity, S. 449, 457.

zu rechnen.[187] Zum Schutz des Investors bei dieser Ausstiegsvariante kann er sich jedoch gegenüber den Mitaktionären Börseneinführungsrechte (*demand rights*) oder Platzierungsvorrechte (*piggy-back rights*) zusichern lassen.[188]

Durch eine Mitveräußerungspflicht sollen hingegen gerade solche Konfliktfälle gelöst werden, in denen der Investor eine Veräußerung des gesamten Unternehmens wünscht, der Gründer sich jedoch dagegen ausspricht. In diesem Fall kann er nämlich im Gegensatz zur Veräußerung über die Börse, mangels eines geregelten Marktes, seine Beteiligung in der Regel lediglich dann erfolgreich veräußern, wenn sämtliche Anteile der Gesellschaft bzw. das gesamt Unternehmen verkauft werden. Daher kommt diese Klausel bei dem Ausstieg durch einen Börsengang nicht zum Tragen.

c) *Veräußerung an Finanzinvestor (Secondary Purchase bzw. Secondary Buy-out)*

Weiterhin kann der Investor seine Anteile am jungen Unternehmen ebenso an einen anderen Venture-Capital- oder Private-Equity-Fonds veräußern (*Secondary Purchase* bzw. *Secondary Buy-out*).[189] Dies geschieht u.a. vor dem Hintergrund, dass entweder die Laufzeit eines Venture-Capital-Fonds endet und das Unternehmen noch nicht in der Lage für einen Börsengang oder den *Trade Sale* an einen strategischen Investor, z.B. Industrieunternehmen, ist oder nach Ansicht des Investors ein anderer gerade auf die jeweilige Finanzierungsphase spezialisierter Fonds geeigneter für die weitere Entwicklung des Unternehmens ist.[190] Allerdings ist diese Veräußerungsvariante im Vergleich zu einem *Trade Sale* u.a. daher mit finanziellen Einbußen für den Investor verbunden, die mit einem Abschlag von einem Fünftel bis zur Hälfte des zu erreichenden Kaufpreises beziffert werden, da es hierfür an einem geregelten Handelsplatz fehlt.[191] Insbesondere kann der Finanzinvestor im Gegensatz zum strategischen Investor

---

187 *Bienz/Walz*, J. Econ. Manag. Strateg., Vol. 19 (2010), Issue 4, 1071, 1075.

188 Vgl. *Bienz/Walz*, J. Econ. Manag. Strateg., Vol. 19 (2010), Issue 4, 1071, 1078; *Weinheimer*, in: Hölters, Handbuch Unternehmenskauf, Rn. 12.118; *Weitnauer*, in: Weitnauer, Venture Capital, Teil I. Rn. 133.

189 *Caselli*, S. 162 f.; *Freyling/vom Hofe/Klingsch*, StB 2003, 21, 22; *Pintucci*, in: Carlotti, Tecniche di private equity, S. 449, 463 f.; *von Beauvais/Hellich*, in: Jesch/Striegel/Boxberger, Rechtshandbuch Private Equity, S. 365.

190 *Caselli*, S. 162; *von Beauvais/Hellich*, in: Jesch/Striegel/Boxberger, Rechtshandbuch Private Equity, S. 368.

191 Vgl. *Inhester*, in: Jesch/Striegel/Boxberger, Rechtshandbuch Private Equity, S. 252; *Kloyer*, VentureCapital Magazin, 2005, Heft 11, 16, 17.

schwieriger Synergieeffekte aus dem Kauf ziehen, die einen höheren Kaufpreis rechtfertigen.[192] Ein Industrieunternehmen ist hingegen, wie oben gesehen,[193] in der Regel an dem vollständigen Erwerb des jungen Unternehmens und dessen Technologie im Wege eines *Trade Sales* interessiert, um dies in das eigene Unternehmen integrieren zu können. Bei dieser Ausstiegsmöglichkeit geht es somit nicht um den Verkauf sämtlicher Anteile wie bei einem *Trade Sale*, sondern lediglich um die Anteile des Investors. Der Gründer bleibt somit weiterhin als Gesellschafter am Unternehmen beteiligt und behält grundsätzlich seine Rechte und seine ggf. bestehende Geschäftsführerstellung. Für ihn ändert sich lediglich die Person des Mitgesellschafters. Dadurch besteht in diesen Fällen im Vergleich zum *Trade Sale* ein deutlich geringeres Konfliktpotenzial zwischen den Gesellschaftern.[194] Die Mitveräußerungspflicht spielt folglich bei dieser Veräußerungsvariante ebenfalls keine Rolle.

d) Erwerb durch Gründer (Buy-back)

Erwerben die Gründer des Unternehmens und Mitgesellschafter des Investors die Anteile von diesem zurück spricht man vom sog. *Buy-back*.[195] Diese bezwecken damit, wieder die ursprüngliche Kontrolle über das von ihnen gegründete Unternehmen zu erlangen. Diese Variante stellt angesichts der regelmäßig knappen finanziellen Ressourcen des Gründers einen Ausnahmefall dar. Sie kommt sowohl dann in Betracht, wenn das Unternehmen für eine gewinnbringende Veräußerung bereit ist und daher der Investor eine Rendite damit erzielen kann. Sofern der Investor durch den sog. *Buy-back* mindestens denselben Preis wie beim *Trade Sale* erzielt, kann dies im Einzelfall eine geeignete Alternative zum Ausstieg für ihn darstellen. Sie kann jedoch auch zur Abwendung eines *Secondary Purchase* bzw. *Secondary Buy-out* zum Einsatz kommen.[196] Daher erscheint sie auf den ersten Blick als der Idealfall einer Venture-Capital-Finanzierung, da dem Gründer durch die Bereitstellung finanzieller Mittel durch den Investor ermöglicht wurde, das eigene Unternehmen aufzubauen, das er letzten Endes wieder

192 Vgl. *Bienz/Walz*, J. Econ. Manag. Strateg., Vol. 19 (2010), Issue 4, 1071, 1076; *Inhester*, in: Jesch/Striegel/Boxberger, Rechtshandbuch Private Equity, S. 252.

193 Oben § 1 II. 9. a).

194 *Bienz/Walz*, J. Econ. Manag. Strateg., Vol. 19 (2010), Issue 4, 1071, 1076.

195 *Caselli*, S. 162; *Freyling/vom Hofe/Klingsch*, StB 2003, 21, 22; *Grisebach*, S. 72 f.; *Pintucci*, in: Carlotti, Tecniche di private equity, S. 449, 464 f.; *von Beauvais/Hellich*, in: Jesch/Striegel/Boxberger, Rechtshandbuch Private Equity, S. 366.

196 Vgl. *Caselli*, S. 162.

vollständig übernehmen und alleine führen kann.[197] Auf der anderen Seite muss jedoch erwähnt werden, dass sie insbesondere dann Anwendung findet, wenn sich dem Investor keine anderen Ausstiegsmöglichkeiten bieten und das Unternehmen möglicherweise gar kurz vor der Insolvenz steht.[198] Der Investor ist bei der Ermittlung des Wertes seiner Anteile jedoch zur Wachsamkeit angehalten, da die Gefahr der Manipulation durch die Gründer besteht, die in der Regel ebenfalls Geschäftsführer der Gesellschaft sind und daher versuchen könnten durch bestimmte Maßnahmen die Bewertung der Gesellschaft und damit den Kaufpreis für die Anteile zulasten des Investors negativ zu beeinflussen.[199] Mit Hilfe vorab getroffener vertraglicher Regelungen zum *Exit*, z.B. zur Unternehmensbewertung, lässt sich jedoch die oftmals schwierige Frage der Kaufpreisfindung für die Anteile des Investors erleichtern.[200] Weiterhin muss der Gründer über ausreichende finanzielle Mittel für den Erwerb der Anteile des Investors verfügen.[201] Durch hierbei oftmals bestehende Schwierigkeiten des Gründers kann es zu Verzögerungen bei der Veräußerung oder zu einem drohenden Zahlungsausfall für den Investor kommen. Die *Exit*-Variante des sog. *Buy-back* ist daher mit gewissen Risiken für den Investor verbunden.

Der Investor lässt sich diese Möglichkeit des Erwerbs durch die Gründer häufig bereits beim Einstieg vertraglich dergestalt absichern, dass im Verhältnis zum Gründer zu seinen Gunsten eine *Put-Option* vereinbart wird.[202] Dadurch kann der Investor in diesem Fall sein Ziel, die eigenen Anteile an der Gesellschaft zu veräußern, bereits durch Ausübung dieser Option erreichen und benötigt keine Mitveräußerungspflicht, die überdies nicht nur die Veräußerung des eigenen Anteils an einen Dritten, sondern sämtlicher Anteile an der Gesellschaft betrifft.

e) Abschreibung und Liquidation der Gesellschaft (Write-off)

Bei einem Misserfolg des Unternehmens mit damit verbundener Insolvenz und dem hierdurch eintretenden Totalverlust seines Investments verbleibt dem Investor als letzte Möglichkeit lediglich der Ausstieg durch die Liquidation der

---

197 Vgl. *Grisebach*, S. 72; *Pfeiffer*, BB 1999, 1665, 1670.

198 *Pintucci*, in: Carlotti, Tecniche di private equity, S. 449, 464; *von Beauvais/Hellich*, in: Jesch/Striegel/Boxberger, Rechtshandbuch Private Equity, S. 369.

199 *von Beauvais/Hellich*, in: Jesch/Striegel/Boxberger, Rechtshandbuch Private Equity, S. 369 m.w.N.

200 *Grisebach*, S. 72, vgl. *von Beauvais/Hellich*, in: Jesch/Striegel/Boxberger, Rechtshandbuch Private Equity, S. 369.

201 *Grisebach*, S. 72; *Pfeiffer*, BB 1999, 1665, 1670.

202 Vgl. *Grisebach*, S. 256; *Pintucci*, in: Carlotti, Tecniche di private equity, S. 449, 464.

Gesellschaft (*Write-off*).[203] Diese Variante spiegelt das hohe Risiko des Scheiterns einer Idee im Rahmen einer Unternehmensgründung wieder. Sie ist daher in Deutschland aktuell die dominierende Form des *Exits*.[204] Allerdings spielt bei dieser eine Mitveräußerungspflicht keine Rolle, da es wiederum nicht um den Verkauf des ganzen Unternehmens, sondern um dessen Abwicklung geht.

f) Zwischenergebnis

Aufgrund der vorstehenden Untersuchung der fünf *Exit*-Varianten beim Venture-Capital zeigt sich, dass die Mitveräußerungspflicht ausschließlich beim *Trade Sale* zur Anwendung kommt. Bei diesem Ausstiegsszenario ist der Erwerber nämlich regelmäßig am Erwerb sämtlicher Geschäftsanteile des jungen Unternehmens interessiert. Daher strebt der Investor mit der vertraglichen Vereinbarung der Mitveräußerungspflicht danach, dass dieser Erwerb gelingt.

III. Historische Entwicklung und Ursprung

Beim Venture-Capital geht es nach den obigen Ausführungen um die Finanzierung einer innovativen Idee durch eine unmittelbare Kapitalbeteiligung, verbunden mit der Hoffnung, hiermit eine Rendite zu erwirtschaften, und in dem Bewusstsein, dass hierfür keine Sicherheiten gestellt werden. Dieses Streben nach Innovationen ist dem Mensch seit jeher immanent. Ebenso ist hierfür seit jeher jedoch entsprechendes Kapital erforderlich. Ebenso wie heute, so gibt es auch in der Vergangenheit Beispiele, bei denen der Inhaber einer Idee für deren Verwirklichung einen Investor benötigte. So werden von manchen bereits die durch die Phönizier vor ca. 3.000 Jahren durchgeführten Seefahrten

---

203 *Caselli*, S. 163 f.; *Grisebach*, S. 73 f.; *Pintucci*, in: Carlotti, Tecniche di private equity, S. 449, 465; *Pytlik*, S. 42.

204 *AIFI*, Il Mercato Italiano del Private Equity e Venture Capital nel 2014, http://www.aifi.it/?wpdmact=process&did=MTQ3NS5ob3RsaW5r (Stand: 22.1.2016), S. 44 und *AIFI*, Il mercato italiano del private equity, venture capital e private debt nel 2015, abrufbar unter https://dato-images.imgix.net/45/1460365169-Datiprivateequity,venturecapitaleprivatedebt2015.pdf?ixlib=rb-1.1.0 (Stand: 3.6.2016), S. 60, die ausführen, dass in Italien im Jahr 2013 11%, im Jahr 2014 13% und im Jahr 2015 11% aller *Exits* durch einen *Write-off* erfolgten; vgl. *BVK*, BVK-Statistik – Das Jahr 2015 in Zahlen. Vorläufige Ergebnisse, abrufbar unter http://www.bvkap.de/sites/default/files/page/20150222_bvk-statistik_das_jahr_in_zahlen2015_final.pdf (Stand: 24.2.2016), S. 34, woraus sich ohne Berücksichtigung der Rückzahlung stiller Beteiligungen und Gesellschafterdarlehen ergibt, dass in Deutschland im Jahr 2013 ca. 55,8%, im Jahr 2014 ca. 57,7% und im Jahr 2015 ca. 53,4% aller *Exits* einen Totalverlust darstellten.

vom Mittelmeer in den Atlantik dem Bereich Venture-Capital zugeordnet.[205] Bestimmte Geschäftstätigkeiten, etwa tausend Jahre später, nämlich während der Epoche des Gaius Julius Caesar im Römischen Reich, werden ebenfalls bereits als erster Grobumriss einer Venture-Capital-Tätigkeit angesehen.[206] Andere hingegen sehen die Finanzierung der Reise des Christoph Kolumbus, die in der Entdeckung Amerikas im Jahr 1492 gipfelte, als Blaupause für eine Venture-Capital-Finanzierung.[207] Dabei wird Kolumbus als der Unternehmer angesehen, der mit seiner innovativen Idee u.a. die spanische Königin Isabella als Venture-Capital-Investorin überzeugte, seine mit Ungewissheiten behaftete Unternehmung zu finanzieren, die letztlich zu einem beispiellosen wirtschaftlichen Erfolg führte.[208] Dabei muss auch erwähnt werden, dass der sog. Gründer dieser Unternehmung, Kolumbus, nach einer gewissen Zeit den nötigen Rückhalt seiner Investoren verlor und zwangsweise aus dem Projekt ausscheiden musste.[209] Damit erfolgte eine Art *Exit* für Kolumbus. Letztlich kann man bereits sowohl in weiteren derartigen Entdeckungsreisen mit den damit verbundenen Kolonialisierungen als auch in den Anfängen von Industrieunternehmen im 19. Jahrhundert, wie z.B. Siemens, Elemente einer heutzutage vorkommenden Venture-Capital-Finanzierung erkennen.[210]

1. USA

Bei der Darstellung der historischen Entwicklung des Venture-Capitals darf dessen Mutterland, die USA, nicht außen vor bleiben. In den USA gab es zahlreiche Personen und Familien, wie z.B. Malcomson, Rockefeller und Vanderbilt, die Erfinder finanziell unterstützten.[211] Die Ursprünge des Venture-Capitals nach heutigem Begriffsverständnis liegen in den USA, beginnen jedoch erst ab der Mitte

---

205 Vgl. *Jesch*, S. 33; *Leopold/Frommann/Kühr*, S. 10.

206 *Damiani*, S. 15 f. m.w.N.; *Gervasoni*, in: Gervasoni, Private equity e venture capital, S. 11, 14 m.w.N.; *Ziegert*, S. 65 f. m.w.N.

207 *Leopold/Frommann/Kühr*, S. 205 f. m.w.N.; *Wyss*, in: Weiss, Praxis des Venture Capital, S. 14.

208 Vgl. *Jesch*, S. 34; *Leopold/Frommann/Kühr*, S. 205 f. m.w.N.; *Wyss*, in: Weiss, Praxis des Venture Capital, S. 14, 14 f.; *Ziegert*, S. 66 m.w.N.

209 *Wyss*, in: Weiss, Praxis des Venture Capital, S. 14, 15.

210 Vgl. *Leopold/Frommann/Kühr*, S. 205 ff. m.w.N., die in einer umfassenden Darstellung zahlreiche Beispiele hierfür aus der Geschichte nennen.

211 *Bartlett*, S. 5, der erwähnt, dass hierdurch etwa Eastern Airlines, Henry Ford und Pan American Airways finanziell gefördert wurden.

der 1940er Jahre.[212] Als erster institutioneller Investor in dieser Branche wird daher die *American Research and Development Corporation* (*ARD*) angesehen, die in Boston im Jahr 1946 u.a. von General Georges Doriot[213] gegründet wurde.[214] Die *ARD* war dabei als börsennotierter geschlossener Fonds (*closed-end fund*) konzipiert.[215] Die Vorgehensweise der *ARD* als professionell gemanagter Fonds, der Geld von Anlegern nach bestimmten Zielen investiert und dabei Verträge mit festgelegten Strukturen und Regeln einsetzt, ist bis heute prägend für diese Finanzierungsvariante.[216] So wie es für die Tätigkeit eines Venture-Capital-Investors üblich ist, erlitt die *ARD* mit bestimmten Investitionen auch Verluste; insgesamt erzielte sie jedoch bis ins Jahr 1972 eine durchschnittliche Jahresrendite von ca. 16% und lag damit über derjenigen der im *Dow Jones Industrial* enthaltenen Aktien der bedeutendsten US-amerikanischen Börsenunternehmen.[217] Den größten Erfolg erzielte die *ARD* dabei mit ihrem Investment in die *Digital Equipment Corporation*, bei der sie im Jahr 1957 für 77% der Stammaktien USD 70.000 bezahlt hatte und die im Jahr 1971 USD 355 Millionen wert waren.[218] Aus derartigen Erfolgsgeschichten speist sich der Mythos der Möglichkeiten, die sich durch eine Venture-Capital-Finanzierung den daran beteiligten Parteien bieten.

Das Potenzial des Venture-Capitals wurde in den USA schnell erkannt. Daher förderte der Staat mit dem *Small Business Investment Act* aus dem Jahr 1958 diese Finanzierungsart.[219] Hierdurch sollte der Zugang zu den für junge und

---

212 *Bracchi/Gervasoni*, in: Bracchi/Gervasoni, Venti anni di private equity, S. 5, 10; *Damiani*, S. 16 m.w.N.; *Gervasoni*, in: Gervasoni, Private equity e venture capital, S. 11, 14 f.

213 Oben § 1 II. 1. sind bereits die Investitionsregeln und damit das Konzept von General Georges Doriot und der *ARD* dargestellt.

214 *Bracchi/Gervasoni*, in: Bracchi/Gervasoni, Venti anni di private equity, S. 5, 10; *Damiani*, S. 16; *Gaida*, S. 40; *Gervasoni*, in: Gervasoni, Private equity e venture capital, S. 11, 15; *Leopold/Frommann/Kühr*, S. 218.

215 *Gompers/Lerner*, JEP 2001, 15(2), 145, 146; *Zanoni*, S. 38.

216 *Bartlett*, S. 5.

217 *Gaida*, S. 53 m.w.N., der den Wertzuwachs auf das Vermögen der *ARD* zuzüglich der ausgeschütteten Renditen bezieht; nach *Gaida*, S. 53 m.w.N., und *Leopold/Frommann/Kühr*, S. 6 m.w.N., ergab sich unter Berücksichtigung des Kurszuwachses der Aktie der *ARD* und der ausgeschütteten Dividenden eine durchschnittliche jährliche Rendite von 14,7%.

218 Vgl. *Gompers/Lerner*, JEP 2001, 15(2), 145, 146; *Leopold/Frommann/Kühr*, S. 6.

219 *Bracchi/Gervasoni*, in: Bracchi/Gervasoni, Venti anni di private equity, S. 5, 10; *Damiani*, S. 16; *Gervasoni*, in: Gervasoni, Private equity e venture capital, S. 11, 15; *Leopold/Frommann/Kühr*, S. 217 f.

kleine Unternehmen erforderlichen finanziellen Mitteln des Venture-Capitals sowie deren Entwicklung, auch durch steuerliche Anreize, erleichtert werden.[220] Dies wurde ergänzt durch die Möglichkeit der Gründung sog. *small business investment companies*, die als Beteiligungsgesellschaften junge Unternehmen finanzieren können, hierfür geringeren steuerlichen Restriktionen unterliegen sowie eine staatliche Förderung für das bereitgestellte Kapital erhalten.[221] Dabei erfolgte die finanzielle Unterstützung der jungen Unternehmen sowohl durch Darlehen (*loans*) als auch durch unmittelbare Eigenkapitalbeteiligung durch die Übernahme von Geschäftsanteilen (*equity securities*).[222] Diese Gesellschaften haben bis heute erfolgreich in tausende junger Unternehmen investiert und sich u.a. an Branchengrößen wie Apple und Intel beteiligt.[223]

Ebenfalls im Jahr 1958 wurde die erste Venture-Capital *limited partnership* gegründet, die im Gegensatz zu den *closed-end funds* geringeren Restriktionen unterliegt, z.B. nicht den erhöhten Bekanntmachungspflichten für börsennotierte Unternehmen des *Investment Company Acts* aus dem Jahr 1940.[224] Zudem unterliegt sie geringeren regulatorischen Anforderungen als die sog. *small business investment companies*.[225] Die *limited partnership* ist daher die heute maßgebliche Form eines Venture-Capital-Fonds in den USA, wobei in der Regel eine Kapitalgesellschaft die persönlich haftende Gesellschafterin (*general partner*) ist, die das Management des Fonds übernimmt, und die Privatinvestoren die Rolle der auf ihre Einlagen beschränkt haftenden Gesellschafter (*limited partner*) übernehmen.[226]

Beginnend in den 1970er Jahren bildeten sich in den USA zwei große Zentren des Venture-Capitals, das Silicon Valley in Kalifornien sowie die Gegend um Boston in Massachusetts.[227] Diese beiden Orte üben bis heute eine große Anziehungskraft auf Erfinder, Gründer und Investoren aus, da sie dort alle auf

---

220 Vgl. *Bracchi/Gervasoni*, in: Bracchi/Gervasoni, Venti anni di private equity, S. 5, 10 f.; *Damiani*, S. 16; *Gervasoni*, in: Gervasoni, Private equity e venture capital, S. 11, 15; *Leopold/Frommann/Kühr*, S. 218.

221 Vgl. *Damiani*, S. 16; *Fusaro/Muzio*, in: Gervasoni, Private Equity and Venture Capital, S. 13, 14; *Leopold/Frommann/Kühr*, S. 218.

222 *Damiani*, S. 17.

223 Https://www.sba.gov/content/sbic-program-overview (Stand: 1.2.2016); *Leopold/Frommann/Kühr*, S. 219.

224 *Gompers/Lerner*, JEP 2001, 15(2), 145, 147; *Zanoni*, S. 40.

225 Vgl. *Gompers/Lerner*, JEP 2001, 15(2), 145, 147.

226 *Zanoni*, S. 8 f.

227 *Leopold/Frommann/Kühr*, S. 219.

den Durchbruch einer neuen Technologie und auf die lukrative Beteiligung am kommenden Apple, Instagram oder Twitter hoffen.

Zusätzlich wurde im Jahr 1971 durch die Gründung der *National Association of Securities Dealers Automatic Quotation System* (*NASDAQ*) eine spezielle Börsenplattform für Technologieunternehmen geschaffen, die ebenfalls für den Erfolg des Venture-Capitals in den USA verantwortlich ist.[228]

Ein weiterer Meilenstein für die Entwicklung und Förderung des Venture-Capitals in den USA erfolgte einige Jahre später. Im Jahr 1979 wurde Pensionsfonds durch die *Prudent Man Rule* des Arbeitsministeriums der USA erstmals ermöglicht, Venture-Capital-Finanzierungen durchzuführen.[229] Bereits acht Jahre später entfielen auf Pensionsfonds mehr als die Hälfte der gesamten Investitionsbeträge in diesem Bereich.[230] Diese Werte reduzierten sich zwar im Laufe der Jahre wieder, aber aufgrund der immensen Kapitalausstattung der Pensionsfonds nehmen diese trotzdem bis heute eine bedeutende Stellung bei der Venture-Capital-Finanzierung in den USA ein.[231]

2. Europa

In Europa wird Großbritannien als das Land mit der am längsten und weitest entwickelten Venture-Capital-Geschichte angesehen.[232] Der gesamte europäische Venture-Capital-Markt hinkt in seiner Entwicklung zwar hinter dem US-amerikanischen her, trotzdem waren es englische Investmentfonds, deren Tätigkeit in groben Umrissen dem Venture-Capital zuordenbar war, die sich an dem Bau der US-amerikanischen Eisenbahn beteiligten.[233]

---

228 *Weitnauer*, in: Weitnauer, Venture Capital, Teil A. Rn. 60.

229 *Gompers/Lerner*, JEP 2001, 15(2), 145, 148; *Zanoni*, S. 41, der auf den S. 42 f. zudem noch die Auswirkungen des Dodd-Frank Wall Street Reform and Consumer Protection Act vom 21.7.2010 auf die Venture-Capital-Branche darstellt.

230 *Gompers/Lerner*, JEP 2001, 15(2), 145, 148.

231 *Di Giorgio/Di Odoardo*, Venture Capital e Private Equity in Italia, Working Paper del Dipartimento del Tesoro (DT) del Ministero dell'Economia e delle Finanze (MEF) 2008, n. 3, abrufbar unter http://www.dt.tesoro.it/modules/documenti_it/analisi_progammazione/working_papers/N.-3-2008---Venture-capital-e-private-equity-in-Italia.pdf (Stand: 8.2.2016), S. 25 m.w.N.; *Weitnauer*, in: Weitnauer, Venture Capital, Teil A. Rn. 58.

232 *Bracchi/Gervasoni*, in: Bracchi/Gervasoni, Venti anni di private equity, S. 5, 10, 12.

233 *Damiani*, S. 17 f. m.w.N.; *Gervasoni*, in: Gervasoni, Private equity e venture capital, S. 11, 15.

Der erste Versuch, Venture-Capital in seiner heutigen Form in Europa zu etablieren, wird General Georges Doriot, dem Mitbegründer der *ARD*, zugeschrieben.[234] Er gründete im Jahr 1963 die in Luxemburg und Paris ansässige *European Enterprises Development Company S.A.*, deren Gesellschafter namhafte Finanzinstitute aus ganz Europa waren.[235] Dieses Vorhaben scheiterte jedoch im Jahr 1977 u.a. aufgrund enttäuschender Investments sowie Hürden in der Bürokratie der einzelnen europäischen Länder.[236]

Die Verbreitung dieser Finanzierungsform fand in Europa jedoch erst ab den 1980er Jahren in größerem Umfang statt.[237] Der Europäische Rat erkannte die strategische Bedeutung der Entwicklung neuer Technologien und förderte die Gründung des *Venture Capital Liaison Office* in Brüssel im Jahr 1983, das jungen Unternehmen den Zugang zu neuen Kapitalquellen erleichtern sollte.[238] Ein weiterer Schritt zur Stärkung des Venture-Capitals in Europa stellt die mit Unterstützung der Europäischen Gemeinschaft vorgenommene Gründung der *European Private Equity and Venture Capital Association*[239] im Jahr 1983 dar, die dazu beitragen sollte, dass der europäische Venture-Capital-Markt durch das qualitative und quantitative Wachstum seiner Teilnehmer gefördert werden sollte.[240] Das Ziel war dabei einen einheitlichen und mit den USA vergleichbaren und konkurrierenden Venture-Capital-Markt auf europäischer Ebene zu schaffen.[241] Hierzu erlies die Europäische Kommission im Jahr 1998 auch den *Risk Capital Action Plan*.[242] Dieser ist jedoch von Reformen der Mitgliedsländer

---

234 *Bygrave/Timmons*, S. 71.

235 *Bygrave/Timmons*, S. 71; *Wyss*, in: Weiss, Praxis des Venture Capital, S. 14, 19.

236 *Bygrave/Timmons*, S. 71; *Wyss*, in: Weiss, Praxis des Venture Capital, S. 14, 19.

237 *Damiani*, S. 18; *Gervasoni*, in: Gervasoni, Private equity e venture capital, S. 11, 15.

238 *Bracchi/Gervasoni*, in: Bracchi/Gervasoni, Venti anni di private equity, S. 5, 11; *Damiani*, S. 18; *Gervasoni*, in: Gervasoni, Private equity e venture capital, S. 11, 15.

239 Http://www.investeurope.eu/news-opinion/newsroom/press-releases/evca-becomes-invest-europe/ (Stand: 1.2.2016), mit Pressemitteilung vom 1. Oktober 2015 wird mitgeteilt, dass die Interessenvereinigung ihren Namen in „*Invest Europe – The Voice of Private Capital*" geändert hat, um hervorzuheben, dass sie einen Wandel von einer reinen Interessenvertretung des Venture-Capital nunmehr auch auf weitere Finanzierungsbereiche, wie z.B. Private-Equity, vollzogen hat.

240 *Bracchi/Gervasoni*, in: Bracchi/Gervasoni, Venti anni di private equity, S. 5, 11; *Damiani*, S. 18; *Gervasoni*, in: Gervasoni, Private equity e venture capital, S. 11, 15; *Wyss*, in: Weiss, Praxis des Venture Capital, S. 14, 22.

241 *Bracchi/Gervasoni*, in: Bracchi/Gervasoni, Venti anni di private equity, S. 5, 11.

242 *Bracchi/Gervasoni*, in: Bracchi/Gervasoni, Venti anni di private equity, S. 5, 12; *Zanoni*, S. 12 f.

im Bereich der Steuern und regulatorischer Anforderungen abhängig.[243] Die Initiative der Europäischen Kommission konnte jedoch keinen europäischen Venture-Capital-Markt schaffen.[244] Weiterhin werden auf europäischer Ebene öffentliche Fördermittel für diese Finanzierungsart zur Verfügung gestellt. So erfolgt durch den Europäischen Investitionsfonds zwar keine direkte Beteiligung an den einzelnen Portfolio-Unternehmen, dafür beteiligt er sich finanziell an Venture-Capital-Fonds, die wiederum in junge Unternehmen investieren.[245] Die Förderung lässt sich u.a. damit rechtfertigen, dass auf europäischer Ebene erkannt wurde, dass junge und schnell expandierende Unternehmen in großem Maße Arbeitsplätze schaffen und diese durch Risikokapital in ihrem Wachstum unterstützt werden können.[246] Die Finanzierung mit Venture-Capital dient somit nicht nur den daran beteiligten Parteien, sondern zeichnet sich durch ihre positive gesamtwirtschaftliche Bedeutung aus.

Da in den USA positive Erfahrungen mit dem Börsensegment der *NASDAQ* gemacht wurden, gab es auch in Europa Versuche, derartige Handelsplattformen einzurichten. So wurde im Jahr 1997 der Euro.nm gegründet, der als Index einen Zusammenschluss der Neuen Märkte der Börsen in Amsterdam, Brüssel, Frankfurt, Mailand und Paris darstellte.[247] Dies geschah zunächst auch durchaus mit Erfolg, da Venture-Capital in den Jahren 1997/1998 erstmals in größerem Umfang in Europa in Erscheinung trat.[248] Mit dem Platzen der Börsenblase wurde diese Allianz jedoch im Dezember 2000 wieder aufgelöst.[249]

In jüngster Zeit wird auf europäischer Ebene durch das vom Europäischen Parlament und Rat gemäß Art. 182 AEUV festgelegte Rahmenprogramm für Forschung und Innovation „Horizont 2020" (2014–2020) u.a. der Zugang zum Venture-Capital bei Forschungsvorhaben mit hohem Risiko gefördert.[250] Dabei wird in Erwägungsgrund Nummer 35 der Verordnung (EU) Nr. 1290/2013 des

---

243 *Glen*, in: Greenwood, Handbook of Financial Planning and Control, S. 325, 327.

244 *Zanoni*, S. 12.

245 *Bergmann*, in: Bergmann, Handlexikon der Europäischen Union, Investitionsfonds, Europäischer (EIF); *Guth*, in: Weitnauer, Venture Capital, Teil D. Rn. 254.

246 *Europäische Kommission*, Aktionsplan zur Schaffung einer Kapitalmarktunion vom 30.9.2015, abrufbar unter http://ec.europa.eu/finance/capital-markets-union/docs/building-cmu-action-plan_de.pdf (Stand: 17.11.2015), S. 9 m.w.N.

247 *Bottazzi/Da Rin*, Economic Policy 2002, Vol. 17, Issue 34, S. 229, 232.

248 *Gehrig/Stenbacka*, in: Kanniainen/Keuschnigg, Venture capital, entrepreneurship, and public policy, S. 151, 174.

249 *Bottazzi/Da Rin*, Economic Policy 2002, Vol. 17, Issue 34, S. 229, 232.

250 *Bergmann*, in: Bergmann, Handlexikon der Europäischen Union, Forschung und technologische Entwicklung (FTE, auch: Forschung und Entwicklung – FuE), III. 2.

Europäischen Parlaments und des Rates vom 11. Dezember 2013[251] hervorgehoben, dass der Zugang zur Risikofinanzierung insbesondere für innovative kleine und mittlere Unternehmen von zentraler Bedeutung ist und dieser gefördert werden muss.

Die Finanzierungsform des Venture-Capitals entwickelte sich jedoch in den europäischen Ländern alles andere als einheitlich. So gibt es etwa erhebliche Unterschiede in den einzelnen Ländern zum Anteil der Venture-Capital-Investments am Bruttoinlandsprodukt.[252] Insgesamt muss jedoch gesagt werden, dass trotz aller, auch öffentlicher, Fördermaßnahmen in Europa und den einzelnen Ländern, der US-amerikanische Venture-Capital-Markt hinsichtlich der Höhe der Investitionen in junge Unternehmen den europäischen Ländern gegenüber bei weitem überlegen ist.[253] Die Gründe hierfür sind gerade im Anfangsstadium des Venture-Capitals in Europa mit dem Fehlen des entsprechenden Wissens und der Erfahrung sowie allgemein der fehlenden Akzeptanz dieser Finanzierungsform zu finden.[254] Im Folgenden soll sich jedoch die weitere historische Darstellung auf Deutschland und Italien beschränken, da es um die Anwendung der Mitveräußerungspflichten in diesen beiden Ländern geht.

3. Deutschland

Die Entwicklung des Venture-Capitals in Deutschland setzte sich erst später als in den USA in Gang. Auf der einen Seite wurde zwar in der Mitte der 1960er Jahre das Bedürfnis kleiner und mittlerer Unternehmen nach neuen Formen der Eigenkapitalfinanzierung erkannt, dies auch angesichts deren fehlenden

---

251 Verordnung (EU) Nr. 1290/2013 des Europäischen Parlaments und des Rates vom 11. Dezember 2013 über die Regeln für die Beteiligung am Rahmenprogramm für Forschung und Innovation "Horizont 2020" (2014–2020) sowie für die Verbreitung der Ergebnisse und zur Aufhebung der Verordnung (EG) Nr. 1906/2006.

252 Vgl. *Invest Europe*, 2015 European Private Equity Activity, abrufbar unter http://www.investeurope.eu/media/476271/2015-european-private-equity-activity.pdf (Stand: 3.6.2016), S. 43 ff., die Zahlen aus den Jahren 2011 bis 2015 aufführt.

253 *Röhl*, Venture Capital: Ein neuer Anlauf zur Erleichterung von Wagniskapitalfinanzierungen, IW policy paper, No. 6/2014, abrufbar unter http://www.econstor.eu/handle/10419/96516 (Stand: 5.2.2016), S. 4 m.w.N., der ausführt, dass seit ca. dem Jahr 2000, in den USA zwischen 485 bis 510 Milliarden Dollar in junge Unternehmen, in Europa als vergleichbarem Wirtschaftsraum lediglich zwischen 88 bis 175 Milliarden Dollar investiert wurden.

254 Vgl. *Trezzini*, S. 61.

Möglichkeit sich Kapital an der Börse zu verschaffen.[255] Auf der anderen Seite herrschte in Deutschland eine andere Mentalität, insbesondere war dort weiterhin das Bild des starken und unabhängigen Unternehmers vorherrschend, der den Investor lediglich als notwendiges Übel ansah, wobei Letzterer für die Kapitalüberlassung lediglich eine leicht überdurchschnittliche Rendite erzielen sollte und sich letzten Endes mit dem sog. *Buy-back* des Unternehmensinhabers abfinden musste.[256] Die Veräußerung durch *Trade Sale* und damit ein Ausscheiden des Gründers und Unternehmensinhabers, das notfalls zwangsweise durch eine Mitveräußerungspflicht ausgelöst werden kann, stand damit in dieser Zeit nicht zur Debatte. Dies zeigt sich auch daran, dass keine gleichberechtigte Beziehung zwischen Gründern und Investoren als Partner bei der gemeinsamen Unternehmung bestand.[257]

Im Jahr 1965 wurden in Deutschland die ersten Kapitalbeteiligungsgesellschaften gegründet, zu denen auch die von der Deutschen Bank mit gegründete Deutsche Beteiligungsgesellschaft mbH zählt.[258] Diese investierten hauptsächlich in mittelständische Unternehmen, die bereits in gewisser Weise am Markt etabliert waren und die ihnen durch laufende Ausschüttungen ermöglichten, eine Rendite zu erwirtschaften.[259] Daher unterschieden sie sich jedoch von einem Venture-Capital-Investor nach heutigem Begriffsverständnis, da dieser in junge Unternehmen mit hohen Entwicklungschancen investiert, diesem Managementunterstützung bietet und keine laufenden Erträge erzielt, sondern diese erst im Zeitpunkt des *Exits* zu erwirtschaften beabsichtigt. Weiterhin muss erwähnt werden, dass in den 1970er Jahren ca. 70% des Beteiligungskapitals der Kapitalbeteiligungsgesellschaften von Kreditinstituten und ca. 30% aus öffentlichen Mitteln stammte.[260] Zudem wurden nicht direkte Beteiligungen am Portfolio-Unternehmen, sondern lediglich stille Beteiligungen eingesetzt.[261] Zwar werden auch heutzutage eigenkapitalähnliche Finanzierungsinstrumente, wie eine stille Beteiligung, bei der Venture-Capital-Finanzierung eingesetzt,[262] dies jedoch in der Regel lediglich ergänzend zur unmittelbaren Beteiligung des Venture-Capital-Investors mit Eigenkapital. Ein Gutachten von Karl Hax vom

---

255 *Leopold/Frommann/Kühr*, S. 39.
256 Vgl. *Leopold/Frommann/Kühr*, S. 40 f.
257 *Leopold/Frommann/Kühr*, S. 41.
258 *Jäger*, NZG 1998, 833, 837; *Leopold/Frommann/Kühr*, S. 42 f.
259 *Jäger*, NZG 1998, 833, 837.
260 *Leopold/Frommann/Kühr*, S. 54.
261 Vgl. *Leopold/Frommann/Kühr*, S. 54.
262 Oben § 1 II. 3. c).

Oktober 1967 an den Bundesminister für Wirtschaft kam zu dem Ergebnis, dass es für die bestehenden Kapitalbeteiligungsgesellschaften nicht rentabel sei, sich an jungen und kleinen Unternehmen zu beteiligen, da hiermit eine zu geringe Rendite erzielt werden kann.[263] Damit sich dies ändere, sei vielmehr eine staatliche Unterstützung erforderlich, woraufhin am 4.9.1970 das ERP-Beteiligungsprogramm („Grundsätze für die Förderung der Beteiligungsfinanzierung bei kleinen und mittleren Unternehmen") verabschiedet wurde.[264] Durch dieses bis heute bestehende und von der KfW betriebene Programm sollte die Refinanzierung von 75% des in das Portfolio-Unternehmen investierten Beteiligungsbetrags zu vergünstigten Konditionen ermöglicht und das Verlustrisiko begrenzt werden.[265] Zudem entstanden Anfang der 1970er Jahre durch staatliche Förderung die in den einzelnen Bundesländern ansässigen Mittelständischen Beteiligungsgesellschaften zur Förderung des Venture-Capitals.[266]

Unter Förderung des Bundes wurde im Jahr 1975 durch zahlreiche Kreditinstitute mit der Gründung einer Venture-Capital-Gesellschaft, Deutsche Wagnisfinanzierungs-Gesellschaft mbH, der Versuch unternommen, speziell junge und innovative Unternehmen zu fördern und diesen ebenfalls Unterstützung durch Managementleistungen anzubieten.[267] Das Projekt wurde jedoch Mitte der 1980er Jahre vorzeitig beendet, da der erhoffte wirtschaftliche Erfolg auch mangels geeigneter Personen ausblieb.[268]

Ab den frühen 1980er Jahren gab es in Deutschland einen ersten Aufschwung im Bereich Venture-Capital, der sich sowohl in einem konstanten Anstieg der Anzahl der Beteiligungen, der Höhe der investierten Beträgen als auch in den ersten Börsengängen von mit Venture-Capital finanzierten Unternehmen niederschlug.[269] Weiterhin fanden in dieser Zeit weitere Beteiligungsmöglichkeiten außer den stillen Beteiligungen sowie anstatt ausschließlich des sog. *Buy-backs* als *Exit*-Variante auch Börsengänge und *Trade Sales* Anklang.[270]

---

263 *Hax*, S. 5, 19; *Leopold/Frommann/Kühr*, S. 46 f.; *Weitnauer*, in: Weitnauer, Venture Capital, Teil A. Rn. 68 m.w.N.

264 Vgl. *Funke*, DStR 1992, 1106, 1108; *Leopold/Frommann/Kühr*, S. 47 f.

265 *Leopold/Frommann/Kühr*, S. 48 m.w.N.

266 *Jäger*, NZG 1998, 833, 837; *Leopold/Frommann/Kühr*, S. 45.

267 *Jäger*, NZG 1998, 833, 837; *Leopold/Frommann/Kühr*, S. 57.

268 Vgl. *Jäger*, NZG 1998, 833, 837; *Leopold/Frommann/Kühr*, S. 57 f.; *Wyss*, in: Weiss, Praxis des Venture Capital, S. 14, 20.

269 *Leopold/Frommann/Kühr*, S. 59, 67; *Ziegert*, S. 73.

270 Vgl. *Leopold/Frommann/Kühr*, S. 68.

In der Folge gab es zahlreiche weitere Bemühungen des Gesetzgebers die Rahmenbedingungen für Venture-Capital in Deutschland zu verbessern, da dieses zwar eine positive Entwicklung nahm, jedoch immer noch nicht mit den USA konkurrieren konnte. So wurde zunächst im Jahr 1986 durch das UBGG eine besondere Form der Aktiengesellschaft geschaffen, die Unternehmensbeteiligungsgesellschaft, die auch bei Privatinvestoren Kapital an der Börse einsammeln und dies in kleine und mittlere Unternehmen investieren sollte.[271] Da u.a. die bei einem *Exit* erzielten Veräußerungsgewinne vollständig der Körperschaftssteuer unterfielen und umfassende Restriktionen bei den Investitionsmöglichkeiten bestanden, konnten sich die Unternehmensbeteiligungsgesellschaften trotz weiterer gesetzgeberischer Interventionen nicht am Markt durchsetzen und führten nicht zu der erhofften spürbaren Verbesserung dieses Finanzsektors.[272]

Für eine gezielte Interessenwahrnehmung bei gesetzgeberischen Vorhaben und Öffentlichkeitsarbeit im Bereich des Venture-Capitals schlossen sich Ende des Jahres 1989 zwei zunächst nebeneinander stehende Verbände zum Bundesverband Deutscher Kapitalbeteiligungsgesellschaften – German Private Equity and Venture Capital Association e.V. (BVK) zusammen.[273]

Wie bereits gesehen, spielen die Pensionsfonds in den USA eine große Rolle bei der Venture-Capital-Finanzierung.[274] Der Bundesrat regte daher bereits im Jahr 1997 während der Diskussionen um das dritte Finanzmarktförderungsgesetz an, Pensionsfonds aufzubauen, damit hierdurch u.a. mehr Venture-Capital zur Steigerung der Innovationen zur Verfügung steht.[275] Es dauerte dann bis zum 1.1.2002 bis in Deutschland erstmals Pensionsfonds zugelassen wurden.[276] Diese unterscheiden sich allerdings deutlich von den US-amerikanischen, unterliegen im deutschen Versorgungssystem allerdings geringeren Anlagebeschränkungen.[277] Trotzdem stellt dies insbesondere dann einen weiteren Schritt zur Stärkung des deutschen Venture-Capital-Markts dar, wenn diese Form der Altersvorsorge vom Markt angenommen wird und über entsprechende finanzielle Mittel verfügt.

---

271 *Jäger*, NZG 1998, 833, 838; *Leopold/Frommann/Kühr*, S. 63.

272 Vgl. *Jäger*, NZG 1998, 833, 838; *Leopold/Frommann/Kühr*, S. 63 ff.; *Weitnauer*, in: Weitnauer, Venture Capital, Teil A. Rn. 105 ff.

273 *Leopold/Frommann/Kühr*, S. 69 f.

274 Oben § 1 III. 1.

275 BR-Dr. 605/97 (Beschluss) v. 17.10.1997, S. 32.

276 Vgl. *Laars*, Vor §§ 112 ff, Rn. 1 ff.

277 *Laars*, Vor §§ 112 ff, Rn. 5.

Aufgrund des ausbleibenden Erfolgs des UBGG bestand für die meisten Beteiligungsgesellschaften keine gesonderte gesetzliche Regelung im Bereich des Private-Equity.[278] Daher versuchte die damalige Bundesregierung für diese gesamte Finanzierungsbranche ein Gesetz zu schaffen, damit der deutsche Beteiligungsmarkt internationalen Standards entspricht.[279] Das im Jahr 2008 verabschiedete Gesetz zur Modernisierung der Rahmenbedingungen für Kapitalbeteiligungen (MoRaKG), mit dem durch das Gesetz über Wagnisbeteiligungen die Wagniskapitalbeteiligungsgesellschaft als weiteres Investitionsvehikel geschaffen wurde, betrifft hingegen lediglich den Spezialbereich des Venture-Capitals und nicht die gesamte Private-Equity-Branche.[280] Die Europäische Kommission genehmigte dies darüber hinaus nicht vollständig, da sie bestimmte steuerliche Bestimmungen der Wagniskapitalbeteiligungsgesellschaften als nicht mit ihren Risikokapitalleitlinien vereinbar ansah sowie die Beschränkung auf Unternehmen mit Sitz in Deutschland als Verstoß gegen die Niederlassungsfreiheit gemäß Art. 43 EGV (Art. 49 AEUV) wertete.[281] Diese Beanstandungen wurden vom deutschen Gesetzgeber nicht behoben und das Gesetz über Wagnisbeteiligungen wurde Ende 2013 wieder aufgehoben.[282] Mangels spezialgesetzlicher Regelung ist heutzutage ein Venture-Capital-Fonds in Deutschland üblicherweise in der Rechtsform einer GmbH & Co. KG ausgestaltet.[283]

Die Tatsache, dass Deutschland bei der Schaffung geeigneter Rahmenbedingungen für die Venture-Capital-Branche, durch die der Kapitalzugang junger Unternehmen und die Finanzierung der Venture-Capital-Gesellschaften erleichtert werden, im internationalen Vergleich hinterherhinkt, ist daher trotz der dargestellten staatlichen Maßnahmen immer noch aktuell.[284] Zu diesem Zweck und als Anregung hat der BVK zu Beginn des Jahres 2015 den Entwurf eines Venture-Capital-Gesetzes vorgelegt, das u.a. Erleichterungen für

---

278 *Haag/Veith*, BB 2008, 1915.

279 *Haag/Veith*, BB 2008, 1915; *Leible/Lehmann*, NZG 2008, 729, 730; *Weitnauer*, in: Weitnauer, Venture Capital, Teil A. Rn. 107.

280 *Leible/Lehmann*, NZG 2008, 729, 730; *Weitnauer*, in: Weitnauer, Venture Capital, Teil A. Rn. 107.

281 *Weitnauer*, in: Weitnauer, Venture Capital, Teil A. Rn. 107.

282 *Weitnauer*, in: Weitnauer, Venture Capital, Teil A. Rn. 107.

283 *Sagasser*, in: Assmann/Schütze, Handbuch des Kapitalanlagerechts, § 27 Rn. 400; eine umfassende Darstellung zur rechtlichen Strukturierung von Venture-Capital-Fonds bietet z.B. *Weitnauer*, in: Weitnauer, Venture Capital, Teil B. Rn. 1 ff.

284 *Güllmann*, VentureCapital Magazin, Sonderheft „Spezial VC Gesetz“ 2015, 12, 13.

Venture-Capital-Investoren im Steuerrecht enthält.[285] Dieses Vorhaben wurde jedoch noch nicht umgesetzt, sodass es weiterhin an einheitlichen gesetzlichen und steuerbegünstigten Regelungen für den Bereich des Venture-Capitals in Deutschland fehlt.

Im Jahr 2016 wurde durch die Bundesregierung und die KfW der auf die Finanzierung von Start-ups ausgerichtete Fonds „coparion" gegründet und damit die Ausgliederung des bislang in diesem Segment agierenden ERP-Startfonds aus der KfW vollzogen, um flexibler handeln und noch besser auf die Bedürfnisse junger Unternehmen in ihrer Anfangsphase eingehen zu können.[286] Coparion beteiligt sich dabei in der Regel unmittelbar durch die Bereitstellung von Eigenkapital gemeinsam mit einem privaten Investor zu wirtschaftlich identischen Bedingungen mit einem Betrag von bis zu zehn Millionen Euro an einem Start-up.[287]

Zu einer spürbaren Stärkung der *Exitvariante* Börsengang hat die Schaffung des Börsensegments des Neuen Marktes Anfang 1997 beigetragen.[288] Während der Hochzeit des Euro.nm, in dem der Neue Markt ebenfalls repräsentiert war, bis ins Jahr 2000 betrug der Anteil der Venture-Capital-Investments am Bruttoinlandsprodukt mehr als sechsmal so viel wie noch im Jahr 1997.[289] Dadurch fand eine erhebliche Entwicklung und Stärkung des Venture-Capitals

---

285 *Güllmann*, VentureCapital Magazin, Sonderheft „Spezial VC Gesetz" 2015, 12, 13.

286 Bundesministerium für Wirtschaft und Energie, Eckpunktepapier Wagniskapital vom 16.9.2015, https://www.bmwi.de/BMWi/Redaktion/PDF/E/eckpunkte-wagniskapital,property=pdf,bereich=bmwi2012,sprache=de,rwb=true.pdf (Stand: 18.11.2015), S. 2; *Bundesministerium für Wirtschaft und Energie*, Wachstumsfinanzierung voranbringen. Startschuss für zwei neue Instrumente für mehr Risikokapital in Deutschland vom 15.3.2016, abrufbar unter http://www.bmwi.de/BMWi/Redaktion/PDF/E/ergaenzende-informationen-erp-eif-wachstumsfazilitaet,property=pdf,bereich=bmwi2012,sprache=de,rwb=true.pdf (Stand: 21.3.2016), S. 3 f.

287 *Bundesministerium für Wirtschaft und Energie*, Wachstumsfinanzierung voranbringen. Startschuss für zwei neue Instrumente für mehr Risikokapital in Deutschland vom 15.3.2016, abrufbar unter http://www.bmwi.de/BMWi/Redaktion/PDF/E/ergaenzende-informationen-erp-eif-wachstumsfazilitaet,property=pdf,bereich=bmwi2012,sprache=de,rwb=true.pdf (Stand: 21.3.2016), S. 3 f.; http://www.coparion.de/ (Stand: 21.3.2016).

288 Vgl. *Jäger*, NZG 2000, 1049, 1052; *Leopold/Frommann/Kühr*, S. 179 f.

289 *Bottazzi/Da Rin*, Economic Policy 2002, Vol. 17, Issue 34, S. 229, 242 m.w.N.; vgl. *Jäger*, NZG 2000, 1049, 1052 f., der in diesem Zusammenhang ebenfalls auf die unterschiedliche Entwicklung der beteiligten Neuen Märkte hinweist, indem er ausführt, dass die Kapitalisierung des Euro.nm zu ca. 80% durch den deutschen Neuen Markt erfolgte.

in Deutschland statt. Mit dem Zusammenbruch der Aktienmärkte ab dem Jahr 2001 ging die Zahl und Höhe der Venture-Capital-Investments bis in das Jahr 2004 deutlich zurück.[290] Zudem wurde daraufhin Mitte des Jahres 2003 der Neue Markt geschlossen. Der Markt erholte sich in der Folgezeit jedoch wieder und die Investitionen in die Portfolio-Unternehmen stiegen bis zu einem erneuten Einbruch aufgrund der Finanzkrise im Jahr 2009 an.[291] Diese Zyklen mit Hochs und Tiefs sind jedoch kennzeichnend für die Venture-Capital-Branche.[292] Um die Möglichkeiten der Finanzierung junger Unternehmen über die Börse zu erleichtern und diesen wieder eine dem Neuen Markt vergleichbare Plattform zu bieten, regte die aktuelle Bundesregierung an, ein neues Börsensegment für Start-ups mit dem Namen „Markt 2.0“ einzurichten.[293] Dieses Vorhaben setzte sich jedoch nicht durch, stattdessen schuf die Deutsche Börse in Frankfurt lediglich eine Plattform, Deutsche Börse Venture Network, über die junge Unternehmen Investoren zur Deckung ihres Kapitalbedarfs finden sollen.[294] Weiterhin hat sich die Bundesregierung neben den zahlreichen bereits bestehenden öffentlichen Förderprogrammen für Venture-Capital im Jahr 2014 durch zwei weitere Maßnahmen, „Digitale Agenda 2014–2017“[295] und „INVEST – Zuschuss für Wagniskapital“[296], das eine steuerliche Begünstigung für Investoren enthält, für eine Stärkung junger Unternehmen und die Verbesserung der Rahmenbedingungen des Venture-Capitals in Deutschland ausgesprochen.

---

290 *Majunke*, FB 2005, 145; *Weitnauer*, in: Weitnauer, Venture Capital, Teil A. Rn. 73 f.

291 Vgl. *Cumming/Johan*, S. 25 f., die hervorheben, dass der US-amerikanische Venture-Capital-Markt wie kein anderer von der Finanzkrise betroffen war; *Weitnauer*, in: Weitnauer, Venture Capital, Teil A. Rn. 74.

292 *Cumming/Johan*, S. 18.

293 Vgl. *Heimlich*, VentureCapital Magazin, Sonderheft „Spezial VC Gesetz“/2015, 6, 7.

294 Vgl. *Heimlich*, VentureCapital Magazin, Sonderheft „Spezial VC Gesetz“/2015, 6, 7.

295 *Bundesministerium für Wirtschaft und Energie/Bundesministerium des Innern/Bundesministerium für Verkehr und digitale Infrastruktur*, Digitale Agenda 2014–2017, abrufbar unter http://www.bmwi.de/BMWi/Redaktion/PDF/Publikationen/digitale-agenda-2014-2017,property=pdf,bereich=bmwi2012,sprache=de,rwb=true.pdf (Stand: 5.1.2016).

296 Http://www.bmwi.de/DE/Themen/Mittelstand/Mittelstandsfinanzierung/invest,did=655264.html Stand: 5.1.2016), bei diesem Programm erhält der Investor 20% des Ausgabepreises seiner Beteiligung an dem jungen innovativen Unternehmen als Förderung zurückerstattet, wobei der Zuschuss von den Ertragssteuern befreit ist; dadurch wurden bis August 2015 EUR 100 Millionen in junge Unternehmen investiert.

4. Italien

Der Beginn des Venture-Capitals erfolgte in Italien noch später als in Deutschland. So wird der erste Meilenstein erst im Jahr 1986 durch die Gründung der *Associazione Italiana del Private Equity e Venture Capital* (*AIFI*), der italienischen Private-Equity- und Venture-Capital-Vereinigung, gesehen, durch die mit Hilfe einer Interessenvertretung die Entwicklung des italienischen Risikokapitalmarkts gefördert werden sollte.[297] Die Möglichkeit der Finanzierung durch Eigenkapital stellte in Italien, wie auch in Deutschland, zunächst unbekanntes Terrain für die Unternehmer dar. So gab es in Italien von deren Seite zunächst ebenfalls, wie in Deutschland, eine ablehnende Haltung gegenüber der Aufnahme von Finanzinvestoren als Gesellschafter bzw. Aktionäre in das eigene Unternehmen.[298] Weiterhin wird in Italien der Mangel an institutionellen Investoren, wie Pensionsfonds oder Versicherungen, sowie gesetzgeberische Restriktionen als hinderlich für die Entwicklung des Venture-Capitals angesehen.[299]

Der italienische Gesetzgeber erkannte, dass das rechtliche Umfeld für Venture-Capital in Italien verbessert werden musste, damit diese Finanzierungsart in Zukunft eine wichtige Rolle einnehmen würde.

Ein wichtiger gesetzgeberischer Eingriff, der auf die positive Entwicklung des Venture-Capitals in Italien abzielen sollte, erfolgte im Jahr 1993[300] durch die Einführung der Rechtsform der geschlossenen Investmentfonds (*fondo comune di investimento chiuso*), die als Intermediär entscheidend für die Bereitstellung von Kapital an junge Unternehmen sind.[301] Diese setzten sich jedoch erst

297 *Bracchi/Gervasoni*, in: Bracchi/Gervasoni, Venti anni di private equity, S. 5, 12; *Gervasoni*, in: Gervasoni, Private equity e venture capital, S. 11, 16.

298 Vgl. *Bracchi/Gervasoni*, in: Bracchi/Gervasoni, Venti anni di private equity, S. 5, 24; *Di Giorgio/Di Odoardo*, Venture Capital e Private Equity in Italia, Working Paper del Dipartimento del Tesoro (DT) del Ministero dell'Economia e delle Finanze (MEF) 2008, n. 3, abrufbar unter http://www.dt.tesoro.it/modules/documenti_it/analisi_progammazione/working_papers/N.-3-2008---Venture-capital-e-private-equity-in-Italia.pdf (Stand: 8.2.2016), S. 15.

299 *Di Giorgio/Di Odoardo*, Venture Capital e Private Equity in Italia, Working Paper del Dipartimento del Tesoro (DT) del Ministero dell'Economia e delle Finanze (MEF) 2008, n. 3, abrufbar unter http://www.dt.tesoro.it/modules/documenti_it/analisi_progammazione/working_papers/N.-3-2008---Venture-capital-e-private-equity-in-Italia.pdf (Stand: 8.2.2016), S. 16.

300 L. 14 agosto 1993, n. 344, pubblicata nella Gazzetta Ufficiale n. 205 del 1 settembre 1993.

301 *Bracchi/Gervasoni*, in: Bracchi/Gervasoni, Venti anni di private equity, S. 5, 13, 38; *Damiani*, S. 18.

in größerem Ausmaß nach Abschaffung des ursprünglichen Legge 14 agosto 1993, n. 344 durch Art. 214 Abs. 1 lit. ff) des decreto legislativo 24 febbraio 1998, n. 58[302] und den darauffolgenden Neuregelungen des decreto 24 maggio 1999, n. 228[303] aus dem Jahr 1999 in Verbindung mit den Art. 36 ff. TUF durch, da das Regelwerk aus dem Jahr 1993, insbesondere aufgrund der erst nach Ablauf von fünf Jahren zulässigen Ertragsausschüttung nach einem *Exit*, nicht den Bedürfnissen der Venture-Capital-Branche entsprach.[304] Zudem wurde das italienische Steuerrecht als hinderlich für den Beginn der Entwicklung dieser Fonds angesehen, da es für die Erträge, die bei einem *Exit* erzielt werden konnten, keine Steuererleichterungen vorsah und damit das Risiko, das diesen Investments inne wohnt, unbeachtet ließ.[305] Heutzutage stellen die geschlossenen Investmentfonds in Italien die meistgewählte Rechtsform eines Venture-Capital-Fonds dar, der wiederum von einer Ersparnisverwaltungsgesellschaft (*società di gestione del risparmio*) geführt wird.[306]

---

302 D.lgs. 24 febbraio 1998, n. 58: Testo unico delle disposizioni in materia di intermediazione finanziaria, ai sensi degli articoli 8 e 21 della L. 6 febbraio 1996, n. 520F in der Fassung des D.lgs. 16 novembre 2015, n. 181.

303 Ministero del tesoro, del bilancio e della programmazione economica. D. 24 maggio 1999, n. 228, Regolamento recante norme per la determinazione dei criteri generali cui devono essere uniformati i fondi comuni di investimento; durch die D.lgs. 4 marzo 2014, n. 44, in attuazione della direttiva 2011/61/UE in Verbindung mit der D. 5 marzo 2015, n. 30, Regolamento attuativo dell'articolo 39 del D.lgs. 24 febbraio 1998, n. 58 (TUF) concernente la determinazione dei criteri generali cui devono uniformarsi gli Organismi di investimento collettivo del risparmio (OICR) italiani, wurde das bislang geltende Regelwerk der Investmentfonds in Italien, D. 24 maggio 1999, n. 228, infolge der Umsetzung AIFM-Richtlinie vollständig ersetzt.

304 Vgl. *Bentivogli/Carmignani/Del Colle* u.a., Il private equity in Italia, Banca d'Italia, Questioni di Economia e Finanza (Occasional Papers), n. 41 (2009), abrufbar unter https://www.bancaditalia.it/pubblicazioni/qef/2009-0041/QEF_41.pdf (Stand: 9.2.2016), S. 9; *Di Giorgio/Di Odoardo*, Venture Capital e Private Equity in Italia, Working Paper del Dipartimento del Tesoro (DT) del Ministero dell'Economia e delle Finanze (MEF) 2008, n. 3, abrufbar unter http://www.dt.tesoro.it/modules/documenti_it/analisi_progammazione/working_papers/N.-3-2008---Venture-capital-e-private-equity-in-Italia.pdf (Stand: 8.2.2016), S. 10; *Schiavello/De Lance Holmes*, in: Caselli/Gatti, Venture Capital, S. 369, 382 ff.

305 Vgl. *Bracchi/Gervasoni*, in: Bracchi/Gervasoni, Venti anni di private equity, S. 5, 13; *Damiani*, S. 18 m.w.N.

306 *Bracchi/Gervasoni*, in: Bracchi/Gervasoni, Venti anni di private equity, S. 5, 38, *Zanoni*, S. 10 m.w.N.

Ab dem Jahr 1998 versuchte der italienische Gesetzgeber mit dem Erlass des einheitlichen Gesetzes der Regelungen der Materie der Finanzvermittlung (TUF) sowie darauffolgender Maßnahmen die größten Beschränkungen aufzuheben, die die Finanzierung von institutionellen Venture-Capital-Fonds betrafen.[307] Daraufhin gab es in Italien um die letzte Jahrtausendwende ebenfalls einen Wachstumsschub für die Venture-Capital-Branche, die sich an einer Erhöhung der Anzahl der Investments ablesen ließ.[308] Der in dieser Zeit in Mailand geschaffene *Nuovo Mercato* war, wie der deutsche Neue Markt, Bestandteil des Euro.nm.[309] Trotzdem hatte die Schaffung des Euro.nm in Italien im Vergleich zu Deutschland nicht einen derart positiven Einfluss auf die Erhöhung des Anteils der Venture-Capital-Investments am Bruttoinlandsprodukt, da dieses Verhältnis in den Jahren 1998 bis 2000 in etwa auf dem gleichen Niveau blieb.[310] Nach dem anschließenden Börsenzusammenbruch befand sich der italienische Venture-Capital-Markt bis in das Jahr 2004 in einem Abwärtstrend, der erst Anfang 2005 wieder in ein Wachstum durch die steigende Zahl an Investments und deren Höhe umschlug.[311] Im Jahr 2005 wurde der *Nuovo Mercato* in Mailand abgeschafft.[312] Sein deutsches Pendant erlitt dieses Schicksal bereits zwei Jahre zuvor. Insgesamt ist zu sagen, dass die Versuche gesetzgeberischer Eingriffe lediglich zu zaghaften Verbesserungen bei der Schaffung einer Venture-Capital-Kultur in Italien führten. Denn im Jahr 2006 stammte immerhin noch der Großteil des

---

307 *Di Giorgio/Di Odoardo*, Venture Capital e Private Equity in Italia, Working Paper del Dipartimento del Tesoro (DT) del Ministero dell'Economia e delle Finanze (MEF) 2008, n. 3, abrufbar unter http://www.dt.tesoro.it/modules/documenti_it/analisi_progammazione/working_papers/N.-3-2008---Venture-capital-e-private-equity-in-Italia.pdf (Stand: 8.2.2016), S. 16.

308 *Dallocchio*, in: Cenciarini/Dallocchio/Dell'Acqua/Etro, Un ponte per la crescita, S. 75, 77.

309 Vgl. *Jäger*, NZG 2000, 1049, 1053.

310 *Bottazzi/Da Rin*, Economic Policy 2002, Vol. 17, Issue 34, S. 229, 242; vgl. *Jäger*, NZG 2000, 1049, 1052 f., der in diesem Zusammenhang ebenfalls auf die unterschiedliche Entwicklung der beteiligten Neuen Märkte hinweist, indem er ausführt, dass die Kapitalisierung des Euro.nm lediglich zu ca. 9% durch den italienischen *Nuovo Mercato* in Mailand erfolgte.

311 *Dallocchio*, in: Cenciarini/Dallocchio/Dell'Acqua/Etro, Un ponte per la crescita, S. 75, 77 f.

312 Vgl. http://www.borsaitaliana.it/borsaitaliana/chi-siamo/bicentenario/storia/mercatiestrumenti.htm (Stand: 8.2.2016).

in diesem Bereich investierten Kapitals aus dem Ausland.[313] Zudem stammte zu dieser Zeit 60% des in Italien eingesammelten Kapitals von Banken, im Gegensatz zu lediglich ca. 25% auf dem europäischen Markt.[314] Daran ist erkennbar, dass zu dieser Zeit dem Venture-Capital in Italien immer noch die breite gesellschaftliche Akzeptanz fehlte. Italienischen Fondsgesellschaften fällt es bis heute schwer, ausreichend Kapital in Italien einzusammeln.[315] Dies zeigt sich auch in absoluten Zahlen zur Anzahl der Venture-Capital-Akteure und der durchgeführten Investments im Vergleich zu Deutschland.[316]

Zu den wenigen staatlichen Förderprogrammen zur Belebung des Venture-Capitals in Italien zählt die Einführung des Art. 106 des Gesetzes Nr. 388/2000[317], durch den die Finanzintermediäre durch einen staatlichen Fonds Unterstützung beim Erwerb von Minderheitsbeteiligungen an jungen und innovativen kleinen und mittleren Unternehmen erhalten, die im Bereich der Hochtechnologie tätig sind.[318]

Darüber hinaus zielte die Gesellschaftsrechtsreform aus dem Jahr 2003 u.a. sowohl bei der italienischen *s.p.a.* als auch bei der *s.r.l.* darauf ab, die Finanzierung

---

313 *AIFI*, Libro Bianco. Progetto per lo sviluppo del private equity e venture capital in Italia. Marzo 2006, abrufbar unter http://www.aifi.it/?wpdmact=process&did=NTkxLmhvdGxpbms (Stand: 8.2.2016), S. 6.

314 *AIFI*, Libro Bianco. Progetto per lo sviluppo del private equity e venture capital in Italia. Marzo 2006, abrufbar unter http://www.aifi.it/?wpdmact=process&did=NTkxLmhvdGxpbms (Stand: 8.2.2016), S. 6.

315 *Fusaro/Muzio/Mueller* u.a., in: Gervasoni, Private Equity and Venture Capital, S. 25, 50.

316 *AIFI*, Libro Bianco. Progetto per lo sviluppo del private equity e venture capital in Italia. Marzo 2006, abrufbar unter http://www.aifi.it/?wpdmact=process&did=NTkxLmhvdGxpbms (Stand: 8.2.2016), S. 6, die ausführt, dass es im Jahr 2006 in Italien ca. 100, in Deutschland hingegen ca. 170 Venture-Capital-Investoren gab und, dass über einen Dreijahreszeitraum gerechnet im Durchschnitt pro Jahr in Italien ca. 300, in Deutschland hingegen ca. 1.000 Investments durchgeführt wurden.

317 L. 23 dicembre 2000, n. 388 „Disposizioni per la formazione del bilancio annuale e pluriennale dello Stato (legge finanziaria 2001)“, pubblicata nella Gazzetta Ufficiale n. 302 del 29 dicembre 2000 – Supplemento Ordinario n. 219.

318 *AIFI*, Libro Bianco. Progetto per lo sviluppo del private equity e venture capital in Italia. Marzo 2006, abrufbar unter http://www.aifi.it/?wpdmact=process&did=NTkxLmhvdGxpbms (Stand: 8.2.2016), S. 29; *Di Giorgio/Di Odoardo*, Venture Capital e Private Equity in Italia, Working Paper del Dipartimento del Tesoro (DT) del Ministero dell'Economia e delle Finanze (MEF) 2008, n. 3, abrufbar unter http://www.dt.tesoro.it/modules/documenti_it/analisi_progammazione/working_papers/N.-3-2008---Venture-capital-e-private-equity-in-Italia.pdf (Stand: 8.2.2016), S. 16 f.

durch Venture-Capital zu erleichtern.[319] Zudem erfolgte eine Reform der Insolvenzordnung und des Insolvenzverfahrens, die bezwecken sollte, dass der Venture-Capital-Investor im Fall der Insolvenz des Portfolio-Unternehmens nicht übermäßig benachteiligt wird.[320]

Einen wichtigen Meilenstein der staatlichen Förderung des Venture-Capitals in Italien stellt der *Fondo Italiano d'Investimento* dar. Dieser wurde im August 2010 auf Initiative des italienischen Wirtschafts- und Finanzministeriums gegründet und sollte sich zunächst durch die unmittelbare Übernahme einer Beteiligung oder mittelbar über die Beteiligung an entsprechenden Fonds (*fondo di fondi*) an bereits bestehenden Unternehmen beteiligen, die bereits einen Umsatz zwischen zehn und 250 Millionen Euro erzielen.[321] Daraus ist ersichtlich, dass damit zunächst nicht bezweckt wurde, Unternehmen in ihrer absoluten Anfangsphase zu fördern, da diese zu diesem Zeitpunkt in der Regel noch nicht die geforderten Umsatzschwellen erreichen. Seit dem Jahr 2012 ist jedoch auch eine Beteiligung an Fonds zulässig, die Investitionen im Bereich des Venture-Capitals und damit in junge und am Anfang stehende Unternehmen vornehmen.[322]

Zur Stärkung des Venture-Capitals in Italien, sind Erträge aus Beteiligungen von Venture-Capital-Fonds gemäß Art. 31 Abs. 4 des decreto legge 6 luglio 2011, n. 98[323] als Einkünfte aus Kapitalvermögen steuerbefreit.[324]

---

319 *Occhilupo*, Banca impresa società 2013, n. 3, 389, 402; siehe hierzu auch oben Einleitung II.

320 *Bentivogli/Carmignani/Del Colle* u.a., Il private equity in Italia, Banca d'Italia, Questioni di Economia e Finanza (Occasional Papers), n. 41 (2009), abrufbar unter https://www.bancaditalia.it/pubblicazioni/qef/2009-0041/QEF_41.pdf (Stand: 9.2.2016), S. 26; *Bracchi/Gervasoni*, in: Bracchi/Gervasoni, Venti anni di private equity, S. 5, 41; *Di Giorgio/Di Odoardo*, Venture Capital e Private Equity in Italia, Working Paper del Dipartimento del Tesoro (DT) del Ministero dell'Economia e delle Finanze (MEF) 2008, n. 3, abrufbar unter http://www.dt.tesoro.it/modules/documenti_it/analisi_progammazione/working_papers/N.-3-2008---Venture-capital-e-private-equity-in-Italia.pdf (Stand: 8.2.2016), S. 17, 21.

321 *Fondo Italiano d'Investimento*, I primi tre anni di attività, abrufbar unter http://www.mef.gov.it/ufficio-stampa/comunicati/2014/documenti/Sintesi_attivitx_FII_per_Conferenza_Stampa_def_x2x_-_Allegato_al_comunicato_n._38_del_12_febbraio_2014.pdf (Stand: 8.2.2016), S. 2.

322 *Fondo Italiano d'Investimento*, I primi tre anni di attività, abrufbar unter http://www.mef.gov.it/ufficio-stampa/comunicati/2014/documenti/Sintesi_attivitx_FII_per_Conferenza_Stampa_def_x2x_-_Allegato_al_comunicato_n._38_del_12_febbraio_2014.pdf (Stand: 8.2.2016), S. 12.

323 D.L. 6 luglio 2011, n. 98, Disposizioni urgenti per la stabilizzazione finanziaria.

324 Vgl. *Orsi*, S. 201.

Auch auf dem Gebiet des Gesellschaftsrechts stieß der italienische Gesetzgeber im Jahr 2012 weitere zahlreiche Vorhaben an, um den Beginn neuer Unternehmen zu erleichtern und damit Innovationen zu fördern.[325] Hierdurch sollen insbesondere die Kosten der Gründung einer *s.r.l.* reduziert sowie die Finanzierung geschlossener Kapitalgesellschaften durch Venture-Capital, als Gegensatz zur Bankenfinanzierung, erleichtert werden.[326]

So richtete sich die als Unterform der gewöhnlichen *s.r.l.* im Jahr 2012 geschaffene *s.r.l.s.* zunächst gemäß Art. 2463-bis Abs. 1 c.c. ausschließlich an natürliche Personen unter 35 Jahren und erforderte ein Stammkapital zwischen lediglich EUR 1 und EUR 9.999.[327] Gemäß Art. 9 Abs. 13 des decreto legge 28 giugno 2013, n. 76[328] wurde jedoch das Alterserfordernis für die *s.r.l.s.* abgeschafft. Dadurch können nun auch ältere Gründer die Vorteile der *s.r.l.s.*, insbesondere die geringeren Kapitalanforderungen, ausnutzen.

In diesem Zusammenhang wurde durch Art. 44 des decreto legge 22 giugno 2012, n. 83[329] eine weitere Unterform der *s.r.l.*, die GmbH mit reduziertem Kapital (*società a responsabilità limitata a capitale ridotto, s.r.l.c.r.*) geschaffen, die ebenfalls von natürlichen Personen mit einem Stammkapital zwischen lediglich EUR 1 und EUR 9.999 gegründet werden konnte.[330] Diese wurde jedoch bereits im Jahr 2013 wieder abgeschafft.[331]

Weiterhin wurde im Jahr 2012 durch den Art. 25 Abs. 2 des decreto legge 18 ottobre 2012, n. 179[332] die Möglichkeit geschaffen, bei Einhaltung der dort genannten Voraussetzungen, z.B. eine *s.r.l.* als innovatives Start-up Unternehmen (*impresa start-up innovativa*) zu gründen. Diese werden gemäß Art. 25 Abs. 8 des decreto legge 18 ottobre 2012, n. 179 in einer Spezialabteilung (*sezione speciale*)

---

325 *Occhilupo*, Banca impresa società 2013, n. 3, 389.

326 *Occhilupo*, Banca impresa società 2013, n. 3, 389, 390.

327 Vgl. *Kindler*, Italienisches Handels- und Wirtschaftsrecht, § 4 Rn. 232; *Occhilupo*, Banca impresa società 2013, n. 3, 389, 390.

328 D.L. 28 giugno 2013, n. 76 coordinato con la legge di conversione 9 agosto 2013, n. 99, recante "Primi interventi urgenti per la promozione dell'occupazione, in particolare giovanile, della coesione sociale, nonche' in materia di Imposta sul valore aggiunto (IVA) e altre misure finanziarie urgenti".

329 D.L. 22 giugno 2012, n. 83, coordinato con la legge di conversione 7 agosto 2012, n. 134, recante "Misure urgenti per la crescita del Paese".

330 Vgl. *Kindler*, Italienisches Handels- und Wirtschaftsrecht, § 4 Rn. 232; *Occhilupo*, Banca impresa società 2013, n. 3, 389, 390.

331 *Occhilupo*, Banca impresa società 2013, n. 3, 389, 390.

332 D.L. 18 ottobre 2012, n. 179 recante "Ulteriori misure urgenti per la crescita del Paese", convertito con modifiche dalla L. 17 dicembre 2012 n. 221.

des Unternehmensregisters (*registro delle imprese*) eingetragen. Sie unterliegen gewissen Erleichterungen im Gesellschafts-, Insolvenz- und Steuerrecht im Vergleich zur gewöhnlichen *s.r.l.*[333] So findet etwa Art. 2474 c.c., der das Verbot für die *s.r.l.* enthält, keine eigenen Anteile zu erwerben, gemäß Art. 25 Abs. 6 des decreto legge 18 ottobre 2012, n. 179 auf diese Form der *s.r.l.* keine Anwendung. Dadurch soll die Beteiligung am Risiko der Gesellschaft durch die Einräumung von Gesellschaftsbeteiligungen an Mitarbeiter erleichtert werden.[334]

In der italienischen juristischen Literatur stoßen diese Maßnahmen des italienischen Gesetzgebers aus dem Jahr 2012 auf Kritik, da sein Handeln als Beispiel für eine experimentelle Gesetzgebung erachtet wird, die zudem durch starke Fragmentierung gekennzeichnet ist.[335]

IV. Entwicklung von Venture-Capital anhand von Kennziffern in Deutschland und Italien

Eine aktuelle Studie untersuchte im Zeitraum von 1998 bis 2008 insgesamt 21 europäische Länder zu einem möglichen Zusammenhang zwischen Venture-Capital und der Schaffung neuer Unternehmen.[336] Dabei ergab sich, dass Venture-Capital-Finanzierungen zu erheblich höheren Gründungsquoten junger Unternehmen führen.[337] Die Auswirkungen der Finanzkrise seit August 2007 sind jedoch auch im Bereich Venture-Capital spürbar, da währenddessen im Vergleich zu der Zeit vor der Krise insbesondere die Investoren aus den USA deutlich zurückhaltender in gerade am Anfang stehende Unternehmen investieren.[338] Zudem bewirken vermehrte Venture-Capital-Finanzierungen einen Anstieg an Patenterteilungen.[339] Allein daran zeigt sich, dass durch Venture-Capital-Innovationen gefördert werden, die gleichzeitig positive Auswirkungen auf die gesamte Wirtschaft haben, da dadurch auch neue Arbeitsplätze geschaffen werden. So wuchs in den USA in den Jahren 2006 bis 2008 die Anzahl der Arbeitsplätze der Venture-Capital finanzierten Portfolio-Unternehmen um 1,6%

333 *Divizia*, Le clausole di tag e drag along, S. 211 ff.; *Occhilupo*, Banca impresa società 2013, n. 3, 389, 390, 408 ff.

334 *Salvatore*, NDS – n. 19/2014, 7, 39.

335 *Occhilupo*, Banca impresa società 2013, n. 3, 389, 390.

336 *Popov/Roosenboom*, J. Bank. Financ., Vol. 37 (2013), 4695, 4696, 4709.

337 *Popov/Roosenboom*, J. Bank. Financ., Vol. 37 (2013), 4695, 4699.

338 Vgl. *Cumming/Johan*, S. 25 m.w.N.

339 *Kortum/Lerner*, RAND J. Econ. Vol. 31 (2000), no. 4, 674, 691.

und damit deutlich höher als im Vergleich zu einem Anstieg von lediglich 0,2% bei den sonstigen Unternehmen.[340]

Der weltweit höchste Anteil der Venture-Capital-Investments am Bruttoinlandsprodukt betrug im Jahr 2014 in Israel 0,38% gefolgt von den USA mit 0,28%.[341] In Europa hingegen waren im Jahr 2015 Finnland mit einem Anteil von 0,051% (im Jahr 2014 Schweden mit 0,066%) und die Schweiz mit einem Anteil von 0,044% (im Jahr 2014 Finnland mit 0,060%) der Venture-Capital-Investments am jeweiligen Bruttoinlandsprodukt die führenden Länder in diesem Bereich.[342]

Die Renditen, die im Bereich des Venture-Capitals erzielt werden können, sowie die Entwicklung dieser ganzen Branche unterscheiden sich weltweit und hängen von einer Vielzahl von Faktoren ab. Hierzu zählen etwa die rechtlichen und wirtschaftlichen Gegebenheiten im jeweiligen Land, die Fähigkeiten der beteiligten Personen, sowohl auf Unternehmer- als auch auf Investorenseite, sowie die Ausstattung und Laufzeit der jeweiligen Venture-Capital-Fonds.[343] Hinzu kommen die Vielfalt an Forschungseinrichtungen und Universitäten sowie die Akzeptanz der Unternehmer, einen Investor in das eigene Unternehmen als Gesellschafter aufzunehmen und mit diesem vertrauensvoll und zielgerichtet zusammenzuarbeiten. Durch die über Jahrzehnte gelebte Finanzierung von Unternehmen mittels Fremdkapital, insbesondere in bankendominierten Ländern wie Deutschland und Italien,[344] mussten sich Unternehmensgründer und -inhaber lange nicht mit einer derartigen Teilhabe von Finanzinvestoren in

---

340 *Weitnauer*, in: Weitnauer, Venture Capital, 4. Aufl. 2011, Teil A. Rn. 17.

341 *OECD*, Entrepreneurship at a Glance 2015, abrufbar unter http://dx.doi.org/10.1787/entrepreneur_aag-2015-en (Stand: 3.2.2016), S. 102 f., 125, wobei sich diese Zahlen an dem in dieser Untersuchung vertretenen Begriff des Venture-Capitals, oben § 1 II. 7. e), orientieren.

342 *European Private Equity and Venture Capital Association*, 2014 European Private Equity Activity, abrufbar unter http://www.investeurope.eu/media/385581/2014-european-private-equity-activity-final-v2.pdf (Stand: 26.10.2015), S. 28, 49; *Invest Europe*, 2015 European Private Equity Activity, abrufbar unter http://www.investeurope.eu/media/476271/2015-european-private-equity-activity.pdf (Stand: 3.6.2016), S. 26, 47, die Statistiken lassen dabei im Gegensatz zu dem in dieser Untersuchung vertretenen Begriff des Venture-Capitals, oben § 1 II. 7. e), die Investitionen in der sog. *expansion stage* außen vor und beziehen sich auf die Beträge, die in Portfoliounternehmen mit Sitz in Finnland, in der Schweiz bzw. in Schweden investiert wurden, unabhängig vom Sitz des Investors.

343 Vgl. *Prester*, S. 267.

344 Oben Einleitung I.

ihrem Unternehmen auseinandersetzen. Dies änderte sich in den letzten Jahren durch deren erhöhtes Bedürfnis an Eigenkapital. Im Folgenden sollen daher die wichtigsten aktuellen Kennziffern dieser Finanzierungsart in den beiden Ländern dargelegt werden.

1. In Deutschland

Im Jahr 2014 erfolgten in Deutschland Investitionen in dem Bereich des Venture-Capitals in Höhe von ca. 1,33 Milliarden Euro, die einen Anstieg im Gegensatz zu den ca. 1,07 Milliarden Euro im Jahr 2013 darstellen.[345] Zudem zeigt sich im Jahr 2015 ein weiterer Aufwärtstrend der Venture-Capital-Investitionen, da in diesem Zeitraum ca. 1,46 Milliarden Euro investiert wurden.[346] Damit bewegt sich der deutsche Venture-Capital-Markt historisch betrachtet auf einem hohen Niveau.

Die Investitionen von Venture-Capital in Deutschland sind dabei regional sehr unterschiedlich. In den Jahren 2013 bis 2015 konzentrierten sich die höchsten Investitionsvolumina insbesondere auf die Bundesländer Baden-Württemberg, Bayern, Berlin und Nordrhein-Westfalen.[347]

Es ist zu berücksichtigen, dass im Jahr 2015 der Anteil der Venture-Capital-Investments am Bruttoinlandsprodukt in Deutschland 0,028% betrug und Deutschland damit knapp über dem europäischen Durchschnitt von 0,024% lag.[348]

---

345 *BVK*, BVK-Statistik – Das Jahr 2014 in Zahlen, http://www.bvkap.de/sites/default/files/page/20150223_bvk-statistik_das_jahr_in_zahlen2014.pdf (Stand: 22.1.2016), S. 13, wobei sich diese Zahlen an dem in dieser Untersuchung vertretenen Begriff des Venture-Capitals, oben § 1 II. 7. e), orientieren.

346 *BVK*, BVK-Statistik – Das Jahr 2015 in Zahlen. Vorläufige Ergebnisse, abrufbar unter http://www.bvkap.de/sites/default/files/page/20150222_bvk-statistik_das_jahr_in_zahlen2015_final.pdf (Stand: 24.2.2016), S. 13, wobei sich diese Zahlen an dem in dieser Untersuchung vertretenen Begriff des Venture-Capitals, oben § 1 II. 7. e), orientieren.

347 *BVK*, BVK-Statistik – Das Jahr 2014 in Zahlen, http://www.bvkap.de/sites/default/files/page/20150223_bvk-statistik_das_jahr_in_zahlen2014.pdf (Stand: 22.1.2016), S. 16; *BVK*, BVK-Statistik – Das Jahr 2015 in Zahlen. Vorläufige Ergebnisse, abrufbar unter http://www.bvkap.de/sites/default/files/page/20150222_bvk-statistik_das_jahr_in_zahlen2015_final.pdf (Stand: 24.2.2016), S. 16.

348 *Invest Europe*, 2015 European Private Equity Activity, abrufbar unter http://www.investeurope.eu/media/476271/2015-european-private-equity-activity.pdf (Stand: 3.6.2016), S. 26, 47, die Statistik lässt dabei im Gegensatz zu dem in dieser Untersuchung vertretenen Begriff des Venture-Capitals, oben § 1 II. 7. e), die Investitionen

Die positiven Effekte, die vom Venture-Capital ausgehen, sind auch in Deutschland spürbar, obwohl gerade im Vergleich zu den führenden Ländern in Europa der Anteil der Venture-Capital-Investments am Bruttoinlandsprodukt deutlich geringer ausfällt. So erzielten Unternehmen, die mit Beteiligungskapital finanziert wurden, in den Jahren 2007 bis 2012 Wachstumsraten bei der Beschäftigtenanzahl zwischen 8,9% und 17,0%, die deutlich über denen der Referenzunternehmen mit 0,4% bis 2,0% liegen.[349] Die positiven Auswirkungen von Venture-Capital auf den Arbeitsmarkt ergeben sich ebenfalls aus aktuellen Studien, nach denen junge Unternehmen, die nicht älter als zehn Jahre sind und eine innovative Geschäftstätigkeit ausüben, im Jahr 2016 im Durchschnitt jeweils 14,4 Arbeitsplätze und im Jahr 2015 im Durchschnitt jeweils 17,6 Arbeitsplätze nach 2,8 Jahren geschaffen haben.[350] Weiterhin verfügen insbesondere mit Venture-Capital finanzierte Unternehmen über ein deutlich höheres und positiveres Umsatzwachstum als die Vergleichsgruppe der Unternehmen, die keine entsprechende Finanzierung erhalten haben.[351]

2. In Italien

Die Investitionen im Bereich Venture-Capital waren im Jahr 2014 außergewöhnlich hoch und beliefen sich auf ca. 1,22 Milliarden Euro, wobei diese jedoch ausschließlich auf einem erheblichen Anstieg der Investitionen im Bereich der sog.

---

in der sog. *expansion stage* außen vor und bezieht sich auf die Beträge, die in Portfoliounternehmen mit Sitz in Deutschland investiert wurden, unabhängig vom Sitz des Investors.

349 *BVK/Otto Küsters & Company/AFC Consulting Group*, Private Equity und Venture Capital, abrufbar unter http://www.bvkap.de/sites/default/files/press/2015_bvk-okc-afc-studie_private_equity_und_venture_capital.pdf (Stand: 14.12.2015), S. 12.

350 *KPMG AG Wirtschaftsprüfungsgesellschaft*, 3. Deutscher Start-up-Monitor 2015, abrufbar unter https://assets.kpmg.com/content/dam/kpmg/pdf/2015/09/deutscher-startup-monitor-2015-KPMG.pdf (Stand: 5.10.2015), S. 12, 28, 35, 47; *KPMG AG Wirtschaftsprüfungsgesellschaft* (Hrsg.), Deutscher Startup Monitor 2016, abrufbar unter http://deutscherstartupmonitor.de/fileadmin/dsm/dsm-16/studie_dsm_2016.pdf (Stand: 12.12.2016), S. 14, 29, 35, 57, wobei hierin die durchschnittliche Anzahl an Gründern pro Unternehmen im Jahr 2016 mit einem Wert von 2,5 (2,4 für das Jahr 2015) eingerechnet ist und im Jahr 2016 18,8%, im Jahr 2015 20,0% der befragten Unternehmen bereits eine Venture-Capital-Finanzierung erhalten haben.

351 *BVK/Otto Küsters & Company/AFC Consulting Group*, Private Equity und Venture Capital, abrufbar unter http://www.bvkap.de/sites/default/files/press/2015_bvk-okc-afc-studie_private_equity_und_venture_capital.pdf (Stand: 14.12.2015), S. 10 f., die Studie bezog sich auf den Untersuchungszeitraum in den Jahren 2007 bis 2012.

expansion stage beruhen.[352] Dies stellt einen deutlichen Anstieg zu dem Betrag von ca. 0,99 Milliarden Euro aus dem Jahr 2013 dar.[353] In diesem Zusammenhang darf nicht unerwähnt bleiben, dass die zur Schaffung von Innovationen wichtigen Investitionen in ganz am Anfang stehende Unternehmen in der sog. *early stage* im Zeitraum von 2012 bis 2014 um fast 70% zurückgegangen sind.[354] Im Jahr 2015 entwickelte sich der italienische Venture-Capital-Markt rückläufig, da in diesem Zeitraum lediglich ca. 0,41 Milliarden Euro investiert wurden.[355]

Nichtsdestotrotz zeigen sich auch in Italien positive gesamtwirtschaftliche Aspekte durch mit Venture-Capital finanzierte Unternehmen. Das jährliche Wachstum des Gewinns vor Zinsen, Steuern, Abschreibungen auf Sachanlagen und Abschreibungen auf immaterielle Vermögenswerte (EBITDA) (*margine operativo lordo*) dieser Unternehmen betrug daher im Zeitraum 2003 bis 2013 2,7% im Gegensatz zu 1,1% bei den ohne Venture-Capital finanzierten Unternehmen.[356] Zudem konnten in demselben Zeitraum mit Venture-Capital finanzierte Unternehmen ein Wachstum bei der Beschäftigungsquote von 5,5% erzielen im Gegensatz zur Referenzgruppe, die ein negatives Wachstum von –0,3% erreichte.[357]

Wie in Deutschland, so gibt es auch in Italien regionale Unterschiede bei der Anzahl und Höhe der Investitionen mit Beteiligungskapital. In den Jahren 2013

---

352 *AIFI*, Il Mercato Italiano del Private Equity e Venture Capital nel 2014, http://www.aifi.it/?wpdmact=process&did=MTQ3NS5ob3RsaW5r (Stand: 22.1.2016), S. 18 ff., wobei sich diese Zahlen an dem in dieser Untersuchung vertretenen Begriff des Venture-Capitals, oben § 1 II. 7. e), orientieren.

353 *AIFI*, Il Mercato Italiano del Private Equity e Venture Capital nel 2014, http://www.aifi.it/?wpdmact=process&did=MTQ3NS5ob3RsaW5r (Stand: 22.1.2016), S. 18 ff., wobei sich diese Zahlen an dem in dieser Untersuchung vertretenen Begriff des Venture-Capitals, oben § 1 II. 7. e), orientieren.

354 *AIFI*, Il Mercato Italiano del Private Equity e Venture Capital nel 2014, http://www.aifi.it/?wpdmact=process&did=MTQ3NS5ob3RsaW5r (Stand: 22.1.2016), S. 22.

355 *AIFI*, Il mercato italiano del private equity, venture capital e private debt nel 2015, abrufbar unter https://dato-images.imgix.net/45/1460365169-Datiprivateequity,venturecapitaleprivatedebt2015.pdf?ixlib=rb-1.1.0 (Stand: 3.6.2016), S. 32, wobei sich diese Zahlen an dem in dieser Untersuchung vertretenen Begriff des Venture-Capitals, oben § 1 II. 7. e), orientieren.

356 *PricewaterhouseCoopers*, L'impatto economico del Private Equity e del Venture Capital in Italia, abrufbar unter http://www.aifi.it/?wpdmact=process&did=MTc4OC5ob3RsaW5r (Stand: 16.12.2015), S. 6.

357 *PricewaterhouseCoopers*, L'impatto economico del Private Equity e del Venture Capital in Italia, abrufbar unter http://www.aifi.it/?wpdmact=process&did=MTc4OC5ob3RsaW5r (Stand: 16.12.2015), S. 5.

bis 2015 wurden zwischen 89% und 91% der Investitionen allein in Norditalien getätigt, mit einer starken Konzentration auf die Lombardei, die Emilia-Romagna und Venetien.[358]

In Italien betrug im Jahr 2015 der Anteil der Venture-Capital-Investments am Bruttoinlandsprodukt lediglich 0,003%, das daher weit unter dem europäischen Durchschnitt von 0,024% lag und in Europa den fünftletzten Platz einnahm.[359] Die schwache Entwicklung des Venture-Capitals in Italien zeigt sich auch anhand der mit Abstand geringsten Anzahl an Unternehmen, die eine Venture-Capital-Finanzierung erhalten haben, im Vergleich zu den Unternehmen in den großen europäischen Volkswirtschaften in Deutschland, Frankreich, Spanien und dem Vereinigten Königreich.[360] Insbesondere der Vergleich von Italien mit Deutschland, das diese Statistik deutlich anführt, zeigt, dass die Anzahl der geförderten Unternehmen in Deutschland 12 bis 17 Mal so hoch war.[361]

Dieser derart hohe Unterschied lässt sich nicht allein durch die unterschiedliche Größe dieser beiden Volkswirtschaften rechtfertigen, da sich die Höhe des Bruttoinlandsprodukts beider Länder nicht in einem derart hohen Maß unterscheidet. Es stellt sich daher die Frage, ob ein Grund für diese unterschiedliche Ausprägung auch in den möglicherweise abweichenden rechtlichen

---

358 *AIFI*, Il Mercato Italiano del Private Equity e Venture Capital nel 2013, abrufbar unter http://www.aifi.it/?wpdmact=process&did=MjcwLmhvdGxpbms (Stand: 11.2.2016), S. 34 f.; *AIFI*, Il Mercato Italiano del Private Equity e Venture Capital nel 2014, http://www.aifi.it/?wpdmact=process&did=MTQ3NS5ob3RsaW5r (Stand: 22.1.2016), S. 34 f., *AIFI*, Il mercato italiano del private equity, venture capital e private debt nel 2015, abrufbar unter https://dato-images.imgix.net/45/1460365169-Datiprivate equity,venturecapitaleprivatedebt2015.pdf?ixlib=rb-1.1.0 (Stand: 3.6.2016), S. 50 f., wobei sich diese Zahlen in den Jahren 2013 bis 2015 auf die gesamte italienische Private-Equity-Branche beziehen.

359 *Invest Europe*, 2015 European Private Equity Activity, abrufbar unter http://www.investeurope.eu/media/476271/2015-european-private-equity-activity.pdf (Stand: 3.6.2016), S. 26, 47, die Statistik lässt dabei im Gegensatz zu dem in dieser Untersuchung vertretenen Begriff des Venture-Capitals, oben § 1 II. 7. e), die Investitionen in der sog. *expansion stage* außen vor und bezieht sich auf die Beträge, die in Portfoliounternehmen mit Sitz in Italien investiert wurden, unabhängig vom Sitz des Investors.

360 *AIFI*, Documento propositivo per il nuovo Parlamento. Marzo 2013, abrufbar unter http://www.aifi.it/?wpdmact=process&did=NTk0LmhvdGxpbms (Stand: 8.2.2016), S. 10, die Statistik betrifft dabei den Zeitraum von 2007 bis 2011.

361 Vgl. *AIFI*, Documento propositivo per il nuovo Parlamento. Marzo 2013, abrufbar unter http://www.aifi.it/?wpdmact=process&did=NTk0LmhvdGxpbms (Stand: 8.2.2016), S. 10, die Statistik betrifft dabei den Zeitraum von 2007 bis 2011.

Gegebenheiten einer Venture-Capital-Finanzierung sowie insbesondere der Sicherung des Investors im Falle des *Exits* durch *Trade Sale* in beiden Ländern gesehen werden kann. Dem wird in dieser Untersuchung anhand der Möglichkeit der vertraglichen Absicherung des Investors durch eine Mitveräußerungspflicht nachgegangen.

V. Beteiligte und Ablauf des Venture-Capital-Investments in Deutschland und Italien

1. Beteiligte

Bei einem Venture-Capital-Investment spielen hauptsächlich drei Akteure eine Rolle. Dies sind die eigentlichen Kapitalgeber, die als Intermediäre handelnden Venture-Capital-Fonds sowie die jungen Unternehmen, die finanziell unterstützt werden.[362] Diese kommen in unterschiedlichen Phasen des Venture-Capital-Zyklus (*ciclo* bzw. *cicle*) vor.[363]

a) Verhältnis Kapitalgeber und Venture-Capital-Investor

In der Regel verfügt ein Venture-Capital-Investor (Venture-Capital-Fonds)[364] selbst nicht über ausreichend Kapital, um dies dem jungen und innovativen Unternehmen zur Verfügung zu stellen. Er sammelt dies stattdessen bei Kapitalgebern ein (*fundraising*).[365] Dies ist zugleich die erste Phase des Venture-Capital-Zyklus.[366] Dabei fungieren sowohl institutionelle Kapitalgeber, wie Banken, Pensionsfonds oder Versicherungen, als auch strategische Kapitalgeber, wie Industrieunternehmen, sowie Privatanleger als Geldgeber.[367] Die Art des eigentlichen Kapitalgebers ist dabei für die rechtliche Konstruktion des Venture-Capital-Fonds irrelevant.[368] Die Kapitalgeber erwarten und erhoffen jedoch für

---

362 Vgl. *Grisebach*, S. 75; *Kußmaul/Richter*, DStR 2000, 1155, 1159.

363 *Zanoni*, S. 24.

364 Die rechtliche Gestaltung der Venture-Capital-Fonds wird im Rahmen dieser Untersuchung nicht näher dargestellt, ergänzend wird auf die Ausführungen oben unter Einleitung IV. 2. hingewiesen.

365 *Cumming/Johan*, S. 14, 79 ff.; *Feld/Mendelson*, S. 117; *Leopold*, DStR 1999, 470, 473; *Leopold/Frommann/Kühr*, S. 34.

366 *Zanoni*, S. 24.

367 *Feld/Mendelson*, S. 117; *Leopold*, DStR 1999, 470, 473; *Leopold/Frommann/Kühr*, S. 33 f., 114 f.; *Pfeiffer*, BB 1999, 1665, 1666; *Tiberi*, in: Brechbühl/Wooder, Global Venture Capital Transactions, S. 245, 245 f.

368 *Damiani*, S. 28.

ihr eingesetztes Kapital eine Rendite (*hurdle-rate*) sowie die Rückzahlung des ursprünglich getätigten Investments nach Ablauf einer bestimmten vorgegebenen Zeit.[369] Damit ist die dritte und letzte Phase des Venture-Capital-Zyklus, nämlich die des *Exits* bzw. der Desinvestition abgeschlossen.[370] In diesem Zusammenhang ist darauf hinzuweisen, dass die Kapitalgeber selbst nicht den Venture-Capital-Fonds verwalten bzw. führen. Dies geschieht durch eine gesonderte Managementgesellschaft, die wiederum darüber entscheidet, ob und in welcher Höhe ein bestimmtes Unternehmen finanziert wird.[371]

Die rechtliche Konstruktion von Venture-Capital-Fonds samt den regulatorischen und kapitalmarktrechtlichen Anforderungen, wie die Erstellung eines Verkaufsprospekts, deren Laufzeit, Beziehungen zur Managementgesellschaft und zu ihren Kapitalgebern sowie steuerliche Aspekte werfen zahlreiche rechtliche Fragestellungen auf. Dieses Rechtsverhältnis spielt allerdings bei einem notfalls erzwungenen Verkauf von Geschäftsanteilen an einen Käufer durch einen *Trade Sale* keine Rolle, entscheidende Akteure sind bei einem solchen der Venture-Capital-Investor und der Gründer. Ein Regelungsbedürfnis für eine Mitveräußerungspflicht besteht somit in diesem Zusammenhang nicht. Das Rechtsverhältnis zwischen Kapitalgeber und Venture-Capital-Investor ist folglich nicht weiterer Gegenstand dieser Untersuchung.

b) Verhältnis Venture-Capital-Investor und Zielunternehmen

Im Venture-Capital-Zyklus existiert jedoch noch eine weitere Rechtsbeziehung, nämlich die zwischen dem Venture-Capital-Investor und dem Zielunternehmen, das durch den Gründer repräsentiert wird.[372]

Dieses Verhältnis spielt dabei zunächst in der Investmentphase, der zweiten Phase des Venture-Capital-Zyklus, eine Rolle.[373] Hierbei wählt die Managementgesellschaft diejenigen jungen und innovativen Unternehmen aus, deren Geschäftsidee bei einem erfolgreichen Markteintritt ihrem Investment einen dem Risiko entsprechend hohen wirtschaftlichen Ertrag verspricht.[374] Nach dieser Auswahl und der umfassenden Regelung der Einstiegsmodalitäten übernimmt

369 Vgl. *Kußmaul/Richter*, DStR 2000, 1155, 1159 m.w.N.

370 *Zanoni*, S. 24, 36.

371 Vgl. *Damiani*, S. 29; *Grisebach*, S. 75; *Weitnauer*, in: Weitnauer, Venture Capital, Teil B. Rn. 82 ff.

372 *Zanoni*, S. 4.

373 Vgl. *Zanoni*, S. 31 ff.

374 Oben § 1 II. 6.

der Venture-Capital-Fonds als Investor eine unmittelbare Beteiligung am jungen und innovativen Unternehmen.

In der dritten und letzten Phase des Venture-Capital-Zyklus endet das Rechtsverhältnis zwischen Gründer und Investor durch den *Exit* bzw. die Desinvestition des Letztgenannten.[375] Der Investor zielt nämlich von vornherein auf die Wertsteigerung seines Investments ab, die er ausschließlich durch einen *Exit* realisieren kann.[376] Daher kommt diesem und damit der Beendigung seiner Gesellschafterstellung und seines Investments entscheidende Bedeutung zu. Wird der Investor dagegen in seinem geplanten *Exit* von dem Gründer gehindert, ist für ihn die erfolgreiche Realisierung seiner Rendite in Gefahr. Somit kommt in diesem Fall, in der letzten Phase des Venture-Capital-Zyklus, die Aktivierung einer vertraglich vereinbarten Mitveräußerungspflicht durch den Investor zur Anwendung, um diesem den Ausstieg aus dem finanzierten Unternehmen zu sichern.[377] Die weitere Untersuchung beschränkt sich daher auf das Rechtsverhältnis zwischen dem Venture-Capital-Investor und dem Gründer.

2. Ablauf des Venture-Capital-Investments in Deutschland und Italien

Der Ablauf des Venture-Capital-Investments, zweite Stufe des Venture-Capital-Zyklus,[378] und damit die Begründung des Rechtsverhältnisses zwischen dem Investor und dem Gründer besteht in Deutschland wie in Italien aus mehreren vertraglichen Regelungselementen, die nachfolgend stichpunktartig[379] dargestellt

---

375 *Zanoni*, S. 36.

376 *Cumming/Johan*, S. 591; *Gervasoni*, in: Gervasoni, Private equity e venture capital, S. 11; *Fritzsche/Häußermann*, in: Berens/Brauner/Frodermann, Unternehmensentwicklung mit Finanzinvestoren, S. 375, 376; *Mitter*, ZfKE 2010, 121, 124; *von Beauvais/Hellich*, in: Jesch/Striegel/Boxberger, Rechtshandbuch Private Equity, S. 364; *Weinheimer*, in: Hölters, Handbuch Unternehmenskauf, Rn. 12.116.

377 *Zanoni*, S. 36, 107.

378 Oben § 1 V. 1. a).

379 Vom Zeitpunkt der ersten Kontaktanbahnung bis zum endgültigen Erwerb einer Gesellschafterstellung des Investors sind sowohl im deutschen als auch im italienischen Recht zahlreiche juristische Fallstricke und rechtliche Fragestellungen zu beachten. Insgesamt entspricht sich der Einstieg eines Investors in ein Unternehmen in Deutschland und Italien in groben Grundzügen. Eine vollständige Darstellung des Ablaufs des Venture-Capital-Investments würde den Rahmen dieser Arbeit sprengen. Aus Gründen der Vollständigkeit wird dieser jedoch knapp dargestellt, wobei für eine tiefer gehende Betrachtung u.a. auf die in diesem Abschnitt genannten Literaturstellen verwiesen wird.

werden und in beiden Ländern weitgehend gleich ablaufen, soweit nicht nachfolgend abweichend dargestellt.

Dabei geht dem Investment selbst, das in der Bereitstellung eines bestimmten Geldbetrags besteht, zunächst eine erste Kontaktaufnahme, der Abschluss einer Vertraulichkeitsvereinbarung, einer Exklusivitätsvereinbarung (*Standstill Agreement*), nach der während einer festgelegten Phase mit keinem weiteren Investor über einen Einstieg verhandelt werden darf, sowie einer Absichtserklärung (*Letter of Intent*) und ggf. eines *Term Sheets*, das die finanziellen Rahmenbedingungen des geplanten Investments enthält, voraus.[380] Hierauf folgt eine Prüfung (*Due Diligence*) des jungen Unternehmens auf mögliche Risiken in rechtlicher, steuerlicher und finanzieller Hinsicht, die umfassender als eine gewöhnliche Kreditwürdigkeitsprüfung im Rahmen eines Bankdarlehens ist.[381] Anhand der in dessen Rahmen gewonnenen Erkenntnisse erfolgt die abschließende Bewertung des Unternehmens, aus der der Kaufpreis für die einzelnen Anteile abgeleitet wird. Daraufhin vereinbart der Investor mit dem Gründer in einem Beteiligungsvertrag (*Investment Agreement*) die rechtlichen und wirtschaftlichen Bedingungen zum Einstieg des Investors.[382] Üblicherweise erfolgt der Einstieg des Investors

---

380 Vgl. *Bernardi/De Biasi*, in: Gervasoni, Private Equity and Venture Capital, S. 289, 290 ff.; *Brehm*, S. 23 f.; *Damiani*, S. 75 ff.; *Feld/Mendelson*, S. 31 ff., 157 ff.; *Pytlik*, S. 12, 14 ff.; *Inhester*, in: Jesch/Striegel/Boxberger, Rechtshandbuch Private Equity, S. 233 f.; *Schäfer/Stephan*, Rn. 54 ff.; *Sörgel*, M&A REVIEW 2014, 474, 477; *Spedicato*, Le operazioni di venture capital, Diss. LUISS Guido Carli Rom 2014, abrufbar unter http://eprints.luiss.it/1318/1/20140318-spedicato.pdf (Stand: 17.2.2016), S. 54 f., 72 ff.; *Tiberi*, in: Brechbühl/Wooder, Global Venture Capital Transactions, S. 245, 247 f., der jedoch darauf hinweist, dass der Gebrauch eines *Term Sheets* in Italien unüblich ist; *von Bünau/Bassewitz*, Corporate Finance biz 2013, 42, 45; *Weitnauer*, in: Weitnauer, Venture Capital, Teil F. Rn. 18 ff.

381 Vgl. *Bernardi/De Biasi*, in: Gervasoni, Private Equity and Venture Capital, S. 289, 292 ff.; *Brehm*, S. 23 f.; *Cumming/Johan*, S. 305 ff.; *Kußmaul/Richter*, DStR 2000, 1155, 1156; *Leopold/Frommann/Kühr*, S. 115 ff.; *Giovannini*, in: Caselli/Gatti, Venture Capital, S. 27, 38 ff.; *Pytlik*, S. 12, 16 ff.; *Schäfer/Stephan*, Rn. 71 ff.; *Schefczyk*, S. 25 ff.; *Sörgel*, M&A REVIEW 2014, 474, 477; *Spedicato*, Le operazioni di venture capital, Diss. LUISS Guido Carli Rom 2014, abrufbar unter http://eprints.luiss.it/1318/1/20140318-spedicato.pdf (Stand: 17.2.2016), S. 55, 59 ff.; *Tiberi*, in: Brechbühl/Wooder, Global Venture Capital Transactions, S. 245, 251 f.; *von Bünau/Bassewitz*, Corporate Finance biz 2013, 42, 45 f.; *Weitnauer*, in: Weitnauer, Venture Capital, Teil F. Rn. 28 ff.

382 Vgl. *Brehm*, S. 22.; *Corno*, in: Gervasoni, Private Equity and Venture Capital, S. 335, 337 ff.; *Gores*, in: Hauschild/Kallrath/Wachter, Notarhandbuch, § 20 Rn. 89; *Inhester*, in: Jesch/Striegel/Boxberger, Rechtshandbuch Private Equity, S. 230 f.; *Leopold/*

durch die Übernahme von neuen Geschäftsanteilen, die im Rahmen einer zuvor durchgeführten Kapitalerhöhung geschaffen wurden.[383] Die Übernahme bereits bestehender Geschäftsanteile stellt hingegen aus steuerlichen Gründen die Ausnahme dar.[384] Zudem erfolgt ebenfalls eine Anpassung bzw. Neufassung der Satzung der Gesellschaft sowie ggf. bestehender Geschäftsordnungen für die Geschäftsführung der Gesellschaft, um dem Investor gewisse Informations-, Kontroll-, Mitsprache-, und Zustimmungsrechte zu sichern. In der abzuschließenden Gesellschaftervereinbarung (*Shareholders' Agreement*) wird hingegen das Rechtsverhältnis mit sämtlichen Rechten und Pflichten u.a. auch zum *Exit* zwischen den Gesellschaftern der Gesellschaft und damit auch zwischen dem Venture-Capital-Investor und dem Gründer ergänzend zur Satzung der Gesellschaft geregelt.[385] Die Regelungen des Beteiligungsvertrages (*Investment Agreement*) sowie der Gesellschaftervereinbarung (*Shareholders' Agreement*) werden in der Praxis oftmals auch in einem Dokument zusammengefasst.[386] In diesem

---

Frommann/Kühr, S. 139 ff.; *Maidl/Kreifels*, NZG 2003, 1091, 1092 ff.; *Pytlik*, S. 13, 21 ff.; *Seibt*, in: Seibt, Beck'sches Formularbuch Mergers & Acquisitions, F.V.1 Anm. 1; *Sherman*, S. 203 ff.; *Sörgel*, M&A REVIEW 2014, 474, 475, 478; *Tiberi*, in: Brechbühl/Wooder, Global Venture Capital Transactions, S. 245, 248 ff.; *Weitnauer*, in: Weitnauer, Venture Capital, Teil F. Rn. 75 ff., der in diesem Zusammenhang auch vom „Beteiligungsvertrag im engeren Sinne" spricht; *Zanoni*, S. 18.

383 Vgl. *Brehm*, S. 52 f.; *Corno*, in: Gervasoni, Private Equity and Venture Capital, S. 335, 336; *Damiani*, S. 25; *Gores*, in: Hauschild/Kallrath/Wachter, Notarhandbuch, § 20 Rn. 89; *Hergeth/Mingau*, DStR 2001, 1217; *Leopold/Frommann/Kühr*, S. 139; *Tiberi*, in: Brechbühl/Wooder, Global Venture Capital Transactions, S. 245, 248; *Weitnauer*, in: Weitnauer, Venture Capital, Teil F. Rn. 34 ff.; *Weitnauer*, NZG 2001, 1065, 1068; *Zanoni*, S. 31.

384 Vgl. *Brehm*, S. 53; *Tiberi*, in: Brechbühl/Wooder, Global Venture Capital Transactions, S. 245, 248; *von Bünau/Bassewitz*, Corporate Finance biz 2013, 42, 44; *Weitnauer*, in: Weitnauer, Venture Capital, Teil F. Rn. 43; *Weitnauer*, NZG 2001, 1065, 1069.

385 Vgl. *Brehm*, S. 22 f.; *Corno*, in: Gervasoni, Private Equity and Venture Capital, S. 335, 345 ff.; *Cumming/Johan*, S. 313 f.; *Seibt*, in: Seibt, Beck'sches Formularbuch Mergers & Acquisitions, F.V.2 Anm. 1; *Sherman*, S. 205; *Weinheimer*, in: Hölters, Handbuch Unternehmenskauf, Rn. 12.91; *Weitnauer*, in: Weitnauer, Venture Capital, Teil F. Rn. 149 ff.

386 Vgl. Brehm, S. 22; *Inhester*, in: Jesch/Striegel/Boxberger, Rechtshandbuch Private Equity, S. 231, der darauf hinweist, dass in der Praxis daher der Begriff „Beteiligungs- und Gesellschaftervereinbarung" verwendet wird; *Seibt*, in: Seibt, Beck'sches Formularbuch Mergers & Acquisitions, F.V.2 Anm. 1 m.w.N.; *Tiberi*, in: Brechbühl/Wooder, Global Venture Capital Transactions, S. 245, 248; *von Bünau/Bassewitz*,

Sinne deckt im Rahmen der vorliegenden weiteren Untersuchung der Begriff Beteiligungsvereinbarung beide der eben genannten Vertragswerke ab.[387] Die Regelungen, die typischerweise in einer Beteiligungsvereinbarung geregelt sind, können je nach Rechtsform und -ordnung auch in die Satzung der Gesellschaft aufgenommen werden. Beide Möglichkeiten werden im Rahmen der vorliegenden Untersuchung anhand der Mitveräußerungspflichten näher dargestellt und untersucht.

Teilweise werden in der Praxis die dargestellten Vertragswerke nicht in der Sprache des Landes abgefasst, in dem die junge Gesellschaft ihren Sitz hat. Dies geschieht vor dem Hintergrund, dass internationalen Investoren der Einstieg in das jeweilige Unternehmen attraktiver gemacht wird, indem ihnen die Übersetzung erspart wird. Es ist fraglich, ob dies tatsächlich einen Investor von einem Investment überzeugt oder ob er bei seiner Entscheidung nicht schlicht und einfach die dem Unternehmen zugrunde liegende Idee und dessen Marktchancen im Blick hat. Unstreitig sind jedenfalls mit englischsprachigen Vertragsdokumenten ein erhöhter Aufwand und damit erhöhte Kosten bei deren Erstellung und Abänderung verbunden.

In der Regel wird bei Venture-Capital-Investments zwischen der Unterzeichnung der relevanten Verträge (*Signing*) und dem tatsächlichen dinglichen Vollzug der dort getroffenen Regelungen durch z.B. die Übertragung der Geschäftsanteile nach Eintritt festgelegter Bedingungen (*Closing*) unterschieden.[388]

Die im Rahmen dieser Arbeit zu untersuchenden Mitveräußerungspflichten spielen einerseits in der zweiten Stufe und andererseits in der dritten Stufe des Venture-Capital-Zyklus eine Rolle.[389] Im ersten Fall geht es konkret darum, ob diese in Deutschland und Italien in zulässiger Weise und wenn ja, in welchem Regelwerk, zwischen Gründer und Investor vereinbart werden können. Im zweiten Fall geht es hingegen bei positiver Beantwortung des ersten Falls, um die konkrete Aktivierung und Anwendung der Klausel im Fall des *Exits*.

Corporate Finance biz 2013, 42, 46 ff.; *Weitnauer*, in: Weitnauer, Venture Capital, Teil F. Rn. 75; *Ziegert*, S. 93.

387 Vgl. *Inhester*, in: Jesch/Striegel/Boxberger, Rechtshandbuch Private Equity, S. 231; *Pytlik*, S. 21; *Weitnauer*, in: Weitnauer, Venture Capital, Teil F. Rn. 76.

388 Vgl. *Bernardi/De Biasi*, in: Gervasoni, Private Equity and Venture Capital, S. 289, 304 ff.; *Picot*, in: Römermann, MAH GmbH-Recht, § 21 Rn. 172 ff.; *Spedicato*, Le operazioni di venture capital, Diss. LUISS Guido Carli Rom 2014, abrufbar unter http://eprints.luiss.it/1318/1/20140318-spedicato.pdf (Stand: 17.2.2016), S. 79; *Weitnauer*, in: Weitnauer, Venture Capital, Teil I. Rn. 47.

389 Oben § 1 V. 1. a).

VI. Zwischenergebnis

Im Rahmen dieser Untersuchung wurde bislang herausgearbeitet, dass strukturelle Unterschiede zwischen den Privat-Equity und den Venture-Capital-Investitionen bestehen. Zwar existiert für beide Finanzierungsformen keine weltweit einheitliche Definition. Es konnten allerdings ausgehend von deren Ursprungsland, den USA, und unter Zugrundelegung des Begriffsverständnisses in Deutschland und Italien, wesentliche Kennzeichen zu deren Unterscheidung dargestellt werden. Es ist dabei besonders hervorzuheben, dass Venture-Capital bei der Finanzierung von innovativen Unternehmen zum Einsatz kommt, die noch ganz oder relativ am Anfang ihrer Entwicklung stehen. Das Private-Equity kommt hingegen erst in späteren Stadien der Unternehmensentwicklung zum Einsatz. Unstrittig ist allerdings, dass eine exakte Abgrenzung in bestimmten Einzelfällen nicht möglich sein wird.

Ein Venture-Capital-Investor beteiligt sich üblicherweise als Minderheitsgesellschafter an einem jungen Unternehmen. Die für das Start-up notwendige Kapitalüberlassung erfolgt dabei ohne die Gewährung von Sicherheiten und ohne eine feste Verzinsung während der Beteiligungsdauer. Der Investor hofft vielmehr auf einen Erfolg der Geschäfts- bzw. Produktidee des Gründers. Um diesen letztlich realisieren zu können, ist sein Investment von Beginn an auf den *Exit* aus dem Unternehmen angelegt. Dieser kann dabei auf unterschiedliche Weise realisiert werden. Im wirtschaftlich schlimmsten Fall erfolgt dies durch eine Liquidation der Gesellschaft, wenn das Unternehmen am Markt gescheitert ist. Der Investor strebt aber vielmehr einen Börsengang oder einen *Trade Sale* der Gesellschaft an, da die Chancen in diesem Fall höher sind, die erhoffte Rendite zu erzielen. Die im Rahmen dieser Arbeit untersuchte Mitveräußerungspflicht kommt in der zuletzt genannten *Exit*-Variante zum Einsatz.

Die Entwicklung des Venture-Capitals in seinem heutigen Begriffsverständnis nahm ihren Ursprung in den USA ab der Mitte der 1940er Jahre. Aufgrund des dortigen großen Erfolges dieser Finanzierungsform wurden letztlich auch in Europa staatliche Fördermaßnahmen eingeleitet, um dem bislang in Europa weitgehend unbekannten Venture-Capital zum Durchbruch zu verhelfen. In Deutschland kam diese Form der Finanzierung von Unternehmen ab dem Anfang der 1970er Jahre zum Einsatz. Italien hinkte bei der Entwicklung dagegen hinterher, da sich erste Entwicklungen des Venture-Capitals erst im Jahr 1986 erkennen ließen.

Diese langsamere Entwicklung in Italien ist zudem in aktuellen Kennzahlen zur Entwicklung dieser Finanzierungsform im europäischen Vergleich zu erkennen. Italien befindet sich gemessen an den getätigten Investitionen europaweit im letzten Fünftel aller Länder. Das Venture-Capital nahm hierzulande hingegen eine positive Entwicklung, sodass sich Deutschland zuletzt innerhalb der ersten beiden Fünftel und damit oberhalb des europäischen Durchschnitts befand.

Letztlich stimmen die Beteiligten und der Ablauf einer Venture-Capital-Finanzierung in Deutschland und Italien im Wesentlichen überein. Dies verwundert im Ergebnis nicht allzu sehr, da die hieran Beteiligten in beiden Ländern diese Form der Unternehmensfinanzierung aus den USA in das eigene Rechts- und Wirtschaftssystem übernommen haben.

Dabei können grundsätzlich zwei verschiedene Rechtsbeziehungen zwischen den hieran beteiligten Parteien unterschieden werden. Dies ist zum einen das Verhältnis zwischen den eigentlichen Kapitalgebern, die ihre finanziellen Mittel einem Venture-Capital-Fonds zur Investition überlassen. Zum anderen geht es um die Beziehung zwischen dem Venture-Capital-Fonds und dem jungen Unternehmen, dem das Kapital vom Venture-Capital-Fonds für den Unternehmensaufbau zur Verfügung gestellt wird. Allein dieses zuletzt dargestellte Verhältnis ist für den Einsatz der Mitveräußerungspflicht relevant und damit Gegenstand dieser Untersuchung.

Der typische Ablauf einer Finanzierung mit Venture-Capital beginnt mit vorvertraglichen Vereinbarungen, an die sich eine umfassende Prüfung des Unternehmens im Rahmen einer *Due Diligence* anschließt. Letztlich werden in einer Beteiligungsvereinbarung Regelungen zum Einstieg des Investors und zum Verhältnis der Gesellschafter bei der Unternehmensführung festgelegt, wobei auch der Gesellschaftsvertrag des jungen Unternehmens angepasst wird.

§ 2 Inhaltsbestimmung und Abgrenzung der Mitveräußerungspflicht zu weiteren Exit-Instrumenten

I. Einführung

Die Mitveräußerungspflichten zählen zu den Mechanismen, die den *Exit* betreffen (*meccanismi di uscita*) und die neben der Zuweisung von Vermögensrechten (*diritti patrimoniali*) sowie von Verwaltungs- und Kontrollrechten (*diritti amministrativi e di controllo*) einen der drei wesentlichen Punkte darstellen, die zwischen dem Investor und dem Gründer zu regeln sind.[1]

Es stellt sich daher die Frage, welchen genauen Inhalt eine Mitveräußerungspflicht haben kann, aus welchen Gründen Investoren in Deutschland und Italien danach streben, diese zu vereinbaren und welche Funktionen sie erfüllen soll. Die Antworten hierauf werden nachfolgend näher dargestellt. Daneben erfolgt in diesem Kapitel eine Abgrenzung der Mitveräußerungspflicht zu weiteren Klauseln, die sich ein Venture-Capital-Investor im Rahmen der Gestaltung des *Exits* häufig zusichern lässt und die meist ebenfalls zu einem Ausscheiden der Gesellschafter aus der Gesellschaft führen.

Zunächst ist zu klären, warum gerade der Bereich des *Exits* zu den zwingenden Regelungsbereichen zählt. Zum einen muss beachtet werden, dass es sich hierbei um den entscheidenden Punkt eines Investments in ein junges Unternehmen handelt, nämlich, ob mit diesem ein wirtschaftlicher Erfolg erzielt werden kann. Aufgrund dessen darf eine vertragliche Regelung hierzu nicht unterbleiben und diese ist bereits vorab, d.h. vor dem Einstieg des Investors als Gesellschafter, zu treffen.[2] Angesichts dessen steht der Venture-Capital-Investor häufig unter dem Druck, sein Investment zu liquidieren, um damit Erlöse zu generieren; daher sind die *Exit*-Instrumente mehrheitlich dem Investor und nicht dem Gründer eingeräumt.[3] Ferner ist bei der in dieser Arbeit zu untersuchenden Veräußerungsvariante des *Trade Sales* ein hohes Konfliktpotenzial zwischen Gründer

---

1 *Divizia*, Notariato 2009, 157, 164; *Zanoni*, S. 31, 102, 107 ff.

2 *Fritzsche/Häußermann*, in: Berens/Brauner/Frodermann, Unternehmensentwicklung mit Finanzinvestoren, S. 375, 380; *Inhester*, in: Jesch/Striegel/Boxberger, Rechtshandbuch Private Equity, S. 252; *Pfeiffer*, BB 1999, 1665, 1670; *Trezzini*, S. 277; *von Beauvais/Hellich*, in: Jesch/Striegel/Boxberger, Rechtshandbuch Private Equity, S. 369.

3 *Bienz/Walz*, J. Econ. Manag. Strateg., Vol. 19 (2010), Issue 4, 1071, 1080 f.

und Investor vorhanden.[4] Im Rahmen des Ausstiegs aus einem Investment ist der Investor darüber hinaus zahlreichen Unwägbarkeiten ausgesetzt. Hierzu zählen Exogene, wie z.B. die konjunkturelle Situation und die Lage auf den Kapitalmärkten, die nicht durch eine irgendwie geartete Vereinbarung zwischen Investor und Gründer beeinflusst und geregelt werden können.[5] Die endogene Unwägbarkeit betrifft hingegen die mögliche Abhängigkeit des Investors vom Gründer bei der Realisierung seines *Exits*, die in gewisser Weise vorab durch bestimmte Vereinbarungen zu reduzieren versucht werden soll.[6]

Daher bezieht sich die Untersuchung auf die letztgenannten Unwägbarkeiten bei den Mechanismen, die den *Exit* betreffen (*meccanismi di uscita*), und innerhalb dessen speziell auf diejenigen, die eine Veräußerung der Geschäftsanteile durch einen *Trade Sale* ermöglichen sollen. Dies spiegelt auch die Zielrichtung der meisten *Exit*-Instrumente wieder.[7] Im Rahmen des *Trade Sales* findet aufgrund der in der Praxis deutlich häufiger vorkommenden Übertragungsvariante eine Beschränkung auf die Veräußerung der gesamten Anteile am Unternehmen durch den sog. *Share Deal* statt.[8] Die Übertragung sämtlicher Vermögenswerte der Gesellschaft durch eine Mitveräußerungspflicht ist daher nicht Gegenstand dieser Arbeit.

II. Begriff, Zweck und Inhalt der Mitveräußerungspflicht

1. Herkunft des Begriffs der Mitveräußerungspflicht

Die englischsprachigen Begrifflichkeiten der entsprechenden Klauseln zeigen wiederum, dass diese aus der US-amerikanischen Vertragspraxis des *Common Law* stammen.[9] Gegenstand dieser Untersuchung ist ein besonders brisanter Bereich dieser Ausstiegsklauseln. Dies sind die Mitveräußerungspflichten, die im Englischen als *Drag along* bezeichnet werden.[10] Diese Klauseln werden

---

4 Oben § 1 II. 9. a).

5 *Trezzini*, S. 277.

6 *Trezzini*, S. 277.

7 *Bienz/Walz*, J. Econ. Manag. Strateg., Vol. 19 (2010), Issue 4, 1071, 1073.

8 Vgl. *Bernardi/De Biasi*, in: Gervasoni, Private Equity and Venture Capital, S. 289, 302 f.; *Picot*, in: Picot, Handbuch Mergers & Acquisitions, S. 297, 301; *von Beauvais/Hellich*, in: Jesch/Striegel/Boxberger, Rechtshandbuch Private Equity, S. 367.

9 *Di Bitonto*, Le società 2008, 1378; *Martinius/Stubert*, BB 2006, 1977; *Picot*, M&A REVIEW 2012, Heft 12, VI; *Priester*, in: FS Hopt, 2010, S. 1139; *Ziegert*, S. 169.

10 Vgl. z.B. *Brehm*, S. 168; *Cumming/Johan*, S. 314; *Feld/Mendelson*, S. 68; *Martinius/Stubert*, BB 2006, 1977, 1978; *Picot*, M&A REVIEW 2012, Heft 12, VI; *Priester*, in:

mittlerweile sowohl in der deutschen als auch italienischen Venture-Capital-Finanzierung verwendet. Hierbei ist jedoch auf die jeweiligen nationalen Besonderheiten, insbesondere auf die Vereinbarkeit mit dem jeweils geltenden zwingenden Recht zu achten.

Wie bereits weiter oben beim Begriff des Venture-Capitals gesehen[11], gibt es auch beim Begriff der *Drag along*-Klausel in Deutschland und Italien in der juristischen Literatur bzw. der Rechtsprechung Versuche, diese zu übersetzen. Zudem werden stattdessen in beiden Ländern auch divergierende englische Begriffe verwendet.

a) Deutschland

Der Begriff *Drag along* stammt vom englischsprachigen „to drag someone/something along" und wird im Deutschen wörtlich mit „jemanden/etwas mitreißen/mitschleppen/mit zerren" übersetzt. In Deutschland werden für die *Drag along*-Klausel neben dieser Bezeichnung unter anderem englische Begrifflichkeiten wie z.B. *Go-along Obligation*, *Drag along Right* und *Unlocking*-Klausel verwendet.[12] Gleichzeitig gibt es Übersetzungsversuche ins Deutsche mit Begriffen wie beispielsweise Gesamtverkaufsklausel, Mitnahmerecht, Mitveräußerungspflicht, Mitverkaufspflicht und Zieh-mit-Klausel.[13]

FS Hopt, 2010, S. 1139, 1139 f.; *Wells Stevenson*, Duke Law Journal, 2001, 1139, 1161; *Ziegert*, S. 169.

11 Oben § 1 II. 7. d).

12 Vgl. *Heitzer*, FB 2002, 471, 476; *Lintz*, S. 25 ff.; *Martinius/Stubert*, BB 2006, 1977, 1978; *Priester*, in: FS Hopt, 2010, S. 1139; *Wächter*, S. 96 Rn. 2.115; *Ziegert*, S. 168.

13 Vgl. *Achleitner/Schraml/Tappeiner*, Private Equity in Familienunternehmen – Erfahrungen mit Minderheitsbeteiligungen, abrufbar unter http://www.familienunternehmen.de/media/public/pdf/publikationen-studien/studien/Studie_Stiftung_Familienunternehmen_Minderheitsbeteiligungen.pdf (Stand: 26.10.2015), S. 57; *Fritzsche/Häußermann*, in: Berens/Brauner/Frodermann, Unternehmensentwicklung mit Finanzinvestoren, S. 375, 383; *Grisebach*, S. 253; *Heitzer*, FB 2002, 471, 476; *Kühni*, in: Gericke, Private Equity, S. 147, 194; *Rombach*, in: Lorz/Pfisterer/Gerber, Beck'sches Formularbuch GmbH-Recht, S. 189 f.; *von Schorlemer*, in: Lorz/Pfisterer/Gerber, Beck'sches Formularbuch GmbH-Recht, S. 253; *Wächter*, S. 96 Rn. 2.115.

b) *Italien*

Wie in Deutschland, so werden in Italien neben dem englischen Begriff für die *Drag along*-Klausel unter anderem weitere englischsprachige Begriffe wie z.B. *Bring along* oder *Come along* verwendet.[14]

Daneben gibt es auch Übersetzungen der Klausel ins Italienische mit Bezeichnungen wie beispielsweise *accordo di trascinamento, clausola di potere di covendita, clausole di trascinamento, clausola di vendita forzata, diritto di trascinamento, obbligo di co-vendita* und *patto di trascinamento.*[15]

c) *Begriff in dieser Untersuchung*

Dabei ist zu beachten, dass die diversen oben genannten und in Deutschland und Italien verwendeten Begrifflichkeiten für eine *Drag along*-Klausel[16] als Übersetzungsversuche und als eine Art Be- und Umschreibung dieser Klausel anzusehen sind. Sie betreffen dabei stets eine bestimmte und inhaltlich weitgehend gleichartige Klausel im Rahmen der Venture-Capital-Vertragsgestaltung, die Gegenstand dieser Arbeit ist. Aus Gründen der Einheitlichkeit und Verständlichkeit wird für die in diesem Kapital näher dargestellte Klausel im Rahmen der ganzen Untersuchung der Begriff „Mitveräußerungspflicht" verwendet, soweit nicht ausnahmsweise eine abweichende Verwendung stattfindet.

2. Interessenlage bei der Mitveräußerungspflicht

Aus den jeweiligen nachfolgend dargestellten Interessenlagen der beteiligten Parteien bei einem Venture-Capital-Investment kann auf die Funktion der Mitveräußerungspflicht, die sie erfüllen soll, geschlossen werden.

---

14 Vgl. Trib. Milano 25 marzo 2011, Banca, borsa, tit. cred. 2013, II, 59, 61 und in: Giur. comm. 2012, II, 1050, 1052 und in: Giur. it. 2011, 2582; *D'Alessandro*, Riv. dir. civ. 2010, 373, 379; *Fabbrini*, Giur. comm. 2009, II, 1034, 1035; *Passarelli*, Rivista Notarile 2013, 65, 66; *Scarpa*, Giust. Civ. 2013, II, 41; *Zanoni*, S. 107.

15 Vgl. Trib. Milano 25 marzo 2011, Banca, borsa, tit. cred. 2013, II, 59, 61 und in: Giur. comm. 2012, II, 1050, 1052 und in: Giur. it. 2011, 2582; *Badini Confalonieri*, NDS – n. 20/2012, 133, 178; *Ballerini*, Contr. e impr. 2014, 1011, 1015; *Bernardi*, in: Gervasoni/Sattin, Private equity e venture capital, S. 437, 501; *Di Bitonto*, Le società 2008, 1378, 1380 m.w.N.; *Fabbrini*, Giur. comm. 2009, II, 1034, 1035; *Panzarini*, S. 263; *Proverbio*, S. 99; *Passarelli*, Rivista Notarile 2013, 65, 66; *Scarpa*, Giust. Civ. 2013, II, 41; *Simoni/Gamba*, Il Commercialista Veneto, n. 207, Maggio / Giugno 2012, S. 5, 6; *Zanoni*, S. 107.

16 Oben § 2 II. 1. a) und § 2 II. 1. b).

a) *Exit-Orientierung des Venture-Capital-Investors*

Ausgangspunkt jeglicher Überlegungen zur Frage, welches Interesse an der Vereinbarung einer Mitveräußerungspflicht besteht, ist die Tatsache, dass der Venture-Capital-Investor, wie bereits gesehen,[17] von Beginn seines Investments an bestrebt und auch gegenüber den Kapitalgebern verpflichtet ist, nach einer bestimmten Haltedauer, seine Beteiligung an dem jungen, innovativen Unternehmen wieder zu lösen. Der Investor, der von den Gründern der Gesellschaft zum Zwecke der Kapitalstärkung als neuer Gesellschafter aufgenommen wurde, setzt daher voraus, dass diese seine zeitlich begrenzte Kapitalüberlassung und damit Gesellschafterstellung akzeptieren.[18]

Hierbei ist zu beachten, dass der Venture-Capital-Investor in Deutschland und Italien grundsätzlich eine Minderheitsbeteiligung am zu finanzierenden Unternehmen übernimmt.[19] Dadurch hält er üblicherweise weniger als 50% der Anteile am Stammkapital der Gesellschaft. Gerade im Fall eines *Trade Sales* ist der Erwerber, man denke etwa an ein Industrieunternehmen, regelmäßig nicht daran interessiert, lediglich diesen Minderheitsanteil am für ihn interessanten Unternehmen zu übernehmen.[20] In einer derartigen Situation müsste er sich etwa den Entscheidungen der Gesellschaftermehrheit beugen. Kann der Erwerber hingegen Anteile von so vielen Gesellschaftern der Gesellschaft erwerben, dass er die Mehrheit erlangt, besteht das Risiko, dass er verbliebenen und dem Verkauf und seinem Einstieg feindlich gesinnten Gesellschaftern gegenübersteht, denen ggf. durch die Zuweisung von Sonderrechten überproportional mehr Macht zusteht, als sie nach ihren bloßen Geschäftsanteilen inne hätten.[21] Hierzu zählt etwa ein gemäß Art. 2468 Abs. 3 c.c. vereinbartes besonderes Recht (*diritto particolare*), das einem Gesellschafter ein Veto bei der Ernennung der

---

17 Oben § 1 II. 9.

18 *Gericke*, in: Gericke, Private Equity II, S. 141, 151.

19 Vgl. *Corno*, in: Gervasoni, Private Equity and Venture Capital, S. 335, 349; *Divizia*, Notariato 2009, 157, 163; *Feld/Mendelson*, S. 61; *Gores*, in: Hauschild/Kallrath/Wachter, Notarhandbuch, § 20 Rn. 94; *Kußmaul/Richter*, DStR 2000, 1155, 1156; *Mitter*, ZfKE 2010, 121, 124; *Schefczyk*, S. 10 m.w.N.; *Sörgel*, M&A REVIEW 2014, 474, 475; *Szego*, Riv. dir. comm. 2005, I, 821, 830; *Toninelli*, Rivista delle operazioni straordinarie 2015, fasc. 6, 4; *Trezzini*, S. 42; *von Bünau/Bassewitz*, Corporate Finance biz 2013, 42, 43; *Weitnauer*, NZG 2001, 1065; *Wenger*, in: Gericke, Private Equity, S. 3; *Zirngibl/Kupsch*, BB 2011, 579.

20 Vgl. *Prester*, S. 99; *Wells Stevenson*, Duke Law Journal, 2001, 1139, 1162.

21 Vgl. Trib. Milano 31 marzo 2008, RDS 2010, 370, 372; *Divizia*, Le clausole di tag e drag along, S. 144.

Geschäftsführer verleiht.[22] Derartige Gesellschafter können den Erwerber durch die missbräuchliche Ausnutzung der ihnen eingeräumten Sonderrechte sowie ihrer gesetzlichen Minderheitsrechte in erheblichem Umfang in der Unternehmensführung behindern. Der Erwerber strebt jedoch durch die Einbindung der innovativen Geschäftsidee bzw. des Produkts in das eigene Unternehmen danach, Synergieeffekte zu realisieren.[23] In diesem Fall besteht folglich das Risiko, dass er das für ihn reizvolle Geschäftsmodell bzw. Produkt nicht in ausreichendem Maß allein bestimmt nutzen kann, um die Synergien zu nutzen. Der Erwerber im Rahmen eines *Trade Sales* wird daher bestrebt sein, sämtliche Geschäftsanteile an dem jungen Unternehmen zu erwerben.[24] Folglich wird der Venture-Capital-Investor daran interessiert sein, diesem einen vollständigen Erwerb der Geschäftsanteile der finanzierten Gesellschaft, somit auch derjenigen des Gründers zu ermöglichen. Insofern ist nicht nur die Akzeptanz der Gründer von der zeitlich begrenzten Gesellschafterstellung des Investors erforderlich, sondern auch, dass ihnen bewusst ist, dass mit dessen Beendigung zusätzlich ihre Gesellschafterstellung enden kann. Diese einschneidende gesellschaftsrechtliche Konsequenz, die auf die Stellung des betroffenen Gesellschafters der Gesellschaft auch gegen dessen Willen durchschlägt, stellt dabei den Kulminationspunkt des Interesses des Venture-Capital-Investors am *Exit* dar.[25] All dies erhöht jedoch letztlich die Chancen des Investors, einen Erwerber für die Anteile zu finden, da der *Trade Sale* erleichtert wird, und stärkt seinen Verhandlungsspielraum.[26]

---

22 *Peta*, La clausola statutaria di drag along, Diss. Università Cattolica del Sacro Cuore Mailand 2013, abrufbar unter http://tesionline.unicatt.it/handle/10280/2350 (Stand: 6.10.2014), S. 34.a.

23 *Pintucci*, in: Carlotti, Tecniche di private equity, S. 449, 462; *Tiberi*, in: Brechbühl/Wooder, Global Venture Capital Transactions, S. 245, 256; *von Beauvais/Hellich*, in: Jesch/Striegel/Boxberger, Rechtshandbuch Private Equity, S. 367.

24 *Ballerini*, Contr. e impr. 2014, 1011, 1014; *Divizia*, Le clausole di tag e drag along, S. 144; *Fritzsche/Häußermann*, in: Berens/Brauner/Frodermann, Unternehmensentwicklung mit Finanzinvestoren, S. 375, 394; *Gericke*, in: Gericke, Private Equity II, S. 141, 154; *May*, Illinois Bar Journal 2012, Vol. 100, 320, 323; *Scarpa*, Giust. Civ. 2013, II, 41; *Trezzini*, S. 283; *von Beauvais/Hellich*, in: Jesch/Striegel/Boxberger, Rechtshandbuch Private Equity, S. 367; *Wells Stevenson*, Duke Law Journal, 2001, 1139, 1162.

25 *Kühni*, in: Gericke, Private Equity, S. 147, 194.

26 *Ballerini*, Contr. e impr. 2014, 1011, 1013 f.; *Del Linz*, Giur. comm. 2012, II, 1072, 1079; *Divizia*, Notariato 2009, 157, 163; *Heckschen*, in: Heckschen/Heidinger, Die GmbH in der Gestaltungs- und Beratungspraxis, § 4 Rn. 187; *Proverbio*, S. 99; *Trezzini*, S. 283; *Wells Stevenson*, Duke Law Journal, 2001, 1139, 1162.

b) *Vermeidung opportunistischen Verhaltens*

Hält hingegen der Investor einen geeigneten Zeitpunkt für den Verkauf seiner Beteiligung gekommen und hat er auch bereits einen potenziellen Erwerber im Rahmen eines *Trade Sales* gefunden, ist der Verkauf für ihn zwingend erforderlich, um eine Rendite zu erzielen. In einem derartigen Fall könnte sich der Gründer jedoch aus opportunistischen Gründen gegen die geplante Veräußerung stemmen bzw. diese an die Erfüllung erpresserischer Forderungen (*hold-up*-Thematik) knüpfen, um für sich finanzielle Vorteile zu realisieren.[27] Als solche Gründe kommen u.a. die Hoffnung auf ein besseres Angebot sowie die Erlangung mannigfaltiger Vorteile in Betracht.[28] In diesem Zusammenhang kann ein Gründer bei den etwa nach dem Platzen der Internetblase vorkommenden Fällen eines Notverkaufs der Gesellschaft, bei denen er aufgrund einer ursprünglich vereinbarten Liquidationspräferenz (*liquidation preference*) keinen Ertrag für seine Geschäftsanteile erhält, versuchen, diese vertraglichen Vereinbarungen dergestalt zu ändern, dass er doch am Verkauf der Gesellschaft finanziell partizipiert.[29] Venture-Capital-Investments sind durch ein hohes Maß an spezifischen Investitionen (*specific investments*) gekennzeichnet, die die Gefahr des opportunistischen Veraltens einer Partei erhöhen und damit zu Effizienzverlusten führen können.[30] Der Investor hat somit ein Interesse daran, dass die ursprünglich bei seinem Einstieg vereinbarten wirtschaftlichen Bedingungen im Falle des *Exits* durch *Trade Sale* auch dann noch einzuhalten sind, wenn der Moment des *Exits* gekommen ist. Er versucht daher auszuschließen, dass er ihm selbst zustehende Vermögensrechte unter Druck zugunsten des Gründers aufgeben muss, um den *Exit* realisieren zu können.[31] Dieses Risiko besteht insbesondere bei

---

27 *Ballerini*, Contr. e impr. 2014, 1011, 1014 f.; *Ferrante*, Obbligo di Covendita, Diss. Campobasso 2011, abrufbar unter http://road.unimol.it/handle/2192/156 (Stand: 26.2.2016), S. 102 f., 128 ff.; *Fleischer/Schneider*, DB 2012, 961, 963; *Giampaolino*, Banca, borsa, tit. cred. 2009, II, 523, 535; *Stabilini/Trapani*, Riv. dir. comm. 2010, 949, 963 ff.; *Trezzini*, S. 283.

28 *Trezzini*, S. 283; *Wells Stevenson*, Duke Law Journal, 2001, 1139, 1162.

29 *Feld/Mendelson*, S. 68; *Simon*, S. 423 m.w.N.

30 *Ferrante*, Obbligo di Covendita, Diss. Campobasso 2011, abrufbar unter http://road.unimol.it/handle/2192/156 (Stand: 26.2.2016), S. 97 ff. m.w.N.; *Fleischer/Schneider*, DB 2012, 961, 962 f.; *Sáez Lacave/Bermejo Gutiérrez*, EBOR 2010, Vol. 11, 423, 427, 429, 436 ff.

31 *Chemla/Habib/Ljungqvist*, An Analysis of Shareholder Agreements, NYU, Ctr. for Law and Business Research Paper no. 02-01; RICAFE Working Paper no. 006, July 2004, abrufbar unter http://papers.ssrn.com/sol3/papers.cfm?abstract_id=299420

unvollständigen Verträgen, die zu opportunistischem Verhalten führen können.[32] In diesem Sinn wird daher auch davon gesprochen, dass sich die Parteien mit der Vereinbarung einer Mitveräußerungspflicht eine Selbstverwaltungsregel (*regola di responsabilità*) für den Fall des *Exits* geben, um bei diesem opportunistisches Verhalten auszuschließen, durch das bei einer Gesamtbetrachtung kein Vorteil erlangt wird.[33] Insgesamt strebt der Investor somit nach einer geeigneten Lösung, Streitigkeiten über den Ausstieg aus der Gesellschaft zu vermeiden bzw. einen geeigneten Mechanismus zu deren Lösung zu schaffen.[34] Falls ihm eine derartige Absicherung nicht möglich erscheint, besteht das Risiko, dass er zum einen das Investment gar nicht vornimmt bzw. sollte er schon investiert haben, in Zukunft kein weiteres Kapital zur Verfügung stellt und es somit bei der Gesellschaft zum Problem der Unterinvestition (*underinvestment* bzw. *sottoinvestimento*) kommt.[35] Damit bestehen erhebliche Gefahren für ihre weitere Entwicklung. Durch die mögliche vertragliche Absicherung des Ausstiegs wird somit ein Anreiz zum Investment in das junge und innovative Unternehmen geschaffen.[36] Die dieser Untersuchung zugrunde liegenden Mitveräußerungspflichten erfüllen daher auch ein Interesse der Gesellschaft, indem daneben ebenfalls die Zusammenarbeit unter den Gesellschaftern gestärkt und mögliche Machtmissbräuche zum Schaden der Gesellschaft verhindert werden.[37]

c) *Problematik des Trittbrettfahrers*

In diesem Zusammenhang ist aus rechtsökonomischen Gesichtspunkten ein weiterer Interessenkonflikt zu erwähnen. So kann es passieren, dass etwa ein Interessent zum Erwerb sämtlicher Anteile der Gesellschaft vorhanden ist und dieser das Unternehmen aufgrund schlechten Managements als unterbewertet

---

(Stand: 30.10.2014), S. 2 f., 15; *Ferrante*, Obbligo di Covendita, Diss. Campobasso 2011, abrufbar unter http://road.unimol.it/handle/2192/156 (Stand: 26.2.2016), S. 103.

32 *Stabilini/Trapani*, Riv. dir. comm. 2010, 949, 963.

33 *Peta*, La clausola statutaria di drag along, Diss. Università Cattolica del Sacro Cuore Mailand 2013, abrufbar unter http://tesionline.unicatt.it/handle/10280/2350 (Stand: 6.10.2014), S. 43 f.; *Sáez Lacave/Bermejo Gutiérrez*, EBOR 2010, Vol. 11, 423, 439 ff.

34 Vgl. *Kuhn*, in: Schulte/Schwindt/Kuhn, Joint Ventures, § 8 Rn. 111 ff.; *May*, Illinois Bar Journal 2012, Vol. 100, 320, 323; *Wälzholz*, GmbH-StB 2007, 84, 84 f.

35 *Ferrante*, Obbligo di Covendita, Diss. Campobasso 2011, abrufbar unter http://road.unimol.it/handle/2192/156 (Stand: 26.2.2016), S. 104; *Fleischer/Schneider*, DB 2012, 961, 962; *Sáez Lacave/Bermejo Gutiérrez*, EBOR 2010, Vol. 11, 423, 429 f., 436.

36 *Malimpensa*, RDS 2010, 375, 382.

37 Trib. Milano 31 marzo 2008, RDS 2010, 370, 372.

ansieht und daher einen etwas höheren Preis zu zahlen bereit ist, als es dem tatsächlichen Wert der Anteile entspricht. Dabei erhofft er sich durch seine Unternehmensführung eine Wertsteigerung der Gesellschaft, die den vom ihm gezahlten Kaufpreis übertrifft. Er wird jedoch, wie bei einem *Trade Sale* üblich, lediglich sämtliche Anteile der Gesellschaft erwerben wollen, um das Unternehmen autonom führen zu können. Spekuliert hingegen der Gründer darauf, von diesem Wertzuwachs durch den Einstieg des Erwerbers zu profitieren und setzt er daher den Investor, der verkaufen möchte, in der Weise unter Druck, dass er für seine Anteile einen höheren Preis erhalten möchte, als ihm aufgrund seiner Anteilsverhältnisse zusteht, und er ansonsten dem Verkauf nicht zustimmen würde, spricht man vom Problem des sog. Trittbrettfahrers (*free riding*).[38] Damit wird auch anhand dieses Beispiels deutlich, dass dem Investor nichts daran gelegen ist, im Fall des *Exits* sich in irgendeiner Weise von seinen Mitgesellschaftern unter Druck setzen lassen zu können, sondern frei über darüber zu entscheiden.

d) Vermeidung von moral hazard-Risiken

Weiterhin ist der Investor daran interessiert, mögliche *moral hazard*-Risiken im Zusammenhang mit seinem Investment zu verringern bzw. ganz auszuschließen.[39] Hierunter fällt z.B. die Weigerung des Gründers zum Verkauf seiner Anteile aus persönlichen Motiven, weil seines Erachtens noch nicht der richtige Zeitpunkt für den Verkauf gekommen ist oder er sich den ersehnten Status der selbstständigen Tätigkeit weiter erhalten möchte.[40] Zudem strebt der Investor gleichfalls danach, keine zusätzlichen *moral hazard*-Risiken auf Seiten des Gründers zu schaffen, indem er eine aggressive Vertragsgestaltung betreibt und dadurch jegliches Risiko im Rahmen der Beteiligung auf den Gründer überträgt und diesen hierdurch frustriert.[41]

---

38 *Fleischer/Schneider*, DB 2012, 961, 963 m.w.N.; *Peta*, La clausola statutaria di drag along, Diss. Università Cattolica del Sacro Cuore Mailand 2013, abrufbar unter http://tesionline.unicatt.it/handle/10280/2350 (Stand: 6.10.2014), S. 55; *Sáez Lacave/Bermejo Gutiérrez*, EBOR 2010, Vol. 11, 423, 433.

39 *Trezzini*, S. 283.

40 *Reißig-Thust/Brettel/Witt*, FB 2004, 636, 637 f. m.w.N.; *Trezzini*, S. 283.

41 *Trezzini*, S. 65 f.

e) Kontrollprämie (premio di controllo) bzw. Mehrheitsprämie (premio di maggioranza)

Indem im Interesse des Venture-Capital-Investors dem Erwerber ermöglicht wird, sämtliche Geschäftsanteile und nicht nur die Minderheitsanteile des Investors am Unternehmen zu erwerben, ist dieser bereit, einen Zuschlag zum aktuellen Marktwert der Anteile für die sog. Kontrollprämie (*premio di controllo*) bzw. Mehrheitsprämie (*premio di maggioranza*) zu bezahlen.[42] Hierdurch fällt bei einem vollständigen Verkauf der Geschäftsanteile ein höherer Preis an als diese einzeln wert sind. Angesichts der wesentlichen Bedeutung der zu erzielenden Rendite für einen Venture-Capital-Investor nimmt dieser Punkt eine sehr gewichtige Rolle bei der Interessenbeurteilung ein.[43] Nicht zu verachten ist in diesem Zusammenhang, wie in diesem Abschnitt bereits gesehen, die Tatsache, dass auch der Erwerb einer Mehrheitsbeteiligung einen Erwerber abschrecken könnte, da er mit feindlich gesinnten Minderheitsgesellschaftern im Unternehmen und damit verbundenen Streitigkeiten rechnen muss. Es steht folglich zu befürchten, dass sich dies negativ bei der Bestimmung des Kaufpreises auswirkt. Grundsätzlich muss daher angenommen werden, dass der Mehrheitsgesellschafter, also der Gründer, ebenfalls ein Interesse daran hat, zu einem möglichst hohen Preis zu verkaufen, einschließlich des zu erwartenden Zuschlags für einen vollständigen Erwerb der Anteile an der Gesellschaft.[44]

---

42 Vgl. *Badini Confalonieri*, NDS – n. 20/2012, 133, 179; *Ballerini*, Contr. e impr. 2014, 1011, 1014; *Battiloro*, Accordi di co-vendita (Drag e Tag Along): profili civilistici e prassi applicativa, Diss. Palermo 2012, abrufbar unter https://iris.unipa.it/handle/10447/94910#.VtGdq9Bu0yE (Stand: 26.10.2015), S. 54; *Caselli*, S. 162; *Del Linz*, Giur. comm. 2012, II, 1072, 1079; *Consiglio notarile di Roma*, n. 7 Clausole di covendita e trascinamento: tipologia e limiti di validità, Riv. not. 2013, 1085, 1085 ff.; *Divizia*, Notariato 2009, 157, 163; *Fritzsche/Häußermann*, in: Berens/Brauner/Frodermann, Unternehmensentwicklung mit Finanzinvestoren, S. 375, 394; *Inhester*, in: Jesch/Striegel/Boxberger, Rechtshandbuch Private Equity, S. 252 f.; *Prester*, S. 193; *Proverbio*, S. 100; *Rossano*, Riv. dir. comm. 2010, II, 124, 126 f.; *Scarpa*, Giust. Civ. 2013, II, 41 m.w.N.; *Simoni/Gamba*, Il Commercialista Veneto, n. 207, Maggio / Giugno 2012, S. 5, 6; *Tiberi*, in: Brechbühl/Wooder, Global Venture Capital Transactions, S. 245, 256; *Trezzini*, S. 283 m.w.N.

43 *Ballerini*, Contr. e impr. 2014, 1011, 1014.

44 *Rossano*, Riv. dir. comm. 2010, II, 124, 127.

f) Interessenlage zu Beginn der Beteiligung

Vor diesem Hintergrund darf daher davon ausgegangen werden, dass jedenfalls zu Beginn der beiderseitigen Unternehmung, also zum Zeitpunkt des Einstiegs des Venture-Capital-Investors als Gesellschafter der Gesellschaft, sowohl dieser als auch der Gründer die Relevanz erkannt haben, Regeln zu dem in Zukunft bevorstehenden Ausstieg aufzustellen.[45] Dies gilt insbesondere dann, wenn die sich ursprünglich deckenden Interessen während des Bestehens der Gesellschaft nicht dauerhaft übereinstimmen sollten.[46]

Zu Beginn seines Unternehmens wird daher nahezu jeder Gründer, sofern er nicht lediglich von idealistischen Gründen getrieben wird, davon träumen, dass seine Geschäftsidee durchschlagenden Erfolg auf dem Markt erlangen wird. Mit dem Traum vom zukünftigen und weltweit erfolgreich agierenden Technologieunternehmen ist gleichzeitig die Hoffnung verbunden, mit dieser Idee reich und wirtschaftlich unabhängig zu werden. Dabei besteht gleichfalls die Gefahr, dass sich der Gründer zu sehr mit der von ihm entwickelten Technologie identifiziert und er daher in dem Dilemma steckt, sich nicht von dem eigenen Unternehmen trennen zu können.[47] Andererseits kann der Gründer auch regelrecht davon getrieben sein, die eigene Idee ständig weiterzuentwickeln und zu verbessern und sich dadurch gegen den eigenen Ausstieg durch Verkauf seiner Geschäftsanteile zu stellen. Somit kann es passieren, dass der Gründer das ursprünglich primäre Ziel, mit seiner Idee viel Geld zu verdienen, im Laufe der Zeit aus den Augen verloren hat und lediglich noch aus idealistischen Gründen zur Selbstverwirklichung handelt.

Es gehört zum Geschäftskonzept des Venture-Capital-Investors mit seinen Investitionen eine Rendite zu erwirtschaften. Daher werden sich seine Interessen im Laufe der Zeit nicht dergestalt verändern.

Folglich besteht in diesem Fall das Risiko, dass die zugrundeliegenden Interessen maximal divergieren, da der Investor die Veräußerung nicht nur seiner Anteile, sondern sämtlicher Anteile der Gesellschaft anstrebt, der Gründer

---

45 *Battiloro*, Accordi di co-vendita (Drag e Tag Along): profili civilistici e prassi applicativa, Diss. Palermo 2012, abrufbar unter https://iris.unipa.it/handle/10447/94910#.VtGdq9Bu0yE (Stand: 26.10.2015), S. 146; *Zanoni*, S. 110.

46 *Battiloro*, Accordi di co-vendita (Drag e Tag Along): profili civilistici e prassi applicativa, Diss. Palermo 2012, abrufbar unter https://iris.unipa.it/handle/10447/94910#.VtGdq9Bu0yE (Stand: 26.10.2015), S. 146.

47 *Bartlett*, S. 9.

hingegen weiterhin als Gesellschafter und häufig auch als Geschäftsführer im Unternehmen beteiligt sein möchte und daher eine Veräußerung ablehnt.

g) Besondere Situation junger und innovativer Unternehmen

Letztlich ist in diesem Zusammenhang die besondere Situation von Unternehmen zu beachten, die mit Venture-Capital finanziert werden. Bei diesen handelt es sich um junge und innovative Unternehmen im Bereich der Hochtechnologie. Diese Branche befindet sich in einem stetigen Wandel. Zudem kämpfen üblicherweise mehrere Unternehmen darum, eine im Wesentlichen ähnliche Idee erfolgreich am Markt zu positionieren. Hiernach bleibt gerade bei Produkten mit einem Bezug zum Internet, wie sich an Diensten im Bereich der sozialen Netzwerke bereits gezeigt hat, am Ende häufig lediglich ein Unternehmen übrig. Es geht für den Erwerber eines jungen Unternehmens daher auch darum, dass der Kauf angesichts der rasanten technischen Entwicklung schnell und effizient vollzogen werden kann. Ein langwieriger Kaufprozess ist nämlich mit der Gefahr behaftet, dass bei dem jungen Unternehmen einerseits die für dessen Entwicklung notwendigen Ressourcen blockiert sind und es andererseits von einem Mitbewerber überholt wird und dieser sich am Markt durchsetzt. Für den Erwerber besteht daher das Risiko, ein Unternehmen zu erwerben, dessen Aussicht auf eine erfolgreiche Marktdurchdringung gesunken ist. Sofern demnach ein Dritter nach erfolgreicher Durchführung der *Due Diligence* am Erwerb des Unternehmens durch *Trade Sale* interessiert ist, muss der Veräußerungsprozess schnell vollzogen werden können. Allein hierdurch kann der Erwerber die Produkte und Technologien des jungen Unternehmens in sinnvoller Weise nutzen. Es liegt daher vordergründig im Interesse des Venture-Capital-Investors, dem Erwerber schnell und effizient einen Erwerb sämtlicher Geschäftsanteile an der finanzierten Gesellschaft zu ermöglichen.

h) Zwischenergebnis

Es zeigt sich, dass der Venture-Capital-Investor mit der Mitveräußerungspflicht eine Vielzahl von Interessen verfolgt und hierbei gleichzeitig einem opportunistischen Handeln des Gründers vorgebeugt werden soll.

Nach alledem ist zu untersuchen, ob überhaupt ein Bedürfnis nach einer vertraglichen Vereinbarung einer Mitveräußerungspflicht in Deutschland und Italien besteht oder ob der Venture-Capital-Investor nicht bereits durch die gesetzlichen und gesellschaftsrechtlich etablierten Regelungen in ausreichendem Maß geschützt ist, um die oben in diesem Abschnitt genannten Interessen und insbesondere seine Renditeerwartungen zu sichern.

3. Gesetzliche und gesellschaftsrechtlich etablierte Regelungen in Deutschland und Italien

a) *Gesetzliche und gesellschaftsrechtlich etablierte Regelungen in Deutschland*

Die Regelungen zum aktienrechtlichen *Squeeze-out* gemäß §§ 327a ff. AktG passen, wie bereits oben gesehen,[48] zum einen aufgrund des Normzwecks nicht im Bereich des Venture-Capitals und sind zum anderen bei der GmbH nicht anwendbar. Folglich werden andere gesetzlich und gesellschaftsrechtlich etablierte Mechanismen zum Ausscheiden eines Gesellschafters aus der Gesellschaft auf ihre Tauglichkeit im Rahmen eines Venture-Capital-Investments zur Durchführung eines *Trade Sales* überprüft.

aa) Veräußerung von Geschäftsanteilen

Die Geschäftsanteile des Gesellschafters einer GmbH sind gemäß § 15 Abs. 1 GmbHG grundsätzlich frei veräußerlich. Die dingliche Übertragung der Geschäftsanteile durch Abtretung bedarf gemäß § 15 Abs. 3 GmbHG ebenso wie das dieser zugrundeliegende Verpflichtungsgeschäft gemäß § 15 Abs. 4 GmbHG der notariellen Form. Dadurch sollen die Verkehrsfähigkeit der Geschäftsanteile eingeschränkt und gleichzeitig durch die damit verbundene Beweisfunktion Erwerber und Veräußerer von Geschäftsanteilen geschützt werden.[49] Dabei führt die Abtretung als Veräußerung unter Lebenden zum Übergang sämtlicher Rechte und Pflichten des Geschäftsanteils.[50] Weiterhin sind die Abtretung künftiger Geschäftsanteile sowie eine bedingte Abtretung im Voraus durch Regelung in der Satzung möglich, sofern der Geschäftsanteil und der Erwerber ausreichend bestimmt sind.[51] Durch gesonderte Regelungen in der Satzung kann die freie Veräußerbarkeit und damit die Abtretung jedoch gemäß § 15 Abs. 5 GmbHG

---

48 Oben Einleitung I.

49 *Altmeppen*, in: Roth/Altmeppen, GmbHG, § 15 Rn. 66; *Kindler*, Geschäftsanteilsabtretungen im Ausland, S. 2 ff., 23; *König/Götte/Bormann*, NZG 2009, 881, 881 f.; *Verse*, in: Henssler/Strohn, Gesellschaftsrecht, § 15 GmbHG Rn. 38.

50 *Fastrich*, in: Baumbach/Hueck, GmbHG, § 15 Rn. 21, 28; *Pfisterer*, in: Saenger/Inhester, GmbHG, § 15 Rn. 62; *Reichert/Weller*, in: Fleischer/Goette, MünchKommGmbHG, § 15 Rn. 65.

51 *Fastrich*, in: Baumbach/Hueck, GmbHG, § 15 Rn. 22, 24; *Pfisterer*, in: Saenger/Inhester, GmbHG, § 15 Rn. 54 f., 59; *Reichert/Weller*, in: Fleischer/Goette, MünchKommGmbHG, § 15 Rn. 26, 31, 42.

beschränkt oder ausgeschlossen werden, sog. Vinkulierung.[52] Daraus ergibt sich, dass es aufgrund und bei Einhaltung der gesetzlichen Vorgaben möglich ist, eine Veräußerung der Geschäftsanteile durch Satzungsregelung vollständig auszuschließen. Im Gesetz selbst ist jedoch das Gegenteil hiervon nicht geregelt bzw. vorgesehen, nämlich dass ein Gesellschafter seine Geschäftsanteile an einen Dritten zu veräußern hat. Daher bedarf es nicht nur für den Fall der Erschwerung oder des Ausschlusses der Veräußerung, sondern auch für den Fall der zwangsweisen Veräußerung, wie bei der Mitveräußerungspflicht, einer gesonderten vertraglichen Regelung.

bb) Einziehung von Geschäftsanteilen

Fraglich ist, ob die durch den Gesetzgeber in § 34 GmbHG vorgesehene Möglichkeit der Einziehung von GmbH-Geschäftsanteilen den Bedürfnissen des Venture-Capital-Investors zur Erreichung des *Trade Sales* entspricht.

Gemäß § 34 Abs. 1 GmbHG muss die Einziehung in der Satzung der Gesellschaft zugelassen sein. Es ist auch eine Einziehung ohne den Willen des Inhabers der Geschäftsanteile durch die sog. Zwangseinziehung gemäß § 34 Abs. 2 GmbHG möglich, sofern die Gründe hierfür vorab im Gesellschaftsvertrag festgelegt wurden. Dabei darf die Einziehung nicht im freien Belieben eines oder mehrerer Gesellschafter stehen und es ist vielmehr das Vorliegen eines hinreichend bestimmten sachlichen Grundes erforderlich.[53] Hierbei ist jedoch zu beachten, dass grundsätzlich die Rechtsfolge der Einziehung, vorbehaltlich einer anderweitigen Satzungsregelung, die Vernichtung der Geschäftsanteile ist und der Gesellschafter seine Stellung verliert.[54] Das Stammkapital der Gesellschaft bleibt hingegen unverändert, außer es wurde gleichzeitig eine Kapitalherabsetzung nach Maßgabe der §§ 58 ff. GmbHG vorgenommen.[55] Sofern diese nicht durchgeführt wurde, war aufgrund der durch das MoMiG geschaffenen

---

52 BayObLG, ZIP 1989, 638, 640 f.; *Ebbing*, in: Heidinger/Leible/Schmidt, GmbHG, § 15 Rn. 138; *Fastrich*, in: Baumbach/Hueck, GmbHG, § 15 Rn. 37 f.; *Reichert/Weller*, in: Fleischer/Goette, MünchKommGmbHG, § 15 Rn. 393.

53 BGH, NJW 1990, 2622, 2623; *Altmeppen*, in: Roth/Altmeppen, GmbHG, § 34 Rn. 34 ff.; *Fastrich*, in: Baumbach/Hueck, GmbHG, § 34 Rn. 9 f.

54 BGH, NJW 1953, 780, 782; *Fastrich*, in: Baumbach/Hueck, GmbHG, § 34 Rn. 19; *Fleischer*, in: Henssler/Strohn, Gesellschaftsrecht, § 34 GmbHG Rn. 16; *Strohn*, in: Fleischer/Goette, MünchKommGmbHG, § 34 Rn. 59, 99 ff.; *Wicke*, in: Wicke, GmbHG, § 34 Rn. 2.

55 *Fastrich*, in: Baumbach/Hueck, GmbHG, § 34 Rn. 20; *Strohn*, in: Fleischer/Goette, MünchKommGmbHG, § 34 Rn. 67; *Wicke*, in: Wicke, GmbHG, § 34 Rn. 2.

Regelung des § 5 Abs. 3 Satz 2 GmbHG und der entsprechenden Begründung des Regierungsentwurfs des MoMiG zunächst strittig, ob die Nennbeträge aller Geschäftsanteile vom Stammkapital abweichen dürfen. Dabei ging die herrschende Meinung in der juristischen Literatur davon aus, dass eine derartige Abweichung unzulässig sei, mit der Folge der Anfechtbarkeit oder gar Nichtigkeit eines Einziehungsbeschlusses, der keine Anpassung der Nennbeträge der Geschäftsanteile vornimmt.[56] Danach wurde es für erforderlich erachtet, dass entweder die schon erwähnte Kapitalherabsetzung durchgeführt wurde oder die bestehenden Geschäftsanteile in entsprechendem Umfang aufgestockt werden mussten, sodass die Summe ihrer Nennbeträge das Stammkapital der Gesellschaft erreicht oder anstelle des eingezogenen Geschäftsanteils ein oder mehrere neue Geschäftsanteile gebildet werden, sog. Revalorisierung.[57] Kürzlich wurde dieses Problem jedoch höchstrichterlich vom BGH in der Weise geklärt, dass der Beschluss über die Einziehung eines Geschäftsanteils nicht deshalb nichtig ist, weil aufgrund des Unterbleibens der eben genannten drei Maßnahmen die Summe der Nennbeträge und das Stammkapital der Gesellschaft auseinanderfallen, da sich die Nichtigkeitsfolge weder aus dem Wortlaut des § 5 Abs. 3 Satz 2 GmbHG noch aus der Gesetzessystematik ergibt.[58] Gleichwohl steht die Durchführung dieser drei Maßnahmen weiterhin im Ermessen der Gesellschafter.

Zu beachten ist im Rahmen der Einziehung eines GmbH Geschäftsanteils ferner, dass hiernach eine nach Gewohnheitsreicht und in analoger Anwendung des § 738 Abs. 1 Satz 2 BGB geschuldete Abfindung nach Maßgabe des Verkehrswertes an den betroffenen Gesellschafter zu zahlen ist.[59] Diese muss aus dem nach § 34 Abs. 3 i.V.m. § 30 Abs. 1 GmbHG ungebundenen Gesellschaftsvermögen stammen.[60] Mangels abweichender vertraglicher Regelung ist demnach die Gesellschaft Schuldnerin der Abfindungszahlung.

56 *Fastrich*, in: Baumbach/Hueck, GmbHG, § 34 Rn. 17a; *Strohn*, in: Fleischer/Goette, MünchKommGmbHG, § 34 Rn. 65; a.A. *Ulmer*, DB 2010, 321, 322 f.

57 *Fastrich*, in: Baumbach/Hueck, GmbHG, § 34 Rn. 20; *Klingsch*, in: Saenger/Inhester, GmbHG, § 34 Rn. 59; *Strohn*, in: Fleischer/Goette, MünchKommGmbHG, § 34 Rn. 65 ff.

58 BGH, NZG 2015, 429, 431; *Altmeppen*, in: Roth/Altmeppen, GmbHG, § 34 Rn. 79 f.; *Wicke*, in: Wicke, GmbHG, § 34 Rn. 3.

59 *Fastrich*, in: Baumbach/Hueck, GmbHG, § 34 Rn. 22; *Fleischer*, in: Henssler/Strohn, Gesellschaftsrecht, § 34 GmbHG Rn. 17; *Strohn*, in: Fleischer/Goette, MünchKommGmbHG, § 34 Rn. 205.

60 *Altmeppen*, in: Roth/Altmeppen, GmbHG, § 34 Rn. 13; *Fastrich*, in: Baumbach/Hueck, GmbHG, § 34 Rn. 39; *Wicke*, in: Wicke, GmbHG, § 34 Rn. 7.

In diesem Zusammenhang ist jedoch darauf hinzuweisen, dass ein junges mit Venture-Capital finanziertes Unternehmen üblicherweise nicht über ausreichende Mittel hierfür verfügen wird.[61] Zudem ist beim *Trade Sale* nicht der Untergang des mitzuziehenden Geschäftsanteils, sondern dessen Erhalt und Übertragung auf den Erwerber als neuen Gesellschafter der Gesellschafter erwünscht. Weiterhin schuldet dieser den Gesellschaftern, deren Geschäftsanteile er jeweils übernimmt, den Kaufpreis für diese. Es ist somit gerade nicht bezweckt, dass die Gesellschaft selbst, wie bei der Einziehung von Geschäftsanteilen, in irgendeiner Weise finanzielle Belastungen erleidet, unabhängig davon, dass sie hierzu nicht imstande sein wird. Entscheidend ist in diesem Zusammenhang zudem, dass die zwangsweise Einziehung der Geschäftsanteile der Festlegung eines bestimmten sachlichen Grundes in dem Gesellschaftsvertrag bedarf. Dies erscheint ohne die konkrete Festlegung einer Verpflichtung des Gründers zur Durchführung des *Exits*, an deren Nichterfüllung die Zwangseinziehung anknüpfen könnte, gerade nicht möglich. So besteht etwa in der theoretisch denkbaren Vereinbarung, dass der Investor zur Wahrung seiner wirtschaftlichen Interessen beim *Exit* zur Einziehung der Geschäftsanteile des Gründers berechtigt ist, schon kein derartiger sachlicher Grund. In einem solchen Fall ist für den Gründer als betroffenen Gesellschafter schon gar nicht erkennbar, in welchen Fällen die Einziehung erfolgen kann. Es fehlt somit an der erforderlichen Bestimmtheit. Zudem besteht ein hohes Risiko, dass eine derartige Einziehungsregelung als unzulässige Hinauskündigungsklausel anzusehen ist, da deren Ausübung im alleinigen Ermessen des Investors steht und diese nicht sachlich gerechtfertigt ist. Nach alledem ergibt sich, dass die Einziehung nicht das geeignete Instrument zur Erzwingung des vom Venture-Capital-Investor gewünschten *Exits* durch einen *Trade Sale* ist, da dies insbesondere an der rechtssicheren Festlegung eines hierfür erforderlichen sachlichen Grundes scheitern wird.

cc) Ausschluss des Gesellschafters

Weiterhin ist daran zu denken, ob die Interessen des Investors durch einen Ausschluss des sich dem *Trade Sale* entgegenstellenden Gesellschafters ausreichend befriedigt werden könnten.

Der Ausschluss ist, abgesehen von den Regelungen der §§ 21 ff., § 27 Abs. 1 Satz 2, § 28 GmbHG für den Fall der verzögerten Zahlung der Einlagen, nicht

61 Oben § 1 II. 3. a).

im GmbHG geregelt.[62] Allerdings ist der Ausschluss eines Gesellschafters auch bei Fehlen einer Regelung im Gesellschaftsvertrag grundsätzlich aus wichtigem Grund, der in der Person des Gesellschafters liegt, möglich.[63] Hierfür ist im Einzelfall eine Abwägung sämtlicher wesentlicher Umstände erforderlich.[64] Dabei darf der Ausschluss lediglich als *ultima ratio* erfolgen, wenn also kein weniger einschneidendes Mittel zur Behebung des gestörten Gesellschaftsverhältnisses zur Verfügung steht.[65] Dieses Ausschlussrecht beruht zum einen auf dem allgemeinen Grundsatz, dass jedes Dauerrechtsverhältnis, das stark in die Lebensbetätigung der Parteien eingreift, vorzeitig gelöst werden können muss, wenn dessen Fortsetzung für diese unzumutbar ist, und zum anderen auf den in den § 737 BGB und § 140 HGB enthaltenen Wertungen.[66] Der Ausschluss kann auch den Mehrheitsgesellschafter erfassen.[67] Durch den Ausschluss des Gesellschafters geht dessen Geschäftsanteil im Gegensatz zur Einziehung nicht automatisch unter, sondern es bedarf hierfür entsprechender Maßnahmen.[68] Danach kommen mangels abweichender Satzungsregelung nach Wahl der Gesellschaft sowohl der eigene Erwerb und die Einziehung durch die Gesellschaft sowie eine

62 *Fastrich*, in: Baumbach/Hueck, GmbHG, Anh. § 34 Rn. 2 f.; *Strohn*, in: Fleischer/Goette, MünchKommGmbHG, § 34 Rn. 103.

63 BGH, NJW 1953, 780, 780 f.; *Fastrich*, in: Baumbach/Hueck, GmbHG, Anh. § 34 Rn. 2; *Strohn*, in: Fleischer/Goette, MünchKommGmbHG, § 34 Rn. 108, 123 ff.; *Wicke*, in: Wicke, GmbHG, Anh. § 34 Rn. 2.

64 *Fastrich*, in: Baumbach/Hueck, GmbHG, Anh. § 34 Rn. 3; *Klingsch*, in: Saenger/Inhester, GmbHG, Anh. § 34 Rn. 6; *Strohn*, in: Fleischer/Goette, MünchKommGmbHG, § 34 Rn. 124; *Wicke*, in: Wicke, GmbHG, Anh. § 34 Rn. 3.

65 *Fastrich*, in: Baumbach/Hueck, GmbHG, Anh. § 34 Rn. 6; *Sosnitza*, in: Heidinger/Leible/Schmidt, GmbHG, Anh. § 34 Rn. 18; *Strohn*, in: Fleischer/Goette, MünchKommGmbHG, § 34 Rn. 109; *Wicke*, in: Wicke, GmbHG, Anh. § 34 Rn. 6.

66 BGH, NJW 1953, 780, 781; *Altmeppen*, in: Roth/Altmeppen, GmbHG, § 60 Rn. 61; *Sosnitza*, in: Heidinger/Leible/Schmidt, GmbHG, Anh. § 34 Rn. 6; *Strohn*, in: Fleischer/Goette, MünchKommGmbHG, § 34 Rn. 103; *Wicke*, in: Wicke, GmbHG, Anh. § 34 Rn. 1.

67 BGH, NJW 1953, 780, 784; *Fastrich*, in: Baumbach/Hueck, GmbHG, Anh. § 34 Rn. 2; *Sosnitza*, in: Heidinger/Leible/Schmidt, GmbHG, Anh. § 34 Rn. 7; *Strohn*, in: Fleischer/Goette, MünchKommGmbHG, § 34 Rn. 104, 148; *Wicke*, in: Wicke, GmbHG, Anh. § 34 Rn. 3.

68 *Fastrich*, in: Baumbach/Hueck, GmbHG, Anh. § 34 Rn. 15; *Sosnitza*, in: Heidinger/Leible/Schmidt, GmbHG, Anh. § 34 Rn. 39; *Strohn*, in: Fleischer/Goette, MünchKommGmbHG, § 34 Rn. 106.

Abtretung an andere Gesellschafter oder Dritte in Betracht.[69] Für den Ausschluss eines Gesellschafters bedarf es zunächst eines Beschlusses der Gesellschafterversammlung über die Erhebung einer Ausschlussklage, der den in der Satzung vorgegebenen Mehrheitserfordernissen entspricht, sowie der anschließenden erfolgreichen klageweisen Durchsetzung des Ausschlusses.[70] In der Satzung kann jedoch ebenfalls festgelegt werden, dass lediglich ein Gesellschafterbeschluss über den Ausschluss des betroffenen Gesellschafters ohne Durchführung der Ausschlussklage ausreichend ist.[71]

Der ausgeschlossene Gesellschafter hat Anspruch auf Zahlung einer Abfindung zum vollen wirtschaftlichen Wert für seinen Geschäftsanteil, der bei eigenem Erwerb und Einziehung durch die Gesellschaft von dieser, bei Abtretung an einen anderen Gesellschafter oder Dritten von dem zukünftigen Inhaber des Geschäftsanteils geschuldet ist.[72] Durch entsprechende Satzungsregelung ist es allerdings möglich, die Höhe des Abfindungsanspruchs zu beschränken.[73]

Im Rahmen der Beurteilung, ob ein Ausschluss des Gesellschafters die dieser Untersuchung zugrunde liegenden Interessen des Venture-Capital-Investors an der Durchführung eines *Trades Sales* erfüllt, ist ein besonderes Augenmerk auf das hierzu erforderliche Verfahren und die zu leistende Abfindung zu legen. Zwar könnten die Geschäftsanteile des ausgeschlossenen Gesellschafters an den am Erwerb des Unternehmens interessierten Dritten übertragen werden. Es ist allerdings zu beachten, dass es zu einer erheblichen zeitlichen Verzögerung sowie zu Unsicherheiten auf der Tatbestandsseite kommen kann, wenn sich Streitigkeiten über das Vorliegen des für den Ausschluss erforderlichen wichtigen Grundes ergeben.[74] Zudem gelten in diesem Zusammenhang für das Vorliegen eines wichtigen Grundes die im vorigen Abschnitt dieser Untersuchung zum

---

69 BGH, NJW 1953, 780, 782; *Sosnitza*, in: Heidinger/Leible/Schmidt, GmbHG, Anh. § 34 Rn. 40; *Strohn*, in: Fleischer/Goette, MünchKommGmbHG, § 34 Rn. 106, 117; *Wicke*, in: Wicke, GmbHG, Anh. § 34 Rn. 7.

70 *Altmeppen*, in: Roth/Altmeppen, GmbHG, § 60 Rn. 85 ff., der jedoch das Erfordernis der Ausschlussklage ablehnt; *Fastrich*, in: Baumbach/Hueck, GmbHG, Anh. § 34 Rn. 8 ff.; *Strohn*, in: Fleischer/Goette, MünchKommGmbHG, § 34 Rn. 143 ff.; *Wicke*, in: Wicke, GmbHG, Anh. § 34 Rn. 5.

71 *Fastrich*, in: Baumbach/Hueck, GmbHG, Anh. § 34 Rn. 8a, 16; *Strohn*, in: Fleischer/Goette, MünchKommGmbHG, § 34 Rn. 144, 148, 167.

72 *Strohn*, in: Fleischer/Goette, MünchKommGmbHG, § 34 Rn. 119.

73 *Fastrich*, in: Baumbach/Hueck, GmbHG, Anh. § 34 Rn. 11; *Strohn*, in: Fleischer/Goette, MünchKommGmbHG, § 34 Rn. 221.

74 *Werner*, GmbHR 2005, 1554, 1556.

sachlichen Grund dargestellten Ausführungen[75] entsprechend. Es besteht dabei die Gefahr, dass ein Gerichtsverfahren durchzuführen ist, wenn sich der betroffene Gesellschafter gegen seinen Ausschluss wehrt. All dies ist weder im Interesse des Venture-Capital-Investors, dem sich nicht ständig eine Verkaufschance für die Geschäftsanteile bietet, da hierfür kein geregelter Markt vorhanden ist. Zudem ist dies auch nicht im Interesse des Erwerbers, da neue Techniken gerade im Bereich der Hochtechnologie schnell überholt und damit veraltet sind und er diese demzufolge rasch für das eigene Unternehmen nutzen möchte. Beide sind somit bestrebt, den *Trade Sale* zügig durchzuführen. Außerdem können Streitigkeiten über den Ausschluss eines Gesellschafters und die Abfindungshöhe, die in einem öffentlichen Gerichtsverfahren behandelt werden, zu negativer Berichterstattung führen.[76] Dies ist ebenfalls nicht im Interesse eines Investors, da dieser ständig auf der Suche nach neuen Investitionsmöglichkeiten in junge und innovative Unternehmen ist und er dadurch Gründer schwieriger von dem gemeinsamen Wagnis durch eine Investition überzeugen kann, da ihm insofern ein negatives Image anhaftet. Nach alledem ist der Ausschluss eines Gesellschafters mit der darauf folgenden Übertragung von dessen Geschäftsanteilen an den Erwerber mit zu vielen Unsicherheiten und Verzögerungsrisiken belastet, um die Interessen und die Beteiligung des Investors sowie das Interesse des Erwerbers in ausreichendem Maß vorab abzusichern.

dd) Austritt des Gesellschafters

Möglicherweise könnte der Venture-Capital-Investor seine Interessen beim *Exit* auch durch einen eigenen Austritt aus der Gesellschaft verwirklichen.

Das Austrittsrecht eines GmbH-Gesellschafters ist im GmbHG nicht geregelt.[77] Dieses ist jedoch allgemein anerkannt und fußt, wie schon der Ausschluss, auf dem allgemeinen Grundsatz, dass jedes Dauerrechtsverhältnis, das stark in die Lebensbetätigung der Parteien eingreift, vorzeitig gelöst werden können muss, wenn dessen Fortsetzung für diese unzumutbar ist.[78] Der Austritt des

75 Oben § 2 II. 3. a) bb).

76 Vgl. *Wedemann*, S. 479 f.

77 *Altmeppen*, in: Roth/Altmeppen, GmbHG, § 60 Rn. 61; *Fastrich*, in: Baumbach/Hueck, GmbHG, Anh. § 34 Rn. 1; *Strohn*, in: Fleischer/Goette, MünchKommGmbHG, § 34 Rn. 102.

78 BGH, NJW 1953, 780, 781; *Altmeppen*, in: Roth/Altmeppen, GmbHG, § 60 Rn. 61; *Sosnitza*, in: Heidinger/Leible/Schmidt, GmbHG, Anh. § 34 Rn. 45; *Strohn*, in: Fleischer/Goette, MünchKommGmbHG, § 34 Rn. 102; *Wicke*, in: Wicke, GmbHG, Anh. § 34 Rn. 1.

Gesellschafters bewirkt nicht automatisch die Vernichtung dessen Geschäftsanteils.[79] Wie schon beim Ausschluss gesehen kommen nach Wahl der Gesellschaft sowohl der eigene Erwerb und die durch sie durchgeführte Einziehung als auch eine Abtretung an andere Gesellschafter oder Dritte in Betracht, sofern im Gesellschaftsvertrag nichts anderes bestimmt ist.[80] Strittig ist beim Austritt im Gegensatz zum Ausschluss, ob bei fehlender Regelung im Gesellschaftsvertrag das Vorliegen eines wichtigen Grundes erforderlich ist oder ob der Austritt auch ohne wichtigen Grund und damit durch eine ordentliche Kündigung wie im Personengesellschaftsrecht möglich ist.[81] So wird von einer Meinung insbesondere dann ein ordentliches Kündigungsrecht eines Gesellschafters gemäß § 723 Abs. 3 BGB analog angenommen, wenn sich dieser zu Nebenleistungspflichten i.S.d. § 3 Abs. 2 GmbHG verpflichtet hat.[82] Hierbei ist allerdings zu beachten, dass der Austritt auf Initiative des Gesellschafters das Gegenstück zum zwangsweisen Ausschluss darstellt, bei dem der Gesellschafter in der passiven und die Gesellschaft in der aktiven Rolle ist und bei dem gleichfalls ein wichtiger Grund erforderlich ist, sodass dies für das Erfordernis gleicher Voraussetzungen bei beiden Ausstiegsmöglichkeiten und einen Gleichlauf spricht.[83] Weiterhin ist die rechtliche Grundlage bei einer GmbH im Gegensatz zur Personengesellschaft der Geschäftsanteil und nicht der einzelne Gesellschafter, was sich auch daran zeigt, dass bei dessen Austritt oder Ausschluss der Geschäftsanteil nicht automatisch vernichtet wird.[84] Zudem ist der ordentliche Austritt im GmbHG vom Gesetzgeber nicht vorgesehen und es besteht für jeden Gesellschafter die Möglichkeit sich von seinen Geschäftsanteilen und damit aus der Gesellschaft durch Veräußerung der Anteile zu lösen.[85] Aus diesen Gründen ist mit der h.M.

---

79 *Fastrich*, in: Baumbach/Hueck, GmbHG, Anh. § 34 Rn. 26; *Sosnitza*, in: Heidinger/Leible/Schmidt, GmbHG, Anh. § 34 Rn. 64; *Strohn*, in: Fleischer/Goette, MünchKommGmbHG, § 34 Rn. 106.

80 *Fastrich*, in: Baumbach/Hueck, GmbHG, Anh. § 34 Rn. 26; *Fleischer*, in: Henssler/Strohn, Gesellschaftsrecht, § 34 GmbHG Rn. 33; *Sosnitza*, in: Heidinger/Leible/Schmidt, GmbHG, Anh. § 34 Rn. 64; *Strohn*, in: Fleischer/Goette, MünchKommGmbHG, § 34 Rn. 106, 117; *Wicke*, in: Wicke, GmbHG, Anh. § 34 Rn. 13.

81 *Altmeppen*, in: Roth/Altmeppen, GmbHG, § 60 Rn. 110; *Fastrich*, in: Baumbach/Hueck, GmbHG, Anh. § 34 Rn. 19 ff.; *Strohn*, in: Fleischer/Goette, MünchKommGmbHG, § 34 Rn. 178.

82 *Strohn*, in: Fleischer/Goette, MünchKommGmbHG, § 34 Rn. 178 m.w.N.

83 *Altmeppen*, in: Roth/Altmeppen, GmbHG, § 60 Rn. 105.

84 *Strohn*, in: Fleischer/Goette, MünchKommGmbHG, § 34 Rn. 178.

85 *Sosnitza*, in: Heidinger/Leible/Schmidt, GmbHG, Anh. § 34 Rn. 49; *Strohn*, in: Fleischer/Goette, MünchKommGmbHG, § 34 Rn. 178.

das Vorliegen eines wichtigen Grundes für den Austritt eines Gesellschafters als erforderlich anzusehen.[86] Dagegen ist unstrittig, dass in der Satzung der Gesellschaft die Möglichkeit des Austritts ohne wichtigen Grund festgelegt werden kann.[87] Zudem ist für einen Austritt erforderlich, dass dem Gesellschafter kein für die Gesellschaft weniger einschneidendes Mittel zur Wahrung seiner Interessen zur Verfügung steht.[88] Ein solches stellt grundsätzlich die Möglichkeit der Veräußerung dar.[89] Dabei kommt es auf eine Einzelfallbetrachtung an, wobei von dem austrittswilligen Gesellschafter grundsätzlich erwartet wird, dass er die Veräußerung auch mit erheblichen finanziellen Verlusten durchzuführen hat, da seine Mitgesellschafter nicht mit dem wirtschaftlichen Risiko seiner Beteiligung infolge des Austritts zu belasten sind.[90]

Der beim austretenden Gesellschafter entstehende Abfindungsanspruch bestimmt sich nach denselben Grundsätzen wie beim Ausschluss eines Gesellschafters.[91] Daher wird hierzu auf die entsprechenden obigen Ausführungen in dieser Untersuchung zum Ausschluss eines Gesellschafters verwiesen.[92]

Folglich ist eine Überprüfung erforderlich, ob ein Austritt des Venture-Capital-Investors aus der von ihm finanzierten Gesellschaft seinen wirtschaftlichen Interessen genügt. Zunächst ist wiederum, wie schon oben beim Ausschluss gesehen und worauf vollumfänglich verwiesen wird,[93] hervorzuheben, dass tatsächliche

---

86 *Altmeppen*, in: Roth/Altmeppen, GmbHG, § 60 Rn. 105; *Fastrich*, in: Baumbach/Hueck, GmbHG, Anh. § 34 Rn. 19; *Sosnitza*, in: Heidinger/Leible/Schmidt, GmbHG, Anh. § 34 Rn. 47; *Strohn*, in: Fleischer/Goette, MünchKommGmbHG, § 34 Rn. 178; *Wicke*, in: Wicke, GmbHG, Anh. § 34 Rn. 11.

87 *Fastrich*, in: Baumbach/Hueck, GmbHG, Anh. § 34 Rn. 21, 27; *Strohn*, in: Fleischer/Goette, MünchKommGmbHG, § 34 Rn. 195; *Wicke*, in: Wicke, GmbHG, Anh. § 34 Rn. 10.

88 BGH, NZG 2014, 541, 542; *Altmeppen*, in: Roth/Altmeppen, GmbHG, § 60 Rn. 105; *Fastrich*, in: Baumbach/Hueck, GmbHG, Anh. § 34 Rn. 22; *Strohn*, in: Fleischer/Goette, MünchKommGmbHG, § 34 Rn. 109, 189.

89 *Altmeppen*, in: Roth/Altmeppen, GmbHG, § 60 Rn. 108; *Fastrich*, in: Baumbach/Hueck, GmbHG, Anh. § 34 Rn. 22; *Strohn*, in: Fleischer/Goette, MünchKommGmbHG, § 34 Rn. 109, 190.

90 OLG München, DB 1990, 473, 473 f.; *Altmeppen*, in: Roth/Altmeppen, GmbHG, § 60 Rn. 108 f.; *Fastrich*, in: Baumbach/Hueck, GmbHG, Anh. § 34 Rn. 18, 22; *Strohn*, in: Fleischer/Goette, MünchKommGmbHG, § 34 Rn. 190.

91 *Klingsch*, in: Saenger/Inhester, GmbHG, Anh. § 34 Rn. 30; *Sosnitza*, in: Heidinger/Leible/Schmidt, GmbHG, Anh. § 34 Rn. 62; *Strohn*, in: Fleischer/Goette, MünchKommGmbHG, § 34 Rn. 119.

92 Oben § 2 II. 3. a) cc).

93 Oben § 2 II. 3. a) cc).

Unsicherheiten über das Vorliegen des mangels abweichender Satzungsregelung erforderlichen wichtigen Grundes bestehen und zu den angesprochenen unerwünschten zeitlichen Verzögerungen führen können. Aufgrund des Gleichlaufs des Abfindungsanspruchs beim Austritt und beim Ausschluss wird im Rahmen der Interessenbeurteilung auch insoweit vollumfänglich auf die obigen Ausführungen zum Ausschluss verwiesen, die den Interessen des Investors nicht entsprechen.[94] Weiterhin stellt sich hier das grundsätzliche Problem der Subsidiarität des Austritts gegenüber einer Veräußerung des Geschäftsanteils. Wie bereits oben gesehen,[95] spielt im Rahmen eines *Trade Sales* die Veräußerung einer bloßen Minderheitsbeteiligung keine Rolle und bietet sich dem Venture-Capital-Investor somit in diesem Fall, wenn überhaupt, lediglich die Möglichkeit der Veräußerung im Wege des *Secondary Purchase* bzw. *Secondary Buy-out*. In diesem Fall fällt zudem der erhoffte Zuschlag nicht an, die sog. Kontrollprämie (*premio di controllo*) bzw. Mehrheitsprämie (*premio di maggioranza*). Daher besteht durchaus das Risiko, dass diese Veräußerungsmöglichkeit als ein milderes Mittel im Vergleich zu einem Austritt angesehen wird, wenn die Gesellschaft den Austritt des Investors ablehnt. Dies führt dazu, dass dem austrittswilligen Investor im Streitfall im Ergebnis gar kein Austrittsrecht zustehen könnte. Angesichts des finanziellen Risikos, das ein Investor durch seine Beteiligung am jungen Unternehmen übernommen hat, wird er sich nicht auf derartige Unsicherheiten einlassen. Die Möglichkeit des Austritts aus der Gesellschaft bietet dem Venture-Capital-Investor daher lediglich unzureichenden Schutz, um seine Interessen zu wahren.

ee) Auflösung der Gesellschaft

Die Stellung als Gesellschafter einer Gesellschaft kann letztlich auch durch eine Auflösung der Gesellschaft gemäß den Vorschriften der §§ 60 ff. GmbHG enden, wobei diese subsidiär zum Ausschluss eines Gesellschafters ist.[96] Die danach aufgelöste und liquidierte Gesellschaft existiert nicht mehr und hat damit deren Marktaustritt zur Folge.[97] Bei einem *Trade Sale* wird jedoch der Erhalt der Gesellschaft, ihrer Geschäftsidee und damit ihrer Vermögenswerte durch die Parteien und gerade nicht deren Beendigung angestrebt. Der Investor würde in

94 Oben § 2 II. 3. a) cc).

95 Oben § 1 II. 9. a).

96 *Altmeppen*, in: Roth/Altmeppen, GmbHG, § 60 Rn. 66 f.; *Strohn*, in: Fleischer/Goette, MünchKommGmbHG, § 34 Rn. 101, 114.

97 *Altmeppen*, in: Roth/Altmeppen, GmbHG, § 60 Rn. 6; *Berner*, in: Fleischer/Goette, MünchKommGmbHG, § 60 Rn. 2, 15 ff.; *Haas*, in: Baumbach/Hueck, GmbHG, § 60 Rn. 1 f., 8a.

diesem Fall nicht die erhoffte Rendite erzielen und der Gründer müsste seine Geschäftsidee als gescheitert ansehen. Dies entspricht somit in keinem Fall den Interessen der beteiligten Parteien. Vielmehr handelt es sich dabei um eine weitere *Exit*-Variante, *Write-off*, die bereits oben dargestellt wurde,[98] und die das große Risiko eines mit Venture-Capital finanzierten Unternehmens widerspiegelt. Damit ist die Auflösung einer Gesellschaft nicht das geeignete Mittel zur Erzielung einer Rendite durch einen *Trade Sale*.

ff) Stellungnahme

Somit bleibt festzuhalten, dass die herkömmlichen gesetzlichen und gesellschaftsrechtlich etablierten Regelungen im deutschen Recht ungeeignet sind, um den Interessen eines Venture-Capital-Investors im Rahmen des *Exits* durch *Trade Sale* zu genügen. Sämtliche dieser Mechanismen sind mit derart hohen Unwägbarkeiten belastet, dass sich ein vernünftiger Investor nicht allein auf sie verlassen wird, um seine Rechte und insbesondere sein Investment zu schützen und den *Exit* durchführen zu können.

b) Gesetzliche und gesellschaftsrechtlich etablierte Regelungen in Italien

Wie bereits oben gesehen,[99] verfehlen auch die Regelungen in Italien zum *Squeeze-out* gemäß Art. 111 TUF im Bereich der im Rahmen dieser Untersuchung behandelten Venture-Capital-Investition ihren Zweck und sind zudem ausschließlich auf börsennotierte Unternehmen anwendbar. Daher sind sie zur Erreichung der Ziele des Venture-Capital-Investors beim *Trade Sale* ungeeignet. Es ist zu untersuchen, ob diesen Interessen durch bestehende gesetzliche und gesellschaftsrechtlich anerkannte Instrumente entsprochen werden kann, die dazu führen, dass ein Gesellschafter, der sich gegen einen *Trade Sale* ausspricht, gegen seinen Willen aus der Gesellschaft ausscheidet und seine Anteile veräußert.

aa) Veräußerung von Geschäftsanteilen

Der Geschäftsanteil (*quota di partecipazione*) einer *s.r.l.* ist gemäß Art. 2469 Abs. 1 c.c. grundsätzlich frei übertragbar, sofern der Gesellschaftsvertrag (*contratto di società*)[100] nichts Abweichendes bestimmt. Grundsätzlich entspricht die

---

98 Oben § 1 II. 9. e).

99 Oben Einleitung I.

100 Im Codice civile wird zwischen dem Gründungsakt (*atto costitutivo*) und dem Gesellschaftsvertrag (*contratto di società*) bzw. der Satzung (*statuto*) unterschieden. Siehe zu den möglichen Gestaltungsvarianten betreffend das Verhältnis Gründungsurkunde

Anzahl der Geschäftsanteile einer *s.r.l.* der Anzahl der Gesellschafter, wobei sich die Höhe der Geschäftsanteile aus dem Anteil am Gesellschaftskapital (*capitale sociale*) ergibt.[101] Diese Proportionalität gilt jedoch nicht, wenn in dem Gesellschaftsvertrag ein anderes Verhältnis festgelegt ist.[102] Die Übertragung von Geschäftsanteilen einer *s.r.l.* ist in Italien keiner bestimmten Form unterworfen.[103] Damit sind für die Wirksamkeit der Übertragung zwischen den Parteien weder die Schriftform noch strengere Formerfordernisse erforderlich.[104] Für die Übertragung von Geschäftsanteilen ist in Italien lediglich die gemäß Art. 1376 c.c. rechtmäßig geäußerte Einigung zwischen den Parteien erforderlich.[105] Daran zeigt sich, dass in Italien nicht wie im deutschen Recht das Abstraktionsprinzip zur Anwendung kommt, durch das zwischen dem schuldrechtlichen Verpflichtungsgeschäft und dem dinglichen Verfügungsgeschäft unterschieden wird. Demnach erfolgt der Übergang des Eigentums an den Geschäftsanteilen einer *s.r.l.* zwischen den Parteien durch eine bloße Einigung. Für die Wirkung der Übertragung gegenüber der Gesellschaft und Dritten ist es jedoch erforderlich, dass gewisse Voraussetzungen eingehalten werden.[106] Bis zur Abschaffung des in Art. 2270 Abs. 1 und Abs. 2 c.c. a.F. geregelten Gesellschafterbuches (*libro dei soci*) durch die D.L. 185/2008[107] mit Wirkung zum 30.3.2009 war hierfür, neben der Einigung, die Eintragung in diesem sowie im Unternehmensregister erforderlich.[108] Seitdem bedarf die Übertragung des Geschäftsanteils zusätzlich

---

und Gesellschaftsvertrag z.B. *Fasciani*, in: Süß/Wachter, Handbuch des internationalen GmbH-Rechts, Italien, Rn. 30 ff. Im Rahmen der weiteren Untersuchung umfasst der Begriff Gesellschaftsvertrag aus Gründen einer einheitlichen Betrachtung sowohl den Begriff *atto costitutivo* als auch *contratto di società* bzw. *statuto*.

101 *Campobasso*, S. 574; *Ferrucci/Ferrentino*, S. 1381, 1439; *Galgano/Zorzi Galgano*, Trattato di diritto civile. Volume quarto, S. 677 f.

102 *Campobasso*, S. 574; *Ferrucci/Ferrentino*, S. 1446.

103 *Ferrucci/Ferrentino*, S. 1459; *Scalese/Scalese*, S. 396.

104 Vgl. *Ferrucci/Ferrentino*, S. 1459; *Magrini*, S. 199; *Scalese/Scalese*, S. 396.

105 *Ferrucci/Ferrentino*, S. 1459; *Jaeger/Denozza/Toffoletto*, S. 537; *Loffredo/Racugno*, Giur. comm. 2014, II, 319, 328.

106 *Campobasso*, S. 577 f.; *Ferrucci/Ferrentino*, S. 1459 f.; *Jaeger/Denozza/Toffoletto*, S. 537; *Loffredo/Racugno*, Giur. comm. 2014, II, 319, 328.

107 D.L. 29 novembre 2008, n. 185 recante "Misure urgenti per il sostegno a famiglie, lavoro, occupazione e impresa e per ridisegnare in funzione anti-crisi il quadro strategico nazionale", convertito in legge, con modificazioni dalla L. 28 gennaio 2009, n. 2.

108 *Avagliano*, in: Irrera, Le acquisizioni societarie, S. 355, 363; *Barth*, MittBayNot 2006, 1, 7; *De Stasio*, Giur. comm. 2010, I, 110, 112; *Fasciani*, in: Süß/Wachter, Handbuch des internationalen GmbH-Rechts, Italien, Rn. 109; *Magrini*, S. 199.

zur erforderlichen Einigung zwischen den Parteien zum einen lediglich noch einer notariell beglaubigten (*sottoscrizione autenticata*) Abtretungsurkunde.[109] Zum anderen muss diese gemäß Art. 2470 Abs. 1 c.c. i.V.m. Art. 2470 Abs. 2 c.c. binnen dreißig Tagen beim zuständigen Unternehmensregister hinterlegt werden.[110] Das Formerfordernis der notariellen Beglaubigung bezweckt dabei einerseits verdeckte Anteilsübertragungen zu vermieden und andererseits einen geeigneten Beweis für die Übertragung zu schaffen.[111] Durch eine gesetzliche Neuregelung[112] wurde es ermöglicht, die Übertragungsurkunde elektronisch zu übermitteln und von den Parteien digital zu unterzeichnen, ohne dass es der notariellen Beglaubigung der Unterschrift bedarf, wobei sie sodann durch einen Vermittler beim Unternehmensregister zu hinterlegen ist.[113] Trotz der Abschaffung des Gesellschafterbuches bleibt es einer *s.r.l.* unbenommen, weiterhin durch eine Anordnung im Gesellschaftsvertrag ein Gesellschafterbuch zu führen.[114] Sehr umstritten ist jedoch seit dieser Abschaffung, ob Klauseln im Gesellschaftsvertrag wirksam sind, die vorsehen, dass die Wirksamkeit der Übertragung eines Geschäftsanteils gegenüber der Gesellschaft sowie die rechtmäßige Ausübung der Gesellschafterrechte (*diritti sociali*) neben der Hinterlegung der Abtretungsurkunde beim Unternehmensregister auch die Eintragung in das freiwillig geführte Gesellschafterbuch voraussetzen. Dies befürworten Stimmen in der

---

109 *De Stasio*, Giur. comm. 2010, I, 110, 112 f.; *Ferrucci/Ferrentino*, S. 1459 ff.; *Galgano/Zorzi Galgano*, Trattato di diritto civile. Volume quarto, S. 680; *Jaeger/Denozza/Toffoletto*, S. 537; *Kindler*, Italienisches Handels- und Wirtschaftsrecht, § 4 Rn. 234.

110 *Cagnasso*, S. 148; *De Stasio*, Giur. comm. 2010, I, 110, 112 f.; *Galgano/Zorzi Galgano*, Trattato di diritto civile. Volume quarto, S. 680; *Jaeger/Denozza/Toffoletto*, S. 537; *Kindler*, Italienisches Handels- und Wirtschaftsrecht, § 4 Rn. 234.

111 *Barth*, MittBayNot 2006, 1, 7.

112 Art. 36 Abs. 1-bis der D.L. 25 giugno 2008, n. 112 coordinato con la legge di conversione 6 agosto 2008, n. 133, recante: "Disposizioni urgenti per lo sviluppo economico, la semplificazione, la competitivita', la stabilizzazione della finanza pubblica e la perequazione tributaria".

113 Siehe hierzu ausführlich z.B. *Campobasso*, S. 577 f.; *Donativi*, Le società 2009, 410, 410 ff.; *Loffredo/Racugno*, Giur. comm. 2014, II, 319, 328 f.; *Wagner*, S. 47 f., die den inzwischen erledigten Streit zum Erfordernis der notariellen Beglaubigung der Unterschrift in digitaler Form zwischen der juristischen Literatur und der Rechtsprechung darstellt; *Zanarone*, S. 612 ff.

114 *Consiglio notarile di Milano*, Massima n. 115. Clausole statutarie sul libro dei soci nella s.r.l. dopo il D.L. 29 novembre 2008 n. 185 (artt. 2470, 2478 e 2479-bis c.c.). 10 marzo 2009, abrufbar unter http://www.consiglionotarilemilano.it/documenti-comuni/massime-commissione-societa/115.aspx (Stand: 11.11.2015); *Divizia*, Le clausole di tag e drag along, S. 202.

notariellen Praxis[115] und der Rechtsliteratur[116]. Die Rechtsprechung vertritt hier jedoch eine gegenteilige Meinung und erachtet derartige Klauseln als nichtig.[117]

Durch Regelungen im Gesellschaftsvertrag können gemäß Art. 2469 Abs. 1 Satz 2 c.c. zum einen die Übertragung der Geschäftsanteile von der Zustimmung (*gradimento*) von Gesellschaftsorganen, Gesellschaftern oder Dritten abhängig gemacht werden und zum anderen die Übertragung vollständig ausgeschlossen (*intrasferibilità*) werden. Sofern demnach die Übertragung vollständig ausgeschlossen ist oder keine Bedingungen und Grenzen für den Zustimmungsvorbehalt vorgesehen sind, steht dem hiervon betroffenen Gesellschafter gemäß Art. 2469 Abs. 2 Satz 1 c.c. das Austrittsrecht (*diritto di recesso*) gemäß Art. 2473 c.c. zu. Allerdings ist es gemäß Art. 2469 Abs. 2 Satz 2 c.c. möglich, dass dieses Austrittsrecht durch entsprechende Regelung im Gesellschaftsvertrag für einen Zeitraum von bis zu zwei Jahren seit Gründung der Gesellschaft oder Übernahme der Geschäftsanteile ausgeschlossen ist. Im Gegensatz zu derselben Situation bei der *s.p.a.*, bei der der entsprechende Zeitraum gemäß Art. 2355-bis Abs. 1 c.c. fünf Jahre beträgt und dessen Überschreitung nicht zur Nichtigkeit der Klausel, sondern zur Rückführung auf die gesetzlich zulässige Dauer führt, findet bei der *s.r.l.* eine derartige Anpassung nicht statt und steht dem betroffenen Gesellschafter bei Überschreitung der Grenze von zwei Jahren in jedem Fall das Austrittsrecht zu.[118]

Somit zeigt sich auch im italienischen Recht, dass zumindest für eine gewisse Zeitdauer der vollständige Ausschluss der Veräußerung von Geschäftsanteilen einer *s.r.l.* möglich ist. Wie schon im deutschen Recht, ist ebenfalls im italienischen Recht der Fall, dass ein Gesellschafter seine Anteile auf Veranlassung eines anderen Gesellschafters an einen Dritten zu veräußern hat, nicht geregelt. Somit ist zur Regelung dieser Situation eine vertragliche Vereinbarung zwischen den Parteien erforderlich.

---

115 *Consiglio notarile di Milano*, Massima n. 115. Clausole statutarie sul libro dei soci nella s.r.l. dopo il D.L. 29 novembre 2008 n. 185 (artt. 2470, 2478 e 2479-bis c.c.). 10 marzo 2009, abrufbar unter http://www.consiglionotarilemilano.it/documenti-comuni/massime-commissione-societa/115.aspx (Stand: 11.11.2015).

116 *Campobasso*, S. 578; *De Stasio*, Giur. comm. 2010, I, 110, 119 f.; *Fico*, Le società 2009, 1509, 1513; *Rescio*, Le società 2009, 1500, 1502 ff.

117 Trib. Roma 15 gennaio 2015, abrufbar unter http://www.giurisprudenzadelleimprese.it/wordpress/wp-content/uploads/2015/09/20150115_RG72180-20141.pdf (Stand: 8.3.2016), S. 6 ff.; Trib. Verona 14 settembre 2009, Le società 2009, 1497, 1498 f.

118 *Avagliano*, in: Irrera, Le acquisizioni societarie, S. 355, 389 f.

bb) Einziehung von Geschäftsanteilen

Im Recht der *s.r.l.* im Codice civile gibt es im Gegensatz zum deutschen Recht und der Vorschrift des § 34 GmbHG keine Regelung zur Einziehung von Geschäftsanteilen.

cc) Austritt des Gesellschafters

Weiterhin ist zu überprüfen, ob der Venture-Capital-Investor seine wirtschaftlichen Interessen, die er durch eine Veräußerung der Anteile im Wege des *Trade Sales* zu realisieren versucht, in gleicher Weise durch einen Austritt aus der von ihm finanzierten Gesellschaft wahren kann.

Vor der sog. *Riforma Vietti* aus dem Jahr 2003 war das Austrittsrecht des Gesellschafters einer *s.r.l.* lediglich in begrenztem Umfang, d.h. in den in Art. 2437 c.c. a.F. genannten und auch für die *s.r.l.* geltenden Fällen, möglich, und es war nicht zulässig, durch Satzungsregelungen weitere Austrittsgründe zu schaffen.[119] Durch die Gesellschaftsrechtsreform im Jahr 2003 wurden erstmalig eigenständige und detaillierte Regeln für den Austritt eines Gesellschafters aus der *s.r.l.* geschaffen.[120] Das Austrittsrecht ist dabei insbesondere für den Minderheitsgesellschafter als Gegengewicht zur Entscheidungsgewalt des Mehrheitsgesellschafters konzipiert.[121] Daneben verleiht es eine gewisse Verhandlungsmacht, um die ursprünglichen gesellschaftsvertraglichen Regelungen nachträglich neu zu verhandeln.[122] Die Austrittserklärung stellt eine einseitige empfangsbedürftige Willenserklärung (*dichiarazione unilaterale recettizia*) gegenüber der Gesellschaft dar.[123] Bei den Austrittsgründen ist zu unterscheiden. Zum einen gestattet die Regelung des Art. 2473 Abs. 1 Satz 1 c.c., dass im Gesellschaftsvertrag festgelegt wird, aus welchen Gründen und nach welchem Verfahren ein Gesellschafter aus der Gesellschaft austreten kann. Somit können die Gesellschafter der *s.r.l.* eigenständige Austrittsgründe festlegen. Hierdurch kommt das hohe Maß an Satzungsautonomie für die Gesellschafter einer *s.r.l.* seit der sog. *Riforma Vietti* zum

---

119 *Barth*, MittBayNot 2006, 1, 7; *Di Cataldo*, Giur. comm. 2015, I, 605; *Parmiggiani*, Giur. comm. 2009, II, 529, 533.

120 *Bader*, GmbHR 2005, 1474, 1476; *Barth*, MittBayNot 2006, 1, 8; *Cagnasso*, S. 155; *Galgano/Zorzi Galgano*, Trattato di diritto civile. Volume quarto, S. 679.

121 *Cagnasso*, S. 158; *Di Cataldo*, Giur. comm. 2015, I, 605, 608; *Ventoruzzo*, Nuova giur. civ. comm. 2005, II, 434, 438.

122 *Di Cataldo*, Giur. comm. 2015, I, 605, 608.

123 *Agrusti/Marcello*, Le società 2006, 569, 570 f.; *Loffredo/Racugno*, Giur. comm. 2011, II, 5, 21; *Macrì*, Le società 2016, 98, 101; *Parmiggiani*, Giur. comm. 2009, II, 529, 534 f.

Ausdruck.[124] Zum anderen gibt es jedoch auch die in Art. 2473 Abs. 1 Satz 2 c.c. genannten Gründe, die dem Gesellschafter einer *s.r.l.*, der den dort genannten Beschlüssen nicht zugestimmt hat, ein gesetzliches Austrittsrecht gewähren. Falls die Gesellschaft auf unbestimmte Zeit geschlossen wurde, steht jedem Gesellschafter darüber hinaus gemäß Art. 2473 Abs. 2 c.c. ein Austrittsrecht nach freiem Belieben (*recesso ad nutum*) und somit ohne Begründung zu, für das eine Ankündigungsfrist zwischen einem halben und einem Jahr gilt.[125] Somit ist in diesem Fall im italienischen Recht die ordentliche Kündigung eines Gesellschaftsverhältnisses möglich.[126] Im deutschen Recht ist dies gesetzlich hingegen nicht vorgesehen und bedarf einer Regelung im Gesellschaftsvertrag. Die im Codice civile vorgesehenen Austrittsgründe sind nach der h.M. unabdingbar und stehen dem Gesellschafter somit in jedem Fall zu.[127] Das Gesetz regelt nicht die Modalitäten und Fristen für einen Austritt.[128] Diese sind somit gemäß Art. 2473 Abs. 1 Satz 1 c.c. vollständig im Gesellschaftsvertrag der Gesellschaft festzulegen. Für den Fall, dass eine derartige Regelung im Gesellschaftsvertrag fehlt, werden die Vorschriften des Art. 2437-bis c.c. zum Austritt bei der *s.p.a.* analog angewandt.[129] Bei der *s.r.l.* wird im Gegensatz zur *s.p.a.* eine Klausel im Gesellschaftsvertrag, durch die der Austritt aus wichtigem Grund (*recesso per giusta causa*) ermöglicht wird, überwiegend für zulässig erachtet, ohne dass sämtliche Austrittsgründe explizit in den Gesellschaftsvertrag aufzunehmen sind.[130] Dies wird

124 *Di Cataldo*, Giur. comm. 2015, I, 605, 606 f.; *Odetto/Zanetti*, S. 76.

125 *Odetto/Zanetti*, S. 77; *Ventoruzzo*, Nuova giur. civ. comm. 2005, II, 434, 447.

126 *Bader*, GmbHR 2005, 1474, 1476.

127 *Cagnasso*, S. 156 f.; *Campobasso*, S. 580 f.; *Consiglio notarile di Milano*, Massima n. 74. Cause convenzionali di recesso (artt. 2437 e 2473 c.c.). 22 novembre 2005, abrufbar unter http://www.consiglionotarilemilano.it/documenti-comuni/massime-commissione-societa/74.aspx (Stand: 10.3.2016); *Odetto/Zanetti*, S. 70; *Ventoruzzo*, Nuova giur. civ. comm. 2005, II, 434, 440 f.

128 *Odetto/Zanetti*, S. 78.

129 *Cagnasso*, S. 163 f.; *Campobasso*, S. 580; *Odetto/Zanetti*, S. 78 f.; *Ventoruzzo*, Nuova giur. civ. comm. 2005, II, 434, 454 f.

130 Vgl. *Consiglio notarile di Milano*, Massima n. 74. Cause convenzionali di recesso (artt. 2437 e 2473 c.c.). 22 novembre 2005, abrufbar unter http://www.consiglionotarilemilano.it/documenti-comuni/massime-commissione-societa/74.aspx (Stand: 10.3.2016), wobei auf das Risiko von Streitigkeiten über die Auslegung und Anwendung derartiger Klauseln hingewiesen wird; *Di Cataldo*, Giur. comm. 2015, I, 605, 610 ff. m.w.N., der hierfür auch einen Vergleich zum Recht der GmbH zieht und sich sogar für eine Zulässigkeit bei der *s.p.a.* ausspricht; *Ventoruzzo*, Nuova giur. civ. comm. 2005, II, 434, 450.

damit begründet, dass durch die Ermöglichung des Austritts aus wichtigem Grund bei der *s.r.l.* deren personalistischer Charakter zum Ausdruck kommt.[131] Zudem wird hierdurch in vollem Ausmaß der Gesetzeszweck verwirklicht, nämlich die Stärkung der Satzungsautonomie, indem eine weite Klausel des wichtigen Grundes vorgesehen werden kann, die auch auf im Zeitpunkt der Gründung unvorhersehbare Fälle Anwendung findet.[132] Damit ist insofern ein Gleichlauf zum Recht bei der deutschen GmbH gegeben.

Zu beachten ist im Zusammenhang mit dem Austritt des Gesellschafters die in Art. 2473 Abs. 5 c.c. enthaltene Regelung. Danach ist es einem Gesellschafter verwehrt, sein Austrittsrecht auszuüben bzw. ist der Austritt wirkungslos, sofern er schon ausgeübt wurde, wenn die Gesellschaft den Beschluss, der den Austritt rechtfertigt, widerruft oder wenn die Auflösung der Gesellschaft beschlossen wird. Im Gegensatz zur entsprechenden Regelung bei der *s.p.a.*, Art. 2437-bis Abs. 3 c.c., enthält der Art. 2473 Abs. 5 c.c. für die *s.r.l.* keine zeitliche Grenze, innerhalb derer diese Wirkung durch die Gesellschaft herbeigeführt werden kann. Es wird daher versucht, für den Austritt bei der *s.r.l.* ebenfalls eine zeitliche Begrenzung zu schaffen, um somit Unsicherheiten über die Wirksamkeit des ausgeübten Austritts zu beseitigen. Hierzu hat sich jedoch in der Rechtsprechung noch keine einheitliche Linie gebildet, da sie zum einen eine Grenze von einem Jahr ab der zum Austritt berechtigenden Beschlussfassung und zum anderen die in Art. 2437-bis Abs. 3 c.c. enthaltene 90-Tages Frist auf die *s.r.l.* analog anwendet.[133]

Der austretende Gesellschafter hat gemäß Art. 2473 Abs. 3 Satz 1 c.c. Anspruch auf Zahlung einer Abfindung entsprechend seiner Beteiligung am Vermögen der Gesellschaft (*patrimonio sociale*). Deren Höhe orientiert sich gemäß Art. 2473 Abs. 3 Satz 2 Hs. 1 c.c. am Marktwert (*valore di mercato*)[134] des Gesellschaftsvermögens zum Zeitpunkt der Austrittserklärung. Sofern dabei Streitigkeiten entstehen, entscheidet hierüber gemäß Art. 2473 Abs. 3 Satz 2 Hs. 2 c.c. auf Antrag der sorgfältigeren Partei ein vom Gericht bestellter Sachverständiger.

---

131 *Di Cataldo*, Giur. comm. 2015, I, 605, 610 ff. m.w.N., 618 f., der hierfür auch einen Vergleich zum Recht der GmbH zieht und sich sogar für eine Zulässigkeit bei der *s.p.a.* ausspricht.

132 *Di Cataldo*, Giur. comm. 2015, I, 605, 615 f.

133 *Loffredo/Racugno*, Giur. comm. 2014, II, 319, 334; *Macrì*, Le società 2016, 98, 104 m.w.N.

134 Die Methoden zur Unternehmensbewertung, die nicht Gegenstand dieser Untersuchung sind, werden umfassend dargestellt von *Agrusti/Marcello*, Le società 2006, 569, 572 ff.; *Baudino/Comellini/Frascinelli*, S. 385 ff.

Bei der Ermittlung des Marktwertes der Anteile bleiben mögliche Abschläge für eine Minderheitsbeteiligung oder Zuschläge für eine Mehrheitsbeteiligung außer Betracht, da sich der Abfindungsanspruch gemäß Art. 2473 Abs. 3 Satz 1 c.c. lediglich an dem Verhältnis der Gesellschaftsbeteiligung zum Gesellschaftsvermögen orientiert.[135] Zur Bestimmung des Marktwertes des Gesellschaftsvermögens und damit der Anteile beim Austritt eines Gesellschafters aus der Gesellschaft können Bewertungsmethoden in dem Gesellschaftsvertrag vorgesehen werden.[136] Die Abfindung ist gemäß Art. 2473 Abs. 4 Satz 1 c.c. binnen 180 Tagen ab Zugang der Austrittserklärung bei der Gesellschaft zu leisten. Es ist zu differenzieren, wer Schuldner der Abfindung ist. Übernehmen andere Gesellschafter oder Dritte den Geschäftsanteil, so schulden diese die Abfindung gegenüber dem austretenden Gesellschafter gemäß Art. 2473 Abs. 4 Satz 2 c.c. Sofern die Geschäftsanteile von diesen nicht übernommen werden, ist die Abfindung aus den freien Rücklagen (*riserve disponibili*) der Gesellschaft oder bei deren Fehlen durch eine entsprechende Kapitalherabsetzung gemäß Art. 2473 Abs. 4 Satz 3 c.c. aus dem Gesellschaftsvermögen zu leisten.[137] Im ersten Fall wachsen dann die Anteile der restlichen Gesellschafter aufgrund des in Art. 2474 c.c. enthaltenen Verbots zum Erwerb eigener Beteiligungen proportional in entsprechender Höhe an.[138] Im Fall der Kapitalherabsetzung erfolgt hingegen die Vernichtung des Geschäftsanteils.[139] Reichen die hierfür erforderlichen Mittel nicht aus, erfolgt gemäß Art. 2473 Abs. 4 Satz 4 c.c. i.V.m. Art. 2482 c.c. die Liquidation (*liquidazione*) der Gesellschaft.

Fraglich ist letztlich, ob die Höhe der dem austretenden Gesellschafter zustehenden Abfindung beschränkt werden kann. Hierbei ist nach den jeweiligen Austrittsgründen zu unterscheiden.[140] Es kann bei den gesetzlich vorgesehenen Austrittsgründen nicht durch eine Regelung im Gesellschaftsvertrag zur Höhe der Abfindung in für den austretenden Gesellschafter negativer Weise von den

---

135 Trib. Padova 22 maggio 2014, abrufbar unter http://www.fallimentiesocieta.it/sites/default/files/Decreto_PD_2014%281%29.pdf (Stand: 14.3.2016), S. 1 f.; *Trinchese*, La valutazione della partecipazione del socio recedente, abrufbar unter http://www.fondazionenazionalecommercialisti.it/node/785 (Stand: 16.11.2015), S. 6 f. m.w.N.

136 *Ventoruzzo*, Nuova giur. civ. comm. 2005, II, 434, 466, 470; *Zanarone*, S. 829 f.

137 *Bader*, GmbHR 2005, 1474, 1477; *Galgano/Zorzi Galgano*, Trattato di diritto civile. Volume quarto, S. 680; *Ventoruzzo*, Nuova giur. civ. comm. 2005, II, 434, 459.

138 *Galgano/Zorzi Galgano*, Trattato di diritto civile. Volume quarto, S. 680; *Odetto/Zanetti*, S. 84; *Ventoruzzo*, Nuova giur. civ. comm. 2005, II, 434, 460.

139 *Ventoruzzo*, Nuova giur. civ. comm. 2005, II, 434, 460 f.

140 *Baudino/Comellini/Frascinelli*, S. 159, 383; *Zanarone*, S. 830 f.

in Art. 2473 c.c. enthaltenen Bestimmungen abgewichen werden, da ansonsten die vom Gesetz bezweckte und unabdingbare Möglichkeit des Austritts verfehlt würde.[141] Bei den vertraglich vereinbarten und im Gesellschaftsvertrag der Gesellschaft aufgenommenen Austrittsgründen wird hingegen eine negative Abweichung für zulässig erachtet.[142] Dies wird damit begründet, dass bei diesen die Austrittsgründe erst durch eine Einigung zwischen den Parteien entstanden sind und daher diesbezüglich auch eigenständige Regelungen zur Abfindung möglich sein müssen.[143] Weiterhin spricht sich die notarielle Praxis für die Möglichkeit einer derartigen Begrenzung aus, da das Gesetz bestimmte Fälle vorsieht, bei denen der Ausstieg eines Gesellschafters nur zu einem angemessenen Preis (*prezzo equo*) möglich ist.[144] Daraus wird geschlossen, dass in denjenigen Fällen dieses Erfordernis gerade nicht anzuwenden ist, in denen erst durch eine Regelung im Gesellschaftsvertrag Möglichkeiten des Ausstiegs geschaffen werden, die ansonsten nicht bestehen würden.[145] Zudem streitet hierfür die Tatsache, dass die Rechte eines Gesellschafters bei dessen Eintritt in die Gesellschaft gemäß Art. 2468 Abs. 2 und 3 c.c. beschränkt werden können, indem ihm etwa ein geringerer Gewinnanteil zugestanden wird, als ihm nach seiner Einlage zustehen würde.[146] Dies müsse dann auch beim Ausstieg eines Gesellschafters aus der Gesellschaft möglich sein.[147] Eine Beschränkung auf den Nominalwert des Geschäftsanteils wird dagegen als kritisch gesehen, da dies einen Verstoß gegen die Regelung des

141 *Baudino/Comellini/Frascinelli*, S. 159, 383; *Ventoruzzo*, Nuova giur. civ. comm. 2005, II, 434, 470 f.; *Zanarone*, S. 830 f.

142 *Baudino/Comellini/Frascinelli*, S. 159 f., 383 f.; *Consiglio notarile di Milano*, Massima n. 74. Cause convenzionali di recesso (artt. 2437 e 2473 c.c.). 22 novembre 2005, abrufbar unter http://www.consiglionotarilemilano.it/documenti-comuni/massime-commissione-societa/74.aspx (Stand: 10.3.2016); *Ventoruzzo*, Nuova giur. civ. comm. 2005, II, 434, 472; *Zanarone*, S. 830 f.

143 *Baudino/Comellini/Frascinelli*, S. 159 f., 383.

144 *Consiglio notarile di Milano*, Massima n. 74. Cause convenzionali di recesso (artt. 2437 e 2473 c.c.). 22 novembre 2005, abrufbar unter http://www.consiglionotarilemilano.it/documenti-comuni/massime-commissione-societa/74.aspx (Stand: 10.3.2016).

145 *Consiglio notarile di Milano*, Massima n. 74. Cause convenzionali di recesso (artt. 2437 e 2473 c.c.). 22 novembre 2005, abrufbar unter http://www.consiglionotarilemilano.it/documenti-comuni/massime-commissione-societa/74.aspx (Stand: 10.3.2016).

146 *Baudino/Comellini/Frascinelli*, S. 160, 383.

147 *Baudino/Comellini/Frascinelli*, S. 160, 383.

Art. 2265 c.c., nach der kein Gesellschafter von einer Beteiligung am Gewinn ausgeschlossen werden darf, darstellen könnte.[148]

Nach alledem ist zu prüfen, ob der Venture-Capital-Investor seine Interessen auch durch einen Austritt aus der Gesellschaft in derselben Weise verwirklichen kann, wie durch einen *Trade Sale*. Wie bereits bei den Ausführungen im deutschen Recht zum Austritt gesehen,[149] muss auch im italienischen Recht darauf hingewiesen werden, dass bei einem im Gesellschaftsvertrag vorgesehenen Austritt aus wichtigem Grund Streitigkeiten über dessen Vorliegen entstehen können, wodurch sich beim Austritt unerwünschte Verzögerungen ergeben können. Zudem müsste die Weigerung des Gründers, seine Anteile im Rahmen des *Trade Sales* zu verkaufen, als wichtiger Grund anzusehen bzw. als vertraglicher Austrittsgrund vorgesehen sein. Gerade im ersten Fall kommt es hierbei im Streitfall auf die Einordnung durch ein Gericht an, was ein erhebliches Risiko darstellt. Weiterhin gilt in Italien, ebenso wie bei der Darstellung des Austritts im deutschen Recht gesehen und worauf vollumfänglich verwiesen wird,[150] dass die Übernahme des Geschäftsanteils des Investors als Minderheitsgesellschafter durch einen Dritten üblicherweise ausscheidet. Somit bleibt ihm zum einen lediglich die Übernahme des Geschäftsanteils durch den Gründer. Dieser wird hierfür jedoch regelmäßig nicht über ausreichende finanzielle Mittel verfügen. Zum anderen kommt die Übernahme durch die Gesellschaft in Betracht. Da diese ebenfalls üblicherweise nicht über die erforderlichen finanziellen Mittel verfügen wird, bleibt letztlich nur die Vernichtung des Geschäftsanteils durch Kapitalherabsetzung oder gar die Liquidation der Gesellschaft. Der Venture-Capital-Investor zielt jedoch auf eine erfolgreiche Veräußerung seiner Geschäftsanteile ab. Dies gelingt ihm bei den sich bietenden Möglichkeiten zur Abfindungszahlung nicht, sofern diese überhaupt geleistet werden kann. Zudem ist dieser schon aus Sorge um seinen Ruf, an einer erfolgreichen Veräußerung des Unternehmens und nicht an dessen Untergang interessiert, der durch eine Abfindungszahlung drohen könnte. Weiterhin fällt bei der Abfindung infolge des Austritts nicht die von ihm erhoffte sog. Kontrollprämie (*premio di controllo*) bzw. Mehrheitsprämie (*premio di maggioranza*) an. Letztlich besteht vielmehr das Risiko, dass er einen Abschlag bei der Höhe der Abfindung erleidet, sofern der Gründer für den Fall der Ausübung des vertraglichen vereinbarten Austrittsrechts durch den Investor, in dem Gesellschaftsvertrag eine Zahlung unterhalb des Marktwertes festlegen

148 *Baudino/Comellini/Frascinelli*, S. 160, 384; *Casale*, Giur. comm. 2009, I, 816, 842.
149 Oben § 2 II. 3. a) dd).
150 Oben § 2 II. 3. a) dd).

konnte. Insgesamt ist daher zu sagen, dass der Austritt für den Investor keine Alternative zu einer Gesamtveräußerung des Unternehmens im Wege des *Trade Sales* darstellt, da seine Interessen an einem erfolgreichen Ausstieg in vielfacher Weise gefährdet sind.

dd) Ausschluss des Gesellschafters

Wie schon im deutschen Recht, so ist auch im italienischen Recht zu untersuchen, ob der Venture-Capital-Investor seine wirtschaftlichen Ziele dadurch erreichen kann, dass er den Gründer, der sich gegen eine Veräußerung durch *Trade Sale* wehrt, aus der Gesellschaft ausschließt.

Vor der Gesellschaftsrechtsreform im Jahr 2003 war im Gesetz lediglich der Ausschluss eines säumigen Gesellschafters in Art. 2477 c.c. a.F., nunmehr in Art. 2466 c.c., vorgesehen.[151] Den Gesellschaftern einer *s.r.l.* war es sowohl nach Ansicht der herrschenden juristischen Literatur als auch der Rechtsprechung nicht gestattet, Klauseln zum Ausschluss eines Gesellschafters in den Gesellschaftsvertrag aufzunehmen, da bei derartigen Gesellschaften aus Gläubigerschutzgründen keine weiteren Kapitalherabsetzungen außer den im Gesetz festgelegten zulässig sind.[152] Dadurch kommt zum Ausdruck, dass vor der Reform des Gesellschaftsrechts das Augenmerk mehr auf den Erhalt des Gesellschaftskapitals als auf einzelne schutzwürdige Positionen der Gesellschafter gelegt wurde.[153] Durch die sog. *Riforma Vietti* änderte sich dies grundlegend und es stehen nunmehr der Gesellschafter sowie die vertraglichen Beziehungen zwischen den Gesellschaftern im Mittelpunkt.[154] Dies zeigt sich an der neu geschaffenen Regelung des Art. 2473-bis Satz 1 c.c., nach der im Gesellschaftsvertrag besondere Fälle des Ausschlusses eines Gesellschafters aus wichtigem Grund festgelegt werden können. Dieses Ausschlussrecht zielt darauf ab, zwei grundsätzlich entgegengesetzte Interessen in Einklang zu bringen, nämlich das Interesse der Gesellschafter einen Mitgesellschafter auszuschließen, dessen Verhalten einen wichtigen Grund darstellt, und zum anderen das des einzelnen Gesellschafters, nicht durch eine missbräuchliche Ausübung dieses Rechts aus

---

151 *Baudino/Comellini/Frascinelli*, S. 347.

152 *Lo Schiavo*, RDS 2010, 614, 617; *Lubrano di Scorpaniello*, Giur. comm. 2011, I, 853, 853 f.

153 *Lo Schiavo*, RDS 2010, 614, 617.

154 *Lo Schiavo*, RDS 2010, 614, 617; *Lubrano di Scorpaniello*, Giur. comm. 2011, I, 853, 857.

der Gesellschaft ausgeschlossen zu werden.[155] Um dies zu erreichen führte der Gesetzgeber mit dem Erfordernis spezifische Ausschlussgründe in der Satzung festzulegen, die zugleich auf einem wichtigen Grund beruhen müssen, zwei Grenzen für die Satzungsautonomie der Gesellschafter ein.[156] Im Recht der *s.r.l.* ist demnach kein allgemeines Ausschlussrecht für das Verhalten eines Gesellschafters vorgesehen, dessen Voraussetzungen nicht im Voraus festgelegt werden, das im Belieben der Gesellschafter steht und das lediglich den Interessen der Gesellschaft widerspricht bzw. eine schwerwiegende Nichterfüllung seiner Pflichten i.S.v. Art. 2286 Abs. 1 c.c. darstellt.[157] Folglich ist Voraussetzung für die Wirksamkeit der vertraglichen Vereinbarung eines Ausschlussrechts, dass hierfür ein wichtiger Grund vorliegen muss.[158] Der betroffene Gesellschafter muss demnach mit einem gravierenden Fehlverhalten aufwarten, das die unerlässliche Zusammengehörigkeit unter den Gesellschaftern beschädigt, damit ein Ausschlussgrund gegeben ist.[159] Wird ein Gesellschafter ausgeschlossen, so gelten über die Verweisungsnorm des Art. 2473-bis Satz 2 c.c. die Regelungen zum Austritt eines Gesellschafters des Art. 2473 c.c. mit Ausnahme der Möglichkeit der Kapitalherabsetzung entsprechend. Damit steht den Gesellschaftern der Gesellschaft offen, innerhalb eines, sinnvollerweise gesellschaftsvertraglich festgelegten Zeitraumes, den Beschluss zu widerrufen, der zum Ausschluss des Gesellschafters führt.[160] Im Übrigen ist die gesetzliche Regelung lückenhaft und erfordert somit gesellschaftsvertragliche Regelungen der Ausschlussgründe, des hierfür zuständigen Gesellschaftsorgans, der Modalitäten der Mitteilung des Ausschlusses sowie des Umgangs mit dem Geschäftsanteil des ausgeschlossenen Gesellschafters.[161] Sollten derartige Regelungen im Gesellschaftsvertrag nicht getroffen werden, so wendet die Rechtsprechung jedenfalls für die Frist, die der betroffene Gesellschafter einhalten muss, um gerichtlich gegen den Ausschluss

155 *Casale*, Giur. comm. 2009, I, 816, 820 f.; *Lo Schiavo*, RDS 2010, 614, 618; *Lubrano di Scorpaniello*, Giur. comm. 2011, I, 853, 858 f.

156 *Baudino/Comellini/Frascinelli*, S. 349; *Lo Schiavo*, RDS 2010, 614, 618.

157 *Baudino/Comellini/Frascinelli*, S. 349; *Lo Schiavo*, RDS 2010, 614, 618 f.; *Odetto/Zanetti*, S. 86.

158 *Baudino/Comellini/Frascinelli*, S. 349; *Cagnasso*, S. 171; *Lo Schiavo*, RDS 2010, 614, 617 ff.; *Odetto/Zanetti*, S. 86.

159 *Jaeger/Denozza/Toffoletto*, S. 557; *Lubrano di Scorpaniello*, Giur. comm. 2011, I, 853, 860.

160 *Baudino/Comellini/Frascinelli*, S. 367.

161 *Baudino/Comellini/Frascinelli*, S. 348, 353 ff.; *Cagnasso*, S. 172; *Casale*, Giur. comm. 2009, I, 816, 819 f.; *Lo Schiavo*, RDS 2010, 614, 618; *Lo Schiavo*, RDS 2010, 614, 620 f.; *Lubrano di Scorpaniello*, Giur. comm. 2011, I, 853, 862; *Odetto/Zanetti*, S. 86.

vorzugehen, die für die Personengesellschaft geltende Regelung des Art. 2287 Abs. 2 c.c. analog an.[162]

Der ausgeschlossene Gesellschafter hat gemäß Art. 2473-bis Satz 1 c.c. i.V.m. Art. 2473 Abs. 3 Satz 1 c.c. Anspruch auf Zahlung einer Abfindung entsprechend den Regeln wie beim Austritt. Somit gelten hierfür dieselben Grundsätze, die beim Austritt dargestellt wurden und auf die vollumfänglich verwiesen wird,[163] sofern nicht nachfolgend etwas anderes ausgeführt wird. Die Geschäftsanteile des ausgeschlossenen Gesellschafters können demnach von Mitgesellschaftern oder einem Dritten erworben werden, die in diesem Fall auch die Zahlung der Abfindung schulden.[164] Sofern diese hierzu nicht bereit sind, ist die Gesellschaft verpflichtet, dem ausgeschlossenen Gesellschafter den Marktwert der Geschäftsanteile aus den freien Rücklagen zahlen.[165] Dabei erfolgt eine anteilige Anwachsung der Anteile der übrigen Gesellschafter entsprechend ihres Anteils am Gesellschaftskapital.[166] Umstritten ist, ob für den Fall, in dem freie Rücklagen nicht in ausreichendem Maß vorhanden sind, die Auflösung der Gesellschaft erfolgt, da eine Kapitalherabsetzung gemäß Art. 2473-bis Satz 2 c.c. ausscheidet, oder ob der Ausschluss ohne Wirkung bleiben soll.[167] Strittig ist in der Rechtsliteratur überdies, ob die Abfindung des ausgeschlossenen Gesellschafters pönalisierende Elemente enthalten darf.[168] Dies ist jedoch aus im Wesentlichen denselben Erwägungen, wie schon beim Austritt gesehen,[169] zu bejahen.[170]

Folglich ist nach der eben erfolgten Darstellung des Ausschlussrechts bei der *s.r.l.* zu überprüfen, ob dieses ein geeignetes Instrumentarium für den

---

162 *Loffredo/Racugno*, Giur. comm. 2014, II, 319, 334 f.; der in der Rechtsliteratur bestehende Streit zur Frage, welche Regelungen im Fall fehlender gesellschaftsvertraglicher Regelungen zu den Modalitäten des Ausschlusses anwendbar sind, wird dargestellt von z.B. *Baudino/Comellini/Frascinelli*, S. 357 ff.

163 Oben § 2 II. 3. b) cc).

164 *Baudino/Comellini/Frascinelli*, S. 347, 364; *Casale*, Giur. comm. 2009, I, 816, 844.

165 *Baudino/Comellini/Frascinelli*, S. 347 f.; *Casale*, Giur. comm. 2009, I, 816, 844.

166 *Baudino/Comellini/Frascinelli*, S. 364.

167 *Baudino/Comellini/Frascinelli*, S. 348; *Casale*, Giur. comm. 2009, I, 816, 845 f.; *Campobasso*, S. 582; *Galgano/Zorzi Galgano*, Trattato di diritto civile. Volume quarto, S. 680.

168 *Baudino/Comellini/Frascinelli*, S. 368 f. m.w.N.; *Casale*, Giur. comm. 2009, I, 816, 840 ff.; *Lo Schiavo*, RDS 2010, 614, 621 m.w.N.

169 Oben § 2 II. 3. b) cc).

170 *Baudino/Comellini/Frascinelli*, S. 368; *Casale*, Giur. comm. 2009, I, 816, 841 ff., der auch eine Herabstufung entsprechend einer Differenzierung nach der Art des Ausschlussgrundes für möglich erachtet.

Venture-Capital-Investor darstellt, um seine Interessen zu verwirklichen. Es ist unbestritten, dass die Gesellschafter einer *s.r.l.* seit der sog. *Riforma Vietti* über erhebliche Autonomie bei der Gestaltung des Gesellschaftsvertrages verfügen und sie nunmehr den Ausschluss eines Gesellschafters aus wichtigem Grund vorsehen können. Ob dieser vorliegt, beurteilt sich dabei in einer wertenden Betrachtung im Einzelfall. Damit gehen Unsicherheiten einher, ob im Streitfall ein Gericht die Weigerung des Gründers, seine Geschäftsanteile zusammen mit dem Investor an einen Dritten zu veräußern, als wichtigen Grund ansieht, der zum Ausschluss berechtigt. Zudem steht dem betroffenen Gründer die Möglichkeit offen, den Ausschließungsbeschluss des zuständigen Organs anzufechten. Dies führt neben der tatsächlichen Unsicherheit über das Vorliegen des wichtigen Grundes ebenfalls zu einer zeitlichen Verzögerung, da erst nach dem Ablauf der Anfechtungsfrist oder gar gerichtlicher Klärung die Veräußerung des betroffenen Geschäftsanteils zusammen mit demjenigen des Investors an den Erwerber erfolgen kann. Dies steht, wie schon bei den Ausführungen zum Ausschluss im Recht der GmbH gesehen und worauf vollumfänglich verwiesen wird,[171] nicht im Interesse des Venture-Capital-Investors. Sieht der Gesellschaftsvertrag der *s.r.l.* eine Beschränkung der Abfindungshöhe des ausgeschlossenen Gesellschafters vor, besteht ebenfalls ein Risiko, dass dieser die Beschränkung gerichtlich überprüfen lässt und damit die geplante Veräußerung sämtlicher Anteile verzögert. Letztlich besteht bei diesen Unwägbarkeiten ein erhebliches Risiko, dass der Ruf des Investors in der Branche durch ein öffentliches Verfahren leidet. Somit stellt der Ausschluss des Gründers mit nachfolgender Veräußerung von dessen Geschäftsanteilen zusammen mit denen des Investors an einen Erwerber zwar eine Möglichkeit zur Erreichung eines *Trade Sales* dar. Dieser ist jedoch, wie in diesem Abschnitt gesehen, mit derart vielen Unsicherheiten gespickt, dass die Interessen des Investors nicht in vollem Umfang gewahrt bzw. vorab abgesichert werden können, wie dies für ihn erforderlich ist.

ee) Auflösung der Gesellschaft

Mit der Auflösung (*scioglimento*) und Liquidation (*liquidazione*) der *s.r.l.* endet nicht nur deren Existenz, sondern auch der Status jedes Gesellschafters der Gesellschaft. Dies ist nunmehr einheitlich für Kapitalgesellschaften in den Artt. 2484 ff. c.c. geregelt. Das Auflösungs- und Liquidationsverfahren führt gemäß Art. 2495 Abs. 1 c.c. zur Löschung (*cancellazione*) der Gesellschaft. Hierdurch geht die *s.r.l.*

171 Oben § 2 II. 3. a) cc).

als Rechtssubjekt unter.[172] Mit diesem Verfahren wird somit die *Exit*-Möglichkeit des *Write-off*[173] herbeigeführt. Die Auflösung der Gesellschaft stellt folglich lediglich eine Möglichkeit der Schadensbegrenzung dar, damit dem am Markt nicht erfolgreichen Unternehmen keine weiteren Mittel zugeführt werden müssen. Dadurch erzielt der Venture-Capital-Investor allerdings nicht die mit seinem Investment angestrebte Rendite und muss die Investition vielmehr abschreiben. Im Ergebnis kann der Investor hiermit sein Investment nicht wirtschaftlich erfolgreich durch einen *Trade Sale* beenden und damit seine Interessen wahren. Die Auflösung der Gesellschaft stellt somit keine geeignete Alternative für den Investor dar.

ff) Stellungnahme

Das kodifizierte Recht der *s.r.l.* bietet einem Venture-Capital-Investor kein geeignetes Instrumentarium, um dessen Interessen durch notfalls zwangsweise Ermöglichung eines *Trade Sales* auch gegen den Willen des Gründers zu befriedigen. Die Vorschrift des Art. 24 Abs. 1 lit. a) des Consob, delibera n. 18592[174] enthält hingegen entgegen einer Meinung in der italienischen juristischen Literatur[175] keine Regelung einer Mitveräußerungspflicht, sondern vielmehr das bloße Recht eines Crowdfunding-Investors, sich einem Verkauf der Geschäftsanteile durch die Mehrheit der Gesellschafter anzuschließen.

Die gesetzlich vorgesehenen und anerkannten Regelungen zum Ausschluss der Veräußerung von Geschäftsanteilen sowie zum Austritt und Ausschluss eines Gesellschafters sind somit zum einen nicht geeignet und zum anderen mit zu vielen Unsicherheiten und der Gefahr erheblicher zeitlicher Verzögerungen versehen, als dass sie einem Venture-Capital-Investor ausreichend Sicherheit gewähren können, dass sein Investment und insbesondere seine bevorzugte *Exit*-Möglichkeit zur Erzielung einer Rendite hinreichend geschützt sind.

---

172 *Kindler*, Italienisches Handels- und Wirtschaftsrecht, § 4 Rn. 226 m.w.N., 245.

173 Oben § 1 II. 9. e).

174 Consob, delibera n. 18592 del 26 giugno 2013 e successivamente modificato con delibera n. 19520 del 24 febbraio 2016, Regolamento sulla raccolta di capitali di rischio tramite portali on-line.

175 *Ferrarini/Ottolia*, ERCL 2013, 363, 378, die dieses Recht fälschlicherweise mit der gegenteiligen Bezeichnung als *Drag along* Regelung bezeichnen.

c) *Zwischenergebnis*

Folglich ergibt sich, dass mit keinem der im Gesetz vorgesehenen oder den gesellschaftsrechtlich etablierten Mechanismen und Regelungen in Deutschland und Italien, das Ziel des Venture-Capital-Investors, sämtliche Geschäftsanteile der Gesellschafter an der von ihm finanzierten Gesellschaft gemeinsam und gleichzeitig an einen Dritten zu veräußern, erreicht werden kann.

Angesichts der mangelnden gesetzlichen Regelungen zur Erfüllung der zugrundeliegenden Interessen,[176] entwickelte die Venture-Capital-Vertragspraxis ein geeignetes Instrumentarium, nämlich die Mitveräußerungspflicht, damit der Investor nicht Gefangener seines Investments bleibt.[177]

4. Inhalt der Mitveräußerungspflicht

Um den konkreten Inhalt der Mitveräußerungspflichten zu umschreiben, bietet es sich an, ein in der italienischen juristischen Literatur vielfach zitiertes Verhaltensmuster heranzuziehen, das den Inhalt der Klausel in gängigen Worten wiedergibt. Dies lautet: „wenn ich verkaufe, verpflichte ich Dich, mit mir zu verkaufen" („*se vendo, ti impegni a vendere con me*").[178]

Die aktive Person in diesem Lebenssachverhalt ist dabei der Venture-Capital-Investor, dessen Handlungs- und Investitionsweise in dieser Arbeit bereits dargelegt wurde.[179] Dieser ist nämlich, wie vorangehend gesehen,[180] von Beginn seines Investments an bestrebt und auch gegenüber den Kapitalgebern verpflichtet, nach einer bestimmten Haltedauer, seine Beteiligung an dem jungen, innovativen Unternehmen wieder zu lösen.

Derjenige, der von dem Venture-Capital-Investor zum Verkauf verpflichtet werden soll, ist sein Mitgesellschafter, der Gründer des jungen Unternehmens. Hierbei spielt es keine Rolle, ob es sich lediglich um einen oder mehrere weiterhin als Gesellschafter an der Gesellschaft beteiligte Gründer handelt.[181] Selbstverständlich kommt diese Verpflichtung lediglich in dem Fall zum Tragen, in dem sich der Gründer gegen eine Veräußerung sämtlicher Anteile und damit auch seines Geschäftsanteils an der von ihm gegründeten Gesellschaft ausspricht.

176 Oben § 2 II. 2. und § 2 II. 3. a) und b).

177 *Ballerini*, Contr. e impr. 2014, 1011, 1012.

178 Vgl. *D'Alessandro*, Riv. dir. civ. 2010, 373, 379.

179 Oben § 1.

180 Oben § 1 II. 9.

181 Oben Einleitung I., dort ist auch dargelegt, dass dies in gleicher Weise für die Anzahl der Investoren gilt.

Steht er der Veräußerung positiv gegenüber und votiert dafür, so bedarf es seitens des Investors keines Rückgriffs auf die Mitveräußerungspflicht.

Den Gegenstand der Veräußerung stellen dabei die Geschäftsanteile (*quote di partecipazione*) eines in der Rechtsform einer GmbH oder *s.r.l.* strukturierten jungen Unternehmens der beteiligten Gesellschafter dar.[182] Der Investor lässt sich daher mit dieser Klausel zusichern, dass er von dem Gründer verlangen kann, dass dieser seine Anteile an der finanzierten Gesellschaft gemeinsam mit ihm an einen Dritten veräußert.

Es ist wichtig in diesem Zusammenhang darauf hinzuweisen, dass der Preis für die Geschäftsanteile nicht einseitig vom Investor, sondern primär vom Erwerber bestimmt wird.[183] Dieser wird nämlich einen Preis bieten, den der Investor für angemessen erachten muss, da dieser als Berechtigter lediglich dann das Verfahren der Mitveräußerungspflicht aktivieren wird. Daraus lässt sich ableiten, dass gerade hierdurch der Wert der Anteile demjenigen entspricht, den der Markt zu zahlen bereit ist und daher auf einer fairen Bewertung beruht, sofern kein kollusives Zusammenwirken zwischen Investor und Drittem vorliegt.

Freilich kommt es jeweils auf die Abfassung und inhaltliche Ausgestaltung der Klausel im Einzelfall an.[184] Dabei spiegeln der konkrete Inhalt und die jeweiligen Ausübungsmodalitäten einer Mitveräußerungspflicht lediglich die Verhandlungsstärke der Parteien zu Beginn ihrer Zusammenarbeit und die Beurteilung der Erfolgsaussichten der dem Unternehmen zugrundeliegenden Geschäftsidee wieder, sodass hieraus keine rechtlichen Wertungen gezogen werden dürfen.[185] Eventuell zu beachtende besondere Voraussetzungen für die Ausübung der Klausel, wie eine bestimmte Kaufpreishöhe für die Geschäftsanteile, einen erforderlichen Beschluss der Gesellschafterversammlung mit einem bestimmten Quorum, der Ablauf einer Mindesthaltefrist, oder weitere spezielle Ausgestaltungsformen werden dabei an geeigneter Stelle dieser Untersuchung gesondert erörtert. In der Praxis kommt zudem eine Kombination der Mitveräußerungspflicht mit einem Vorkaufsrecht vor.[186] Grundsätzlich kann die Mitveräußerungspflicht, ohne dass dies einen Einfluss auf deren rechtliche Bewertung hätte, zugunsten des

---

182 Sollte das junge Unternehmen ausnahmsweise die Rechtsform einer Aktiengesellschaft oder *s.p.a.* haben, sind Gegenstand der Veräußerung die Aktien (*azioni*) der daran beteiligten Aktionäre ohne dass dies Auswirkungen auf den in dieser Untersuchung dargestellten Inhalt der Mitveräußerungspflicht hätte.

183 *Stabilini/Trapani*, Riv. dir. comm. 2010, 949, 973.

184 *Priester*, in: FS Hopt, 2010, S. 1139, 1140; *Trezzini*, S. 281 f.

185 *Kühni*, in: Gericke, Private Equity, S. 147, 195.

186 *De Luca*, Banca, borsa, tit. cred., 2013, II, 65.

Minderheits- oder Mehrheitsgesellschafters vereinbart werden, wobei der hieraus berechtigte Investor im Rahmen einer Venture-Capital-Finanzierung regelmäßig der Minderheitsgesellschafter sein wird.[187]

Hintergrund des oben dargestellten Lebenssachverhalts ist, dass für eine Veräußerung der Geschäftsanteile einer Gesellschaft sowohl in Deutschland als auch in Italien grundsätzlich die Zustimmung des jeweiligen Gesellschafters erforderlich ist und es in beiden Ländern, wie in dieser Untersuchung bereits gesehen, keine gesetzliche Regelung gibt, nach der in den hier zu untersuchenden Fällen einer Venture-Capital-Beteiligung eine zwangsweise Veräußerung der Anteile in Betracht kommt.[188] Zudem ist zu beachten, dass der Venture-Capital-Investor in Deutschland und Italien grundsätzlich eine Minderheitsbeteiligung am zu finanzierenden Unternehmen übernimmt.[189] Dadurch hält er üblicherweise weniger als 50% der Anteile am Stammkapital der Gesellschaft. Ohne besondere vertragliche Vereinbarung ist er demzufolge auf die allgemeinen gesetzlichen und gesellschaftsrechtlichen Rechte zur Beendigung einer Gesellschafterstellung angewiesen, die ihm jedoch keinen ausreichenden Schutz für seinen angestrebten *Exit* bieten.

Somit geht es bei einer Mitveräußerungspflicht um die Schaffung einer vertraglichen Regelung, nach der der verpflichtete Gesellschafter von dem Berechtigten, dem Venture-Capital-Investor, zum Verkauf und Übertragung seiner Gesellschaftsanteile gezwungen werden kann. Dabei ist entscheidend, dass mit der gegenüber dem verpflichteten Mitgesellschafter bestehenden Mitveräußerungspflicht

---

187 Vgl. *Agrusti*, Amministrazione & Finanza 2014, n. 6, 34, 35; *Ballerini*, Contr. e impr. 2014, 1011, 1012, 1015; *Battiloro*, Accordi di co-vendita (Drag e Tag Along): profili civilistici e prassi applicativa, Diss. Palermo 2012, abrufbar unter https://iris.unipa.it/handle/10447/94910#.VtGdq9Bu0yE (Stand: 26.10.2015), S. 54; *Del Linz*, Giur. comm. 2012, II, 1072, 1079; *Di Bitonto*, Le società 2008, 1378, 1380; *Fabbrini*, Giur. comm. 2009, II, 1034, 1037; *Malimpensa*, in: Colombo, I nuovi tipi di circolazione forzata delle partecipazioni sociali, S. 226, 235; *Malimpensa*, RDS 2010, 375, 382; *Proverbio*, S. 99 f.; *Rossano*, Riv. dir. comm. 2010, II, 124, 125 f.; *Satta*, Riv. dir. impresa 2008, 525, 531; *Stabilini/Trapani*, Riv. dir. comm. 2010, 949, 964; *Zanoni*, S. 110.

188 Oben Einleitung I. und § 2 II. 3. a) und b).

189 Vgl. *Corno*, in: Gervasoni, Private Equity and Venture Capital, S. 335, 349; *Feld/Mendelson*, S. 61; *Gores*, in: Hauschild/Kallrath/Wachter, Notarhandbuch, § 20 Rn. 94; *Kußmaul/Richter*, DStR 2000, 1155, 1156; *Mitter*, ZfKE 2010, 121, 124; *Schefczyk*, S. 10 m.w.N.; *Sörgel*, M&A REVIEW 2014, 474, 475; *Szego*, Riv. dir. comm. 2005, I, 821, 830; *Toninelli*, Rivista delle operazioni straordinarie 2015, fasc. 6, 4; *Trezzini*, S. 42; *von Bünau/Bassewitz*, Corporate Finance biz 2013, 42, 43; *Weitnauer*, NZG 2001, 1065; *Wenger*, in: Gericke, Private Equity, S. 3; *Zirngibl/Kupsch*, BB 2011, 579.

ein Recht des Investors zur Aktivierung dieser Pflicht korrespondiert. Entscheidend und kennzeichnend für eine Mitveräußerungspflicht ist, dass der berechtigte Venture-Capital-Investor zeitgleich und zu gleichen Konditionen seine Gesellschaftsanteile an einen außenstehenden Dritten veräußert.[190] Somit wird deutlich, dass die Mitveräußerungspflicht gerade im Fall eines *Trade Sales* an ein Industrieunternehmen zur Anwendung kommt.[191] Die Chancen zur Realisierung dieser *Exit*-Variante werden dabei durch die Vereinbarung einer Mitveräußerungspflicht deutlich gesteigert.[192] Der Mitveräußerungspflicht kommt somit eine entscheidende Rolle im Verhältnis zwischen Gründer und Venture-Capital-Investor zu.[193]

Insbesondere haben Mitveräußerungspflichten gegenüber einer Einziehung von Geschäftsanteilen oder dem Ausschluss eines Gesellschafters den Vorteil, dass hierdurch eine Veräußerung der Geschäftsanteile von Investor und Gründer zu gleichen Konditionen erfolgt. Es findet somit keine Unterscheidung beim Preis pro Anteil statt. Daher können die bei der Zahlung einer Abfindung üblichen Meinungsverschiedenheiten über deren Höhe weitgehend vermieden werden.[194]

Nach alledem ergibt sich, dass durch die Vereinbarung von Mitveräußerungspflichten mit geringen Kosten ein opportunistisches Verhalten der beteiligten Parteien und Effizienzverluste beim *Exit* verhindert werden können.[195] Sofern die bislang in der vorliegenden Untersuchung dargestellten Mechanismen zur Beendigung der Gesellschafterstellung überhaupt annähernd dazu in der Lage sind, die Interessen des Venture-Capital-Investors zu erfüllen und einen *Trade Sale* herbeizuführen, geschieht dies jedenfalls nicht mit derselben Intensität und Effektivität wie es mit einer Mitveräußerungspflicht möglich ist, die Gegenstand dieser Arbeit ist.

---

190 *Bienz/Walz*, J. Econ. Manag. Strateg., Vol. 19 (2010), Issue 4, 1071, 1072; *Cerabolini*, in: Gervasoni, Private Equity and Venture Capital, S. 311, 327; *Divizia*, Le clausole di tag e drag along, S. 5 f.; *Di Bitonto*, Le società 2008, 1378, 1380; *Fleischer/Schneider*, DB 2012, 961, 962 m.w.N.; *Martinius/Stubert*, BB 2006, 1977, 1978; *Priester*, in: FS Hopt, 2010, S. 1139, 1140; *Stabilini/Trapani*, Riv. dir. comm. 2010, 949, 973; *Wells Stevenson*, Duke Law Journal, 2001, 1139, 1161; *Zanoni*, S. 107 ff.

191 Oben § 1 II. 9. a).

192 *Hannich*, S. 86, die ausführt, dass die Vereinbarung einer *Drag along* oder *redemption* (Rücknahme)-Klausel zugunsten des Venture-Capital-Investors die Wahrscheinlichkeit eines *Trade Sales* um 12,2% erhöht; *Reißig-Thust/Brettel/Witt*, FB 2004, 636, 644.

193 *Divizia*, Le clausole di tag e drag along, S. 144.

194 *Wedemann*, S. 507 f.

195 *Ferrante*, Obbligo di Covendita, Diss. Campobasso 2011, abrufbar unter http://road.unimol.it/handle/2192/156 (Stand: 26.2.2016), S. 140, 145.

Nachfolgend erfolgt eine Abgrenzung der Mitveräußerungspflicht zu in der Vertragspraxis entwickelten Instrumenten, die ebenfalls zu einer Beendigung der Gesellschafterstellung führen können. Zudem wird geprüft, ob diese sinnvollerweise im Rahmen eines Venture-Capital-Investments anzuwenden sind und in dieselbe Zielrichtung wie die Mitveräußerungspflichten gehen.

III. Weitere Exit-Instrumente

1. Bring-Along Recht

Hervorzuheben ist, dass in Italien im Rahmen der Mitveräußerungspflicht teilweise eine inhaltliche Unterscheidung zwischen den Begriffen *Drag along* und *Bring along* getroffen wird. Danach wird von manchen dergestalt unterschieden, dass bei einer *Drag along*-Klausel ausschließlich der Minderheitsgesellschafter der Berechtigte sein kann, diese also lediglich zu seinen Gunsten, und bei einer *Bring along*-Klausel hingegen ausschließlich der Mehrheitsgesellschafter der Berechtigte sein kann, diese also lediglich zu seinen Gunsten vereinbart werden kann.[196] Andere hingegen differenzieren nicht zwischen diesen beiden Begriffen und verwenden sie synonym.[197] Selbst unter den Befürwortern dieser Trennung wird allerdings darauf hingewiesen, dass es sich hierbei um eher beschreibende und theoretische Unterschiede handelt, die keine rechtlich unterschiedlichen Wirkungen nach sich ziehen, und auch in der Vertragspraxis regelmäßig nicht zwischen diesen beiden Begriffen unterschieden wird.[198] Daher kann eine *Bring along*-Klausel als bloße Variante einer *Drag along*-Klausel angesehen werden.[199] Konsequenterweise wird im Rahmen dieser Untersuchung daher in Übereinstimmung mit der italienischen Vertragspraxis ebenfalls nicht zwischen diesen

---

196 *Divizia*, Notariato 2009, 157, 166 ff.; *Ferrucci/Ferrentino*, S. 482 f.; *Rossano*, Riv. dir. comm. 2010, II, 124, 127; *Satta*, Riv. dir. impresa 2008, 525, 531; *Toninelli*, Rivista delle operazioni straordinarie 2015, fasc. 6, 4, 5.

197 Trib. Milano 25 marzo 2011, Banca, borsa, tit. cred. 2013, II, 59, 61 und in: Giur. comm. 2012, II, 1050, 1052 und in: Giur. it. 2011, 2582; *Fabbrini*, Giur. comm. 2009, II, 1034, 1035; *Lintz*, S. 25 f. m.w.N., weist auch für Deutschland auf eine Verwendung des Begriffs *Bring along* hin, der hierfür jedoch keine inhaltliche Differenzierung wie in Italien vornimmt und diesen hingegen synonym verwendet; *Scarpa*, Giust. Civ. 2013, II, 41.

198 *Ballerini*, Contr. e impr. 2014, 1011, 1016; *Divizia*, Notariato 2009, 157, 166; *Ferrucci/Ferrentino*, S. 482.

199 *Divizia*, Notariato 2009, 157, 166.

beiden Formen unterschieden. Somit wird in dieser Arbeit auch bei diesen beiden Varianten der einheitliche Begriff „Mitveräußerungspflicht" verwendet.

2. Mitveräußerungsrecht

a) Begriff

Die Möglichkeit zu einer tatsächlichen Abgrenzung bietet das Spiegelbild zur Mitveräußerungspflicht, nämlich das Mitveräußerungsrecht. Für dieses Instrument haben sich in Deutschland und Italien verschiedene englische Begriffe wie *Co-sale agreements*, *Tag along* und *Take along* sowie deutsche Übersetzungsversuche wie Mitverkaufsrecht und Nimm-mich-mit-Klausel als auch italienische Übersetzungsversuche wie *clausole di accodamento, clausola di diritto di sequela parziale o totale, diritto di co-vendita* und *diritto di seguito* gebildet.[200] Trotz dieser unterschiedlichen Begrifflichkeiten handelt es sich dabei inhaltlich stets um eine gleichartige Regelung. Aus Gründen der Einheitlichkeit wird in dieser Untersuchung der Begriff Mitveräußerungsrecht für dieses *Exit*-Instrument verwendet.

b) Interessenlage

Das Mitveräußerungsrecht kommt in dem Fall zum Tragen, indem ein Gesellschafter des jungen Unternehmens seine Geschäftsanteile hieran veräußern möchte und für diese bereits einen Erwerber gefunden hat. Der Erwerber begnügt sich jedoch mit der Übernahme dieses Geschäftsanteils und hat kein Interesse am Erwerb sämtlicher Geschäftsanteile, wie es bei einem *Trade Sale* üblich ist. Somit sieht sich der Gesellschafter, dessen Geschäftsanteile nicht Gegenstand der Erwerbsbemühungen sind, mit der Situation konfrontiert, dass er sich nach der Veräußerung mit einem neuen Mitgesellschafter arrangieren muss, wenn er

---

200 *Bernardi*, in: Gervasoni/Sattin, Private equity e venture capital, S. 437, 501; *Cerabolini*, in: Gervasoni, Private Equity and Venture Capital, S. 311, 328; *Fleischer/Schneider*, DB 2012, 961; *Fritzsche/Häußermann*, in: Berens/Brauner/Frodermann, Unternehmensentwicklung mit Finanzinvestoren, S. 375, 383; *Giampaolino*, Banca, borsa, tit. cred. 2009, II, 523, 525; *Hauschild/Kallrath*, in: Hauschild/Kallrath/Wachter, Notarhandbuch, § 16 Rn. 316; *Heckschen*, in: Heckschen/Heidinger, Die GmbH in der Gestaltungs- und Beratungspraxis, § 4 Rn. 182; *Heitzer*, FB 2006, 514, 516; *Miras/Langenfeld*, Rn. 378; *Passarelli*, Rivista Notarile 2013, 65, 66; *Priester*, in: FS Hopt, 2010, S. 1139, 1140; *Scarpa*, Giust. Civ. 2013, II, 41, 42; *Tucci*, RDS 2010, 182; *Wächter*, S. 96 Rn. 2.115; *Wälzholz*, GmbH-StB 2007, 84, 85; *Zanoni*, S. 107.

nicht zugleich aus der Gesellschaft ausscheidet.[201] Handelt es sich bei dem veräußerungswilligen Gesellschafter um den Gründer, so besteht für den Investor die Gefahr, dass mit seinem Ausstieg entscheidendes Know-how verloren geht und gar sein gesamtes Investment gefährdet wird.[202] Ist hingegen der Investor ausnahmsweise daran interessiert bzw. gezwungen, sich im Wege des *Secondary Purchase* bzw. *Secondary Buy-outs* von seinen Geschäftsanteilen zu trennen, so besteht für den im Unternehmen verbleibenden Gründer das Risiko, dass er sich auf einen neuen Finanzinvestor einstellen und mit diesem zusammenarbeiten muss. Dies ist für ihn mit erheblichen Unsicherheiten verbunden, da er dessen Art der Unternehmensführung nicht kennt und dies zu Konflikten führen kann. Damit ist erkennbar, dass sowohl auf Seiten des Gründers als auch auf Seiten des Venture-Capital-Investors ein Interesse daran bestehen kann, dass sie ebenfalls an der von einer Partei geplanten Veräußerung partizipieren.[203]

c) Inhalt

Aus diesen Gründen wurde in der Vertragspraxis des Venture-Capitals ein entsprechendes Instrumentarium zur Lösung dieser Interessenlage entwickelt, das Mitveräußerungsrecht. Dieses gewährt dabei einem Gesellschafter, der selbst kein Angebot zur Veräußerung seiner Geschäftsanteile erhalten hat, das Recht, von dem veräußerungswilligen Gesellschafter zu fordern, dass dieser vom Erwerber verlangt, dass auch die Anteile des berechtigten Gesellschafters zu denselben Bedingungen mitveräußert werden.[204] Ist der Erwerber nicht daran interessiert, sämtliche Geschäftsanteile der Gesellschaft zu erwerben, gewährt

---

201 Vgl. *Inhester*, in: Jesch/Striegel/Boxberger, Rechtshandbuch Private Equity, S. 253; *Schäfer/Stephan*, Rn. 611.

202 *Baums/Möller*, in: FS Buxbaum, 2000, S. 33, 73; *Bernardi*, in: Gervasoni/Sattin, Private equity e venture capital, S. 437, 501; *Damiani*, S. 65; *Heitzer*, FB 2006, 514, 516; *Möllmann/Möllmann*, BWNotZ 2013, 74, 83.

203 *Inhester*, in: Jesch/Striegel/Boxberger, Rechtshandbuch Private Equity, S. 253.

204 *Bernardi*, in: Gervasoni/Sattin, Private equity e venture capital, S. 437, 501; *Bienz/Walz*, J. Econ. Manag. Strateg., Vol. 19 (2010), Issue 4, 1071, 1072; *Damiani*, S. 66; *Del Linz*, Giur. comm. 2012, II, 1072, 1076; *Divizia*, Le clausole di tag e drag along, S. 4; *Fritzsche/Häußermann*, in: Berens/Brauner/Frodermann, Unternehmensentwicklung mit Finanzinvestoren, S. 375, 383; *Giampaolino*, Banca, borsa, tit. cred. 2009, II, 523, 525; *Inhester*, in: Jesch/Striegel/Boxberger, Rechtshandbuch Private Equity, S. 253; *Mackensen*, in: Eilers/Koffka/Mackensen, Private Equity, S. 442 Rn. 62; *Miras/Langenfeld*, Rn. 378; *Otto*, GmbHR 1996, 16, 21; *Passarelli*, Rivista Notarile 2013, 65, 66; *Seibt*, in: Römermann, MAH GmbH-Recht, § 2 Rn. 222; *Zanoni*, S. 108.

das Mitveräußerungsrecht bei entsprechender vertraglicher Ausgestaltung, dem berechtigten Gesellschafter das Recht, seine Anteile proportional zu seiner Beteiligung am Stammkapital oder gar vorrangig zusammen mit den Geschäftsanteilen des anderen Gesellschafters zu veräußern, sofern nicht vereinbart ist, dass in diesem Fall die Veräußerung insgesamt zu unterbleiben hat.[205] Lässt sich kein Erwerber finden, der bereit ist sämtliche Anteile zu erwerben, und ist vertraglich vereinbart, dass dann gar keine Veräußerung erfolgen darf, besteht das Risiko, dass veräußerungswillige Gesellschafter gegen ihren Willen in der Gesellschaft verbleiben müssen mit entsprechenden negativen Folgen für das Unternehmensklima.[206] Mit Hilfe eines Mitveräußerungsrechts können somit sämtliche Gesellschafter an der Steigerung des Unternehmenswertes und damit ihrer Geschäftsanteile in einer Weise partizipieren, die bei einem einzelnen Verkauf nicht möglich wäre.[207] Das Mitveräußerungsrecht kann sowohl einem Minderheits- als auch einem Mehrheitsgesellschafter eingeräumt werden, wobei es häufiger zugunsten des Erstgenannten und damit des Venture-Capital-Investors erfolgt, da sich dieser aufgrund der Minderheitsbeteiligung in der schwächeren und weniger attraktiven Position bei der Verhandlung über die Veräußerung der Anteile und der Suche nach einem Käufer befindet.[208] Es ist möglich,

205 *Baisch*, in: Hamann/Sigle, Vertragsbuch Gesellschaftsrecht, § 11 Rn. 140; *Del Linz*, Giur. comm. 2012, II, 1072, 1076 f.; *Fabbrini*, Giur. comm. 2009, II, 1034, 1034 f.; *Heckschen*, in: Heckschen/Heidinger, Die GmbH in der Gestaltungs- und Beratungspraxis, § 4 Rn. 185; *Martinius/Stubert*, BB 2006, 1977, 1978; *Möllmann/Möllmann*, BWNotZ 2013, 74, 83; *Scarpa*, Giust. Civ. 2013, II, 41, 42; *von Beauvais/Hellich*, in: Jesch/Striegel/Boxberger, Rechtshandbuch Private Equity, S. 370; *Weitnauer*, in: Weitnauer, Venture Capital, Teil F. Rn. 180; *Winkler*, S. 141.

206 *Brehm*, S. 167 f., wobei in diesem Zusammenhang erwähnt werden muss, dass es sehr unwahrscheinlich erscheint, dass zum einen das Mitveräußerungsrecht derart gestaltet ist, dass die Veräußerung dann vollständig zu unterbleiben hat, und sich zugleich kein Verkäufer finden lässt, der an einem vollständigen Erwerb interessiert ist, da ihm dieser ungleich höhere Freiheiten bei der Unternehmensführung bietet.

207 *Baisch*, in: Hamann/Sigle, Vertragsbuch Gesellschaftsrecht, § 11 Rn. 140; *Fabbrini*, Giur. comm. 2009, II, 1034, 1035; *Panzarini*, S. 263; *von Beauvais/Hellich*, in: Jesch/Striegel/Boxberger, Rechtshandbuch Private Equity, S. 370; *Wälzholz*, GmbH-StB 2007, 84, 85; *Zanoni*, S. 108.

208 *Bernardi*, in: Gervasoni/Sattin, Private equity e venture capital, S. 437, 501; *Damiani*, S. 65 f.; *Del Linz*, Giur. comm. 2012, II, 1072, 1076; *Divizia*, Le clausole di tag e drag along, S. 4; *Heckschen*, in: Heckschen/Heidinger, Die GmbH in der Gestaltungs- und Beratungspraxis, § 4 Rn. 182; *Martinius/Stubert*, BB 2006, 1977, 1978; *Panzarini*, S. 263; *Passarelli*, Rivista Notarile 2013, 65, 66; *Seibt*, in: Römermann, MAH GmbH-Recht, § 2 Rn. 222; *Zanoni*, S. 108.

das Mitveräußerungsrecht durch eine Vinkulierungsklausel gemäß § 15 Abs. 5 GmbHG bzw. Art. 2469 Abs. 2 Satz 1 c.c. abzusichern.[209] Dadurch steht es dem berechtigten Gesellschafter offen, seine Zustimmung zur Veräußerung der vinkulierten Anteile rechtmäßig zu verweigern, wenn seinem Begehren zur Mitveräußerung durch den veräußerungswilligen Gesellschafter nicht nachgekommen wird.[210] Zudem wird dem zur Mitveräußerung berechtigten Gesellschafter häufig zugleich ein Vorkaufsrecht eingeräumt, um Kontrolle über den Einstieg möglicher neuer Gesellschafter zu haben und diese ggf. abzuwehren sowie um möglichen Missbräuchen bei der Kaufpreisgestaltung begegnen zu können.[211] Es ist in der Vertragspraxis üblich, dass zugleich ein Mitveräußerungsrecht und eine Mitveräußerungspflicht vereinbart sind.[212] Durch dieses Zusammenspiel sollen die vielfältigen Interessen der Parteien am Bestmöglichsten aufeinander abgestimmt und ausgeglichen werden.[213]

Hervorzuheben ist bei dem Mitveräußerungsrecht, dass dieses erst ausgeübt werden muss, damit die Anteile des Berechtigten in den geplanten Verkauf an den Dritten miteinbezogen werden. Es geht hierbei somit im Gegensatz zur Mitveräußerungspflicht nicht um das unfreiwillige und zwangsweise Ausscheiden eines Gesellschafters aus der Gesellschaft, sondern um ein aktives Tätigwerden, das zur freiwilligen Veräußerung der eigenen Anteile führt. Der berechtigte Gesellschafter ist frei in seiner Entscheidung, ob er in Kenntnis des vom Dritten gebotenen Kaufpreises seine Geschäftsanteile verkauft oder lieber in der Gesellschaft verbleibt. Somit ist das diesen Klauseln zugrunde liegende Konfliktpotenzial deutlich geringer einzuschätzen als bei einer Mitveräußerungspflicht. Dies führt zu geringeren Herausforderungen der rechtlichen Einordnung und Zulässigkeit.[214]

---

209 *Hauschild/Kallrath*, in: Hauschild/Kallrath/Wachter, Notarhandbuch, § 16 Rn. 317; *Heckschen*, in: Heckschen/Heidinger, Die GmbH in der Gestaltungs- und Beratungspraxis, § 4 Rn. 184; *Wälzholz*, GmbH-StB 2007, 84, 85.

210 *Divizia*, Le clausole di tag e drag along, S. 168 ff.; *Heckschen*, in: Heckschen/Heidinger, Die GmbH in der Gestaltungs- und Beratungspraxis, § 4 Rn. 184; *Otto*, GmbHR 1996, 16, 21.

211 *Baums/Möller*, in: FS Buxbaum, 2000, S. 33, 73; *Divizia*, Le clausole di tag e drag along, S. 175 ff.; *Otto*, GmbHR 1996, 16, 21.

212 *Giampaolino*, Banca, borsa, tit. cred. 2009, II, 523, 525.

213 *Del Linz*, Giur. comm. 2012, II, 1072, 1074.

214 Vgl. *Cerabolini*, in: Gervasoni, Private Equity and Venture Capital, S. 311, 328; *Del Linz*, Giur. comm. 2012, II, 1072, 1077 f., der darauf hinweist, dass die h.M. in der Rechtsliteratur in Italien ein Mitveräußerungsrecht als eine zulässige Veräußerungsbeschränkung von Gesellschaftsbeteiligungen einordnet und in ihr ein Versprechen

3. Blind Bid-, Russian Roulette- und Texan Shoot Out-Verfahren

Ebenfalls in der US-amerikanischen Vertragspraxis wurden diverse Mechanismen zur Lösung von Gesellschafterstreitigkeiten entwickelt, die dazu führen, dass ein Gesellschafter aus der Gesellschaft ausscheidet.[215] Hierzu zählen u.a. die in Deutschland und Italien unter den englischen Bezeichnungen gängigen Verfahren des *Blind Bid*, *Russian Roulette* und *Texan Shoot Out*.[216] Die Gestaltungspraxis hat aufbauend auf diesen Grundtypen zahlreiche Varianten entwickelt.[217] Aus Gründen des begrenzten Umfangs dieser Untersuchung erfolgt lediglich die Darstellung der Grundtypen dieser Verfahren und deren Abgrenzung zur Mitveräußerungspflicht.

Gemeinsam ist diesen, dass sie jeweils auf die Lösung von Blockade- bzw. Pattsituationen (*deadlock* bzw. *stallo*) zwischen den Gesellschaftern einer Gesellschaft ausgerichtet sind, indem im Ergebnis ein Gesellschafter die Gesellschaft

---

des Verhaltens eines Dritten gemäß Art. 1381 Alt. 2 c.c. sieht; *Divizia*, Le clausole di tag e drag along, S. 44 f., 113 ff., der ebenfalls die Einordnung als Veräußerungsbeschränkung darstellt sowie Kritik hieran übt, sowie auf die Rechtsnatur des Mitveräußerungsrechts eingeht; *Ferrante*, Obbligo di Covendita, Diss. Campobasso 2011, abrufbar unter http://road.unimol.it/handle/2192/156 (Stand: 26.2.2016), S. 79 ff.; *Heckschen*, in: Heckschen/Heidinger, Die GmbH in der Gestaltungs- und Beratungspraxis, § 4 Rn. 182, sieht in einem Mitveräußerungsrecht eine Veräußerungsbeschränkung von Geschäftsanteilen; *Otto*, GmbHR 1996, 16, 21 f., der die rechtliche Ausgestaltung von Mitveräußerungsrechten in Deutschland darstellt; *Priester*, in: FS Hopt, 2010, S. 1139, 1140, der in diesem Zusammenhang darauf hinweist, dass sich insbesondere nicht das Problem der Hinauskündigung stellt; *Seibt*, in: Römermann, MAH GmbH-Recht, § 2 Rn. 221, der in einem Mitveräußerungsrecht gerade keine Veräußerungsbeschränkung von Geschäftsanteilen, sondern im Gegenteil darin eine Erhöhung der Umlauffähigkeit sieht; *Winkler*, S. 140 ff., der von der Zulässigkeit der Mitveräußerungsrechte im deutschen Recht ausgeht.

215 OLG Nürnberg, ZIP 2014, 171, 172; *Otto*, GmbHR 1996, 16, 19; *Wedemann*, S. 492; *Willms/Bicker*, BB 2014, 1347.

216 Vgl. *D'Alessandro*, Riv. dir. civ. 2010, 373, 379; *Fett/Spiering*, in: Fett/Spiering, Handbuch Joint Venture, Kap. 7 Rn. 591 ff.; *Proverbio*, S. 113 ff.; *Holler/Frese*, BB 2014, 1479; *Schulte/Sieger*, NZG 2005, 24, 25; *Spedicato*, Le operazioni di venture capital, Diss. LUISS Guido Carli Rom 2014, abrufbar unter http://eprints.luiss.it/1318/1/20140318-spedicato.pdf (Stand: 17.2.2016), S. 128 f.; *Wälzholz*, GmbH-StB 2007, 84, 86; *Wedemann*, S. 492; *Werner*, GmbHR 2005, 1554, 1556.

217 *Fett/Spiering*, in: Fett/Spiering, Handbuch Joint Venture, Kap. 7 Rn. 603; *Schmolke*, ZIP 2014, 897, 898; *Wedemann*, S. 492.

verlässt und der andere dessen Anteile erwirbt.[218] Es müssen somit Situationen vorliegen, bei denen es in dem betroffenen Unternehmen nicht mehr möglich ist, Entscheidungen zu treffen, da sich die zuständigen Organe bzw. Gesellschafter durch die ihnen häufig paritätisch zustehenden Rechte bzw. Beteiligungen gegenseitig blockieren.[219] Zudem sind hiervon die Fälle erfasst, in denen die Minderheitsgesellschafter durch die ihnen zustehenden Rechte die Entscheidungen der Mehrheitsgesellschafter dauerhaft blockieren.[220] Durch die Vereinbarung derartiger Klauseln bezwecken die Parteien, den Entscheidungsstilland im Unternehmen, der sich für dieses meist negativ auswirkt und im Interesse keiner der Parteien ist, möglichst schnell und effizient zu beenden.[221] Aufgrund der paritätischen Beteiligungsverhältnisse bzw. der Macht zur Blockade scheidet eine Veräußerung der Anteile eines Gesellschafters an einen Dritten aus, da die für die Gesellschaft nachteilige Blockadesituation bzw. zumindest deren Möglichkeit ansonsten weiterhin besteht.[222] Somit kommt lediglich der Erwerb durch den anderen Gesellschafter in Betracht.

In der deutschen rechtswissenschaftlichen Literatur werden diese Verfahren regelmäßig dahingehend überprüft, ob sie eine unzulässige Beschränkung des Kündigungsrechts gemäß § 723 Abs. 3 BGB, eine unzulässige Abfindungsbeschränkung oder gar eine unzulässige Hinauskündigungsklausel darstellen.[223] Insgesamt werden hierbei überwiegend keine Verstöße erkannt und diese Verfahren, die in dem Gesellschaftsvertrag einer GmbH oder einer gesonderten Gesellschaftervereinbarung geregelt sein können, als wirksam erachtet.[224]

---

218 OLG Nürnberg, ZIP 2014, 171, 172; *Holler/Frese*, BB 2014, 1479, 1479 f.; *Kuhn*, in: Schulte/Schwindt/Kuhn, Joint Ventures, § 8 Rn. 8; *Proverbio*, S. 108; *Spedicato*, Le operazioni di venture capital, Diss. LUISS Guido Carli Rom 2014, abrufbar unter http://eprints.luiss.it/1318/1/20140318-spedicato.pdf (Stand: 17.2.2016), S. 128; *Schmolke*, ZIP 2014, 897, 898; *Schulte/Sieger*, NZG 2005, 24.

219 Vgl. OLG Nürnberg, ZIP 2014, 171, 172; *Kuhn*, in: Schulte/Schwindt/Kuhn, Joint Ventures, § 8 Rn. 8; *Miras/Langenfeld*, Rn. 374; *Proverbio*, S. 108 ff.; *Schulte/Sieger*, NZG 2005, 24, 24 f.; *Wedemann*, S. 494.

220 *Wedemann*, S. 494.

221 *Kuhn*, in: Schulte/Schwindt/Kuhn, Joint Ventures, § 8 Rn. 8; *Schmolke*, ZIP 2014, 897, 898; *Schulte/Sieger*, NZG 2005, 24; *Willms/Bicker*, BB 2014, 1347.

222 *Otto*, GmbHR 1996, 16, 19.

223 Vgl. *Heckschen*, in: Heckschen/Heidinger, Die GmbH in der Gestaltungs- und Beratungspraxis, § 4 Rn. 190a; *Fleischer/Schneider*, DB 2010, 2713, 2715 ff.; *Wälzholz*, GmbH-StB 2007, 84, 88; *Werner*, GmbHR 2005, 1554, 1557.

224 Z.B. *Becker*, Die Zulässigkeit von Hinauskündigungsklauseln nach freiem Ermessen im Gesellschaftsvertrag, S. 137 ff., betreffend die *Blind Bid*, *Russian Roulette* und

Ein aktuelles Gerichtsverfahren setzte sich erstmalig in Deutschland mit der Zulässigkeit einer derartigen Klausel, nämlich einer *Russian Roulette*-Klausel, im Gesellschaftsvertrag einer GmbH & Co. KG auseinander und sah diese im zugrundeliegenden Fall als grundsätzlich wirksam an, da sie trotz eines bestehenden Missbrauchsrisikos keine unzulässige Hinauskündigungsklausel darstellte, und erachtete sie jedenfalls für sachlich gerechtfertigt, da hierdurch ein die Gesellschaft schädigendes Patt überwunden werden kann.[225]

Die spärlichen Ausführungen in der italienischen Rechtsliteratur zu diesem Themenkomplex beschränken sich auf die Regelungen des *Blind Bid, Russian Roulette* und *Texan Shoot Out* in einer gesonderten Beteiligungsvereinbarung und gehen dabei von deren Zulässigkeit im italienischen Recht aus.[226]

Texan Shoot Out-Verfahren; *Fleischer/Schneider*, DB 2010, 2713, 2715 ff., betreffend die *Russian Roulette* und *Texan Shoot Out*-Verfahren; *Heckschen*, in: Heckschen/Heidinger, Die GmbH in der Gestaltungs- und Beratungspraxis, § 4 Rn. 190a, betreffend die *Russian Roulette* und *Texan Shoot Out*-Verfahren; *Holler/Frese*, BB 2014, 1479, 1481, betreffend die *Russian Roulette* und *Texan Shoot Out*-Verfahren; *Schmolke*, Grenzen der Selbstbindung im Privatrecht, S. 556 f., betreffend die *Russian Roulette* und *Texan Shoot Out*-Verfahren; *Schulte/Sieger*, NZG 2005, 24, 27 ff., betreffend die *Blind Bid, Russian Roulette* und *Texan Shoot Out*-Verfahren; *Wälzholz*, GmbH-StB 2007, 84, 86 ff., betreffend die *Russian Roulette* und *Texan Shoot Out*-Verfahren; a.A. *Wedemann*, S. 500 ff., die jedenfalls *Blind Bid, Russian Roulette* und *Texan Shoot Out*-Verfahren, die nach freiem Ermessen eines Gesellschafters eingeleitet werden können, als unzulässige Hinauskündigungsklausel erachtet; *Werner*, GmbHR 2005, 1554, 1557, betreffend *Blind Bid, Russian Roulette* und *Texan Shoot Out*-Verfahren.

225 OLG Nürnberg, ZIP 2014, 171, 172, die Ausführungen betreffen *Russian Roulette*-Klauseln, wobei das Gericht in der Begründung zudem erwähnt, dass es die vergleichbaren *Blind Bid*- und *Texan Shoot Out*-Klauseln ebenfalls grundsätzlich für wirksam hält; *Schmolke*, ZIP 2014, 897, 898.

226 *Caliceti/Martoglia*, in: Carlotti, Tecniche di private equity, S. 335, 354; *D'Alessandro*, Riv. dir. civ. 2010, 373, 379; *Ferraresi*, Le operazioni di M&A e il controllo antitrust delle concentrazioni; il caso T-Mobile/Orange, Diss. LUISS Guido Carli Rom 2010/2011, abrufbar unter http://tesi.eprints.luiss.it/6758/1/ferraresi-tesi-2011.pdf (Stand: 3.11.2015), S. 249 ff.; *Proverbio*, S. 113 ff.; *Spedicato*, Le operazioni di venture capital, Diss. LUISS Guido Carli Rom 2014, abrufbar unter http://eprints.luiss.it/1318/1/20140318-spedicato.pdf (Stand: 17.2.2016), S. 128 f.

a) *Blind Bid*

Bei dem *Blind Bid*-Verfahren handelt es sich um ein Auktionsverfahren.[227] Dessen Einsatzbereich wird nicht nur in paritätisch besetzten Gesellschaften wie Joint Ventures, sondern auch in mehrgliedrigen Kapitalgesellschaften bejaht.[228] Sofern dieses Verfahren im Gesellschaftsvertrag vorgesehen ist, kann ein Gesellschafter für den Fall, dass das Unternehmen nicht mehr gemeinsam weitergeführt werden kann, dieses Verfahren einleiten.[229] Danach sind sämtliche Gesellschafter verpflichtet, bei einem neutralen Dritten jeweils Angebote zum Erwerb der Geschäftsanteile ihrer Mitgesellschafter abzugeben und sich zugleich zu verpflichten, die eigenen Anteile an den Höchstbietenden abzutreten und zu veräußern.[230] Der Clou dabei ist, dass ein Gesellschafter, der seine Geschäftsanteile den anderen Gesellschaftern zu einem bestimmten Preis anbietet, gleichzeitig für den Fall, in dem er von allen Gesellschaftern verhältnismäßig am meisten je Geschäftsanteil mit gleichem Nominalbetrag bietet, verpflichtet ist, den anderen Gesellschaftern deren Anteile für exakt diesen Betrag abzukaufen.[231] Dessen Mitgesellschafter haben sich ihrerseits mit der Hinterlegung des eigenen Angebots verpflichtet, an den meistbietenden Gesellschafter zu verkaufen.[232]

b) *Russian Roulette*

Das Verfahren des *Russian Roulette* kann wiederum ein Gesellschafter nach den im Gesellschaftsvertrag oder in einer Beteiligungsvereinbarung festgelegten

---

227 Vgl. *Caliceti/Martoglia*, in: Carlotti, Tecniche di private equity, S. 335, 354; *Miras/Langenfeld*, Rn. 380, die hierfür die Bezeichnung Sizilianische Eröffnung verwenden; *Otto*, GmbHR 1996, 16, 19, der hierfür die Bezeichnung Angebotshinterlegungsverfahren verwendet; *Wälzholz*, GmbH-StB 2007, 84, 89; *Wedemann*, S. 495.

228 Vgl. *Heckschen*, in: Heckschen/Heidinger, Die GmbH in der Gestaltungs- und Beratungspraxis, § 4 Rn. 191; *Miras/Langenfeld*, Rn. 380; *Seibt*, in: Römermann, MAH GmbH-Recht, § 2 Rn. 225b; *Wälzholz*, GmbH-StB 2007, 84, 89.

229 *Heckschen*, in: Heckschen/Heidinger, Die GmbH in der Gestaltungs- und Beratungspraxis, § 4 Rn. 191; *Miras/Langenfeld*, Rn. 380; *Otto*, GmbHR 1996, 16, 19; *Wälzholz*, GmbH-StB 2007, 84, 89; *Werner*, GmbHR 2005, 1554, 1556.

230 *Heckschen*, in: Heckschen/Heidinger, Die GmbH in der Gestaltungs- und Beratungspraxis, § 4 Rn. 191; *Miras/Langenfeld*, Rn. 380; *Otto*, GmbHR 1996, 16, 19; *Wälzholz*, GmbH-StB 2007, 84, 89; *Wedemann*, S. 495; *Werner*, GmbHR 2005, 1554, 1556.

231 *Heckschen*, in: Heckschen/Heidinger, Die GmbH in der Gestaltungs- und Beratungspraxis, § 4 Rn. 191; *Miras/Langenfeld*, Rn. 380; *Otto*, GmbHR 1996, 16, 19; *Wälzholz*, GmbH-StB 2007, 84, 89; *Wedemann*, S. 495; *Werner*, GmbHR 2005, 1554, 1556.

232 *Miras/Langenfeld*, Rn. 380; *Wälzholz*, GmbH-StB 2007, 84, 89; *Wedemann*, S. 495.

Gründen und Voraussetzungen zur Behebung der Blockade aktivieren.[233] Hierzu muss er dem anderen Gesellschafter seine Geschäftsanteile zu einem bestimmten Preis zur Abtretung und zum Verkauf anbieten.[234] Nimmt dieser das Angebot nicht innerhalb eines festgelegten Zeitraumes an, so ist er verpflichtet, dem zuerst aktiv gewordenen Gesellschafter seine Anteile zu den verhältnismäßigen Bedingungen des ersten Angebots entsprechend seiner Geschäftsanteile abzutreten und zu verkaufen.[235] Dieses Verfahren wird sinnvollerweise lediglich bei einer zweigliedrigen Gesellschaft bzw. einem Joint Venture angewandt, da es bei mehreren Gesellschaftern aufgrund der dann zu schaffenden komplexen Vertragsbedingungen ein wenig praktikables Verfahren darstellt.[236]

c) *Texan Shoot Out*

Letztlich kann ein Gesellschafter durch das *Texan Shoot Out*-Verfahren für einen Ausstieg eines der Gesellschafter aus der Gesellschaft sorgen. Dabei übermittelt der ausstiegswillige Gesellschafter seinem Mitgesellschafter das Angebot zum Erwerb von dessen Geschäftsanteilen zu einem bestimmten Preis.[237] Falls der

---

233 *Caliceti/Martoglia*, in: Carlotti, Tecniche di private equity, S. 335, 354; *Ferraresi*, Le operazioni di M&A e il controllo antitrust delle concentrazioni; il caso T-Mobile/Orange, Diss. LUISS Guido Carli Rom 2010/2011, abrufbar unter http://tesi.eprints.luiss.it/6758/1/ferraresi-tesi-2011.pdf (Stand: 3.11.2015), S. 249; *Fett/Spiering*, in: Fett/Spiering, Handbuch Joint Venture, Kap. 7 Rn. 591; *Otto*, GmbHR 1996, 16, 20; *Proverbio*, S. 113; *Schmolke*, ZIP 2014, 897, 898; *Schulte/Sieger*, NZG 2005, 24, 25; *Wedemann*, S. 495; *Werner*, GmbHR 2005, 1554, 1556 f.

234 *Fett/Spiering*, in: Fett/Spiering, Handbuch Joint Venture, Kap. 7 Rn. 592; *Otto*, GmbHR 1996, 16, 20; *Proverbio*, S. 113; *Schmolke*, ZIP 2014, 897, 898; *Schulte/Sieger*, NZG 2005, 24, 25; *Wedemann*, S. 495; *Werner*, GmbHR 2005, 1554, 1556 f.

235 *Fett/Spiering*, in: Fett/Spiering, Handbuch Joint Venture, Kap. 7 Rn. 592; *Otto*, GmbHR 1996, 16, 20; *Proverbio*, S. 113; *Schmolke*, ZIP 2014, 897, 898; *Schulte/Sieger*, NZG 2005, 24, 25; *Wedemann*, S. 495; *Werner*, GmbHR 2005, 1554, 1556 f.

236 *Ferraresi*, Le operazioni di M&A e il controllo antitrust delle concentrazioni; il caso T-Mobile/Orange, Diss. LUISS Guido Carli Rom 2010/2011, abrufbar unter http://tesi.eprints.luiss.it/6758/1/ferraresi-tesi-2011.pdf (Stand: 3.11.2015), S. 250; *Fett/Spiering*, in: Fett/Spiering, Handbuch Joint Venture, Kap. 7 Rn. 591; *Schmolke*, ZIP 2014, 897, 898; *Schulte/Sieger*, NZG 2005, 24, 30; *Werner*, GmbHR 2005, 1554, 1558.

237 *Ferraresi*, Le operazioni di M&A e il controllo antitrust delle concentrazioni; il caso T-Mobile/Orange, Diss. LUISS Guido Carli Rom 2010/2011, abrufbar unter http://tesi.eprints.luiss.it/6758/1/ferraresi-tesi-2011.pdf (Stand: 3.11.2015), S. 250; *Fett/Spiering*, in: Fett/Spiering, Handbuch Joint Venture, Kap. 7 Rn. 601; *Miras/Langenfeld*, Rn. 375; *Otto*, GmbHR 1996, 16, 19; *Schmolke*, ZIP 2014, 897, 898; *Schulte/Sieger*, NZG 2005, 24, 25; *Wedemann*, S. 496; *Werner*, GmbHR 2005, 1554, 1556.

Mitgesellschafter dieses Kauf- und Abtretungsangebot nicht annimmt, ist dieser selbst verpflichtet, dem ausstiegswilligen Gesellschafter ein Angebot für dessen Anteile zu einem höheren Preis entsprechend der jeweiligen Beteiligungsverhältnisse zu machen.[238] Je nach vertraglicher Ausgestaltung kann der ausstiegswillige Gesellschafter berechtigt sein, wiederum ein Gegenangebot abzugeben, sodass bis zum endgültigen Ausstieg eines Gesellschafters mehrere Durchgänge erforderlich sein können.[239] Aus denselben Gründen, wie oben beim *Russian Roulette*-Verfahren gesehen und worauf verwiesen wird,[240] kommt dieses Verfahren sinnvollerweise lediglich im Rahmen von paritätisch besetzen Gesellschaften in Betracht.

d) Abgrenzung und Vergleich zur Mitveräußerungspflicht

Große Unterschiede bestehen zwischen den Verfahren des *Blind Bid*, *Russian Roulette* und *Texan Shoot Out* sowie den Mitveräußerungspflichten zum einen bei der Preisbestimmung und zum anderen bei der Person des Erwerbers.

Bei diesen drei Verfahren wird der Preis für die Geschäftsanteile infolge eigener Bewertung und Einschätzung durch die jeweiligen Gesellschafter der Gesellschaft vorgenommen. Dabei ist davon auszugehen, dass hierdurch ein gerechter Preis erzielt wird, da ansonsten der betreffende Gesellschafter, abhängig von dem jeweils gewählten Verfahren, das Risiko schafft, zu einem zu niedrigen Preis die eigenen Geschäftsanteile verkaufen bzw. zu einem zu hohen Preis die Geschäftsanteile des Mitgesellschafters kaufen zu müssen.[241] Dabei darf nicht unerwähnt bleiben, dass diese Verfahren ein gewisses Missbrauchspotenzial bieten, wenn einem Gesellschafter bekannt ist, dass sein Mitgesellschafter finanziell nicht in der Lage ist, mehr als einen bestimmten Betrag für die Geschäftsanteile zu bezahlen und sein Angebot dementsprechend ausrichtet und dieses in einem groben Missverhältnis

---

238 *Ferraresi*, Le operazioni di M&A e il controllo antitrust delle concentrazioni; il caso T-Mobile/Orange, Diss. LUISS Guido Carli Rom 2010/2011, abrufbar unter http://tesi.eprints.luiss.it/6758/1/ferraresi-tesi-2011.pdf (Stand: 3.11.2015), S. 250; *Fett/Spiering*, in: Fett/Spiering, Handbuch Joint Venture, Kap. 7 Rn. 601; *Miras/Langenfeld*, Rn. 375; *Otto*, GmbHR 1996, 16, 19; *Schmolke*, ZIP 2014, 897, 898; *Schulte/Sieger*, NZG 2005, 24, 25; *Wedemann*, S. 496; *Werner*, GmbHR 2005, 1554, 1556.

239 *Fett/Spiering*, in: Fett/Spiering, Handbuch Joint Venture, Kap. 7 Rn. 601; *Wedemann*, S. 496.

240 Oben § 2 III. 3. b).

241 *Otto*, GmbHR 1996, 16, 19 f.; *Proverbio*, S. 113 f.; *Schulte/Sieger*, NZG 2005, 24, 30; *Wälzholz*, GmbH-StB 2007, 84, 86, 89; *Wedemann*, S. 496 f.; *Werner*, GmbHR 2005, 1554, 1556 f.

zum Verkehrswert der Geschäftsanteile steht.[242] In diesem Fall liegt keine faire Preisgestaltung vor. Zudem wird der Preis dann nicht dem wahren und auf dem freien Markt erzielbaren Wert der Gesellschaft entsprechen, der durch den Verkauf an einen Dritten erreicht werden könnte. Bedenkt man, dass mit dem Stillstand im Unternehmen, der Voraussetzung für die Ausübung dieser Verfahren ist, tiefgreifende Zerwürfnisse zwischen den Gesellschaftern verbunden sein können, erscheint ein missbräuchliches Vorgehen eines Gesellschafters bei der wirtschaftlichen Unterlegenheit des anderen nicht unwahrscheinlich. In diesem Fall besteht das Risiko, dass die Klausel der nachträglichen Ausübungskontrolle unterfällt und am Maßstab von Treu und Glauben gemäß § 242 i.V.m. § 162 Abs. 2 BGB zu messen ist.[243] Dabei ist allerdings stets eine Beurteilung im Einzelfall erforderlich.[244] Aus diesen Gründen wird vertreten, dass derartige Verfahren ausschließlich unter finanzstarken Gesellschaftern vereinbart werden.[245] Üblicherweise befinden sich ein Venture-Capital-Investor und ein Gründer nicht in derselben wirtschaftlichen Situation, da der Investor über höhere finanzielle Mittel verfügt. Der Gründer hingegen wird oftmals sein gesamtes Kapital in seine Geschäftsidee finanziert haben.

Bei der Mitveräußerungspflicht erfolgt die Festlegung des Kaufpreises für die Anteile hingegen durch eine Vereinbarung zwischen dem Venture-Capital-Investor und dem am Erwerb des gesamten Unternehmens interessierten Dritten. Somit stehen in diesem Fall der Gründer und der Investor auf derselben Seite und verfolgen dasselbe Interesse, nämlich einen möglichst hohen Kaufpreis für die Geschäftsanteile zu erzielen, von dem letztlich beide in gleicher Weise profitieren. Im Fall der Mitveräußerungspflichten ist somit in dieser Hinsicht kein Missbrauchspotenzial zwischen Gründer und Investor zu erkennen.

Dies führt zum nächsten sichtbaren Unterschied, da bei einer Mitveräußerungspflicht sämtliche Gesellschafter zugleich und vollständig aus der Gesellschaft ausscheiden und damit auch wirtschaftlich in derselben Lage sind.

Bei den im Rahmen dieses Kapitels genannten drei Verfahren behält jedoch stets der Gesellschafter seine Gesellschafterstellung, der bereit ist, den verhältnismäßig höchsten Preis für die Geschäftsanteile zu bezahlen. Es ist allerdings im Vorhinein nicht planbar, welcher Gesellschafter dies sein wird. Wie bereits

---

242 *Fleischer/Schneider*, DB 2010, 2713, 2717 f.; *Schmolke*, ZIP 2014, 897, 900; *Schulte/Sieger*, NZG 2005, 24, 30; *Wedemann*, S. 497 f.

243 OLG Nürnberg, ZIP 2014, 171, 172; *Fett/Spiering*, in: Fett/Spiering, Handbuch Joint Venture, Kap. 7 Rn. 600; *Fleischer/Schneider*, DB 2010, 2713, 2717 f.; *Schmolke*, ZIP 2014, 897, 900; *Wedemann*, S. 497 f.

244 *Fleischer/Schneider*, DB 2010, 2713, 2717; *Wedemann*, S. 498.

245 *Wedemann*, S. 499.

im Rahmen dieser Untersuchung gesehen,[246] ist es jedoch für einen Venture-Capital-Investor entscheidend, dass er bereits bei seinem Einstieg in gewisser Weise absichern kann, wie er in wirtschaftlich optimaler Weise nach einer bestimmten Zeit einen *Exit* herbeiführen kann. Zudem ist der Investor in dem Fall, in dem der Gründer den höheren Preis bieten sollte und damit den Ausstieg des Investors herbeiführt, dem Risiko ausgesetzt, dass der Gründer finanziell gar nicht in der Lage ist, den gebotenen Kaufpreis für die Geschäftsanteile des Investors aufzubringen. Ist danach erst eine klageweise Durchsetzung des Kaufpreisanspruchs erforderlich, führt dies zu erheblichen zeitlichen Verzögerungen. Zudem ist völlig offen, ob der Kaufpreis danach überhaupt aufgebracht werden kann. In dieser Zeit besteht außerdem der unerwünschte Stillstand in der Gesellschaft fort. Dies führt gerade im Bereich der Hochtechnologie, in dem es rasante technische Entwicklungen gibt, zu der Gefahr, dass das Unternehmen von anderen überholt wird. Dadurch kann die gesamte Existenz der Gesellschaft bedroht sein. Dies ist weder im Interesse des Gründers noch des Investors.

Weiterhin ist hervorzuheben, dass sowohl das *Russian Roulette*- als auch das *Texan Shoot Out*-Verfahren sinnvollerweise lediglich im Rahmen einer Gesellschaft mit zwei gleich starken Gesellschaftern, wie z.B. einem Joint Venture, Anwendung finden.[247] Diese Situation ist jedoch typischerweise, wie bereits oben gesehen,[248] bei einem mit Venture-Capital finanzierten Unternehmen nicht gegeben, da bei diesem zum einen mehrere Gründer als Gesellschafter beteiligt sein können und der Investor eine bloße Minderheitsbeteiligung übernimmt. Somit kommen diese Verfahren bei einem Venture-Capital-Investment nicht ernsthaft in Betracht.

Das Verfahren des *Blind Bid* ist hingegen, wie oben gesehen,[249] grundsätzlich im Rahmen einer mehrgliedrigen Gesellschaft und folglich auch bei einer mit Venture-Capital finanzierten anwendbar. Nicht verschwiegen werden darf bei diesem und auch den anderen beiden Verfahren jedoch, dass deren Ausgang für die Gesellschafter nicht planbar ist, da sie das jeweilige Gebot der anderen Partei nicht kennen.[250] Diese Unsicherheit ist allerdings für einen auf die Erzielung von

---

246 Oben § 1 II. 9.

247 *Fett/Spiering*, in: Fett/Spiering, Handbuch Joint Venture, Kap. 7 Rn. 591; *Proverbio*, S. 109 f.; *Schmolke*, ZIP 2014, 897, 898.

248 Oben § 1 II. 3. e) aa).

249 Oben § 2 III. 3. a).

250 *Fett/Spiering*, in: Fett/Spiering, Handbuch Joint Venture, Kap. 7 Rn. 598; *Otto*, GmbHR 1996, 16, 19; *Wälzholz*, GmbH-StB 2007, 84, 89; *Werner*, GmbHR 2005, 1554, 1556.

Rendite ausgelegten Venture-Capital-Investor nicht tragbar. Sollte der Investor bei diesem Verfahren den höchsten Preis bieten und sich damit durchsetzen, erwirbt er zunächst sämtliche Anteile an der Gesellschaft und kann für diese erst anschließend nach einem Erwerber zur Veräußerung im Rahmen eines *Trade Sales* suchen. Dieser Zwischenschritt erzeugt unerwünschte Transaktionskosten und führt zu einer weiteren zeitlichen Verzögerung des angestrebten *Exits*. Zudem liegt die Erlangung der Stellung des Alleingesellschafters nicht im Interesse des Venture-Capital-Investors, da er zunächst auf den Aufbau der Gesellschaft gemeinsam mit dem Gründer und anschließend auf den *Exit* aus seinem Investment abzielt. Der Investor ist insbesondere auf das Know-how des Gründers bei der Unternehmensführung angewiesen. Letztlich ist zu beachten, dass durch diesen Zwischenerwerb und anschließende Veräußerung des gesamten Unternehmens durch *Trade Sale* steuerbare Veräußerungsgewinne entstehen können, die für den Investor eine zusätzliche und unerwünschte Last darstellen und seine Rendite schmälern.

Nach alledem muss gesagt werden, dass die *Blind Bid*, *Russian Roulette* und *Texan Shoot Out*-Verfahren sinnvollerweise nicht in einem dieser Untersuchung zugrundeliegenden Venture-Capital finanzierten Unternehmen eingesetzt werden können. Zudem stellen sie keine taugliche Alternative zu einer Mitveräußerungspflicht dar, um in gleicher Weise die Interessen des Venture-Capital-Investors zu wahren. Eine Mitveräußerungspflicht wirkt im Vergleich hierzu schneller und direkter und bietet dem Investor einen erheblich höheren Grad zur Absicherung und Erreichung seiner wirtschaftlichen Ziele.

4. Vorkaufs- bzw. Vorerwerbsrechte

Regelmäßig vereinbaren die Parteien im Rahmen eines Venture-Capital-Investments in Deutschland und Italien Vorkaufs- bzw. Vorerwerbsrechte. Diese führen letztlich gleichfalls zu einer Beendigung der Gesellschafterstellung eines Gesellschafters. Es ist somit zu untersuchen, ob diese vollständig die Funktionen einer Mitveräußerungspflicht übernehmen können.

Diese Rechte können dabei sowohl bei der GmbH als auch bei der *s.r.l.* in dem Gesellschaftsvertrag als auch der Beteiligungsvereinbarung zulässigerweise aufgenommen werden.[251]

---

251 *Heckschen*, in: Heckschen/Heidinger, Die GmbH in der Gestaltungs- und Beratungspraxis, § 4 Rn. 177; *Maffeis*, Sale and purchase agreement: clausole aliene di drag along e tag along, di prelazione, di gradimento, Rivista di Diritto Bancario 12/2013, 1–8 abrufbar unter http://www.dirittobancario.it/sites/default/files/allegati/

a) Rechtslage in Deutschland

Das Vorkaufsrecht ist in Deutschland in den §§ 463 ff. BGB gesetzlich geregelt. Dieses greift jedoch lediglich bei einem Verkauf der Geschäftsanteile und nicht bei sonstigen Veräußerungsgeschäften wie z.B. Einbringung der Geschäftsanteile in eine Gesellschaft.[252] Es besteht daher ein Risiko, dass durch bestimmte Gestaltungen versucht wird, einen Vorkaufsfall zu umgehen, indem die Geschäftsanteile nicht durch Verkauf erworben werden.[253] Zudem greift ein Vorkaufsrecht gemäß der Bestimmung des § 463 BGB erst dann, wenn der Verpflichtete, also hier der veräußerungswillige Gesellschafter, einen Kaufvertrag mit dem Dritten über die Geschäftsanteile an der Gesellschaft geschlossen hat.[254] Der am Erwerb der Geschäftsanteile interessierte Dritte muss daher damit rechnen, dass er einen erheblichen Zeitaufwand und Kosten mit der Durchführung einer *Due Diligence* sowie den Vertragsverhandlungen aufwendet, und dies letztlich vergebens ist, weil sich ein Mitgesellschafter des Investors für die Ausübung seines Vorkaufrechts entscheidet.[255] Um die Chance zu erhöhen, Erwerber für die Geschäftsanteile zu finden, wird daher vertreten, dass ein Vorkaufsrecht nicht zu offenbaren ist.[256] Sollte hingegen der verpflichtete Gesellschafter dem am Erwerb interessierten Dritten nicht vorab mitteilen, dass ein Vorkaufsrecht für seine Mitgesellschafter besteht, setzt er sich dem Risiko aus, dem Dritten Schadensersatz leisten zu müssen, wenn diesem durch den infolge der Ausübung des Vorkaufsrechts

---

maffeis_d._sale_and_purchase_agreement_clausole_aliene_di_drag_along_e_tag_along_di_prelazione_di_gradimento_2013.pdf (Stand: 22.3.2016), S. 5; *Winkler*, S. 129 ff.

252 *Eckhardt*, in: Eckhardt/Hermanns, Kölner Handbuch Gesellschaftsrecht, Kap. 2 Rn. 287; *Heckschen*, in: Heckschen/Heidinger, Die GmbH in der Gestaltungs- und Beratungspraxis, § 4 Rn. 1778; *Mayer/Weiler*, in: Heckschen/Herrler/Starke, Beck'sches Notar-Handbuch, D.I. Rn. 94; *Piehler*, in: Gummert/Weipert, MünchHdbGesR, Bd. 2, § 35 Rn. 13; *Schermaier*, in: Staudinger, Kommentar zum Bürgerlichen Gesetzbuch, § 463 Rn. 10, 16, 27.

253 *Hauschild/Kallrath*, in: Hauschild/Kallrath/Wachter, Notarhandbuch, § 16 Rn. 310 f.; *Heckschen*, in: Heckschen/Heidinger, Die GmbH in der Gestaltungs- und Beratungspraxis, § 4 Rn. 178.

254 *Blasche*, NZG 2016, 173, 174; *Piehler*, in: Gummert/Weipert, MünchHdbGesR, Bd. 2, § 35 Rn. 13; *Schermaier*, in: Staudinger, Kommentar zum Bürgerlichen Gesetzbuch, § 463 Rn. 10.

255 Vgl. *Schäfer/Stephan*, Rn. 606.

256 *Ziegert*, S. 177.

gescheiterten Kauf ein Schaden entstanden ist.[257] Somit ist der veräußerungswilligen Partei nicht zu raten, ein eventuell bestehendes Vorkaufsrecht zugunsten eines Mitgesellschafters geheim zu halten. Die Verheimlichung wird überdies in der Praxis gar nicht möglich sein, da die jeweiligen Dokumente, wie die Satzung der Gesellschaft, in denen das Vorkaufsrecht enthalten ist, im Rahmen der *Due Diligence* offengelegt werden müssen. Ein Vorkaufsrecht kann letztlich dazu führen, dass es dem Investor, abgesehen von der *Exit*-Möglichkeit des *Secondary Purchases* bzw. *Secondary Buy-outs*, schon gar nicht möglich ist, einen Erwerber für seine Geschäftsanteile zu finden.

Aus diesen Gründen werden häufig nicht den §§ 463 ff. BGB unterfallende Vorerwerbsrechte vereinbart, die diverse Vorteile im Vergleich zu den Vorkaufsrechten haben, indem sie etwa unabhängig von der Art der jeweiligen schuldrechtlichen Verpflichtung eingreifen, die der Veräußerung zugrunde liegt.[258] Vorerwerbsrechte bieten darüber hinaus den Vorteil, dass die wirtschaftlichen Bedingungen ihrer Ausübung unabhängig von einem möglichen Drittgebot und damit bereits vorab geregelt werden können.[259] Andererseits können sie auch derart gestaltet sein, dass die wirtschaftlichen Bedingungen denjenigen entsprechen müssen, die im Verhältnis zum Dritten gelten.[260] Mangels gesetzlicher Regelung ist das Verfahren zur Ausübung des Vorerwerbsrechts vorab festzulegen.[261] In diesem Zusammenhang werden ferner zusätzlich Andienungspflichten vereinbart, bei denen der veräußerungswillige Gesellschafter verpflichtet ist, bevor er mit einem Dritten über den Erwerb seiner Geschäftsanteile verhandelt, zunächst

---

257 *Von Beauvais/Hellich*, in: Jesch/Striegel/Boxberger, Rechtshandbuch Private Equity, S. 371.

258 *Blasche*, NZG 2016, 173, 174; *Eckhardt*, in: Eckhardt/Hermanns, Kölner Handbuch Gesellschaftsrecht, Kap. 2 Rn. 287; *Heckschen*, in: Heckschen/Heidinger, Die GmbH in der Gestaltungs- und Beratungspraxis, § 4 Rn. 179; *Mayer/Weiler*, in: Heckschen/Herrler/Starke, Beck'sches Notar-Handbuch, D.I. Rn. 94; *Piehler*, in: Gummert/Weipert, MünchHdbGesR, Bd. 2, § 35 Rn. 13.

259 Vgl. *Blasche*, NZG 2016, 173, 174; *Eckhardt*, in: Eckhardt/Hermanns, Kölner Handbuch Gesellschaftsrecht, Kap. 2 Rn. 289; *Hauschild/Kallrath*, in: Hauschild/Kallrath/Wachter, Notarhandbuch, § 16 Rn. 311.

260 *Brehm*, S. 163; *von Beauvais/Hellich*, in: Jesch/Striegel/Boxberger, Rechtshandbuch Private Equity, S. 371; *Weitnauer*, in: Weitnauer, Venture Capital, Teil F. Rn. 177.

261 *Eckhardt*, in: Eckhardt/Hermanns, Kölner Handbuch Gesellschaftsrecht, Kap. 2 Rn. 289; *Hauschild/Kallrath*, in: Hauschild/Kallrath/Wachter, Notarhandbuch, § 16 Rn. 312.

seinen Mitgesellschaftern den Erwerb seiner Anteile anzubieten.[262] Geht der Mitgesellschafter auf dieses Angebot nicht ein, so steht es dem veräußerungswilligen Gesellschafter offen, die Anteile einem Dritten anzubieten, der diese infolgedessen erwerben kann, ohne dass er befürchten muss, dass der Kauf aufgrund der Entscheidung eines Mitgesellschafters noch scheitert. Ein im Gesellschaftsvertrag aufgenommenes Vorkaufsrecht bzw. Vorerwerbsrecht und dessen Nichtausübung ist jedenfalls bei Kundgabe eines entsprechenden Willens der Parteien im Gesellschaftsvertrag Wirksamkeitsvoraussetzung für die Abtretung der Geschäftsanteile.[263]

b) *Rechtslage in Italien*

Der italienische Gesetzgeber hat ebenfalls gesetzliche Vorkaufsrechte (*diritto di prelazione*) vorgesehen, wie z.B. das des Miterben in Art. 732 c.c.[264] Diese greifen jedoch nicht bei der Veräußerung von Geschäftsanteilen an einer *s.r.l.*

Daher sind die Gesellschafter in diesem Fall darauf angewiesen, durch rechtsgeschäftliche Vereinbarung Vorkaufs- bzw. Vorerwerbsrechte zu schaffen. Ein veräußerungswilliger Gesellschafter ist danach, abhängig von der vertraglichen Vereinbarung, regelmäßig verpflichtet, vor der Veräußerung der Anteile an einen Dritten, dem Mitgesellschafter die Anteile unter Nennung des potentiellen Erwerbers und des Kaufpreises anzubieten (*denuntiatio*).[265] In Italien stimmen sowohl die herrschende juristische Literatur als auch die Rechtsprechung darin überein, dass das Vorkaufs- bzw. Vorerwerbsrecht lediglich in den von den Parteien bestimmten Fällen eingreift.[266] Danach ist erforderlich, dass die einzelnen schuldrechtlichen Vorgänge zur Übertragung von Geschäftsanteilen explizit vertraglich vereinbart werden müssen, da der Begriff Kauf (*compravendita*) nicht

---

262 *Brehm*, S. 163; *Fett/Spiering*, in: Fett/Spiering, Handbuch Joint Venture, Kap. 7 Rn. Rn. 635; *Hauschild/Kallrath*, in: Hauschild/Kallrath/Wachter, Notarhandbuch, § 16 Rn. 310 f.; *Otto*, GmbHR 1996, 16, 17.

263 *Blasche*, RNotZ 2013, 515, 534; *Fastrich*, in: Baumbach/Hueck, GmbHG, § 15 Rn. 37; *Topf*, S. 33 ff. m.w.N.

264 *Kindler*, MittBayNot 2000, 265, 276.

265 *Avagliano*, in: Irrera, Le acquisizioni societarie, S. 355, 374 ff.; *Bernardi*, in: Gervasoni/Sattin, Private equity e venture capital, S. 437, 500; *Proverbio*, S. 73 ff.

266 *Maffeis*, Sale and purchase agreement: clausole aliene di drag along e tag along, di prelazione, di gradimento, Rivista di Diritto Bancario 12/2013, 1–8 abrufbar unter http://www.dirittobancario.it/sites/default/files/allegati/maffeis_d._sale_and_purchase_agreement_clausole_aliene_di_drag_along_e_tag_along_di_prelazione_di_gradimento_2013.pdf (Stand: 22.3.2016), S. 5; *Proverbio*, S. 81 m.w.N.

sämtliche Erwerbsmöglichkeiten erfasst.[267] Dies führt allerdings zu dem Risiko, dass bestimmte Veräußerungsvorgänge aus Unachtsamkeit bei der Abfassung der Klausel vergessen werden und damit keinen Vorkaufsfall begründen.[268] Wie schon im deutschen Recht beim Vorerwerbsrecht, so kann auch in Italien bei der Ausübung des Vorkaufs- bzw. Vorerwerbsrechts ein anderer als der vom Dritten gebotene Preis für die Geschäftsanteile vertraglich vereinbart werden (*clausola impropria*), sofern insgesamt ein angemessener Preis bezahlt wird.[269] Ein satzungsmäßiges Vorkaufs- bzw. Vorerwerbsrecht hat dingliche Wirkung, da es nicht nur im Interesse der Gesellschafter, sondern auch dem Organisatorischen der Gesellschaft dient, nämlich dem Erhalt der Gesellschafterstruktur.[270] Ein in Verletzung dieses Vorkaufs- bzw. Vorerwerbsrechts vorgenommener Übertragungsakt ist demnach nach Ansicht der Rechtsprechung zwar nicht ungültig, aber jedenfalls ohne Wirkung gegenüber der Gesellschaft und den Gesellschaftern.[271]

Um die Veräußerbarkeit ihrer Geschäftsanteile zu erleichtern, akzeptieren Venture-Capital-Investoren jedoch häufig kein Vorkaufs- bzw. Vorerwerbsrecht zugunsten der anderen Gesellschafter und räumen diesen stattdessen vielmehr ein Recht zur ersten Angebotsabgabe (*diritto di prima offerta*) ein.[272] Danach ist der Investor, bevor er mit einem Dritten Verhandlungen aufnimmt, verpflichtet, seine Mitgesellschafter zu informieren, dass er die Veräußerung seiner

---

267 *Maffeis*, Sale and purchase agreement: clausole aliene di drag along e tag along, di prelazione, di gradimento, Rivista di Diritto Bancario 12/2013, 1–8 abrufbar unter http://www.dirittobancario.it/sites/default/files/allegati/maffeis_d._sale_and_purchase_agreement_clausole_aliene_di_drag_along_e_tag_along_di_prelazione_di_gradimento_2013.pdf (Stand: 22.3.2016), S. 5; *Proverbio*, S. 81 f. m.w.N.

268 *Proverbio*, S. 82 m.w.N.

269 *Avagliano*, in: Irrera, Le acquisizioni societarie, S. 355, 377; *Maffeis*, Sale and purchase agreement: clausole aliene di drag along e tag along, di prelazione, di gradimento, Rivista di Diritto Bancario 12/2013, 1–8 abrufbar unter http://www.dirittobancario.it/sites/default/files/allegati/maffeis_d._sale_and_purchase_agreement_clausole_aliene_di_drag_along_e_tag_along_di_prelazione_di_gradimento_2013.pdf (Stand: 22.3.2016), S. 6; *Piselli*, Le società 2015, 968, 971 f.; *Proverbio*, S. 78.

270 Cass. 14 gennaio 2005, Le società 2005, 1520, 1521; *Rinaldi*, Le società 2005, 1521, 1523 f.

271 *Avagliano*, in: Irrera, Le acquisizioni societarie, S. 355, 395 m.w.N.

272 *Bernardi*, in: Gervasoni/Sattin, Private equity e venture capital, S. 437, 500; *Cerabolini*, in: Gervasoni, Private Equity and Venture Capital, S. 311, 326; *Proverbio*, S. 92.

Geschäftsanteile anstrebt.[273] Die Mitgesellschafter haben anschließend die Möglichkeit, ein unwiderrufliches Angebot zum Erwerb der Geschäftsanteile des Investors abzugeben oder diese Gelegenheit verstreichen zu lassen.[274] Geben sie ein Angebot ab und lehnt dies der Investor ab, so darf er die Geschäftsanteile anschließend lediglich zu für ihn finanziell günstigeren wirtschaftlichen Konditionen und damit zu einem höheren Preis an einen Dritten veräußern.[275]

c) Bewertung

In Deutschland und Italien verfolgen die Andienungspflicht, das Recht zur ersten Angebotsabgabe, das Vorkaufsrecht und das Vorerwerbsrecht den gemeinsamen Zweck, dass der Eintritt unerwünschter Dritter in die Gesellschaft verhindert werden soll.[276] Im Rahmen eines typischen Venture-Capital-Investments ist hingegen bei der *Exit*-Variante des *Trade Sales* gerade der Eintritt und die vollständige Übernahme sämtlicher Geschäftsanteile durch einen bislang außenstehenden Dritten kennzeichnend und gewollt.[277] Damit passt der Zweck dieser Gestaltungsmöglichkeiten nicht bei der wirtschaftlich sinnvollen Realisierung des *Exits* im Bereich der Venture-Capital-Finanzierungen.

Zudem besteht das Risiko, dass Vorkaufs- bzw. Vorerwerbsrechte die Suche nach einem Erwerber erschweren, anstatt wie bei einer Mitveräußerungspflicht zu erleichtern, da der Erwerber damit rechnen muss, dass seine sämtlichen Aufwendungen für den Erwerb vergebens sind, wenn der zum Vorkauf bzw. Vorerwerb berechtigte Gesellschafter sein Recht letztlich ausübt.[278]

---

273 *Bernardi*, in: Gervasoni/Sattin, Private equity e venture capital, S. 437, 500; *Cerabolini*, in: Gervasoni, Private Equity and Venture Capital, S. 311, 326; *Proverbio*, S. 93.

274 *Bernardi*, in: Gervasoni/Sattin, Private equity e venture capital, S. 437, 500; *Cerabolini*, in: Gervasoni, Private Equity and Venture Capital, S. 311, 326; *Proverbio*, S. 93.

275 Vgl. *Bernardi*, in: Gervasoni/Sattin, Private equity e venture capital, S. 437, 500; *Cerabolini*, in: Gervasoni, Private Equity and Venture Capital, S. 311, 326; *Proverbio*, S. 94.

276 *Avagliano*, in: Irrera, Le acquisizioni societarie, S. 355, 364; *Divizia*, Notariato 2009, 157; *Dotti*, in: Bonelli/De Andrè, Acquisizioni di società e di pacchetti azionari di riferimento, S. 207, 230; *Heckschen*, in: Heckschen/Heidinger, Die GmbH in der Gestaltungs- und Beratungspraxis, § 4 Rn. 177 ff.; *Otto*, GmbHR 1996, 16, 17; *Proverbio*, S. 72, 93; *von Beauvais/Hellich*, in: Jesch/Striegel/Boxberger, Rechtshandbuch Private Equity, S. 371.

277 Oben § 1 II. 9. a).

278 *Bernardi*, in: Gervasoni/Sattin, Private equity e venture capital, S. 437, 500; *Cerabolini*, in: Gervasoni, Private Equity and Venture Capital, S. 311, 326; *Schäfer/Stephan*, Rn. 606.

Einen entscheidenden Unterschied zu den Mitveräußerungspflichten stellt die Intention des Ausscheidens des Gesellschafters dar. Bei den in diesem Kapitel genannten vier Gestaltungsmöglichkeiten beabsichtigt ein Gesellschafter, seine Geschäftsanteile zu veräußern und es bietet sich somit den Mitgesellschaftern die Möglichkeit, die Anteile zu erwerben. Damit scheidet dieser aus der Gesellschaft aus. Allerdings hat der veräußerungswillige Gesellschafter dieses Verfahren autonom und freiwillig in Gang gesetzt. Bei einer Mitveräußerungspflicht geht es hingegen darum, dass ein Gesellschafter gegen seinen Willen die Geschäftsanteile an der Gesellschaft im Wege des *Trade Sales* an einen Dritten veräußern muss. Ist der betreffende Gesellschafter hingegen zur Veräußerung bereit, ist der Rückgriff auf eine Mitveräußerungspflicht obsolet.

Letztlich ist hervorzuheben, dass bei einem Vorkaufsrecht zugunsten des Gründers, wie bereits oben bei den *Blind Bid-*, *Russian Roulette-* und *Texan Shoot Out*-Klauseln gesehen und worauf vollumfänglich verwiesen wird,[279] die für den Investor nicht erwünschte Ungewissheit besteht, ob er angesichts der regelmäßig beschränkten finanziellen Möglichkeiten des Gründers den von ihm geforderten Kaufpreis überhaupt erhält. Ein Vorkaufsrecht zugunsten des Investors kann zwar unter bestimmten Umständen in seinem Interesse sein, wenn etwa der Gründer aus finanziellen Gründen seine Anteile veräußern muss, der Zeitpunkt für einen *Exit* nach Ansicht des Gründers jedoch noch nicht gekommen ist und er selbst über die Zusammensetzung der künftigen Gesellschafterstruktur entscheiden möchte. Allerdings gilt hier ebenfalls aus denselben Gründen wie oben bei den *Blind Bid-*, *Russian Roulette-* und *Texan Shoot Out*-Klauseln gesehen,[280] dass dieser Zwischenerwerb des Investors vor dem endgültigen Ausstieg keine Ideallösung darstellt, um seine Ziele zu erreichen.

Daher erfüllen die Andienungspflicht, das Recht zur ersten Angebotsabgabe, das Vorkaufsrecht und das Vorerwerbsrecht nicht in gleicher Weise wie eine Mitveräußerungspflicht das Interesse des Venture-Capital-Investors, seinen geplanten und wirtschaftlich erfolgreichen *Exit* auch gegen den Willen des Gründers abzusichern und durchzusetzen. Diese Rechte greifen vielmehr schon gar nicht, wenn sich der Gründer gegen eine Veräußerung seiner Anteile ausspricht.

---

279 Oben § 2 III. 3. a) bis d).

280 Oben § 2 III. 3. a) bis d).

5. Exkurs: Sonstige Regelungen im Rahmen eines Venture-Capital-Investments

Bei einem Venture-Capital-Investment werden zwischen dem Gründer und dem Investor in Deutschland und Italien nicht nur Regeln zum *Exit* getroffen. Die Parteien vereinbaren vielmehr im Gesellschaftsvertrag und/oder in der Beteiligungsvereinbarung zahlreiche weitere Regelungen. Hierzu zählen Erlös- und Liquidationspräferenzen[281], Informations- und Kontrollrechte[282], *Leaver*-Klauseln[283], Verwässerungsschutzklauseln[284], Veto- und Zustimmungsvorbehalte[285] sowie Wettbewerbsverbote[286].

Diese Regelungen führen nicht, wie die bislang im Rahmen dieser Untersuchung dargestellten Klauseln, unmittelbar zu einem Ausscheiden eines Gesellschafters. In gewissen Punkten gibt es allerdings Berührungspunkte zum Ausscheiden. Diese Klauseln sind jedoch gemeinsam mit den in dieser

---

281 *Brehm*, S. 178 ff.; *Feld/Mendelson*, S. 41 ff.; *Fritzsche/Häußermann*, in: Berens/Brauner/Frodermann, Unternehmensentwicklung mit Finanzinvestoren, S. 375, 384; *Inhester*, in: Jesch/Striegel/Boxberger, Rechtshandbuch Private Equity, S. 253 f.; *Martinius/Stubert*, BB 2006, 1977, 1978; *Möllmann/Möllmann*, BWNotZ 2013, 74, 87; *von Beauvais/Hellich*, in: Jesch/Striegel/Boxberger, Rechtshandbuch Private Equity, S. 370; *Weinheimer*, in: Hölters, Handbuch Unternehmenskauf, Rn. 12.120 f.; *Weitnauer*, in: Weitnauer, Venture Capital, Teil F. Rn. 192 ff.; *Winkler*, S. 227 ff.; *Zanoni*, S. 151 ff.; *Ziegert*, S. 185 ff.

282 *Brehm*, S. 73 ff.; *Gores*, in: Hauschild/Kallrath/Wachter, Notarhandbuch, § 20 Rn. 109; *von Bünau/Bassewitz*, Corporate Finance biz 2013, 42, 46 ff.; *Weitnauer*, in: Weitnauer, Venture Capital, Teil F. Rn. 151 ff.; *Winkler*, S. 117 ff.; *Ziegert*, S. 151 ff.

283 *Gores*, in: Hauschild/Kallrath/Wachter, Notarhandbuch, § 20 Rn. 101; *Kästle/Heuterkes*, NZG 2005, 289, 290 ff.; *Schmolke*, Grenzen der Selbstbindung im Privatrecht, S. 557; *Weitnauer*, in: Weitnauer, Venture Capital, Teil F. Rn. 205 ff.

284 *Brehm*, S. 128 ff.; *Gores*, in: Hauschild/Kallrath/Wachter, Notarhandbuch, § 20 Rn. 99; *Martinius/Stubert*, BB 2006, 1977, 1977 f.; *Messuti*, S. 18 ff.; *Weitnauer*, in: Weitnauer, Venture Capital, Teil F. Rn. 111 ff.; *Winkler*, S. 176 ff.

285 *Bernardi/De Biasi*, in: Gervasoni, Private Equity and Venture Capital, S. 289, 316 f.; *Brehm*, S. 98 ff.; *Caliceti/Martoglia*, in: Carlotti, Tecniche di private equity, S. 335, 353 f.; *Möllmann/Möllmann*, BWNotZ 2013, 74, 84; *Szego*, Riv. dir. comm. 2005, I, 821, 833 f., 844 ff.; *von Bünau/Bassewitz*, Corporate Finance biz 2013, 42, 48 f.; *Weitnauer*, in: Weitnauer, Venture Capital, Teil F. Rn. 155 ff., 253; *Winkler*, S. 107 ff.; *Zanoni*, S. 181 ff., 198 ff.

286 *Bernardi*, in: Gervasoni/Sattin, Private equity e venture capital, S. 437, 469; *Bernardi/De Biasi*, in: Gervasoni, Private Equity and Venture Capital, S. 289, 301; *Brehm*, S. 148 ff.; *Möllmann/Möllmann*, BWNotZ 2013, 74, 85; *Weitnauer*, in: Weitnauer, Venture Capital, Teil F. Rn. 224 ff., 254 ff.; *Ziegert*, S. 163 ff.

Untersuchung aufgeführten Mitveräußerungspflichten als einheitlicher Regelungskomplex eines Venture-Capital-Investments zu sehen. Zwischen diesen besteht darüber hinaus teilweise ein Zusammenspiel, durch das zwischen den verschiedenartigen Interessen der Parteien ein Ausgleich geschaffen werden soll. Daher fließen diese Regelungen teilweise an geeigneter Stelle im Rahmen dieser Untersuchung der Mitveräußerungspflichten mit ein.

IV. Zwischenergebnis

In diesem Kapitel wurde der konkrete Inhalt einer Mitveräußerungspflicht dargestellt. Dieses Institut, wie die gesamte Venture-Capital-Finanzierung, hat unter dem Begriff des *Drag along* ihren Ursprung in der Vertragspraxis der USA. Dadurch wird dem Venture-Capital-Investor eine Möglichkeit geschaffen, bei einem ihm günstig erscheinenden Angebot eines Dritten zum Erwerb aller Geschäftsanteile der Gesellschaft, zu erreichen, dass sämtliche Gesellschafter ihre Anteile zu veräußern haben. Dies gilt selbstverständlich nur dann, wenn die in der jeweiligen Klausel ggf. festgelegten Bedingungen eingehalten werden. Der entscheidende Vorteil einer Mitveräußerungspflicht liegt darin, dass der Investor demnach den *Trade Sale* selbst gegen den Willen des Gründers herbeiführen kann. Dieses Bestreben ist vor allem dann nachvollziehbar, wenn die Gründe für die Vereinbarung und die Funktion der Mitveräußerungspflicht betrachtet werden.

Die Durchführung des erfolgreichen *Exits* ist für den Venture-Capital-Investor von elementarer Bedeutung, da er allein hierdurch eine Rendite mit seinem Investment erzielen kann. Zudem kommt bei dem *Trade Sale* in der Regel lediglich eine vollständige Veräußerung sämtlicher Geschäftsanteile der Gesellschaft in Betracht, da ein Erwerber üblicherweise nur dann bereit für einen Einstieg ist, um mögliche Konflikte mit Altgesellschaftern zu vermeiden. Gerade dies garantiert die Mitveräußerungspflicht. Weiterhin beugt diese einem opportunistischen Verhalten des Gründers der Gesellschaft vor. Zudem kann hierdurch vermieden werden, dass dieser in erpresserischer Weise bislang nicht vereinbarte und unberechtigte Forderungen stellt, um Vorteile für sich zu erlangen. Die Möglichkeit einer vollständigen Veräußerung der Geschäftsanteile erhöht weiterhin die Chancen der Gesellschafter, einen Zuschlag zum Verkehrswert für ihre Geschäftsanteile vom Erwerber zu erhalten. Dieser ist nämlich, wie bereits dargelegt, daran interessiert, das Unternehmen vollständig zu erwerben und wird die Erreichung dieses Ziels in der Regel durch eine finanzielle Entschädigung honorieren. Letztlich ist hervorzuheben, dass der für den Investor entscheidende *Exit* gerade angesichts der immensen Entwicklungen im Bereich der Hochtechnologie schnell, effizient und rechtssicher vollzogen werden muss.

Ansonsten besteht nämlich das Risiko, dass der Dritte schon gar nicht mehr am Erwerb interessiert ist, wenn etwa zwischen den Gesellschaftern Streit über den *Trade Sale* entsteht, das Unternehmen hierdurch blockiert und womöglich von einem Konkurrenten überholt werden könnte.

Da weder die im deutschen und italienischen Recht vorhandenen Mechanismen geeignet sind, diese Ziele und den *Trade Sale* in derselben Effizienz und Wirkungsweise wie eine Mitveräußerungspflicht durchzusetzen, wurde diese in der Vertragspraxis entwickelt.

Die Mitveräußerungspflicht ist dabei von ihrem Gegenstück dem Mitveräußerungsrecht abzugrenzen. Dieses gibt dem Gründer die Möglichkeit, sich einer geplanten Veräußerung des Investors anzuschließen.

Zudem verfolgen die gleichfalls in der Vertragspraxis entwickelten *Blind Bid*-, *Russian Roulette*- und *Texan Shoot Out*-Verfahren zum einen eine gegensätzliche Zielrichtung als die Mitveräußerungspflicht, da nach deren Durchführung ein Gesellschafter in der Gesellschaft verbleibt, anstatt dass sämtliche Gesellschafter ausscheiden. Zudem erfolgt die Preisbestimmung für die Geschäftsanteile durch die Gesellschafter selbst und nicht durch einen außenstehenden Erwerber. Letztlich ist deren Ausgang völlig ungewiss, da jeder einzelne Gesellschafter am Schluss als Einziger in der Gesellschaft verbleiben könnte.

Die üblicherweise zugleich vereinbarten Vorkaufs- bzw. Vorerwerbsrechte unterscheiden sich dergestalt von der Mitveräußerungspflicht als hierdurch der vollständige Unternehmenserwerb durch einen Mitgesellschafter und gerade nicht des Dritten ermöglicht wird. Dementsprechend können sie im Einzelfall die Durchführung der Mitveräußerungspflicht gar erschweren, da ein Erwerber hierdurch abgeschreckt werden könnte.

§ 3 Rechtliche Einordnung der Mitveräußerungspflicht

I. Einführung

Nachdem nun der konkrete Inhalt und die Interessen des Venture-Capital-Investors an der Mitveräußerungspflicht dargestellt wurden,[1] erfolgt in diesem Kapital deren rechtliche Einordnung im deutschen und italienischen Rechtssystem. Vorweg ist anzumerken, dass hierauf in der deutschen juristischen Literatur, die sich mit Mitveräußerungspflichten auseinandersetzt, höchst oberflächlich bis gar nicht eingegangen wird. Ganz anders ist die Lage hingegen in Italien. Die italienische Rechtsprechung hat bereits eine rechtliche Einordnung einer Mitveräußerungspflicht vorgenommen. Diese fand Befürworter in der Rechtsliteratur, wurde aber teilweise auch strikt abgelehnt. Dabei entwickelten die Kritiker der Rechtsprechung vielfältige Konzepte zur rechtlichen Einordnung der Mitveräußerungspflicht im italienischen Recht.

Der Inhalt einer Mitveräußerungspflicht ist verglichen mit dem von in der Rechtsordnung bekannten Instituten atypisch.[2] Nicht unerwähnt bleiben darf jedoch, dass die rechtliche Einordnung einer Mitveräußerungspflicht stets vom konkreten Inhalt und der jeweiligen Abfassung der Klausel abhängt.[3] Allein die Atypizität einer Klausel befreit allerdings nicht davon, dass der Inhalt der Mitveräußerungspflicht an den gesetzlich vorgesehenen Kategorien des geltenden Rechts zu messen ist.[4] Die juristische Einordnung der Mitveräußerungspflicht ist wichtig, um zu verstehen, ob diese lediglich von der nationalen Rechtspraxis aufgenommen wurde und gleich wie ein Fremdkörper betrachtet werden muss oder ob dieser dagegen eine eigenständige Bedeutung durch eine systematisch-normative Einordnung im jeweiligen Rechtssystem zukommt.[5] Somit ist es durch die rechtliche Einordnung der Klausel möglich, festzulegen, welche Vorschriften des geltenden Rechts auf sie anwendbar sind und ob die Klausel danach

1 Oben § 2 II.

2 Lodo arbitrale 29 luglio 2008, Banca, borsa, tit. cred. 2009, II, 493, 508; *D'Alessandro*, Riv. dir. civ. 2010, 373, 380; *Del Linz*, Giur. comm. 2012, II, 1072, 1081; *Fabbrini*, Giur. comm. 2009, II, 1034, 1038; *Scarpa*, Giust. Civ. 2013, II, 41, 45.

3 *Fabbrini*, Giur. comm. 2009, II, 1034, 1038; *Malimpensa*, RDS 2010, 375, 383; *Scarpa*, Giust. Civ. 2013, II, 41, 45.

4 Lodo arbitrale 29 luglio 2008, Banca, borsa, tit. cred. 2009, II, 493, 508.

5 *Malimpensa*, RDS 2010, 375, 379, 383.

zulässig ist.[6] Dabei reicht es für die allgemeine Anerkennung einer Mitveräußerungspflicht nicht aus, sich lediglich mit der Zulässigkeit einer Mitveräußerungspflicht in einem konkreten Fall auseinanderzusetzen, ohne dass versucht wird zu überprüfen, welche Elemente von gesetzlich geregelten (*nominate*) Verträgen auch in diesen Klauseln vorhanden sind.[7] Zudem können durch die systematische Einordnung die gesetzlichen Vorschriften bestimmt werden, die anwendbar sind, wenn die Parteien bei Abfassung der Klausel in Ausübung ihrer Privatautonomie nicht vollkommen umfassende Regelungen getroffen haben und sich hierdurch eine Lücke ergibt.[8] Die Abfassung und rechtliche Einordnung einer Mitveräußerungspflicht wirkt sich ebenfalls darauf aus, wer aus dieser Klausel berechtigt und im Fall einer gerichtlichen Auseinandersetzung aktivlegitimiert (*legittimazione attiva*) ist.[9] Weiterhin gebietet die Untersuchung der Mitveräußerungspflichten in diesem Rahmen schon aus Gründen der Vollständigkeit eine Überprüfung von deren rechtlicher Einordnung im jeweils geltenden Rechtssystem.

In diesem Kapitel werden somit zunächst die spärlichen Ansichten in der deutschen Rechtsliteratur zu diesem Themenkomplex dargestellt. Hierauf werden die in Italien vertretenen Meinungen zur systematischen Einordnung einer Mitveräußerungspflicht aufgezeigt. Anschließend wird im Rahmen eines Rechtsvergleichs untersucht, ob die für das italienische Recht vertretenen Ansichten zur rechtlichen Einordnung einer Mitveräußerungspflicht für das deutsche Recht fruchtbar gemacht werden können. Gegenstand der Untersuchung zur rechtlichen Einordnung ist eine Mitveräußerungspflicht mit dem bereits dargestellten Inhalt[10], sofern nicht an geeigneter Stelle auf die jeweiligen ggf. bestehenden Besonderheiten oder zusätzlichen Bestandteile eingegangen wird.

II. Rechtliche Einordnung im deutschen Recht

Wie bereits in der Einführung dieses Kapitels erwähnt,[11] findet in der deutschen Rechtsliteratur eine lediglich knappe Auseinandersetzung mit der rechtlichen Einordnung einer Mitveräußerungspflicht im deutschen Recht statt. Danach

---

6 Lodo arbitrale 29 luglio 2008, Banca, borsa, tit. cred. 2009, II, 493, 508; *Malimpensa*, RDS 2010, 375, 383; *Rossano*, Riv. dir. comm. 2010, II, 124, 128.

7 *De Luca*, Banca, borsa, tit. cred., 2013, II, 65, 66.

8 Lodo arbitrale 29 luglio 2008, Banca, borsa, tit. cred. 2009, II, 493, 508.

9 Trib. Milano 31 marzo 2008, RDS 2010, 370, 372.

10 Oben § 2 II.

11 Oben § 3 I.

werden zumindest ansatzweise und teilweise ohne nähere Begründung die im Folgenden dargestellten Einordnungen vorgenommen.

1. Bedingte Kaufoption (Call-Option)

Zunächst werden nach einer Ansicht Mitveräußerungspflichten im deutschen Recht als eine bedingte Kaufoption (*Call*-Option) angesehen.[12] Die Option ist demnach dadurch bedingt, dass sich ein Käufer für die Geschäftsanteile an der Gesellschaft findet.[13] Im Rahmen dieser Einordnung wird allerdings nicht erörtert, wem die Kaufoption zusteht.[14] Hiernach kommen als Berechtigte sowohl der zur Aktivierung der Mitveräußerungspflicht berechtigte Investor als auch der Dritte Erwerber in Betracht. Bevor untersucht wird, ob diese rechtliche Einordnung zutrifft, erfolgt eine Darstellung der Grundzüge der Option im deutschen Recht.

a) Grundzüge der Option

Das Institut der Option ist, von der Ausnahme des Wiederkaufs gemäß § 456 Abs. 1 Satz 1 BGB abgesehen, gesetzlich nicht geregelt.[15] Es wird folglich uneinheitlich und in unterschiedlichen Ausprägungen verwendet.[16] Generell ermöglicht jedoch eine Option dem hieraus Berechtigten durch einseitige Willenserklärung, ggf. nach Eintritt bestimmter Bedingungen und innerhalb eines bestimmten Zeitraumes, einen Vertrag zu schließen.[17]

---

12 *Simon*, S. 423; *Ziegert*, S. 134 sieht in einer Mitveräußerungspflicht eine Option ohne nähere Einordnung und Kennzeichnung.

13 *Chemla/Habib/Ljungqvist*, An Analysis of Shareholder Agreements, NYU, Ctr. for Law and Business Research Paper no. 02-01; RICAFE Working Paper no. 006, July 2004, abrufbar unter http://papers.ssrn.com/sol3/papers.cfm?abstract_id=299420 (Stand: 30.10.2014), S. 2; *Simon*, S. 423.

14 *Chemla/Habib/Ljungqvist*, An Analysis of Shareholder Agreements, NYU, Ctr. for Law and Business Research Paper no. 02-01; RICAFE Working Paper no. 006, July 2004, abrufbar unter http://papers.ssrn.com/sol3/papers.cfm?abstract_id=299420 (Stand: 30.10.2014), S. 2, diese gehen wohl andeutungsweise davon aus, dass der Venture-Capital-Investor der Berechtigte der *Call*-Option ist.

15 *Bork*, in: Staudinger, Kommentar zum Bürgerlichen Gesetzbuch, Vorb. §§ 145–156 Rn. 69; *Busche*, in: Säcker/Rixecker/Oetker, MünchKommBGB, Vor § 145 Rn. 70.

16 *Ebbing*, in: Heidinger/Leible/Schmidt, GmbHG, § 15 Rn. 75; *Reichert/Weller*, in: Fleischer/Goette, MünchKommGmbHG, § 15 Rn. 93.

17 *Bork*, in: Staudinger, Kommentar zum Bürgerlichen Gesetzbuch, Vorb. §§ 145–156 Rn. 69; *Busche*, in: Säcker/Rixecker/Oetker, MünchKommBGB, Vor § 145 Rn. 70;

In der Praxis wurden im Wesentlichen drei verschiedene Gestaltungsformen zur Vereinbarung einer Option entwickelt, wobei im Zweifel durch Auslegung zu ermitteln ist, welchen Weg die Parteien gewählt haben.[18] Danach besteht zunächst die Möglichkeit, dass eine Partei der anderen ein Angebot gemäß § 145 BGB zum Erwerb ihrer Geschäftsanteile macht, das der Empfänger des Angebots nach eigenem Ermessen annehmen kann, sog. Festofferte.[19] Dabei ist aufgrund der Regelung des § 147 Abs. 1 Satz 1 BGB eine Erklärung des anbietenden Gesellschafters erforderlich, dass das Angebot für einen bestimmten langfristigen Zeitraum gemäß § 148 BGB gilt.[20] Infolge der Annahme kommt es somit erst zum Vertragsschluss zwischen den Parteien. Als zweite Variante kommt in Betracht, dass die Parteien einen Angebotsvertrag schließen.[21] Aus diesem bereits geschlossenen Vertrag erhält der Berechtigte dabei das Recht, das von der anderen Partei bindend abgegebene Angebot zum Vertragsabschluss zu einem späteren Zeitpunkt anzunehmen.[22] Der Angebotsvertrag unterscheidet sich dadurch von der Festofferte, dass die Gewährung der Option auf dem gemeinsamen Willen der Parteien beruht und sich der Optionsgeber verpflichtet, sein Angebot derart aufrecht zu halten, dass dieses angenommen werden kann.[23] Als dritte und letzte Möglichkeit kommt der Abschluss eines bedingten Hauptvertrages in Betracht.[24] Hierbei kommt es zum Abschluss eines Vertrages zwischen

---

Ebbing, in: Heidinger/Leible/Schmidt, GmbHG, § 15 Rn. 75; *Reichert/Weller*, in: Fleischer/Goette, MünchKommGmbHG, § 15 Rn. 93.

18 *Bork*, in: Staudinger, Kommentar zum Bürgerlichen Gesetzbuch, Vorb. §§ 145–156 Rn. 70 ff.; *Busche*, in: Säcker/Rixecker/Oetker, MünchKommBGB, Vor § 145 Rn. 7; *Mülsch/Penzel*, ZIP 2004, 1987.

19 *Bork*, in: Staudinger, Kommentar zum Bürgerlichen Gesetzbuch, Vorb. §§ 145–156 Rn. 70; *Busche*, in: Säcker/Rixecker/Oetker, MünchKommBGB, Vor § 145 Rn. 73; *Ernst/Thümmel*, FB 2000, 665, 672; *Mülsch/Penzel*, ZIP 2004, 1987.

20 *Mülsch/Penzel*, ZIP 2004, 1987.

21 *Bork*, in: Staudinger, Kommentar zum Bürgerlichen Gesetzbuch, Vorb. §§ 145–156 Rn. 71; *Busche*, in: Säcker/Rixecker/Oetker, MünchKommBGB, Vor § 145 Rn. 74; *Mülsch/Penzel*, ZIP 2004, 1987, 1987 f.

22 *Bork*, in: Staudinger, Kommentar zum Bürgerlichen Gesetzbuch, Vorb. §§ 145–156 Rn. 71; *Busche*, in: Säcker/Rixecker/Oetker, MünchKommBGB, Vor § 145 Rn. 74; *Mülsch/Penzel*, ZIP 2004, 1987, 1987 f.

23 *Busche*, in: Säcker/Rixecker/Oetker, MünchKommBGB, Vor § 145 Rn. 74; *von Einem*, S. 45.

24 *Bork*, in: Staudinger, Kommentar zum Bürgerlichen Gesetzbuch, Vorb. §§ 145–156 Rn. 71; *Busche*, in: Säcker/Rixecker/Oetker, MünchKommBGB, Vor § 145 Rn. 75; *Mülsch/Penzel*, ZIP 2004, 1987, 1988.

den Parteien, dessen Wirksamkeit jedoch unter der Bedingung der Ausübung des der berechtigten Partei zustehenden Optionsvorbehalts steht.[25] Die Wirksamkeit des Vertrages hängt allein im Ermessen der berechtigten Partei und es handelt sich somit um eine Potestativbedingung.[26] Danach ist jedenfalls die Option, die als bedingter Hauptvertrag einzuordnen ist, ein Gestaltungsrecht, das der berechtigten Partei zusteht.[27] Sämtliche dieser Gestaltungsmöglichkeiten können dabei nach dem Willen der Parteien sowohl das schuldrechtliche Verpflichtungsgeschäft als auch das dingliche Verfügungsgeschäft abdecken.[28] Weiterhin bedürfen diese drei Gestaltungsmöglichkeiten zu Geschäftsanteilen einer GmbH aufgrund der Regelungen der § 15 Abs. 3 und Abs. 4 GmbHG der notariellen Form.[29] Einzig im Fall des bedingten Hauptvertrages bedarf die Ausübung des Optionsrechts durch den Berechtigten nicht der notariellen Form, da hierdurch die bereits im Hauptvertrag begründete Verpflichtung zur Abtretung umgesetzt wird.[30] Unstreitige Voraussetzung bei der Option auf die Übertragung von Geschäftsanteilen ist, dass die Parteien bestimmen, welche Geschäftsanteile hiervon erfasst sind.[31]

Es gibt jedoch besondere Ausprägungen der Option, die sich in der Praxis im Zusammenhang mit der Übertragung von Geschäftsanteilen entwickelt haben. Danach stellt eine Option auf einen Ankauf und Erwerb des betreffenden Geschäftsanteils nach Eintritt eines bestimmten Ereignisses eine *Call*-Option dar.[32]

---

25 *Bork*, in: Staudinger, Kommentar zum Bürgerlichen Gesetzbuch, Vorb. §§ 145–156 Rn. 71; *Busche*, in: Säcker/Rixecker/Oetker, MünchKommBGB, Vor § 145 Rn. 75; *Mülsch/Penzel*, ZIP 2004, 1987, 1988.

26 *Bork*, in: Staudinger, Kommentar zum Bürgerlichen Gesetzbuch, Vorb. §§ 145–156 Rn. 71; *Busche*, in: Säcker/Rixecker/Oetker, MünchKommBGB, Vor § 145 Rn. 75; *Mülsch/Penzel*, ZIP 2004, 1987, 1988.

27 *Bork*, in: Staudinger, Kommentar zum Bürgerlichen Gesetzbuch, Vorb. §§ 145–156 Rn. 73 m.w.N.; *Busche*, in: Säcker/Rixecker/Oetker, MünchKommBGB, Vor § 145 Rn. 70 m.w.N.; *Ernst/Thümmel*, FB 2000, 665, 672.

28 *Mülsch/Penzel*, ZIP 2004, 1987, 1988.

29 *Ebbing*, in: Heidinger/Leible/Schmidt, GmbHG, § 15 Rn. 76; *Mülsch/Penzel*, ZIP 2004, 1987, 1990; *Reichert/Weller*, in: Fleischer/Goette, MünchKommGmbHG, § 15 Rn. 95.

30 *Ebbing*, in: Heidinger/Leible/Schmidt, GmbHG, § 15 Rn. 76; *Mülsch/Penzel*, ZIP 2004, 1987, 1991; *Reichert/Weller*, in: Fleischer/Goette, MünchKommGmbHG, § 15 Rn. 95.

31 *Mülsch/Penzel*, ZIP 2004, 1987, 1988.

32 *Busche*, in: Säcker/Rixecker/Oetker, MünchKommBGB, Vor § 145 Rn. 70; *Ernst/Thümmel*, FB 2000, 665, 672; *Fett/Spiering*, in: Fett/Spiering, Handbuch Joint Venture, Kap. 7 Rn. 580; *Priester*, in: FS Hopt, 2010, S. 1139, 1141; *Reichert/Weller*, in: Fleischer/Goette, MünchKommGmbHG, § 15 Rn. 95.

Eine Option, die zum Verkauf und zur Übertragung des betreffenden Geschäftsanteils nach Eintritt eines bestimmten Ereignisses berechtigt, ist hingegen eine *Put*-Option.[33] Bei der *Call*- und *Put*-Option handelt es sich jeweils regelmäßig um die rechtliche Gestaltung der Option als bedingter Hauptvertrag.[34]

b) *Mitveräußerungspflicht als Call-Option*

Nach alledem ist zu untersuchen, ob eine Mitveräußerungspflicht in diesem Sinne unter Beachtung der Interessen der Parteien als *Call*-Option eingeordnet werden kann. Mit der Vereinbarung einer Mitveräußerungspflicht in dem Gesellschaftsvertrag einer GmbH oder einer gesonderten Beteiligungsvereinbarung zwischen den Gesellschaftern der Gesellschaft verpflichtet sich der Gründer, seine Geschäftsanteile im Wege eines *Trade Sales* an einen Dritten zu veräußern. Diese Pflicht besteht seitens des Gründers gegenüber dem Investor. Dieser ist demnach berechtigt, unter Einhaltung ggf. in der Klausel aufgenommener Bedingungen, wie z.B. der Fassung eines Beschlusses der Gesellschafterversammlung mit einem bestimmten Mehrheitserfordernis über die Veräußerung sämtlicher Anteile oder der Erreichung eines bestimmten Mindestpreises für die Geschäftsanteile oder nach Ablauf einer bestimmten Haltefrist, vom Gründer die Veräußerung auch von dessen Geschäftsanteilen zu verlangen, sofern dieser nicht freiwillig zur Veräußerung bereit ist.

Nach einer Ansicht sollen dabei zur Aktivierung der Mitveräußerungspflicht zwei unterschiedliche und getrennte Erklärungen des berechtigten Gesellschafters erforderlich sein.[35] Dies seien zum einen die Annahme des Angebots des verpflichteten Gesellschafters, in dem dieser sich zum Verkauf seiner Anteile verpflichtet, und zum anderen das hierauf erforderliche Verlangen, dass der verpflichtete Gesellschafter seine Geschäftsanteile an einen Dritten verkauft.[36] Es ist daher davon auszugehen, dass dieser Ansicht die Annahme der Mitveräußerungspflicht als Option im Sinne einer Festofferte zugrunde liegt.[37]

---

33 *Busche*, in: Säcker/Rixecker/Oetker, MünchKommBGB, Vor § 145 Rn. 70; *Ernst/Thümmel*, FB 2000, 665, 672; *Fett/Spiering*, in: Fett/Spiering, Handbuch Joint Venture, Kap. 7 Rn. 580; *Reichert/Weller*, in: Fleischer/Goette, MünchKommGmbHG, § 15 Rn. 94.

34 *Reichert/Weller*, in: Fleischer/Goette, MünchKommGmbHG, § 15 Rn. 96.

35 *Lintz*, S. 83 ff., der die Thematik zur rechtlichen Einordnung der Mitveräußerungspflicht zwar erörtert, sich letztlich jedoch nicht festlegt, ob die Mitveräußerungspflicht sinnvollerweise als Option angesehen werden kann.

36 *Lintz*, S. 84 f.

37 So wohl, allerdings auch missverständlich, *Lintz*, S. 84 f.

Dies stellt allerdings, wie oben in diesem Kapital gesehen, eine andere rechtliche Gestaltung als einen bedingten Hauptvertrag in der Form einer *Call*-Option dar. Bei der Beurteilung, welche rechtliche Gestaltung der Option zugrunde liegt, ist, wie weiter oben in diesem Abschnitt dargelegt, der Wille der Parteien maßgeblich. Diese und insbesondere der Investor beabsichtigen eine effiziente Abwicklung und Absicherung der Mitveräußerungspflicht.[38] Zu diesem Zweck sollen demnach keine zwei gesonderten Erklärungen erforderlich sein. Das gewünschte Ergebnis soll vielmehr mittels einer Willensäußerung des berechtigten Investors erreicht werden. Weiterhin spricht gegen die Annahme einer Festofferte, dass der in dieser Gestaltung enthaltene Antrag einer Partei bis zu deren Annahme zu keiner Verfügungssperre für diese führt und sie dementsprechend anderweitig darüber verfügen kann, wobei sie sich hierdurch letztlich schadensersatzpflichtig machen kann.[39] Handelt es sich hingegen um einen bedingten Hauptvertrag, so sind Verfügungen, die während der Schwebezeit von der anbietenden Partei getroffen werden gemäß § 161 Abs. 1 Satz 1 BGB unwirksam.[40] Fraglich ist, ob in diesem Fall jedoch ein Erwerber den unter der Bedingung abgetretenen Geschäftsanteil des Gründers in gutem Glauben gemäß den § 161 Abs. 3 BGB i.V.m. § 16 Abs. 3 GmbHG erwerben kann. Dies wäre nicht im Interesse des Investors, da er den Gründer ja gerade im Streitfall zwangsweise zur Veräußerung an einen Dritten verpflichten möchte. Hierfür muss das Verfügungsgeschäft allerdings ansonsten, also abgesehen von der fehlenden Berechtigung des Verfügenden, wirksam sein und darf insbesondere kein Verstoß gegen eine in der Satzung enthaltene Vinkulierung vorliegen.[41] Die Rechtsprechung und Teile der juristischen Literatur verneinen in diesem Fall jedoch die Möglichkeit des gutgläubigen Erwerbs, da die Voraussetzung für diesen, nämlich die Unrichtigkeit der Gesellschafterliste nicht vorliegt, da diese bis zum Eintritt der Bedingung korrekt ist, der Verfügende damit richtigerweise als Inhaber des Geschäftsanteils eingetragen ist und als Berechtigter hierüber verfügen kann.[42] Danach schließen die Parteien vielmehr mit der Vereinbarung der Mitveräußerungspflicht einen bedingten Hauptvertrag, der den Verkauf

38 Oben § 1 II. 9. und § 2 II. 2.

39 *Bork*, in: Staudinger, Kommentar zum Bürgerlichen Gesetzbuch, § 145 Rn. 25.

40 *Fastrich*, in: Baumbach/Hueck, GmbHG, § 16 Rn. 29a; *Mülsch/Penzel*, ZIP 2004, 1987, 1992.

41 *Fastrich*, in: Baumbach/Hueck, GmbHG, § 16 Rn. 32.

42 BGH, NZG 2011, 1268, 1269; *Bork*, in: Staudinger, Kommentar zum Bürgerlichen Gesetzbuch, § 161 Rn. 15; *Fastrich*, in: Baumbach/Hueck, GmbHG, § 16 Rn. 29a; a.A. *Heidinger*, in: Fleischer/Goette, MünchKommGmbHG, § 16 Rn. 336 ff.

und die Abtretung der Geschäftsanteile erfasst und seine volle Wirksamkeit durch das Verlangen des Investors zur Veräußerung sämtlicher Geschäftsanteile im Wege des *Trade Sales* erlangt. Dadurch ist an sich die nach dem Willen der Parteien gewünschte effiziente Abwicklung der Mitveräußerungspflicht gesichert, indem keine zwei gesonderten Erklärungen erforderlich sind, sondern das angestrebte Ergebnis mittels einer Willensäußerung des berechtigten Investors erreicht wird. Zudem bietet die Gestaltungsform des bedingten Hauptvertrages den Vorteil, dass die Ausübung der Option durch den Investor nicht der notariellen Form bedarf.

Es ist nicht interessengerecht, wenn bei der rechtlichen Einordnung der Mitveräußerungspflicht als aufschiebend bedingte Kaufoption ausschließlich der berechtigte Investor der Erwerber der Geschäftsanteile sein kann. Danach müsste der Investor die Anteile des Gründers zunächst in einem Zwischenschritt erwerben und könnte diese erst anschließend an den Dritten veräußern. Dies ist jedoch aus denselben Gründen, wie oben beim Verfahren des *Blind Bid* gesehen,[43] gerade nicht erwünscht. Daher entspricht diese Einordnung nicht den Interessen des Investors und des Gründers im Rahmen einer Venture-Capital-Finanzierung, um den *Exit* sinnvoll abzusichern.

Dieser unerwünschte Zwischenerwerb tritt allerdings nicht ein, wenn dem Investor das Recht eingeräumt wird, dass er infolge der Optionsausübung die Veräußerung der Geschäftsanteile nicht an sich, sondern gerade an den am Erwerb sämtlicher Geschäftsanteile interessierten Dritten verlangen kann. Hierdurch können die Interessen der Parteien in ausreichendem Maße befriedigt werden. Danach entspricht die rechtliche Qualifikation der Mitveräußerungspflicht als aufschiebend bedingte Kaufoption in diesem Fall den Interessen der Parteien und bietet insbesondere dem Investor einen ausreichenden Schutz.

2. Vorvertrag

Weiterhin könnte die Mitveräußerungspflicht des Gründers gegenüber dem Venture-Capital-Investor rechtlich als Vorvertrag eingeordnet werden.[44] Dabei

---

43 Oben § 2 III. 3. d).

44 *Draxler*, S. 134, der die Mitveräußerungspflicht im österreichischen Recht als einseitig verpflichtender Vorvertrag zugunsten Dritter einordnet; *Lintz*, S. 82 f., der die Thematik zur rechtlichen Einordnung der Mitveräußerungspflicht als Vorvertrag zwar erörtert, sich letztlich jedoch nicht festlegt, ob dies zutreffend ist.

soll sich der betroffene Gesellschafter dazu verpflichten, seine Anteile zu einem späteren Zeitpunkt an einen Dritten zu verkaufen.[45]

Um zu überprüfen, ob diese rechtliche Einordnung zutreffend ist, ist das Institut des Vorvertrages zu untersuchen. Der im BGB nicht geregelte Vorvertrag ist aufgrund der den Parteien zustehenden Vertragsfreiheit allgemein anerkannt.[46] Mit diesem schuldrechtlichen Vertag verpflichten sich die daran beteiligten Parteien, den späteren Hauptvertrag zu schließen.[47] Dabei ist entscheidend, dass der spätere Hauptvertrag einen schuldrechtlichen Vertrag darstellen muss.[48] Überdies würde ein Vorvertrag, der die Pflicht zur Abtretung eines Geschäftsanteils enthält, der notariellen Form des § 15 Abs. 4 Satz 1 GmbHG unterfallen.[49] Im Rahmen des Vorvertrages ist es grundsätzlich auch möglich, dass von einer Partei versprochen wird, den Hauptvertrag mit einem nicht am Vorvertrag beteiligten Dritten abzuschließen.[50] Zudem muss nach Ansicht der Rechtsprechung der Inhalt des Hauptvertrages angesichts des Vorvertrages zumindest bestimmbar sein.[51] Zur Einordnung, ob es sich lediglich um einen Vorvertrag oder bereits einen Hauptvertrag handelt, ist im Rahmen der Auslegung der Wille der Parteien entscheidend.[52]

Bei einer Mitveräußerungspflicht ist es im Interesse des Investors, dass sich der Gründer ihm gegenüber nicht nur zum Verkauf sondern auch zur Übertragung seiner Geschäftsanteile an einen Dritten verpflichtet.[53] Bei der rechtlichen Einordnung der Mitveräußerungspflicht als Vorvertrag ist allerdings zu

---

45 *Lintz*, S. 83.

46 *Bork*, in: Staudinger, Kommentar zum Bürgerlichen Gesetzbuch, Vorb. §§ 145–156 Rn. 51; *Busche*, in: Säcker/Rixecker/Oetker, MünchKommBGB, Vor § 145 Rn. 60.

47 *Bork*, in: Staudinger, Kommentar zum Bürgerlichen Gesetzbuch, Vorb. §§ 145–156 Rn. 51; *Busche*, in: Säcker/Rixecker/Oetker, MünchKommBGB, Vor § 145 Rn. 60.

48 *Bork*, in: Staudinger, Kommentar zum Bürgerlichen Gesetzbuch, Vorb. §§ 145–156 Rn. 53; *Busche*, in: Säcker/Rixecker/Oetker, MünchKommBGB, Vor § 145 Rn. 60.

49 *Ebbing*, in: Heidinger/Leible/Schmidt, GmbHG, § 15 Rn. 64; *Fastrich*, in: Baumbach/Hueck, GmbHG, § 15 Rn. 32; *Reichert/Weller*, in: Fleischer/Goette, MünchKommGmbHG, § 15 Rn. 91.

50 *Bork*, in: Staudinger, Kommentar zum Bürgerlichen Gesetzbuch, Vorb. §§ 145–156 Rn. 56; *Busche*, in: Säcker/Rixecker/Oetker, MünchKommBGB, Vor § 145 Rn. 60.

51 *Bork*, in: Staudinger, Kommentar zum Bürgerlichen Gesetzbuch, Vorb. §§ 145–156 Rn. 57 m.w.N.; *Busche*, in: Säcker/Rixecker/Oetker, MünchKommBGB, Vor § 145 Rn. 62 m.w.N.

52 *Bork*, in: Staudinger, Kommentar zum Bürgerlichen Gesetzbuch, Vorb. §§ 145–156 Rn. 52; *Busche*, in: Säcker/Rixecker/Oetker, MünchKommBGB, Vor § 145 Rn. 61.

53 Oben § 2 II. 4.

beachten, dass Verträge zwar grundsätzlich auch Pflichten zur Abtretung von Geschäftsanteilen enthalten können. In diesem Fall handelt es sich jedoch um die Verpflichtung zu einem Verfügungsgeschäft. Dies wird nicht mehr als Vorvertrag, sondern bereits als bedingter Hauptvertrag angesehen,[54] denn in einem solchen Vorvertrag könnte inhaltlich nichts Abweichendes als im Hauptvertrag selbst geregelt werden. Ein derartiger Hauptvertrag steht allerdings unter dem Erfordernis des Eintritts der ggf. von den Parteien für die Ausübung der Mitveräußerungspflicht durch den Investor erforderlichen und vereinbarten Bedingungen.[55] Danach bedarf es nicht des Rückgriffs auf die Figur des Vorvertrages, wenn der Inhalt der Mitveräußerungspflicht vielmehr der rechtlichen Einordnung als aufschiebend bedingte Veräußerungspflicht in der Form eines bereits geschlossenen Vertrages entspricht. Dies ist im Folgenden zu untersuchen.

3. Aufschiebend bedingte Veräußerungspflicht

Letztlich wird ohne weitere Begründung vorgeschlagen, dass die Mitveräußerungspflicht rechtlich als eine aufschiebend bedingte Veräußerungspflicht eingeordnet wird.[56] Als Bedingung wird dabei die Fassung eines Beschlusses der Gesellschafterversammlung mit der erforderlichen Mehrheit über die Veräußerung im Wege des *Trade Sales* angesehen.[57]

Sinnvollerweise und im Interesse des Investors erfasst diese Verpflichtung nicht nur den Verkauf, sondern auch die Abtretung der vom Gründer gehaltenen Geschäftsanteile an der Gesellschaft.[58] Eine Vereinbarung, in der die Verpflichtung zur Abtretung von Geschäftsanteilen enthalten ist, bedarf der notariellen Form gemäß § 15 Abs. 4 Satz 1 GmbHG. Unter den Begriff der Vereinbarung fallen dabei sämtliche Arten von Verträgen und damit auch die unter der Bedingung stehende Verpflichtung zur zukünftigen Übertragung von Geschäftsanteilen.[59] Dabei spielt es keine Rolle, ob sich die Verpflichtung auf die Abtretung

---

54 Vgl. BGH, NJW 2013, 3779, 3780; *Bork*, in: Staudinger, Kommentar zum Bürgerlichen Gesetzbuch, Vorb. §§ 145–156 Rn. 53; *Busche*, in: Säcker/Rixecker/Oetker, MünchKommBGB, Vor § 145 Rn. 60.

55 Oben § 3 II. 1. b).

56 *Fett/Spiering*, in: Fett/Spiering, Handbuch Joint Venture, Kap. 7 Rn. 644; *Fleischer/Schneider*, DB 2012, 961, 964; *Grisebach*, S. 255.

57 *Grisebach*, S. 255.

58 Oben § 2 II. 4.

59 *Altmeppen*, in: Roth/Altmeppen, GmbHG, § 15 Rn. 79; *Ebbing*, in: Heidinger/Leible/Schmidt, GmbHG, § 15 Rn. 64; *Fastrich*, in: Baumbach/Hueck, GmbHG, § 15 Rn. 33; *Reichert/Weller*, in: Fleischer/Goette, MünchKommGmbHG, § 15 Rn. 92.

an den Vertragspartner oder an einen Dritten bezieht.[60] Ebenso ist es irrelevant, ob der Erwerber bereits bekannt ist oder von der anderen Partei erst noch bestimmt werden soll.[61] Weiterhin gilt der Formzwang unabhängig davon, ob die Abtretungspflicht in dem Gesellschaftsvertrag einer GmbH oder einer gesonderten Beteiligungsvereinbarung vereinbart wird.[62] Somit ist festzuhalten, dass die Vereinbarung einer Mitveräußerungspflicht dem Formzwang des § 15 Abs. 4 Satz 1 GmbHG unterfällt.

Dabei steht dem Investor, demgegenüber die Pflicht zur Mitveräußerung besteht, das Wahlrecht zu, den Dritten zu bestimmen, an den die Geschäftsanteile zu verkaufen und abzutreten sind. Dies ist vergleichbar mit dem Wahlrecht der Gesellschaft beim Ausschluss und Austritt eines Gesellschafters aus der GmbH, bei dem die Abtretung ebenfalls an einen Dritten erfolgen kann.[63] Hierbei muss allerdings bedacht werden, dass der Dritte bei Vereinbarung der Mitveräußerungspflicht noch nicht feststeht, da der *Exit* erst in einigen Jahren erfolgen wird. Der Dritte wird jedoch beim Eintritt der Voraussetzungen für die Ausübung der Mitveräußerungspflicht regelmäßig eindeutig bestimmbar sein.

Zudem ist im Rahmen dieses Wahlrechts des Investors von diesem regelmäßig nicht beabsichtigt, dass dem Dritten, potenziellen Erwerber, ein eigenes Forderungsrecht gegenüber dem zur Mitveräußerung verpflichteten Gründer zusteht. Dadurch würde er die alleinige und angestrebte Entscheidungsgewalt über den *Trade Sale* verlieren. Dies liegt nicht in seinem Interesse. Es ist somit in diesem Fall nicht von einem echten Vertrag zugunsten Dritter im Sinne des § 328 BGB auszugehen. Zudem spricht gegen die Annahme eines echten Vertrages zugunsten Dritter, dass eine Abtretung zugunsten eines Dritten nicht möglich ist.[64] Die Nichterfassung der Pflicht des Gründers zur Abtretung seiner Geschäftsanteile ist allerdings nicht im Sinne des umfassenden Interessenschutzes des Investors.

In Betracht könnte jedoch bei der Gestaltung des Wahlrechts des Venture-Capital-Investors der unechte Vertrag zugunsten Dritter kommen. Bei diesem steht dem Dritten im Gegensatz zum echten Vertrag zugunsten Dritter gerade

60 RG, RGZ 50, 163, 165; *Ebbing*, in: Heidinger/Leible/Schmidt, GmbHG, § 15 Rn. 64; *Fastrich*, in: Baumbach/Hueck, GmbHG, § 15 Rn. 33; *Hergeth/Mingau*, DStR 2001, 1217, 1219; *Reichert/Weller*, in: Fleischer/Goette, MünchKommGmbHG, § 15 Rn. 91.

61 RG, RGZ 50, 163, 165; *Hergeth/Mingau*, DStR 2001, 1217, 1219.

62 *Hergeth/Mingau*, DStR 2001, 1217, 1219 f.

63 Oben § 2 II. 3. a) cc) und dd).

64 *Gottwald*, in: Säcker/Rixecker/Oetker, MünchKommBGB § 328 Rn. 269; *Klumpp*, in: Staudinger, Kommentar zum Bürgerlichen Gesetzbuch, Vorb. §§ 328 ff. Rn. 44.

kein eigener Leistungsanspruch gegenüber dem Versprechenden zu.[65] Er ist daher auch im Fall der Nichtleistung des Versprechenden nicht klageberechtigt. Der Dritte wird somit lediglich faktisch begünstigt und ist für die Leistung des Versprechenden empfangszuständig.[66] Der Gläubiger der vom Versprechenden übernommenen Verpflichtung bleibt in diesem Fall ausschließlich der Versprechensempfänger.[67] Dieser veranlasst jedoch, dass der Versprechende die versprochene Leistung gegenüber dem Dritten erbringt, um den unnötigen Weg über den Versprechensempfänger zu vermeiden.[68] Dieses Vorgehen ist vom Investor nämlich gar nicht beabsichtigt.[69] Zum Schutz des Investors vor unberechtigten Zwischenverfügungen des Gründers vor Bedingungseintritt gilt bei dieser Konstruktion das oben zur Option Gesagte entsprechend.[70]

Maßgeblich für die Beurteilung, ob ein echter oder unechter Vertrag zugunsten Dritter beabsichtigt ist, ist der durch Auslegung zu ermittelnde Wille der Parteien.[71] Dadurch, dass dem Dritten, zukünftigen Erwerber der Geschäftsanteile, kein eigener Leistungsanspruch eingeräumt wird und er somit auch nicht aktivlegitimiert ist, bleibt der Investor der alleinige Entscheider im Falle eines Streits mit dem Gründer über die Durchführung des *Trade Sales*. Diese Entscheidungsmacht steht allerdings nicht in seiner Willkür, sondern ist von dem Eintritt der ggf. von den Parteien festgelegten objektiven Bedingungen[72] für die Aktivierung der Mitveräußerungspflicht abhängig. Liegt demnach der Bedingungseintritt vor und hält der Investor den Zeitpunkt des *Exits* für gekommen, ist er zur Ausübung des ihm eingeräumten Rechts berechtigt. Das Verlangen des Investors zur Mitveräußerung des Gründers beendet damit den Schwebezustand und führt zur vollen Wirksamkeit der übernommenen Verpflichtung. Zudem kann hierdurch die Verpflichtung des Gründers zum Verkauf und zur Abtretung seiner Geschäftsanteile an einen vom Investor zu bestimmenden Dritten vereinbart

---

65 *Gottwald*, in: Säcker/Rixecker/Oetker, MünchKommBGB § 328 Rn. 9; *Klumpp*, in: Staudinger, Kommentar zum Bürgerlichen Gesetzbuch, Vorb. §§ 328 ff. Rn. 6, 9.

66 *Gottwald*, in: Säcker/Rixecker/Oetker, MünchKommBGB § 328 Rn. 9; *Klumpp*, in: Staudinger, Kommentar zum Bürgerlichen Gesetzbuch, Vorb. §§ 328 ff. Rn. 9.

67 *Klumpp*, in: Staudinger, Kommentar zum Bürgerlichen Gesetzbuch, Vorb. §§ 328 ff. Rn. 9.

68 *Klumpp*, in: Staudinger, Kommentar zum Bürgerlichen Gesetzbuch, Vorb. §§ 328 ff. Rn. 9.

69 Oben § 2 III. 3. d).

70 Oben § 3 II. 1. b).

71 *Gottwald*, in: Säcker/Rixecker/Oetker, MünchKommBGB § 328 Rn. 9; *Klumpp*, in: Staudinger, Kommentar zum Bürgerlichen Gesetzbuch, Vorb. §§ 328 ff. Rn. 12.

72 Oben § 3 II. 1. b).

werden. Durch die Gestaltung der Mitveräußerungspflicht als aufschiebend bedingte Veräußerungspflicht in Form eines unechten Vertrages zugunsten des Dritten wird daher den Interessen des Investors und auch den ursprünglichen Interessen des Gründers[73] entsprochen. Somit bedarf es nicht des Rückgriffs auf das Institut des Vorvertrages.[74] Nach einer empirischen Untersuchung knüpfen 73% der befragten Venture-Capital-Investoren die Ausübung der Mitveräußerungspflicht an den Eintritt bestimmter Bedingungen.[75]

4. Zwischenergebnis

Somit kommt im deutschen Recht nach der bisherigen Untersuchung die rechtliche Einordnung der Mitveräußerungspflicht als bedingte Kaufoption (*Call*-Option) sowie als aufschiebend bedingte Veräußerungspflicht in Betracht.

Diese beiden Einordnungsmöglichkeiten sind in ihren Wirkungen und Schutzmöglichkeiten weitgehend identisch. Ein Unterschied ist lediglich darin zu sehen, dass die Annahme einer aufschiebend bedingten Veräußerungspflicht noch unmittelbarer wirkt. Hierbei tritt allein durch den Bedingungseintritt die Wirkung der Mitveräußerungspflicht ein, ohne dass es einer weiteren Erklärung durch den berechtigten Venture-Capital-Investor bedarf. Stellt sich die Mitveräußerungspflicht hingegen als bedingte Kaufoption (*Call*-Option) zugunsten des Investors dar, bedarf es für die Aktivierung der Mitveräußerungspflicht der Ausübung des Gestaltungsrechts und damit eines weiteren Zwischenschritts durch den Investor.

Die Annahme eines Vorvertrages ist hingegen aufgrund der oben genannten Schwächen und der Möglichkeit der Qualifizierung der Mitveräußerungspflicht als aufschiebend bedingte Veräußerungspflicht abzulehnen.

III. Rechtliche Einordnung im italienischen Recht

In Italien gibt es eine rege Diskussion zur rechtlichen Einordnung der Mitveräußerungspflichten. Im Mittelpunkt steht dabei die von der italienischen Rechtsprechung vorgenommene Konzeption. Diese erzeugte eine intensive Auseinandersetzung mit der Thematik in der italienischen rechtswissenschaftlichen Literatur. Im Folgenden werden daher die Ansicht der Rechtsprechung sowie die

---

73 Oben § 2 II. 2. f).

74 Oben § 3 II. 2.

75 *Trezzini*, S. 281 f., der in diesem Zusammenhang vom bedingt strukturierten Mitnahmerecht spricht.

Kritik hieran durch Stimmen der Rechtsliteratur und deren Alternativkonzepte zur rechtlichen Einordnung der Mitveräußerungspflicht dargelegt.

1. Call-Option zugunsten eines Dritten

Die erste rechtliche Einordnung einer Mitveräußerungspflicht durch ein italienisches Gericht erfolgte im Jahr 2008.[76] Bei diesem Verfahren waren der Minderheitsgesellschafter der zur Mitveräußerung verpflichtete Gesellschafter und der Mehrheitsgesellschafter folgerichtig berechtigt, vom Minderheitsgesellschafter die Mitveräußerung von dessen Anteilen an einen Dritten zu verlangen.[77] Dem Minderheitsgesellschafter stand allerdings für diesen Fall ein Vorkaufsrecht an den Anteilen des Mehrheitsgesellschafters zu, das zu denselben Bedingungen ausgeübt werden konnte, die der am Erwerb sämtlicher Anteile interessierte Dritte geboten hat.[78]

Danach ordnete das Gericht unter Zustimmung von Teilen der Rechtsliteratur die im Gesellschaftsvertrag aufgenommene Mitveräußerungspflicht als eine *Call*-Option zugunsten eines Dritten (*opzione call a favore di terzo*) zum Erwerb der Anteile des Minderheitsgesellschafters ein.[79] Der verpflichtete Minderheitsgesellschafter verspricht somit dem berechtigten Mehrheitsgesellschafter dem Dritten als Begünstigten seine Anteile zu veräußern.[80] Die *Call*-Option ist weiterhin nach Ansicht des Gerichts doppelt aufschiebend bedingt (*sospensivamente condizionata*) im Sinne von Art. 1353 c.c. zum einen dadurch, dass der Mehrheitsgesellschafter ein Angebot hinsichtlich des Erwerbs aller Anteile erhält sowie zum anderen dadurch, dass der Minderheitsgesellschafter das ihm zustehende Vorkaufsrecht nicht ausübt.[81] Der verpflichtete Gesellschafter gibt bei Vereinbarung der Mitveräußerungspflicht das unwiderrufliche Angebot (*proposta irrevocabile*) ab, seine Anteile bei Bedienungseintritt gemeinsam mit dem berechtigten Gesellschafter zu veräußern.[82] Für den verpflichteten Gesellschafter entsteht dadurch eine Verpflichtung zum Vertragsschluss mit dem Dritten gemäß Art. 2932 c.c. sowie zur Erteilung der notwendigen Zustimmung

---

76 *Malimpensa*, RDS 2010, 375, 379.

77 Trib. Milano 31 marzo 2008, RDS 2010, 370, 371.

78 Trib. Milano 31 marzo 2008, RDS 2010, 370, 371.

79 Trib. Milano 31 marzo 2008, RDS 2010, 370, 372; *Di Bitonto*, Le società 2008, 1378, 1382; *Divizia*, Notariato 2011, 402; *Malimpensa*, RDS 2010, 375, 384 f., 390.

80 Trib. Milano 31 marzo 2008, RDS 2010, 370, 372.

81 Trib. Milano 31 marzo 2008, RDS 2010, 370, 372; *Malimpensa*, RDS 2010, 375, 376.

82 Trib. Milano 31 marzo 2008, RDS 2010, 370, 372.

zur Übertragung seiner Geschäftsanteile.[83] Der am Erwerb interessierte Dritte ist dadurch bestimmbar, dass er sich mittels unwiderruflichen Angebots bereit erklärt, sämtliche Anteile zu erwerben.[84] Dem durch die *Call*-Option berechtigten Dritten wird somit die Aktivlegitimation zuerkannt, gerichtlich gegen den Minderheitsgesellschafter vorzugehen, der seiner Verpflichtung zur Mitveräußerung nicht nachkommt, um von diesem die Übertragung der Anteile an sich zu verlangen.[85]

Nach dieser Ansicht unterfällt die *Call*-Option zum Erwerb der Geschäftsanteile der gesetzlich geregelten Option gemäß Art. 1331 c.c. in der Form eines Vertrages zugunsten Dritter (*contratto a favore di terzi*) gemäß Artt. 1411 ff. c.c.[86] Die Beteiligten nehmen bei dieser rechtlichen Einordnung folgende Positionen ein: (i) der zur Mitveräußerung verpflichtete Minderheitsgesellschafter ist sowohl Bewilligender (*concedente*) des Optionsrechts als auch Versprechender (*promittente*) gemäß Art. 1411 Abs. 2 c.c., (ii) der zur Mitveräußerung berechtigte Mehrheitsgesellschafter nimmt die Rolle des Versprechensempfängers (*stipulante*) gemäß Art. 1411 c.c. ein und (iii) der zukünftige potenzielle Erwerber der Beteiligung ist Optionsinhaber (*opzionario*) und als Dritter Begünstigter (*beneficiario*) gemäß Art. 1411 c.c.[87]

Die Option ist ein vorbereitender Vertrag für den endgültig zu schließenden Vertrag.[88] Wie auch im deutschen Recht beim bedingten Hauptvertrag gesehen,[89] so wird das Optionsrecht nach der italienischen Rechtsliteratur und Rechtsprechung als Gestaltungsrecht (*diritto potestativo*) qualifiziert.[90] Durch die Ausübung der Option wird der endgültige Vertrag automatisch geschlossen.[91]

---

83 Trib. Milano 31 marzo 2008, RDS 2010, 370, 372.

84 *Ballerini*, Contr. e impr. 2014, 1011, 1024; *Divizia*, Le clausole di tag e drag along, S. 145.

85 Trib. Milano 31 marzo 2008, RDS 2010, 370, 372.

86 *Ballerini*, Contr. e impr. 2014, 1011, 1024; *Di Bitonto*, Le società 2008, 1378, 1381 m.w.N., zur Vereinbarkeit dieser beiden Rechtsinstitute; *Gaetano/De Stefano*, in: Fava, Il contratto, S. 1125, 1146 f. m.w.N., zur Vereinbarkeit dieser beiden Rechtsinstitute.

87 *Di Bitonto*, Le società 2008, 1378, 1381; *Passarelli*, Rivista Notarile 2013, 65, 71; a.A. *Malimpensa*, RDS 2010, 375, 379 f.

88 *Di Bitonto*, Le società 2008, 1378, 1381; *Malimpensa*, RDS 2010, 375, 379; *Rossano*, Riv. dir. comm. 2010, II, 124, 128 f.

89 Oben § 3 II. 1. a) und b).

90 *Ballerini*, Contr. e impr. 2014, 1011, 1021; *Di Bitonto*, Le società 2008, 1378, 1381 m.w.N.; *Panzarini*, S. 55; *Rossano*, Riv. dir. comm. 2010, II, 124, 129; *Ruvolo*, S. 27; *Viola*, S. 236.

91 *Galgano/Zorzi Galgano*, Trattato di diritto civile. Volume secondo, S. 236; *Malimpensa*, RDS 2010, 375, 379 m.w.N.

Die *Call*-Optionen kommen im Gesellschaftsrecht zur Übertragung von Geschäftsanteilen vor und unterfallen dem Optionsrecht.[92]

Der Vertrag zugunsten Dritter stellt eine Vereinbarung dar, nach der der Versprechensempfänger den Dritten als Anspruchsberechtigten der vom Versprechenden geschuldeten Leistung bestimmt.[93] Aufgrund dieser Vereinbarung erwirbt der Dritte selbst gemäß Art. 1411 Abs. 2 Satz 1 c.c. das Recht, die Leistung vom Versprechenden zu verlangen, sofern keine gegenteilige Vereinbarung getroffen wurde. Dabei ist es beim vorbereitenden Vertrag zugunsten Dritter unschädlich, dass durch den endgültig mit ihm geschlossenen Vertrag auch Verpflichtungen zulasten des Dritten entstehen können.[94] Dies gilt ebenfalls im Rahmen der Mitveräußerungspflicht, da durch diese ein Dritter lediglich begünstigt wird und für ihn hieraus keine weiteren Verpflichtungen entstehen.[95] Diese entstehen erst durch den nachfolgenden Veräußerungsvertrag, der hiervon getrennt zu sehen ist.

Die hier vorliegende Option kann sich zum einen als Option zum endgültigen Vertrag (*opzione di contratto definitivo*) über die Veräußerung der Geschäftsanteile darstellen.[96] Dabei vollzieht sich die Übertragung des Eigentums an den Geschäftsanteilen in dem Moment, in dem der zur Ausübung der Mitveräußerungspflicht berechtigte Gesellschafter das Angebot des Dritten akzeptiert, allerdings aufschiebend bedingt durch die Nichtausübung des Vorkaufsrechts.[97] Hierbei zeigt sich das im italienischen Recht geltende Konsensprinzip zum Eigentumsübergang. Für diesen reicht nämlich im Gegensatz zum deutschen Recht bereits die Einigung zwischen den Parteien ohne, dass es eines dinglichen Verfügungsgeschäfts bedarf. Sollte der zur Mitveräußerung verpflichtete Gesellschafter seiner Pflicht nicht nachkommen, können somit der berechtigte Gesellschafter und der Dritte auf Erfüllung durch Übergabe der Anteile klagen.[98]

---

92 *Ferrante*, Obbligo di Covendita, Diss. Campobasso 2011, abrufbar unter http://road.unimol.it/handle/2192/156 (Stand: 26.2.2016), S. 91 m.w.N.; *Galgano/Zorzi Galgano*, Trattato di diritto civile. Volume secondo, S. 236; *Panzarini*, S. XIV.

93 *Di Bitonto*, Le società 2008, 1378, 1381 m.w.N.

94 *Galgano*, S. 486.

95 *Ballerini*, Contr. e impr. 2014, 1011, 1028 f.

96 *Di Bitonto*, Le società 2008, 1378, 1381; *Fabbrini*, Giur. comm. 2009, II, 1034, 1039; *Malimpensa*, RDS 2010, 375, 379; *Passarelli*, Rivista Notarile 2013, 65, 71.

97 *Ballerini*, Contr. e impr. 2014, 1011, 1021, 1029; *Fabbrini*, Giur. comm. 2009, II, 1034, 1039; *Malimpensa*, RDS 2010, 375, 379 m.w.N.

98 Trib. Milano 31 marzo 2008, RDS 2010, 370, 372; *Fabbrini*, Giur. comm. 2009, II, 1034, 1039.

Zum anderen kann die Option jedoch als Option zum Vorvertrag (*opzione di contratto preliminare*)[99] über die Veräußerung der Geschäftsanteile verstanden werden.[100] In diesem Fall wird durch die Optionsausübung automatisch der Vorvertrag geschlossen und es entsteht hierdurch für den zur Mitveräußerung verpflichteten Gesellschafter lediglich die Verpflichtung die erforderliche Zustimmung zur Übertragung seiner Anteile auf den Dritten zu erteilen.[101] Danach steht dem Dritten bei Nichterfüllung das Recht zu, ein Gestaltungsurteil gemäß Art. 2932 c.c. zu erlangen, das die Wirkungen des nicht geschlossenen Vertrages erzeugt.[102] Im streitgegenständlichen Fall ließ das Gericht die Beantwortung der konkreten Gestaltung der Option nach diesen beiden Varianten offen, da es nicht entscheidungserheblich war.[103]

Nach Auffassung des Mailänder Gerichts bestehen keine Bedenken wegen der zur Zeit der Aufnahme der Mitveräußerungspflicht in den Gesellschaftsvertrag bestehenden Unbestimmbarkeit des Dritten Erwerbers.[104] Dieses schließt sich vielmehr der Ansicht in der italienischen rechtswissenschaftlichen Literatur und in der Rechtsprechung an, nach der es nicht erforderlich ist, dass der Dritte bereits bei Vertragsabschluss feststeht, sondern es vielmehr als ausreichend erachtet wird, wenn der Vertrag selbst Kriterien enthält, durch die der Dritte zu dem Zeitpunkt bestimmbar ist, in dem die Verpflichtung zu erfüllen ist.[105] Demnach ist es unschädlich, wenn der Dritte, wie im Regelfall, bei der Vereinbarung der

---

99 *Adilardi*, S. 45 f. zur Vereinbarkeit dieser beiden Institute; *Panzarini*, S. 37 f. zur Vereinbarkeit dieser beiden Institute; *Ruvolo*, S. 28 f. zur Zulässigkeit dieser Gestaltungsvariante im Gegensatz zum Vorvertrag zum Vorvertrag.

100 *Di Bitonto*, Le società 2008, 1378, 1381; *Fabbrini*, Giur. comm. 2009, II, 1034, 1039; *Malimpensa*, in: Colombo, I nuovi tipi di circolazione forzata delle partecipazioni sociali, S. 226, 235; *Malimpensa*, RDS 2010, 375, 384 f.; *Passarelli*, Rivista Notarile 2013, 65, 71.

101 Trib. Milano 31 marzo 2008, RDS 2010, 370, 372; *Fabbrini*, Giur. comm. 2009, II, 1034, 1039; *Malimpensa*, in: Colombo, I nuovi tipi di circolazione forzata delle partecipazioni sociali, S. 226, 235; *Malimpensa*, RDS 2010, 375, 384 f.

102 Trib. Milano 31 marzo 2008, RDS 2010, 370, 372; *Fabbrini*, Giur. comm. 2009, II, 1034, 1039; *Malimpensa*, in: Colombo, I nuovi tipi di circolazione forzata delle partecipazioni sociali, S. 226, 235; *Malimpensa*, RDS 2010, 375, 385.

103 Trib. Milano 31 marzo 2008, RDS 2010, 370, 372; *De Luca*, Banca, borsa, tit. cred., 2013, II, 65, 66 f.

104 *Di Bitonto*, Le società 2008, 1378, 1382.

105 *Ballerini*, Contr. e impr. 2014, 1011, 1025 m.w.N.; *Cendon*, artt. 1343–1469, S. 817; *Di Bitonto*, Le società 2008, 1378, 1382 m.w.N.; *Sgroi*, in: Sgroi, La giurisprudenza sul codice civile, S. 467.

Mitveräußerungspflicht, also zu Beginn des Investments, noch nicht feststeht. Das Unternehmen muss sich vielmehr üblicherweise erst über Jahre hinweg positiv entwickeln, sodass ein Käufer an dessen Erwerb interessiert ist. Die Vereinbarung muss somit festlegen, dass als Dritter derjenige anzusehen ist, der ein Angebot abgibt um sämtliche Geschäftsanteile der Gesellschaft zu erwerben.[106] Mit seiner Identifikation wird der Dritte zum Optionsinhaber.[107] Hiergegen und damit gegen die Stellung des Dritten als Optionsinhaber wendet sich jedoch Kritik in der juristischen Literatur, da vertreten wird, dass keine Option zugunsten unbestimmter Personen (*ad incertam personam*) vereinbart werden kann, da ansonsten das Prinzip der Typengebundenheit (*principio di tipicità*) der einseitigen Versprechen (*promesse unilaterali*) des Art. 1987 c.c. verletzt sei.[108] Zudem ist es nach dieser Ansicht vielmehr nicht möglich, dass in einem Gesellschaftsvertrag eine Vereinbarung getroffen wird, die vertragliche Beziehungen zwischen einzelnen Gesellschaftern und unbestimmten Dritten regelt.[109] Diese Einwände werden allerdings von anderen kritisch gesehen.[110] Zum einen schlagen sie nicht durch, da die italienische Rechtsordnung die Figur der Option mit einem vorläufig unbestimmten Dritten akzeptiert, sei es für eine erst noch zu benennende Person (*persona da nominare*) oder zugunsten eines unbestimmten aber bestimmbaren Dritten.[111] Zudem vermischt diese Ansicht die Regelungen der Option und einseitiger Versprechen, da die Option bereits einen echten Vertrag, der durch die Ausübung der Option vollendet wird, und nicht nur ein bloßes einseitiges Versprechen darstellt.[112]

Im Rahmen dieser rechtlichen Einordnung muss allerdings auch erwähnt werden, dass sich das Gericht nicht mit der Unvollständigkeit des nach Ausübung der Option zustande gekommenen endgültigen Vertrages aufgrund des fehlenden Preises für die Geschäftsanteile auseinandersetzt.[113] Grundsätzlich ist hierbei anzumerken, dass bei Kaufverträgen das Erfordernis der Bestimmtheit durch das der Bestimmbarkeit ersetzt werden kann und dies auch für vorbereitende

---

106 *Di Bitonto*, Le società 2008, 1378, 1382; *Passarelli*, Rivista Notarile 2013, 65, 71, 79.

107 *Ballerini*, Contr. e impr. 2014, 1011, 1025.

108 Lodo arbitrale 29 luglio 2008, Banca, borsa, tit. cred. 2009, II, 493, 509; *Ballerini*, Contr. e impr. 2014, 1011, 1025.

109 Lodo arbitrale 29 luglio 2008, Banca, borsa, tit. cred. 2009, II, 493, 509; *Malimpensa*, RDS 2010, 375, 379 f.

110 *Ballerini*, Contr. e impr. 2014, 1011, 1025 f.; *D'Alessandro*, Riv. dir. civ. 2010, 373, 385.

111 *Ballerini*, Contr. e impr. 2014, 1011, 1025.

112 *Ballerini*, Contr. e impr. 2014, 1011, 1025 f.; *Galgano*, S. 139.

113 *Di Bitonto*, Le società 2008, 1378, 1382 f.

Rechtsgeschäfte wie eine Option gilt.[114] Die Klausel zur Mitveräußerungspflicht bestimmt lediglich, welche Geschäftsanteile an einen erwerbsbereiten Dritten zu veräußern sind, allerdings nicht bereits deren Preis.[115] Dessen Festlegung erfolgt erst durch das unwiderrufliche Angebot des Dritten potenziellen Erwerbers.[116] Dieser ist zwar nicht Partei der Mitveräußerungspflicht in der Form des Optionsvertrages, jedoch als Erwerber unmittelbar Partei des nach der Optionsausübung geschlossenen endgültigen Vertrages (*contratto opzionato finale*) zum Erwerb der Geschäftsanteile und hat folglich ein eigenes Interesse an der Bestimmung des Preises.[117] Somit wird ein wesentlicher Vertragsbestandteil dieses Vertrages, nämlich der Preis, einseitig von einer Partei bestimmt (*arbitraggio di parte*).[118] Damit stellt sich die Preisbestimmung im Rahmen der Mitveräußerungspflicht nicht als Bestimmung eines Dritten gemäß Art. 1349 c.c. dar.[119] Die Zulässigkeit der Bestimmung des Vertragsinhalts durch eine Partei ist im italienischen Recht umstritten.[120] Geht man dabei von der Unzulässigkeit dieser Möglichkeit aus, könnte dies bei dieser rechtlichen Einordnung zur Unwirksamkeit der Mitveräußerungspflicht führen.[121] Auf die Fragen der Zulässigkeit der Mitveräußerungspflicht unter diesem Gesichtspunkt wird jedoch an anderer Stelle in dieser Untersuchung unter § 5 III. 2. gesondert eingegangen. Im Rahmen der Untersuchung zur rechtlichen Einordnung der Mitveräußerungspflicht sei jedoch so viel vorweggenommen, dass diese Problematik überwunden werden kann.

2. Auftrag zum Verkauf

Im Gegensatz zum Mailänder Gericht ordnen ein Schiedsspruch, der in demselben streitgegenständlichen Verfahren erging, sowie Stimmen in der Rechtsliteratur eine Mitveräußerungspflicht rechtlich als Auftrag zum Verkauf (*mandato a vendere*) ein, der vom Minderheitsgesellschafter gegenüber dem

114 *Ballerini*, Contr. e impr. 2014, 1466, 1468 f.; *Viola*, S. 240.

115 *Di Bitonto*, Le società 2008, 1378, 1383; *Rossano*, Riv. dir. comm. 2010, II, 124, 143.

116 *Di Bitonto*, Le società 2008, 1378, 1383; *Rossano*, Riv. dir. comm. 2010, II, 124, 143.

117 *Di Bitonto*, Le società 2008, 1378, 1383; *Fabbrini*, Giur. comm. 2009, II, 1034, 1048; *Scarpa*, Giust. Civ. 2013, II, 41, 51.

118 *Di Bitonto*, Le società 2008, 1378, 1383; *Divizia*, Notariato 2009, 157, 172.

119 *Di Bitonto*, Le società 2008, 1378, 1383; *Fabbrini*, Giur. comm. 2009, II, 1034, 1048; *Rossano*, Riv. dir. comm. 2010, II, 124, 143 f. m.w.N.; *Scarpa*, Giust. Civ. 2013, II, 41, 51; a.A. *Giampaolino*, Riv. soc. 2008, 148, 155.

120 *Di Bitonto*, Le società 2008, 1378, 1383 m.w.N.

121 *Ballerini*, Contr. e impr. 2014, 1466, 1468; *Di Bitonto*, Le società 2008, 1378, 1383.

Mehrheitsgesellschafter erteilt wurde und keine Vertretungsmacht enthält.[122] Der Minderheitsgesellschafter, der vom Mehrheitsgesellschafter zur Mitveräußerung verpflichtet werden kann, stellt bei dieser Konstruktion den Auftraggeber (*mandante*) und der Mehrheitsgesellschafter den Auftragnehmer (*mandatorio*) dar.[123]

Diese Ansicht zur rechtlichen Einordnung der Mitveräußerungspflicht basiert auf drei Grundannahmen.[124] Zum einen werde hierdurch den Interessen der Parteien entsprochen, indem von dem Minderheitsgesellschafter gegenüber dem Mehrheitsgesellschafter die Befugnis erteilt wird, dass dieser auch seine Geschäftsanteile veräußern darf, falls er einen Dritten findet, der bereit ist, beide Beteiligungen zu demselben einheitlichen Preis zu erwerben.[125] Insbesondere wird dem hierdurch berechtigten Mehrheitsgesellschafter ermöglicht, dass durch die gemeinsame Veräußerung der Anteile ein höherer Preis erzielt wird.[126] Es geht somit darum, dass die sog. Kontrollprämie (*premio di controllo*) bzw. Mehrheitsprämie (*premio di maggioranza*) erzielt wird. Folglich wurde der Auftrag nach dieser Ansicht nicht nur im Interesse des Auftraggebers, sondern auch des Auftragnehmers (*in rem propriam*) erteilt, mit der Folge, dass dieser gemäß Art. 1723 Abs. 2 c.c. unwiderruflich ist.[127] Desweiteren wird ohne weitere Begründung angenommen, dass allein durch diese Einordnung im Gegensatz zur Einordnung als Option zugunsten eines Dritten die von den Parteien angestrebte Mitveräußerungspflicht rechtlichen Schutz genießt und vollstreckbar ist.[128] Dieses Argument ist hingegen zu verneinen, da, wie bereits gesehen,[129] die rechtliche Einordnung der Mitveräußerungspflicht als Option zugunsten eines Dritten sowohl für diesen als auch für den Versprechensempfänger Rechte begründet, die notfalls auch gerichtlich durchsetzbar sind. Letztlich wird für diese Einordnung vorgebracht, dass das italienische Auftragsrecht eine sehr flexible Regelung

---

122 Lodo arbitrale 29 luglio 2008, Banca, borsa, tit. cred. 2009, II, 493, 510 ff.; *De Luca*, Banca, borsa, tit. cred., 2013, II, 65, 66, 72; *Divizia*, Le clausole di tag e drag along, S. 147 ff.

123 *Divizia*, Le clausole di tag e drag along, S. 148.

124 Lodo arbitrale 29 luglio 2008, Banca, borsa, tit. cred. 2009, II, 493, 510.

125 Lodo arbitrale 29 luglio 2008, Banca, borsa, tit. cred. 2009, II, 493, 510 f.

126 *D'Alessandro*, Riv. dir. civ. 2010, 373, 381; *Divizia*, Le clausole di tag e drag along, S. 147 f.

127 Lodo arbitrale 29 luglio 2008, Banca, borsa, tit. cred. 2009, II, 493, 511; *D'Alessandro*, Riv. dir. civ. 2010, 373, 380 m.w.N.; *Divizia*, Le clausole di tag e drag along, S. 147 f.; *Fabbrini*, Giur. comm. 2009, II, 1034, 1039 f.; *Rossano*, Riv. dir. comm. 2010, II, 124, 130.

128 Lodo arbitrale 29 luglio 2008, Banca, borsa, tit. cred. 2009, II, 493, 511.

129 Oben § 3 III. 1.

darstellt, die dazu bestimmt ist, sich vollständig oder wenigstens bezugnehmend auf ihre wichtigsten Prinzipien, allen Situation zu widmen, in denen es um die Abwicklung der Interessen anderer oder wie im vorliegenden Fall der Interessen eines anderen gemeinsam mit den eigenen geht.[130]

Im Rahmen eines Auftrages ist der Auftragnehmer bei der Ausführung des Auftrages und seiner Befugnis kraft Gesetzes dazu gehalten, die Verpflichtungen der Redlichkeit (*correttezza*) zu beachten.[131] Diese Verpflichtungen sind durch Vertrag nicht abdingbar.[132] Somit kann hierdurch einer willkürlichen Interessenausübung des Auftragnehmers bei der Ausführung des Auftrags zulasten des zur Mitveräußerung verpflichteten Minderheitsgesellschafters vorgebeugt werden.[133] Danach darf der Auftragnehmer bei der Mitveräußerungspflicht nach dieser Ansicht nicht nur seine eigenen Interessen, sondern muss vielmehr auch die Interessen des Auftraggebers entsprechend der jeweiligen vertraglichen Regelung wahren und insbesondere einen möglichst hohen Preis für die Geschäftsanteile erzielen.[134] An dieser Sichtweise wird insofern Kritik geübt und die Pflicht zur Erzielung eines hohen Preises abgelehnt, als dies dem Sinn der Mitveräußerungspflicht widersprechen würde, da hierdurch dem berechtigten Gesellschafter eine größtmögliche Flexibilität bei der Veräußerung seiner Geschäftsanteile eingeräumt werden soll und diese durch eine derartige Pflicht ausgehöhlt würde.[135] Zudem steht dem zur Ausübung der Mitveräußerungspflicht berechtigten Investor das Recht zu, von seinem Mitgesellschafter die Mitveräußerung auch von dessen Anteilen verlangen zu können. Es besteht jedoch keine Pflicht, dass er dieses Recht ausübt und ihn somit zur Mitveräußerung zwingt. Dies widerspricht allerdings der gesetzlichen Definition des Auftrages gemäß Art. 1703 c.c., nach der der Auftragnehmer verpflichtet ist, eine oder mehrere Rechtshandlungen für Rechnung des Auftraggebers vorzunehmen.[136]

Unstreitig ist der Auftragnehmer bei einer Mitveräußerungspflicht jedoch dazu verpflichtet, dass er mit dem Erwerber keine schlechteren Bedingungen zulasten des zur Mitveräußerung verpflichteten Gesellschafters als für sich selbst

---

130 Lodo arbitrale 29 luglio 2008, Banca, borsa, tit. cred. 2009, II, 493, 511.

131 Lodo arbitrale 29 luglio 2008, Banca, borsa, tit. cred. 2009, II, 493, 511.

132 Lodo arbitrale 29 luglio 2008, Banca, borsa, tit. cred. 2009, II, 493, 512.

133 Lodo arbitrale 29 luglio 2008, Banca, borsa, tit. cred. 2009, II, 493, 511.

134 Lodo arbitrale 29 luglio 2008, Banca, borsa, tit. cred. 2009, II, 493, 512; *Giampaolino*, Banca, borsa, tit. cred. 2009, II, 523, 535.

135 *Giampaolino*, Banca, borsa, tit. cred. 2009, II, 523, 535; *Rossano*, Riv. dir. comm. 2010, II, 124, 132.

136 *Ballerini*, Contr. e impr. 2014, 1011, 1019; *Rossano*, Riv. dir. comm. 2010, II, 124, 132.

vereinbart.[137] Die fehlende Regelung weiterer Details des mit dem Dritten abzuschließenden Vertrages führt nicht zur Nichtigkeit der vereinbarten Mitveräußerungspflicht wegen Unbestimmtheit, da genaue Vorgaben impraktikabel wären, um den Auftrag sinnvoll ausführen zu können.[138] Somit wird dem zur Ausübung der Mitveräußerungspflicht berechtigten Gesellschafter hierdurch vielmehr ein großer Freiraum bei der Suche nach einem Käufer und Flexibilität bei den Verhandlungen eingeräumt.[139]

Fraglich ist allerdings, ob durch die Erteilung eines derartigen Auftrages zum Verkauf und seiner Ausführung unmittelbar rechtsübertragende Wirkungen eintreten. Eine Ansicht bejaht dabei den Eigentumsübergang, sofern der Auftrag rechtmäßig vom Auftragnehmer erfüllt wurde und dieser mit dem Dritten einen entsprechenden Vertrag abgeschlossen hat, ohne dass es einer weiteren Mitwirkungshandlung des Auftraggebers bedarf.[140] Die Rechtsprechung tritt dem entgegen, indem sie einen derartigen Rechtsübergang nur dann annimmt, wenn dem Auftragnehmer zugleich eine Vollmacht (*procura*) erteilt wurde, die ihm eine entsprechende Vertretungsmacht (*rappresentanza*) verleiht.[141] Der Umfang der Vertretungsmacht des Stellvertreters richtet sich dabei nach der erteilten Vollmacht.[142] Durch das Erfordernis der Vollmacht soll der Auftraggeber vor einem unfreiwilligen Eigentumsverlust bewahrt werden.[143] Damit hat eine Mitveräußerungspflicht, die nicht zugleich eine Vollmacht zur Veräußerung der Geschäftsanteile für den hierdurch berechtigten Gesellschafter enthält, lediglich obligatorische Wirkung.[144] Sollte daher eine Klausel derart ausgestaltet sein, dass diese keine Vollmacht enthält, so ist für die Veräußerung der Geschäftsanteile des Gründers dessen Zustimmung erforderlich. Dies ist nicht im Sinne des Investors, da dieser durch die Vereinbarung einer Mitveräußerungspflicht idealerweise autonom über die Durchführung des *Trade Sales* entscheiden möchte.

---

137 Lodo arbitrale 29 luglio 2008, Banca, borsa, tit. cred. 2009, II, 493, 512.

138 Lodo arbitrale 29 luglio 2008, Banca, borsa, tit. cred. 2009, II, 493, 512.

139 Lodo arbitrale 29 luglio 2008, Banca, borsa, tit. cred. 2009, II, 493, 512.

140 Lodo arbitrale 29 luglio 2008, Banca, borsa, tit. cred. 2009, II, 493, 513.

141 Lodo arbitrale 29 luglio 2008, Banca, borsa, tit. cred. 2009, II, 493, 513 m.w.N.

142 *Galgano*, S. 398 f.; *Schurr*, in: Eccher/Schurr/Christandl, Handbuch Italienisches Zivilrecht, Rn. 2/316.

143 Lodo arbitrale 29 luglio 2008, Banca, borsa, tit. cred. 2009, II, 493, 513.

144 Lodo arbitrale 29 luglio 2008, Banca, borsa, tit. cred. 2009, II, 493, 513; *Agrusti*, Amministrazione & Finanza 2014, n. 6, 34, 35; *Ballerini*, Contr. e impr. 2014, 1011, 1019; *Divizia*, Le clausole di tag e drag along, S. 148; *Fabbrini*, Giur. comm. 2009, II, 1034, 1039 f.; *Scarpa*, Giust. Civ. 2013, II, 41, 47.

Letztlich wird gegen diese rechtliche Einordnung eingewandt, dass sie sich von dem Modell der Mitveräußerungspflicht entfernt, das in der Praxis entwickelt wurde, da dieses üblicherweise lediglich das Recht eines Gesellschafters enthält, seinen Mitgesellschafter zum Verkauf zu zwingen.[145] Es ist gerade nicht das für einen Auftrag typische Element enthalten, nach dem sich ein Gesellschafter dazu verpflichtet, auch die Anteile des anderen zu veräußern.[146] Die Annahme eines Auftrages vertauscht vielmehr die von den Parteien der Mitveräußerungspflicht angestrebte Rollenverteilung, indem dem eigentlich zur Mitveräußerung verpflichteten Gesellschafter die Rolle des Gläubigers einer Leistung und der berechtigte Gesellschafter als Schuldner der Verpflichtung angesehen wird, die Anteile des verpflichteten Gesellschafter zu veräußern.[147] Danach entspricht die Annahme eines Auftrages zum Verkauf, der auch im Interesse des Auftragnehmers erteilt wurde und bei dem keine Vertretungsmacht erteilt wurde, nicht den Bedürfnissen der Parteien, die einer Mitveräußerungspflicht zugrunde liegen.[148] Somit ist diese rechtliche Einordnung abzulehnen.

3. Call-Option für eine erst noch zu benennende Person

Nach anderen Stimmen in der italienischen Rechtsliteratur stellt sich die Mitveräußerungspflicht rechtlich als eine *Call*-Option für eine erst noch zu benennende Person (*opzione call per persona da nominare*) i.S.d. Art. 1401 c.c. dar.[149] Es handelt sich somit um eine Erwerbsoption für die noch zu benennende Person.[150] Dabei befindet sich derjenige Gesellschafter, der berechtigt ist, die Mitveräußerungspflicht seines Mitgesellschafters auszulösen in der Position des Versprechensempfängers (*stipulante*).[151] Damit ist dieser berechtigt, denjenigen gemäß Art. 1402 c.c. zu ernennen, der für ihn in den Vertrag eintritt (*electio amici*), somit den Erwerber der Geschäftsanteile.[152] Das Angebot des Dritten zum

145 *Ballerini*, Contr. e impr. 2014, 1011, 1019.

146 *Ballerini*, Contr. e impr. 2014, 1011, 1019.

147 *Ballerini*, Contr. e impr. 2014, 1011, 1019 f. m.w.N.

148 Oben § 2 II. 2. a) bis g).

149 *Panzarini*, S. 290; *Proverbio*, S. 100 f. m.w.N., zur Vereinbarkeit dieser beiden Rechtsinstitute.

150 *Del Linz*, Giur. comm. 2012, II, 1072, 1081 f.; *Fabbrini*, Giur. comm. 2009, II, 1034, 1038 f.; *Gaetano/De Stefano*, in: Fava, Il contratto, S. 1125, 1145 m.w.N., zur Zulässigkeit der Option für eine erst noch zu benennende Person.

151 *Di Bitonto*, Le società 2008, 1378, 1382; *Passarelli*, Rivista Notarile 2013, 65, 70.

152 *Di Bitonto*, Le società 2008, 1378, 1382; *Passarelli*, Rivista Notarile 2013, 65, 70; *Rossano*, Riv. dir. comm. 2010, II, 124, 129.

Erwerb sämtlicher Geschäftsanteile der Gesellschaft stellt den formalen Akt dar, durch den dieser seine Ernennung durch den berechtigten Gesellschafter gemäß Art. 1403 c.c. annimmt.[153] In diesem Angebot wird eine ausreichende Bestimmung des Dritten gesehen, ohne dass hierzu in der Mitveräußerungspflicht nähere Regelungen getroffen werden müssen.[154] Die Wirksamkeit dieser Option ist durch drei Umstände aufschiebend bedingt.[155] Dies sind zum einen, dass die Mitveräußerung gemeinsam mit der Abtretung des gesamten Gesellschaftskapitals erfolgt, zum anderen, dass die Mitveräußerung zu gleichen Konditionen erfolgt, die dem die Veräußerung anstrebenden Gesellschafter garantiert werden und letztlich, dass, sofern dies ausdrücklich vereinbart ist, der vom Dritten angebotene Preis dem zur Mitveräußerung verpflichteten Gesellschafter eine bestimmte wirtschaftliche Rendite garantiert.[156] Sobald diese Bedingungen eingetreten sind, der Dritte ernannt wurde und dieser seine Ernennung akzeptiert hat, gilt der Kaufvertrag über die Geschäftsanteile gemäß Art. 1404 c.c. als abgeschlossen und der zur Mitveräußerung verpflichtete Gesellschafter ist verpflichtet, die Übertragung seiner Geschäftsanteile vorzunehmen.[157]

Für diese Ansicht wird im Vergleich zur Einordnung durch das Mailänder Gericht[158] vorgebracht, dass hierdurch dem Dritten im Gegensatz zu einem Vertrag zugunsten Dritter ggf. bestehende und in der Klausel zur Mitveräußerungspflicht enthaltene Verpflichtungen aufgebürdet werden können.[159] Allerdings findet hier keine weitere Darlegung statt, um welche Verpflichtungen aus der Mitveräußerungspflicht es sich handeln könnte. Insbesondere erscheint dieses Argument nicht durchschlagend, da der übliche Inhalt einer Mitveräußerungspflicht keine derartigen Verpflichtungen enthält, die über deren eigentlichen Sinn hinausgehen.[160]

Weiterhin ist zu beachten, dass der Vertrag für eine erst noch zu benennende Person in der Rechtsliteratur als Vertrag für den Vertragsschließenden und lediglich eventuell und alternativ für eine zu benennende Person angesehen

153 *Di Bitonto*, Le società 2008, 1378, 1382; *Passarelli*, Rivista Notarile 2013, 65, 70; *Rossano*, Riv. dir. comm. 2010, II, 124, 129 f.

154 *Ballerini*, Contr. e impr. 2014, 1011, 1023.

155 *Proverbio*, S. 100 f.

156 *Proverbio*, S. 101.

157 *Divizia*, Le clausole di tag e drag along, S. 146 f.; *Proverbio*, S. 101.

158 Oben § 3 III. 1.

159 *Proverbio*, S. 102.

160 Oben § 2 II. 4.

wird.[161] Dem hieraus Begünstigten steht es daher offen, sein Benennungsrecht des Dritten nicht auszuüben und stattdessen selbst Vertragspartei zu bleiben.[162] Danach würden die Wirkungen des Vertrages unmittelbar den Begünstigten gemäß Art. 1405 c.c. treffen, sofern er keinen Dritten benennt oder der Dritte seine Ernennung nicht akzeptiert.[163] Bei einer Mitveräußerungspflicht ist es hingegen gerade vorgesehen und von den Parteien auch erwünscht, dass einem Dritten der Erwerb sämtlicher Geschäftsanteile ermöglicht wird. Der Erwerb der Geschäftsanteile des zur Mitveräußerung verpflichteten durch den berechtigten Gesellschafter ist somit nicht gewollt. Dieses unerwünschte Ergebnis ist allerdings aufgrund des in den Artt. 1401 ff. c.c. enthaltenen Mechanismus möglich.[164] Der Verlust der Gesellschafterstellung sämtlicher Gesellschafter bei einer Mitveräußerungspflicht stellt einen wesentlichen Unterschied zum Ausschlussrecht dar, bei dem die Möglichkeit besteht, dass die Anteile des ausgeschlossenen Gesellschafters vom verbliebenen übernommen werden. Bei der Mitveräußerungspflicht besteht vielmehr die Pflicht, einen Dritten als Erwerber zu benennen und kommt somit ausschließlich der Vertrag für eine erst noch zu benennende Person in Betracht, jedoch nicht die auch bei dieser Regelung vorgesehene Möglichkeit, selbst Vertragspartei bleiben zu können.[165] Dieser Fall ist jedoch nicht von der Regelung der Artt. 1401 ff. c.c. erfasst und ist allenfalls auf beschreibender Ebene eher dem Vertrag für den, den es angeht (*contratto per conto di chi spetta*)

---

161 *Di Bitonto*, Le società 2008, 1378, 1382 m.w.N.; *Galgano*, S. 481; *Rossano*, Riv. dir. comm. 2010, II, 124, 131 f. m.w.N.

162 *Di Bitonto*, Le società 2008, 1378, 1382; *Granelli*, S. 1078 f.; *Passarelli*, Rivista Notarile 2013, 65, 70.

163 *Ballerini*, Contr. e impr. 2014, 1011, 1024; *Divizia*, Le clausole di tag e drag along, S. 147; *Galgano*, S. 484; *Giampaolino*, Banca, borsa, tit. cred. 2009, II, 523, 532; *Malimpensa*, RDS 2010, 375, 380; *Proverbio*, S. 102.

164 *Ballerini*, Contr. e impr. 2014, 1011, 1024; *D'Alessandro*, Riv. dir. civ. 2010, 373, 384, der allerdings im Gegensatz zu anderen Stimmen in der Rechtsliteratur davon ausgeht, dass durch diesen Erwerb den Interessen der Parteien entsprochen wird; diese Ansicht greift jedenfalls im Bereich der Venture-Capital-Finanzierung nicht, da der Investor selbst eine unmittelbare Veräußerung an den Dritten anstatt des Eigenerwerbs anstrebt und der Gründer sich nicht gegen seinen Willen aus seinem Unternehmen zwingen lassen möchte, während der Investor darin verbleibt und dieses möglicherweise zu einem späteren Zeitpunkt gewinnbringender veräußern kann; *Di Bitonto*, Le società 2008, 1378, 1382; *Giampaolino*, Banca, borsa, tit. cred. 2009, II, 523, 532.

165 *Di Bitonto*, Le società 2008, 1378, 1382; *Fabbrini*, Giur. comm. 2009, II, 1034, 1039; *Rossano*, Riv. dir. comm. 2010, II, 124, 132.

anzunähern.[166] Nach alledem kann die Mitveräußerungspflicht nicht unter den Vertrag für eine erst noch zu benennende Person subsumiert werden, da hierdurch den Interessen der Parteien nicht entsprochen werden kann, die sie mit dieser Vertragsklausel bezwecken.

4. Vertrag auf Rechnung für den, den es angeht

Weiterhin gibt es Überlegungen in der juristischen Literatur, ob eine Mitveräußerungspflicht als Vertrag auf Rechnung für den, den es angeht (*contratto per conto di chi spetta*), einzuordnen ist.[167] Die italienische Rechtsordnung legt keine allgemeinen Regeln für dieses Rechtsinstitut fest.[168] Es finden sich im Codice civile lediglich einige spezifische Beispiele, aus denen dies ableitbar ist, wie Artt. 1513 Abs. 1 Satz 2 und 1690 Abs. 2 c.c.[169] Danach versteht man allgemein darunter, dass eine Partei, der Versprechensempfänger, erklärt, dass er den Vertrag nicht für sich selbst schließt, sondern auf Rechnung eines anderen, der aktuell noch nicht feststeht, der jedoch später anhand objektiver Kriterien bestimmt wird.[170] Die vorgenannte Objektivität unterscheidet dieses Institut vom Vertrag für eine erst noch zu benennende Person, die von einer subjektiven Bewertung des Berechtigten abhängt.[171]

Dieses Institut wird als eine Kategorie der Stellvertretung für eine unbestimmte Person (*in incertam personam*) angesehen.[172] Derjenige Gesellschafter, der zur Aktivierung der Mitveräußerungspflicht berechtigt ist, handelt demnach als Stellvertreter für den zu diesem Zeitpunkt noch unbekannten Dritten, zu dessen Gunsten die Rechtswirkungen des Vertrages eintreten, sobald er bestimmt ist.[173] Der Dritte ist der im Rahmen der zur Zeit der Vereinbarung der

---

166 *Del Linz*, Giur. comm. 2012, II, 1072, 1081 f.; *Di Bitonto*, Le società 2008, 1378, 1382; *Passarelli*, Rivista Notarile 2013, 65, 70 f.; *Rossano*, Riv. dir. comm. 2010, II, 124, 132.

167 *Ballerini*, Contr. e impr. 2014, 1011, 1022; *Di Bitonto*, Le società 2008, 1378, 1382, der lediglich Ähnlichkeiten auf beschreibender Ebene sieht.

168 *Ballerini*, Contr. e impr. 2014, 1011, 1022.

169 *Ballerini*, Contr. e impr. 2014, 1011, 1022; *Caringella/De Marzo*, S. 385 f.; *Di Bitonto*, Le società 2008, 1378, 1382 m.w.N.; *Granelli*, S. 1075.

170 *Ballerini*, Contr. e impr. 2014, 1011, 1022 m.w.N.; *Caringella/De Marzo*, S. 385; *Di Bitonto*, Le società 2008, 1378, 1382 m.w.N.; *Passarelli*, Rivista Notarile 2013, 65, 70 f.

171 *Viola*, S. 177.

172 *Ballerini*, Contr. e impr. 2014, 1011, 1022 m.w.N.; *Caringella/De Marzo*, S. 385; *Viola*, S. 177.

173 *Ballerini*, Contr. e impr. 2014, 1011, 1022 m.w.N.; *Viola*, S. 177.

Mitveräußerungspflicht zwischen Gründer und Investor noch unbestimmte Erwerber sämtlicher Geschäftsanteile der Gesellschaft.

Allerdings wird die Anwendung dieses Rechtsinstitut auf die vorgenannten, aus dem Gesetz ableitbaren Fälle begrenzt.[174] Für die gesetzlich nicht erfassten Situationen ist daher ein Rückgriff auf die Institute des Vertrages für eine erst noch zu benennende Person oder zugunsten eines Dritten erforderlich, da diese aufgrund ihres Allgemeincharakters auch gesetzlich nicht geregelte Fälle erfassen können.[175] Demnach trifft die rechtliche Einordnung einer Mitveräußerungspflicht als Vertrag auf Rechnung für den, den es angeht, mangels spezieller gesetzlicher Regelung nicht zu.[176]

5. Einseitiger Vorvertrag

Zudem wird vorgeschlagen, die Mitveräußerungspflicht im italienischen Recht als einseitigen Vorvertrag (*contratto preliminare unilaterale*) einzuordnen.[177] Dabei verpflichtet sich der versprechende Gesellschafter dazu, mit einem Dritten und gerade nicht mit dem Versprechensempfänger einen Kaufvertrag über seine Geschäftsanteile zu schließen.[178] Der Vorvertrag steht allerdings unter der Bedingung, dass auch der Versprechensempfänger seine Geschäftsanteile an der Gesellschaft verkauft.[179] Der Kaufpreis wird danach in dem Verhältnis dazu bestimmt, wie der aus der Mitveräußerungspflicht berechtigte Gesellschafter seine Anteile an den Dritten verkauft.[180]

a) Rechtliche Grundlagen

Im Codice civile ist der Vorvertrag nicht definiert und umfassend geregelt, es finden sich lediglich an manchen Stellen bestimmte Regelungen, wie z.B. in Art. 1351 c.c. zu dessen Form.[181] Es kommt schließlich maßgeblich auf den Willen

174 *Ballerini*, Contr. e impr. 2014, 1011, 1023.

175 *Ballerini*, Contr. e impr. 2014, 1011, 1023 m.w.N.

176 *Ballerini*, Contr. e impr. 2014, 1011, 1023.

177 *D'Alessandro*, Riv. dir. civ. 2010, 373, 382 ff.; *Giampaolino*, Banca, borsa, tit. cred. 2009, II, 523, 532.

178 *Ballerini*, Contr. e impr. 2014, 1011, 1026; *D'Alessandro*, Riv. dir. civ. 2010, 373, 382; *Giampaolino*, Banca, borsa, tit. cred. 2009, II, 523, 532.

179 *D'Alessandro*, Riv. dir. civ. 2010, 373, 382.

180 *D'Alessandro*, Riv. dir. civ. 2010, 373, 385; *Giampaolino*, Banca, borsa, tit. cred. 2009, II, 523, 532 f.

181 *Galgano*, S. 230 f.; *Galgano/Zorzi Galgano*, Trattato di diritto civile. Volume secondo, S. 327 f.; *Viola*, S. 317.

der Parteien an, ob diese beabsichtigt haben, einen Vorvertrag oder bereits den endgültigen Vertrag zu schließen.[182] Nach der h.M. in der Rechtsliteratur können sich die Parteien im Rahmen des Vorvertrages dazu verpflichten, einen Vertrag mit dinglichen und schuldrechtlichen Wirkungen abzuschließen.[183] Sollte dabei die versprechende Partei ihrer Verpflichtung zum Vertragsschluss nicht nachkommen, steht der berechtigten Partei die Möglichkeit offen, gemäß Art. 2932 c.c. vorzugehen und durch Urteil die Wirkungen des Vertrages zu erreichen.[184]

Um auch bei dieser rechtlichen Einordnung das Ziel der Veräußerung sämtlicher Geschäftsanteile an einen Dritten zu erreichen wird zum einen auf die Figur des Vertrages zugunsten Dritter (*contratto a favore di terzo*) und zum anderen auf die des Vertrages für eine erst noch zu benennende Person (*per persona da nominare*) zurückgegriffen.[185] Dabei erweist sich der Rückgriff auf den Vertrag zugunsten Dritten, wie bereits oben bei der *Call*-Option gesehen,[186] als geeignet zur Erfüllung der Interessen und Ziele der Parteien im Rahmen einer Mitveräußerungspflicht. Durch den Rückgriff auf das Institut des Vertrages für eine erst noch zu benennende Person können dagegen, wie bereits oben gesehen,[187] von den Parteien unerwünschte Folgen eintreten, insbesondere der Anteilserwerb durch den Versprechensempfänger. Dieser ist jedoch im Rahmen einer Venture-Capital-Finanzierung von keiner Partei erwünscht. Daher ist im Rahmen der dieser Untersuchung zugrundeliegenden Mitveräußerungspflichten die Gestaltung der Drittberechtigung durch dieses Institut abzulehnen.

b) Unterschied Option und einseitiger Vorvertrag

Es ist hervorzuheben, dass Unterschiede zwischen der Option und dem einseitigen Vorvertrag bestehen.

---

182 *Viola*, S. 318 f.

183 *Galgano*, S. 229, 231; *Galgano/Zorzi Galgano*, Trattato di diritto civile. Volume secondo, S. 326, 328; *Viola*, S. 320.

184 *D'Alessandro*, Riv. dir. civ. 2010, 373, 382; *Galgano*, S. 230 f.; *Galgano/Zorzi Galgano*, Trattato di diritto civile. Volume secondo, S. 328; *Viola*, S. 327.

185 *Ballerini*, Contr. e impr. 2014, 1011, 1028 f.; *D'Alessandro*, Riv. dir. civ. 2010, 373, 383, der im Zusammenhang mit der Drittbegünstigung von der Figur des *pactum de contrahendo cum tertio* spricht; *Gaetano/De Stefano*, in: Fava, Il contratto, S. 1125, 1147, zur Zulässigkeit des einseitigen Vorvertrages zugunsten eines Dritten; *Malimpensa*, RDS 2010, 375, 380 f., 384.

186 Oben § 3 III. 1.

187 Oben § 3 III. 3.

Die Option bietet dem Berechtigten die Möglichkeit, durch einseitige empfangsbedürftige Erklärung den Vertrag zustande zu bringen, während die andere Partei verpflichtet ist, ihr unwiderrufliches Angebot aufrecht zu erhalten.[188] Hierbei liegt somit eine Kombination zwischen Gestaltungsrecht und Abhängigkeit (*soggezione*) vor.[189]

Bei dem einseitigen Vorvertrag räumt hingegen eine Partei der anderen den Anspruch ein, dass der Vertrag geschlossen wird, wobei hierzu eine Willensäußerung beider Parteien erforderlich ist.[190] Es handelt sich dabei um ein Zusammenspiel zwischen Anspruch (*credito*) und Verpflichtung (*obbligazione*).[191] Danach reicht die Willensäußerung der berechtigten Partei zur Aktivierung der Mitveräußerungspflicht alleine noch nicht aus um den endgültigen Vertrag zu schließen, da hierfür die Abgabe einer weiteren Willenserklärung des hierzu verpflichteten Gesellschafters erforderlich ist.[192]

Im Rahmen dieser Untersuchung wurde bereits die Möglichkeit der Option zum Vorvertrag (*opzione di contratto preliminare*) angesprochen.[193] Dabei handelt es sich allerdings letztlich nach der Ausübung der Option durch den Optionsinhaber um einen einseitigen Vorvertrag.[194]

Ein Vorteil des Vorvertrages wird darin gesehen, dass bei diesem noch nicht sämtliche Elemente des endgültig zu schließenden Vertrages enthalten sein müssen.[195] Insbesondere der Kaufpreis für die Geschäftsanteile des zur Mitveräußerung verpflichteten Gesellschafters muss noch nicht im Vorvertrag festgelegt werden, da es genügt, dass dieser bestimmbar ist.[196] Dies gilt allerdings, wie oben gesehen,[197] in gleicher Weise für die Option.

---

188 *Ballerini*, Contr. e impr. 2014, 1011, 1026; *Gaetano/De Stefano*, in: Fava, Il contratto, S. 1125, 1145; *Galgano*, S. 139; *Panzarini*, S. 36; *Ruvolo*, S. 27; *Serrao*, S. 39; *Viola*, S. 233 ff.

189 *Viola*, S. 236.

190 *Gaetano/De Stefano*, in: Fava, Il contratto, S. 1125, 1145; *Galgano*, S. 139; *Galgano/Zorzi Galgano*, Trattato di diritto civile. Volume secondo, S. 236; *Panzarini*, S. 36; *Ruvolo*, S. 27; *Serrao*, S. 39; *Viola*, S. 236.

191 *Viola*, S. 236.

192 *Ballerini*, Contr. e impr. 2014, 1011, 1026 f.

193 Oben § 3 III. 1.

194 *Serrao*, S. 39 f.

195 *Ruvolo*, S. 27.

196 *D'Alessandro*, Riv. dir. civ. 2010, 373, 385.

197 Oben § 3 III. 1.

c) *Mitveräußerungspflicht als einseitiger Vorvertrag*

Gegen die rechtliche Einordnung der Mitveräußerungspflicht als einseitiger Vorvertrag zugunsten eines Dritten wird vorgebracht, dass hierdurch nicht die von dieser Vereinbarung bezweckte Abhängigkeitsposition des zur Mitveräußerung verpflichteten Gesellschafters geschaffen wird.[198] Beim einseitigen Vorvertrag kann der hieraus Berechtigte gerade nicht durch eine einseitige Erklärung den Vertragsschluss herbeiführen. Er hat lediglich einen Anspruch hierauf. Diese Einordnung vermittelt ihm im Vergleich zur Option eine schwächere Rechtsposition, da bei dieser die einseitige Ausübung des Gestaltungsrechts zum Vertragsschluss führt. Angesichts der Bedeutung des *Trade Sales* für den Venture-Capital-Investor zielt dieser demnach im Streitfall darauf ab, diesen schnellstmöglich herbeizuführen. Hierfür ist die Option geeigneter als ein einseitiger Vorvertrag, der einer weiteren Willensäußerung des verpflichteten Gesellschafters bedarf.

6. Vertrag zur Leistung an einen Dritten

Weiterhin wird vertreten, dass sich eine Mitveräußerungspflicht rechtlich als Vertrag zur Leistung an einen Dritten (*patto con prestazione al terzo*) einordnen lässt.[199] Danach besteht die vertragliche Verpflichtung einer Partei, mit einem Dritten einen Veräußerungsvertrag zu schließen.[200] Dies steht allerdings unter der aufschiebenden Bedingung, dass ein Dritter einen nach Beurteilung des berechtigten Gesellschafters angemessenen Preis für die Geschäftsanteile bietet.[201] Unbeschadet bleibt bei dieser rechtlichen Einordnung jedoch die Ausübung eines dem verpflichteten Gesellschafter ggf. zustehenden Vorkaufsrechts. Dem aus der Mitveräußerungspflicht berechtigten Gesellschafter steht dabei das Recht zu, wobei es sich um kein Gestaltungsrecht handelt, dem Dritten Erwerber auch die Anteile des zur Mitveräußerung verpflichteten Gesellschafters anzubieten und von Letzterem die Zustimmung zur Veräußerung zu verlangen.[202] Somit ergibt sich hieraus die Verpflichtung des betroffenen Gesellschafters gegenüber dem

---

198 *Divizia*, Le clausole di tag e drag along, S. 147; *Malimpensa*, RDS 2010, 375, 380.

199 *Ballerini*, Contr. e impr. 2014, 1011, 1030; *Malimpensa*, in: Colombo, I nuovi tipi di circolazione forzata delle partecipazioni sociali, S. 226, 235; *Malimpensa*, RDS 2010, 375, 385.

200 *Malimpensa*, RDS 2010, 375, 385.

201 *Ballerini*, Contr. e impr. 2014, 1011, 1030; *Malimpensa*, RDS 2010, 375, 385.

202 *Malimpensa*, in: Colombo, I nuovi tipi di circolazione forzata delle partecipazioni sociali, S. 226, 235; *Malimpensa*, RDS 2010, 375, 385.

berechtigten Gesellschafter, einen Vertrag zur Übertragung seiner Geschäftsanteile mit dem Dritten zu schließen.[203] Dies hat zur Folge, dass der Gläubiger der Verpflichtung, mit dem Dritten einen Vertrag zu schließen, der durch die Mitveräußerungspflicht berechtigte Gesellschafter und gerade nicht, wie beim Vertrag zugunsten Dritter, der Dritte selbst ist.[204] Der Dritte ist vielmehr derjenige, an den die gegenüber dem berechtigten Gesellschafter geschuldete Leistung, nämlich der Vertragsschluss über die Veräußerung der Geschäftsanteile, zu erbringen ist.[205]

Im Fall der Nichterfüllung der Verpflichtung des zur Mitveräußerung verpflichteten Gesellschafters steht dem berechtigten Gesellschafter und bei entsprechender vertraglicher Regelung ggf. auch dem Dritten der Weg über Art. 2932 c.c. offen, um durch Urteil die Wirkungen des nicht geschlossenen Vertrages zu erzeugen.[206]

Sofern die Gesellschafter der Gesellschaft nicht beabsichtigen, dass dem Dritten Erwerber ein eigenes Recht zum Vertragsschluss eingeräumt werden soll, so kommt diese rechtliche Einordnung der Mitveräußerungspflicht durchaus in Betracht. Diese Einordnung steht dabei grundsätzlich nicht im Widerspruch zugunsten der Einordnung der Mitveräußerungspflicht als *Call*-Option zugunsten eines Dritten und bietet dem Investor im Vergleich zu dieser auch nicht weniger Schutz. Die Situation des zur Mitveräußerung verpflichteten Gesellschafters bleibt dieselbe. Der Unterschied besteht allein darin, dass der Dritte aus der Mitveräußerungspflicht nicht unmittelbar selbst berechtigt ist. Das Recht dieses Verfahren auszulösen, verbleibt vielmehr allein bei dem zur Ausübung der Mitveräußerungspflicht berechtigten Investor.

7. Organisatorische Regel der Gesellschaft

Wiederum andere Stimmen in der italienischen rechtswissenschaftlichen Literatur sehen in einer satzungsmäßigen Mitveräußerungspflicht lediglich eine

---

203 *Malimpensa*, in: Colombo, I nuovi tipi di circolazione forzata delle partecipazioni sociali, S. 226, 235; *Malimpensa*, RDS 2010, 375, 385.

204 *Ballerini*, Contr. e impr. 2014, 1011, 1030; *Malimpensa*, in: Colombo, I nuovi tipi di circolazione forzata delle partecipazioni sociali, S. 226, 235; *Malimpensa*, RDS 2010, 375, 385.

205 *Ballerini*, Contr. e impr. 2014, 1011, 1030.

206 *Malimpensa*, in: Colombo, I nuovi tipi di circolazione forzata delle partecipazioni sociali, S. 226, 235; *Malimpensa*, RDS 2010, 375, 385.

organisatorische Regel (*regola organizzativa*) der Gesellschaft, die in kein vertragliches Regelwerk einzuordnen ist.[207]

Dies wird damit begründet, dass sich eine Mitveräußerungspflicht durch ihre Aufnahme in den Gesellschaftsvertrag darauf beschränkt, den Gesellschaftern Pflichten und Lasten aufzuerlegen.[208] Hieraus ergebe sich für den einzelnen Gesellschafter kein eigenes subjektives Recht.[209]

Andererseits darf jedoch nicht vergessen werden, dass sich die Bedeutung einer Mitveräußerungspflicht nicht in einer bloßen gesellschaftsrechtlichen Regelung zeigt, sondern auch dadurch, dass einer Partei darüberhinausgehende und neue subjektive Rechte zugewiesen werden.[210] Diese Rechte ergeben sich insbesondere bei der Veräußerung von Geschäftsanteilen.[211] Die Mitveräußerungspflicht wirkt sich gerade zu dem Zeitpunkt des *Exits* und daher nicht im Rahmen der Regelung einer typischen organisatorischen Situation aus.[212] Weiterhin muss erwähnt werden, dass Mitveräußerungspflichten nicht nur in Gesellschaftsverträgen sondern auch in Beteiligungsvereinbarungen vereinbart werden. Bei Letzteren greift daher das Argument der organisatorischen Regel der Gesellschaft nicht, sodass eine rechtliche Einordnung über eine bloße organisatorische Regel hinaus erforderlich ist.

8. Beauftragung eines gemeinsamen Vertreters

Nicht zuletzt wird vorgeschlagen, dass in der Mitveräußerungspflicht vornehmlich die Beauftragung eines gemeinsamen Vertreters (*rappresentante comune*) gemäß den Vorschriften der Artt. 2347 Abs. 1 und 2468 Abs. 5 c.c. zum alleinigen Zweck der Veräußerung der Geschäftsanteile zu sehen ist.[213] Dadurch soll einem Gesellschafter die Dispositionsbefugnis über die Anteile seines Mitgesellschafters eingeräumt werden.[214]

---

207 *Ballerini*, Contr. e impr. 2014, 1011, 1017 f.; *Del Linz*, Giur. comm. 2012, II, 1072, 1082; *Fabbrini*, Giur. comm. 2009, II, 1034, 1040; *Scarpa*, Giust. Civ. 2013, II, 41, 48.

208 *Del Linz*, Giur. comm. 2012, II, 1072, 1082; *Fabbrini*, Giur. comm. 2009, II, 1034, 1040; *Scarpa*, Giust. Civ. 2013, II, 41, 48.

209 *Del Linz*, Giur. comm. 2012, II, 1072, 1082; *Fabbrini*, Giur. comm. 2009, II, 1034, 1040; *Scarpa*, Giust. Civ. 2013, II, 41, 48.

210 *Divizia*, Le clausole di tag e drag along, S. 49; *Divizia*, Notariato 2009, 157, 170.

211 *Agrusti*, Amministrazione & Finanza 2014, n. 6, 34, 36; *Divizia*, Le clausole di tag e drag along, S. 49.

212 *Divizia*, Le clausole di tag e drag along, S. 49.

213 *Ballerini*, Contr. e impr. 2014, 1011, 1020 m.w.N.

214 *Ballerini*, Contr. e impr. 2014, 1011, 1020.

Gegen diese Einordnung sprechen zum einen die bereits oben zum Auftrag angeführten Argumente,[215] die hier entsprechend gelten. Die Mitveräußerungspflichten betreffen die Veräußerung von Geschäftsanteilen, die im Alleineigentum des Gründers stehen. Danach wird gegen diese rechtliche Einordnung eingewandt, dass der Rückgriff auf die Regelungen der Artt. 2347 Abs. 1 und 2468 Abs. 5 c.c. in diesem Rahmen verfehlt ist, da von diesen Vorschriften Geschäftsanteile erfasst sind, die im Miteigentum mehrerer Gesellschafter stehen.[216] Zudem erscheint, sofern man die rechtliche Einordnung als Auftrag teilt, die Annahme einer gewillkürten Stellvertretung naheliegender als der Rückgriff auf den gemeinsamen Vertreter gemäß den Artt. 2347 Abs. 1 und 2468 Abs. 5 c.c.[217]

9. Keine allgemeingültige rechtliche Einordnung

Letztlich wird vertreten, wobei dies nicht den in diesem Kapitel untersuchten rechtlichen Einordnungsmöglichkeiten widerspricht, dass es keine allgemeingültige rechtliche Einordnung der Mitveräußerungspflicht gibt und diese vielmehr unterschiedlich sein kann.[218] Diese hängt vielmehr vom Willen der Parteien im jeweiligen Einzelfall ab.[219] Hierbei ist auch zu bedenken, dass diese in der Vertragspraxis entwickelt wurden, ohne dass es eine spezielle gesetzliche Regelung hierfür gab.

Der Vorteil dieser Ansicht wird darin gesehen, dass sie, obwohl die Funktion der Mitveräußerungspflicht klar umrissen ist,[220] die Situation erfassen und regeln kann, dass diese in der Praxis in höchst unterschiedlicher Weise abgefasst ist.[221] Es existiert nicht die eine und einzig richtige Klausel zur Mitveräußerungspflicht. Deren konkrete Formulierung hängt vielmehr von der Aufmerksamkeit, Erfahrung und den Interessen der beteiligten Parteien und ihrer Berater ab. Somit bietet diese Meinung eine hinreichende Flexibilität um die jeweils konkret vereinbarte Mitveräußerungspflicht in das passende rechtliche Schema einzuordnen. Dies deckt sich mit den Ergebnissen dieser Untersuchung, da bei der rechtlichen Einordnung einer Mitveräußerungspflicht stets auf deren Zweck und die Interessen der beteiligten Parteien hieran abgestellt wird.

---

215 Oben § 3 III. 2.

216 *Ballerini*, Contr. e impr. 2014, 1011, 1020.

217 *Ballerini*, Contr. e impr. 2014, 1011, 1020.

218 Vgl. *Ballerini*, Contr. e impr. 2014, 1011, 1029; *D'Alessandro*, Riv. dir. civ. 2010, 373, 380.

219 *Ballerini*, Contr. e impr. 2014, 1011, 1029; *D'Alessandro*, Riv. dir. civ. 2010, 373, 380.

220 Oben § 2 II. 2. a) bis g).

221 Vgl. *Ballerini*, Contr. e impr. 2014, 1011, 1029.

10. Zwischenergebnis

Nach den vorstehenden Ausführungen wird deutlich, dass in der italienischen Rechtsprechung und Literatur vielfältige Möglichkeiten zur rechtlichen Einordnung einer Mitveräußerungspflicht vorgeschlagen werden. Danach erscheint zunächst diese Ansicht als einleuchtend, nach der die konkrete von den Parteien vorgenommene Formulierung der Mitveräußerungspflicht für deren rechtliche Einordnung maßgeblich ist.

Jedoch wird auch bei dieser Ansicht die Qualifikation als Auftrag zum Verkauf als auch als Vertrag auf Rechnung für den, den es angeht, als nicht passend für die Mitveräußerungspflicht erachtet.[222] Dies stimmt mit den im Rahmen dieses Kapitels zu diesen beiden Möglichkeiten gewonnenen Erkenntnissen überein, sodass sie abzulehnen sind. Insbesondere die Annahme eines Auftrages würde die Funktion der Mitveräußerungspflicht in ihr Gegenteil verkehren, da der Investor hieraus lediglich berechtigt und nicht auch verpflichtet sein soll, die Anteile des Gründers zu veräußern. Diese Pflicht ergibt sich vielmehr bei einem entsprechenden Verlangen des Gründers aus dem zu seinen Gunsten vereinbarten Mitveräußerungsrecht. Dieses stellt das Pendant zur Mitveräußerungspflicht dar.

Weiterhin entspricht die rechtliche Einordnung der Mitveräußerungspflicht als *Call*-Option für eine erst noch zu benennende Person nicht den Interessen der hieran beteiligten Parteien. Insbesondere die des Gründers werden hierbei nicht ausreichend berücksichtigt, da bereits das zwangsweise Ausscheiden aus der von ihm gegründeten Gesellschaft durch eine Mitveräußerungspflicht schmerzhaft ist. Sollte der Investor bei dieser Einordnung das ihm zustehende Benennungsrecht dagegen nicht ausüben und selbst Vertragspartei durch die Übernahme der Geschäftsanteile des Gründers werden, führt dies zu einer hohen Frustration beim Gründer. Er muss vielmehr befürchten, dass sich der Investor auf seine Kosten des Unternehmens bemächtigt hat. Auf eine derartige Situation wird sich ein verständiger Gründer nicht einlassen, zumal dies auch der Funktion der Mitveräußerungspflicht widerspricht, ein gemeinsames Ausscheiden mittels *Trade Sale* zu garantieren.

Letztlich kommen die Einordnung der Mitveräußerungspflicht als *Call*-Option zugunsten eines Dritten, als einseitiger Vorvertrag zugunsten eines Dritten und als Vertrag zur Leistung an einen Dritten sinnvollerweise in Betracht, um den Interessen der Parteien beim Venture-Capital zu entsprechen. Diese Gestaltungsmöglichkeiten unterscheiden sich sowohl betreffend das bei

222 *Ballerini*, Contr. e impr. 2014, 1011, 1029.

der Veräußerung der Geschäftsanteile gewählte Verfahren, die rechtliche Absicherung des Investors als auch die Stellung des Erwerbers.

Das Verfahren der Mitveräußerungspflicht kann derart gestaltet sein, dass zunächst der berechtigte Gesellschafter seine Geschäftsanteile veräußern muss und hierauf ein weiterer Vertrag zwischen dem Dritten und dem Gründer über den Erwerb von dessen Geschäftsanteilen zu schließen ist.[223] Somit ist der Investor dem Risiko ausgesetzt, dass er sich bis zur Erfüllung der Verpflichtung des Gründers zur Veräußerung von dessen Geschäftsanteilen mit diesem auseinandersetzen muss. In diesem Fall erscheint es daher sinnvoll, dass der Erwerber selbst über ein eigenes Recht im Sinne eines Vertrages zugunsten eines Dritten verfügt, um für den Abschluss des zweiten Vertrages zu sorgen.[224] Bei möglichen Streitigkeiten hierüber kann er somit autonom vom Investor agieren.[225]

Ein derartiges eigenes Forderungsrecht steht dem Dritten dagegen nicht zu, wenn man die Mitveräußerungspflicht als Vertrag zur Leistung an einen Dritten einordnet. Hierbei verpflichtet sich der Gründer gegenüber dem Investor, einen Vertrag zur Veräußerung seiner Geschäftsanteile zu schließen. Diese Annahme ist daher sachgerechter, wenn ein einziger Kauf- und Übertragungsvertrag sowohl für die Geschäftsanteile des Gründers als auch des Investors mit dem Dritten geschlossen wird.[226] Hierdurch bedarf es keiner Einräumung des Rechts des Dritten, um für eine effektive Durchsetzung der Mitveräußerungspflicht zu sorgen, da der Investor das Recht hat, vom Gründer die Zustimmung zur Veräußerung auch von dessen Geschäftsanteilen an den Dritten zu verlangen.[227] Folglich besteht für den Erwerber nicht das Risiko lediglich einen Teil der Geschäftsanteile der Gesellschaft erwerben zu können. Die Annahme eines einzigen Vertrages entspricht zudem dem Vorgehen in der Praxis.

Die Unterscheidung zwischen der Option und dem einseitigen Vorvertrag besteht darin, welche Befugnisse dem Erwerber eingeräumt werden sollen. Bestehen demnach geringere Erfordernisse an die Mitwirkungshandlungen des Gründers, so erhöht dies die Chancen, den vom Investor angestrebten *Trade Sale* zu realisieren. Bei der entsprechenden Gestaltung der Mitveräußerungspflicht als Option kann der Erwerber durch einseitige Erklärung den endgültigen

---

223 *Ballerini*, Contr. e impr. 2014, 1011, 1030 f.; *Werner*, NWB 2012, 2936, 2945 für das deutsche Recht.

224 *Ballerini*, Contr. e impr. 2014, 1011, 1029 f.

225 *Ballerini*, Contr. e impr. 2014, 1011, 1030.

226 *Ballerini*, Contr. e impr. 2014, 1011, 1030.

227 *Ballerini*, Contr. e impr. 2014, 1011, 1030.

Vertrag zum Erwerb sämtlicher Geschäftsanteile abschließen.[228] Bei einem Vorvertrag ist hierfür eine weitere Zustimmung des Gründers erforderlich, auf die er allerdings einen Anspruch hat. Somit bietet die Option einen stärkeren Schutz für den Erwerber und erhöht damit die Chancen zur Durchführung des *Exits*.

Unter welche der drei vorgeschlagenen Varianten die Mitveräußerungspflicht im konkreten Fall einzuordnen ist, kommt somit stets auf den Einzelfall und den Willen der Parteien an. Entscheidend werden in diesem Zusammenhang deren Verhandlungsstärke, das Maß und der zeitliche Druck der Angewiesenheit des Gründers auf neues Kapital für die Gesellschaft durch den Investor sowie die Geschäftserfahrenheit der Parteien sein.

IV. Rechtsvergleichende Betrachtung

Im deutschen Recht konnte bislang aufgezeigt werden, dass die rechtliche Einordnung der Mitveräußerungspflicht als bedingte Kaufoption (*Call*-Option) sowie als aufschiebend bedingte Veräußerungspflicht möglich ist.

Für das italienische Recht kommt hingegen deren rechtliche Qualifikation als *Call*-Option zugunsten eines Dritten, als einseitiger Vorvertrag zugunsten eines Dritten und als Vertrag zur Leistung an einen Dritten in Betracht.

Sowohl im deutschen Recht als auch im italienischen Recht gilt allerdings, dass aufgrund der fehlenden gesetzlichen Regelung der Mitveräußerungspflichten, deren rechtliche Einordnung stets an dem Willen der Parteien und der von ihnen gewählten Formulierung im Einzelfall ausgerichtet werden muss.

Im Folgenden ist daher zu untersuchen, ob aus den danach verbliebenen Möglichkeiten zur rechtlichen Einordnung der Mitveräußerungspflichten im italienischen Recht Erkenntnisse für deren Einordnung im deutschen Recht gewonnen werden können.

Vorab ist allerdings festzuhalten, dass die teilweise in Italien vorgeschlagene rechtliche Einordnung der Mitveräußerungspflicht als Auftrag zum Verkauf ohne Vertretungsmacht durch den Gründer an den Investor auch im deutschen Recht ausscheidet. Beim Auftrag entsteht gemäß § 662 BGB für den Beauftragten, in diesem Fall den Venture-Capital-Investor, die Pflicht, ein Geschäft für den Auftraggeber zu besorgen. Zudem ist der Auftraggeber gemäß § 665 BGB weisungsgebunden. Diese Situation kehrt vielmehr die mit der Mitveräußerungspflicht bezweckte Funktion ins Gegenteil um. Aus dieser soll sich für den Investor gerade das Recht ergeben, nach eigenem Ermessen und bei Eintritt

228 Oben § 3 III. 1.

ggf. vereinbarter Bedingungen, den Gründer zur Veräußerung von dessen Geschäftsanteilen gemeinsam mit seinen eigenen an einen Dritten mittels *Trade Sale* zwingen zu können. Eine Verpflichtung des Investors, für den Gründer ein irgendwie geartetes Geschäft und im konkreten Fall die Veräußerung von dessen Geschäftsanteilen zu besorgen, ist in diesem Zusammenhang fernliegend. Dies kommt vielmehr lediglich in der spiegelbildlichen Regelung der Mitveräußerungspflicht in Betracht, im zugunsten des Gründers ggf. vereinbarten Mitveräußerungsrecht.

1. Call-Option zugunsten eines Dritten

Fraglich ist somit zunächst, ob die u.a. von der italienischen Rechtsprechung vertretene Meinung der Einordnung der Mitveräußerungspflicht als *Call*-Option zugunsten eines Dritten, also des Erwerbers, der ein eigenes Forderungsrecht inne hat, auch auf das deutsche Recht übertragen werden kann.

Bei der gesetzlich geregelten Form der Option, des Wiederkaufsrechts gemäß § 458 Abs. 1 Satz 1 BGB, wird es als zulässig erachtet, dass dieses auch zugunsten eines Dritten eingeräumt werden kann.[229] Dabei wird das Wiederkaufsrecht durch einen Vertrag zugunsten Dritter gemäß § 328 BGB begründet.[230] Mit Ausübung des Wiederkaufsrechts wird der Dritte dabei Gläubiger der ihm zustehenden Forderung.[231] Dies gilt gleichfalls für die gesetzlich nicht geregelten Formen der Optionen und damit auch für die Option in der Form des bedingten Hauptvertrages.[232]

Weiterhin müssen in diesem Zusammenhang die Anforderungen an die Bestimmtheit des Dritten bei Abschluss der Option zugunsten eines Dritten beachtet werden. Zum Zeitpunkt der Gewährung der Option, also beim Einstieg des Investors in die finanzierte Gesellschaft, dauert es noch mehrere Jahre bis die Gesellschaft in dem Zustand ist, dass sie im Wege des *Trade Sales* veräußert werden kann. Somit steht der Dritte zu diesem Zeitpunkt noch nicht fest. Dieser muss jedenfalls nach gewissen Kriterien bestimmbar sein.[233] Dabei ist es

229 *Deutsche Notarinstitut*, DNotI-Report 1996, 74, 75; *Schermaier*, in: Staudinger, Kommentar zum Bürgerlichen Gesetzbuch, § 456 Rn. 3; *Westermann*, in: Säcker/Rixecker/Oetker, MünchKommBGB § 456 Rn. 7.

230 *Deutsche Notarinstitut*, DNotI-Report 1996, 74, 75.

231 *Deutsche Notarinstitut*, DNotI-Report 1996, 74, 75.

232 *Gottwald*, in: Säcker/Rixecker/Oetker, MünchKommBGB § 328 Rn. 4 m.w.N.

233 *Gottwald*, in: Säcker/Rixecker/Oetker, MünchKommBGB § 328 Rn. 24; *Klumpp*, in: Staudinger, Kommentar zum Bürgerlichen Gesetzbuch, § 328 Rn. 47; *Schulze*, in: Schulze, BGB, § 328 Rn. 7.

zulässig, dass einer der Vertragsparteien die Bestimmung des Dritten zu einem späteren Zeitpunkt als der Vereinbarung des Vertrages zugunsten eines Dritten ermöglicht wird.[234] Im Fall einer Mitveräußerungspflicht in der hier untersuchten Form wäre es demnach zulässig, wenn der Investor als Versprechensempfänger den Dritten danach bestimmt, ob dieser bereit ist, sämtliche Anteile an der Gesellschaft zu einem von ihm akzeptierten Preis zu erwerben.

Hierbei ist allerdings zu beachten, dass aufgrund der systematischen Stellung und des eindeutigen Wortlauts des § 328 BGB lediglich schuldrechtliche Verpflichtungsgeschäfte als Vertrag zugunsten Dritter vereinbart werden können.[235] Daher sind die Bestimmungen des Vertrages zugunsten Dritter nach der Rechtsprechung und Teilen der Rechtsliteratur nicht, auch nicht analog, auf dingliche und schuldrechtliche Verfügungen anwendbar.[236] Somit scheidet auch die Möglichkeit der Abtretung zugunsten eines Dritten aus.[237]

Bei der für das italienische Recht vorgeschlagenen Option, die dem Investor als Begünstigtem im Rahmen einer Mitveräußerungspflicht vom Gründer eingeräumt ist, sind der Investor und der am Erwerb interessierte Erwerber, wie oben gesehen,[238] umfassend geschützt, da ihnen eine starke Rechtsposition zugewiesen wird. Dies ist bei der grundsätzlich möglichen *Call*-Option zugunsten eines Dritten betreffend das Verfügungsgeschäft im deutschen Recht allerdings nicht möglich. Danach kann der Dritte aus der Mitveräußerungspflicht nicht in gleicher Weise wie der Dritte im italienischen Recht und wie der Investor im deutschen Recht bei dieser rechtlichen Einordnung berechtigt sein. Hieran zeigt sich eine Ausprägung des im deutschen Recht geltenden Abstraktionsprinzips, da im Gegensatz zum italienischen Recht nicht die bloße Einigung zwischen den Parteien über den Eigentumsübergang erforderlich ist, sondern es zudem eines

---

234 *Klumpp*, in: Staudinger, Kommentar zum Bürgerlichen Gesetzbuch, § 328 Rn. 49.

235 Vgl. BGH, DStR 1991, 1290, für den Fall einer zugunsten eines Dritten vereinbarten und schuldrechtlich wirkenden Stimmbindungsvereinbarung, die wie ein Vertrag zugunsten Dritter wirkt; siehe zur Stimmbindungsvereinbarung zugunsten eines Dritten auch *Fischer/Schmidt*, in: Prinz/Winkeljohann, Beck'sches Handbuch der GmbH, § 4 Rn. 119 f.; *Gottwald*, in: Säcker/Rixecker/Oetker, MünchKommBGB § 328 Rn. 274; *Klumpp*, in: Staudinger, Kommentar zum Bürgerlichen Gesetzbuch, Vorb. §§ 328 ff. Rn. 34; *Schulze*, in: Schulze, BGB, § 328 Rn. 4.

236 *Gottwald*, in: Säcker/Rixecker/Oetker, MünchKommBGB § 328 Rn. 268; *Klumpp*, in: Staudinger, Kommentar zum Bürgerlichen Gesetzbuch, Vorb. §§ 328 ff. Rn. 35 ff.; *Schulze*, in: Schulze, BGB, § 328 Rn. 4.

237 *Gottwald*, in: Säcker/Rixecker/Oetker, MünchKommBGB § 328 Rn. 269; *Klumpp*, in: Staudinger, Kommentar zum Bürgerlichen Gesetzbuch, Vorb. §§ 328 ff. Rn. 44.

238 Oben § 3 III. 1.

dinglichen Verfügungsgeschäfts bedarf, welches von § 328 BGB jedoch nicht erfasst ist. Zu beachten ist überdies, dass bei einer Option im Rahmen eines echten Vertrages zugunsten eines Dritten, diesem das Recht zusteht, die Leistung unmittelbar an sich zu verlangen.[239] Hierdurch ist er somit im Fall der Nichtleistung des Versprechenden zur selbstständigen klageweisen Geltendmachung des Anspruchs berechtigt. Dies ist jedoch möglicherweise nicht im Interesse des Venture-Capital-Investors, da er hiermit das Heft des Handelns aus der Hand gibt. Zudem bietet ihm dies keinen weitergehenden Schutz als ihm als unmittelbar Begünstigtem aus der Option zustehen würde.

Daher ist es im Gegensatz zum italienischen Recht nicht sinnvoll zu vereinbaren, dass der Erwerber anstatt der Investor der Berechtigte der bedingten Kaufoption (*Call*-Option) ist.

2. Einseitiger Vorvertrag zugunsten eines Dritten

Die in Italien vorkommende und grundsätzliche geeignete Qualifikation der Mitveräußerungspflicht als einseitiger Vorvertrag zugunsten eines Dritten ist für das deutsche Recht abzulehnen.

Hiergegen spricht zum einen das fehlende Bedürfnis des Instituts des Vorvertrages, wenn von diesem, wie im Fall der Mitveräußerungspflicht, auch Verpflichtungen zu Verfügungsgeschäften durch den versprechenden Gesellschafter erfasst sein sollen. In diesem Fall handelt es sich nicht mehr um den Vorvertrag, sondern um einen bedingten Hauptvertrag. Dieser ist im deutschen Recht bereits durch die rechtliche Einordnung der aufschiebend bedingten Veräußerungspflicht erfasst und bietet dem Venture-Capital-Investor den von ihm angestrebten Schutz. Zum anderen ist gegen diese Einordnung im deutschen Recht mit der damit verbundenen Einräumung eines eigenen Forderungsrechts zugunsten des Dritten als echter Vertrag zugunsten Dritter die fehlende Möglichkeit der Erfassung von Verfügungsgeschäften einzuwenden. Insofern gelten die hierzu im Rahmen der *Call*-Option zugunsten eines Dritten gemachten Ausführungen entsprechend.[240]

---

239 *Klumpp*, in: Staudinger, Kommentar zum Bürgerlichen Gesetzbuch, Vorb. §§ 328 ff. Rn. 4, 6 ff.; *Schulze*, in: Schulze, BGB, § 328 Rn. 8.

240 Oben § 3 IV. 1.

3. Vertrag zur Leistung an einen Dritten

Letztlich ist zu überprüfen, wie die in Italien vorkommende rechtliche Einordnung der Mitveräußerungspflicht als Vertrag zur Leistung an einen Dritten im deutschen Recht gesehen wird.

Diese weist insbesondere Ähnlichkeiten zu der im deutschen Recht vertretenen Annahme der aufschiebend bedingten Veräußerungspflicht auf. Bei dieser stellt das dem Venture-Capital-Investor zustehende Wahlrecht zur Bestimmung des Erwerbers nämlich einen unechten Vertrag zugunsten Dritter dar. Hierdurch erlangt der Dritte gerade kein eigenes Recht, die Veräußerung der Geschäftsanteile des Gründers von diesem an sich zu verlangen. Der Dritte stellt vielmehr diejenige Person dar, die letztendlich sämtliche Geschäftsanteile im Wege des *Trade Sales* erwerben soll. Beim in der italienischen Literatur angenommenen Vertrag zur Leistung an einen Dritten ist die rechtliche Situation des Dritten identisch. Auch diesem steht in diesem Fall kein eigenes Forderungsrecht zu. Er wird vielmehr, sofern er am Erwerb sämtlicher Geschäftsanteile der Gesellschaft interessiert ist und hierfür einen nach den Vorstellungen des Venture-Capital-Investors angemessenen Preis bietet, von diesem als Zielobjekt der Veräußerung der Geschäftsanteile des Gründers benannt.

Die Wirksamkeit dieses Vertrages kann dabei im deutschen wie im italienischen Recht unter Bedingungen stehen. Diese sind insbesondere, dass ein Dritter ein Angebot zum Erwerb sämtlicher Geschäftsanteile zu einem angemessenen Preis abgegeben hat und ggf. bestehende Vorkaufs- bzw. Vorerwerbsrechte von den Gesellschaftern nicht ausgeübt werden. Somit entsprechen sich diese beiden Möglichkeiten zur rechtlichen Einordnung im deutschen und italienischen Recht und bieten sich als geeignetes Instrumentarium an, um die von den Parteien mit der Mitveräußerungspflicht bezweckten Ziele zu erreichen und hinreichend abzusichern.

§ 4 Regelungsort in dem Gesellschaftsvertrag oder in einer gesonderten Beteiligungsvereinbarung

I. Einführung

Für den Gründer und Investor als Gesellschafter des jungen und innovativen Unternehmens bietet sich grundsätzlich die Möglichkeit, die Mitveräußerungspflichten in dem Gesellschaftsvertrag der Gesellschaft oder in einer Beteiligungsvereinbarung zu vereinbaren. Nachfolgend wird dies im deutschen und italienischen Recht überprüft. Insbesondere wird hierbei auf die Vor- und Nachteile der Aufnahme in diesen beiden Regelungswerken sowie deren Anforderungen eingegangen.

Vorab ist allerdings im Rahmen dieser Untersuchung eine weitere Eingrenzung innerhalb der zu untersuchenden Rechtsform der *s.r.l.* erforderlich.

Die vereinfachte *s.r.l.* (*società a responsabilità limitata semplificata, s.r.l.s.*) war bis zur Abschaffung[1] des in Art. 2463-bis Abs. 1 c.c. a.F. enthaltenen Alterserfordernisses im Jahr 2013 und dem gleichzeitig in Art. 2463-bis Abs. 4 c.c. a.F. geregelten Abtretungsverbot gegenüber nicht natürlichen Personen sowie Personen, die dem Alterserfordernis nicht entsprachen, ungeeignet für eine Anwendung im Bereich Venture-Capital. Zum einen gibt es Gründer, die das vorgesehene Alter von 35 Jahren überschritten haben und die infolgedessen schon deshalb diese Unterform der *s.r.l.* nicht wählen konnten. Zum anderen schränkte das Abtretungsverbot gerade eine erfolgreiche Veräußerung der Anteile an der *s.r.l.s.* im Wege eines *Trade Sales* an ein Unternehmen, in der Regel eine juristische Person, nahezu vollständig ein. Diese Beschränkungen sind jedoch mittlerweile aufgehoben. Unverändert bleibt für die *s.r.l.s.* jedoch das Erfordernis erhalten, dass der Gesellschaftsvertrag in Übereinstimmung mit einem Musterprotokoll (*modello standard tipizzato*) der Regierung abgefasst sein muss.[2] Schon seit der Schaffung dieser Regelung, gab es Diskussionen in der italienischen rechtswissenschaftlichen Literatur, ob von diesem Musterprotokoll abgewichen werden darf.[3] Dieser

---

1 Oben § 1 III. 4.

2 *Kindler*, Italienisches Handels- und Wirtschaftsrecht, § 4 Rn. 232.

3 *Divizia*, Le clausole di tag e drag along, S. 209 f. mit Fn. 48 m.w.N.; *Occhilupo*, Banca impresa società 2013, n. 3, 389, 407 f. m.w.N., die beide die unterschiedlichen Meinungen hierzu darstellen.

Streit ist nun durch den im Jahr 2013 neu geschaffenen Art. 2463-bis Abs. 3 c.c. hinfällig, da er festlegt, dass die einzelnen Klauseln des Musterprotokolls unabänderlich sind.[4] Daher ist die *s.r.l.s.* auch nach diesen gesetzgeberischen Korrekturen für eine Anwendung im Bereich des Venture-Capitals spätestens ab dem Zeitpunkt der Beteiligung eines professionellen Investors ungeeignet, da sich dieser in dem Gesellschaftsvertrag gewisse Sonder- und Kontrollrechte zusichern lässt, die von dem Musterprotokoll nicht abgedeckt sind und aufgrund dessen Unabänderlichkeit nicht vereinbart werden können. Somit ist die *s.r.l.s.* im Folgenden nicht Gegenstand der Untersuchungen.

Bei einer *s.r.l.*, die die Voraussetzungen des Art. 25 Abs. 2 des decreto legge 18 ottobre 2012, n. 179 erfüllt und damit die Vorzüge eines innovativen Start-up Unternehmens (*impresa start-up innovativa*) genießt, ist zu beachten, dass dieser Status und damit die Begünstigungen für nach Inkrafttreten dieser Regelungen gegründete Unternehmen gemäß Art. 25 Abs. 2 lit. b) des decreto legge 18 ottobre 2012, n. 179 lediglich für 60 Monate seit ihrer Gründung gelten. Binnen 60 Tagen nach Wegfall der Voraussetzungen für ein innovatives Start-up Unternehmen werden diese gemäß Art. 25 Abs. 16 des decreto legge 18 ottobre 2012, n. 179 aus der Spezialabteilung (*sezione speciale*) des Handelsregisters (*registro delle imprese*) gelöscht und in den gewöhnlichen Abteilungen des Handelsregisters weitergeführt. Der *Exit* und dessen genauer Zeitpunkt sind bei einem mit Venture-Capital finanzierten Unternehmen nicht von vornherein steuerbar und dauern unterschiedlich lange, wobei ein Zeitraum von weniger als fünf Jahren eher selten ist.[5] Überdies ist zu beachten, dass die Aktivierung einer Mitveräußerungspflicht erst am Ende des Investitionszyklus des Investors erfolgt. Daher besteht ein hohes Risiko, dass zu diesem Zeitpunkt der 60-Monatszeitraum bereits abgelaufen ist und das Portfolio-Unternehmen den Regelungen einer gewöhnlichen s.*r.l.* unterfällt, da gemäß Art. 31 Abs. 4 des decreto legge 18 ottobre 2012, n. 179 lediglich einzelne Sonderregelungen des innovativen Start-up Unternehmens bei einer *s.r.l.* und nur für bereits gezeichnete Geschäftsanteile in Kraft bleiben. Somit bleibt die *s.r.l.*, die die Voraussetzungen des Art. 25 Abs. 2

---

4 *Ministero dello Sviluppo Economico*, Parere del 18 agosto 2014, prot. n. 146215, abrufbar unter http://www.bo.camcom.gov.it/registro-imprese-e-albi/registro-delle-imprese-e-r-e-a/manuali-e-istruzioni-ri-e-rea/circolari-ministeriali/Parere-MISE-146215-del-18-08-2014-su-organo-amministrativo-srls (Stand: 16.2.2016), S. 2 f., das sich nach der Schaffung des Abs. 3 des Art. 2463-bis c.c. weiterhin für eine Unabänderlichkeit der Satzung ausspricht; *Occhilupo*, Banca impresa società 2013, n. 3, 389, 407.

5 Siehe hierzu oben § 1 II. 4.

des decreto legge 18 ottobre 2012, n. 179 erfüllt, bei dieser Untersuchung außer Betracht.

Die Untersuchung beschränkt sich daher im Rahmen der Gesellschaft mit beschränkter Haftung in Italien auf die Vereinbarung von Mitveräußerungspflichten bei der *s.r.l.*

II. Regelung der Mitveräußerungspflicht in Deutschland

1. Gesellschaftsvertrag

Für einen Venture-Capital-Investor kommt, wie bereits oben gesehen,[6] vorzugsweise eine Beteiligung an einem Unternehmen in der Rechtsform einer Kapitalgesellschaft in Betracht. Dabei steht allerdings nicht die Aktiengesellschaft[7], sondern die GmbH in seinem Fokus. Dies ist auch darin begründet, dass bei der GmbH eine weitgehende Autonomie bei der Gestaltung des Gesellschaftsvertrages im Gegensatz zum Prinzip der Satzungsstrenge gemäß § 23 Abs. 5 AktG bei der Aktiengesellschaft besteht.[8]

Im Rahmen der Untersuchung zur Aufnahme der Mitveräußerungspflicht in den Gesellschaftsvertrag einer GmbH ist zunächst kurz auf die Möglichkeit der Gründung der GmbH im vereinfachten Verfahren gemäß § 2 Abs. 1a GmbHG einzugehen. Danach steht es den zukünftigen Gesellschaftern offen, das Musterprotokoll zu verwenden, sofern lediglich drei Gesellschafter beteiligt und höchstens ein Geschäftsführer ernannt werden sollen. Das Musterprotokoll enthält äußerst knappe Regelungen des Gesellschaftsvertrages, von denen bei der Gründung bis zur Eintragung im Handelsregister gemäß § 2 Abs. 1a Satz 3 GmbHG nicht abgewichen werden darf.[9] Ab diesem Zeitpunkt gilt dieses Verbot nicht

---

6 Oben Einleitung IV. 2.

7 Bei dieser scheidet aufgrund der abschließenden Regelungen der §§ 54, 55 und 68 Abs. 2 AktG und des Grundsatzes der freien Veräußerbarkeit der Aktien die Möglichkeit der Aufnahme einer Mitveräußerungspflicht in deren Satzung aus, so z.B. BayObLG, ZIP 1989, 638, 639 f. betreffend die Übertragungspflicht von Aktien; *Baums/Möller*, in: FS Buxbaum, 2000, S. 33, 75; *Fett/Spiering*, in: Fett/Spiering, Handbuch Joint Venture, Kap. 7 Rn. 647; *Fleischer/Schneider*, DB 2012, 961, 964 f.; *Heckschen*, in: Heckschen/Heidinger, Die GmbH in der Gestaltungs- und Beratungspraxis, § 4 Rn. 183, Fn. 898; *Tal*, S. 187; *von Beauvais/Hellich*, in: Jesch/Striegel/Boxberger, Rechtshandbuch Private Equity, S. 370.

8 *Fastrich*, in: Baumbach/Hueck, GmbHG, § 3 Rn. 4; *Wicke*, in: Wicke, GmbHG, § 3 Rn. 1.

9 *Fastrich*, in: Baumbach/Hueck, GmbHG, § 2 Rn. 50; *Roth*, in: Roth/Altmeppen, GmbHG, § 2 Rn. 51.

mehr und für die Satzungsänderung gelten die allgemeinen Regelungen der §§ 53 ff. GmbHG.[10] Fraglich ist bereits, ob bei dem dieser Untersuchung zugrundeliegenden jungen und innovativen Unternehmen überhaupt die Gründung der Gesellschaft im vereinfachten Verfahren in Betracht kommt, da bei diesen häufig nicht lediglich ein Gründer vorhanden ist und zudem meist sämtliche Gründer zum Geschäftsführer ernannt werden. Ein Venture-Capital-Investor beteiligt sich jedoch klassischerweise erst nach erfolgter Gründung an der Gesellschaft. Zu diesem Zeitpunkt gelten somit nicht mehr die Beschränkungen des § 2 Abs. 1a Satz 3 GmbHG für die Regelungen des Gesellschaftsvertrages. Folglich steht dies der Aufnahme einer Mitveräußerungspflicht nicht entgegen.[11]

a) Grundlagen

Bei der GmbH wird die Aufnahme einer Mitveräußerungspflicht in den Gesellschaftsvertrag der Gesellschaft als zulässig erachtet.[12]

Es wird allerdings unterschiedlich bewertet, welche Wirkungen der Mitveräußerungspflicht durch die Aufnahme in den Gesellschaftsvertrag entstehen. Zudem ist umstritten, ob die bloße Aufnahme einer Vereinbarung in den Gesellschaftsvertrag ein Indiz dafür liefert, dass diese einen echten bzw. korporativen Bestandteil des Gesellschaftsvertrages darstellt.[13]

Einen echten bzw. korporativen Satzungsbestandteil stellt eine Bestimmung jedenfalls dann dar, wenn sie schon aufgrund gesetzlicher Vorgabe gemäß § 3 GmbHG nur im Gesellschaftsvertrag geregelt werden kann oder nach dem

---

10 *Fastrich*, in: Baumbach/Hueck, GmbHG, § 2 Rn. 62; *Roth*, in: Roth/Altmeppen, GmbHG, § 2 Rn. 61.

11 *Fastrich*, in: Baumbach/Hueck, GmbHG, § 2 Rn. 53 m.w.N., zum Risiko des Erfordernisses einer erneuten Einreichung der zur Gründung einer GmbH erforderlichen Dokumente, wenn Änderungen beim Musterprotokoll vorgenommen werden.

12 *Eckhardt*, in: Eckhardt/Hermanns, Kölner Handbuch Gesellschaftsrecht, Kap. 2 Rn. 290; *Fett/Spiering*, in: Fett/Spiering, Handbuch Joint Venture, Kap. 7 Rn. 647; *Fleischer/Schneider*, DB 2012, 961, 964; *Hauschild/Kallrath*, in: Hauschild/Kallrath/Wachter, Notarhandbuch, § 16 Rn. 316; *Heckschen*, in: Heckschen/Heidinger, Die GmbH in der Gestaltungs- und Beratungspraxis, § 4 Rn. 188; *Priester*, in: FS Hopt, 2010, S. 1139, 1149; *Tal*, S. 187; *von Beauvais/Hellich*, in: Jesch/Striegel/Boxberger, Rechtshandbuch Private Equity, S. 370; *Wicke*, ZGR 2012, 450, 482; *Ziegert*, S. 171.

13 *Fastrich*, in: Baumbach/Hueck, GmbHG, § 3 Rn. 53 f.; *Roth*, in: Roth/Altmeppen, GmbHG, § 3 Rn. 47; *Schnorbus*, in Rowedder/Schmidt-Leithoff, GmbHG, § 53 Rn. 5 m.w.N.; *Wälzholz*, GmbHR 2009, 1020; *Wicke*, in: Fleischer/Goette, MünchKommGmbHG, § 3 Rn. 102 f., 124, 126 m.w.N., der dies bei nur einzelnen Gesellschaftern obliegenden Verpflichtungen verneint.

Willen der Gesellschafter den besonderen Wirkungen des Gesellschaftsvertrages unterfallen soll.[14] Sofern hingegen auch eine lediglich schuldrechtliche Regelung infrage kommt, ist die rechtliche Einordnung nicht eindeutig. In diesem Fall ist bei der Abgrenzung, ob eine zwischen den Gesellschaftern in dem Gesellschaftsvertrag getroffene Vereinbarung eine Nebenleistungspflicht und damit einen echten Satzungsbestandteil mit korporativer Wirkung oder lediglich eine schuldrechtlich wirkende Vereinbarung darstellt, der im Wege der Auslegung festzustellende Wille der Parteien sowie die Umstände des Einzelfalls entscheidend.[15]

Vereinbarungen mit korporativer Wirkung sind im Gegensatz zum Wortlaut des § 3 Abs. 2 GmbHG nicht nur gegenüber der Gesellschaft, sondern auch lediglich unter den Gesellschaftern der Gesellschaft möglich.[16] Sofern eine Regelung als echter bzw. korporativer Bestandteil des Gesellschaftsvertrages anzusehen ist, so führt dies dazu, dass diese eine dingliche Wirkung hat, da sie nicht nur für die aktuellen, sondern auch für die künftigen Gesellschafter der Gesellschaft gilt, ohne dass es einer gesonderten Erklärung des Rechtsnachfolgers oder neu eintretenden Gesellschafters bedarf.[17] Daher wird ihr im Vergleich zu einer privatrechtlichen Vereinbarung eine höhere Geltungs- und Bestandskraft zugeschrieben, die sich ebenfalls durch deren objektive Auslegung zeigt, insbesondere anhand des Wortlautes, Vertragszusammenhanges und Zwecks.[18] Unberücksichtigt bleiben in diesem Zusammenhang somit reine Vorstellungen des Gründers.[19] Bloß schuldrechtlich wirkende, allerdings in den Gesellschaftsvertrag aufgenommene Regelungen, werden dagegen nach den allgemeinen Regelungen der §§ 133, 157 BGB ausgelegt.[20] Die höhere Bestandskraft wird allerdings auch bei der Anwendung der Vorschriften der §§ 305 ff. BGB zur Inhaltskontrolle bei

---

14 *Roth*, in: Roth/Altmeppen, GmbHG, § 3 Rn. 47, § 53 Rn. 2.

15 BGH, NJW 1963, 203, 204; *Fastrich*, in: Baumbach/Hueck, GmbHG, § 3 Rn. 55; *Roth*, in: Roth/Altmeppen, GmbHG, § 3 Rn. 48; § 53 Rn. 2; *Schnorbus*, in Rowedder/Schmidt-Leithoff, GmbHG, § 53 Rn. 5.

16 *Wicke*, in: Fleischer/Goette, MünchKommGmbHG, § 3 Rn. 79 m.w.N., 126.

17 *Wicke*, in: Fleischer/Goette, MünchKommGmbHG, § 3 Rn. 102 m.w.N., 110; *Zöllner/Noack*, in: Baumbach/Hueck, GmbHG, § 53 Rn. 15.

18 *Fett/Spiering*, in: Fett/Spiering, Handbuch Joint Venture, Kap. 7 Rn. 230; *Roth*, in: Roth/Altmeppen, GmbHG, § 3 Rn. 47; *Schmidt-Leithoff*, in Rowedder/Schmidt-Leithoff, GmbHG, § 2 Rn. 81, 84; *Ulmer*, NJW 1987, 1849, 1851; *Wicke*, in: Fleischer/Goette, MünchKommGmbHG, § 3 Rn. 105.

19 *Gores*, in: Hauschild/Kallrath/Wachter, Notarhandbuch, § 20 Rn. 21; *Schmidt-Leithoff*, in Rowedder/Schmidt-Leithoff, GmbHG, § 2 Rn. 84.

20 *Mayer*, MittBayNot 2006, 281, 282; *Schmidt-Leithoff*, in Rowedder/Schmidt-Leithoff, GmbHG, § 2 Rn. 82; *Ulmer*, NJW 1987, 1849, 1851; *Wicke*, DStR 2006, 1137, 1140;

AGB deutlich. Auf echte Satzungsbestandteile ist nach der h.M. die Bereichsausnahme des § 310 Abs. 4 Satz 1 BGB im Gegensatz zu den Unechten anwendbar, sodass bei diesen keine derartige Inhaltskontrolle stattfindet.[21] Überdies gelten für Änderungen von echten bzw. korporativen Bestandteilen des Gesellschaftsvertrages die Regelungen der §§ 53 f. GmbHG mit den dort bestimmten Mehrheitsanforderungen.[22] Letztlich kommt lediglich bei einem Verstoß gegen echte gesellschaftsvertragliche Regelungen die Anfechtbarkeit oder Nichtigkeit des entsprechenden Beschlusses der Gesellschafterversammlung in Betracht.[23]

b) *Echter oder unechter Satzungsbestandteil*

Die Mitveräußerungspflicht ist mangels gesetzlicher Regelung nicht zwingend in dem Gesellschaftsvertrag zu regeln. Fraglich ist nun, welche Wirkungen ihr zukommen, wenn sie in den Gesellschaftsvertrag eines als GmbH strukturierten jungen Unternehmens aufgenommen wird.

Nach einer Ansicht handelt es sich bei der Mitveräußerungspflicht um eine Nebenleistungspflicht i.S.d. § 3 Abs. 2 GmbHG.[24] Danach ist von einem echten Satzungsbestandteil auszugehen mit dem Vorteil, dass der Mitveräußerungspflicht in diesem Fall auch unmittelbare Wirkung gegenüber den Rechtsnachfolgern der Geschäftsanteile zukommt, da die mit dem Geschäftsanteil verbundenen Rechte und Pflichten übergehen.[25] Somit können nach der Vereinbarung unzulässige Verfügungen aufgrund der dinglichen Wirkung verhindert werden.[26]

Wicke, in: Fleischer/Goette, MünchKommGmbHG, § 3 Rn. 105, 135; *Zöllner/Noack*, in: Baumbach/Hueck, GmbHG, § 53 Rn. 15.

21 *Basedow*, in: Säcker/Rixecker/Oetker, MünchKommBGB, § 310 Rn. 86; *Schmidt*, in: Heidinger/Leible/Schmidt, GmbHG, § 3 Rn. 88; *Möllmann/Möllmann*, BWNotZ 2013, 74, 81; *Wicke*, in: Fleischer/Goette, MünchKommGmbHG, § 3 Rn. 107; *Winkler*, S. 92 f.

22 *Roth*, in: Roth/Altmeppen, GmbHG, § 53 Rn. 2 f.; *Zöllner/Noack*, in: Baumbach/Hueck, GmbHG, § 53 Rn. 20 ff.

23 *Fett/Spiering*, in: Fett/Spiering, Handbuch Joint Venture, Kap. 7 Rn. 230; *Zöllner/Noack*, in: Baumbach/Hueck, GmbHG, § 53 Rn. 15.

24 *Wicke*, in: Fleischer/Goette, MünchKommGmbHG, § 3 Rn. 81; *Winkler*, S. 209 m.w.N.

25 *Fett/Spiering*, in: Fett/Spiering, Handbuch Joint Venture, Kap. 7 Rn. 230; *Fleischer/Schneider*, DB 2012, 961, 965; *Heckschen*, in: Heckschen/Heidinger, Die GmbH in der Gestaltungs- und Beratungspraxis, § 4 Rn. 183; *Priester*, in: FS Hopt, 2010, S. 1139, 1150; *Schmiegelt/Schmidt*, in: Prinz/Winkeljohann, Beck'sches Handbuch der GmbH, § 3 Rn. 163; *von Beauvais/Hellich*, in: Jesch/Striegel/Boxberger, Rechtshandbuch Private Equity, S. 370.

26 *Schmiegelt/Schmidt*, in: Prinz/Winkeljohann, Beck'sches Handbuch der GmbH, § 3 Rn. 163.

Andere vertreten hingegen, dass eine im Gesellschaftsvertrag enthaltene Mitveräußerungspflicht, die nicht sämtliche Geschäftsanteile erfasst, keinen echten und damit korporativen Satzungsbestandteil darstellt.[27] Hierfür wird auf die lediglich zwischen dem Gründer und dem Investor bestehende persönliche Beziehung abgestellt.[28] Danach wäre grundsätzlich eine AGB-Kontrolle gemäß §§ 305 ff. BGB möglich, da die Bereichsausnahme des § 310 Abs. 4 Satz 1 BGB für unechte Satzungsbestandteile nicht gilt.

Wie bereits angesprochen sind bei der Entscheidung, ob es sich um eine echte oder unechte Satzungsbestimmung handelt und damit welche Bindungswirkung der Vereinbarung zukommt, letztlich der durch Auslegung zu ermittelnde Wille der Parteien und die Umstände des jeweiligen Falles entscheidend.[29] Bei einer Mitveräußerungspflicht im Rahmen einer mit Venture-Capital finanzierten Gesellschaft kommt es somit auf die hieran beteiligten Gesellschafter an. Für den Investor ist die Sicherstellung des *Exits* von elementarer Bedeutung, da er allein hierdurch eine Rendite erzielen kann. Er hat somit ein großes Interesse, dass dies auch dann sichergestellt ist, wenn der Gründer aus irgendwelchen Gründen aus der Gesellschaft ausscheidet und seine Anteile von einem neuen Gesellschafter oder einem bereits vorhanden Gesellschafter oder Mitgründer übernommen werden. Allein dadurch ist die Sicherung der Durchführung des *Exits* gewährleistet, sofern hierüber Streit entsteht. Es liegt somit ein deutlich erkennbarer Wille des Investors vor, auch mögliche Rechtsnachfolger in die Geschäftsanteile des Gründers der Mitveräußerungspflicht zu unterwerfen. Dem verständigen Gründer ist die Bedeutung des *Exits* für den Investor bekannt. Es ist gerade der Zweck der Mitveräußerungspflicht sicherzustellen, dass der Gründer die Veräußerung sämtlicher Geschäftsanteile der Gesellschaft im Wege des *Trade Sales* erreichen kann. Letztlich gilt dies, gerade im Zeitpunkt des *Exits*, unabhängig davon, wer der aktuelle Inhaber der Geschäftsanteile ist. Der Annahme einer echten Satzungsbestimmung steht nicht entgegen, dass ausschließlich gegenüber einzelnen Gesellschaftern Verpflichtungen übernommen werden, da hierfür ein besonderes Bedürfnis bestehen kann.[30] Gerade dies ist im Fall der Mitveräußerungspflicht gegeben, da bei dem Gründer und Investor besonders im Zeitpunkt des bevorstehenden *Exits* unterschiedliche Interessenschwerpunkte

---

27 *Lintz*, S. 88 ff.

28 *Lintz*, S. 89 f.

29 BGH, NJW 1963, 203, 204; *Fastrich*, in: Baumbach/Hueck, GmbHG, § 3 Rn. 55; *Roth*, in: Roth/Altmeppen, GmbHG, § 3 Rn. 48; § 53 Rn. 2; *Schnorbus*, in Rowedder/Schmidt-Leithoff, GmbHG, § 53 Rn. 5; *Topf*, S. 34 m.w.N., betreffend das Vorkaufsrecht.

30 *Wicke*, in: Fleischer/Goette, MünchKommGmbHG, § 3 Rn. 126.

vorliegen können.[31] Für den Investor besteht somit ein Bedürfnis, sich gegen mögliches opportunistisches Verhalten des Gründers abzusichern. Somit ergibt die Auslegung des Parteiwillens und der Umstände, die zur Vereinbarung der Mitveräußerungspflicht geführt haben, dass diese im Fall der Aufnahme in den Gesellschaftsvertrag eine echte Satzungsbestimmung mit den entsprechenden Rechtswirkungen darstellt.

c) Form

Unstreitig ist, dass der Gesellschaftsvertrag und Änderungen hieran der notariellen Form gemäß den §§ 2 Abs. 1 Satz 1 und § 53 Abs. 2 Satz 1 GmbHG bedürfen. Die regelmäßig in der Mitveräußerungspflicht enthaltene Verpflichtung zur Abtretung von Geschäftsanteilen an einen Dritten bedarf darüber hinaus gemäß § 15 Abs. 4 Satz 1 GmbHG der notariellen Form. Sofern die Mitveräußerungspflicht in dem Gesellschaftsvertrag enthalten ist, genügt der beurkundete Gesellschaftsvertrag zur Wahrung der Form des § 15 Abs. 4 Satz 1 GmbHG.[32]

d) Verfahren

Üblicherweise ist das junge Unternehmen zum Zeitpunkt des Einstiegs des Investors bereits gegründet, sodass insbesondere die Anforderungen an die Aufnahme einer Mitveräußerungspflicht in einen bereits bestehenden Gesellschaftsvertrag untersucht werden müssen.

Im Falle der ausnahmsweisen Beteiligung des Venture-Capital-Investors bereits im Gründungsstadium der Gesellschaft ist der Gesellschaftsvertrag gemäß § 2 Abs. 1 Satz 2 GmbHG von allen Gesellschaftern zu unterzeichnen. Daher ist für die Aufnahme einer Mitveräußerungspflicht in den Gründungsgesellschaftsvertrag die Zustimmung sämtlicher Gründungsgesellschafter erforderlich.

Sofern eine Mitveräußerungspflicht in den Gesellschaftsvertrag der bereits gegründeten GmbH aufzunehmen ist, ist dieser zu ändern und ist hierfür gemäß § 53 Abs. 2 Satz 1 GmbHG ein Mehrheitsbeschluss der Gesellschafterversammlung mit mindestens drei Viertel der abgegebenen Stimmen erforderlich. Dadurch zeigt sich das im Recht der GmbH vorherrschende Mehrheitsprinzip.[33] Die Gesellschafter können allerdings gemäß § 53 Abs. 2 Satz 2 GmbHG

31 Oben § 1 II. 9. a).

32 Vgl. *Fastrich*, in: Baumbach/Hueck, GmbHG, § 15 Rn. 33; *Mülsch/Penzel*, ZIP 2004, 1987, 1991 m.w.N., betreffend einer Option.

33 *Schmolke*, Grenzen der Selbstbindung im Privatrecht, S. 636.

durch Regelung im Gesellschaftsvertrag ein abweichendes Mehrheitserfordernis vorsehen. Hierbei sind aufgrund des Wortlautes der Regelung nur Abweichungen nach oben zulässig.[34]

Bei der Aufnahme zusätzlicher Leistungspflichten eines Gesellschafters, der die ungleiche Kürzung von Rechten der Gesellschafter und die Schaffung ungleicher Vorteile gleichgestellt sind, ist aufgrund der Regelung des § 53 Abs. 3 GmbHG die Zustimmung des betroffenen Gesellschafters erforderlich, sofern nicht ausnahmsweise durch hinreichend bestimmte Regelung im Gesellschaftsvertrag ein Beschluss der Gesellschaftsversammlung mit festgelegten Mehrheitserfordernissen ausreicht.[35] Durch eine Mitveräußerungspflicht wird der Gründer verpflichtet, auf Verlangen des Investors seine Geschäftsanteile an einen Dritten zu veräußern. Dies stellt bei nachträglicher Aufnahme in den Gesellschaftsvertrag eine zusätzliche Pflicht des Gründers dar und räumt dem Investor ein diesem allein zustehendes Recht ein. Folglich ist hierfür die Zustimmung des Gründers vonnöten.

Für die nachträgliche Einführung von Veräußerungsbeschränkungen ist die Zustimmung des betroffenen Gesellschafters nötig.[36] Fraglich ist daher in diesem Zusammenhang, ob in einer Mitveräußerungspflicht eine Veräußerungsbeschränkung von Geschäftsanteilen i.S.d. § 15 Abs. 5 GmbHG zu sehen ist. Einerseits wird dies verneint, da die Mitveräußerungspflicht die Umlauffähigkeit der Geschäftsanteile vielmehr erhöht, als dass eine Einschränkung stattfindet.[37] Dies mag gerade im Bereich des Venture-Capitals unter dem Gesichtspunkt überzeugen, da ein Erwerber in der Regel am Erwerb sämtlicher Geschäftsanteile interessiert ist.[38] Diese Einschätzung trifft allerdings lediglich auf beschreibender Ebene zu. In rechtlicher Hinsicht wird durch die Mitveräußerungspflicht nämlich sehr wohl die Veräußerung der Geschäftsanteile beschränkt.[39] Die

---

34 *Roth*, in: Roth/Altmeppen, GmbHG, § 53 Rn. 22; *Zöllner/Noack*, in: Baumbach/Hueck, GmbHG, § 53 Rn. 62 f.

35 *Gores*, in: Hauschild/Kallrath/Wachter, Notarhandbuch, § 20 Rn. 40; *Harbarth*, in: Fleischer/Goette, MünchKommGmbHG, § 53 Rn. 129; *Roth*, in: Roth/Altmeppen, GmbHG, § 53 Rn. 33; *Wicke*, in: Fleischer/Goette, MünchKommGmbHG, § 3 Rn. 80, betreffend die nachträgliche Aufnahme von Erwerbsvorrechten.

36 *Altmeppen*, in: Roth/Altmeppen, GmbHG, § 15 Rn. 98; *Fastrich*, in: Baumbach/Hueck, GmbHG, § 15 Rn. 40.

37 *Seibt*, in: Römermann, MAH GmbH-Recht, § 2 Rn. 221; *Seibt*, in: Seibt, Beck'sches Formularbuch Mergers & Acquisitions, F.V.2 Anm. 7.

38 Oben § 1 II. 9. a).

39 *Fett/Spiering*, in: Fett/Spiering, Handbuch Joint Venture, Kap. 7 Rn. 618; *Priester*, in: FS Hopt, 2010, S. 1139, 1150.

Verfügungsbefugnis des betroffenen Gesellschafters wird in diesem Moment dergestalt eingeschränkt, dass eine Veräußerung ausschließlich an den vom Investor benannten Dritten zulässig ist; gegenüber sonstigen Dritten ist die Abtretbarkeit sogar ausgeschlossen. Der Ausschluss der Möglichkeit der Abtretung ist zulässig.[40]

Insgesamt ist folglich für die nachträgliche Aufnahme einer Mitveräußerungspflicht in den Gesellschaftsvertrag einer GmbH die Zustimmung des Gründers als unmittelbar Betroffenem erforderlich.[41]

e) Zuweisung Rechte Dritter durch Gesellschaftsvertrag

Im Hinblick auf die im italienischen Recht vorgenommene Einordnung einer Mitveräußerungspflicht als satzungsmäßige *Call*-Option zugunsten eines Dritten (*opzione call a favore di terzo*)[42] und der entsprechenden Rechtezuweisung des Dritten sind kursorisch die Grundlagen der möglichen Drittberechtigung im Gesellschaftsvertrag einer GmbH darzustellen.

Außenstehenden Dritten können durch den Gesellschaftsvertrag eigene Rechte, wie Entsenderechte zugewiesen werden.[43] Dabei handelt es sich allerdings aufgrund des ansonsten drohenden Verstoßes gegen die Verbandsautonomie nicht um echte, sondern um unechte Bestandteile des Gesellschaftsvertrages.[44] Somit kommt lediglich eine schuldrechtliche Berechtigung des Dritten i.S.d. § 328 BGB durch den Gesellschaftsvertrag in Betracht.[45] Im deutschen Recht kann dem Erwerber der Geschäftsanteile danach nicht dieselbe umfassend geschützte Rechtsposition eingeräumt werden, die diesem durch die italienische Rechtsprechung bei einer Mitveräußerungspflicht eingeräumt wird.

---

40 BayObLG, ZIP 1989, 638, 640 f.; *Ebbing*, in: Heidinger/Leible/Schmidt, GmbHG, § 15 Rn. 138; *Fastrich*, in: Baumbach/Hueck, GmbHG, § 15 Rn. 37 f.; *Reichert/Weller*, in: Fleischer/Goette, MünchKommGmbHG, § 15 Rn. 393.

41 Vgl. *Heckschen*, in: Heckschen/Heidinger, Die GmbH in der Gestaltungs- und Beratungspraxis, § 4 Rn. 189a; *Priester*, in: FS Hopt, 2010, S. 1139, 1150; *Seibt*, in: Römermann, MAH GmbH-Recht, § 2 Rn. 223.

42 Oben § 3 III. 1.

43 *Fastrich*, in: Baumbach/Hueck, GmbHG, § 3 Rn. 26; *Hoffmann*, in: Heidinger/Leible/Schmidt, GmbHG, § 53 Rn. 11; *Roth*, in: Roth/Altmeppen, GmbHG, § 3 Rn. 46.

44 *Fastrich*, in: Baumbach/Hueck, GmbHG, § 3 Rn. 26; *Schmidt*, in: Heidinger/Leible/Schmidt, GmbHG, § 3 Rn. 86; *Wicke*, in: Fleischer/Goette, MünchKommGmbHG, § 3 Rn. 121; *Zöllner/Noack*, in: Baumbach/Hueck, GmbHG, § 53 Rn. 13.

45 *Fastrich*, in: Baumbach/Hueck, GmbHG, § 3 Rn. 26; *Wicke*, in: Fleischer/Goette, MünchKommGmbHG, § 3 Rn. 122.

f) Vor- und Nachteile der Regelung im Gesellschaftsvertrag

Im Zusammenhang mit einem der Vorteile der echten Satzungsregelung, dem Übergang der Mitveräußerungspflicht auf die jeweiligen Rechtsnachfolger, wird auch darauf hingewiesen, dass im Bereich des Venture-Capitals Gesellschafterwechsel selten vorkommen und sich diese positive Wirkung daher als nicht entscheidend darstellt.[46] Hiergegen ist einzuwenden, dass es gerade bei Gesellschaften, bei denen mehrere Gründer als Gesellschafter vorhanden sind, nicht unüblich ist, dass im Zeitraum von der Gründung bis zum *Exit* einzelne Gründer als Gesellschafter aussteigen. Dies ist insbesondere auf eine unterschiedliche Interessenentwicklung zurückzuführen. Im Laufe des Aufbaus des Unternehmens besteht daher ein Risiko, dass einzelne Gründer an ihren möglicherweise zu Beginn vorhandenen idealistischen Vorstellungen festhalten. Andere streben hingegen nach einem möglichst hohen Profit und sprechen sich für die Kommerzialisierung ihrer ursprünglichen Idee aus. Zu diesem Zweck greifen sie gerade auch auf die fachliche und wirtschaftlich Unterstützung von Venture-Capital-Investoren zurück. In diesen Fällen kommt es dabei häufig zu schweren und auch persönlichen Konflikten über die Unternehmensausrichtung, die letztlich nur mit dem Ausstieg eines Gründers gelöst werden können. Daher bietet die dingliche Wirkung der Mitveräußerungspflichten einen Vorteil, wenn es zu einem Gesellschafterwechsel kommt, da auch die Rechtsnachfolger der Geschäftsanteile des ausgeschiedenen Gründers hierdurch gebunden sind.

Gegen die Aufnahme in den Gesellschaftsvertrag wird hingegen eingewandt, dass dieser gemäß § 9 HGB öffentlich einsehbar ist, was von manchen Venture-Capital-Investoren unerwünscht ist.[47] Andererseits kann die hierdurch gegebene Publizität für einen interessierten Erwerber vorab die Gewissheit liefern, dass er bei einer vorhandenen und zulässigen Mitveräußerungspflicht sämtliche Anteile der Gesellschaft im Wege des *Trade Sales* erwerben kann. Dies könnte somit sogar die Attraktivität des Erwerbs des jungen Unternehmens durch einen Dritten steigern.

Weiterhin ist in diesem Zusammenhang die unter § 5 II. 2. dieser Untersuchung behandelte Problematik zu beachten, ob in einer Mitveräußerungspflicht ein unzulässiger Ausschluss bzw. eine unzulässige Beschränkung des Austrittsrechts des Gründers zu sehen ist. Diese Frage stellt sich allerdings nur, wenn es sich um eine korporativ wirkende Mitveräußerungspflicht handelt. Je nachdem,

---

46 *Fleischer/Schneider*, DB 2012, 961, 965.

47 Vgl. *Fett/Spiering*, in: Fett/Spiering, Handbuch Joint Venture, Kap. 7 Rn. 229; *Heckschen*, in: Heckschen/Heidinger, Die GmbH in der Gestaltungs- und Beratungspraxis, § 4 Rn. 183.

wie dieses Risiko von den Parteien gewichtet wird, kann dies gegen die Aufnahme der Mitveräußerungspflicht in den Gesellschaftsvertrag sprechen.

2. Beteiligungsvereinbarung

Anstatt der Aufnahme einer Mitveräußerungspflicht in den Gesellschaftsvertrag kommt bei der Aktiengesellschaft[48] und der GmbH auch die Regelung in einer Beteiligungsvereinbarung in Betracht.

a) Grundlagen und Rechtsnatur

Vorab ist festzuhalten, dass es keine spezifischen gesetzlichen Regelungen für schuldrechtliche Nebenabreden im deutschen Recht gibt. Es ist allerdings anerkannt, dass Vereinbarungen, die von den Gesellschaftern neben dem Gesellschaftsvertrag getroffen werden als rein schuldrechtliche Verträge aufgrund der Vertragsfreiheit zulässig sind.[49]

Dabei können diese als eine BGB-Innengesellschaft gemäß den §§ 705 ff. BGB qualifiziert werden.[50] Diese selbst nimmt im Gegensatz zur BGB-Außengesellschaft am Rechtsverkehr nicht teil. Eine BGB-Innengesellschaft ist dann zu bejahen, wenn die Parteien hiermit einen gemeinsamen Zweck verfolgen, anstatt dass darin eine bloße Vereinbarung einzelner Pflichten zur Verfolgung getrennter Interessen zu sehen ist.[51] Hierfür spricht auch, dass die Parteien die Ausübung

---

48 Die Aktionäre können die Mitveräußerungspflicht in einer schuldrechtlichen Vereinbarung regeln, so z.B. BayObLG, ZIP 1989, 638, 642 betreffend die Übertragungspflicht von Aktien; *Fett/Spiering*, in: Fett/Spiering, Handbuch Joint Venture, Kap. 7 Rn. 647; *Fleischer/Schneider*, DB 2012, 961, 965; *Heckschen*, in: Heckschen/Heidinger, Die GmbH in der Gestaltungs- und Beratungspraxis, § 4 Rn. 183, Fn. 898; *Hermanns*, in: Eckhardt/Hermanns, Kölner Handbuch Gesellschaftsrecht, Kap. 2 Rn. 1097; *Mayer*, MittBayNot 2006, 281, 285 f.; *Schäfer/Stephan*, Rn. 339 f.; *Tal*, S. 187; *Winkler*, S. 217 f.

49 *Baisch*, in: Hamann/Sigle, Vertragsbuch Gesellschaftsrecht, § 11 Rn. 148; *Hermanns*, in: Eckhardt/Hermanns, Kölner Handbuch Gesellschaftsrecht, Kap. 2 Rn. 1073 ff.; *Jesch/von Raven/Wischermann*, S. 28; *Roth*, in: Roth/Altmeppen, GmbHG, § 3 Rn. 49; *Wälzholz*, GmbHR 2009, 1020; *Wicke*, DStR 2006, 1137, 1138; *Wicke*, in: Fleischer/Goette, MünchKommGmbHG, § 3 Rn. 128, 132.

50 *Gores*, in: Hauschild/Kallrath/Wachter, Notarhandbuch, § 20 Rn. 23; *Mayer*, MittBayNot 2006, 281, 282; *Schmiegelt/Schmidt*, in: Prinz/Winkeljohann, Beck'sches Handbuch der GmbH, § 3 Rn. 159; *Ulmer*, NJW 1987, 1849, 1850; *Wälzholz*, GmbHR 2009, 1020, 1023; *Weinheimer*, in: Hölters, Handbuch Unternehmenskauf, Rn. 12.92.

51 *Schmiegelt/Schmidt*, in: Prinz/Winkeljohann, Beck'sches Handbuch der GmbH, § 3 Rn. 159; *Wälzholz*, GmbHR 2009, 1020, 1023; *Ziegert*, S. 44.

ihrer Gesellschafterrechte abstimmen, um ein gemeinsames Ziel zu erreichen.[52] Dabei ist die Frage des Vorliegens einer BGB-Innengesellschaft im Bereich des Venture-Capitals und speziell der Mitveräußerungspflicht umstritten. Bei einem jungen Unternehmen, das durch Venture-Capital finanziert ist, sind demnach die Ziele zu untersuchen, die den Gründer und den Investor zum Abschluss einer Beteiligungsvereinbarung bewegen. Darin regeln sie die gegenseitigen Rechte und Pflichten zur Führung und Entwicklung des Unternehmens. Der Gründer benötigt dabei den Investor, um seine Idee verfolgen zu können.[53] Der Investor erklärt sich zur Finanzierung bereit, weil er danach strebt, hierdurch eine Rendite zu erzielen.[54] Allein durch ein funktionierendes Zusammenspiel dieser beiden Personen ist es möglich, das Unternehmen in eine wirtschaftlich positive Bahn zu lenken. Daher liegt dieser Verbindung der ursprüngliche Zweck zugrunde, dass sich zunächst die Geschäftsidee am Markt durchsetzt und anschließend ein erfolgreicher *Exit* vollzogen werden kann. Insgesamt geht es somit um den wirtschaftlich erfolgreichen Aufbau des Unternehmens durch beide Gesellschafter. Somit stellt die zwischen dem Gründer und Investor geschlossene Beteiligungsvereinbarung eine Innengesellschaft i.S.d. §§ 705 ff. BGB dar.[55] Für die Praxis wird zur Behebung möglicher Zweifel, ob eine BGB-Innengesellschaft im Einzelfall vorliegt, vorgeschlagen, dass dies von den Parteien in der Beteiligungsvereinbarung hinreichend deutlich gemacht wird.[56]

Es steht im Ermessen der Gesellschafter, ob sie bestimmte Verpflichtungen untereinander als Nebenleistungspflichten i.S.d. § 3 Abs. 2 GmbHG im Gesellschaftsvertrag oder außerhalb dessen schuldrechtlich regeln möchten.[57] Echte Satzungsbestandteile bedürfen allerdings zu ihrer Wirksamkeit der Aufnahme

52 *Priester*, in: Priester/Mayer/Wicke, Münch. Hdb. GesR III, § 21 Rn. 16.

53 Oben § 1 II. 5.

54 Oben § 1 II. 6.

55 *Brehm*, S. 27; *Kuntz*, S. 259 ff.; *Seibt*, in: Seibt, Beck'sches Formularbuch Mergers & Acquisitions, F.V.1 Anm. 2, F.V.2 Anm. 2; *Weitnauer*, in: Weitnauer, Venture Capital, Teil F. Rn. 150; *Ziegert*, S. 45; a.A. *Winkler*, S. 49 ff., der lediglich den Zweck der Sicherung der Interessen des Investors bejaht; hierbei wird allerdings das Interesse des Gründers an der positiven Unternehmensentwicklung und damit letztlich an der Erzielung einer wirtschaftlichen Rendite und die vom Investor gebotene Unterstützung des Gründers zu wenig berücksichtigt.

56 *Gores*, in: Hauschild/Kallrath/Wachter, Notarhandbuch, § 20 Rn. 23.

57 *Fastrich*, in: Baumbach/Hueck, GmbHG, § 3 Rn. 57; *Ulmer*, NJW 1987, 1849, 1850; *Wicke*, DStR 2006, 1137, 1138; *Wicke*, in: Fleischer/Goette, MünchKommGmbHG, § 3 Rn. 132.

in den Gesellschaftsvertrag.[58] Dabei sind derartige schuldrechtliche Vereinbarungen formfrei möglich, sofern nicht besondere darin enthaltene Regelungen die Erfüllung einer bestimmen Form bedingen.[59] Hervorzuheben ist weiterhin, dass durch eine Beteiligungsvereinbarung lediglich die unmittelbaren Vertragsparteien berechtigt und verpflichtet sind.[60] Daher erfolgt der Eintritt in diese durch den jeweiligen Rechtsnachfolger in die Geschäftsanteile nicht automatisch wie bei einer echten Satzungsregelung. Es besteht überdies die Möglichkeit, Dritten Ansprüche gemäß § 328 BGB zuzuweisen.[61]

Die Bestimmungen der Beteiligungsvereinbarung dürfen zudem nicht denen des Gesellschaftsvertrages widersprechen.[62]

Der Verstoß gegen die Regelung in einer Beteiligungsvereinbarung kann grundsätzlich nur mit einer Leistungsklage geltend gemacht werden und führt lediglich ausnahmsweise zur Anfechtbarkeit des entsprechenden Beschlusses der Gesellschafterversammlung.[63] Weiterhin setzt sich der pflichtwidrig handelnde Gesellschafter dem Risiko von Schadensersatzansprüchen oder Vertragsstrafen aus.[64]

---

58 *Wälzholz*, GmbHR 2009, 1020; *Wicke*, in: Fleischer/Goette, MünchKommGmbHG, § 3 Rn. 132.

59 *Hermanns*, in: Eckhardt/Hermanns, Kölner Handbuch Gesellschaftsrecht, Kap. 2 Rn. 1089; *Jesch/von Raven/Wischermann*, S. 29; *Schmiegelt/Schmidt*, in: Prinz/Winkeljohann, Beck'sches Handbuch der GmbH, § 3 Rn. 176; *Wälzholz*, GmbHR 2009, 1020, 1023 f.

60 *Gores*, in: Hauschild/Kallrath/Wachter, Notarhandbuch, § 20 Rn. 15, 19, 22; *Schmiegelt/Schmidt*, in: Prinz/Winkeljohann, Beck'sches Handbuch der GmbH, § 3 Rn. 160.

61 *Gores*, in: Hauschild/Kallrath/Wachter, Notarhandbuch, § 20 Rn. 14; *Hermanns*, in: Eckhardt/Hermanns, Kölner Handbuch Gesellschaftsrecht, Kap. 2 Rn. 1075.

62 *Gores*, in: Hauschild/Kallrath/Wachter, Notarhandbuch, § 20 Rn. 30; *Kuntz*, S. 318 ff., für eine ausführliche Darstellung; *Weinheimer*, in: Hölters, Handbuch Unternehmenskauf, Rn. 12.92 m.w.N.

63 *Fett/Spiering*, in: Fett/Spiering, Handbuch Joint Venture, Kap. 7 Rn. 230; *Schmiegelt/Schmidt*, in: Prinz/Winkeljohann, Beck'sches Handbuch der GmbH, § 3 Rn. 174; *Wälzholz*, GmbHR 2009, 1020, 1026; *Wicke*, in: Fleischer/Goette, MünchKommGmbHG, § 3 Rn. 138, 139 ff.

64 *Hermanns*, in: Eckhardt/Hermanns, Kölner Handbuch Gesellschaftsrecht, Kap. 2 Rn. 1076; *Mayer*, MittBayNot 2006, 281, 292; *Schmiegelt/Schmidt*, in: Prinz/Winkeljohann, Beck'sches Handbuch der GmbH, § 3 Rn. 174; *Wicke*, in: Fleischer/Goette, MünchKommGmbHG, § 3 Rn. 138; *Wälzholz*, GmbHR 2009, 1020, 1026 f.

b) *Form*

Ursprünglich vereinbarten die Gesellschafter Mitveräußerungspflichten nicht in der Satzung der Gesellschaft, sondern vornehmlich in Beteiligungsvereinbarungen.[65] Mitveräußerungspflichten können grundsätzlich in Beteiligungsvereinbarungen zwischen den Gesellschaftern einer GmbH aufgenommen werden.[66] Allerdings ist in diesem Fall im Gegensatz zur Aktiengesellschaft[67] die gesamte Beteiligungsvereinbarung gemäß § 15 Abs. 3 und 4 GmbHG zu beurkunden, da die Mitveräußerungspflicht eine Verpflichtung zur Abtretung der Geschäftsanteile des Gründers enthält.[68]

c) *Dauer*

Im Gegensatz zum Gesellschaftsvertrag stellt sich bei der Beteiligungsvereinbarung zwischen dem Gründer und dem Investor die Problematik der Dauer dieser Vereinbarung.[69] Ist diese auf unbestimmte Zeit geschlossen und rechtlich als BGB-Innengesellschaft einzuordnen, so kann sie grundsätzlich gemäß § 723 Abs. 1 Satz 1 BGB von jedem Gesellschafter jederzeit gekündigt werden. Der Gründer und der Venture-Capital-Investor arbeiten jedoch gemeinsam auf das langfristige Ziel hin, das Unternehmen aufzubauen, sodass dieses am Markt erfolgreich operiert. Danach würde die jederzeit mögliche Beendigungsmöglichkeit

---

65 *Hauschild/Kallrath*, in: Hauschild/Kallrath/Wachter, Notarhandbuch, § 16 Rn. 316.

66 *Gores*, in: Hauschild/Kallrath/Wachter, Notarhandbuch, § 20 Rn. 106; *Heckschen*, in: Heckschen/Heidinger, Die GmbH in der Gestaltungs- und Beratungspraxis, § 4 Rn. 188; *Hermanns*, in: Eckhardt/Hermanns, Kölner Handbuch Gesellschaftsrecht, Kap. 2 Rn. 1115 ff.; *Priester*, in: FS Hopt, 2010, S. 1139, 1149; *Schäfer/Stephan*, Rn. 128 f.; *Schmiegelt/Schmidt*, in: Prinz/Winkeljohann, Beck'sches Handbuch der GmbH, § 3 Rn. 163; *von Beauvais/Hellich*, in: Jesch/Striegel/Boxberger, Rechtshandbuch Private Equity, S. 369; *Wicke*, in: Fleischer/Goette, MünchKommGmbHG, § 3 Rn. 81, 131; *Ziegert*, S. 171.

67 *Gores*, in: Hauschild/Kallrath/Wachter, Notarhandbuch, § 20 Rn. 92, da Aktien formfrei übertragbar sind.

68 *Baisch*, in: Hamann/Sigle, Vertragsbuch Gesellschaftsrecht, § 11 Rn. 143; *Gores*, in: Hauschild/Kallrath/Wachter, Notarhandbuch, § 20 Rn. 60, 92; *Grub/Thiem*, in: Hamann/Sigle, Vertragsbuch Gesellschaftsrecht, § 19 Rn. 158; *Heckschen*, in: Heckschen/Heidinger, Die GmbH in der Gestaltungs- und Beratungspraxis, § 4 Rn. 188; *Hergeth/Mingau*, DStR 2001, 1217, 1219; *Hermanns*, in: Eckhardt/Hermanns, Kölner Handbuch Gesellschaftsrecht, Kap. 2 Rn. 1090, 1131; *Inhester*, in: Jesch/Striegel/Boxberger, Rechtshandbuch Private Equity, S. 254 f.; *Jesch/von Raven/Wischermann*, S. 29; *Möllmann/Möllmann*, BWNotZ 2013, 74, 81.

69 *Gores*, in: Hauschild/Kallrath/Wachter, Notarhandbuch, § 20 Rn. 42 f.

der Beteiligungsvereinbarung durch den Ausstieg einer Partei dieses Ziel gefährden, da hierin wesentliche Rechte und Pflichten der gemeinsamen Unternehmung geregelt sind. Dies ist nicht im Interesse der beteiligten Parteien.[70] Für den Investor ist entscheidend, dass die ihm in der Beteiligungsvereinbarung zugewiesenen Rechte, insbesondere beim *Exit*, für die Dauer seiner Gesellschafterstellung zustehen. Ein Ausstieg des Gründers aus der Beteiligungsvereinbarung hätte für ihn demnach fatale Konsequenzen. Daher strebt jedenfalls der Investor eine Beschränkung des Kündigungsrechts der Parteien an.[71] Gleiches muss jedoch für den Gründer gelten, da er auf die Unterstützung des Investors angewiesen ist.

Hierfür ist allerdings § 723 Abs. 3 BGB zu beachten, nach dem das Kündigungsrecht nicht ausgeschlossen oder unzumutbar beschränkt werden kann. Danach ist es zulässig, das ordentliche Kündigungsrecht durch eine entsprechende Befristung für eine gewisse Zeit einzuschränken.[72] Es existieren keine allgemeingültigen Vorgaben zur zulässigen Höchstdauer dieser Befristung. Dies hängt vom jeweiligen Einzelfall ab, wobei zu berücksichtigen ist, dass keine zeitlich unübersehbare Bindung erfolgen darf, die das persönliche und wirtschaftliche Fortkommen eines Gesellschafters unzumutbar einschränkt.[73] Unstrittig ist allerdings, dass Vereinbarungen über der Höchstgrenze von 30 Jahren unwirksam sind.[74] Allerdings besteht im Einzelfall auch bereits bei Befristungen von 15 Jahren das Risiko der Unwirksamkeit.[75] Hiervon unberührt bleibt jedoch die Möglichkeit der Kündigung aus wichtigem Grund.

d) Vor- und Nachteile der Regelung in der Beteiligungsvereinbarung

Im Gegensatz zum Gesellschaftsvertrag, ist die neben diesem eigenständige Beteiligungsvereinbarung nicht im Handelsregister einzutragen.[76] Somit sind

70 *Gores*, in: Hauschild/Kallrath/Wachter, Notarhandbuch, § 20 Rn. 41.

71 Vgl. *Fett/Spiering*, in: Fett/Spiering, Handbuch Joint Venture, Kap. 7 Rn. 548 f., *Gores*, in: Hauschild/Kallrath/Wachter, Notarhandbuch, § 20 Rn. 41.

72 *Wälzholz*, GmbHR 2009, 1020, 1025.

73 BGH, DNotZ 2012, 869, 872; *Wälzholz*, GmbHR 2009, 1020, 1026.

74 *Gores*, in: Hauschild/Kallrath/Wachter, Notarhandbuch, § 20 Rn. 42; *Mayer*, MittBayNot 2006, 281, 291; *Wälzholz*, GmbHR 2009, 1020, 1025 f.

75 *Wälzholz*, GmbHR 2009, 1020, 1026.

76 *Gores*, in: Hauschild/Kallrath/Wachter, Notarhandbuch, § 20 Rn. 10; *Hermanns*, in: Eckhardt/Hermanns, Kölner Handbuch Gesellschaftsrecht, Kap. 2 Rn. 1073; *Möllmann/Möllmann*, BWNotZ 2013, 74, 80; *Wälzholz*, GmbHR 2009, 1020, 1021.

Beteiligungsvereinbarungen nicht öffentlich einsehbar gemäß § 9 HGB.[77] Dies hat den Vorteil, dass hierdurch das ggf. bestehende Geheimhaltungsinteresse der Investoren gewahrt wird.[78] Zudem bietet die Beteiligungsvereinbarung den hieran beteiligten Parteien insofern Schutz als diese nur einstimmig geändert werden kann.[79] Dies gilt lediglich dann nicht, wenn eine BGB-Innengesellschaft vorliegt und die Parteien von dem gesetzlichen Einstimmigkeitsgrundsatz für Änderungen des Gesellschaftsvertrages abgewichen sind.[80] Der Gesellschaftsvertrag ist dagegen in der Regel durch Beschluss der Gesellschafterversammlung mit den in der Satzung geregelten Mehrheitserfordernissen änderbar.

Zudem wird vertreten, dass eine schuldrechtliche Nebenabrede eine größere Flexibilität im Vergleich zur Regelung in der Satzung bietet, da gerade kein Erfordernis der notariellen Beurkundung besteht.[81] Dieser Vorteil besteht allerdings insbesondere bei der Aktiengesellschaft aufgrund des Prinzips der Satzungsstrenge gemäß § 23 Abs. 5 AktG. Bei der GmbH selbst steht den Gesellschaftern hingegen eine größere Flexibilität bei der Gestaltung der Satzung zu. Zudem muss speziell für die Mitveräußerungspflicht beachtet werden, dass aufgrund dieser bei der GmbH ohnehin eine notarielle Beurkundung gemäß § 15 Abs. 3 und 4 GmbHG erforderlich ist. Daher stellt das Argument der größeren Flexibilität lediglich auf den ersten Blick einen vermeintlichen Vorteil der Beteiligungsvereinbarung dar.

Die in einer Beteiligungsvereinbarung festgehaltenen schuldrechtlichen Bestimmungen gehen hingegen nur durch gesonderte Vereinbarung auf den

---

77 *Gores*, in: Hauschild/Kallrath/Wachter, Notarhandbuch, § 20 Rn. 10 f.; *Wicke*, in: Fleischer/Goette, MünchKommGmbHG, § 3 Rn. 130.

78 *Fleischer/Schneider*, DB 2012, 961, 965; *Fritzsche/Häußermann*, in: Berens/Brauner/Frodermann, Unternehmensentwicklung mit Finanzinvestoren, S. 375, 381; *Gores*, in: Hauschild/Kallrath/Wachter, Notarhandbuch, § 20 Rn. 11.

79 *Fleischer/Schneider*, DB 2012, 961, 965; *Jesch/von Raven/Wischermann*, S. 29; *Mayer*, MittBayNot 2006, 281, 282; *Priester*, in: Priester/Mayer/Wicke, Münch. Hdb. GesR III, § 21 Rn. 19; *Ulmer*, NJW 1987, 1849, 1851; *Wicke*, in: Fleischer/Goette, MünchKommGmbHG, § 3 Rn. 135.

80 *Priester*, in: Priester/Mayer/Wicke, Münch. Hdb. GesR III, § 21 Rn. 19; *Ulmer*, NJW 1987, 1849, 1851; *Wälzholz*, GmbHR 2009, 1020, 1026.

81 *Gores*, in: Hauschild/Kallrath/Wachter, Notarhandbuch, § 20 Rn. 12; *Pentz*, in: Goette/Habersack/Kalss, MünchKommAktG, § 23 Rn. 197; *Priester*, in: Priester/Mayer/Wicke, Münch. Hdb. GesR III, § 21 Rn. 6; *Schmiegelt/Schmidt*, in: Prinz/Winkeljohann, Beck'sches Handbuch der GmbH, § 3 Rn. 157; *Wicke*, in: Fleischer/Goette, MünchKommGmbHG, § 3 Rn. 130.

Rechtsnachfolger der Geschäftsanteile über, indem er dieser beitritt.[82] Dies unterscheidet sie damit von echten Satzungsbestandteilen. Die bloße Kenntnis der Beteiligungsvereinbarung durch den Erwerber der Geschäftsanteile genügt nicht für die Annahme eines konkludenten Beitrittswillen, da ein Erwerber nicht zwingend ein Interesse daran hat, zusätzliche Verpflichtungen zu übernehmen.[83] Zwar können die Veräußerer von Geschäftsanteilen verpflichtet werden, die Erwerber zum Beitritt in die Beteiligungsvereinbarung zu verpflichten.[84] In diesem Zusammenhang wird ebenfalls vorgeschlagen, eine derartige Verpflichtung durch Vertragsstrafen oder Schadenspauschalierungen abzusichern.[85] Trotz allem wirkt diese Verpflichtung lediglich schuldrechtlich und kann die pflichtwidrige Veräußerung der Geschäftsanteile ohne Eintritt des Erwerbers in die Beteiligungsvereinbarung nicht verhindern. Damit kann die in einer Gesellschaftervereinbarung enthaltene und damit lediglich schuldrechtlich wirkende Mitveräußerungspflicht keine dinglichen Verfügungsgeschäfte verhindern, die dem Verlangen des Investors zur Mitveräußerung widersprechen.[86] Daher bieten sie ein geringeres Schutzniveau für den Investor im Gegensetz zu einer gesellschaftsvertraglichen Regelung.[87] Sofern die Mitveräußerungspflicht jedoch rechtlich als Call-Option in der Form des bedingten Hauptvertrags bzw. als aufschiebend bedingte Veräußerungspflicht eingeordnet wird und sowohl die Pflicht zum Verkauf als auch zur Abtretung der Geschäftsanteile enthält, sind Verfügungen des verpflichteten Gründers über die Geschäftsanteile während der Schwebezeit gemäß § 161 Abs. 1 Satz 1 BGB unwirksam und ein gutgläubiger Erwerb der Geschäftsanteile scheidet aus. Dies ist im Interesse des Investors.

Weiterhin gilt die geringere Schutzwirkung der Regelung in einer Beteiligungsvereinbarung nur auf den ersten Blick. Im Gesellschaftsvertrag kann

82 *Hermanns*, in: Eckhardt/Hermanns, Kölner Handbuch Gesellschaftsrecht, Kap. 2 Rn. 1075; *Jesch/von Raven/Wischermann*, S. 28; *Wälzholz*, GmbHR 2009, 1020, 1024, der den Beitritt für die Annahme einer BGB-Innengesellschaft vorschlägt; *Weinheimer*, in: Hölters, Handbuch Unternehmenskauf, Rn. 12.92; *Wicke*, in: Fleischer/Goette, MünchKommGmbHG, § 3 Rn. 111, 136.

83 *Gores*, in: Hauschild/Kallrath/Wachter, Notarhandbuch, § 20 Rn. 45; *Wicke*, DStR 2006, 1137, 1140; *Wicke*, in: Fleischer/Goette, MünchKommGmbHG, § 3 Rn. 136.

84 *Wälzholz*, GmbHR 2009, 1020, 1025.

85 *Wälzholz*, GmbHR 2009, 1020, 1025.

86 Vgl. *Schmiegelt/Schmidt*, in: Prinz/Winkeljohann, Beck'sches Handbuch der GmbH, § 3 Rn. 163; *Wälzholz*, GmbHR 2009, 1020, 1021.

87 *Zirngibl/Kupsch*, BB 2011, 579.

nämlich eine Vinkulierungsklausel i.S.d. § 15 Abs. 5 GmbHG über die Abtretung der Geschäftsanteile vereinbart werden.[88] Demnach ist die erforderliche Zustimmung der Mitgesellschafter bzw. der Gesellschaft nur zu erteilen, wenn der Erwerber in die Beteiligungsvereinbarung eintritt.[89] Sofern die Abtretung der Geschäftsanteile in diesem Fall ohne die Zustimmung durch die Mitgesellschafter oder die Gesellschaft erfolgt, ist diese unwirksam. Hierdurch erhält somit die in einer Beteiligungsvereinbarung aufgenommene Mitveräußerungspflicht eine quasi-dingliche Wirkung. Folglich genießt der Investor dadurch ein Schutzniveau, das mit dem eines echten Satzungsbestandteils durch die Aufnahme in den Gesellschaftsvertrag vergleichbar ist.

e) Rechtliche Grenzen

Bei einer außerhalb des Gesellschaftsvertrages bestehenden Beteiligungsvereinbarung besteht das Risiko der Inhaltskontrolle gemäß §§ 305 ff. BGB. Bevor unter § 5 II. 7. dieser Untersuchung näher auf diese Problematik eingegangen wird, soll im Zusammenhang mit der Prüfung und den Vor- und Nachteilen des Regelungsortes der Mitveräußerungspflicht lediglich untersucht werden, ob die Bereichsausnahme des § 310 Abs. 4 Satz 1 BGB für die Beteiligungsvereinbarung eingreift.

Gemäß § 310 Abs. 4 Satz 1 BGB gelten die Vorschriften der §§ 305 ff. BGB nicht bei Verträgen des Gesellschaftsrechts. Unstreitig ist, dass eine BGB-Innengesellschaft gemäß §§ 705 ff. BGB unter die Bereichsausnahme des § 310 Abs. 4 Satz 1 BGB fällt.[90] Verträge, die lediglich eine schuldrechtliche Austauschbeziehung betreffen, fallen hingegen nicht unter die Ausnahme.[91] Dies liegt aber gerade nicht vor, wenn ein gemeinsamer Zweck verfolgt wird.[92] Dasselbe gilt für Verträge, die die gesellschafterlichen Rechte nicht unmittelbar regeln.[93] Fraglich ist daher, ob die Beteiligungsvereinbarung einen Vertrag des Gesellschaftsrechts i.S.d. § 310 Abs. 4 Satz 1 BGB darstellt.

---

88 *Fastrich*, in: Baumbach/Hueck, GmbHG, § 15 Rn. 37; *Weitnauer*, NZG 2001, 1065, 1071; *Wicke*, in: Fleischer/Goette, MünchKommGmbHG, § 3 Rn. 136.

89 *Wicke*, in: Fleischer/Goette, MünchKommGmbHG, § 3 Rn. 136.

90 *Basedow*, in: Säcker/Rixecker/Oetker, MünchKommBGB, § 310 Rn. 86; *Schlosser*, in: Staudinger, Kommentar zum Bürgerlichen Gesetzbuch, § 310 Rn. 76.

91 *Basedow*, in: Säcker/Rixecker/Oetker, MünchKommBGB, § 310 Rn. 89.

92 *Kuntz*, S. 250.

93 *Brehm*, S. 48; *Schlosser*, in: Staudinger, Kommentar zum Bürgerlichen Gesetzbuch, § 310 Rn. 77.

Nach einer Ansicht greift für diesen Fall die Bereichsausnahme des § 310 Abs. 4 Satz 1 BGB nicht.[94] Hierzu wird angeführt, dass gerade keine BGB-Innengesellschaft vorliegt, da es ausschließlich um die Wahrung der Interessen des Investors geht und insofern kein gemeinsamer Zweck verfolgt wird.[95] Nach anderer Ansicht ist hingegen ein Eingreifen des § 310 Abs. 4 Satz 1 BGB zu bejahen.[96] Dies wird insbesondere damit begründet, da in der Beteiligungsvereinbarung eine BGB-Innengesellschaft zu sehen ist.[97] Nicht zu vergessen ist in diesem Zusammenhang, dass sämtliche Gesellschafter Partei der Beteiligungsvereinbarung sind. Hierdurch wird gerade bezweckt, den gemeinsamen Aufbau des Unternehmens zu regeln und Einfluss auf die Ausübung der Gesellschafterrechte zu nehmen. Somit ist der für das Vorliegen einer BGB-Innengesellschaft erforderliche Zweck zu bejahen. Weiterhin streitet hierfür die Tatsache, dass sich der gemäß § 307 Abs. 2 Nr. 1 BGB anzulegende Kontrollmaßstab allein an gesellschaftsrechtlichen Regelungen und gerade nicht an Schuldrechtlichen orientieren würde.[98] Folglich spricht vieles dafür, dass eine Beteiligungsvereinbarung zwischen Gründer und Venture-Capital-Investor unter die Bereichsausnahme des § 310 Abs. 4 Satz 1 BGB fällt und daher der AGB-Kontrolle entzogen ist.

Letztlich muss beachtet werden, dass für die Privatautonomie der Gesellschafter, wie schon bei Regelungen im Gesellschaftsvertrag, auch im Rahmen von Beteiligungsvereinbarungen allgemeine Grenzen gelten, insbesondere die der Sittenwidrigkeit gemäß § 138 BGB.[99] Es ist hervorzuheben, dass die unter § 5 II. 1. dieser Untersuchung dargestellten Grundsätze der unzulässigen Hinauskündigung eines Gesellschafters unabhängig davon gelten, ob die entsprechende Klausel in dem Gesellschaftsvertrag oder einer gesonderten schuldrechtlichen Vereinbarung geregelt ist.[100]

---

94 *Fastrich*, in: Baumbach/Hueck, GmbHG, § 3 Rn. 56; *Gores*, in: Hauschild/Kallrath/Wachter, Notarhandbuch, § 20 Rn. 23; *Möllmann/Möllmann*, BWNotZ 2013, 74, 81; *Wicke*, in: Fleischer/Goette, MünchKommGmbHG, § 3 Rn. 135; *Winkler*, S. 92 ff.

95 *Winkler*, S. 92 ff.; siehe hierzu auch die Ausführungen oben § 4 II. 2. a) Fn. 55.

96 *Brehm*, S. 49; *Gores*, in: Hauschild/Kallrath/Wachter, Notarhandbuch, § 20 Rn. 22; *Weitnauer*, in: Weitnauer, Venture Capital, Teil F. Rn. 96.

97 *Gores*, in: Hauschild/Kallrath/Wachter, Notarhandbuch, § 20 Rn. 23; *Wälzholz*, GmbHR 2009, 1020, 1023.

98 *Weitnauer*, in: Weitnauer, Venture Capital, Teil F. Rn. 96.

99 *Schmiegelt/Schmidt*, in: Prinz/Winkeljohann, Beck'sches Handbuch der GmbH, § 3 Rn. 168; *Wicke*, in: Fleischer/Goette, MünchKommGmbHG, § 3 Rn. 132.

100 BGH, NJW 1990, 2622; BGH, NJW 2005, 3641, 3642; *Priester*, in: FS Hopt, 2010, S. 1139, 1149 f.

3. Stellungnahme

Folglich kann eine Mitveräußerungspflicht sowohl in dem Gesellschaftsvertrag einer GmbH als auch in einer gesonderten Beteiligungsvereinbarung geregelt werden. Dabei bietet dies für die Parteien unterschiedliche Vor- und Nachteile.

Nach der hier vertretenen Meinung stellt die in dem Gesellschaftsvertrag aufgenommene Mitveräußerungspflicht im Bereich der Venture-Capital-Finanzierung eine echte Satzungsbestimmung dar und wirkt daher auch dinglich. Dies hat den Vorteil, dass sie bei einer möglichen Geschäftsanteilsveräußerung durch einen Gesellschafter sowohl für dessen Rechtsnachfolger als auch für neu eintretende Gesellschafter gilt.

Ist die Mitveräußerungspflicht hingegen in einer Beteiligungsvereinbarung geregelt, so wirkt sie lediglich schuldrechtlich zwischen den Vertragsparteien und geht nicht automatisch auf einen Rechtsnachfolger über. Zudem gilt sie nicht für neu in die Gesellschaft eintretende Gesellschafter. Sofern in diesem Fall allerdings im Gesellschaftsvertrag eine zusätzliche Vinkulierung der Anteile vorgesehen ist, kann die Mitveräußerungspflicht quasi-dinglich abgesichert werden. Dadurch kann eine der echten Satzungsbestimmung vergleichbare Schutzwirkung erreicht werden. Ergänzend kann in der Beteiligungsvereinbarung für den veräußerungswilligen Gesellschafter die schuldrechtliche Verpflichtung aufgenommen werden, dass er seinen Rechtsnachfolger zum Beitritt in die bestehende Beteiligungsvereinbarung zu verpflichten hat.

Bei der Beteiligungsvereinbarung stellt sich im Gegensatz zum Gesellschaftsvertrag das Problem der Dauer der Bindung. Das den Parteien zustehende Kündigungsrecht kann nämlich lediglich für einen bestimmten Zeitraum ausgeschlossen werden, wobei grundsätzlich ein Zeitraum von bis zu 15 Jahren zulässig sein dürfte. Sofern demnach ein *Exit* bis zu diesem Zeitpunkt noch nicht erfolgt ist, tritt für den Investor das Risiko ein, dass sich der Gründer durch eine ordentliche Kündigung von seinen Verpflichtungen lösen kann. Wie bereits gesehen,[101] ist allerdings auch die Laufzeit eines Venture-Capital-Fonds vorgegeben und beträgt in der Regel nicht mehr als 12 Jahre. Zudem muss berücksichtigt werden, dass es sehr fraglich ist, ob ein Unternehmen gerade im Bereich der Hochtechnologie überhaupt noch fähig ist, jemals einen wirtschaftlichen Erfolg zu erreichen, wenn der Zeitpunkt des *Exits* nach Ablauf dieses langen Zeitraumes noch nicht absehbar ist. Damit kann in der Regel auch bei einer Beteiligungsvereinbarung eine Bindungsdauer des Gründers erreicht werden, die den Interessen des Investors entspricht.

---

101 Oben § 1 II. 9.

Unterschiede bestehen allerdings zu der Möglichkeit der Kenntnisnahme Dritter von der Mitveräußerungspflicht. Ist diese im Gesellschaftsvertrag geregelt, kann sie aufgrund der Publizität des Handelsregisters, von jedem eingesehen werden. Dies widerspricht aber teilweise den Geheimhaltungsinteressen der Parteien. Diese werden durch die Regelung in einer Beteiligungsvereinbarung hingegen in vollem Umfang gewahrt, da sie ausschließlich den hieran beteiligten Parteien bekannt ist.

Umstritten ist hingegen, ob eine Mitveräußerungspflicht, die in einer Beteiligungsvereinbarung enthalten ist, der AGB-Kontrolle gemäß den §§ 305 ff. BGB unterfällt. Nach der hier vertretenen Meinung handelt es sich bei der Beteiligungsvereinbarung aufgrund der gemeinsamen Zweckverfolgung um eine BGB-Innengesellschaft i.S.d. §§ 705 ff. BGB. Aus diesen Gründen würde daher die Inhaltskontrolle entfallen, da die Ausnahmeregelung des § 310 Abs. 4 Satz 1 BGB greift. Bei der Regelung einer Mitveräußerungspflicht im Gesellschaftsvertrag greift die Bereichsausnahme des § 310 Abs. 4 Satz 1 BGB dagegen unstrittig ein. Bis zu einer höchstrichterlichen Klärung besteht daher das Risiko, dass diese Bereichsausnahme für die im Rahmen der Venture-Capital-Finanzierung eingesetzten Beteiligungsvereinbarungen nicht eingreift. Aus Rechtssicherheitsgründen könnte somit daran gedacht werden, dass die für den Venture-Capital-Investor wesentliche Regelung der Mitveräußerungspflicht in den Gesellschaftsvertrag aufgenommen wird, um das Risiko der AGB-Kontrolle zu vermeiden.[102]

Letztlich kommt es für die Wahl des Regelungsortes auf die jeweiligen Parteien und deren Interessen an. Insbesondere ist entscheidend, welches Risiko sie bereit sind einzugehen und welche Kompromisse sie auf sich nehmen. Es kommt somit auf die Abwägung der in beiden Regelungsorten vorkommenden Vor- und Nachteile durch die Parteien an. Insgesamt gilt jedoch, dass sich widersprechende Regelungen in dem Gesellschaftsvertrag und der Beteiligungsvereinbarung zu vermieden sind.[103] Somit ist es ratsam, die Mitveräußerungspflicht entweder im Gesellschaftsvertrag oder in der Beteiligungsvereinbarung aufzunehmen. Bei der Aufnahme in beide Regelungswerke würde ansonsten das Risiko bestehen, dass möglichen Änderungen lediglich in einem der beiden vorgenommen werden. Hierdurch könnten zwei verschiedene und sich ggf. widersprechende Versionen der Mitveräußerungspflicht bestehen. Dies ist nicht im Interesse der

---

102 Vgl. *Weitnauer*, in: Weitnauer, Venture Capital, Teil F. Rn. 98.

103 *Brehm*, S. 40.

Parteien und insbesondere des Investors, da dieser eine eindeutige, klare und rechtsichere Regelung des *Exits* anstrebt.

III. Regelung der Mitveräußerungspflicht in Italien

Im Rahmen dieses Abschnitts wird auf die Regelungsmöglichkeiten der Mitveräußerungspflicht in Italien eingegangen. Dabei liegt der Fokus der Untersuchung, wie bereits gesehen,[104] auf der *s.r.l.*, da diese Rechtsform für die Finanzierung junger Unternehmen überaus geeignet ist. In Italien kommt identisch zu den Möglichkeiten in Deutschland grundsätzlich eine Regelung der Mitveräußerungspflicht in dem Gesellschaftsvertrag der *s.r.l.* als auch in einer Beteiligungsvereinbarung in Betracht. Zudem erfolgt aufgrund bereits ergangener Entscheidungen zur Regelung einer Mitveräußerungspflicht bei einer *s.p.a.* ebenfalls eine Darstellung dieses Themenkomplexes, wobei zu prüfen ist, ob hieraus Rückschlüsse auf das Recht der *s.r.l.* zu ziehen sind.

1. Gesellschaftsvertrag

Der Gesellschaftsvertrag einer *s.r.l.* hat die in Art. 2463 Abs. 2 c.c. aufgeführten Mindestregelungen zu enthalten. Hiervon ist die Mitveräußerungspflicht nicht erfasst. Bei der *s.r.l.* steht den Gesellschaftern infolge der Neuerungen durch die Gesellschaftsrechtsreform im Jahr 2003 allerdings ein hohes Maß an Autonomie bei der Gestaltung des Gesellschaftsvertrages zu. Dadurch können sie im Vergleich zur Rechtslage vor der Reform mehr Regelungen in den Gesellschaftsvertrag anstatt lediglich in der Beteiligungsvereinbarung aufnehmen.[105] So war es vor der Reform ausschließlich möglich, eine Mitveräußerungspflicht in einer Beteiligungsvereinbarung zu regeln.[106] Folglich ist mittlerweile in Italien allgemein anerkannt, dass die Gesellschafter einer *s.r.l.* eine Mitveräußerungspflicht in deren Gesellschaftsvertrag aufnehmen können.[107]

---

104 Oben Einleitung IV. 2.

105 *Portolano*, S. 7; *Tiberi*, in: Brechbühl/Wooder, Global Venture Capital Transactions, S. 245, 250.

106 *Portolano*, S. 7; *Toninelli*, Rivista delle operazioni straordinarie 2015, fasc. 6, 4.

107 Trib. Milano 22 dicembre 2014, Le società 2015, 955, 955 ff.; *Agrusti*, Amministrazione & Finanza 2014, n. 6, 34, 37; *Divizia*, Le clausole di tag e drag along, S. 183 ff.; *Passarelli*, Rivista Notarile 2013, 65, 72; *Simoni/Gamba*, Il Commercialista Veneto, n. 207, Maggio / Giugno 2012, S. 5.

a) Grundlagen

In der italienischen Rechtsprechung und Rechtsliteratur wird allerdings unterschiedlich bewertet, welche Wirkungen durch die Aufnahme der Mitveräußerungspflicht in den Gesellschaftsvertrag entstehen. Nach der überwiegenden Meinung kommt einer Klausel, sofern sie in den Gesellschaftsvertrag aufgenommen ist, eine dingliche Wirkung (*efficacia reale*) zu.[108]

Die dingliche Wirkung einer Satzungsklausel zeigt sich insbesondere daran, dass eine gesellschaftsvertragliche Regelung nicht nur für den aktuellen Inhaber der Geschäftsanteile, sondern auch automatisch für zukünftige Gesellschafter gilt.[109] Zudem muss beachtet werden, dass ein Verstoß gegen eine gesellschaftsvertragliche Regelung zur Ungültigkeit (*invalidità*) oder Unwirksamkeit (*inefficacia*) der dem Verstoß zugrundeliegenden Handlung bzw. Erklärung führt.[110] Letztlich zeichnet sich eine gesellschaftsvertragliche Regelung dadurch aus, dass bei diesen die Möglichkeit der Einwendung (*opponibilità*) und Wirksamkeit (*efficacia*) gegenüber Allen (*erga omnes*) besteht.[111] Dies erfasst somit nicht nur die Gesellschafter selbst. Danach können Satzungsklauseln auch aufgrund der Publizität (*pubblicità*) des Gesellschaftsvertrages außenstehenden Dritten entgegengehalten werden.[112]

Andere hingegen halten es für möglich, dass eine Regelung trotz ihrer Aufnahme in den Gesellschaftsvertrag lediglich schuldrechtliche Wirkungen haben kann.[113] Dies hätte zur Folge, dass diese Bestimmungen zu ihrer Wirksamkeit konsequenterweise wie die Beteiligungsvereinbarung (Ziffer § 4 III. 2. b) bb)

---

108 Trib. Milano 31 marzo 2008, RDS 2010, 370, 372; *Agrusti*, Amministrazione & Finanza 2014, n. 6, 34, 37; *Caliceti/Martoglia*, in: Carlotti, Tecniche di private equity, S. 335, 350; *Costi*, Giur. comm. 2004, I, 200, 203; *Del Linz*, Giur. comm. 2012, II, 1072, 1074; *Portolano*, S. 10; *Scarpa*, Giust. Civ. 2013, II, 41, 42 f.; *Stabilini/Trapani*, Riv. dir. comm. 2010, 949, 985; *Tiberi*, in: Brechbühl/Wooder, Global Venture Capital Transactions, S. 245, 249 f.

109 *Caliceti/Martoglia*, in: Carlotti, Tecniche di private equity, S. 335, 350; *De Luca*, Banca, borsa, tit. cred., 2009, I, 174, 178; *De Luca*, Banca, borsa, tit. cred., 2013, II, 65, 68; *Fabbrini*, Giur. comm. 2009, II, 1034, 1035; *Rescio*, Giur. comm. 2012, II, 1055, 1057 f.

110 *Caliceti/Martoglia*, in: Carlotti, Tecniche di private equity, S. 335, 350.

111 *Ballerini*, Contr. e impr. 2014, 1466, 1474; *Caliceti/Martoglia*, in: Carlotti, Tecniche di private equity, S. 335, 350; *Fabbrini*, Giur. comm. 2009, II, 1034, 1035; *Malimpensa*, RDS 2010, 375, 377.

112 Trib. Milano 31 marzo 2008, RDS 2010, 370, 372; *Ballerini*, Contr. e impr. 2014, 1466, 1474 f.; *Caliceti/Martoglia*, in: Carlotti, Tecniche di private equity, S. 335, 350; *Tiberi*, in: Brechbühl/Wooder, Global Venture Capital Transactions, S. 245, 249.

113 *D'Alessandro*, Riv. dir. civ. 2010, 373, 412; *Malimpensa*, RDS 2010, 375, 377.

dieser Untersuchung) der Fünf-Jahres-Grenze des Art. 2341-bis Abs. 1 c.c. unterfallen würden.[114]

Es kommt für die Abgrenzung, welche Wirkung einer Klausel im Gesellschaftsvertrag zukommt, u.a. maßgeblich auf die mit der Verpflichtung verknüpften Interessen, auf ihr organisatorisches Wesen und auf ihren Bezugspunkt an, also den Geschäftsanteil oder die Person des Gesellschafters.[115] Zudem ist der durch Auslegung zu ermittelnde wirkliche Wille der Parteien maßgeblich, ob eine dingliche oder lediglich schuldrechtliche Wirkung der Klausel angestrebt wird.[116] Sofern demnach durch die betreffenden Regelungen nicht nur Interessen der Gesellschafter, sondern auch der Gesellschaft verfolgt werden, handelt es sich um satzungsmäßige Klauseln mit dinglicher Wirkung.[117]

b) Dingliche Wirkung der Mitveräußerungspflicht

Nach einer isolierten Ansicht in der italienischen Rechtsliteratur kommt der Mitveräußerungspflicht, die in den Gesellschaftsvertrag aufgenommen wurde, keine dingliche Wirkung zu, da sie nicht die Organisation der Gesellschaft, sondern lediglich die Veräußerung der Geschäftsanteile auf dem Markt betrifft.[118] Zudem spreche gegen eine dingliche Wirkung, dass dies ansonsten dem Prinzip widersprechen würde, wonach den Gesellschaftern keine zusätzlichen Pflichten außer der Leistung der Einlage auferlegt werden dürfen.[119]

---

114 Vgl. *Malimpensa*, RDS 2010, 375, 377.

115 *Malimpensa*, RDS 2010, 375, 377; *Meoli/Sica*, Giur. comm. 2003, I, 590, 606 f.; *Salvatore*, NDS – n. 19/2014, 7, 42 f.; *Scarpa*, Giust. Civ. 2013, II, 41, 43.

116 *Avagliano*, in: Irrera, Le acquisizioni societarie, S. 355, 418; *Meoli/Sica*, Giur. comm. 2003, I, 590, 606; *Peta*, La clausola statutaria di drag along, Diss. Università Cattolica del Sacro Cuore Mailand 2013, abrufbar unter http://tesionline.unicatt.it/handle/10280/2350 (Stand: 6.10.2014), S. 85; *Salvatore*, NDS – n. 19/2014, 7, 42 f.; *Scarpa*, Giust. Civ. 2013, II, 41, 43.

117 *Meoli/Sica*, Giur. comm. 2003, I, 590, 607.

118 *Angelici*, Fra «mercato» e «società»: a proposito di venture capital e drag-along, abrufbar unter http://papers.ssrn.com/sol3/papers.cfm?abstract_id=1988343 (Stand: 25.4.2016), S. 37.

119 *Angelici*, Fra «mercato» e «società»: a proposito di venture capital e drag-along, abrufbar unter http://papers.ssrn.com/sol3/papers.cfm?abstract_id=1988343 (Stand: 25.4.2016), S. 45; a.A. *Rescio*, Giur. comm. 2012, II, 1055, 1070 ff., der bei dem Verbot zur Leistung weiterer Einlagen ohne Zustimmung des betroffenen Gesellschafters vielmehr darauf abstellt, dass dieser davor geschützt werden soll, wirtschaftliche Opfer zu bringen und dies bei einer Mitveräußerungspflicht gerade nicht vorliegt,

Gegen diese Ansicht kann jedoch eingewendet werden, dass der Mitveräußerungspflicht gerade schon eine Bedeutung für die ganze Gesellschaft, insbesondere in organisatorischer Sicht, zukommt, indem sie Transaktionskosten senkt, die in Gesellschaftsverträgen entstehen und zugleich für ein wirksames Gleichgewicht zwischen den Gesellschaftern sorgt, indem allen Gesellschaftern eine angemessene Bewertung für ihre Anteile gewährt wird.[120] Das gesellschaftliche Interesse an der Mitveräußerungspflicht zeigt sich auch daran, dass durch diese vorab interne Konflikte, z.B. Machtmissbräuche der Gesellschafter, durch eine geeignete Regelung verhindert werden können und damit eine gedeihliche Zusammenarbeit ermöglicht wird.[121] Hierdurch steigert sich der Wert der einzelnen Beteiligungen. Dies ist im Interesse der Gesellschaft. Sofern Streitigkeiten über den *Exit* entstehen, kann dies nämlich die gesamte Gesellschaft lähmen und dazu führen, dass deren Entwicklung zum Erliegen kommt. Dies kann gerade bei im Bereich der Hochtechnologie tätigen jungen Unternehmen dazu führen, dass diese von Konkurrenten überholt werden. In diesem Fall steht die gesamte Existenz der Gesellschaft auf dem Spiel. Dies versucht eine Mitveräußerungspflicht zu vermeiden, da es umso mehr Interessenten für einen *Trade Sale* gibt, wenn das Unternehmen in einem guten Zustand ist. Weiterhin kann sich die Mitveräußerungspflicht insofern auf die gesellschaftliche Organisation auswirken, als bei einem Erwerb der Geschäftsanteile des Gründers durch einen anderen als den vom Investor benannten Dritten unter Nichtbeachtung der Bestimmungen der Klausel, dieser Erwerb gegenüber der Gesellschaft unwirksam ist und die Gesellschaftsorgane verpflichtet sind, dem Erwerber die Ausübung der Gesellschafterrechte nicht zu ermöglichen.[122] Zudem können den zur Mitveräußerung verpflichteten Gesellschafter bei dessen Weigerung zur Mitveräußerung, Sanktionen auf organisatorischer Ebene und gerade nicht auf der des Marktes treffen, indem die Ausübung seiner Gesellschafterrechte ausgesetzt oder er aus der Gesellschaft ausgeschlossen wird.[123]

---

da es hierbei vielmehr um das Gegenteil, nämlich die Rückzahlung der Beteiligung geht.

120 *Ballerini*, Contr. e impr. 2014, 1466, 1474 f.; *Del Linz*, Giur. comm. 2012, II, 1072, 1074; *Stabilini/Trapani*, Riv. dir. comm. 2010, 949, 965.

121 Trib. Milano 31 marzo 2008, RDS 2010, 370, 372.

122 *Rescio*, Giur. comm. 2012, II, 1055, 1059.

123 *Rescio*, Giur. comm. 2012, II, 1055, 1059.

Für die dingliche Wirkung der Mitveräußerungspflicht spricht weiterhin die Parallele zu Options- und Zustimmungsrechten, für die diese Wirkung ebenfalls anerkannt ist.[124]

Das Argument des Verbots, dass den Gesellschaftern einer Kapitalgesellschaft durch gesellschaftsvertragliche Regelung keine weiteren Verpflichtungen außer der Leistung der Einlage aufgebürdet werden dürfen, greift überdies insofern nicht, als unstrittig ist, dass auf Satzungsebene nicht nur die Verpflichtung zu Nebenleistungen (*prestazioni accessorie*), sondern auch sonstige Verpflichtungen geregelt werden können, die die Aufgabe der Beteiligung betreffen.[125] Zudem ist in einer Mitveräußerungspflicht vielmehr das Gegenteil eines wirtschaftlichen Nachteils durch die Leistung einer weiteren Einlage zu sehen, da der betroffene Gesellschafter durch die gemeinsame Veräußerung anstelle seiner Beteiligung in der Regel einen erhöhten Wert erhält.[126] Dies gilt auch für die *s.r.l.*, obwohl bei dieser seit der Gesellschaftsrechtsreform keine ausdrückliche gesetzliche Bestimmung wie bei der *s.p.a.* in Art. 2345 c.c. vorgesehen ist.[127]

Weiterhin zeigen die Vorschriften der Artt. 2355-bis und 2469 c.c., dass der Regelungskomplex der Übertragung von Geschäftsanteilen bei den Kapitalgesellschaften einen typischen Bestandteil des Gesellschaftsvertrages darstellt, der gesellschaftliche Bedeutung hat.[128]

Letztlich ist das Interesse der Gesellschafter zu berücksichtigen. Wie schon im deutschen Recht gesehen und worauf in diesem Zusammenhang verwiesen wird,[129] ist es für den Investor von entscheidender Bedeutung, dass er die Möglichkeit der Durchführung des *Trade Sales* notfalls auch gegen den Willen des Gründers sicherstellt. Dies gilt unabhängig davon, wer zum Zeitpunkt des *Exits* Inhaber der Geschäftsanteile ist. Danach ist die Mitveräußerungspflicht nach dem Willen der Gesellschafter an die Geschäftsanteile und nicht an deren jeweils aktuellen Inhaber geknüpft. Von den Parteien ist durch die Aufnahme in den Gesellschaftsvertrag gerade auch die Geltung gegenüber künftigen Gesellschaftern bezweckt. Ansonsten könnten sie die Mitveräußerungspflicht einfacher und mit geringeren Beschränkungen in einer Beteiligungsvereinbarung regeln.

---

124 *Del Linz*, Giur. comm. 2012, II, 1072, 1074 m.w.N.

125 *Rescio*, Giur. comm. 2012, II, 1055, 1059.

126 *Rescio*, Giur. comm. 2012, II, 1055, 1071 f.

127 *Consiglio notarile di Milano*, Massima n. 9. Conferimenti d'opera nella s.r.l. (artt. 2464 e 2465 c.c.). 18 marzo 2004, abrufbar unter http://www.consiglionotarilemilano.it/documenti-comuni/massime-commissione-societa/09.aspx (Stand: 25.4.2016).

128 *Rescio*, Giur. comm. 2012, II, 1055, 1060.

129 Oben § 4 II. 1. b).

Folglich kommt der Mitveräußerungspflicht, sofern sie in den Gesellschaftsvertrag aufgenommen ist, nach der überwiegenden Meinung eine dingliche Wirkung zu.[130] Für den Fall, dass es sich bei dem finanzierten Unternehmen um eine *s.p.a.* handelt und man in der Mitveräußerungspflicht eine Begrenzung des Umlaufs der Aktien sieht, ist allerdings zusätzlich zur Erreichung der dinglichen Wirkung erforderlich, dass dies gemäß Art. 2355-bis Abs. 4 c.c. aus dem Wertpapier ersichtlich ist.[131]

c) Dauer

Die dingliche Wirkung einer Klausel des Gesellschaftsvertrages gilt grundsätzlich ohne zeitliche Begrenzung für die gesamte Dauer der Gesellschaft.[132] Dabei findet die Fünf-Jahres-Grenze des Art. 2341-bis Abs. 1 c.c. zu Beteiligungsvereinbarungen keine Anwendung auf Regelungen des Gesellschaftsvertrages.[133]

---

130 Trib. Milano 31 marzo 2008, RDS 2010, 370, 372; Trib. Milano 25 marzo 2011, Banca, borsa, tit. cred. 2013, II, 59, 61 und in: Giur. comm. 2012, II, 1050, 1052 und in: Giur. it. 2011, 2582; *Agrusti*, Amministrazione & Finanza 2014, n. 6, 34, 37; *Ballerini*, Contr. e impr. 2014, 1466, 1474 f.; *Comitato interregionale di consigli notarili delle Tre Venezie*, Massima I.I SRL. Partecipazioni e limiti al loro trasferimento – diritti particolari ex art. 2468, comma 3, C.C., abrufbar unter http://www.notaitriveneto.it/dettaglio-massime-triveneto-75-srl-partecipazioni-e-limiti-al-loro-trasferimento---diritti-particolari-ex-art-2468-comma-3-cc.html (Stand: 25.4.2016), I.I.25; *Consiglio notarile di Milano*, Massima n. 88. Clausole statutarie disciplinanti il diritto e l'obbligo di "covendita" delle partecipazioni (artt. 2355-bis e 2469 c.c.). 22 novembre 2005, abrufbar unter http://www.consiglionotarilemilano.it/documenti-comuni/massime-commissione-societa/88.aspx (Stand: 25.4.2016); *Consiglio notarile di Roma*, n. 7 Clausole di co-vendita e trascinamento: tipologia e limiti di validità, Riv. not. 2013, 1085, 1085 ff.; *Del Linz*, Giur. comm. 2012, II, 1072, 1074; *De Luca*, Banca, borsa, tit. cred., 2009, I, 174, 178; *De Luca*, Banca, borsa, tit. cred., 2013, II, 65, 68; *Divizia*, Notariato 2009, 157, 168 f.; *Fabbrini*, Giur. comm. 2009, II, 1034, 1035; *Negri-Clementi/Perricone*, Le società 2015, 960, 965; *Rescio*, Giur. comm. 2012, II, 1055, 1057 ff.; *Simoni/Gamba*, Il Commercialista Veneto, n. 207, Maggio / Giugno 2012, S. 5; *Stabilini/Trapani*, Riv. dir. comm. 2010, 949, 987 ff.

131 *Ballerini*, Contr. e impr. 2014, 1466, 1475; *Comitato interregionale di consigli notarili delle Tre Venezie*, Massima H.I. SPA. Azioni e limiti alla loro circolazione, abrufbar unter http://www.notaitriveneto.it/dettaglio-massime-triveneto-61-spa-azioni-e-limiti-alla-loro-circolazione.html#inizio (Stand: 11.11.2015), H.I.19; *Divizia*, Notariato 2009, 157, 169.

132 *Del Linz*, Giur. comm. 2012, II, 1072, 1074.

133 *De Luca*, Banca, borsa, tit. cred., 2013, II, 65, 68.

Wie bereits oben gesehen,[134] steht den Gesellschaftern einer *s.r.l.* jedoch gemäß Art. 2469 Abs. 2 Satz 1 c.c. das Austrittsrecht gemäß Art. 2473 c.c. zu, wenn die Übertragung der Beteiligungen ausgeschlossen ist (*intrasferibilità delle partecipazioni*). Dabei kann bei der *s.r.l.* im Gegensatz zur *s.p.a.* die Übertragung der Geschäftsanteile sogar dauerhaft ausgeschlossen werden.[135] Sofern mit der unter § 4 III. 1. e) aa) dieser Untersuchung dargestellten Ansicht davon ausgegangen wird, dass die Mitveräußerungspflicht die Übertragung der Geschäftsanteile i.S.d. Art. 2469 Abs. 2 Satz 1 c.c. ausschließt, steht dem betroffenen Gründer das Austrittsrecht gemäß Art. 2473 c.c. zu. Dabei kann dieses Recht durch gesellschaftsvertragliche Regelung für bis zu zwei Jahre seit Gründung der Gesellschaft oder Übernahme der Geschäftsanteile gemäß Art. 2469 Abs. 2 Satz 2 c.c. ausgeschlossen werden. Insofern zeigt sich ein deutlicher Unterschied zu der entsprechenden Regelung bei der *s.p.a.*, bei der die Übertragung der Aktien gemäß Art. 2355-bis Abs. 1 c.c. für einen Zeitraum von bis zu fünf Jahren ausgeschlossen werden kann.

d) Form

Der Gesellschaftsvertrag der *s.r.l.* bedarf der notariellen Beurkundung und ist gemäß Art. 2463 Abs. 3 c.c. i.V.m. Art. 2330 Abs. 1 c.c. beim zuständigen Handelsregister zu hinterlegen. Änderungen des Gesellschaftsvertrages erfolgen gemäß Art. 2480 i.V.m. Art. 2479-bis c.c. durch einen notariell zu protokollierenden Beschluss der Gesellschafterversammlung.[136] Dabei sind die Änderungen gemäß Art. 2480 Satz 2 c.c. i.V.m. Art. 2436 Abs. 1 und 2 c.c. beim Handelsregister einzureichen und einzutragen. Somit wird die Publizität der Gesellschaftsunterlagen sichergestellt.

Für die Übertragung von Geschäftsanteilen einer *s.r.l.* ist die Einhaltung einer bestimmten Form nicht erforderlich.[137] Folglich gilt dies auch für die Verpflichtung des Gründers gegenüber dem Investor zur Veräußerung seiner Geschäftsanteile durch die Mitveräußerungspflicht. Durch die Aufnahme in den notariell zu beurkundenden Gesellschaftsvertrag wäre ein Formerfordernis allerdings ohnehin gewahrt.

---

134 Oben § 2 II. 3. b) aa).

135 *Kuhn*, in: Schulte/Schwindt/Kuhn, Joint Ventures, § 3 Rn. 77; *Steinhauer*, EuZW 2004, 364, 365.

136 *Barth*, MittBayNot 2006, 1, 3.

137 *Ferrucci/Ferrentino*, S. 1459; *Scalese/Scalese*, S. 396.

e) Verfahren

Sofern eine Mitveräußerungspflicht in die Gründungssatzung der Gesellschaft aufgenommen wird, ergeben sich zum Verfahren keine Besonderheiten, da die Gründung der Gesellschaft auf einer einstimmigen Entscheidung sämtlicher Gesellschafter beruht.[138] Dadurch ist das Einverständnis auch der zur Mitveräußerung verpflichteten Gesellschafter gewährleistet.

Umstritten ist das Verfahren zur Aufnahme der Mitveräußerungspflicht hingegen, wenn diese in einen bereits bestehenden Gesellschaftsvertrag aufgenommen werden soll. Hierfür ist nämlich dessen Änderung erforderlich. Der Streit betrifft die Frage, ob für die Änderung ein Mehrheitsbeschluss ausreichend oder die Zustimmung sämtlicher oder zumindest der betroffenen Gesellschafter erforderlich ist.

aa) S.p.a.

In Italien gab es zunächst ein Verfahren, in dem sich ein Gericht mit der Möglichkeit der Einführung einer Mitveräußerungspflicht in den Gesellschaftsvertrag einer *s.p.a.* auseinander gesetzt hat. Diese Entscheidung aus dem Jahr 2011[139] stellte dabei die erste überhaupt dar, die die Thematik der Aufnahme einer Mitveräußerungspflicht in die Satzung durch Mehrheits- oder Einstimmigkeitsbeschluss behandelte.[140] Daher wird vorab das Verfahren zur Vereinbarung einer Mitveräußerungspflicht in den bestehenden Gesellschaftsvertrag einer *s.p.a.* dargestellt.

Der Gegenstand dieser Entscheidung war, dass bei einer *s.p.a.* durch Mehrheitsbeschluss der Aktionäre und gegen die Stimmen der Minderheitsaktionäre eine Mitveräußerungspflicht zu deren Lasten in den Gesellschaftsvertrag aufgenommen wurde.[141]

Das Mailänder Gericht und einige dieses stützende Stimmen in der notariellen Praxis und der Rechtsliteratur hielten dieses Verfahren und den Beschluss für unzulässig, da für die Regelung einer Mitveräußerungspflicht, die bereits bestehende Aktien betrifft, in der Satzung einer *s.p.a.* die Zustimmung der hiervon

---

138 *Ballerini*, Contr. e impr. 2014, 1466, 1481; *Divizia*, Le clausole di tag e drag along, S. 204; *Simoni/Gamba*, Il Commercialista Veneto, n. 207, Maggio / Giugno 2012, S. 7.

139 Trib. Milano 24 marzo 2011, Banca, borsa, tit. cred. 2013, II, 59, 59 ff.; Giur. it. 2011, 2582, 2582 ff. = Trib. Milano 25 marzo 2011, Giur. comm. 2012, II, 1050, 1050 ff.

140 *Del Linz*, Giur. comm. 2012, II, 1072; *Malimpensa*, RDS 2011, 655, 657.

141 Trib. Milano 25 marzo 2011, Giur. comm. 2012, II, 1050, 1050 ff.

betroffenen Aktionäre erforderlich ist.[142] Allerdings werden hierfür unterschiedliche Begründungen herangezogen.

Dies wird zunächst damit begründet, dass das Gericht eine Mitveräußerungspflicht nicht in den Bereich der Klauseln einordnet, die reine Begrenzungen des Umlaufs (*vincoli alla circolazione*) der Aktien gemäß Art. 2437 Abs. 2 lit. b) c.c. darstellen.[143] Diese könnten nämlich aufgrund der Bestimmung des Art. 2437 Abs. 2 lit. b) c.c. durch Mehrheitsbeschluss der Aktionäre in den Gesellschaftsvertrag der *s.p.a.* aufgenommen werden. Eine Mitveräußerungspflicht stelle vielmehr einen gravierenderen Mechanismus dar, der zu einem gewaltsamen Verkauf (*vendita forzosa*) der Aktien des Minderheitsgesellschafters führt.[144] Selbst wenn in der Mitveräußerungspflicht eine bestimmte Begrenzung des freien Umlaufs der Aktien i.S.d. Art. 2355-bis c.c. gesehen werden kann, ist dies im konkreten Fall nicht mit der Situation der Mitveräußerungspflicht vergleichbar, da hiervon nicht die Situation erfasst ist, dass sich ein Gesellschafter dem Willen eines anderen unterwirft (*soggezione*) und danach aus der Gesellschaft ausscheidet.[145] Diese Situation liegt vielmehr eher im Fall der nunmehr in Art. 2437-sexies c.c. geregelten rückkaufbaren Aktien (*azioni riscattabili*) vor, bei der der betroffene Aktionär ebenfalls nach Ausübung des Rückkaufs aus der Gesellschaft ausscheidet.[146] Für die Aufnahme einer Satzungsregelung, durch die rückkaufbare Aktien geschaffen werden, greifen allerdings nicht die in Art. 2437 c.c. vorgesehenen Möglichkeiten der Beschlussfassung durch die Mehrheit der Aktionäre der

---

142 Trib. Milano 25 marzo 2011, Giur. comm. 2012, II, 1050, 1051 ff.; *Comitato interregionale di consigli notarili delle Tre Venezie*, Massima H.I. SPA. Azioni e limiti alla loro circolazione, abrufbar unter http://www.notaitriveneto.it/dettaglio-massime-triveneto-61-spa-azioni-e-limiti-alla-loro-circolazione.html#inizio (Stand: 11.11.2015), H.I.19; *De Luca*, Banca, borsa, tit. cred., 2013, II, 65, 77 ff., der für den Fall, dass die Mitveräußerungspflicht lediglich zukünftige Aktien betrifft, einen Mehrheitsbeschluss für zulässig erachtet; *Divizia*, Notariato 2011, 398, 400 ff.; *Luoni*, Giur. it. 2011, 2584, 2585; *Malimpensa*, RDS 2011, 655, 668.

143 Trib. Milano 25 marzo 2011, Giur. comm. 2012, II, 1050, 1053.

144 Trib. Milano 25 marzo 2011, Giur. comm. 2012, II, 1050, 1053.

145 Trib. Milano 25 marzo 2011, Giur. comm. 2012, II, 1050, 1053.

146 Trib. Milano 25 marzo 2011, Giur. comm. 2012, II, 1050, 1053; *Luoni*, Giur. it. 2011, 2584, 2585; a.A. *Consiglio notarile di Milano*, Massima n. 88. Clausole statutarie disciplinanti il diritto e l'obbligo di "covendita" delle partecipazioni (artt. 2355-bis e 2469 c.c.). 22 novembre 2005, abrufbar unter http://www.consiglionotarilemilano.it/documenti-comuni/massime-commissione-societa/88.aspx (Stand: 25.4.2016); *De Luca*, Banca, borsa, tit. cred., 2013, II, 65, 77; *Satta*, Riv. dir. impresa 2008, 525, 536.

Gesellschaft.[147] Innerhalb dieser Ansicht wird dies von einigen Stimmen in der juristischen Literatur kritisch gesehen und stattdessen der Art. 2437-sexies c.c. im Lichte des Art. 43 der Kapitalrichtlinie[148] ausgelegt, aus dem sich das Prinzip ergibt, dass die Einführung rückkaufbarer Aktien jedenfalls der Zustimmung der betroffenen Aktionäre bedarf.[149] Hierfür ist demnach aufgrund der Einwirkungsmöglichkeit auf die Stellung des betroffenen Aktionärs ein Mehrheitsbeschluss unzulässig.[150] Ansonsten könnten nämlich, ohne dass hierfür eine gesetzliche Regelung vorgesehen ist, lediglich einige Gesellschafter über die Zusammensetzung des Gesellschafterkreises entscheiden.[151]

Andere hingegen bringen für diese Ansicht vor, dass das Recht des einzelnen Gesellschafters auf Erhalt seiner Gesellschafterstellung eine Grenze für die Befugnis der Mehrheit darstellt, in die lediglich mit dessen Zustimmung eingegriffen werden kann.[152]

Letztlich spricht gegen die Aufnahme der Mitveräußerungspflicht in den Gesellschaftsvertrag durch Mehrheitsbeschluss, dass dem Gesellschafter ohne seine Zustimmung keine weiteren Pflichten außer der Leistung der Einlage gemäß Art. 2253 c.c. auferlegt werden können.[153] Diese Zustimmung kann allerdings

---

147 Trib. Milano 25 marzo 2011, Giur. comm. 2012, II, 1050, 1053 f.; *Luoni*, Giur. it. 2011, 2584, 2585.

148 Richtlinie 2012/30/EU des Europäischen Parlaments und des Rates vom 25. Oktober 2012 zur Koordinierung der Schutzbestimmungen, die in den Mitgliedstaaten den Gesellschaften im Sinne des Artikels 54 Absatz 2 des Vertrages über die Arbeitsweise der Europäischen Union im Interesse der Gesellschafter sowie Dritter für die Gründung der Aktiengesellschaft sowie für die Erhaltung und Änderung ihres Kapitals vorgeschrieben sind, um diese Bestimmungen gleichwertig zu gestalten.

149 *Ballerini*, Contr. e impr. 2014, 1466, 1482; *De Luca*, Banca, borsa, tit. cred., 2013, II, 65, 78; *Malimpensa*, RDS 2011, 655, 657, 661.

150 Trib. Milano 25 marzo 2011, Giur. comm. 2012, II, 1050, 1054; Trib. Perugia 29 febbraio 2008, Giur. comm. 2010, II, 304, 313.

151 Trib. Milano 25 marzo 2011, Giur. comm. 2012, II, 1050, 1054.

152 *Divizia*, Notariato 2011, 398, 402; *Luoni*, Giur. it. 2011, 2584, 2584 f.; *Malimpensa*, in: Colombo, I nuovi tipi di circolazione forzata delle partecipazioni sociali, S. 226, 249; *Malimpensa*, RDS 2011, 655, 662, 667, die das Bestehen dieses subjektiven Rechts ausführlich darstellt und auf die hiergegen vorgebrachte Kritik eingeht.

153 *Ballerini*, Contr. e impr. 2014, 1466, 1482; *Luoni*, Giur. it. 2011, 2584, 2585; *Malimpensa*, in: Colombo, I nuovi tipi di circolazione forzata delle partecipazioni sociali, S. 226, 251; *Malimpensa*, RDS 2011, 655, 657; a.A. *Rescio*, Giur. comm. 2012, II, 1055, 1070 ff., der bei dem Verbot zur Leistung weiterer Einlagen ohne Zustimmung des betroffenen Gesellschafter vielmehr darauf abstellt, dass dieser davor geschützt werden soll, wirtschaftliche Opfer zu bringen und dies bei einer Mitveräußerungspflicht

auch nachträglich innerhalb einer vorgegeben Frist erteilt werden.[154] Danach wird die Mitveräußerungspflicht als eine weitere Pflicht des hiervon betroffenen Aktionärs angesehen. Für die Übernahme dieser Verpflichtung ist daher seine Zustimmung erforderlich.

Andere Stimmen in der Rechtsliteratur sprechen sich jedoch für die Möglichkeit der Aufnahme der Mitveräußerungspflicht in den Gesellschaftsvertrag einer *s.p.a.* durch Mehrheitsbeschluss der Gesellschafter aus.[155]

Dies wird zunächst damit begründet, dass die Vergleichbarkeit der Mitveräußerungspflicht mit den rückkaufbaren Aktien abgelehnt und in ihnen vielmehr eine Beschränkung des Umlaufs der Aktien gesehen wird.[156] Es wird insbesondere eingewandt, dass der Versuch der Annäherung der Mitveräußerungspflicht an die rückkaufbaren Aktien fehlschlägt.[157] Zwar wird anerkannt, dass sich ein Gesellschafter in beiden Instituten dem Willen eines anderen unterwirft, der zum Verlust der Gesellschafterstellung führt.[158] Dabei werden bei dieser Annäherung allerdings strukturelle Unterschiede außer Acht gelassen, wie die Tatsache, dass rückkaufbare Aktien im Gegensatz zu Aktien, die einer Mitveräußerungspflicht unterfallen, eine besondere Aktienart i.S.d. Art. 2348 Abs. 2 c.c. darstellen.[159] Weiterhin besteht die für die Analogie erforderliche Regelungslücke gar nicht, da es sich bei der Mitveräußerungspflicht um eine Klausel handelt, die den

---

gerade nicht vorliegt, da es hierbei vielmehr um das Gegenteil, nämlich die Rückzahlung der Beteiligung geht.

154 *Luoni*, Giur. it. 2011, 2584, 2585.

155 *Agrusti*, Amministrazione & Finanza 2014, n. 6, 34, 38, so jedenfalls für kapitalistisch geprägte Gesellschaften; *Consiglio notarile di Roma*, n. 8 Clausole di co-vendita e trascinamento: possibilità di introduzione a maggioranza, Riv. not. 2013, 1085, 1085 ff.; *Del Linz*, Giur. comm. 2012, II, 1072, 1085 f., der das hierzu erforderliche Verfahren näher darstellt; *Di Paolo*, Vita not. 2014, 1409, 1425, 1427; *Malimpensa*, RDS 2010, 375, 390 f.; *Rescio*, Giur. comm. 2012, II, 1055, 1070 ff.

156 *Consiglio notarile di Roma*, n. 8 Clausole di co-vendita e trascinamento: possibilità di introduzione a maggioranza, Riv. not. 2013, 1085, 1085 ff.; *Di Bitonto*, Le società 2008, 1378, 1380; *Santangelo*, Clausole di "co-vendita" e di "trascinamento" nella S.r.l., abrufbar unter http://www.fondazionecasale.it/ (Stand: 22.2.2016), S. 1, 8 f.; *Scarpa*, Giust. Civ. 2013, II, 41, 44.

157 *Divizia*, Le clausole di tag e drag along, S. 153; *Divizia*, Notariato 2011, 398, 402.

158 *Divizia*, Le clausole di tag e drag along, S. 153; *Divizia*, Notariato 2011, 398, 402.

159 *Consiglio notarile di Milano*, Massima n. 99. Azioni riscattabili e introduzione della clausola di riscatto (art. 2437-sexies c.c.). 18 maggio 2007, abrufbar unter http://www.consiglionotarilemilano.it/documenti-comuni/massime-commissione-societa/99.aspx (Stand: 27.4.2016); *Divizia*, Notariato 2011, 398, 402.

Umlauf der Beteiligungen begrenzt und daher bereits diesem Regelungsbereich unterfällt, sodass der Rückgriff auf die rückkaufbaren Aktien ausscheidet.[160] Zudem steht das Rückkaufrecht der Gesellschaft oder einem Gesellschafter zu, bei einer Mitveräußerungspflicht ist hingegen ein außenstehender Dritter der Begünstigte.[161] Die Mitveräußerungspflicht wird erst in dem Zeitpunkt aktiviert, in dem der Dritte ein Angebot zum Erwerb sämtlicher Anteile abgibt und hängt somit nicht wie beim Rückkauf einseitig vom Willen des berechtigten Gesellschafters ab.[162] Außerdem scheiden bei einer Mitveräußerungspflicht sämtliche Gesellschafter aus der Gesellschaft aus, während bei dem Rückkauf der Aktien, lediglich der hiervon betroffene Aktionär aus der Gesellschaft ausscheidet.[163]

Für diese Ansicht wird zudem vorgebracht, dass es nach der neueren Rechtsliteratur im Gesellschaftsrecht keine subjektiven Rechte gibt, die nicht von einem Mehrheitsbeschluss erfasst werden können, sofern die Prinzipien der Redlichkeit (*correttezza*), des guten Glaubens (*buona fede*) und der gleichen Behandlung (*parità di trattamento*) der Gesellschafter gewahrt werden.[164] Dies gilt insbesondere deshalb, weil mit der Gesellschaftsrechtsreform das organisatorische Element der Gesellschaft gestärkt wurde und hierdurch kein Spielraum für individuelle Rechtspositionen übrig bleibt.[165] Sollten Rechte des Gesellschafters durch den zulässigen Mehrheitsbeschluss der Gesellschafter betroffen sein, ist der Gesellschafter insofern geschützt, als ihm, vorbehaltlich einer anderweitigen Regelung im Gesellschaftsvertrag, das Austrittsrecht gemäß Art. 2437 Abs. 2 lit. b) c.c. zusteht.[166]

Letztlich spricht hierfür, dass bei der *s.p.a.* von Gesetzes wegen lediglich in zwei Ausnahmefällen, die daher nicht analogiefähig und auf den Fall der Mitveräußerungspflicht nicht übertragbar sind, einstimmige Entscheidungen gefordert

160 *Di Paolo*, Vita not. 2014, 1409, 1420.

161 *Di Paolo*, Vita not. 2014, 1409, 1421; *Divizia*, Notariato 2011, 398, 402.

162 *D'Alessandro*, Riv. dir. civ. 2010, 373, 410; *Divizia*, Notariato 2011, 398, 402 f.

163 *Di Paolo*, Vita not. 2014, 1409, 1421.

164 *Consiglio notarile di Roma*, n. 8 Clausole di co-vendita e trascinamento: possibilità di introduzione a maggioranza, Riv. not. 2013, 1085, 1085 ff.; *Del Linz*, Giur. comm. 2012, II, 1072, 1083 f.; *Di Paolo*, Vita not. 2014, 1409, 1418 ff., der den Streit über das Vorhandensein unantastbarer subjektiver Rechte der Gesellschafter umfassend darstellt; *Luoni*, Giur. it. 2011, 2584, 2584 m.w.N.

165 *Del Linz*, Giur. comm. 2012, II, 1072, 1083.

166 *Agrusti*, Amministrazione & Finanza 2014, n. 6, 34, 38; *Consiglio notarile di Roma*, n. 8 Clausole di co-vendita e trascinamento: possibilità di introduzione a maggioranza, Riv. not. 2013, 1085, 1085 ff.; *Del Linz*, Giur. comm. 2012, II, 1072, 1084; *Luoni*, NDS – n. 19/2013, 196, 198.

werden; nämlich des Art. 2335 Abs. 4 c.c. zur Änderung des Programms zur Gründung der Gesellschaft durch öffentliche Zeichnung und des Art. 2345 Abs. 3 c.c. zur Änderung der Nebenleistungspflichten der Gesellschafter.[167] Somit sind in anderen als den genannten Materien Mehrheitsbeschlüsse zulässig.

Im Ergebnis ist nach den Vertretern der oben dargestellten zweiten Meinung, die das Erfordernis der Zustimmung aller Gesellschafter grundsätzlich ablehnen, das Prinzip der gleichen Behandlung der Gesellschafter anzuwenden. Wenn dieses konsequent verfolgt wird, findet das Mehrheitsprinzip dann keine Anwendung, wenn die entsprechende Klausel des Gesellschaftsvertrages lediglich einzelne Gesellschafter betrifft, unabhängig davon, ob es sich hierbei um den Mehrheits- oder Minderheitsgesellschafter handelt.[168] In diesem Fall liegt nämlich eine Ungleichbehandlung zum Nachteil der betroffenen Gesellschafter vor und ist daher die Zustimmung der besagten Gesellschafter erforderlich.[169]

Bei der dieser Untersuchung zugrunde liegenden Finanzierung eines jungen Unternehmens durch Venture-Capital wird die Mitveräußerungspflicht üblicherweise lediglich zugunsten des Investors eingeräumt. Danach unterfällt ihr lediglich der Gründer der Gesellschaft, da er hieraus verpflichtet ist. Diesem soll gerade nicht das Recht zustehen, die Mitveräußerungspflicht zu aktivieren. Somit liegt eine Ungleichbehandlung der Gesellschafter vor, da nicht sämtliche Gesellschafter gleichmäßig betroffen sind. Folglich ist auch nach dieser Ansicht jedenfalls die Zustimmung des Gründers als hiervon Betroffener erforderlich und die Mitveräußerungspflicht kann nicht durch einen bloßen Mehrheitsbeschluss und gegen die Stimme des Gründers in einen bestehenden Gesellschaftsvertrag einer *s.p.a.* aufgenommen werden. Im Ergebnis kommen daher beide Ansichten über die nachträgliche Einführung einer Mitveräußerungspflicht in die Satzung einer *s.p.a.* zu demselben Ergebnis und es ist jedenfalls die Zustimmung der betroffenen Gesellschafter erforderlich.

bb) S.r.l.

Ende des Jahres 2014 erging schließlich die erste Entscheidung zum Verfahren der Aufnahme einer Mitveräußerungspflicht in den bestehenden Gesellschaftsvertrag einer *s.r.l.* Bis dahin herrschte zu diesem Punkt eine gewisse Ratlosigkeit

---

167 *De Luca*, Banca, borsa, tit. cred., 2013, II, 65, 77 f.; *Del Linz*, Giur. comm. 2012, II, 1072, 1084.

168 *Consiglio notarile di Roma*, n. 8 Clausole di co-vendita e trascinamento: possibilità di introduzione a maggioranza, Riv. not. 2013, 1085, 1085 ff.

169 *Consiglio notarile di Roma*, n. 8 Clausole di co-vendita e trascinamento: possibilità di introduzione a maggioranza, Riv. not. 2013, 1085, 1085 ff.

in der juristischen Literatur.[170] Nach der eben dargestellten Entscheidung des Mailänder Gerichts aus dem Jahr 2011 zum Parallelproblem bei der *s.p.a.* und der daraus resultierenden teilweisen strikten Ablehnung durch die Rechtsliteratur, wurde eine derartige Entscheidung bereits erwartet.[171]

Bevor auf die aktuelle Entscheidung aus dem Jahr 2014 eigegangen wird, erfolgt eine Darstellung der bis dahin zu diesem Thema vertretenen Meinung.

Es gibt Stimmen in der notariellen Praxis und der Rechtsliteratur, die, in Übereinstimmung zu der Situation einer *s.p.a.*, verlangen, dass die Aufnahme der Mitveräußerungspflicht in einen bestehenden Gesellschaftsvertrag der Zustimmung sämtlicher Gesellschafter der *s.r.l.* bedarf.[172]

Hierfür wird, wie bei der *s.p.a.*, angeführt, dass in das Recht des einzelnen Gesellschafters auf Erhalt seiner Gesellschafterstellung ausschließlich mit dessen Zustimmung eingegriffen werden kann.[173] Zudem wird vertreten, dass eine Mitveräußerungspflicht ein besonderes Recht (*diritto particolare*) i.S.d. Art. 2468 Abs. 3 c.c. darstellt.[174] Derartige Rechte sind gemäß Art. 2468 Abs. 4 c.c. grundsätzlich nur mit Zustimmung aller Gesellschafter änderbar, sofern im Gesellschaftsvertrag und vorbehaltlich der Bestimmung des Art. 2473 Abs. 1 c.c. nichts anderes vorgesehen ist. Zwar ist von dem Wortlaut dieser Regelung nur die Änderbarkeit und nicht die erstmalige Einführung der besonderen Rechte erfasst. Dadurch, dass allerdings durch die Neuaufnahme besonderer Rechte für lediglich einzelne Gesellschafter eine Ungleichbehandlung im Vergleich zu den Mitgesellschaftern vorliegt, wird auch in diesem Fall, wie bei der Änderung derartiger Rechte, eine einstimmige Entscheidung für erforderlich gehalten.[175] Zudem liegt nach dieser Ansicht durch die Einführung einer Mitveräußerungspflicht ein Fall der Selbstbeschränkung des Eigentumsrechts des betroffenen

170 *Malimpensa*, RDS 2011, 655, 665.

171 *Di Paolo*, Vita not. 2014, 1409, 1429.

172 *Comitato interregionale di consigli notarili delle Tre Venezie*, Massima I.I SRL. Partecipazioni e limiti al loro trasferimento – diritti particolari ex art. 2468, comma 3, C.C., abrufbar unter http://www.notaitriveneto.it/dettaglio-massime-triveneto-75-srl-partecipazioni-e-limiti-al-loro-trasferimento---diritti-particolari-ex-art-2468-comma-3-cc.html (Stand: 25.4.2016), I.I.25; *Divizia*, Le clausole di tag e drag along, S. 206; *Passarelli*, Rivista Notarile 2013, 65, 75.

173 *Luoni*, Giur. it. 2011, 2584, 2584 f.

174 *Divizia*, Le clausole di tag e drag along, S. 185 ff.; 205; *Malimpensa*, in: Colombo, I nuovi tipi di circolazione forzata delle partecipazioni sociali, S. 226, 245 ff.

175 *Divizia*, Le clausole di tag e drag along, S. 205; *Malimpensa*, in: Colombo, I nuovi tipi di circolazione forzata delle partecipazioni sociali, S. 226, 246 f.

Gesellschafters vor, die nicht gegen seinen Willen erfolgen kann.[176] Gleichfalls wird im Rahmen dieser Ansicht darauf hingewiesen, dass aufgrund der bislang fehlenden Rechtsprechung zu dieser Problematik und bis zu deren Klärung nicht von der in Art. 2468 Abs. 4 c.c. enthaltenen Möglichkeit Gebrauch gemacht werden soll, durch entsprechende Satzungsregelung eine Änderung der besonderen Rechte durch Mehrheitsbeschluss zu ermöglichen.[177]

Bei der gerichtlichen Entscheidung aus dem Jahr 2014 erfolgte durch einen Mehrheitsbeschluss der Gesellschafterversammlung der Gesellschaft u.a. die Aufnahme einer bislang in einer Beteiligungsvereinbarung geregelten Mitveräußerungspflicht in den Gesellschaftsvertrag einer *s.r.l.*[178] Die Mitveräußerungspflicht war dabei derart ausgestaltet, dass sie das Recht, die Mitveräußerung zu verlangen, nicht vorab einem bestimmten Gesellschafter zuwies, sondern allein daran knüpfte, dass ein bestimmter Prozentsatz der Gesellschafter die Mitveräußerung verlangte.[179] Der die Änderung des Gesellschaftsvertrages beurkundende Notar lehnte die Hinterlegung und Eintragung des Beschlusses der Gesellschafterversammlung im Handelsregister ab, da er der Ansicht war, dass diese Änderung nicht durch Mehrheitsbeschluss erfolgen konnte.[180] Daraufhin reichten die Verwalter der Gesellschaft Beschwerde beim zuständigen Gericht (*tribunale*) gemäß Art. 2436 Abs. 3 c.c. ein, damit dieses hierüber entscheidet.[181]

Das Gericht hielt hingegen unter Zustimmung der notariellen Praxis und der Rechtsliteratur, die Änderung des Gesellschaftsvertrages der *s.r.l.* durch Mehrheitsbeschluss für wirksam, lehnte die Eintragung der Änderungen letztlich allerdings aus anderen Gründen ab.[182] Diese werden unter § 5 III. 1. der vorliegenden Untersuchung näher dargestellt. Im Folgenden beschränkt sich die Darstellung daher zunächst auf die Möglichkeit der Aufnahme einer Mitveräußerungspflicht in den Gesellschaftsvertrag einer *s.r.l.* durch Mehrheitsbeschluss.

---

176 *Divizia*, Le clausole di tag e drag along, S. 206.

177 *Divizia*, Le clausole di tag e drag along, S. 206.

178 Trib. Milano 22 dicembre 2014, Le società 2015, 955, 956.

179 Trib. Milano 22 dicembre 2014, Le società 2015, 955, 958 f.

180 Trib. Milano 22 dicembre 2014, Le società 2015, 365, 366; Trib. Milano 22 dicembre 2014, Le società 2015, 955, 956; *Negri-Clementi/Perricone*, Le società 2015, 960, 967.

181 Trib. Milano 22 dicembre 2014, Le società 2015, 955, 956.

182 Trib. Milano 22 dicembre 2014, Le società 2015, 955, 958 f.; *Consiglio notarile di Roma*, n. 8 Clausole di co-vendita e trascinamento: possibilità di introduzione a maggioranza, Riv. not. 2013, 1085, 1085 ff.; *Del Linz*, Giur. comm. 2012, II, 1072, 1084 m.w.N.; *Di Paolo*, Vita not. 2014, 1409, 1424 f.; *Negri-Clementi/Perricone*, Le società 2015, 960, 966 f.; *Piselli*, Le società 2015, 968, 970; *Scotti*, Notariato 2015, 620, 622 ff.

Zunächst führt das Gericht aus, dass nach dem geltenden Recht kein allgemeines Prinzip der zwingend erforderlichen Einstimmigkeit (*necessaria unanimità*) über diejenigen Entscheidungen besteht, die individuelle Rechte der Gesellschafter betreffen können.[183] Das Recht der Kapitalgesellschaften beruht vielmehr, im Gegensatz zum Einstimmigkeitsprinzip des Art. 2252 c.c. für das Recht der Personalgesellschaften, auf dem Prinzip, nach dem der Gesellschaftsvertrag aufgrund Mehrheitsbeschlusses geändert werden kann.[184] Insbesondere zeigt sich an der Fähigkeit der Mitveräußerungspflicht, opportunistische Verhaltensweisen der Gesellschafter zu verhindern, dass dieser für die Gesellschaft bedeutende Aspekt die Rechtsposition des einzelnen Gesellschafters überwiegt.[185] Dieses Prinzip, durch das zugleich subjektive Rechte beschränkt werden können, wie etwa durch den Ausschluss eines Gesellschafters oder durch eine Mitveräußerungspflicht, hat jeder Gesellschafter durch seinen freiwilligen Eintritt in die Gesellschaft akzeptiert.[186]

Zudem wird darauf hingewiesen, dass in der Rechtsprechung anerkannt ist, dass das Einstimmigkeitsprinzip im Recht der Kapitalgesellschaften einen Ausnahmefall darstellt.[187] Dies zeigt sich auch daran, dass die Gesellschaft durch Mehrheitsbeschluss aufgelöst oder die Kapitalherabsetzung aufgrund von Verlusten und anschließender Kapitalerhöhung beschlossen werden kann.[188] Aufgrund der Vergleichbarkeit mit diesen Fällen handelt es sich bei der Mitveräußerungspflicht eher um einen Fall der Desinvestition anstatt des zwangsweisen Ausschlusses eines Gesellschafters.[189] Durch die Gesellschaftsrechtsreform wurde mit dem Art. 2479 Abs. 2 Nr. 5 und Abs. 4 c.c. erstmals seit der Geltung des Codice civile eine Regelung geschaffen, nach der durch Mehrheitsbeschluss der Gesellschafterversammlung über Geschäfte beschlossen werden kann, durch die eine bedeutende Änderung der Rechte der Gesellschafter erfolgt.[190] Folglich besteht seither kein unabdingbares Recht des Gesellschafters mehr auf

---

183 Trib. Milano 22 dicembre 2014, Le società 2015, 955, 956.

184 Trib. Milano 22 dicembre 2014, Le società 2015, 955, 956.

185 *Piselli*, Le società 2015, 968, 969 f.; *Scotti*, Notariato 2015, 620, 624.

186 Trib. Milano 22 dicembre 2014, Le società 2015, 955, 956, 958.

187 Trib. Milano 22 dicembre 2014, Le società 2015, 955, 956.

188 Trib. Milano 22 dicembre 2014, Le società 2015, 955, 956; *Consiglio notarile di Roma*, n. 8 Clausole di co-vendita e trascinamento: possibilità di introduzione a maggioranza, Riv. not. 2013, 1085, 1085 ff.

189 *Spolidoro*, Banca, borsa, tit. cred., 2016, II, 92, 101.

190 *Consiglio notarile di Roma*, n. 8 Clausole di co-vendita e trascinamento: possibilità di introduzione a maggioranza, Riv. not. 2013, 1085, 1085 ff.

Erhalt seiner Beteiligung in der Gesellschaft oder sonstiger subjektiver Rechte.[191] Diese Sichtweise drückt die Intention der Gesellschaftsrechtsreform aus, indem die gesteigerte Selbstbestimmung der Gesellschafter durch umfassende Austrittsrechte anstatt durch die Zuweisung von Vetorechten bei Gesellschafterbeschlüssen geschützt wird.[192] Sollten nämlich Rechte des Gesellschafters durch die Gesellschaft oder andere Gesellschafter betroffen sein, ist der Gesellschafter insofern geschützt, als ihm das Austrittsrecht zusteht.[193] Durch das mittlerweile vorherrschende Mehrheitsprinzip (*principio maggioritario*) steht somit von Gesetzes wegen die effektive Verfolgung des Gesellschaftszwecks im Vordergrund, wobei die Satzungsfreiheit den Gesellschaftern ermöglicht, ein höheres Quorum oder gar Einstimmigkeit im Gesellschaftsvertrag festzulegen.[194] Danach liegt es gerade im Ermessen des Gründers der Gesellschaft bei Abfassung des Gesellschaftsvertrages, sich gegen mögliche Mehrheitsbeschlüsse abzusichern, indem das Einstimmigkeitserfordernis vorgesehen wird oder jedenfalls seine Beteiligung die Grundlage für eine Sperrminorität für Gesellschafterbeschlüsse darstellt. Dadurch kann er der bei der Aufnahme weiterer Gesellschafter drohenden Einwirkung auf seine subjektiven Rechte durch Mehrheitsbeschlüsse der Gesellschafterversammlung präventiv entgegenwirken.

Entscheidend war für das Gericht in diesem Zusammenhang, dass sich alle Gesellschafter bei der Aufnahme der Mitveräußerungspflicht in den Gesellschaftsvertrag in derselben Situation befunden haben betreffend die zukünftige

---

191 Trib. Milano 22 dicembre 2014, Le società 2015, 955, 956; *Consiglio notarile di Roma*, n. 8 Clausole di co-vendita e trascinamento: possibilità di introduzione a maggioranza, Riv. not. 2013, 1085, 1085 ff.; *Luoni*, NDS – n. 19/2013, 196, 198.

192 Trib. Milano 22 dicembre 2014, Le società 2015, 955, 956 f.; *Cendon*, artt. 2452–2483, S. 263; *Malimpensa*, in: Colombo, I nuovi tipi di circolazione forzata delle partecipazioni sociali, S. 226, 248; *Negri-Clementi/Perricone*, Le società 2015, 960, 961; *Scotti*, Notariato 2015, 620, 621 f.; *Spolidoro*, Banca, borsa, tit. cred., 2016, II, 92, 93.

193 *Del Linz*, Giur. comm. 2012, II, 1072, 1084; zur insofern strittigen Frage, ob die durch Mehrheitsbeschluss aufgenommenen Beschränkungen des Umlaufs der Beteiligungen bei der *s.r.l.* ein Austrittsrecht gewähren, siehe z.B. *Cendon*, artt. 2452–2483, S. 264 f.; *Consiglio notarile di Milano*, Massima n. 31. Introduzione o rimozione di limitazioni alla circolazione di partecipazioni di s.r.l. (artt. 2469 e 2473 c.c.). 19 novembre 2004, abrufbar unter http://www.consiglionotarilemilano.it/documenti-comuni/massime-commissione-societa/31.aspx (Stand: 11.11.2015); *Peta*, La clausola statutaria di drag along, Diss. Università Cattolica del Sacro Cuore Mailand 2013, abrufbar unter http://tesionline.unicatt.it/handle/10280/2350 (Stand: 6.10.2014), S. 113 f.; *Zanarone*, S. 806 m.w.N.

194 *Negri-Clementi/Perricone*, Le società 2015, 960, 960 f.

Veräußerung der Geschäftsanteile und es zu diesem Zeitpunkt keinem Gesellschafter aufgrund der ihm zustehenden Stimmen in der Gesellschafterversammlung möglich war, diese zu aktivieren.[195] Hierzu wird eine Parallele zur Thematik der Einführung rückkaufbarer Aktien durch Mehrheitsbeschluss gezogen, die bereits Gegenstand einer gerichtlichen Entscheidung war und Bestätigung in der notariellen Praxis fand.[196] Danach können rückkaufbare Aktien dann durch einen Mehrheitsbeschluss geschaffen werden, wenn diese zum Zeitpunkt ihrer Einführung alle Gesellschafter gleich betreffen und daher nicht nur die Aktien einzelner Aktionäre erfassen.[197] Letzteres würde nämlich dazu führen, dass die Aktien zwangsweise in eine andere Kategorie überführt werden und der betroffene Aktionär dem Risiko ausgesetzt ist, aus der Gesellschaft ausscheiden zu müssen.[198] Am Institut der rückkaufbaren Aktien zeigt sich somit, dass die Gesellschafterstellung nicht ein unantastbares Recht des Gesellschafters darstellt.[199]

Danach sind nach dieser Ansicht unter Beachtung des mittlerweile geltenden Mehrheitsprinzips Beschlüsse durch die Mehrheit der Gesellschafterversammlung, die in subjektive Rechte der Gesellschafter eingreifen, unter der Voraussetzung zulässig, dass diese nicht die Prinzipien des guten Glaubens (*buona fede*), der Redlichkeit (*correttezza*) und der gleichen Behandlung (*parità di trattamento*) der Gesellschafter verletzen.[200] Dem Mehrheitsprinzip werden somit erkennbare Grenzen gesetzt. Eine Verletzung des zuletzt genannten Gleichheitsprinzips

---

195 Trib. Milano 22 dicembre 2014, Le società 2015, 955, 959.

196 Trib. Milano 22 dicembre 2014, Le società 2015, 955, 959; *Consiglio notarile di Roma*, n. 8 Clausole di co-vendita e trascinamento: possibilità di introduzione a maggioranza, Riv. not. 2013, 1085, 1085 ff.

197 Trib. Perugia 29 febbraio 2008, Giur. comm. 2010, II, 304, 313; *Consiglio notarile di Milano*, Massima n. 99. Azioni riscattabili e introduzione della clausola di riscatto (art. 2437-sexies c.c.). 18 maggio 2007, abrufbar unter http://www.consiglionotarilemilano.it/documenti-comuni/massime-commissione-societa/99.aspx (Stand: 27.4.2016).

198 Trib. Perugia 29 febbraio 2008, Giur. comm. 2010, II, 304, 313; *Consiglio notarile di Milano*, Massima n. 99. Azioni riscattabili e introduzione della clausola di riscatto (art. 2437-sexies c.c.). 18 maggio 2007, abrufbar unter http://www.consiglionotarilemilano.it/documenti-comuni/massime-commissione-societa/99.aspx (Stand: 27.4.2016).

199 *Consiglio notarile di Roma*, n. 8 Clausole di co-vendita e trascinamento: possibilità di introduzione a maggioranza, Riv. not. 2013, 1085, 1085 ff.

200 *Consiglio notarile di Roma*, n. 8 Clausole di co-vendita e trascinamento: possibilità di introduzione a maggioranza, Riv. not. 2013, 1085, 1085 ff.; *Negri-Clementi/Perricone*, Le società 2015, 960, 966; *Luoni*, NDS – n. 19/2013, 196, 198.

ist dann gegeben, wenn hiervon zum Zeitpunkt der Aufnahme der Klausel in den Gesellschaftsvertrag lediglich einzelne und nicht alle Gesellschafter betroffen sind.[201] Folglich ist in dieser Situation für die nachträgliche Aufnahme der Mitveräußerungspflicht in den Gesellschaftsvertrag die Zustimmung auch dieser Gesellschafter erforderlich.[202] Ist hingegen im Zeitpunkt der Einführung der Mitveräußerungspflicht in den Gesellschaftsvertrag kein Gesellschafter in der Weise unmittelbar berechtigt, dass ihm hieraus unmittelbar Rechte zugewiesen werden oder er zu diesem Zeitpunkt bereits über die zu dessen Aktivierung erforderliche Stimmenmehrheit verfügt, ist ein Mehrheitsbeschluss der Gesellschafterversammlung zulässig.[203]

cc) Vergleich der Verfahren bei der s.p.a. und der s.r.l.

Bei der nachträglichen Aufnahme einer Mitveräußerungspflicht in den Gesellschaftsvertrag einer *s.p.a.* im Bereich des Venture-Capitals ist, wie bereits gesehen,[204] nach den hierzu vertretenen Ansichten in der Rechtsprechung und juristischen Literatur die Zustimmung der hiervon betroffenen Gesellschafter erforderlich.

Im Folgenden ist danach zu untersuchen, zu welchen Ergebnissen die beiden Ansichten im Rahmen der dieser Untersuchung zugrunde liegenden Mitveräußerungspflichten bei der *s.r.l.* im Anwendungsbereich des Venture-Capitals führen. Bei diesem wird das Recht, die Mitveräußerungspflicht zu aktivieren, regelmäßig ausschließlich dem Investor zugewiesen.

Nach der ersten Ansicht ist für die Aufnahme der Mitveräußerungspflicht in den bestehenden Gesellschaftsvertrag einer *s.r.l.* unstreitig die Zustimmung sämtlicher von der Mitveräußerungspflicht betroffener Gesellschafter erforderlich, da hiervon deren schützenswerte Position als Gesellschafter der Gesellschaft gefährdet ist. Somit kann diese nicht gegen den Willen des Gründers eingeführt werden und ist dessen Zustimmung vonnöten.

---

201 *Consiglio notarile di Roma*, n. 8 Clausole di co-vendita e trascinamento: possibilità di introduzione a maggioranza, Riv. not. 2013, 1085, 1085 ff.; *Scotti*, Notariato 2015, 620, 628.

202 *Consiglio notarile di Roma*, n. 8 Clausole di co-vendita e trascinamento: possibilità di introduzione a maggioranza, Riv. not. 2013, 1085, 1085 ff.; *Scotti*, Notariato 2015, 620, 624.

203 *Consiglio notarile di Roma*, n. 8 Clausole di co-vendita e trascinamento: possibilità di introduzione a maggioranza, Riv. not. 2013, 1085, 1085 ff.; *Scotti*, Notariato 2015, 620, 628; *Spolidoro*, Banca, borsa, tit. cred., 2016, II, 92, 103.

204 Oben § 4 III. 1. e) aa).

Nach der herrschenden Ansicht kann bei der *s.r.l.* dagegen grundsätzlich die Einführung einer Mitveräußerungspflicht in den bereits existierenden Gesellschaftsvertrag mit den gewöhnlichen Mehrheitserfordernissen erfolgen. Dies wird mit dem im Bereich der Kapitalgesellschaften vorherrschenden Mehrheitsprinzip, der damit verbundenen fehlenden Schutzwürdigkeit individueller Rechtspositionen und einer Parallele zu den rückkaufbaren Aktien begründet. Allerdings schränkt diese Ansicht das Mehrheitsprinzip insofern ein, als hierdurch insbesondere die gleiche Behandlung sämtlicher Gesellschafter gewahrt werden muss. Im streitgegenständlichen Fall war zum Zeitpunkt der Aufnahme der Mitveräußerungspflicht in den Gesellschaftsvertrag gerade kein Gesellschafter unmittelbar berechtigt, diese zu aktivieren. Dies ist ein entscheidender Unterschied zu der im Rahmen dieser Untersuchung vorliegenden Situation, da im Rahmen des Venture-Capitals die Mitveräußerungspflicht ausschließlich zugunsten des Investors vereinbart wird. Es ist gerade Sinn dieser Regelung, dass der Investor von Anfang an, Sicherheit darüber hat, autonom über den *Exit* entscheiden zu können. Das Verfahren der Mitveräußerungspflicht kann exklusiv von ihm initiiert werden, wenn ein Dritter seine wirtschaftlichen Vorstellungen zur Veräußerung sämtlicher Geschäftsanteile der Gesellschaft durch *Trade Sale* erfüllt. Daher liegen insofern eine Ungleichbehandlung der Gesellschafter und keine Vergleichbarkeit mit dem streitgegenständlichen Fall der zweiten Ansicht vor. Somit ist gleichsam nach der herrschenden Meinung die Zustimmung der Gesellschafter erforderlich, die zur Mitveräußerung verpflichtet werden können. Dies ist im konkreten Fall der Gründer. Zwar verfügt der Venture-Capital-Investor aufgrund seiner Minderheitsbeteiligung alleine nicht über die notwendige Mehrheit zur Änderung des Gesellschaftsvertrages. Sofern allerdings weitere Gründer oder Investoren als Gesellschafter vorhanden sind und sich eine Mehrheit für die Einführung einer Mitveräußerungspflicht findet, besteht für den Gründer, der keine Mehrheitsbeteiligung an der Gesellschaft hält, das dargestellte Risiko.

Im Ergebnis ergibt sich nach beiden Ansichten, dass die Mitveräußerungspflicht im Rahmen der Finanzierung eines Unternehmens durch Venture-Capital nicht gegen den Willen der von ihr betroffenen Gesellschafter in den bestehenden Gesellschaftsvertrag einer *s.r.l.* aufgenommen werden kann. Mithin ist hierfür ihre Zustimmung erforderlich.

dd) Exkurs: Abschaffung der Mitveräußerungspflicht

Fraglich ist, inwiefern der Investor als Minderheitsgesellschafter davor geschützt ist, dass die zu seinen Gunsten eingeräumte Mitveräußerungspflicht gegen seinen Willen aus dem Gesellschaftsvertrag der finanzierten Gesellschaft gestrichen werden kann. Sollte dies durch Mehrheitsbeschluss der Gesellschafterversammlung möglich sein, so könnte der Gründer dies einleiten, wenn er über die erforderliche Stimmenmehrheit verfügt.

Grundsätzlich werden an das Quorum für die Aufhebung von Klauseln, die den Umlauf der Beteiligungen begrenzen, geringere Anforderungen gestellt als bei deren Aufnahme, sodass eine Abschaffung durch Mehrheitsbeschluss in Betracht kommt.[205] Berücksichtigt man allerdings, dass zwar auf der einen Seite für einen Gesellschafter der Umlauf von dessen Beteiligungen begrenzt ist und auf der anderen Seite dem berechtigten Gesellschafter durch das Recht die Mitveräußerung zu verlangen eine Rechtsposition zugewiesen wird, so ist jedenfalls für die Aufhebung dieses Rechts die Zustimmung des Inhabers erforderlich.[206]

f) Vor- und Nachteile der Regelung im Gesellschaftsvertrag

In den letzten Jahren wurde in Italien eine verstärkte Verbreitung und Aufnahme von Mitveräußerungspflichten in den Gesellschaftsvertrag der jungen und innovativen Gesellschaften wahrgenommen.[207]

Aufgrund der dinglichen Wirkung der Bestandteile des Gesellschaftsvertrages hat ein Investor generell ein Interesse daran, möglichst viele Regelungen in diesen aufzunehmen.[208] Hierdurch bestehen seine Rechte aus der Mitveräußerungspflicht nicht nur gegenüber den aktuellen, sondern auch gegenüber zukünftigen Gesellschaftern der Gesellschaft fort.[209] Folglich kann er auch diese zu einer Veräußerung durch *Trade Sale* zwingen. Sollte hingegen der Gründer trotz des Verlangens zur Mitveräußerung durch den Investor seine Anteile an einen anderen als den vom Investor genannten Dritten veräußern, ist diese Veräußerung jedenfalls gegenüber der Gesellschaft unwirksam.[210] Zudem steht diesem

205 *Simoni/Gamba*, Il Commercialista Veneto, n. 207, Maggio / Giugno 2012, S. 7.

206 *Divizia*, Le clausole di tag e drag along, S. 157, 205; *Passarelli*, Rivista Notarile 2013, 65, 75; *Simoni/Gamba*, Il Commercialista Veneto, n. 207, Maggio / Giugno 2012, S. 7.

207 *Caliceti/Martoglia*, in: Carlotti, Tecniche di private equity, S. 335, 358.

208 *Caliceti/Martoglia*, in: Carlotti, Tecniche di private equity, S. 335, 350.

209 Trib. Milano 31 marzo 2008, RDS 2010, 370, 372; *Simoni/Gamba*, Il Commercialista Veneto, n. 207, Maggio / Giugno 2012, S. 5.

210 *Ballerini*, Contr. e impr. 2014, 1466, 1476; *Divizia*, Le clausole di tag e drag along, S. 202 f.; *Rescio*, Giur. comm. 2012, II, 1055, 1059.

anderen Dritten in diesem Fall nicht das Recht zu, in das Gesellschafterbuch der Gesellschaft eingetragen zu werden, sofern dieses freiwillig weitergeführt wird.[211]

Bei der Verletzung einer gesellschaftsvertraglich geregelten Mitveräußerungspflicht ist es möglich, bei Nichterfüllung der Verpflichtung des Gründers und zur Vollstreckung dieser Verpflichtung, ein Gestaltungsurteil gemäß Art. 2932 c.c. zu erlangen, um die Wirkungen des Vertrages zu erzeugen.

Gegen die Aufnahme in den Gesellschaftsvertrag spricht allerdings die hiermit verbundene Publizität.[212] Dadurch wird ein möglicherweise vorhandenes Geheimhaltungsinteresse der Parteien nicht gewahrt.

Sofern jedoch in einer Mitveräußerungspflicht eine Beschränkung des Umlaufs der Beteiligungen i.S.d. Artt. 2355-bis und 2469 c.c. gesehen wird, ist deren zeitliche Begrenzung zu beachten.[213] Bei der *s.p.a.* ist hierfür gemäß Art. 2355-bis Abs. 1 c.c. eine derartige Beschränkung für fünf Jahre zulässig. Bei der *s.r.l.* existiert hingegen gemäß Art. 2469 Abs. 1 und Abs. 2 Satz 1 c.c. keine derartige zeitliche Beschränkung, sodass an sich ein dauerhafter Ausschluss möglich ist. Allerdings steht den Gesellschaftern in diesem Fall, im Gegensatz zu denen der *s.p.a.*, ein Austrittsrecht aus der Gesellschaft zu, das gemäß Art. 2469 Abs. 2 Satz 2 c.c. höchstens für einen Zeitraum von zwei Jahren seit Gründung der Gesellschaft oder Übernahme der jeweiligen Beteiligung ausgeschlossen werden kann. Das Austrittsrecht ist gerade als Ausgleich zur Beschränkung der Verfügungsfreiheit zu sehen.[214] Auf der anderen Seite wird kritisiert, dass die im Ergebnis lediglich für zwei Jahre mögliche Beschränkung des Umlaufs der Anteile in hohem Maß der ansonsten gewährten Satzungsautonomie der Gesellschafter der *s.r.l.* widerspricht, da das mit einer derartigen Beschränkung verfolgte Ziel, für eine gewisse Zeit den Bestand der Gesellschafter zu erhalten, lediglich für zwei Jahre erreicht werden kann.[215] Bis zu einer höchstrichterlichen Klärung, ob in einer Mitveräußerungspflicht eine Beschränkung des Umlaufs der Beteiligungen zu sehen ist, besteht daher bei der *s.r.l.* das Risiko, dass der von der Mitveräußerungspflicht betroffene Gesellschafter vor Eintritt des *Exits* aus der Gesellschaft austritt. Dies würde für den Venture-Capital-Investor zu dem unerwünschten Ergebnis führen, dass er bei einem Austritt des Gründers die Gesellschaft ohne

---

211 *Ballerini*, Contr. e impr. 2014, 1466, 1476; *Divizia*, Le clausole di tag e drag along, S. 202; *Divizia*, Notariato 2009, 157, 168 f.; *Simoni/Gamba*, Il Commercialista Veneto, n. 207, Maggio / Giugno 2012, S. 5.

212 *Portolano*, S. 10.

213 *Szego*, Riv. dir. comm. 2005, I, 821, 863.

214 *Cossu*, in: Farina/Ibba/Racugno, La nuova s.r.l., S. 51, 69.

215 *Cagnasso*, S. 73.

dessen Erfahrung und Wissen entwickeln muss. Hierzu wird er in der Regel nicht in der Lage sein, sodass sein gesamtes Investment gefährdet ist.

Ein weiterer wichtiger Punkt, der gegen die Aufnahme einer Mitveräußerungspflicht in den Gesellschaftsvertrag spricht, ist das Erfordernis der angemessenen Bewertung (*equa valorizzazione*) der Geschäftsanteile des zur Mitveräußerung verpflichteten Gesellschafters. Diese Thematik wird im Rahmen der Zulässigkeitsprüfung der Mitveräußerungspflicht unter § 5 III. 1. dieser Untersuchung behandelt.

2. Beteiligungsvereinbarung

Daneben können die Gesellschafter der *s.r.l.* nach ihrer Wahl die Mitveräußerungspflicht auch in einer gesonderten Beteiligungsvereinbarung regeln.[216] Dies war überdies in Italien bis vor einigen Jahren der Ort, an dem Mitveräußerungspflichten üblicherweise aufgenommen wurden.[217] Bis zur Gesellschaftsrechtsreform aus dem Jahr 2003 bestand nämlich bei den Gesellschaftervereinbarungen eine größere Autonomie als bei der Regelung im Gesellschaftsvertrag.[218] Aufgrund der Neuerungen der sog. *Riforma Vietti* erfolgte jedoch bei der *s.p.a.* eine Wanderung (*migrazione*) der üblicherweise in der Beteiligungsvereinbarung enthaltenen Regelungen in den Gesellschaftsvertrag.[219] Im Folgenden wird daher auf die Gründe für den geänderten Regelungsort eingegangen sowie untersucht, ob diese gleichermaßen für die *s.r.l.* zutreffen.

a) Grundlagen

In den Artt. 2341-bis und 2341-ter c.c. sind partiell gesellschaftsrechtliche Nebenvereinbarungen (*patti parasociali*) der Gesellschafter außerhalb des

216 *Agrusti*, Amministrazione & Finanza 2014, n. 6, 34, 37; *Caliceti/Martoglia*, in: Carlotti, Tecniche di private equity, S. 335, 355, 357 f.; *Santangelo*, Clausole di "co-vendita" e di "trascinamento" nella S.r.l., abrufbar unter http://www.fondazionecasale.it/ (Stand: 22.2.2016), S. 7; *Simoni/Gamba*, Il Commercialista Veneto, n. 207, Maggio / Giugno 2012, S. 5.

217 *Consiglio notarile di Roma*, n. 7 Clausole di co-vendita e trascinamento: tipologia e limiti di validità, Riv. not. 2013, 1085, 1085 ff.; *Del Linz*, Giur. comm. 2012, II, 1072, 1074; *Fabbrini*, Giur. comm. 2009, II, 1034, 1035; *Malimpensa*, RDS 2010, 375, 377; *Santangelo*, Clausole di "co-vendita" e di "trascinamento" nella S.r.l., abrufbar unter http://www.fondazionecasale.it/ (Stand: 22.2.2016), S. 7.

218 *Agrusti*, Amministrazione & Finanza 2014, n. 6, 34, 37.

219 *Del Linz*, Giur. comm. 2012, II, 1072, 1074 m.w.N.; *Fabbrini*, Giur. comm. 2009, II, 1034, 1035 m.w.N.; *Malimpensa*, RDS 2010, 375, 377.

Gesellschaftsvertrages geregelt. Dabei geht es um deren Dauer und öffentliche Bekanntmachung. Diese Vorschriften wurden durch die Reform des Gesellschaftsrechts im Jahr 2003 erstmalig in den Codice Civile aufgenommen.[220] Daneben gelten für börsennotierte Gesellschaften die Artt. 122 und 123 TUF. Die im Rahmen einer Venture-Capital-Finanzierung typischerweise vorkommenden Beteiligungsvereinbarungen stellen derartige Nebenvereinbarungen dar.

Die Regelung des Art. 2341-bis c.c. findet dabei nach ihrem Wortlaut Anwendung auf Vereinbarungen bei einer *s.p.a.* oder auf Gesellschaften, die eine *s.p.a.* kontrollieren, durch die Eigentümerrechte abgesichert werden oder die Gesellschaft geführt wird. Entscheidend ist demnach, ob die betreffende Vereinbarung der Stabilisierung der Eigentumsverhältnisse und der Führung der Gesellschaft dient.[221] Dabei wird davon ausgegangen, dass der Anwendungsbereich des Art. 2341-bis c.c. aufgrund der Unbestimmtheit dieser Rechtsbegriffe eher ausgedehnt anstatt beschränkt wird.[222] Der Art. 2341-ter c.c. ist hingegen auf diejenigen Gesellschaften anwendbar, die sich des Risikokapitalmarktes i.S.d. Art. 2325-bis c.c. bedienen. Nach der allgemeinen Meinung finden die eben zitierten Vorschriften unter den dort genannten Voraussetzungen somit ebenfalls auf diejenigen *s.r.l.* Anwendung, die eine *s.p.a.* kontrollieren.[223]

Durch eine gesellschaftsrechtliche Nebenvereinbarung entsteht eine schuldrechtliche Verpflichtung zwischen den beteiligten Parteien.[224] Dies zeigt sich auch daran, dass ihr im Gegensatz zu einer Satzungsregelung gerade keine dingliche Wirkung zukommt. Folglich bindet sie gemäß Art. 1372 Abs. 1 Satz 1 c.c. lediglich die unmittelbar daran beteiligten Vertragsparteien und geht nicht

---

220 *Avagliano*, in: Irrera, Le acquisizioni societarie, S. 355, 399; *Badini Confalonieri*, NDS – n. 17/2012, 9; *Colella/Flora*, S. 9; *Proverbio*, S. 8.

221 *Magrini*, S. 79.

222 *Colella/Flora*, S. 10.

223 *Cagnasso*, S. 70 f.; *Marano*, in: Dolmetta/Presti, S.r.l. commentario, Art. 2463 c.c. G. Rn. 2, 10, trotz des gegenteiligen Wortlautes des Art. 2341-ter c.c.

224 *Agrusti*, Amministrazione & Finanza 2014, n. 6, 34, 37; *Avagliano*, in: Irrera, Le acquisizioni societarie, S. 355, 404; *Badini Confalonieri*, NDS – n. 17/2012, 9, 17; *Ballerini*, Contr. e impr. 2014, 1466, 1471, 1474; *Caliceti/Martoglia*, in: Carlotti, Tecniche di private equity, S. 335, 350; *De Luca*, Banca, borsa, tit. cred., 2009, I, 174, *Divizia*, Le clausole di tag e drag along, S. 84; *Perathoner*, in: Laimer/Perathoner, Gesellschaftsrechtliche Nebenvereinbarungen in Europa, S. 165, 174; *Proverbio*, S. 2; *Scarpa*, Giust. Civ. 2013, II, 41, 42; *Tiberi*, in: Brechbühl/Wooder, Global Venture Capital Transactions, S. 245, 249.

automatisch auf die jeweiligen Rechtsnachfolger in die Geschäftsanteile über.[225] Dic Rechte und Pflichten aus diesen Nebenvereinbarungen sind folglich nicht an die jeweiligen Anteile, sondern an die Person des Gesellschafters geknüpft.[226] Damit die Verpflichtungen aus der schuldrechtlichen Nebenvereinbarung für den einzelnen Gesellschafter gelten, ist daher dessen Beitritt zur Vereinbarung erforderlich.[227] Bei einer Verletzung der Verpflichtungen aus einer Gesellschaftervereinbarung führt dies nicht zur Ungültigkeit und Unwirksamkeit der zugrundeliegenden Handlung, da diese hiervon nicht betroffen ist.[228] Dem benachteiligten Gesellschafter steht vielmehr lediglich die Möglichkeit offen, Schadensersatz zu verlangen.[229] Überdies können die Regelungen einer schuldrechtlichen Nebenabrede aufgrund der ausschließlichen Bindung der hieran beteiligten Parteien nicht gegenüber Dritten eingewandt werden.[230]

Generell ist anzumerken, dass jegliche Regelung, die im Gesellschaftsvertrag enthalten sein kann, gleichfalls in zulässiger Weise in eine Gesellschaftervereinbarung aufgenommen werden kann.[231] In der anderen Richtung gilt dies allerdings nur dann, wenn die Grundprinzipien des Gesellschaftsrechts eingehalten werden.[232] In jedem Fall ist die Zulässigkeit einer Gesellschaftervereinbarung mangels gesetzlicher Vorgaben zu dessen Inhalten von Fall zu Fall zu beurteilen.[233] Dabei werden bei dieser aufgrund der bloßen Wirkung zwischen den Parteien weniger strikte Anforderungen an die Prüfung der Wirksamkeit gestellt als bei einer Regelung im Gesellschaftsvertrag.[234]

---

225 *Avagliano*, in: Irrera, Le acquisizioni societarie, S. 355, 404; *Badini Confalonieri*, NDS – n. 17/2012, 9, 17; *Ballerini*, Contr. e impr. 2014, 1466, 1471; *Caliceti/Martoglia*, in: Carlotti, Tecniche di private equity, S. 335, 350; *Perathoner*, in: Laimer/Perathoner, Gesellschaftsrechtliche Nebenvereinbarungen in Europa, S. 165, 173.

226 *Ballerini*, Contr. e impr. 2014, 1466, 1471.

227 *Caliceti/Martoglia*, in: Carlotti, Tecniche di private equity, S. 335, 350; *Perathoner*, in: Laimer/Perathoner, Gesellschaftsrechtliche Nebenvereinbarungen in Europa, S. 165, 174.

228 *Caliceti/Martoglia*, in: Carlotti, Tecniche di private equity, S. 335, 350.

229 *Avagliano*, in: Irrera, Le acquisizioni societarie, S. 355, 404; *Caliceti/Martoglia*, in: Carlotti, Tecniche di private equity, S. 335, 350; *Scarpa*, Giust. Civ. 2013, II, 41, 42; *Tiberi*, in: Brechbühl/Wooder, Global Venture Capital Transactions, S. 245, 249, 262.

230 *Avagliano*, in: Irrera, Le acquisizioni societarie, S. 355, 404; *Caliceti/Martoglia*, in: Carlotti, Tecniche di private equity, S. 335, 350; *Proverbio*, S. 3 f.

231 *Caliceti/Martoglia*, in: Carlotti, Tecniche di private equity, S. 335, 350.

232 *Malimpensa*, RDS 2010, 375, 377.

233 *Avagliano*, in: Irrera, Le acquisizioni societarie, S. 355, 399 f.

234 *De Luca*, Banca, borsa, tit. cred., 2009, I, 174, 180 f.; *Proverbio*, S. 8.

Wie bereits gesehen sind die Vorschriften der Artt. 2341-bis und 2341-ter c.c. auf die *s.p.a.* oder auf eine *s.r.l.* anwendbar, die eine *s.p.a.* kontrolliert.

In der italienischen Rechtsliteratur ist deren Anwendbarkeit auf eine gewöhnliche *s.r.l.*, die keine *s.p.a.* kontrolliert, allerdings nicht geklärt. Diese ist nämlich vom Wortlaut der zitierten Vorschriften nicht erfasst und es existieren im Recht der *s.r.l.* keine entsprechenden Regelungen. Die Rechtsliteratur zeigt sich zu diesem Themenkomplex daher in gewisser Weise ratlos.[235] Selbst wenn die Anwendbarkeit des Art. 2341-bis c.c. auf die *s.r.l.* bejaht werden sollte, ist ungeklärt, ob dies direkt oder analog erfolgen soll.[236]

Demnach wird die direkte Anwendbarkeit des Art. 2341-bis c.c. auf die *s.r.l.* jedenfalls aufgrund dessen ausdrücklichen Wortlautes verneint, da die *s.r.l.* hiervon nicht erfasst ist.[237]

Bei der *s.r.l.* ist zu beachten, dass die Übertragung der Geschäftsanteile gemäß den Artt. 2469 Abs. 1 und Abs. 2 Satz 1 c.c. durch entsprechende Regelung im Gesellschaftsvertrag vollständig ausgeschlossen werden kann.[238] Hierin zeigt sich das hohe Maß der Autonomie, das den Gesellschaftern bei der Gestaltung des Gesellschaftsvertrages gewährt wird. Eine schuldrechtliche Nebenvereinbarung ist in ihren Wirkungen im Vergleich zum Gesellschaftsvertrag begrenzt, da sie ausschließlich die Parteien bindet und nicht gegenüber Dritten und Rechtsnachfolgern in die Geschäftsanteile wirkt. Daher gibt es keinen Grund, warum gerade eine derartige zeitliche Begrenzung für eine entsprechende Regelung in einer schuldrechtlichen Nebenvereinbarung zwischen den Gesellschaftern der *s.r.l.* durch eine möglicherweise analoge Anwendung des Art. 2341-bis Abs. 1 c.c. und der darin enthaltenen Fünf-Jahres-Grenze vorgesehen werden soll.[239] Weiterhin ist zu beachten, dass die in Art. 2341-bis Abs. 1 c.c. enthaltene zeitliche Beschränkung eine Ausnahme zum ansonsten gemäß Art. 1322 c.c. geltenden Prinzip der Vertragsfreiheit darstellt.[240] Derartige Ausnahmeregelungen sind allerdings lediglich in den für sie vorgesehenen Sonderfällen anwendbar und können nicht

---

235 *D'Alessandro*, Riv. dir. civ. 2010, 373, 388, 394.

236 *Ballerini*, Contr. e impr. 2014, 1466, 1473; *D'Alessandro*, Riv. dir. civ. 2010, 373, 394.

237 *Avagliano*, in: Irrera, Le acquisizioni societarie, S. 355, 408, 412; *Cagnasso*, S. 71; *Colella/Flora*, S. 10; *Tucci*, RDS 2010, 182, 187.

238 *Cossu*, in: Farina/Ibba/Racugno, La nuova s.r.l., S. 51, 67; *Salvatore*, NDS – n. 19/2014, 7, 50 f.

239 *Cossu*, in: Farina/Ibba/Racugno, La nuova s.r.l., S. 51, 67 f.

240 *Badini Confalonieri*, NDS – n. 17/2012, 9, 38; *Marano*, in: Dolmetta/Presti, S.r.l. commentario, Art. 2463 c.c. G. Rn. 40; *Perathoner*, in: Laimer/Perathoner, Gesellschaftsrechtliche Nebenvereinbarungen in Europa, S. 165, 188.

durch eine Analogie auf andere Fälle übertragen werden.[241] Insgesamt wird daher von der herrschenden Meinung in der juristischen Literatur ebenfalls eine analoge Anwendung des Art. 2341-bis c.c. auf die gewöhnliche *s.r.l.*, die keine *s.p.a.* kontrolliert, abgelehnt.[242] Auf derartige Nebenvereinbarungen zwischen den Gesellschaftern einer *s.r.l.* finden vielmehr die allgemeinen Regeln zu Verträgen und Schuldverhältnissen Anwendung und damit auch die Möglichkeit des Austritts nach freiem Belieben (*ad nutum*) bei Vereinbarungen mit unbestimmter Laufzeit.[243]

b) Dauer

Die Laufzeit gesellschaftsrechtlicher Nebenvereinbarungen ist seit jeher ein besonders umstrittenes Problem im italienischen Recht.[244] Dabei kann sich eine übermäßig lange Bindung im Einzelfall negativ auf die Veräußerungsmöglichkeiten der Beteiligungen auswirken.[245] Die Frage der Dauer gesellschaftsrechtlicher Nebenvereinbarungen wurde durch die Neuerungen der sog. *Riforma Vietti* zumindest teilweise entschärft.

aa) S.p.a.

Nunmehr ist die Wirksamkeit der Beteiligungsvereinbarungen zwischen den Aktionären einer *s.p.a.* oder zwischen den Gesellschaftern von Gesellschaften, die eine *s.p.a.* kontrollieren, nämlich der fünfjährigen Höchstdauer des

---

241 *Marano*, in: Dolmetta/Presti, S.r.l. commentario, Art. 2463 c.c. G. Rn. 40; *Perathoner*, in: Laimer/Perathoner, Gesellschaftsrechtliche Nebenvereinbarungen in Europa, S. 165, 188.

242 *Battiloro*, Accordi di co-vendita (Drag e Tag Along): profili civilistici e prassi applicativa, Diss. Palermo 2012, abrufbar unter https://iris.unipa.it/handle/10447/94910#.VtGdq9Bu0yE (Stand: 26.10.2015), S. 125; *Lombardi*, Giur. comm. 2003, I, 267, 279; *Marano*, in: Dolmetta/Presti, S.r.l. commentario, Art. 2463 c.c. G. Rn. 40; *Perathoner*, in: Laimer/Perathoner, Gesellschaftsrechtliche Nebenvereinbarungen in Europa, S. 165, 188; *Proverbio*, S. 18 f.; *Ventoruzzo*, Giur. comm. 2006, I, 573, 583 f.

243 *Battiloro*, Accordi di co-vendita (Drag e Tag Along): profili civilistici e prassi applicativa, Diss. Palermo 2012, abrufbar unter https://iris.unipa.it/handle/10447/94910#.VtGdq9Bu0yE (Stand: 26.10.2015), S. 123; *Cagnasso*, S. 71; *Cossu*, in: Farina/Ibba/Racugno, La nuova s.r.l., S. 51, 67; *Divizia*, Riv. not. 2012, 615, 616; *Marano*, in: Dolmetta/Presti, S.r.l. commentario, Art. 2463 c.c. G. Rn. 42; *Proverbio*, S. 18; *Ventoruzzo*, Giur. comm. 2006, I, 573, 584 f.

244 *Tucci*, RDS 2010, 182, 187.

245 *Tucci*, RDS 2010, 182, 187.

Art. 2341-bis Abs. 1 c.c. unterworfen.[246] Gerade diese durch die Gesellschaftsrechtsreform im Jahr 2003 geschaffene Regelung wird als Grund für die häufigere Aufnahme der Mitveräußerungspflicht in den Gesellschaftsvertrag angesehen, da in diesem Fall keine zeitlichen Grenzen gelten.[247] Bei alledem ist nach dem Wortlaut des Art. 2341-bis Abs. 1 c.c. entscheidend, dass die Vereinbarung Eigentümerrechte absichert oder die Führung der Gesellschaft betrifft.

Diese Voraussetzungen und damit die Eröffnung des Anwendungsbereichs dieser Vorschrift werden für die Mitveräußerungspflichten in der italienischen juristischen Literatur unterschiedlich bewertet. Dabei betrifft die vorgenannte Fünf-Jahres-Grenze, sofern man mit der herrschenden Meinung in der Rechtsliteratur die direkte und analoge Anwendbarkeit des Art. 2341-bis c.c. auf die *s.r.l.* verneint, ausschließlich ein junges Unternehmen, das in der Rechtsform der *s.p.a.* gestaltet ist.

Wenn mit der herrschenden Literatur in der Mitveräußerungspflicht, wie bereits oben bei der Beschränkung des Umlaufs der Aktien gesehen,[248] eine Beschränkung der Übertragung (*limiti al trasferimento*) der Aktien i.S.d. Art. 2341-bis Abs. 1 lit. b) c.c. und darin zugleich eine Absicherung der Eigentümerrechte oder der Führung der Gesellschaft gesehen wird, ist der Anwendungsbereich des Art. 2341-bis c.c. eröffnet.[249] Insbesondere stellen nach dieser Ansicht die Mitveräußerungspflichten einen Fall der von Art. 2341-bis Abs. 1 lit. b) c.c. erfassten Veräußerungsverbote (*sindacati di blocco*) dar.[250] Durch die Aktivierung der Mitveräußerungspflicht, ist der betroffene Gesellschafter nämlich dazu verpflichtet, seine Anteile ausschließlich an den vom berechtigten Gesellschafter benannten Dritten zu veräußern. Darin ist zumindest zu diesem Zeitpunkt eine Beschränkung des Umlaufs dieser Beteiligungen zu sehen.[251] Dies dient dazu,

---

246 *Colella/Flora*, S. 12, die überdies rechtlich schwierig umsetzbare Umgehungsversuche der Vertragspraxis darstellen; *Del Linz*, Giur. comm. 2012, II, 1072, 1074 f.; *Portolano*, S. 9 f., der die in der Praxis vorgenommenen Umgehungsversuche darstellt und kritisch beäugt.

247 *Malimpensa*, RDS 2010, 375, 377.

248 Oben § 4 III. 1. e) aa).

249 *Badini Confalonieri*, NDS – n. 17/2012, 9, 35; *Badini Confalonieri*, NDS – n. 20/2012, 133, 178; *Ballerini*, Contr. e impr. 2014, 1466, 1472 m.w.N.; *Divizia*, Le clausole di tag e drag along, S. 63 f.; *Ferrante*, Obbligo di Covendita, Diss. Campobasso 2011, abrufbar unter http://road.unimol.it/handle/2192/156 (Stand: 26.2.2016), S. 30 ff.; *Macrì*, RDS 2007, 102, 103.

250 *Ferrante*, Obbligo di Covendita, Diss. Campobasso 2011, abrufbar unter http://road.unimol.it/handle/2192/156 (Stand: 26.2.2016), S. 30 f.; *Proverbio*, S. 69 ff., 87, 99 ff.

251 *D'Alessandro*, Riv. dir. civ. 2010, 373, 389.

dass die Möglichkeit der Veräußerung sämtlicher Geschäftsanteile an den erwerbsbereiten Dritten sichergestellt ist und zumindest in diesem Zeitpunkt die Eigentümerrechte beschränkt werden, sodass keine anderweitige Veräußerung erfolgt. Aufgrund des unbestimmten Gesetzeswortlautes ist von einem weiten Anwendungsbereich der Vorschrift des Art. 2341-bis c.c. auszugehen.[252] Sollte es einzelnen Gesellschaftern noch in diesem Moment möglich sein, ihre Anteile an einen anderen Dritten zu veräußern, würde die Mitveräußerungspflicht ihrer gesamten Funktion beraubt werden. Weiterhin ist die Mitveräußerungspflicht im Zusammenhang mit der in der Praxis üblicherweise vorkommenden Verpflichtung zu sehen, nach der ein Gesellschafter, der Partei einer Beteiligungsvereinbarung ist, im Fall der Veräußerung seiner Anteile verpflichtet ist, von dem Erwerber den Eintritt in die Vereinbarung zu verlangen.[253] Darin ist jedenfalls eine Beschränkung des Umlaufs der Aktien zu sehen.[254]

Andere hingegen verneinen bereits die Eröffnung des Anwendungsbereichs des Art. 2341-bis c.c. bei einer Mitveräußerungspflicht, da sie darin zum einen schon keine Beschränkung der Übertragung der Aktien erkennen und zum anderen diese nicht die Funktion der Absicherung der Eigentümerrechte oder der Führung der Gesellschaft erfüllt.[255] Bei der Mitveräußerungspflicht handelt es nach dieser Ansicht vielmehr um eine Möglichkeit, den von Anfang an geplanten *Exit* zu erleichtern.[256] Danach gilt für die in einer Beteiligungsvereinbarung zwischen den Aktionären einer *s.p.a.* enthaltene Mitveräußerungspflicht nicht die Vorschrift des Art. 2341-bis c.c., sondern vielmehr die allgemeinen Regeln zu Verträgen und Schuldverhältnissen.[257] Dabei werden letztere nach dieser Ansicht nicht näher konkretisiert.

Somit zeigt sich in dem Punkt der Anwendbarkeit der Regelung des Art. 2341-bis c.c. bei einer in der Beteiligungsvereinbarung der Aktionäre einer *s.p.a.* enthaltenen Mitveräußerungspflicht eine große Unsicherheit in der italienischen Rechtsliteratur, die einer gerichtlichen Klärung bedarf.

Jedenfalls tritt bei einer Beteiligungsvereinbarung, die für einen längeren Zeitraum als fünf Jahre geschlossen wurde und für die der Anwendungsbereich

---

252 *Colella/Flora*, S. 10.
253 *D'Alessandro*, Riv. dir. civ. 2010, 373, 391.
254 *D'Alessandro*, Riv. dir. civ. 2010, 373, 391.
255 *D'Alessandro*, Riv. dir. civ. 2010, 373, 391 f.; *Divizia*, Le clausole di tag e drag along, S. 64 ff.
256 *Divizia*, Le clausole di tag e drag along, S. 64 f.
257 *Divizia*, Le clausole di tag e drag along, S. 67.

der Vorschrift eröffnet ist, gemäß Art. 2341-bis Abs. 1 c.c. die gesetzliche Fiktion ein, dass diese lediglich als für fünf Jahre geschlossen gilt.

Sofern hingegen die Beteiligungsvereinbarung auf unbestimmte Zeit geschlossen wurde, steht den Parteien gemäß Art. 2341-bis Abs. 2 c.c. ein jederzeitiges Kündigungsrecht mit einer Frist von 180 Tagen zu.

bb) S.r.l.

Da bei den gesellschaftsrechtlichen Nebenvereinbarungen zwischen den Gesellschaftern einer *s.r.l.* der Art. 2341-bis c.c. nach der herrschenden Meinung in der juristischen Literatur weder direkt noch analog zur Anwendung kommt, stellt sich hier die Frage nach der zulässigen Dauer derartiger Vereinbarungen.

Bei diesen droht im Rahmen der *s.r.l.* jedenfalls eine Ausweitung der Regelung des Art. 2341-bis c.c. bzw. von dessen Rechtsgedanken und damit der Fünf-Jahres-Grenze durch die Rechtsprechung.[258] Dies wird insbesondere zur Beurteilung relevant, ob die Bindung der Parteien übermäßig lange (*eccessivamente lungo*) ist.[259] Die Fünf-Jahres-Grenze selbst ist allerdings insofern unabdingbar, als von ihr nicht nach oben abgewichen werden kann.[260]

Für Gesellschaften, die nicht unter den Anwendungsbereich des Art. 2341-bis c.c. fallen, gelten jedenfalls die Vorgaben der Rechtsprechung vor der Reform des Gesellschaftsrechts und insbesondere der Entscheidung des Kassationsgerichtshofs[261] aus dem Jahr 2001.[262] Danach sind auf unbestimmte Zeit abgeschlossene Nebenvereinbarungen insbesondere nicht nichtig, sondern berechtigen zum Austritt nach freiem Belieben.[263] Die generelle Schutzwürdigkeit derartiger Vereinbarungen gemäß Art. 1322 c.c. rechtfertigt daher nicht deren Nichtigkeit aufgrund einer bloß fehlenden zeitlichen Beschränkung.[264] Danach ist in diesem Fall beim Austritt nach freiem Belieben eine ausreichende Ankündigungsfrist

---

258 *Colella/Flora*, S. 12; *Lombardi*, Giur. comm. 2003, I, 267, 280.

259 *Lombardi*, Giur. comm. 2003, I, 267, 280.

260 *Cossu*, in: Farina/Ibba/Racugno, La nuova s.r.l., S. 51, 58 f.; *Portolano*, S. 9.

261 Cass. 23 novembre 2001, Giur. comm. 2002, II, 666, 666 ff.

262 *Battiloro*, Accordi di co-vendita (Drag e Tag Along): profili civilistici e prassi applicativa, Diss. Palermo 2012, abrufbar unter https://iris.unipa.it/handle/10447/94910#.VtGdq9Bu0yE (Stand: 26.10.2015), S. 123; *D'Alessandro*, Riv. dir. civ. 2010, 373, 386, 388 f.; *Lombardi*, Giur. comm. 2003, I, 267, 281; *Ventoruzzo*, Giur. comm. 2006, I, 573, 589.

263 Cass. 23 novembre 2001, Giur. comm. 2002, II, 666, 670.

264 Cass. 23 novembre 2001, Giur. comm. 2002, II, 666, 670.

erforderlich, sofern nicht ein Austritt aus wichtigem Grund gegeben ist, der ohne Frist erfolgen kann.[265]

Weiterhin finden auf Nebenvereinbarungen zwischen den Gesellschaftern einer *s.r.l.* zusätzlich die allgemeinen Regeln zu Verträgen und Schuldverhältnissen und damit auch die Vorschrift des Art. 1379 c.c. Anwendung.[266] Nach der Rechtsprechung und der juristischen Literatur ist die Vorschrift des Art. 1379 c.c. allerdings weit auszulegen und somit auf sämtliche Verträge anwendbar, die nicht nur ein reines Veräußerungsverbot, sondern auch sonstige Begrenzungen des Eigentumsrechts mit sich bringen.[267] Danach ist gemäß Art. 1379 c.c. erforderlich, dass sich eine derartige Beschränkung innerhalb zeitlich angemessener Grenzen hält und einem anerkennenswerten Interesse einer der Parteien dient. Bei der *s.r.l.* werden bei Vorliegen dieser Umstände im Einzelfall sogar Vereinbarungen mit einer Dauer von mehr als fünf Jahren als zulässig erachtet.[268] In jedem Fall ist allerdings eine Beurteilung im konkreten Fall erforderlich.[269]

Die Mitveräußerungspflicht schränkt die Veräußerung der Geschäftsanteile des betroffenen Gesellschafters ausschließlich in dem Zeitpunkt ein, in dem ein vom berechtigten Gesellschafter benannter Dritter bereit ist, sämtliche Geschäftsanteile der Gesellschaft zu wirtschaftlich vertretbaren Bedingungen zu erwerben. Somit liegt in diesem Zeitpunkt eine Beschränkung des Rechts zur freien Verfügung des Gründers vor. Für den Venture-Capital-Investor ist die Absicherung dieser Möglichkeit und damit die Durchführung des *Trade Sales* entscheidend, da er allein hierdurch die angestrebte Rendite erzielen kann. Ohne diese Absicherung ist es ihm nicht zumutbar, eine Investition zu tätigen, da er

---

265 Cass. 23 novembre 2001, Giur. comm. 2002, II, 666, 670; *Lombardi*, Giur. comm. 2003, I, 267, 281; *Tucci*, RDS 2010, 182, 188.

266 *Battiloro*, Accordi di co-vendita (Drag e Tag Along): profili civilistici e prassi applicativa, Diss. Palermo 2012, abrufbar unter https://iris.unipa.it/handle/10447/94910#.VtGdq9Bu0yE (Stand: 26.10.2015), S. 123; *Cagnasso*, S. 71 f.; *Cossu*, in: Farina/Ibba/Racugno, La nuova s.r.l., S. 51, 67; *Divizia*, Riv. not. 2012, 615, 616; *Proverbio*, S. 18.

267 *Battiloro*, Accordi di co-vendita (Drag e Tag Along): profili civilistici e prassi applicativa, Diss. Palermo 2012, abrufbar unter https://iris.unipa.it/handle/10447/94910#.VtGdq9Bu0yE (Stand: 26.10.2015), S. 124 m.w.N.; *Cagnasso*, S. 71 f.; *Cendon*, artt. 1343–1469, S. 472 f.; *Ventoruzzo*, Giur. comm. 2006, I, 573, 590 f.

268 *Battiloro*, Accordi di co-vendita (Drag e Tag Along): profili civilistici e prassi applicativa, Diss. Palermo 2012, abrufbar unter https://iris.unipa.it/handle/10447/94910#.VtGdq9Bu0yE (Stand: 26.10.2015), S. 124; *Tucci*, RDS 2010, 182, 188; *Ventoruzzo*, Giur. comm. 2006, I, 573, 593.

269 *Pellecchia*, in: Navarretta/Orestano, Commentario del Codice civile, S. 871; *Ventoruzzo*, Giur. comm. 2006, I, 573, 593 f.

hierfür keine laufende Verzinsung während seiner Gesellschafterstellung erhält. Darin ist ein objektiv anerkennenswertes Interesse zu sehen. Nach den oben in diesem Abschnitt aufgeführten Darstellungen liegt es daher nahe, dass diese Bindung des Gründers jedenfalls für einen Zeitraum von fünf Jahren zulässigerweise vereinbart werden kann.

cc) Automatische Verlängerung

Die gesellschaftsrechtlichen Nebenvereinbarungen sind gemäß Art. 2341-bis Abs. 1 Satz 2 c.c. bei ihrem Ablauf von den Parteien erneuerbar.

Fraglich ist jedoch, ob die Parteien eine automatische und stillschweigende Verlängerung der Vereinbarung vorsehen können, sofern sich keine Partei von ihr löst. Dadurch könnte das Risiko vermieden werden, dass die gesonderte Willenskundgabe nach dem Ablauf des vorgesehen Zeitraumes der Nebenvereinbarung durch die Parteien vergessen wird. In diesem Fall würden nämlich die Rechte und Pflichten der Vereinbarung enden. Dies hätte gerade für die Regelungen in einer Beteiligungsvereinbarung im Bereich des Venture-Capitals unerwünschte Folgen. In diesen werden nämlich umfassend die Rechte und Verpflichtungen zwischen Gründer und Investor festgelegt.

Die automatische Verlängerungsmöglichkeit wird in der Rechtsliteratur bejaht, sofern die Vereinbarung nicht unter Einhaltung einer angemessenen Frist von einer der Parteien gekündigt wird.[270] Hierfür wird angeführt, dass die stillschweigende Verlängerung jedenfalls bei Nebenvereinbarungen von börsennotierten Gesellschaften zulässig ist und keine Gründe ersichtlich sind, warum dies bei geschlossenen Gesellschaften nicht gelten soll.[271] Weiterhin spricht hierfür, dass sowohl in der ausdrücklichen Willensäußerung, den Vertrag verlängern zu wollen, als auch in der impliziten, indem das Kündigungsrecht nicht ausgeübt wird, eine Kundgabe des Willens gesehen wird, die keiner unterschiedlichen Behandlung bedarf.[272] Dies steht allerdings unter dem Vorbehalt, dass mit der Ausübung des Kündigungsrechts keine nachteiligen Folgen, wie die Zahlung einer Vertragsstrafe, für die betreffende Partei verbunden sein dürfen.[273] In diesem Fall würde nämlich eine unzulässige Beschränkung des Kündigungsrechts vorliegen.[274]

---

270 *Colella/Flora*, S. 11; *Proverbio*, S. 23.

271 *Proverbio*, S. 23.

272 *Proverbio*, S. 23.

273 *Badini Confalonieri*, NDS – n. 20/2012, 133, 135 ff.; *Proverbio*, S. 24 f.

274 *Proverbio*, S. 25.

c) *Publizität*

Gemäß der Regelung des Art. 2341-ter Abs. 1 Satz 1 c.c. sind gesellschaftsrechtliche Nebenvereinbarungen der Gesellschafter der hierdurch erfassten Gesellschaften diesen gegenüber mitzuteilen und zu Beginn jeder Versammlung offenzulegen. Dies ist gemäß Art. 2341-ter Abs. 1 Satz 2 c.c. in dem Protokoll der Versammlung festzuhalten, das beim Handelsregister hinterlegt werden muss. Dadurch treten die Publizität der gesellschaftsrechtlichen Nebenabreden und damit die Möglichkeit von deren Kenntnisnahme durch Dritte ein.[275]

Dies greift allerdings lediglich für diejenigen Gesellschaften, die sich des Risikokapitalmarktes bedienen. Die Beteiligungsvereinbarung von Gesellschaftern sonstiger Gesellschaften und somit auch der *s.r.l.* unterliegen nicht dem Publizitätserfordernis.[276] Deren Anteile werden nämlich nicht an öffentlichen Märkten gehandelt, wodurch sich kein derartiges Bedürfnis nach Transparenz ergibt.[277]

d) *Verfahren*

Eine Beteiligungsvereinbarung kann lediglich mit der Zustimmung sämtlicher daran beteiligter Parteien geschlossen werden.[278] Dasselbe gilt für deren Änderung als schuldrechtlicher Vertrag. Damit stellt sich im Rahmen der Beteiligungsvereinbarung nicht, wie beim Gesellschaftsvertrag, das Problem, ob eine Mitveräußerungspflicht durch Mehrheitsbeschluss nachträglich aufgenommen werden kann. Hierfür ist in diesem Zusammenhang stets die Zustimmung sämtlicher Vertragsparteien erforderlich.

e) *Vor- und Nachteile der Regelung in der Beteiligungsvereinbarung*

Sofern eine Mitveräußerungspflicht in eine Beteiligungsvereinbarung aufgenommen wurde, ist diese mit dem Nachteil behaftet, dass sie lediglich schuldrechtlich zwischen den beteiligten Parteien wirkt.[279] Für den Fall, dass der Gründer dem Verlangen des Venture-Capital-Investors zur Mitveräußerung nicht nachkommt,

---

275 *Marano*, in: Dolmetta/Presti, S.r.l. commentario, Art. 2463 c.c. G. Rn. 14 ff.

276 *Avagliano*, in: Irrera, Le acquisizioni societarie, S. 355, 414; *Cossu*, in: Farina/Ibba/Racugno, La nuova s.r.l., S. 51, 68.

277 *Proverbio*, S. 27.

278 *Toninelli*, Rivista delle operazioni straordinarie 2015, fasc. 6, 4, 6.

279 *Ballerini*, Contr. e impr. 2014, 1466, 1474; *Del Linz*, Giur. comm. 2012, II, 1072, 1074; *De Luca*, Banca, borsa, tit. cred., 2009, I, 174, 178; *Negri-Clementi/Perricone*, Le società 2015, 960, 965; *Simoni/Gamba*, Il Commercialista Veneto, n. 207, Maggio / Giugno 2012, S. 5.

sind dessen Handlungsmöglichkeiten überdies beschränkt. Er kann aufgrund der Pflichtverletzung des Gründers lediglich Schadensersatz oder, sofern dies vereinbart ist, eine Vertragsstrafe verlangen.[280] Eine anderweitige und pflichtwidrige Veräußerung der Geschäftsanteile durch den Gründer ist hingegen auch gegenüber der Gesellschaft wirksam und dem Erwerber darf die Eintragung in die Gesellschafterliste nicht widersagt werden.[281]

Durch die gemäß Art. 2341-bis Abs. 1 c.c. geltende Fünf-Jahres-Grenze für die Wirksamkeit von Beteiligungsvereinbarungen zwischen den Aktionären einer *s.p.a.* besteht das Risiko, dass nach Ablauf dieses Zeitraumes die Bedingungen der Beteiligungsvereinbarung neu ausgehandelt werden müssen oder alternativ die gesamte Vereinbarung ausläuft, sofern sich die Parteien auf keine Verlängerung einigen können.[282] Dasselbe Risiko besteht im Rahmen einer Beteiligungsvereinbarung zwischen den Gesellschaftern einer *s.r.l.* Zwar beruht dies dort aufgrund der mangelnden Anwendbarkeit dieser Vorschrift nicht auf Art. 2341-bis Abs. 1 c.c., jedoch aufgrund der allgemeinen Vorgaben für Schuldverhältnisse, nach denen vertragliche Bindungen nicht übermäßig lange ausgestaltet sein dürfen. Bis zu einer höchstrichterlichen Klärung dieser Problematik besteht daher das Risiko, dass die Fünf-Jahres-Grenze ebenfalls bei einer Beteiligungsvereinbarung im Rahmen einer *s.r.l.* Anwendung findet. Dies sorgt für eine Schwächung der Position des Investors, da er auf ein erneutes Mitwirken des Gründers angewiesen ist, sofern bis zum Ablauf der Beteiligungsvereinbarung kein *Exit* erfolgt.

Die Beteiligungsvereinbarungen bieten im Rahmen der für eine Venture-Capital-Investition geeigneten Gesellschaften und somit auch der *s.r.l.* den Vorteil, dass diese nicht öffentlich einsehbar sind, da sie nicht im Handelsregister hinterlegt werden müssen. Zudem gelten hierfür die Vorgaben des Art. 2341-ter c.c. zur Publizität nicht. Dadurch kann ein ggf. bestehendes Interesse der Parteien an der Geheimhaltung der Inhalte derartiger Vereinbarungen gewahrt werden.

Die Aufnahme einer Mitveräußerungspflicht in eine Beteiligungsvereinbarung bietet den Gesellschaftern, im Vergleich zur Aufnahme in den Gesellschaftsvertrag, eine größere Gestaltungsfreiheit, weil in diesem Bereich die Prinzipien der Selbstverantwortlichkeit (*autoresponsabilità*) und der freien Verfügbarkeit der Vermögensrechte überwiegen und keine Vorgaben des Gesellschaftsrechts

280 *Simoni/Gamba*, Il Commercialista Veneto, n. 207, Maggio / Giugno 2012, S. 5.
281 *Tiberi*, in: Brechbühl/Wooder, Global Venture Capital Transactions, S. 245, 249.
282 *Malimpensa*, RDS 2010, 375, 377.

beachtet werden müssen.[283] Der entscheidende Vorteil der Regelung in einer Beteiligungsvereinbarung wird allerdings darin gesehen, dass die zwingenden Vorgaben zur angemessenen Bewertung (*equa valorizzazione*) der Geschäftsanteile des zur Mitveräußerung verpflichteten Gesellschafters keine Anwendung finden, wenn die Mitveräußerungspflicht in der Beteiligungsvereinbarung anstatt in dem Gesellschaftsvertrag enthalten ist.[284] Dies wird mit der beschränkten Geltung rein schuldrechtlicher wirkender Mitveräußerungspflichten und der damit verbundenen fehlenden Möglichkeit der Einwendung gegenüber Dritten begründet.[285] Der Problemkomplex der angemessenen Bewertung wird weiter unten in dieser Untersuchung in § 5 III. 1. dargestellt. Den Gesellschaftern ist es jedoch unbenommen, freiwillig derartige Regelungen zur angemessenen Bewertung der Geschäftsanteile im Fall der Mitveräußerung vorzusehen.

3. Stellungnahme

Die Aufnahme einer Mitveräußerungspflicht in den Gesellschaftsvertrag einer *s.p.a.* und *s.r.l.* bietet gegenüber der Regelung einer Beteiligungsvereinbarung den Vorteil, dass diese dinglich wirkt und damit auf die Rechtsnachfolger der jeweiligen Inhaber der Geschäftsanteile übergeht. Weiterhin besteht bei den Regelungen in der Satzung die Möglichkeit der Einwendung gegenüber Dritten. Als weiterer Pluspunkt der Vereinbarung der Mitveräußerungspflicht im Gesellschaftsvertrag wird zudem, unter der Prämisse, dass kein hohes Missbrauchsrisiko vorliegt, die schnellere und effizientere Durchführung des *Exits* im Vergleich zur Regelung in einer Beteiligungsvereinbarung angeführt.[286]

Bei der Vereinbarung einer Mitveräußerungspflicht in dem Gesellschaftsvertrag einer *s.r.l.* besteht allerdings das Risiko, dass diese als eine Begrenzung des Umlaufs der Beteiligungen i.S.d. Art. 2469 c.c. eingeordnet wird mit der Folge, dass dem hiervon betroffenen Gesellschafter ein Austrittsrecht zusteht, das gemäß Art. 2469 Abs. 2 Satz 2 c.c. lediglich für einen Zeitraum von zwei Jahren

283 *Ballerini*, Contr. e impr. 2014, 1466, 1472; *Divizia*, Le clausole di tag e drag along, S. 227; *Fabbrini*, Giur. comm. 2009, II, 1034, 1047.

284 *Angelici*, Fra «mercato» e «società»: a proposito di venture capital e drag-along, abrufbar unter http://papers.ssrn.com/sol3/papers.cfm?abstract_id=1988343 (Stand: 25.4.2016), S. 30; *Badini Confalonieri*, NDS – n. 20/2012, 133, 181; *Del Linz*, Giur. comm. 2012, II, 1072, 1087; *Divizia*, Le clausole di tag e drag along, S. 227 f.; *Fabbrini*, Giur. comm. 2009, II, 1034, 1047; *Proverbio*, S. 7.

285 *Divizia*, Le clausole di tag e drag along, S. 227; *Fabbrini*, Giur. comm. 2009, II, 1034, 1047.

286 *Stabilini/Trapani*, Riv. dir. comm. 2010, 949, 994.

ausgeschlossen werden kann. Ein mit Venture-Capital finanziertes Unternehmen wird sich allerdings in den seltensten Fällen während eines derart kurzen Zeitraumes in der Lage befinden, dass es für einen Erwerber interessant ist und somit ein *Exit* durchgeführt werden kann. Innerhalb dieser Zeitspanne besteht daher für den Investor das Risiko, dass der Gründer aus der Gesellschaft aussteigt. Zwar ist aufgrund der dinglichen Wirkung einer satzungsmäßigen Regelung die Mitveräußerungspflicht an den Geschäftsanteil und nicht an die Person des Gesellschafters geknüpft. Ein neuer Gesellschafter könnte allerdings seinen Einstieg in die Gesellschaft und damit die Übernahme dieses Geschäftsanteils von der Abänderung des Gesellschaftsvertrages und insbesondere von der Befreiung von der Mitveräußerungspflicht abhängig machen. Danach erscheint aus diesem Grund die Regelung einer Mitveräußerungspflicht bei der *s.r.l.* in einer gesonderten Beteiligungsvereinbarung anstatt im Gesellschaftsvertrag als obligatorisch, um das Risiko zu vermeiden, dass dieser Punkt zwischen den Gesellschaftern neu verhandelt werden muss.[287] Daher ist bei der *s.r.l.* bis zu einer höchstrichterlichen Klärung dieser Frage nicht davon auszugehen, dass die Mitveräußerungspflichten verstärkt in den Gesellschaftsvertrag aufgenommen werden.

Bei der Aufnahme der Mitveräußerungspflicht in den Gesellschaftsvertrag einer *s.p.a.* besteht dieses Risiko im Fall der Einordnung als Begrenzung des Umlaufs der Aktien dagegen nicht, da die Übertragung der Beteiligung gemäß Art. 2355-bis Abs. 1 c.c. für einen Zeitraum von bis zu fünf Jahren ausgeschlossen werden kann. Insofern liegt auch ein Gleichlauf zur Fünf-Jahres-Grenze des Art. 2341-bis Abs. 1 c.c. bei der Regelung in einer Beteiligungsvereinbarung zwischen den Aktionären einer *s.p.a.* vor.

Sofern eine Mitveräußerungspflicht in einer Beteiligungsvereinbarung zwischen den Gesellschaftern einer *s.r.l.* aufgenommen ist, besteht nicht das Risiko der Nachverhandlung binnen zwei Jahren. Mit der herrschenden Meinung der Rechtsliteratur ist nicht von einer direkten oder analogen Anwendung der Fünf-Jahres-Grenze des Art. 2341-bis Abs. 1 c.c. auszugehen. Allerdings sind aufgrund der auf derartige Vereinbarungen anwendbaren allgemeinen Regeln für Verträge und Schuldverhältnisse keine übermäßig langen Bindungen zulässig. Daher sind in diesem Fall ebenfalls zeitliche Grenzen zu beachten, die sich jedoch am Einzelfall orientieren und im Bereich des Venture-Capitals jedenfalls nicht unter fünf Jahren liegen dürften. Dem Venture-Capital-Investor geht es

287 Vgl. *Cagnasso*, S. 72 f.; *Occhilupo*, Banca impresa società 2013, n. 3, 389, 405; *Szego*, Riv. dir. comm. 2005, I, 821, 863.

nämlich bei einer Mitveräußerungspflicht gerade darum, dass der *Exit* sichergestellt ist. Dies stellt ein schützenswertes Interesse dar.

Für die Aufnahme der Mitveräußerungspflicht in eine Beteiligungsvereinbarung im Rahmen des Venture-Capital spricht zudem deren fehlende Publizität und noch entscheidender das fehlende Erfordernis der angemessenen Bewertung der Geschäftsanteile bei deren Veräußerung. Die Beteiligungsvereinbarung kann lediglich unter Zustimmung sämtlicher Parteien geändert werden.

Die nachträgliche Aufnahme einer Mitveräußerungspflicht in den Gesellschaftsvertrag einer *s.p.a.* bedarf nach Ansicht der Rechtsprechung und der Rechtsliteratur neben einem Mehrheitsbeschluss der Aktionäre der Zustimmung der hiervon betroffenen Gesellschafter.

Dasselbe Erfordernis ergibt sich für den Fall der Vereinbarung einer Mitveräußerungspflicht in der Satzung einer *s.r.l.* bei einer Venture-Capital-Finanzierung. Zwar kann nach der herrschenden Ansicht in Italien aufgrund des geltenden Mehrheitsprinzips die Aufnahme einer Mitveräußerungspflicht in den bereits bestehenden Gesellschaftsvertrag einer *s.r.l.* mit den gewöhnlichen Mehrheitserfordernissen erfolgen. Dies gilt allerdings nur dann, wenn die gleiche Behandlung sämtlicher Gesellschafter gewahrt wird und zum Zeitpunkt der Einführung der Mitveräußerungspflicht in die Satzung kein Gesellschafter unmittelbar hieraus berechtigt ist. Bei einem Venture-Capital-Investment wird die Mitveräußerungspflicht hingegen ausschließlich dem Investor zugewiesen. Dies soll nach dem Willen der Parteien bereits ab dem Zeitpunkt der Vereinbarung dieser Klausel gelten. Somit liegt hierin eine Ungleichbehandlung zwischen dem Investor und dem Gründer als Betroffenem. Daher ist für die Aufnahme der Mitveräußerungspflicht in den schon existierenden Gesellschaftsvertrag einer *s.r.l.* die Zustimmung der hiervon betroffenen Gesellschafter erforderlich und es scheidet ein Mehrheitsbeschluss gegen deren Willen aus.

Der Gründer und der Venture-Capital-Investor müssen letztlich ihre Interessen unter Beachtung der eben genannten positiven wie auch negativen Aspekte des jeweiligen Regelungsortes abwägen. Insgesamt ist allerdings hervorzuheben, dass gerade die Vereinbarung einer Mitveräußerungspflicht in dem Gesellschaftsvertrag einer *s.r.l.* mit zahlreichen Unsicherheiten belegt ist, die bei dieser Rechtsform eher für die Regelung in einer gesonderten Beteiligungsvereinbarung spricht, obwohl diese lediglich schuldrechtlich zwischen den Parteien wirkt.

IV. Rechtsvergleichende Betrachtung

Nach der vorstehenden Untersuchung ergeben sich bei der Wahl des Regelungsortes einer Mitveräußerungspflicht im Rahmen der Venture-Capital-Finanzierung in Deutschland und Italien zum Teil Ähnlichkeiten und zum Teil Unterschiede.

Sofern eine Mitveräußerungspflicht nachträglich in den Gesellschaftsvertrag einer *s.p.a.* aufgenommen wird, ist ein mit der erforderlichen Mehrheit gefasster Beschluss der Aktionäre sowie die Zustimmung der hiervon betroffenen Gesellschafter vonnöten.

Im Bereich des Venture-Capitals gilt grundsätzlich dieselbe Anforderung bei der nachträglichen Aufnahme der Mitveräußerungspflicht in die Satzung einer *s.r.l.* Durch die hieraus erfolgende einseitige Berechtigung des Investors, findet das ansonsten bei der *s.r.l.* vorherrschende Mehrheitsprinzip gerade keine Anwendung, da hierdurch der Gleichbehandlungsgrundsatz verletzt wird. Bei dieser Finanzierungsform kommt daher keine Aufnahme gegen den Willen des hieraus verpflichteten Gesellschafters in Betracht. Es ist vielmehr neben dem Mehrheitsbeschluss dessen Zustimmung erforderlich. Im deutschen Recht ist gleichsam die Zustimmung der hiervon betroffenen Gesellschafter bei der nachträglichen Aufnahme in den Gesellschaftsvertrag einer GmbH erforderlich. Daher zeigen sich beim Verfahren zur Aufnahme der Mitveräußerungspflicht in den bestehenden Gesellschaftsvertrag einer GmbH und einer *s.r.l.* keine Unterschiede bei der erforderlichen Mitwirkung der verpflichteten Gesellschafter.

Bei der nachträglichen Aufnahme der Mitveräußerungspflicht in eine Beteiligungsvereinbarung zwischen den Gesellschaftern einer GmbH und einer *s.r.l.* ist hingegen die Zustimmung sämtlicher Parteien erforderlich.

Die jeweiligen Vor- und Nachteile des einen und des anderen Regelungsortes sind in den beiden Rechtssystemen im Wesentlichen gleich.

Die Aufnahme der Mitveräußerungspflicht in den Gesellschaftsvertrag bietet sowohl bei einer GmbH als auch einer *s.r.l.* und einer *s.p.a.* den bedeutenden Vorteil, dass ihr eine dingliche Wirkung zukommt und sie somit auch gegenüber dem jeweiligen Rechtsnachfolger in die Geschäftsanteile wirkt. Weiterhin ist sie dadurch gegenüber Dritten einwendbar. Zudem bewirkt dies, dass eine pflichtwidrige Veräußerung durch den Gründer unwirksam ist.

Es ist hervorzuheben, dass in dem Gesellschaftsvertrag einer GmbH ein Erwerber als Dritter i.S.d. § 328 BGB lediglich schuldrechtlich berechtigt sein kann. Hierbei zeigt sich ein Unterschied zu den Wirkungen bei der von der italienischen Rechtsprechung angenommenen Einordnung der Mitveräußerungspflicht als *Call*-Option zugunsten eines Dritten (*opzione call a favore di terzo*)[288]. Im italienischen Recht kann dieser Dritte auch die Abtretung an sich verlangen. Es zeigt sich insofern ein unterschiedliches Schutzniveau des potentiellen Erwerbers der Geschäftsanteile im deutschen und italienischen Recht. Aufgrund des fehlenden Bedürfnisses des Investors wurde im Gegensatz zum italienischen Recht diese rechtliche Einordnung der Mitveräußerungspflicht bei der GmbH im deutschen Recht nicht geteilt.[289]

Allerdings unterliegen sowohl die Gesellschaftsverträge der GmbH als auch der *s.r.l.* und *s.p.a.* der Publizität des Handelsregisters. Daher können sie Dritte einsehen. Im Bereich des Venture-Capitals besteht allerdings oftmals ein Interesse an der Geheimhaltung bestimmter Vereinbarungen, zu denen auch die Mitveräußerungspflicht zählt. Dies kann somit in beiden Ländern bei der Aufnahme in den Gesellschaftsvertrag nicht gewahrt werden.

Das Geheimhaltungsinteresse wird hingegen in Deutschland bei einer Gesellschaftervereinbarung unter den Gesellschaftern einer GmbH umfassend gewahrt, da diese nicht öffentlich einsehbar ist. In Italien gilt dies bei einer Venture-Capital-Finanzierung ebenfalls für Vereinbarungen zwischen den Gesellschaftern einer *s.r.l.* bzw. den Aktionären einer *s.p.a.*, die sich nicht des Risikokapitalmarktes bedient.

Die Regelung der Mitveräußerungspflicht in einer gesonderten Beteiligungsvereinbarung zwischen den Gesellschaftern der GmbH oder denen der *s.r.l.* oder *s.p.a.* haben insoweit eine schwächere Wirkung im Vergleich zur Regelung im Gesellschaftsvertrag, als sie lediglich schuldrechtlich zwischen den Parteien wirken. Sofern ein Gesellschafter gegen diese schuldrechtlich wirkende Pflicht verstößt und seinen Geschäftsanteil nicht an den vom Investor benannten Erwerber, sondern an einen anderen Dritten veräußert, ist diese Veräußerung der Geschäftsanteile des Gründers im italienischen Recht wirksam. Dem Investor stehen hiernach lediglich Schadensersatzansprüche oder bei entsprechender Vereinbarung die Zahlung einer Vertragsstrafe zu. Dasselbe gilt grundsätzlich für das deutsche Recht, sofern nicht die Mitveräußerungspflicht rechtlich als Call-Option in der Form des bedingten Hauptvertrags bzw. als aufschiebend bedingte Veräußerungspflicht eingeordnet wird und sowohl die Pflicht zum Verkauf als auch zur Abtretung der Geschäftsanteile enthält. In diesem Fall sind nämlich Verfügungen des verpflichteten Gründers über die Geschäftsanteile

288 Oben § 3 III. 1.

289 Oben § 3 IV. 1.

während der Schwebezeit gemäß § 161 Abs. 1 Satz 1 BGB unwirksam und ein gutgläubiger Erwerb der Geschäftsanteile scheidet aus.

Wird eine Mitveräußerungspflicht im italienischen Recht als Beschränkung des Umlaufs der Beteiligungen i.S.d. Artt. 2355-bis und 2469 c.c. angesehen, führt dies zu zeitlichen Grenzen der Vereinbarung. Im Gesellschaftsvertrag einer *s.p.a.* ist eine derartige Beschränkung gemäß Art. 2355-bis für bis zu fünf Jahre zulässig. Bei der *s.r.l.* besteht keine derartige zeitliche Beschränkung. In diesem Fall steht deren Gesellschaftern jedoch ein Austrittsrecht zu, das gemäß Art. 2469 Abs. 2 Satz 2 c.c. höchstens für einen Zeitraum von zwei Jahren seit Gründung der Gesellschaft oder Übernahme der jeweiligen Beteiligung ausgeschlossen werden kann. Daher besteht bei dieser rechtlichen Einordnung das Risiko, dass der Gründer nach Ablauf von zwei Jahren aus der Gesellschaft austritt. Durch diesen Austritt stehen der gesamte Aufbau und die Entwicklung des jungen Unternehmens auf dem Spiel, da hierdurch entscheidendes Know-how verloren ginge. Die satzungsmäßige Mitveräußerungspflicht wirkt zwar dinglich und geht auf den Rechtsnachfolger der Geschäftsanteile über. Für den Investor ergibt sich allerdings hierdurch die unsichere Situation, ob der Nachfolger des Gründers die Anteile unter dieser Bedingung übernimmt oder vielmehr versucht seinen Einstieg von der Abschaffung der Mitveräußerungspflicht abhängig zu machen. Dies führt zu einer unsicheren Situation für den Investor, die er in dem für ihn essentiell wichtigen Punkt des *Exits* gerade vermeiden möchte. Dies spricht somit gegen die Aufnahme der Mitveräußerungspflicht in den Gesellschaftsvertrag einer *s.r.l.*

Nach alledem zeigt sich, dass die Aufnahme einer Mitveräußerungspflicht in den Gesellschaftsvertrag einer *s.r.l.* mit Unwägbarkeiten zulasten den Venture-Capital-Investors verbunden ist. Derartiges liegt bei der Aufnahme in die Satzung einer GmbH hingegen nicht vor, da hierfür insbesondere keine zeitlichen Beschränkungen gelten.

Diese betreffen lediglich die gesondert von den Gesellschaftern der GmbH geschlossenen Beteiligungsvereinbarungen. Im deutschen Recht wird allerdings eine Bindungsdauer von bis zu 15 Jahren als zulässig erachtet. Dies ist für ein Venture-Capital-Investment als ausreichend anzusehen.

Im italienischen Recht unterliegen die Beteiligungsvereinbarungen hingegen einer deutlich kürzeren Bindungsdauer. Die Beteiligungsvereinbarung zwischen den Aktionären einer *s.p.a.* kann gemäß Art. 2341-bis Abs. 1 c.c. höchstens für einen Zeitraum von fünf Jahren geschlossen werden. Diese Vorschrift findet auf die Beteiligungsvereinbarung zwischen den Gesellschaftern einer *s.r.l.* zwar keine Anwendung. Es ist jedoch ein allgemeiner Grundsatz im italienischen Recht, dass keine übermäßig langen Vertragsbindungen zulässig sind. Aufgrund der auf diese Vereinbarungen anwendbaren allgemeinen Regeln für Verträge und Schuldverhältnisse sind daher gleichfalls von Fall zu Fall zu beurteilende zeitliche Grenzen zu beachten. Diese dürften im Bereich des Venture-Capitals jedenfalls nicht unter fünf Jahren liegen.

Dadurch ergibt sich, dass im deutschen und italienischen Recht große Unterschiede bei der zulässigen Bindungsdauer bei Beteiligungsvereinbarungen zwischen den Gesellschaftern einer Gesellschaft bestehen. Es darf allerdings nicht verschwiegen werden, dass eine Verlängerungsmöglichkeit nach deren Zeitablauf besteht. Dies führt jedoch zu dem für den Venture-Capital-Investor unerwünschten Risiko, dass für ihn bedeutende Punkte, wie die Absicherung des *Exits*, nachverhandelt werden müssen.

Das entscheidende Argument für die Aufnahme der Mitveräußerungspflicht in eine Beteiligungsvereinbarung zwischen den Gesellschaftern einer *s.r.l.* oder den Aktionären der *s.p.a.* liegt in dem fehlenden Erfordernis der angemessenen Bewertung der Geschäftsanteile bei deren Veräußerung.

In der deutschen rechtswissenschaftlichen Literatur wird ohne nähere Begründung festgestellt, dass Mitveräußerungspflichten mittlerweile verstärkt in dem Gesellschaftsvertrag einer GmbH geregelt werden.[290] Nach den bislang im Rahmen dieser Untersuchung dargelegten Vor- und Nachteilen ergeben sich für die Aufnahme in den Gesellschaftsvertrag allerdings keine zwingenden Gründe.

Somit hängt die Wahl des Regelungsortes in Deutschland wie in Italien von den jeweiligen Interessen, der Verhandlungsstärke und der Abwägung der jeweiligen Risiken durch die Gründer und Investoren ab.

290 *Hauschild/Kallrath*, in: Hauschild/Kallrath/Wachter, Notarhandbuch, § 16 Rn. 316.

§ 5 Gesellschaftsrechtliche Zulässigkeit der Mitveräußerungspflicht

I. Einführung

Im Rahmen dieser Untersuchung wurden bislang die Funktionen der Mitveräußerungspflicht und das Bedürfnis danach im Bereich des Venture-Capitals dargelegt. Es zeigte sich, dass weder in der deutschen noch in der italienischen Rechtsordnung eine gesetzliche Regelung der Mitveräußerungspflichten vorhanden ist. Die mit diesen Vereinbarungen verbundenen Ziele können zudem nicht durch sonstige gesetzlich geregelte oder vertraglich entwickelte Institute in gleicher Weise erfüllt werden.

Die Mitveräußerungspflichten entstammen der Kautelarjurisprudenz, um den Interessen der Gründer und Investoren nachzukommen. Sie sind unstrittig geeignet, diese Ziele zu erfüllen, wie bisher aufgezeigt wurde. Dabei können sie in rechtlich unterschiedlicher Weise ausgestaltet werden und sind sowohl im Gesellschaftsvertrag als auch in einer Beteiligungsvereinbarung regelbar.

Hiermit ist allerdings noch nicht gesagt, ob die Mitveräußerungspflicht rechtlich zulässig ist. Dies ist jedoch die entscheidende Frage. Die hiermit verfolgten Ziele können nämlich im Endergebnis nur erreicht werden, wenn die Vereinbarung im Streitfall einer gerichtlichen Überprüfung standhält. Die bloße Entwicklung der Mitveräußerungspflicht in der Vertragspraxis sagt hierüber noch nichts aus, da diese von den jeweiligen Interessen der beteiligten Parteien getrieben wurde. Daher wird auf das Risiko hingewiesen, dass hierdurch gewisse Standards gesetzt werden, die durch die Vereinbarung von Schiedsgerichten oder aufgrund der jeweiligen Stärke der Parteien und der damit verbundenen Lösung im Stillen einer gerichtlichen Kontrolle vollständig entzogen sind.[1]

Insbesondere in der deutschen rechtswissenschaftlichen Literatur zur Vertragsgestaltung zeigt sich häufig ein weitgehend unkritischer Umgang mit der Mitveräußerungspflicht, wobei deren Zulässigkeit nicht behandelt wird. Dies ist vielleicht auch dadurch begründet, dass keine gesetzlichen Vorgaben bzw. Rechtsprechung hierzu existieren. In diesem Zusammenhang wird aufgrund dieser Unsicherheit von der Anwendung bestimmter im Vertragsrecht entwickelter

1 *Ziegert*, S. 213 f.

Klauseln bis zu deren gerichtlicher Überprüfung abgeraten.[2] Eine derart restriktive Haltung würde allerdings die Weiterentwicklung des Rechts zu sehr einschränken. Außerdem können bislang gesetzlich nicht erfasste Situationen, bei denen zudem noch eine gerichtliche Klärung aussteht, sehr wohl im Einklang mit dem geltenden Recht vereinbart werden, sofern dessen Vorgaben eingehalten werden.

Ganz anders stellt sich die Situation in Italien dar. Dort gibt es mittlerweile drei Gerichtsentscheidungen und einen Schiedsspruch, in denen Vorgaben zur rechtlichen Zulässigkeit der Mitveräußerungspflichten aufgestellt werden. Zudem setzte seitdem eine verstärkte Diskussion in der Rechtsliteratur zu dieser Thematik ein.

Im folgenden Kapitel wird daher die rechtliche Zulässigkeit der Mitveräußerungspflichten in Deutschland und Italien untersucht. Hierzu wird teilweise überprüft, ob diese an den für ähnliche Institute geltenden Vorgaben gemessen werden können.[3] Weiterhin ist Gegenstand dieser Untersuchung, ob und inwiefern die Grenzen der Privatautonomie bei der Vereinbarung einer Mitveräußerungspflicht zum Schutz einzelner Parteien eingeschränkt werden müssen. Letztlich wird ein Vergleich zwischen beiden Rechtsordnungen gezogen.

II. Rechtliche Zulässigkeit der Mitveräußerungspflicht im deutschen Recht

1. Maßstab Hinauskündigungsrechtsprechung des BGH

Der Vertragsfreiheit werden im Gesellschaftsrecht gewisse Grenzen gezogen. Dabei stellt die vom BGH entwickelte Rechtsprechung zur unzulässigen Hinauskündigung eines Gesellschafters eine bedeutende Grenze dar. Insbesondere geschäftlich unerfahrenen Gründern einer Gesellschaft wird ein verstärkter Schutz zugestanden, der zu rechtlichen Einschränkungen der Vertragsfreiheit führt.[4] Dies ist im Folgenden für die Vereinbarung einer Mitveräußerungspflicht zu überprüfen.

2 *Werner*, GmbHR 2005, 1554, 1557, betreffend Vereinbarungen zu *Blind Bid*, *Russian Roulette* und *Texan Shoot Out*-Verfahren.

3 Vgl. *Ballerini*, Contr. e impr. 2014, 1011, 1013.

4 *Schmolke*, Grenzen der Selbstbindung im Privatrecht, S. 633, der insofern von einer rechtspaternalistischen Intervention spricht.

Der entscheidende Punkt bei der Prüfung der rechtlichen Zulässigkeit der Mitveräußerungspflicht im deutschen Recht stellt daher die Frage dar, ob in dieser ein Fall der unzulässigen Hinauskündigung zu sehen ist.

a) Grundsätze der Hinauskündigungsrechtsprechung des BGH

aa) Entwicklung der Rechtsprechung

Unter Hinauskündigungsklauseln versteht man „Regelungen, die einem Gesellschafter, einer Gruppe von Gesellschaftern oder der Gesellschaftermehrheit das Recht einräumen, einen Mitgesellschafter ohne sachlichen Grund aus der Gesellschaft auszuschließen“[5].

Die Rechtsprechung hielt derartige Klauseln bis in das Jahr 1977 für zulässig.[6] Seitdem werden Ausschließungsrechte, die vom Vorliegen eines wichtigen Grundes absehen, als rechtlich bedenklich erachtet, da hierdurch in erheblichem Maße auf die Stellung des Gesellschafters eingewirkt und seine persönliche und wirtschaftliche Freiheit eingeschränkt wird.[7] In einer darauffolgenden Entscheidung bestätigte der BGH diese Entscheidung und erachtete Bestimmungen in einem Gesellschaftsvertrag als nichtig, mit denen das Recht zur Hinauskündigung von Mitgesellschaftern in das freie Ermessen Anderer gestellt wird.[8] Die bis dahin im Personengesellschaftsrecht entwickelten Grundsätze zur Hinauskündigung erstreckte der BGH schließlich im Jahr 1990 auf die GmbH.[9] Seitdem gab es weitere Entscheidungen, mit denen die Rechtsprechung teilweise konkretisiert wurde und insbesondere Fälle aufgezeigt wurden, in denen die Hinauskündigung sachlich gerechtfertigt ist. Dies fließt in die folgende Darstellung im Rahmen dieser Untersuchung ein.

bb) Grundsätzliche Unzulässigkeit der freien Hinauskündigung

Es ist, wie bereits gesehen,[10] im deutschen Recht unstreitig, dass ein Ausschluss des Gesellschafters einer GmbH aus wichtigem Grund zulässig ist. Allerdings ist der Ausschluss aus wichtigem Grund gerade nicht geeignet, die mit einer

5 BGH, NJW 2005, 3641; BGH, NJW 2005, 3644.
6 *Miesen*, RNotZ 2006, 522, 523; *Nassall*, NZG 2008, 851; *Reymann*, DNotZ 2006, 106, 108.
7 BGH, NJW 1977, 1292, 1293.
8 BGH, NJW 1981, 2565.
9 BGH, NJW 1990, 2622, 2623.
10 Oben § 2 II. 3. a) cc).

Mitveräußerungspflicht verfolgten Ziele zu erreichen.[11] Überdies betreffen die Grundsätze der Rechtsprechung des BGH zur unzulässigen Hinauskündigung im Gegensatz hierzu den Ausschluss des Gesellschafters, bei dem kein wichtiger Grund vorliegt.

Im Rahmen der Beurteilung, ob eine Vereinbarung unter den Komplex einer unzulässigen Hinauskündigung fällt, werden von der Rechtsprechung in den diversen Entscheidungen verschiedene Komponenten herangezogen. Diese werden im Folgenden kursorisch dargestellt, um in einem zweiten Schritt überprüfen zu können, ob in der Mitveräußerungspflicht eine derartige unzulässige Hinauskündigung zu sehen ist.

Bei der Vereinbarung eines Ausschlussrechts sind demnach die immanenten Grenzen der Vertragsfreiheit einzuhalten.[12] Hierzu zählen sowohl die allgemeinen Grundsätze der Rechtsordnung (§ 138 BGB) als auch die Grundprinzipien des Gesellschaftsrechts, wie die Treuepflicht, durch die das persönliche Verhältnis der Gesellschafter und der Gesellschaftsvertrag gekennzeichnet sind.[13] In den darauffolgenden Entscheidungen maß der BGH derartige Vereinbarungen bei der GmbH lediglich an dem Grundsatz der guten Sitten gemäß § 138 Abs. 1 BGB und entnahm hieraus die Nichtigkeitsfolge.[14] Danach darf der Ausschluss eines Gesellschafters grundsätzlich nicht in das freie Ermessen von dessen Mitgesellschaftern gestellt werden.[15] Hierdurch entsteht nämlich die Gefahr einer Willkürherrschaft des berechtigten Gesellschafters und des Ausschlusses des betroffenen Gesellschafters aus der Gesellschaft ohne Vorliegen triftiger Gründe.[16] In einer derartigen Drucksituation kann sich der betroffene Gesellschafter genötigt sehen, die ihm zustehenden Rechte und Pflichten lediglich in der Weise auszuüben, dass das Damoklesschwert der drohenden Hinauskündigung nicht über ihm gebrochen wird.[17] Gerade dies versucht die Rechtsprechung mit den von ihr aufgestellten Grundsätzen zu vermeiden, indem sie einen Gesellschafter vor derartigen Zuständen bewahrt. Dieser soll seine Rechte und Pflichten

---

11 Oben § 2 II. 3. a) cc).

12 BGH, NJW 1981, 2565.

13 BGH, NJW 1981, 2565, 2565 f.

14 BGH, NJW 1990, 2622; BGH, NJW 2005, 3641, 3642; BGH, NJW 2005, 3644, 3645; *Miesen*, RNotZ 2006, 522, 523; *Nassall*, NZG 2008, 851, 854; *Schmolke*, Grenzen der Selbstbindung im Privatrecht, S. 540.

15 BGH, NJW 1981, 2565, 2566.

16 BGH, NJW 1981, 2565, 2566.

17 BGH, NJW 1981, 2565, 2566; *Schilling*, ZGR 1979, 419, 426.

vielmehr aufgrund freier und eigener Entscheidung wahrnehmen können.[18] Es geht somit um den Erhalt der Funktionsfähigkeit der Gesellschaft.[19] Entscheidend ist zudem, dass bereits die abstrakte Gefahr einer Beeinträchtigung ausreichend ist.[20] Das stets vorliegende Risiko des Machtmissbrauchs rechtfertigt allerdings noch nicht die Nichtigkeit einer entsprechenden Klausel aufgrund der Sittenwidrigkeit.[21] Der Anspruch des ausgeschlossenen Gesellschafters auf Zahlung einer Abfindung ist bei der Beurteilung, ob eine unzulässige Hinauskündigungsklausel vorliegt, ohne Bedeutung.[22]

In diesem Zusammenhang darf nicht unerwähnt bleiben, dass an dieser Rechtsprechung des BGH in der juristischen Literatur neben großer Zustimmung zum Teil Kritik geübt wird, da diese u.a. den Grundsatz der Sittenwidrigkeit überdehne und anstatt der vorweggenommenen Inhaltskontrolle eine nachträgliche Ausübungskontrolle am Maßstab des § 242 BGB zu bevorzugen sei.[23] Mögen Teile der an dieser Rechtsprechung vorgebrachten Kritik überzeugend sein, so ist es allerdings eine Tatsache, dass die vom BGH aufgestellten Vorgaben zur Hinauskündigung in der Kautelarjurisprudenz bis zu einer höchstrichterlichen Rechtsprechungsänderung in vollem Umfang zu beachten sind. Daher sind die in der Vertragspraxis entwickelten Mitveräußerungspflichten an den Grundsätzen des BGH zur Hinauskündigung zu messen. Sofern darin eine unzulässige Hinauskündigungsklausel zu sehen wäre, steht die Absicherung der hiermit verfolgten Interessen und damit die Durchführung des *Trade Sales* auf dem Spiel.

Überdies finden die Grundsätze zur Hinauskündigung sowohl auf lediglich schuldrechtliche Vereinbarungen als auch auf Regelungen im Gesellschaftsvertrag Anwendung.[24] Für die Anwendbarkeit ist weiterhin irrelevant, wie das Ausschlussrecht rechtlich ausgestaltet ist, d.h. ob als Kündigungsrecht, als aufschiebend bedingtes bindendes Verkaufs- und Übertragungsangebot oder als

---

18 BGH, NJW 1981, 2565, 2566.

19 BGH, NJW 1981, 2565, 2566.

20 BGH, NJW 1981, 2565, 2566.

21 OLG Nürnberg, ZIP 2014, 171, 173.

22 BGH, NJW 1981, 2565, 2566.

23 *Miesen*, RNotZ 2006, 522, 523 m.w.N.; *Priester*, in: FS Hopt, 2010, S. 1139, 1145; *Schmolke*, Grenzen der Selbstbindung im Privatrecht, S. 543 ff. m.w.N., der umfassend sämtliche Kritikpunkte an dieser Rechtsprechung des BGH darstellt.

24 BGH, NJW 1990, 2622; BGH, NJW 2005, 3641, 3642; *Priester*, in: FS Hopt, 2010, S. 1139, 1149 f.

Optionsrecht.[25] Die Hinauskündigung kann überdies durch Zwangseinziehung gemäß § 34 GmbHG oder durch eine Abtretungsverpflichtung gemäß § 15 GmbHG umgesetzt werden.[26]

cc) Sachliche Rechtfertigung der freien Hinauskündigung

Sofern im Einzelfall ganz besondere Umstände vorliegen, kann ein derartiges Ausschlussrecht ohne Begründung sachlich gerechtfertigt und damit zulässig sein.[27] Diese Umstände können auf außergewöhnlichen personellen oder sonstigen Verhältnissen beruhen.[28] Dabei lässt es der BGH ausdrücklich offen, welche Umstände ein Ausschließungsrecht nach freiem Ermessen sachlich rechtfertigen, da dies vom konkret vorliegenden Fall abhängt.[29] Der Bezugspunkt der sachlichen Rechtfertigung ist jedoch die Regelung selbst und gerade nicht der hierauf erfolgende Ausschluss.[30] Nicht erforderlich ist hingegen, dass sich die besonderen Umstände, die eine sachliche Rechtfertigung ermöglichen, aus der Vereinbarung selbst ergeben bzw. in dieser niederlegt sein müssen, da sämtliche Faktoren in die Gesamtwürdigung einbezogen werden.[31] Diese müssen für eine sachliche Rechtfertigung bedeutend sein, ohne dass allerdings ein wichtiger Grund vorliegen muss.[32]

Der BGH beurteilte die Vereinbarungen in diesen Entscheidungen stets anhand des jeweiligen Einzelfalls und ließ im Laufe der Zeit weitere Umstände als sachlichen Rechtfertigungsgrund zu. Folglich bildeten sich diverse Fallgruppen, in denen Hinauskündigungsklauseln als sachlich gerechtfertigt angesehen werden.[33] Daran zeigt sich, dass diese Fallgruppen nicht als abschließend

---

25 BGH, NJW 1990, 2622; BGH, NJW 2005, 3641; BGH, NJW 2005, 3644; *Baumann*, MittRhNotK 1991, 271, 276 f.; *Miras/Langenfeld*, Rn. 335; *Nassall*, NZG 2008, 851, 852; *Strohn*, in: Fleischer/Goette, MünchKommGmbHG, § 34 Rn. 57.

26 *Miras/Langenfeld*, Rn. 335.

27 BGH, NJW 1977, 1292, 1293; BGH, NJW 1981, 2565, 2566; BGH, NJW 1990, 2622, 2623.

28 BGH, NJW 1977, 1292, 1293; BGH, NJW 1981, 2565, 2566.

29 BGH, NJW 1990, 2622, 2623.

30 *Miesen*, RNotZ 2006, 522, 524.

31 *Miesen*, RNotZ 2006, 522, 526.

32 *Reymann*, DNotZ 2006, 106, 109.

33 Siehe hierzu etwa BGH, NJW 2005, 3641, 3642; BGH, NJW 2005, 3644, 3645; *Lutter/Kleindiek*, in: Lutter/Hommelhoff, GmbH-Gesetz, § 34 Rn. 33 ff.; *Nassall*, NZG 2008, 851, 852 f.; *Priester*, in: FS Hopt, 2010, S. 1139, 1143 ff.; *Reymann*, DNotZ 2006, 106, 109 f.; *Schmolke*, Grenzen der Selbstbindung im Privatrecht, S. 540 ff.

anzusehen sind und weitere Sachverhalte darunter fallen können.[34] Im Rahmen der folgenden Untersuchung wird zum Teil näher auf einzelne Aspekte dieser Fallgruppen eingegangen.

b) Prüfung der Mitveräußerungspflicht

Nach alledem ist in einem ersten Schritt zu überprüfen, ob in der Mitveräußerungspflicht eine unzulässige Hinauskündigungsklausel zu sehen ist. Sofern diese Frage bejaht wird oder zumindest das Risiko besteht, dass die Mitveräußerungspflicht hierunter fällt, ist in einem zweiten Schritt zu klären, ob diese im Fall der Finanzierung einer Gesellschaft mit Venture-Capital ausnahmsweise sachlich gerechtfertigt ist. Die Prüfung erfolgt demnach in zwei Schritten.[35]

aa) Anwendbarkeit der Grundsätze zur Hinauskündigung

Es wurde bereits aufgezeigt, dass es in Deutschland noch keine Gerichtsentscheidungen zur Mitveräußerungspflicht und damit auch zur Frage gab, ob in der Mitveräußerungspflicht eine unzulässige Hinauskündigung zu sehen ist.

Bei einer Mitveräußerungspflicht ist der Ausschluss des Gründers nicht unmittelbar vorgesehen. Dies hindert allerdings an sich nicht die Anwendung der Grundsätze zur Hinauskündigung, sofern sich durch Auslegung unzweideutig ergibt, dass darin eine Regelung des Gesellschafterausschlusses nach freiem Ermessen zu sehen ist.[36]

Im Rahmen dieser Untersuchung ergab sich, dass die Mitveräußerungspflicht im deutschen Recht als bedingte Kaufoption (*Call*-Option) sowie als aufschiebend bedingte Veräußerungspflicht eingeordnet werden kann.[37] Diese rechtliche Ausgestaltung steht, wie bereits gesehen,[38] der Anwendung der Grundsätze über die unzulässige Hinauskündigung nicht entgegen.

Eine Mitveräußerungspflicht führt dazu, wie in dieser Untersuchung bereits ausgeführt,[39] dass der Gründer seine Geschäftsanteile an der Gesellschaft

---

34 *Priester*, in: FS Hopt, 2010, S. 1139, 1145; *Verse*, DStR 2007, 1822, 1825.

35 Vgl. *Koch*, S. 180 ff.; *Martinius/Stubert*, BB 2006, 1977, 1982 ff; *Priester*, in: FS Hopt, 2010, S. 1139, 1147 f.; *Schmolke*, Grenzen der Selbstbindung im Privatrecht, S. 554 f.; *Wedemann*, S. 503 ff.; a.A. *Lintz*, S. 106 f., der sich zunächst gegen eine Trennung der Prüfungspunkte ausspricht, insofern allerdings inkonsequent ist, als er auf S. 141 eine zweistufige Prüfung vornimmt.

36 BGH, NJW 1977, 1292, 1293; *Koch*, S. 22; *Reymann*, DNotZ 2006, 106, 112.

37 Oben § 3 II. 1 und 3.

38 Oben § 5 II. 1. a) bb).

39 Oben § 2 II. 2.und 4.

zwangsweise veräußern muss. Dies hat somit ein Ausscheiden des Gründers ohne und gegen seinen Willen aus der Gesellschaft zur Folge. Die Entscheidung zur Aktivierung der Mitveräußerungspflicht liegt dabei beim berechtigten Venture-Capital-Investor. Darin könnte somit eine Ähnlichkeit mit einer Hinauskündigungsklausel zu sehen sein, bei der ein Ausschluss ohne sachlichen Grund erfolgt und die damit unzulässig wäre.

Entscheidend ist allerdings in diesem Zusammenhang, ob der Venture-Capital-Investor das ihm eingeräumte Recht, den Gründer zur Mitveräußerung zu verpflichten, nach freiem Ermessen und damit ohne das Vorliegen eines sachlichen Grundes ausüben kann.

Dies wird in Teilen der juristischen Literatur bejaht, da der Gründer im Fall des Bestehens einer Mitveräußerungspflicht in der Ausübung seiner Gesellschafterrechte eingeschränkt sein kann und diese entsprechend dem vermeintlichen Willen des berechtigten Investors ausübt.[40] Insbesondere muss der Gründer zu jedem Zeitpunkt mit einer Veräußerung rechnen.[41]

Dieses Argument kann jedoch insofern nicht überzeugen, als schon gar nicht dargelegt wird, um welche Gesellschafterrechte des Gründers es sich hierbei handeln soll. Zum anderen ist fraglich, wie im Fall der durch die Klausel bezweckten Absicherung des *Exits* eine Beeinträchtigung dieser Gesellschafterrechte erfolgen soll. Bei einem mit Venture-Capital finanzierten Start-up ist zu beachten, dass der Gründer in der Regel zugleich geschäftsführender Gesellschafter der Gesellschaft ist. Damit dieses Unternehmen überhaupt für einen *Exit* durch *Trade Sale* infrage kommt und folglich für einen Erwerber interessant wird, ist zwingend dessen positive wirtschaftliche Entwicklung erforderlich. Dies liegt eindeutig im Interesse des Venture-Capital-Investors, da er hierdurch die erwünschte Rendite erzielen kann. Allerdings wird die erfolgreiche Unternehmensentwicklung auch im Interesse des Gründers stehen. Es ist somit gerade nicht zu jeder Zeit mit einem *Exit* zu rechnen, da dieser von den mit dem Unternehmen verbundenen Geschäftschancen abhängt. Diese Situation beeinflusst der Gründer allerdings einerseits durch die Zustimmung oder Ablehnung zu Beschlüssen über die weitere Unternehmensentwicklung sowie andererseits durch seine Tätigkeit als Geschäftsführer der Gesellschaft. Strebt er danach, eine Veräußerung des Unternehmens durch *Trade Sale* zu verhindern, so steht es ihm frei, gegen Beschlüsse zu stimmen, die zu einer positiven Unternehmensentwicklung beitragen sollen, sowie seine Geschäftsführungstätigkeit in entsprechender Weise auszuüben.

40 *Wedemann*, S. 503 f.

41 *Wedemann*, S. 506 f.

Damit wird er zwar im Ergebnis sich selbst schaden, da er dadurch sowohl den Bestand des Unternehmens als auch seine Stellung als Gesellschafter und ggf. Geschäftsführer aufs Spiel setzt. Diese Entscheidung steht allerdings in seinem eigenen Ermessen. Der Venture-Capital-Investor kann in einer derartigen Situation die Mitveräußerungspflicht nicht als Druckmittel zur Beeinflussung des Gründers einsetzen.[42] Im Fall der negativen Entwicklung des Unternehmens wird es für den Investor in der überwiegenden Anzahl der Fälle unmöglich sein, einen Erwerber für die Gesellschaft zu finden. Er wird daher mangels Vorhandenseins eines Erwerbers den *Exit* nicht zwangsweise herbeiführen können. Damit kommt die Aktivierung der Mitveräußerungspflicht lediglich bei einer positiven Entwicklung des finanzierten Unternehmens in Betracht. Gerade diese kann der Gründer jedoch, wie in diesem Abschnitt dargelegt, durch die freie Ausübung seiner Gesellschafterrechte verhindern. Hierbei schwebt das Damoklesschwert der Hinauskündigung nicht über ihm, da dies lediglich dann zum Tragen kommt, wenn das Unternehmen für einen Dritten attraktiv ist und dieser den vollständigen Erwerb anstrebt. Es ist daher nicht erkennbar, welche Gesellschafterrechte beim gemeinsamen Aufbau eines jungen Unternehmens durch das Bestehen einer Mitveräußerungspflicht überhaupt eingeschränkt werden sollen, da sich diese erst ganz am Ende dieses Zyklus auswirkt. Insbesondere kann durch sie davor kein Druck auf die hiervon betroffenen Gründer ausgeübt werden kann, da sich für den Venture-Capital-Investor die Möglichkeit des *Exits*, die der entscheidende Bezugspunkt der Mitveräußerungspflicht ist, gar nicht eröffnet.

In der Rechtsliteratur werden weitere Punkte vorgebracht, die gegen eine Anwendbarkeit der Grundsätze zur Hinauskündigung auf die Mitveräußerungspflicht sprechen.

Dies ist zum einen die Tatsache, dass die Entscheidung des Venture-Capital-Investors über die Aktivierung der Mitveräußerungspflicht gerade nicht in seinem freien Ermessen steht.[43] Diese hängt vielmehr von objektiven und damit dem Willen des Investors entzogener Kriterien, wie der aktuellen Marktlage, der Entwicklung der Gesellschaft sowie dem vom Erwerber gebotenen Preis für die Geschäftsanteile ab.[44] Hierzu werden in der Rechtsliteratur unterschiedliche Begründungsansätze angeführt. Zunächst wird eine Parallele zur Entscheidung

---

42 *Martinius/Stubert*, BB 2006, 1977, 1982.

43 *Becker*, Die Zulässigkeit von Hinauskündigungsklauseln nach freiem Ermessen im Gesellschaftsvertrag, S. 141; *Fleischer/Schneider*, DB 2012, 961, 966; *Martinius/Stubert*, BB 2006, 1977, 1982.

44 *Martinius/Stubert*, BB 2006, 1977, 1982; *Priester*, in: FS Hopt, 2010, S. 1139, 1147.

Mitarbeitermodell des BGH aus dem Jahr 2005[45] gezogen.[46] In diesem Fall wurde nämlich der Verlust der Gesellschafterstellung an den Verlust des Arbeitsplatzes gekoppelt.[47] Letzterer richtet sich allerdings nach den Bestimmungen des Kündigungsschutzgesetzes, die ein willkürliches Handeln und somit im Ergebnis gleichfalls das Vorliegen eines freien Hinauskündigungsrechts ausschließen.[48] Auf der anderen Seite wird darauf hingewiesen, dass der BGH in einer weiteren Entscheidung[49] die Annahme einer Hinauskündigung mangels freien Ermessens verneint hat, da mit dem Tod eines Gesellschafters ein festes Tatbestandsmerkmal vorlag.[50] Gegen dieses Argument wird allerdings eingewandt, dass die objektiven Faktoren lediglich zu einer zeitlichen Verzögerung der Ausübung der Rechte des durch die Mitveräußerungspflicht berechtigten Investors führen, dieser jedoch letztlich allein hierüber entscheidet.[51] Weiterhin ist zu beachten, dass zwischen den vom BGH angeführten beiden Gründen des Kündigungsschutzes und des Todes und der für die Mitveräußerungspflicht maßgeblichen wirtschaftlichen Entscheidung, ob eine Gesellschaft zu bestimmten wirtschaftlichen Bedingungen veräußert wird, ein struktureller Unterschied besteht. Die vom BGH genannten Punkte beruhen auf rein objektiven Kriterien, die einen inhaltlich bzw. rein tatsächlich fest umrissenen Inhalt haben. Die Entscheidung eines Venture-Capital-Investors zur Durchführung des *Exits* beruht hingegen auf wirtschaftlichen Erwägungen, die nicht in derselben Weise überprüfbar sind, da es auf den jeweiligen Einzelfall ankommt. Zudem fließt hierbei eine gewisse Wertung des Investors ein. Somit ist darin kein mit den oben genannten Fällen vergleichbares festes Tatbestandsmerkmal zu sehen. Selbst bei der Festlegung einer Formel zur Preisberechnung ist dies zu verneinen.[52] Das Kriterium der äußeren Umstande, die einen *Trade Sale* beeinflussen können, hindert daher im Ergebnis nicht, ein freies Ermessen des Venture-Capital-Investors auszuschließen.

Zu der Frage, ob dem Venture-Capital-Investor bei einer Mitveräußerungspflicht ein freies Ermessen zusteht und damit das Damoklesschwert im Raum steht, ist zur Funktion dieser Klausel auf einen Aspekt in der italienischen

45 BGH, NJW 2005, 3644, 3644 ff.

46 *Martinius/Stubert*, BB 2006, 1977, 1982.

47 BGH, NJW 2005, 3644, 3645.

48 BGH, NJW 2005, 3644, 3645.

49 BGH, DNotZ 1989, 512, 513 f.

50 *Becker*, Die Zulässigkeit von Hinauskündigungsklauseln nach freiem Ermessen im Gesellschaftsvertrag, S. 141.

51 *Fleischer/Schneider*, DB 2012, 961, 966; *Wedemann*, S. 506.

52 *Tal*, S. 192.

Rechtsprechung einzugehen. Dort wird nämlich vertreten, dass die Mitveräußerungspflicht gleichfalls im Interesse der Gesellschaft steht, da hierdurch die Zusammenarbeit unter den Gesellschaftern gestärkt und mögliche Machtmissbräuche zum Nachteil der Gesellschaft verhindert werden.[53] Hierbei lässt sich eine gegensätzliche Betrachtung im Vergleich zum Damoklesargument in der deutschen Rechtsprechung erkennen. Anstatt eine Mitveräußerungspflicht als reine Bedrohung aufzufassen, wird sie in Italien auch als ein positives Disziplinierungsmittel für sämtliche Gesellschafter zum Wohle der Gesellschaft gesehen. In der zugrundeliegenden Entscheidung war der Mehrheitsgesellschafter der zur Ausübung der Mitveräußerungspflicht berechtigte Gesellschafter. In dem hier zu untersuchenden Fall, der dem Regelfall im Bereich des Venture-Capitals entspricht, ist der berechtigte Investor hingegen lediglich Minderheitsgesellschafter der Gesellschaft. Dieses Argument muss somit in diesem Fall erst recht gelten, da die Mehrheitsgesellschafter ohnehin über eine größere Stimmmacht bei der Beschlussfassung verfügen und die Mitveräußerungspflicht für den Investor daher ein gewisses Gegengewicht darstellt. Ohne die für eine wirtschaftlich positive Entwicklung des Unternehmens erforderliche Zusammenarbeit der Gesellschafter wird ein erfolgreicher *Exit* in weite Ferne rücken. Diese Situation liegt allerdings fern von einem drohenden Damoklesschwert.

Daneben wird darauf hingewiesen, dass die Mitveräußerungspflicht nicht mit einer Hinauskündigungsklausel vergleichbar ist, da der Gründer und der Investor gemeinsam aus der Gesellschaft ausscheiden.[54] Hierdurch kann nämlich die zu vermeidende Drucksituation auf den betroffenen Gesellschafter gerade nicht entstehen.[55] Auf der einen Seite wird hiergegen eingewandt, dass es für den von der Mitveräußerungspflicht betroffenen Gesellschafter im Ergebnis keinen Unterschied macht, ob der berechtigte Gesellschafter gemeinsam mit ihm ausscheidet oder alleine das Unternehmen fortführt, da er selbst sein zwangsweises Ausscheiden hinnehmen muss.[56] Andererseits ist in diesem Zusammenhang durch das gemeinsame Ausscheiden sämtlicher Gesellschafter eine Parallele zur Auflösung der Gesellschaft gemäß den §§ 60 ff. GmbHG zu ziehen.[57] Diese ist

---

53 Trib. Milano 31 marzo 2008, RDS 2010, 370, 372.

54 *Becker*, Die Zulässigkeit von Hinauskündigungsklauseln nach freiem Ermessen im Gesellschaftsvertrag, S. 140; *Fett/Spiering*, in: Fett/Spiering, Handbuch Joint Venture, Kap. 7 Rn. 646; *Fleischer/Schneider*, DB 2012, 961, 966; *Winkler*, S. 214 f.

55 *Winkler*, S. 214 f.

56 *Fleischer/Schneider*, DB 2012, 961, 966; *Martinius/Stubert*, BB 2006, 1977, 1981.

57 *Angelici*, Fra «mercato» e «società»: a proposito di venture capital e drag-along, abrufbar unter http://papers.ssrn.com/sol3/papers.cfm?abstract_id=1988343 (Stand:

mangels abweichender Regelung im Gesellschaftsvertrag gemäß § 60 Abs. 1 Nr. 2 GmbHG durch Mehrheitsbeschluss möglich. Dabei ist für diesen keine sachliche Rechtfertigung erforderlich.[58] Durch entsprechende Regelung gemäß § 60 Abs. 2 GmbHG kann zudem einem einzelnen Gesellschafter die Entscheidung zur Auflösung der Gesellschaft übertragen werden.[59] Gegen diese Parallele wird allerdings eingeräumt, dass die Situation bei der Auflösung nicht mit der bei der Mitveräußerungspflicht vergleichbar sei, da bei Letzterer eine deutlich höhere Drucksituation betreffend die Gesellschafterrechte bestehe und die Auflösung seltener vorkomme.[60] Das erste Argument der höheren Drucksituation schlägt nicht durch, da eine derartige, wie in diesem Abschnitt gesehen und worauf vollumfänglich verwiesen wird, bei der Mitveräußerungspflicht gerade nicht erkennbar ist. In diesem Zusammenhang ist gleichfalls darauf zu verweisen, dass aus wirtschaftlicher Sicht eine Veräußerung mittels *Trade Sale* üblicherweise auch für den Gründer erfolgreicher sein wird als die Liquidation der Gesellschaft. Zudem greift das Argument zum selteneren Eingreifen der Auflösung im Bereich des Venture-Capitals nicht, da dies die häufigste *Exit*-Variante darstellt.[61] Hierbei ist anzumerken, dass die Manager eines Venture-Capital-Fonds verpflichtet sind, zum Wohle der Anleger zu handeln und eine Rendite zu erwirtschaften. Daher streben sie danach, den *Exit* durch *Trade Sale* erst dann durchzuführen, wenn dieser zu wirtschaftlich sinnvollen Bedingungen erfolgen kann. Die besondere Situation besteht bei der Mitveräußerungspflicht insbesondere darin, dass nicht nur sämtliche Gesellschafter gemeinsam aus der Gesellschaft ausscheiden, sondern dass dies zu denselben wirtschaftlichen Bedingungen erfolgt. Daher scheidet die Befürchtung einer einseitigen und auf Kosten des Gründers erfolgenden Bevorteilung des Venture-Capital-Investors von vornherein aus, da der *Exit* nur erfolgen wird, wenn der Zeitpunkt für sämtliche Parteien wirtschaftlich Sinn macht.[62]

Diese Befürchtung könnte lediglich in einem einzigen Fall greifen. Dies ist derjenige, wenn bereits die Veräußerung von Geschäftsanteilen eines Gesellschafters, der diese Veräußerung zugunsten einer anderen Gesellschaft durchführt,

---

25.4.2016), S. 37; *Becker*, Die Zulässigkeit von Hinauskündigungsklauseln nach freiem Ermessen im Gesellschaftsvertrag, S. 140 f.; *Fleischer/Schneider*, DB 2012, 961, 966.

58 *Berner*, in: Fleischer/Goette, MünchKommGmbHG, § 60 Rn. 95; *Fleischer/Schneider*, DB 2012, 961, 966; *Gesell*, in Rowedder/Schmidt-Leithoff, GmbHG, § 60 Rn. 16.

59 *Berner*, in: Fleischer/Goette, MünchKommGmbHG, § 60 Rn. 223; *Fleischer/Schneider*, DB 2012, 961, 966; *Haas*, in: Baumbach/Hueck, GmbHG, § 60 Rn. 90.

60 *Wedemann*, S. 505 f.

61 Oben § 1 II. 9. e).

62 *Fleischer/Schneider*, DB 2012, 961, 966; *Winkler*, S. 215.

die demselben Konzern angehört, zur Aktivierung der Mitveräußerung führt.[63] Es ist allerdings darauf hinzuweisen, dass derartige Veräußerungen durch entsprechende Vertragsgestaltung in der Regel gerade nicht zur Aktivierung der Mitveräußerungspflicht berechtigen. Zudem könnte daran gedacht werden, ob dies anstatt der Inhaltskontrolle der Vereinbarung nicht eher dem Fall der nachträglichen Missbrauchskontrolle gemäß § 242 BGB unterfällt.

Nach alledem zeigt sich jedenfalls, dass gewichtige Gründe gegen eine Vergleichbarkeit der Mitveräußerungspflicht mit einer Hinauskündigungsklausel und der damit verbundenen Anwendbarkeit der Grundsätze des BGH sprechen. Nichtsdestotrotz gibt es Stimmen in der Rechtsliteratur die darauf hinweisen, dass jedenfalls als Ergebnis und mit Ausübung der Mitveräußerungspflicht ein zwangsweises Ausscheiden des Gründers erfolgt und hierdurch die Grundsätze anwendbar sein könnten.[64]

bb) Sachliche Rechtfertigung der Mitveräußerungspflicht

Daher ist im Folgenden zu überprüfen, ob denn jedenfalls eine sachliche Rechtfertigung der Mitveräußerungspflichten vorliegt.

Im Rahmen der hiernach gebotenen Einzelfallabwägung spielt gleichfalls das jeweilige Unternehmenskonzept des Berechtigten eine Rolle.[65] Zu dessen Beurteilung sollen im Folgenden, die weiter oben in dieser Untersuchung dargestellten Merkmale einer Venture-Capital-Finanzierung in Erinnerung gerufen werden. Junge und innovative Unternehmen haben ein großes Bedürfnis nach Venture-Capital, da dies in der Regel die einzige für sie mögliche Form der Unternehmensfinanzierung darstellt.[66] Weiterhin ist die Beteiligung des Investors von Anfang an lediglich auf eine gewisse Zeit ausgelegt.[67] Der Venture-Capital-Investor finanziert die Gesellschaft, damit er durch diese Beteiligung eine Rendite erzielt.[68] Das besondere Merkmal dieser Finanzierungsform im Gegensatz zur Fremdkapitalfinanzierung ist dabei, dass er für die Kapitalüberlassung während seiner Gesellschaftsbeteiligung keine laufende Verzinsung erhält.[69] Zudem überlässt er dem jungen Unternehmen Kapital, ohne dass ihm hierfür Sicherheiten

---

63 *Koch*, S. 182; *Zimmermann*, GmbHR 2006, 231, 233.
64 *Koch*, S. 181; *Priester*, in: FS Hopt, 2010, S. 1139, 1147.
65 BGH, NJW 2005, 3641, 3642; *Priester*, in: FS Hopt, 2010, S. 1139, 1147.
66 Oben § 1 II. 3. a) und b) und 5.
67 Oben § 1 II. 4.
68 Oben § 1 II. 6.
69 Oben § 1 II. 3. b).

gewährt werden.[70] Letztlich kann der Venture-Capital-Investor die erhoffte Rendite ausschließlich durch einen erfolgreichen *Exit* realisieren.[71] Sämtliche dieser Punkte akzeptiert der Gründer bewusst, indem er einen Investor zur Förderung der Unternehmensentwicklung als Gesellschafter in die Gesellschaft aufnimmt.[72] Zwar kann diese Aufnahme unter dem wirtschaftlichen Druck erfolgen, dass er allein durch weiteres Kapital das von ihm gegründete Unternehmen fortführen kann. Dies ändert allerdings nichts an der Tatsache, dass der Gründer durch seine autonome Entscheidung dem Investor erst die Möglichkeit der Beteiligung an der Gesellschaft verschafft hat. Dabei geht die Vorstellung des unbedarften Gründers, der geschützt werden muss, fehl, da dieser im Rahmen einer derartigen finanziellen Beteiligung umfassend rechtlich beraten und notariell belehrt wird.[73] Sofern sich der Gründer gegen die Beteiligung eines weiteren Gesellschafters versperrt hätte, müsste er für eine andere Art der Finanzierung seiner Gesellschaft sorgen oder, falls ihm dies nicht gelingt, im äußersten Fall den Traum der Selbstständigkeit aufgeben. Dies steht in seinem eigenen Ermessen. Durch die autonome Entscheidung des Gründers zur Aufnahme des Investors in die Gesellschaft, ist der von diesem bereits bei seinem Einstieg geplante *Exit* zur Geschäftsgrundlage zwischen den Parteien geworden.[74]

In diesem Punkt ist darauf hinzuweisen, dass durch die von der Rechtsprechung entwickelten Grundsätze der Hinauskündigung die Funktionsfähigkeit der Gesellschaft erhalten bleiben soll.[75] Ohne die finanziellen Mittel, die ein Venture-Capital-Investor dem jungen Unternehmen zur Verfügung stellt, könnte dieses weder aufgebaut noch das Produkt oder die Idee weiterentwickelt werden. Zum Schutz seines Investments lässt sich der Investor daher einzelne Rechte, wie die Mitveräußerungspflicht, zusichern. Insgesamt lässt sich jedoch sagen, dass durch die Bereitstellung dieser finanziellen Mittel mit den dafür zugunsten des Venture-Capital-Investors eingeräumten Rechten die Funktionsfähigkeit der Gesellschaft erst ermöglicht wird und daher der Gesellschaft dient. Durch die Vereinbarung einer Mitveräußerungspflicht wird die Funktionsfähigkeit der Gesellschaft daher erst hergestellt.

70 Oben § 1 II. 3. b).

71 Oben § 1 II. 9.

72 *Fleischer/Schneider*, DB 2012, 961, 966 f.; *Priester*, in: FS Hopt, 2010, S. 1139, 1147; *Schmolke*, Grenzen der Selbstbindung im Privatrecht, S. 555.

73 *Schmolke*, Grenzen der Selbstbindung im Privatrecht, S. 545, 672.

74 *Otto*, GmbHR 1996, 16, 22.

75 BGH, NJW 1981, 2565, 2566.

Das Argument des drohenden Damoklesschwertes ist im Rahmen der Venture-Capital-Finanzierung einer kritischen Prüfung zu unterziehen. Der *Exit* stellt den finalen Punkt einer erfolgreichen Zusammenarbeit des Gründers und des Investors dar. Bis dahin müssen diese beiden als Gesellschafter in einer für die Gesellschaft förderlichen Weise zusammengearbeitet haben, damit diese für einen Erwerber interessant wird. Lediglich in diesem Zeitpunkt kommt die Mitveräußerungspflicht zum Tragen. Von dem erfolgreichen *Exit* profitieren der Gründer und der Investor allerdings in derselben Weise. Im Vergleich hierzu wirkt der im Laufe des Unternehmensaufbaus erforderliche kontinuierliche Finanzierungsbedarf der Gesellschaft schwerwiegender für den Venture-Capital-Investor. Dieser stellt üblicherweise in mehreren Finanzierungsrunden das Kapital zur Verfügung.[76] Hierdurch besteht in größerem Maße eine Drucksituation für den Investor als bei der, zumindest auch am Anfang des Unternehmens vom Gründer angestrebten erfolgreichen, Veräußerung der Gesellschaft. Wendet man das Damoklesargument konsequent an, wäre somit diese gesamte Finanzierungsform infrage gestellt, unabhängig von der jedenfalls vorliegenden sachlichen Rechtfertigung. Dies ist angesichts der gesamtwirtschaftlichen Bedeutung[77] dieser Branche mit Sicherheit nicht erwünscht.

Dem Gründer eines Start-up Unternehmens fehlen üblicherweise die für den weiteren Unternehmensaufbau erforderlichen finanziellen Mittel weshalb diese der Investor zur Verfügung stellt. Er übernimmt finanziell ein erheblich größeres Risiko als der Gründer, da er im Vergleich zu diesem neben mehr Kapital zudem seine Erfahrung und sein Know-how in die Gesellschaft einbringt.[78] Daher trägt er im Fall einer negativen wirtschaftlichen Entwicklung, die zur Liquidation der Gesellschaft führt, ein entsprechend höheres Risiko. Dasselbe gilt, wenn anstatt der Liquidation ein Notverkauf der Gesellschaft infrage kommt.[79] In diesem Fall wird der Investor zwar keine Rendite mit seinem Investment erzielen, aber jedenfalls versuchen, seine Verluste zu begrenzen. Der Investor bekommt sein investiertes Kapital ausschließlich über einen erfolgreichen *Exit* zurückerstattet. Ein am Erwerb des finanzierten Unternehmens interessierter Dritter ist allerdings, wie bereits gesehen,[80] ausschließlich daran interessiert, sämtliche Anteile der Gesellschaft zu erwerben. Hierfür ist er dann in der Regel bereit,

---

76 Oben § 1 II. 2.

77 Oben § 1 IV.

78 *Fleischer/Schneider*, DB 2012, 961, 966 f.; *Priester*, in: FS Hopt, 2010, S. 1139, 1147 f.; *Schmolke*, Grenzen der Selbstbindung im Privatrecht, S. 555.

79 *Martinius/Stubert*, BB 2006, 1977, 1983.

80 Oben § 1 II. 9. a).

einen Zuschlag zu bezahlen, die sog. Kontrollprämie (*premio di controllo*) bzw. Mehrheitsprämie (*premio di maggioranza*).[81] Der Gründer sowie der Investor veräußern ihre Geschäftsanteile bei einer Mitveräußerungspflicht zu denselben wirtschaftlichen Bedingungen. Daher profitiert der Gründer in demselben Maße von dieser Prämie und der erfolgreichen Veräußerung der Gesellschaft. Dieser wird daher durch die Mitveräußerungspflicht wirtschaftlich nicht benachteiligt.[82] Allein die Mitveräußerungspflicht ermöglicht dem Venture-Capital-Investor seine wirtschaftlichen Interessen abzusichern.[83] In die Gesamtabwägung sind die in diesem Abschnitt dargestellten bestehenden Risiken für den Investor einzubeziehen. Danach ist ihm ein schutzwürdiges Interesse zuzuerkennen, den *Exit* durch *Trade Sale* auch zwangsweise und gegen den Willen des Gründers vornehmen zu können.[84]

Im Einzelfall kann zugunsten des Gründers ein Vorerwerbsrecht für die Geschäftsanteile des Investors vorgesehen sein, sodass er seinen eigenen drohenden Ausstieg aus der Gesellschaft aufgrund der Mitveräußerungspflicht abwenden kann. Dies ist als sachlicher Rechtfertigungsgrund für die Mitveräußerungspflicht anzusehen, da die betroffenen Gesellschafter hierdurch ihre Stellung erhalten können.[85] Sollte der Gründer hingegen aus finanziellen Gründen nicht in der Lage sein, sein Vorerwerbsrecht zum Zeitpunkt des geplanten *Exits* auszuüben, stellt sich dies für ihn letztlich als eine unglückliche Situation dar. Dieses Risiko ist er jedoch durch die Vereinbarung der Mitveräußerungspflicht bewusst eingegangen. Daher hat er dies hinzunehmen.

Üblicherweise ist neben einer Mitveräußerungspflicht zugleich zugunsten des Gründers ein Mitveräußerungsrecht vereinbart.[86] Dieser Umstand ist bei der Beurteilung der Zulässigkeit der Mitveräußerungspflicht gleichfalls zu berücksichtigen.[87] Sofern der Venture-Capital-Investor daher ausnahmsweise einen Erwerber findet, der lediglich am Erwerb eines Teils der Geschäftsanteile der GmbH interessiert ist, stellt die Ausübung des Mitveräußerungsrechts durch den Gründer für den Investor eine erhebliche Belastung dar. Der in diesem Fall berechtigte Gründer kann nämlich verlangen, dass seine Geschäftsanteile in einem entsprechenden Verhältnis gleichfalls veräußert werden. Sollte der Interessent

---

81 Oben § 1 II. 9. a).
82 *Fleischer/Schneider*, DB 2012, 961, 967; *Martinius/Stubert*, BB 2006, 1977, 1983.
83 Oben § 2 II. 3. a) aa) bis ff).
84 *Martinius/Stubert*, BB 2006, 1977, 1983.
85 *Tal*, S. 193.
86 Oben § 2 III. 2. c).
87 *Fleischer/Schneider*, DB 2012, 961, 967.

allerdings nicht beabsichtigen, sämtliche Anteile zu erwerben, werden diese anteilsmäßig veräußert. Der Investor kann demnach nicht vollständig aus der Gesellschaft ausscheiden und sein Investment abwickeln. Dieser Gesichtspunkt ist als Gegengewicht zur ihm eingeräumten Mitveräußerungspflicht zu beachten und zu werten.

Bei der Abwägung sämtlicher Umstände darf nicht vergessen werden, dass der berechtigte Venture-Capital-Investor üblicherweise lediglich Minderheitsgesellschafter der Gesellschaft ist. Ihm steht zwar das Recht zu, von dem Gründer die Mitveräußerung von dessen Anteilen zu verlangen. Der Gründer ist jedoch in der Regel zugleich Geschäftsführer der Gesellschaft und leitet sie. Dies liegt nicht im Aufgabenbereich des Venture-Capital-Investors. Es ist gerade Sinn einer gemeinschaftlichen Unternehmung, dass bei bestimmten operativen Entscheidungen Kompromisse eingegangen werden müssen. Der Gründer muss sich demnach mit dem Investor in gewissen Punkten verständigen. Dies und gleichsam die Mitveräußerungspflicht schränken allerdings nicht seine Selbstbestimmung ein. Zieht man den Vergleich zur Fremdkapitalfinanzierung durch ein Bankdarlehen, so kann dies dort auch vorkommen. Dies ist etwa dann der Fall, wenn die Bank die Gewährung eines oder weiterer Darlehen von dem Eintritt bestimmter Voraussetzungen auf Ebene der Gesellschafter oder in operativen Belangen abhängig macht. Im Rahmen der Mitveräußerungspflicht ist zu beachten, dass die Veräußerung oftmals an den Eintritt bestimmter Bedingungen gebunden ist, wie z.B. die Fassung eines Beschlusses der Gesellschafterversammlung mit einem bestimmten Mehrheitserfordernis über die Veräußerung sämtlicher Anteile oder der Erreichung eines bestimmten Mindestpreises für die Geschäftsanteile. Daher liegt zwar die Ingangsetzung des Verfahrens zum Zeitpunkt des *Trade Sales* weitgehend in dem freien Ermessen des Venture-Capital-Investors, sofern ein am Erwerb interessierter Dritter einen angemessen Preis für die Geschäftsanteile bietet. Die Tatsache, dass allerdings weitere Gesellschafter den *Exit* als sinnvoll erachten müssen und hierfür ein Beschluss der Mehrheit der Gesellschafterversammlung erforderlich ist, zeigt, dass der Gründer nicht allein dem Investor ausgeliefert ist. Zudem sorgt das Vorsehen eines Mindestpreises für seinen Schutz.

Letztlich ist hervorzuheben, dass der Venture-Capital-Investor mit der Durchführung des *Trade Sales* lediglich seine wirtschaftlichen Interessen befriedigen möchte. Ihm geht es primär nicht darum, dass der Gründer aus der Gesellschaft ausscheidet. Sofern sich dieser weigert, einen nach Beurteilung des Investors sinnvollen *Exit* mitzugehen, kann er von diesem hierzu durch die Mitveräußerungspflicht gezwungen werden. Dabei stellt das Ausscheiden des Gesellschafters lediglich eine zwangsläufige Folge dar.[88] Zu Recht wird in diesem Zusammenhang darauf verwiesen, dass die Herbeiführung der Voraussetzungen der Mitveräußerungspflicht um den Gründer aus der Gesellschaft auszuschließen nahezu ausgeschlossen ist.[89] In diesem Fall wird der Investor zum einen finanzielle Verluste erleiden. Die derartige Herbeiführung eines *Trade Sales* begründet zudem das Risiko, dass darin eine Pflichtverletzung der Manager des Venture-Capital-Fonds zu sehen ist. Zum anderen würde der Ruf des Investors bei einem solchen Manöver erheblich leiden. Daran wird er mit Sicherheit nicht interessiert sein, da er auch in Zukunft seinen Blick darauf gerichtet haben wird, den besten und interessantesten Gründern bei der Finanzierung ihrer Ideen zu helfen. Diese würden allerdings bei Bekanntwerden eines derart ungebührlichen Verhaltens bei der Finanzierung ihrer Gesellschaft auf andere Venture-Capital-Investoren zurückgreifen.

Nach alledem sind Mitveräußerungspflichten im Bereich der Finanzierung eines jungen Unternehmens durch Venture-Capital sachlich gerechtfertigt.[90]

cc) Zwischenergebnis

Somit zeigt sich, dass gegen die Zulässigkeit der Mitveräußerungspflichten im deutschen Recht im Lichte der vom BGH entwickelten Grundsätze zur unzulässigen Hinauskündigung keine Bedenken bestehen. Es sprechen schon erhebliche Argumente gegen die Anwendung dieser Grundsätze auf den Fall der Mitveräußerungspflichten. Deren Einsatz ist allerdings gerade im Bereich des Venture-Capitals durch berechtigte ökonomische Interessen des Investors erforderlich und sachlich gerechtfertigt. Danach sind die dieser Untersuchung zugrunde liegenden Mitveräußerungspflichten nicht gemäß § 138 Abs. 1 BGB nichtig.

---

88 *Koch*, S. 182; *Lintz*, S. 80.

89 *Koch*, S. 182.

90 So im Ergebnis teilweise mit und ohne Begründung *Brehm*, S. 171 ff.; *Draxler*, S. 135; *Fett/Spiering*, in: Fett/Spiering, Handbuch Joint Venture, Kap. 7 Rn. 646; *Fleischer/Schneider*, DB 2012, 961, 967; *Heckschen*, in: Heckschen/Heidinger, Die GmbH in der Gestaltungs- und Beratungspraxis, § 4 Rn. 189a; *Lintz*, S. 116 f.; *Mackensen*, in: Eilers/Koffka/Mackensen, Private Equity, S. 362 Rn. 57; *Martinius/Stubert*, BB 2006, 1977, 1983; *Miesen*, RNotZ 2006, 522, 529; *Priester*, in: FS Hopt, 2010, S. 1139, 1147 f., 1151; *Schmolke*, Grenzen der Selbstbindung im Privatrecht, S. 555; *Wackerbeck*, S. 278 ff.

2. Ausschluss bzw. Beschränkung des Austrittsrechts des Gesellschafters

Der zur Ausübung der Mitveräußerungspflicht berechtigte Investor sucht zu vermeiden, dass im Falle seines Verlangens zur Mitveräußerung der Gründer nicht aus der Gesellschaft austreten kann, weil er sich womöglich aus dem sich hieraus ergebenden Abfindungsanspruch größere wirtschaftliche Vorteile als bei der Veräußerung seiner Geschäftsanteile durch *Trade Sale* erhofft. Fraglich ist daher, ob eine Mitveräußerungspflicht, die diese Möglichkeit ausschließt, einen unzulässigen Ausschluss bzw. eine unzulässige Beschränkung des Austrittsrechts des Gründers des jungen Unternehmens in der Rechtsform der GmbH darstellt und damit als unwirksam anzusehen wäre.

Die Regelung des § 723 Abs. 3 BGB zum Verbot des Ausschlusses oder der unangemessenen Beschränkung des Kündigungsrechts im Personengesellschaftsrecht ist bei der GmbH nicht anwendbar.[91] Allerdings sind die darin enthaltenen Wertungen bei der GmbH entsprechend anwendbar, wenn das Austrittsrecht des Gesellschafters durch eine Abfindungsbeschränkung unangemessen beschnitten wird.[92] Dem GmbH-Gesellschafter steht allerdings im Gegensatz zum Kündigungsrecht bei der Personengesellschaft ein Austrittsrecht aus wichtigem Grund zu.[93] Dieses kann nicht durch eine Regelung im Gesellschaftsvertrag ausgeschlossen werden.[94] Damit ist erst recht davon auszugehen, dass dies ebenfalls nicht durch eine bloße schuldrechtliche Vereinbarung der Gesellschafter in einer Beteiligungsvereinbarung möglich ist.

a) Subsidiarität des Austritts

Vorab ist zu untersuchen, ob im Fall des Verlangens des Investors zur Mitveräußerung auch der Geschäftsanteile des Gründers überhaupt ein Austritt des Gründers aus wichtigem Grund in Betracht kommen kann. Grundsätzlich ist der Austritt nämlich subsidiär zu anderen Streitlösungsmöglichkeiten, wozu insbesondere die Veräußerung der Geschäftsanteile zählt.[95] Somit könnte daran

---

91 *Schäfer*, in: Säcker/Rixecker/Oetker, MünchKommBGB, § 723 Rn. 2 f., 62.

92 *Armbrüster*, ZGR 2014, 333, 341; *Strohn*, in: Fleischer/Goette, MünchKommGmbHG, § 34 Rn. 232.

93 Oben § 2 II. 3. a) dd).

94 *Altmeppen*, in: Roth/Altmeppen, GmbHG, § 60 Rn. 69; *Fastrich*, in: Baumbach/Hueck, GmbHG, Anh. § 34 Rn. 1; *Strohn*, in: Fleischer/Goette, MünchKommGmbHG, § 34 Rn. 194.

95 Oben § 2 II. 3. a) dd).

gedacht werden, dass durch eine Mitveräußerungspflicht ja gerade die damit einhergehende Veräußerung ein milderes Mittel darstellt. Dies würde allerdings zu einem Zirkelschluss führen und somit die Schutzwirkungen des Austrittsrechts aushöhlen. Zudem muss berücksichtigt werden, dass eine Veräußerung anstatt des Austritts auch dann ausscheidet, wenn zu erwarten ist, dass hierdurch ein weit unter dem wirtschaftlichen Wert liegender Preis zu erzielen ist.[96] Die Preisfestlegung für die Geschäftsanteile der Gesellschaft erfolgt bei dem geplanten *Trade Sale* durch den Investor mit dem Dritten. Sofern demnach hierfür Umstände ersichtlich sind, die eine Annahme des Gründers zur Veräußerung weit unter dem Wert der Anteile rechtfertigen, die dieser nicht hinzunehmen hat, stellt die Veräußerung durch die Mitveräußerungspflicht kein milderes Mittel zum Austritt dar und es könnte der hierzu erforderliche wichtige Grund vorliegen.

b) Mitveräußerungspflicht als wichtiger Grund zum Austritt

Folglich ist nun zu klären, ob gesellschaftsvertraglich festgelegt werden kann, dass das Verlangen des Venture-Capital-Investors aus der vereinbarten Mitveräußerungspflicht gegenüber dem Gründer zur Veräußerung von dessen Geschäftsanteilen keinen Austritt des Gründers aus wichtigem Grund rechtfertigt. Dann nämlich würde die Mitveräußerungspflicht schon auf der Tatbestandseite keine unzulässige Beschränkung des Austrittsrechts des Gründers darstellen.

Die Gesellschafter einer GmbH können im Gesellschaftsvertrag festlegen, dass bestimmte Situationen nicht zu einem Austritt aus wichtigem Grund berechtigen, sofern hierdurch das Austrittsrecht nicht unvertretbar eingeschränkt wird.[97] Insbesondere ist zu berücksichtigen, dass das Vorliegen des wichtigen Grundes einer Wertung im Einzelfall anhand sämtlicher Gesamtumstände bedarf, sodass den Parteien zugestanden werden muss, im Voraus zu regeln, welche Fälle sie akzeptieren, ohne dass bei diesen der Austritt eines Gesellschafters droht.[98]

Bei einer Mitveräußerungspflicht kommt lediglich in dem Moment ein Ausschluss des Austrittsrechts aus wichtigem Grund in Betracht, in dem der Investor sie aktiviert und demnach vom Gründer die Mitveräußerung auch von dessen Geschäftsanteilen im Wege des *Trade Sales* verlangt. Ausschließlich dieser Fall soll den Gründer nicht zum Austritt aus der Gesellschaft berechtigen, da ansonsten eine Verzögerung des *Exits* droht, durch die der potentielle

---

96 *Strohn*, in: Fleischer/Goette, MünchKommGmbHG, § 34 Rn. 190.

97 *Strohn*, in: Fleischer/Goette, MünchKommGmbHG, § 34 Rn. 194; *Wicke*, in: Wicke, GmbHG, Anh. § 34 Rn. 8.

98 *Schäfer*, in: Säcker/Rixecker/Oetker, MünchKommBGB, § 723 Rn. 75.

Erwerber von seinem Vorhaben Abstand nehmen könnte. Ansonsten wird das Austrittsrecht des Gründers gerade nicht und zu keinem Zeitpunkt während des Bestehens der Gesellschaft beschränkt oder gar ausgeschlossen. Weiterhin ist darauf hinzuweisen, dass der Austritt aus wichtigem Grund für den Gründer auch im Zeitpunkt des Verlangens zur Mitveräußerung durch den Investor möglich bleibt, sofern ein anderer wichtiger Grund in der Person des Gründers, des Investors oder der Gesellschaft vorliegt. Dies sollte von den Gesellschaftern im Gesellschaftsvertrag klargestellt werden.[99] In diesem Zusammenhang ist ebenfalls die große Bedeutung des *Exits* für den Venture-Capital-Investor zu beachten.[100] Der Investor kann beim Venture-Capital allein durch den *Exit* eine Rendite mit seiner Anlage erzielen. Daher ist dessen Absicherung für ihn entscheidend. Der Gründer weiß um diese in dem Zeitpunkt, in dem er den Investor als neuen Gesellschafter in die Gesellschaft aufnimmt. Sofern dies für ihn nicht akzeptabel gewesen wäre, hätte er sich hierauf nicht einlassen dürfen. Zudem bietet ihm der Investor mit seiner fachlichen und wirtschaftlichen Unterstützung erst die Möglichkeit, seine Geschäftsidee zu verwirklichen. Somit ergibt eine Gesamtwürdigung dieser Interessen, dass die lediglich zum Zeitpunkt der geplanten Veräußerung wirkende Vereinbarung zulässig ist, nach der das Verlangen, die Mitveräußerungspflicht auszuüben, keinen wichtigen Grund darstellt, der zum Austritt berechtigt.

c) *Mitveräußerungspflicht als unzulässige Abfindungsbeschränkung*

Es ist weiter zu untersuchen, ob die Mitveräußerungspflicht eine Abfindungsbeschränkung enthält, die als unzulässige Austrittsbeschränkung zu werten ist.

Wie bereits gesehen, können im Gesellschaftsvertrag Abfindungsbeschränkungen für den Fall des Austritts aufgenommen werden.[101] Dies ist allerdings nur insofern möglich, als durch diese das Recht zum Austritt nicht in unvertretbarer Weise beschränkt wird.[102] Eine derartige Beschränkung wird dann angenommen, wenn schon zum Zeitpunkt der Vereinbarung der Klausel ein

99 So für *Russian Roulette* und *Texan Shoot Out*-Verfahren *Holler/Frese*, BB 2014, 1479, 1481 und *Willms/Bicker*, BB 2014, 1347, 1350.

100 Oben § 1 II. 9.

101 Oben § 2 II. 3. a) dd).

102 BGH, NJW 1992, 892, 895; *Fastrich*, in: Baumbach/Hueck, GmbHG, § 34 Rn. 27; *Holler/Frese*, BB 2014, 1479, 1481; *Schäfer*, in: Säcker/Rixecker/Oetker, MünchKommBGB, § 723 Rn. 76; *Strohn*, in: Fleischer/Goette, MünchKommGmbHG, § 34 Rn. 194; *Werner*, GmbHR 2005, 1554, 1557.

grobes Missverhältnis zwischen der Abfindung und dem Verkehrswert des Anteils besteht.[103]

Zunächst ist festzuhalten, dass somit lediglich eine im Gesellschaftsvertrag des jungen Unternehmens aufgenommene Mitveräußerungspflicht, der eine korporative Wirkung zukommt, und gerade keine bloß schuldrechtlich wirkende Mitveräußerungspflicht überhaupt in der Lage wäre, die Höhe der Abfindung zu beschränken.[104] Bei einer Mitveräußerungspflicht ist allerdings zu beachten, dass diese gerade keine Beschränkung des Preises für die Geschäftsanteile enthält. Der Preis kommt letztlich durch die Verhandlung und Vereinbarung des Venture-Capital-Investors mit dem interessierten Erwerber zustande. Auf diesen Mechanismus zur Preisgestaltung hat sich der Gründer bei Vereinbarung der Mitveräußerungspflicht in freier Entscheidung eingelassen. Im Übrigen darf nicht vergessen werden, dass ein Venture-Capital-Investor gerade nicht an einer Beschränkung des Verkaufspreises für die Geschäftsanteile nach unten interessiert ist. Bei einer Mitveräußerungspflicht erhalten nämlich der Gründer und der Investor dem Verhältnis ihrer Geschäftsanteile entsprechend denselben Preis, da die Veräußerung zu gleichen wirtschaftlichen Bedingungen erfolgt. Damit strebt der Investor nach einem möglichst hohen Veräußerungspreis, da er hierdurch die für ihn entscheidende Rendite steigern kann. Folglich stellt die Mitveräußerungspflicht mangels Abfindungsbeschränkung keine unzulässige Austrittsbeschränkung dar.

3. Bedeutung des Veräußerungspreises

Bei der dieser Untersuchung zugrunde liegenden Mitveräußerungspflicht erfolgt die gemeinsame Veräußerung der Anteile sämtlicher Gesellschafter an einen Dritten im Wege des *Trade Sales*. Das entscheidende Kriterium ist dabei, dass dies zu denselben wirtschaftlichen Konditionen erfolgt. Diese handelt der aus der Mitveräußerungspflicht berechtigte Venture-Capital-Investor mit dem Erwerber aus.

In diesem Abschnitt erfolgt eine nähere Untersuchung der Bedeutung des Preises, den die Gesellschafter der Gesellschaft für die Veräußerung ihrer Geschäftsanteile erhalten, im Hinblick auf die Zulässigkeit der Mitveräußerungspflicht.

---

103 BGH, NJW 1992, 892, 895; *Fastrich*, in: Baumbach/Hueck, GmbHG, § 34 Rn. 27; *Strohn*, in: Fleischer/Goette, MünchKommGmbHG, § 34 Rn. 232; *Werner*, GmbHR 2005, 1554, 1557.

104 Vgl. *Schmolke*, ZIP 2014, 897, 900, Fn. 26 für *Russian Roulette* und *Texan Shoot Out*-Verfahren; *Zöllner/Noack*, in: Baumbach/Hueck, GmbHG, § 53 Rn. 15.

a) *Begrenzbarkeit des Veräußerungspreises*

Das GmbHG enthält keine gesetzlichen Vorgaben zur Höhe des Anspruchs, der einem aus der Gesellschaft ausscheidenden Gesellschafter zusteht. Unstrittig ist allerdings, dass einem ausgeschiedenen Gesellschafter ein Abfindungsanspruch zusteht.[105] In den sämtlichen Fällen des zwangsweisen Ausscheidens eines Gesellschafters aus der Gesellschaft etwa durch Ausschluss oder durch Einziehung der Geschäftsanteile orientiert sich der Abfindungsanspruch grundsätzlich am Verkehrswert der Geschäftsanteile.[106] Dieser bemisst sich nach dem Preis, den ein zum Erwerb bereiter Dritter auf dem freien Markt für die Geschäftsanteile zahlen würde.[107] Sofern allerdings eine derartige Vergleichsmöglichkeit fehlt, ist der Verkehrswert durch bestimmte Bewertungsmethoden zu bestimmen.[108]

Durch entsprechende Regelung im Gesellschaftsvertrag oder in einer schuldrechtlichen Nebenvereinbarung ist es allerdings aufgrund der Vertragsfreiheit möglich, den Verkehrswert und damit die geschuldete Abfindung in angemessenem Ausmaß zu begrenzen.[109] Die Grenze zur Unzulässigkeit ist jedoch dann überschritten und die Nichtigkeitsfolge des § 138 Abs. 1 BGB tritt aufgrund von Sittenwidrigkeit ein, wenn zwischen dem Verkehrswert des Geschäftsanteils und der Abfindung ein derart großes Missverhältnis zu sehen ist, dass sich die Abfindung als unangemessen verkürzt darstellt.[110] In jedem Fall ist allerdings zur Feststellung des groben Missverhältnisses eine Abwägung im Einzelfall anhand der Interessen der Parteien erforderlich.[111] Maßgeblich ist dabei für ein anfängliches

---

105 Oben § 2 II. 3. a) bb) und cc).

106 *Altmeppen*, in: Roth/Altmeppen, GmbHG, § 34 Rn. 47; *Fastrich*, in: Baumbach/Hueck, GmbHG, § 34 Rn. 22; *Miras/Langenfeld*, Rn. 338; *Strohn*, in: Fleischer/Goette, MünchKommGmbHG, § 34 Rn. 205.

107 *Fastrich*, in: Baumbach/Hueck, GmbHG, § 34 Rn. 22; *Strohn*, in: Fleischer/Goette, MünchKommGmbHG, § 34 Rn. 208.

108 *Fastrich*, in: Baumbach/Hueck, GmbHG, § 34 Rn. 23; *Hauschild/Kallrath*, in: Hauschild/Kallrath/Wachter, Notarhandbuch, § 16 Rn. 345 f., 350 ff.; *Miras/Langenfeld*, Rn. 340 ff., jeweils auch zur näheren Darstellung der Bewertungsmethoden, die nicht Gegenstand dieser Untersuchung sind.

109 *Altmeppen*, in: Roth/Altmeppen, GmbHG, § 34 Rn. 50, 59; *Fastrich*, in: Baumbach/Hueck, GmbHG, § 34 Rn. 25; *Wälzholz*, GmbH-StB 2007, 84; *Werner*, GmbHR 2005, 1554, 1557.

110 *Altmeppen*, in: Roth/Altmeppen, GmbHG, § 34 Rn. 51; *Fastrich*, in: Baumbach/Hueck, GmbHG, § 34 Rn. 27; *Miesen*, RNotZ 2006, 522, 532; *Strohn*, in: Fleischer/Goette, MünchKommGmbHG, § 34 Rn. 227.

111 *Fastrich*, in: Baumbach/Hueck, GmbHG, § 34 Rn. 27; *Hauschild/Kallrath*, in: Hauschild/Kallrath/Wachter, Notarhandbuch, § 16 Rn. 349.

Missverhältnis der Zeitpunkt der Vereinbarung der Abfindungsbeschränkung.[112] In diesem Fall ist der volle Verkehrswert als Abfindung fällig.[113] Das Missverhältnis kann sich allerdings auch erst im Laufe der wirtschaftlichen Entwicklung der Gesellschaft ergeben. Dieser Fall wird als nachträgliches Missverhältnis bezeichnet.[114] Hierbei greift jedoch nicht die Nichtigkeit der Vereinbarung gemäß § 138 Abs. 1 BGB. Die Klausel bleibt vielmehr wirksam und es wird dem betroffenen Gesellschafter durch ergänzende Vertragsauslegung nach Treu und Glauben gemäß § 242 BGB ein Anspruch auf angemessene Abfindung zugestanden.[115] In diesem Zusammenhang sind die Interessen der Parteien gegeneinander abzuwägen.[116]

b) Veräußerungspreis bei der Mitveräußerungspflicht

Der Gegenstand einer Mitveräußerungspflicht ist lediglich die Vereinbarung, dass sämtliche Geschäftsanteile an einen am Erwerb interessierten Dritten zu veräußern sind. Es sind gerade keine Beschränkungen des dem hiervon betroffenen Gesellschafter zustehenden Veräußerungserlöses vorgesehen. Der für die Geschäftsanteile zu zahlende Erwerbspreis ist proportional gesehen für die Geschäftsanteile des Gründers und des Investors identisch. Zum Zeitpunkt der Vereinbarung der Mitveräußerungspflicht ist geregelt, dass der Preis durch den am Erwerb interessierten Dritten bestimmt wird. Dessen Angebot muss der Investor selbstverständlich als angemessen erachten. Dabei finden Verhandlungen über den Preis statt. Danach ergibt sich der Preis letztlich aufgrund des Zusammentreffens von Angebot und Nachfrage auf dem freien Markt. Dies stellt die Idealvorstellung der Bemessung des Verkehrswertes der Geschäftsanteile eines ausscheidenden Gesellschafters dar. Somit scheidet in diesem Fall aufgrund der Identität der zu erwartenden Abfindung und des Verkehrswertes der Geschäftsanteile ein grobes Missverhältnis aus. Mangels einer entsprechenden Begrenzung des Kaufpreises für die Geschäftsanteile des Gründers nach unten liegt zudem schon gar keine Beschränkung des ihm zustehenden Abfindungsanspruchs vor.

---

112 *Fastrich*, in: Baumbach/Hueck, GmbHG, § 34 Rn. 28; *Miesen*, RNotZ 2006, 522, 532; *Strohn*, in: Fleischer/Goette, MünchKommGmbHG, § 34 Rn. 227.

113 *Hauschild/Kallrath*, in: Hauschild/Kallrath/Wachter, Notarhandbuch, § 16 Rn. 348.

114 *Fastrich*, in: Baumbach/Hueck, GmbHG, § 34 Rn. 28; *Strohn*, in: Fleischer/Goette, MünchKommGmbHG, § 34 Rn. 240 ff.

115 *Altmeppen*, in: Roth/Altmeppen, GmbHG, § 34 Rn. 53; *Fastrich*, in: Baumbach/Hueck, GmbHG, § 34 Rn. 28; *Miesen*, RNotZ 2006, 522, 532; *Strohn*, in: Fleischer/Goette, MünchKommGmbHG, § 34 Rn. 241.

116 *Fastrich*, in: Baumbach/Hueck, GmbHG, § 34 Rn. 28; *Strohn*, in: Fleischer/Goette, MünchKommGmbHG, § 34 Rn. 241.

Im Ergebnis ist die Mitveräußerungspflicht daher nach diesem Gesichtspunkt nicht nichtig i.S.d. § 138 Abs. 1 BGB.

Fraglich ist jedoch, wie diese Situation im Zeitpunkt des *Exits* zu bewerten ist. Sofern sich das Start-up Unternehmen erfolgreich am Markt etabliert und ein wirtschaftlich positiver *Trade Sale* erfolgt, werden sich keine Probleme ergeben, da der Gründer aufgrund der identischen Veräußerungsbedingungen hierdurch in erheblichem Umfang finanziell profitiert. Es können allerdings auch Fälle vorliegen, in denen der Gründer mit den wirtschaftlichen Bedingungen der Veräußerung der Geschäftsanteile nicht einverstanden ist. Dies kann zum einen dadurch begründet sein, dass er das eigene Unternehmen höher bewertet. Zum anderen kann der Venture-Capital-Investor bei einer negativen Unternehmensentwicklung gleichsam zu einem Notverkauf der Gesellschaft gezwungen sein, um seine Verluste in Grenzen zu halten. In diesem Fall könnte es vorkommen, dass der Gründer diese Einschätzung bzw. die wirtschaftliche Bewertung des Investors nicht teilt und gerichtlich dagegen vorgeht. Sofern sich demnach im Einzelfall bei der konkreten Veräußerung durch *Trade Sale* ein grobes Missverhältnis zwischen dem erzielten Veräußerungserlös und dem tatsächlichen Verkehrswert der Geschäftsanteile ergibt, ist eine nachträgliche Anpassung vorzunehmen. Dies erfolgt dabei im Wege der ergänzenden Vertragsauslegung gemäß § 242 BGB nach Treu und Glauben. In dessen Rahmen sind sämtliche Umstände des Einzelfalles zu bewerten. Danach fließt hierein auch die Tatsache ein, dass der Venture-Capital-Investor allein durch einen *Exit* eine Rendite mit seinem Investment erzielen kann und regelmäßig im Vergleich zum Gründer aufgrund seiner höheren Kapitalbeiträge größeren finanziellen Risiken ausgesetzt ist. Die Mitveräußerungspflicht behält allerdings selbst in diesem Einzelfall möglicherweise vorliegenden nachträglichen Missverhältnisses ihre volle Wirksamkeit, unabhängig von der erforderlichen Kaufpreisanpassung.

Zu keinem anderen Ergebnis führt die Heranziehung der Aussagen des BGH im Rahmen der Hinauskündigungsklauseln auf die Mitveräußerungspflichten. Die Frage der Angemessenheit der Abfindung ist nämlich ohne Bedeutung für die Wirksamkeit einer Hinauskündigungsklausel.[117] Bei einer unangemessenen Abfindung erfolgt vielmehr eine Abfindung nach dem Verkehrswert.[118]

Der Gründer und der Investor können bereits vorab zukünftige Streitigkeiten beim *Exit* über den angemessen Veräußerungspreis für die Geschäftsanteile des Gründers vermeiden. Hierzu ist erforderlich, dass sie bei der Vereinbarung der

---

117 BGH, NJW 1990, 2622, 2623; BGH, NJW 2005, 3641, 3643; *Wedemann*, S. 502.

118 BGH, NJW 2005, 3641, 3643; *Wedemann*, S. 502.

Mitveräußerungspflicht eine gewisse Mindestbewertung für die Geschäftsanteile vorsehen und die Verpflichtung zur Mitveräußerung nur entsteht, wenn der hiernach zu zahlende Erwerbspreis mindestens dieser Bewertung entspricht.[119] Dadurch umgehen sie zudem das unkalkulierbare Risiko des Ergebnisses einer richterlichen Anpassung des Preises für die Geschäftsanteile, sofern die Festlegung des Mindestpreises zu einem angemessenen Preis führt.

Nach alledem ergibt sich, dass der vom Erwerber im Wege der Veräußerung durch *Trade Sale* zu bezahlende Kaufpreis für die Geschäftsanteile der Gesellschaft ohne Einfluss auf die in dieser Untersuchung behandelten Mitveräußerungspflichten ist. Diese sind demnach auch unter diesem Gesichtspunkt wirksam.

4. Missbrauchsrisiko bei einem manipulierten Veräußerungspreis und Vorkehrungsmöglichkeiten zum Schutz des Gründers

a) Missbrauchsrisiko bei einem manipulierten Veräußerungspreis

Fraglich ist, wie sich ein manipulierter Veräußerungspreis für die Geschäftsanteile des Gründers auf die Zulässigkeit der Mitveräußerungspflicht auswirkt. Dies könnte etwa dann eintreten, wenn der Venture-Capital-Investor mit dem Dritten, der am Erwerb der gesamten Gesellschaft interessiert ist, eine Preisabsprache zulasten des Gründers vornimmt und hiernach die Mitveräußerungspflicht aktiviert. Ein derartiges Risiko besteht insbesondere in den Situationen, in denen zwischen dem Investor und dem Erwerber eine besondere Beziehung besteht. So kann es sich etwa um ein mit diesem verbundenes Unternehmen handeln oder er ist zumindest in der Lage, einen wesentlichen Einfluss auf den Erwerber auszuüben.[120] In diesem Fall wird der Gründer auf den ersten Blick zwar zur Mitveräußerung seiner Geschäftsanteile zu denselben wirtschaftlichen Bedingungen gezwungen. Diese sind allerdings nur vordergründig identisch. Bei einem manipulierten Veräußerungspreis zulasten des Gründers profitiert der Erwerber nämlich aufgrund der dargestellten besonderen Beziehung zum Investor und der Preisabsprache von der unter Wert erfolgenden Veräußerung der Geschäftsanteile und kann hierdurch das Start-up Unternehmen erwerben.

---

119 *Eckhardt*, in: Eckhardt/Hermanns, Kölner Handbuch Gesellschaftsrecht, Kap. 2 Rn. 291; *Fett/Spiering*, in: Fett/Spiering, Handbuch Joint Venture, Kap. 7 Rn. 645; *Seibt*, in: Seibt, Beck'sches Formularbuch Mergers & Acquisitions, F.V.2 Anm. 8; *Weitnauer*, in: Weitnauer, Venture Capital, Teil F. Rn. 185.

120 *Fleischer/Schneider*, DB 2012, 961, 967; *Otto*, GmbHR 1996, 16, 21; *Wälzholz*, GmbH-StB 2007, 84, 86.

Eine strafrechtliche Bewertung dieser Vorgehensweise erfolgt in diesem Rahmen nicht, da es allein um die zivilrechtliche Zulässigkeit der Mitveräußerungspflicht geht.

Die Preisabsprache erfolgte gemeinsam mit der damit verbundenen Aktivierung der Mitveräußerungspflicht zu einem späteren Zeitpunkt in der Unternehmensentwicklung und nach Einstieg des Venture-Capital-Investors. Für die Beurteilung der Sittenwidrigkeit gemäß § 138 Abs. 1 BGB und damit der Nichtigkeit eines Rechtsgeschäfts kommt es allerdings auf den Zeitpunkt der Vornahme des Rechtsgeschäfts an.[121] Dies ist für die hier zu untersuchende Mitveräußerungspflicht derjenige, in dem der Investor als Gesellschafter der Gesellschaft beigetreten ist und die Klausel vereinbart wurde. In diesem Zeitpunkt lag eine derartige Preisabsprache allerdings noch nicht vor. Daher ist dieses unstreitig verwerfliche Verhalten ohne Einfluss auf die Zulässigkeit der Mitveräußerungspflicht an sich.

Der hierauf erfolgende Veräußerungsvertrag über die Geschäftsanteile ist demnach grundsätzlich wirksam. Im Rahmen dieser Untersuchung wurde schon dargelegt,[122] dass es bereits fraglich ist, ob eine Mitveräußerungspflicht überhaupt eine Hinauskündigungsklausel darstellt, diese allerdings durchaus als sachlich gerechtfertigt anzusehen ist. Der BGH nimmt jedoch selbst bei sachlich gerechtfertigten Hinauskündigungsklauseln im Einzelfall eine Ausübungskontrolle nach Treu und Glauben gemäß § 242 BGB vor.[123] Im Fall der Herbeiführung des *Exits* durch eine eben erwähnte Preisabsprache nutzt der Investor das ihm eingeräumte Recht zur Aktivierung der Mitveräußerungspflicht einseitig zu seinen Gunsten aus. Dieses soll ihm zwar seine grundsätzlich schützenswerten Interessen an der Durchführung eines *Exits* gewährleisten. In dem Fall einer Preisabsprache geschieht dies allerdings einseitig auf Kosten des Gründers. Dieser wird nämlich wirtschaftlich durch einen zu geringen Kaufpreis für die Geschäftsanteile benachteiligt. Die Veräußerung erfolgt im Ergebnis nicht zu denselben wirtschaftlichen Konditionen, wie es eine Mitveräußerungspflicht eigentlich vorsieht. Somit kann im Einzelfall ein Rechtsmissbrauch des Investors durch unzulässige Rechtsausübung gemäß § 242 BGB vorliegen.[124] Dies hat zur Folge, dass dem Gläubiger die Geltendmachung seiner Rechte aus dem bestehenden Rechtsverhältnis versagt

---

121 *Armbrüster*, in: Säcker/Rixecker/Oetker, MünchKommBGB, § 138 Rn. 133.

122 Oben § 5 II. 1. b) aa) und bb).

123 BGH, ZIP 2004, 903, 905.

124 *Fleischer/Schneider*, DB 2012, 961, 967; *Schmolke*, ZIP 2014, 897, 900, der dies betreffend *Russian Roulette* und *Texan Shoot Out*-Verfahren vertritt; *Wedemann*, S. 507.

wird.[125] Danach kann der Gründer die Erfüllung seiner Pflichten aus diesem Vertrag verweigern, insbesondere die Übertragung der Geschäftsanteile.[126] Sofern er von diesem kollusiven Zusammenwirken zwischen dem Erwerber und dem Investor erst zu einem späteren Zeitpunkt Kenntnis erlangt, kann er aufgrund des treuwidrigen Verhaltens des Investors Schadensersatz verlangen.[127] Zudem wendet der BGH im Zusammenhang mit einem Bedingungseintritt, der wider Treu und Glauben herbeigeführt wird, § 162 Abs. 2 BGB an.[128] Die Mitveräußerungspflicht kann, wie im Rahmen dieser Untersuchung dargelegt wurde, im deutschen Recht als bedingte Kaufoption (*Call*-Option) sowie als aufschiebend bedingte Veräußerungspflicht eingeordnet werden.[129] Die Preisabsprache stellt aus den eben genannten Gründen ein treupflichtwidriges Verhalten des Investors zu seinen Gunsten dar. Somit kommt in diesem Fall die Fiktionswirkung des § 162 Abs. 2 BGB in Betracht, nach der im Ergebnis die Bedingung für die Ausübung der Mitveräußerungspflicht als nicht eingetreten gilt. Der Veräußerungsvertrag über die Geschäftsanteile des Gründers mit dem Erwerber gilt daher als nicht geschlossen. Die Zulässigkeit der Vereinbarung der Mitveräußerungspflicht wird hiervon allerdings nicht berührt.

b) Vorkehrungsmöglichkeiten

Um derartigen Fällen des Missbrauchs einer Mitveräußerungspflicht durch den Investor vorzubeugen sowie allgemein zum Schutz des Gründers, werden gewisse vertragliche Absicherungsmechanismen zugunsten der von der Mitveräußerungspflicht betroffenen Gesellschafter vorgeschlagen. Vorkehrungen dieser Art lassen sich dinglich durch eine Vinkulierung der Geschäftsanteile gemäß § 15 Abs. 5 GmbHG absichern.[130] Sämtliche der nachfolgenden Mechanismen dienen zwar auf der einen Seite dem Schutz des von der Mitveräußerungspflicht betroffenen Gründers. Auf der anderen Seite schränken sie die Autonomie des Venture-Capital-Investors bei der Durchführung des *Exits* ein. Es ist daher im konkreten Fall abzuwägen, welche Interessen im jeweiligen Umfang stärker geschützt werden

125 *Olzen/Looschelders*, in: Staudinger, Kommentar zum Bürgerlichen Gesetzbuch, § 242 Rn. 225; *Schubert*, in: Säcker/Rixecker/Oetker, MünchKommBGB, § 242 Rn. 226.

126 *Fleischer/Schneider*, DB 2012, 961, 967; *Lintz*, S. 159.

127 *Fleischer/Schneider*, DB 2012, 961, 967; *Lintz*, S. 159.

128 BGH, NJW 2005, 3641, 3644.

129 Oben § 3 II. 1 und 3.

130 *Fleischer/Schneider*, DB 2012, 961, 968; *Otto*, GmbHR 1996, 16, 22.

sollen und wie hoch das Missbrauchspotential eingeschätzt wird. Dies entscheidet sich anhand der Verhandlungsstärke der Parteien im Einzelfall.

aa) Festlegung eines Mindestpreises

Zunächst bietet sich, wie bereits gesehen,[131] die Vereinbarung eines bestimmten Mindestpreises für die Geschäftsanteile an. In diesem Zusammenhang wird zugleich empfohlen, diesen im Laufe des Bestehens der Gesellschaft an veränderte Unternehmenssituationen anzupassen und diesen durch einen unabhängigen Gutachter ermitteln und überprüfen zu lassen.[132] Eine regelmäßige Anpassung des Preises ist angesichts der schnellen Entwicklung von jungen Unternehmen mit den damit verbundenen Veränderungen des Unternehmenswertes zu begrüßen, da ein einmal festgelegter Preis schnell überholt sein kann. Die Beauftragung eines Gutachters ist zur Überprüfung der Bewertung und zum Schutz des Gründers bei Veräußerungen an nahestehende Dritte sachgerecht. Eine derartige Überprüfung wird allerdings sinnvollerweise nicht in den sonstigen Fällen einer Veräußerung mittels *Trade Sale* an nicht nahestehende Dritte erfolgen, da dies die Schutzwürdigkeit des Gründers überdehnt und zu einer erheblichen zeitlichen Verzögerung des Veräußerungsprozesses führt. Dies ist jedoch weder im Interesse des Investors noch des Erwerbers. Zudem wird man einem vernünftigen Venture-Capital-Investor, der einen guten Ruf zu verlieren hat, nicht von vornherein und in jedem Fall eines *Trade Sales* eine böse Absicht unterstellen dürfen. Vielmehr muss im Regelfall davon ausgegangen werden, dass dieser den idealen Dritten als Erwerber des Unternehmens ausgesucht hat. Dies ist derjenige, der den höchsten Kaufpreis für die Geschäftsanteile bezahlt. Dabei beruht der von ihm gebotene Kaufpreis bereits auf einer eigenen und damit externen Bewertung nach einer umfassenden Prüfung des Unternehmens. Letztlich besteht durch eine zusätzliche externe Bewertung das Risiko, dass der geplante Erwerb publik wird. Hierdurch könnten strategische Erwerber der Gesellschaft abgeschreckt werden, da sich deren Konkurrenten auf diese Situation, den Zukauf und die Integration eines neuen Produktes, einstellen und entsprechende Vorkehrungen treffen können, wenn sie hiervon erfahren. Infolgedessen geht das Überraschungsmoment für einen Käufer verloren.

---

131 Oben § 5 II. 3. b).

132 *Draxler*, S. 135; *Fleischer/Schneider*, DB 2012, 961, 967; *Huber/Zandler*, ecolex 2007, 832, 834, 836.

bb) Beschränkung des Kreises der Erwerber

Weiterhin könnten Veräußerungen an einen Erwerber, der dem aus der Mitveräußerungspflicht berechtigten Investor nahesteht, von der Verpflichtung zur Mitveräußerung ausgenommen sein.[133] Eine derartige Ausnahme schränkt allerdings den Anwendungsbereich der Mitveräußerungspflichten bei bestimmten Venture-Capital-Investoren zu sehr ein. So wäre hierdurch der Sinn des sog. Corporate Venture-Capital[134] völlig infrage gestellt. Durch dieses Geschäftsmodell erhoffen sich große Industrieunternehmen nämlich gerade die Integration erfolgreich aufgebauter und innovativer Dienstleistungen oder Produkte in ihr eigenes Unternehmen in der Zukunft.

cc) Vorkaufs- bzw. Vorerwerbsrecht für den Gründer

Als weiteren Schutzmechanismus zugunsten des Gründers besteht die Möglichkeit, dass diesem als betroffenem Gesellschafter ein Vorkaufs- bzw. Vorerwerbsrecht für die Geschäftsanteile des berechtigen Gesellschafters einer Mitveräußerungspflicht eingeräumt wird.[135] Hierdurch könnte er im Fall eines niedrigen Veräußerungspreises von diesem profitieren und auf diese Weise die Anteile des Investors zu einem günstigen Preis erwerben.

Zu Recht wird allerdings darauf hingewiesen, dass die Anknüpfung eines Vorkaufs- bzw. Vorerwerbsrecht an eine zuvor erfolgte Veräußerung der Geschäftsanteile des aus der Mitveräußerungspflicht berechtigten Gesellschafters praxisfern ist.[136] Die Veräußerung der Geschäftsanteile des Venture-Capital-Investors und des Gründers erfolgt nämlich üblicherweise zeitgleich.[137] Ansonsten würde sich der Erwerber, bei einer nachfolgenden Weigerung des Gründers, dem Risiko aussetzen, lediglich einen Teil der Geschäftsanteile erwerben zu können und sich mit dem in der Gesellschaft verbliebenen missliebigen Gründer auseinandersetzen zu müssen. Dies sucht die Mitveräußerungspflicht gerade zu vermeiden. Daher knüpft das Vorkaufs- bzw. Vorerwerbsrecht richtigerweise nicht an einen bereits abgeschlossenen Veräußerungsvertrag des berechtigten

---

133 *Fleischer/Schneider*, DB 2012, 961, 967; *Huber/Zandler*, ecolex 2007, 832, 836; *Wälzholz*, GmbH-StB 2007, 84, 86.

134 Oben § 1 II. 3. d).

135 *Bienz/Walz*, J. Econ. Manag. Strateg., Vol. 19 (2010), Issue 4, 1071, 1077; *Fett/Spiering*, in: Fett/Spiering, Handbuch Joint Venture, Kap. 7 Rn. 648; *Fleischer/Schneider*, DB 2012, 961, 967; *Lintz*, S. 91; *Otto*, GmbHR 1996, 16, 21; *Schäfer/Stephan*, Rn. 606; *Tal*, S. 193.

136 *Lintz*, S. 91.

137 *Lintz*, S. 91.

Investors, sondern an das Vorliegen eines bindenden Erwerbsangebots des Dritten. Anstatt der Einräumung eines Vorkaufs- bzw. Vorerwerbsrecht besteht auch die Möglichkeit, dass der Venture-Capital-Investor verpflichtet wird, dem Gründer seine Geschäftsanteile für einen bestimmten Zeitraum zu den wirtschaftlichen Bedingungen zum Erwerb anzubieten, die der Dritte für die Geschäftsanteile geboten hat.[138]

Der Einstieg eines Venture-Capital-Investors in ein junges Unternehmen verläuft allerdings in mehreren Schritten, wozu u.a. die Durchführung einer *Due Diligence* sowie eine umfassende Vertragsgestaltung zählt.[139] Dafür nimmt der potentielle Erwerber der Gesellschaft einen hohen finanziellen und zeitlichen Aufwand auf sich. Sofern er sich nach alledem für einen Erwerb der Geschäftsanteile der Gesellschaft entschieden hat, soll dieser im Ergebnis auch durchführbar sein. Hierzu dient die Mitveräußerungspflicht. Daher muss bei der Vereinbarung eines Vorkaufs- bzw. Vorerwerbsrechts zugunsten des Gründers und der nachfolgenden Ausübung dieser Rechte bedacht werden, dass hierdurch die Chancen des geplanten *Exits* sinken, da sich der Erwerber dem Risiko ausgesetzt sieht, dass seine sämtlichen eben genannten Aufwendungen frustriert sein können.[140] Aus diesem Grund wird in der Kautelarliteratur sogar vorgeschlagen, ein bestehendes Vorkaufsrecht im Rahmen der Mitveräußerungspflichten auszuschließen.[141] Dasselbe Risiko besteht allerdings bei der oben erwähnten Möglichkeit des Gründers zum Erwerb der Geschäftsanteile, aufgrund des Angebots des Investors. Dieser kann das Angebot nämlich gleichsam erst nach Durchführung der eben genannten kostspieligen Schritte durch den Erwerber abgeben, da er erst dann Kenntnis vom gebotenen Kaufpreis erlangt. Die den verpflichteten Gründern eingeräumte Frist zum Erwerb der Geschäftsanteile des Investors sollte zudem nicht zu lange sein, da ansonsten der erwerbsbereite Dritte möglicherweise von seinem Vorhaben absieht. Um diesem Risiko zu begegnen und gleichsam eine Veräußerung zu einem zu geringen Preis zu verhindern, ist ein vorab erklärter Verzicht der zur Mitveräußerung verpflichteten Gesellschafter zur Ausübung der ihnen eingeräumten Vorkaufs- bzw. Vorerwerbsrechte bzw. des Rechts zum Erwerb aufgrund des Angebots des Investors unter Sicherstellung eines bestimmten Mindesterlöses

---

138 *Weitnauer*, in: Weitnauer, Venture Capital, Teil F. Rn. 177.

139 Oben § 1 V. 2.

140 *Fett/Spiering*, in: Fett/Spiering, Handbuch Joint Venture, Kap. 7 Rn. 648; *Schäfer/Stephan*, Rn. 606.

141 *Rombach*, in: Lorz/Pfisterer/Gerber, Beck'sches Formularbuch GmbH-Recht, S. 190.

für die Geschäftsanteile erforderlich.[142] Dieser Verzicht sollte dabei idealerweise für den Fall des geplanten *Trade Sales* bereits am Anfang der Verhandlungen mit dem potentiellen Erwerber erklärt werden. Durch diesen Verzicht erlangt der Dritte eine erheblich stärkere Rechtsposition zur Sicherstellung des geplanten *Trade Sales* nach Ausübung der Mitveräußerungspflicht.

dd) Festlegung eines Quorums

Zum Schutz des Gründers im Rahmen seiner Verpflichtung zur Mitveräußerung kann zudem vereinbart werden, dass die alleinige Aktivierung der Mitveräußerungspflicht durch den berechtigten Venture-Capital-Investor noch nicht ausreichend ist, um den Gründer zur Veräußerung zu zwingen. Daher könnte etwa festgelegt werden, dass hierfür zusätzlich ein bestätigender Beschluss der Gesellschafterversammlung der Gesellschaft mit einem bestimmten Quorum erforderlich ist.[143] In diesem Fall würde sich die Mehrheit der Gesellschaft in Kenntnis der wirtschaftlichen Bedingungen für eine vollständige Veräußerung der Geschäftsanteile aussprechen. Dies legt den Schluss nahe, dass der verpflichtete Gesellschafter aus lediglich opportunistischen Gründen die Veräußerung der eigenen Anteile verhindern möchte. Im Ergebnis gelingt ihm dies aufgrund der Mitveräußerungspflicht nicht. In diesem Fall liegt der Schluss nahe, dass er nicht schutzwürdig ist, wenn die Mehrheit seiner Mitgesellschafter aus freier Entscheidung der geplanten Veräußerung zustimmt.

ee) Weitere Schutzmaßnahmen

Der Veräußerer von Geschäftsanteilen hat üblicherweise im Kauf- und Abtretungsvertrag eine Vielzahl von Garantien gegenüber dem Erwerber abzugeben. Der von einer Mitveräußerungspflicht betroffene Gründer könnte insofern geschützt werden, als seine Haftung aus der Verletzung einer Garantie der Höhe nach auf den ihm zugeflossenen Kaufpreis für die Geschäftsanteile begrenzt ist. Sofern dies im Kauf- und Abtretungsvertrag nicht vorgesehen ist, besteht die Verpflichtung zur Mitveräußerung nicht.

---

142 Vgl. *Fett/Spiering*, in: Fett/Spiering, Handbuch Joint Venture, Kap. 7 Rn. 648; *Rombach*, in: Lorz/Pfisterer/Gerber, Beck'sches Formularbuch GmbH-Recht, S. 190; *Schäfer/Stephan*, Rn. 607.

143 *Eckhardt*, in: Eckhardt/Hermanns, Kölner Handbuch Gesellschaftsrecht, Kap. 2 Rn. 291; *von Salis*, in: Gericke, Private Equity, S. 269, 285; *Weitnauer*, in: Weitnauer, Venture Capital, Teil F. Rn. 183.

Daneben könnte vereinbart werden, dass die Mitveräußerungspflicht lediglich dann besteht, wenn der dem Gründer zufließende Erlös für die Veräußerung seiner Geschäftsanteile wenigstens die Höhe der durch die Veräußerung entstehenden Steuern und Kosten deckt.[144]

Letztlich kann der Befürchtung des Gründers vor einem zu frühen Ausscheiden aus der Gesellschaft begegnet werden. Hierzu wird etwa eine bestimmte Frist vereinbart, vor dessen Ablauf die Mitveräußerungspflicht nicht aktiviert werden darf.[145] Sollte jedoch binnen dieser Frist ein wirtschaftlich attraktives Erwerbsangebot abgegeben werden, könnte der *Trade Sale* nicht realisiert werden. Dies schränkt die Handlungsfreiheit des Investors erheblich ein.

5. Sittenwidrigkeit durch Kombination der Mitveräußerungspflicht mit einer Liquidationspräferenz

Im Rahmen einer Venture-Capital-Finanzierung vereinbaren die Parteien regelmäßig im Gesellschaftsvertrag oder in einer Beteiligungsvereinbarung neben den bereits untersuchten Mitveräußerungspflichten gleichfalls Liquidationspräferenzen (*liquidation preference*).[146]

Darunter versteht man eine Vereinbarung, bei der dem Investor bei einer Veräußerung oder Liquidation der Gesellschaft im Vergleich zu seinen Mitgesellschaftern ein bevorzugtes Recht am danach erzielten Erlös eingeräumt wird. Zur finanziellen Bevorzugung eröffnen sich vielfältige Gestaltungsmöglichkeiten zugunsten des Investors, von einer vorrangigen Rückzahlung lediglich des investierten Betrags bis zu einer darüber hinausgehenden Bevorzugung, mit der

144 *Weitnauer*, in: Weitnauer, Venture Capital, Teil F. Rn. 185.

145 *Eckhardt*, in: Eckhardt/Hermanns, Kölner Handbuch Gesellschaftsrecht, Kap. 2 Rn. 291; *Fleischer/Schneider*, DB 2012, 961, 964; *Weitnauer*, in: Weitnauer, Venture Capital, Teil F. Rn. 183.

146 *Brehm*, S. 178 ff.; *Feld/Mendelson*, S. 41 ff.; *Fritzsche/Häußermann*, in: Berens/Brauner/Frodermann, Unternehmensentwicklung mit Finanzinvestoren, S. 375, 384; *Inhester*, in: Jesch/Striegel/Boxberger, Rechtshandbuch Private Equity, S. 253 f.; *Martinius/Stubert*, BB 2006, 1977, 1978; *Möllmann/Möllmann*, BWNotZ 2013, 74, 87; *von Beauvais/Hellich*, in: Jesch/Striegel/Boxberger, Rechtshandbuch Private Equity, S. 370; *Weinheimer*, in: Hölters, Handbuch Unternehmenskauf, Rn. 12.120 f.; *Weitnauer*, in: Weitnauer, Venture Capital, Teil F. Rn. 192 ff.; *Winkler*, S. 227 ff.; *Zanoni*, S. 151 ff.; *Ziegert*, S. 185 ff.

weitere finanzielle Zuschläge verbunden sind.[147] Unter Letzteres fällt etwa eine zusätzlich zu gewährende Verzinsung.

Dies führt somit zu einer Erlösverteilung wider das Verhältnis der Geschäftsanteile der Gesellschafter und damit entgegen § 72 Satz 1 GmbHG. In § 72 Satz 2 GmbHG wird diese Möglichkeit den Gesellschaftern allerdings eröffnet. Im Übrigen kann die unterschiedliche Behandlung der Gesellschafter sachlich begründet sein.[148] Liquidationspräferenzen werden zum Schutz der vom Venture-Capital-Investor eingebrachten Beträge vereinbart, da dieser im Wesentlichen allein die Finanzierung der Gesellschaft übernimmt.[149] Dadurch wird der Investor sowohl bei einer positiven als auch negativen Unternehmensentwicklung geschützt. Sofern durch einen erfolgreichen *Exit* ein Erlös erzielt wird, erhält er von dem erzielten Kaufpreis zunächst seine gesamten Investitionsbeträge zuzüglich eines ggf. vereinbarten Zuschlages erstattet, bevor der danach übrig bleibende Kaufpreis *pro rata* verteilt wird.[150] Erfolgt hingegen ein *Trade Sale* unter dem Wert der investierten Beträge oder gar die Liquidation der Gesellschaft, so steht der erzielte Erlös bei einer entsprechend vereinbarten Präferenz vollkommen dem Venture-Capital-Investor zu. Zum Schutz des Gründers werden allerdings bestimmte wertmäßige Grenzen oder zwingend dem Gründer zustehende Anteile am Erlös vereinbart oder Vorkehrungen getroffen, die eine extreme Bevorzugung des Investors verhindern sollen.[151] Letztlich drückt eine Liquidationspräferenz die wirtschaftliche Attraktivität der finanzierten Gesellschaft zum Zeitpunkt des Investments aus.[152]

In der Rechtsliteratur wird auf die Gefahrenlage des Gründers im Fall der Kombination einer Mitveräußerungspflicht mit einer Liquidationspräferenz hingewiesen.[153] Dabei wird allerdings überwiegend nicht auf die hieraus resultierenden Folgen eingegangen. Zunächst steht es nämlich dem Investor offen,

---

147 *Feld/Mendelson*, S. 41 ff.; *Hoffmann/Hölzle*, FB 2003, 113, 113 f.; *Inhester*, in: Jesch/Striegel/Boxberger, Rechtshandbuch Private Equity, S. 254; *Martinius/Stubert*, BB 2006, 1977, 1978; *Weinheimer*, in: Hölters, Handbuch Unternehmenskauf, Rn. 12.120.

148 *Fastrich*, in: Baumbach/Hueck, GmbHG, § 34 Rn. 29.

149 *Inhester*, in: Jesch/Striegel/Boxberger, Rechtshandbuch Private Equity, S. 253; *Seibt*, in: Seibt, Beck'sches Formularbuch Mergers & Acquisitions, F.V.2 Anm. 12.

150 *Brehm*, S. 179; *Inhester*, in: Jesch/Striegel/Boxberger, Rechtshandbuch Private Equity, S. 254; *Zirngibl/Kupsch*, BB 2011, 579, 580.

151 *Brehm*, S. 179 f.; *Inhester*, in: Jesch/Striegel/Boxberger, Rechtshandbuch Private Equity, S. 253; *Ziegert*, S. 186.

152 *Kühni*, in: Gericke, Private Equity, S. 147, 200.

153 *Berkery*, S. 232; *Hoffmann/Hölzle*, FB 2003, 113, 115; *Maidl/Kreifels*, NZG 2003, 1091, 1095; *Martinius/Stubert*, BB 2006, 1977, 1978, 1981 f.; *Trezzini*, S. 284; *von Salis*, in: Gericke, Private Equity, S. 269, 284; *Ziegert*, S. 187.

den Mechanismus der Mitveräußerungspflicht zu aktivieren, sofern er das Angebot eines Dritten zum Erwerb sämtlicher Geschäftsanteile der Gesellschaft als wirtschaftlich angemessen erachtet. Der Gründer ist in diesem Fall, sofern er der Veräußerung nicht ohnehin positiv gesonnen ist, zur gemeinsamen Veräußerung auch seiner Geschäftsanteile verpflichtet. Unter der Annahme, dass die Parteien eine zusätzliche Liquidationspräferenz vereinbart haben, wird der Venture-Capital-Investor aus dem Erlös vorzugsweise befriedigt. Es besteht daher das Risiko, dass die durch die Liquidationspräferenz vorgesehene Erlösverteilung den durch die Veräußerung mittels *Trade Sale* erzielten Erlös übersteigt. Die Kombination der erzwungen Veräußerung der Geschäftsanteile des Gründers mit einer Liquidationspräferenz kann folglich bei einem niedrigen Veräußerungserlös dazu führen, dass der Gründer einen geringen oder gar keinen Erlös erhält.[154]

Fraglich ist, wie sich dies auf die Zulässigkeit der Mitveräußerungspflicht auswirkt. Hierbei stellt sich die Problematik der Sittenwidrigkeit gemäß § 138 Abs. 1 BGB. Zu diesem Themenkomplex liegt bislang keine Rechtsprechung vor.

In diesem Zusammenhang ist zunächst wiederum in einer Gesamtbetrachtung das zugunsten des Gründers vereinbarte Mitveräußerungsrecht zu berücksichtigen. Hierdurch können nämlich, wie bereits gesehen,[155] die wirtschaftlichen Interessen des Venture-Capital-Investors erheblich beeinträchtigt werden. Der Gründer erhält allerdings dadurch eine wirtschaftliche Absicherung, indem er sich die vom Investor ausgehandelten günstigen Veräußerungsbedingungen zunutze macht. Die Liquidationspräferenz stellt in diesem Zusammenhang einen Ausgleich für die übernommene Belastung des Investors dar.[156] Es ist daher kein Grund ersichtlich, warum dies nur in dem für den Gründer positiven Fall des Mitveräußerungsrechts und nicht auch im Rahmen der zugunsten des Investors vereinbarten Mitveräußerungspflicht zum Tragen kommen soll. Insofern ist ein Gleichlauf geboten.

Zudem ist, wie im Rahmen dieser Untersuchung bereits dargelegt wurde,[157] hervorzuheben, dass die Höhe der Abfindung bei der Beurteilung der Sittenwidrigkeit einer Hinauskündigungsklausel keine Rolle spielt. Im Falle einer unangemessenen Abfindung erfolgt nämlich die Anpassung der Vereinbarung und die

154 *Berkery*, S. 232; *Hoffmann/Hölzle*, FB 2003, 113, 115; *Martinius/Stubert*, BB 2006, 1977, 1978, 1982; *Trezzini*, S. 284; *von Salis*, in: Gericke, Private Equity, S. 269, 284.

155 Oben § 5 II. 1. b) bb).

156 *Von Beauvais/Hellich*, in: Jesch/Striegel/Boxberger, Rechtshandbuch Private Equity, S. 370.

157 Oben § 5 II. 3.

Verurteilung zur Zahlung einer angemessenen Abfindung nach dem Grundsatz von Treu und Glauben gemäß § 242 BGB.[158] Das hierüber entscheidende Gericht wird somit im Rahmen der vorliegenden Veräußerung mittels *Trade Sale* zu beurteilen haben, ob der Gründer einen zu geringen Veräußerungserlös erhalten hat. Sofern diese Frage positiv beantwortet wird, erfolgt eine entsprechende Anpassung, wobei die vom Investor vorgenommenen Investitionen in das junge Unternehmen sowie seine Interessen einbezogen werden müssen.[159] Die Mitveräußerungspflicht bleibt demnach wirksam.

Das Zusammenspiel der Mitveräußerungspflicht mit einer Liquidationspräferenz darf zudem nicht ausschließlich negativ und in Verbindung mit dem drohenden Damoklesschwert gesehen werden. Selbst der BGH hat in seinen Entscheidungen zu den Hinauskündigungsklauseln deren Funktion zur Motivationssteigerung berücksichtigt.[160] Der Gründer der Gesellschaft ist in der Regel zugleich deren Geschäftsführer. Er hat es daher in gewisser Weise selbst in der Hand, für eine positive Entwicklung des eigenen Unternehmens durch seinen persönlichen Einsatz zu sorgen. Sofern sich das Produkt am Markt durchsetzt und das Unternehmen insgesamt erfolgreich ist, steigert dies unmittelbar seinen Wert und damit auch die Attraktivität für potentielle Erwerber. Je höher der Unternehmenswert, desto höher sind die Chancen, dass die zugunsten des Investors eingeräumten Liquidationspräferenzen eine geringere Rolle spielen, da der Investor in ausreichendem Maße befriedigt wird. Dies kann damit für eine besondere Motivation des Gründers bei dem Aufbau und der Führung des Unternehmens sorgen.

Letztlich lohnt in diesem Zusammenhang ein Blick auf die Befriedigung von Gläubigern, die ihre Ansprüche durch die Belastung eines Grundstücks des Schuldners mit einer Grundschuld absichern. In diesem Fall kann es durchaus vorkommen, dass später hinzutretende Gläubiger eine etwa erforderliche weitere Darlehensgewährung davon abhängig machen, dass die Ihnen eingeräumte Grundschuld vorrangig vor den Sicherheiten der bereits vorhandenen Gläubiger befriedigt wird. Dies geschieht gemäß § 880 Abs. 2 Satz 1 BGB durch Einigung zwischen den zurücktretenden Gläubigern mit dem neuen Gläubiger und Eintragung der Rangänderung im Grundbuch. Dieses Vorgehen ist nicht als sittenwidrig gemäß § 138 Abs. 1 BGB einzuordnen, es ist vielmehr tägliche Praxis im Darlehensgewerbe. Die Situation bei einer Liquidationspräferenz im Rahmen

158 Oben § 5 II. 3.; *Martinius/Stubert*, BB 2006, 1977, 1982.
159 *Martinius/Stubert*, BB 2006, 1977, 1982.
160 BGH, NJW 2005, 3641, 3642; BGH, NJW 2005, 3644, 3646.

der Eigenkapitalfinanzierung einer Gesellschaft durch Venture-Capital stellt sich als vergleichbar dar. Bei dieser macht der Venture-Capital-Investor seinen Eintritt in das kapitalbedürftige Start-up Unternehmen davon abhängig, dass seine Finanzierungsbeiträge bei einer Veräußerung der Gesellschaft vorrangig vor denen des bereits vorhandenen Gründers bedient werden. Dies geschieht durch die Vereinbarung einer Liquidationspräferenz. Aufgrund der vergleichbaren Interessenlage zwischen der Rangänderung und der Gewährung einer Liquidationspräferenz ist das Interesse des Venture-Capital-Investors als schutzwürdig anzusehen. Hieran ändert auch die Kombination mit einer Mitveräußerungspflicht nichts, da diese gleichfalls zur Sicherung der Vermögenswerte des Investors eingeräumt wurde.

Um trotz allem die sich aus der Kombination zwischen einer Mitveräußerungspflicht und einer Liquidationspräferenz ergebenden Risiken zu vermindern, kommen zugunsten des Gründers gewisse Schutzvorkehrungen in Betracht. So kann etwa, wie bereits erwähnt,[161] die Ausübung der Mitveräußerungspflicht an bestimmte Bedingungen geknüpft werden. In gleicher Weise wird dies für die vorliegende Kombination vorgeschlagen. So könnte ein Mindestpreis für die Geschäftsanteile der verpflichteten Gesellschafter nach Abzug der Liquidationspräferenz vereinbart werden.[162] Hierdurch kann dem Risiko der gerichtlichen Anpassung der Kaufpreishöhe samt der damit verbundenen zeitlichen Verzögerung vorgebeugt werden. Weiterhin besteht die Möglichkeit, ein bestimmtes Quorum der verpflichteten Gesellschafter vorzusehen, das für die Aktivierung der Mitveräußerungspflicht zusätzlich erforderlich ist.[163]

6. Zustimmung des Gründers bei Aufnahme in Gesellschaftsvertrag

Die Aufnahme der Mitveräußerungspflicht in den bestehenden Gesellschaftsvertrag einer GmbH bedarf, wie bereits weiter oben in dieser Untersuchung gesehen,[164] der Zustimmung des Gründers. Dieser ist hiervon nämlich unmittelbar betroffen, wenn der Venture-Capital-Investor von ihm die Veräußerung der Geschäftsanteile an einen Dritten verlangt.

---

161 Oben § 3 II. 1. b).

162 Vgl. *Miesen*, RNotZ 2006, 522, 529; *Trezzini*, S. 284; *von Salis*, in: Gericke, Private Equity, S. 269, 284 f.

163 *Eckhardt*, in: Eckhardt/Hermanns, Kölner Handbuch Gesellschaftsrecht, Kap. 2 Rn. 291; *von Salis*, in: Gericke, Private Equity, S. 269, 285.

164 Oben § 4 II. 1. d).

Hierin ist somit eine Zulässigkeitsschranke der Mitveräußerungspflicht zu sehen. Diese muss zwingend eingehalten werden, damit das Interesse des Venture-Capital-Investors an der Absicherung des *Exits* durch *Trade Sale* sichergestellt ist.

7. Prüfung am AGB-Recht

Im Rahmen dieser Untersuchung wurde die Problematik der AGB-Kontrolle der Mitveräußerungspflicht bereits bei der Darstellung von deren Regelungsort angesprochen.

a) Bereichsausnahme des § 310 Abs. 4 Satz 1 BGB

Dort zeigte sich,[165] dass eine in den Gesellschaftsvertrag der GmbH aufgenommene Mitveräußerungspflicht einen echten Satzungsbestandteil darstellt, auf den die Bereichsausnahme des § 310 Abs. 4 Satz 1 BGB anwendbar ist und schon aus diesem Grund keine Inhaltskontrolle stattfindet.

Auf der anderen Seite wurde ebenso aufgezeigt,[166] dass sich die Situation bei der Regelung einer Mitveräußerungspflicht in einer Beteiligungsvereinbarung zu dem Eingreifen der Ausnahmevorschrift des § 310 Abs. 4 Satz 1 BGB nicht eindeutig darstellt. Zwar wird dessen Eingreifen nach der im Rahmen dieser Untersuchung vertretenen Meinung bejaht und daher eine Inhaltskontrolle gemäß den §§ 307 ff. BGB ausgeschlossen. Bis zu einer höchstrichterlichen Klärung besteht allerdings ein gewisses Risiko, dass die Inhaltskontrolle in diesem Fall stattfindet, sofern es sich überhaupt um AGB handelt.

b) Vorliegen von AGB

Es ist bereits fraglich, ob die in einer Beteiligungsvereinbarung geregelten Bestimmungen, wie die Mitveräußerungspflicht, AGB i.S.d. § 305 Abs. 1 Satz 1 BGB darstellen. Hierfür müsste es sich gemäß § 305 Abs. 1 Satz 1 BGB um Vertragsbedingungen handeln, die der Venture-Capital-Investor für eine Vielzahl von Verträgen vorformuliert hat und dem Gründer stellt.

Es folgt daher eine Prüfung der entscheidenden Merkmale des § 305 Abs. 1 BGB zur Frage des Vorliegens von AGB im Rahmen der in einer Beteiligungsvereinbarung geregelten Mitveräußerungspflicht.

Eine Vertragsbedingung ist dann i.S.d. § 305 Abs. 1 Satz 1 BGB vorformuliert, wenn sie bereits vor dem Abschluss des Vertrages derart fertig formuliert

165 Oben § 4 II. 1. a) und b).
166 Oben § 4 II. 2. e) und 3.

ist, dass sie nicht mehr geändert werden muss.[167] Zwar ist unstreitig, dass ein Venture-Capital-Investor mehrere junge Unternehmen finanziert und dort ähnliche Klauseln eingesetzt werden. Jedes Unternehmen, jeder Gründer und die bereits vorhandenen Gesellschafter sind jedoch unterschiedlich. So liegt es fern anzunehmen, dass der Investor einmal sämtliche Klauseln einer Beteiligungsvereinbarung vorformuliert und diese exakt in dieser Weise bei jedem Investment einsetzen kann. Dies mag zwar ein Wunschdenken manches Investors sein, um sich etwa den Kosten einer Rechtsberatung zu entledigen. In der Praxis trifft diese Vorgehensweise allerdings nicht zu, da eine Abstimmung mit den zukünftigen Mitgesellschaftern zu sämtlichen Konditionen des Beteiligungseinstiegs zu erfolgen hat.[168] Damit ist das Kriterium der vorformulierten Vertragsbedingungen gemäß § 305 Abs. 1 Satz 1 BGB im vorliegenden Fall bereits nicht erfüllt.

Zudem stellt sich die Frage, ob der Venture-Capital-Investor die Inhalte der Beteiligungsvereinbarung seinen Mitgesellschaftern i.S.d. § 305 Abs. 1 Satz 1 BGB stellt. Durch dieses Kriterium soll der Vertragspartner davor geschützt werden, dass der Verwender der AGB die Vertragsgestaltungsfreiheit einseitig in Anspruch nimmt.[169] Dies und damit ein Stellen wird dann bejaht, wenn sie der anderen Partei vom Verwender auferlegt werden.[170] Sofern die Bedingungen des Vertrages allerdings gemäß § 305 Abs. 1 Satz 3 BGB im Einzelnen ausgehandelt werden, liegen gerade kein Stellen i.S.d. § 305 Abs. 1 Satz 1 BGB und damit keine AGB vor. Das Aushandeln stellt dabei mehr als Verhandeln dar und erfordert, dass der Inhalt der Vereinbarung ernsthaft zur Disposition der Parteien gestellt wird und eigene Interessen durch die Einräumung von Gestaltungsfreiheit gewahrt werden können.[171] Bei der Beteiligung eines Venture-Capital-Investors sind, wie bereits gesehen,[172] unterschiedlichste Rechte und Pflichten zu vereinbaren. Gerade bei den hier zu untersuchenden Mitveräußerungspflichten wurde bereits aufgezeigt, dass diese nicht schematisch umgesetzt werden, sondern sich vielfältige Möglichkeiten zum Schutz des hiervon betroffenen Gründers ergeben.[173] Dabei darf nicht davon ausgegangen werden, dass der Investor den konkreten Inhalt der Mitveräußerungspflicht nicht zur Disposition stellt. Es erfolgt

---

167 *Basedow*, in: Säcker/Rixecker/Oetker, MünchKommBGB, § 305 BGB Rn. 13.

168 *Weitnauer*, in: Weitnauer, Venture Capital, Teil F. Rn. 93.

169 *Schlosser*, in: Staudinger, Kommentar zum Bürgerlichen Gesetzbuch, § 305 Rn. 26.

170 *Basedow*, in: Säcker/Rixecker/Oetker, MünchKommBGB, § 305 BGB Rn. 21.

171 *Basedow*, in: Säcker/Rixecker/Oetker, MünchKommBGB, § 305 BGB Rn. 35; *Schlosser*, in: Staudinger, Kommentar zum Bürgerlichen Gesetzbuch, § 305 Rn. 36.

172 Oben § 2.

173 Oben § 5 II. 4. b).

nämlich eine Modifikation im Einzelfall. Die Gründer eines erfolgversprechenden Start-up Unternehmens können mittlerweile zwischen verschiedenen Venture-Capital-Investoren auswählen und werden sich daher keine Vertragsinhalte widerspruchslos vordiktieren lassen. Zudem trifft die Vorstellung eines gutgläubigen und unerfahrenen Gründers heutzutage nicht mehr zu, da dieser im Rahmen einer Venture-Capital-Finanzierung umfassend rechtlich beraten und notariell belehrt wird.[174] Nicht zu vergessen ist überdies, dass gerade bei einem Eintritt des Investors in die Gesellschaft in einer späteren Finanzierungsphase bereits weitere Investoren als Gesellschafter vorhanden sein werden. Der Investor muss sich daher bei seinem Einstieg nicht nur mit dem Gründer, sondern auch mit den anderen Investoren über sämtliche Bedingungen verständigen. Dies betrifft gerade im für ihn entscheidenden Bereich der Mitveräußerungspflicht die Frage, inwiefern er sich zu dessen Ausübung mit weiteren Investoren abstimmen muss und wer welche Anteile am Erlös der Veräußerung der Geschäftsanteile beim Vorhandensein einer Liquidationspräferenz erhält. Dies kann vom Investor nicht schematisch und einseitig vorgegeben werden. Hierfür ist vielmehr ein umfangreiches Aushandeln zwischen den beteiligten Gesellschaftern erforderlich. Danach ist im Ergebnis davon auszugehen, dass eine in einer Beteiligungsvereinbarung enthaltene Mitveräußerungspflicht ausgehandelt wurde i.S.d. § 305 Abs. 1 Satz 3 BGB.[175] Somit liegen kein Stellen der Vertragsbedingungen durch den Investor i.S.d. § 305 Abs. 1 Satz 1 BGB und damit keine AGB vor.

c) *Zwischenergebnis*

Nach alledem zeigt sich, dass bereits fraglich ist, ob nicht auch für eine in einer Beteiligungsvereinbarung geregelte Mitveräußerungspflicht die Bereichsausnahme des § 310 Abs. 4 Satz 1 BGB greift und daher eine AGB-Kontrolle ausscheidet.

Gerade bei einer Mitveräußerungspflicht ist allerdings aufgrund der komplexen Regelungsinhalte, die von den jeweiligen Gegebenheiten und insbesondere den vorhandenen Gesellschaftern abhängen, davon auszugehen, dass diese zum einen nicht vom Investor vorformuliert sind i.S.d. § 305 Abs. 1 Satz 1 BGB und zum anderen individuell ausgehandelt wurden gemäß § 305 Abs. 1 Satz 3 BGB.

Damit scheidet eine Inhaltskontrolle von Mitveräußerungspflichten, die in einer Beteiligungsvereinbarung enthalten sind, gemäß §§ 307 ff. BGB aus, da

---

174 *Schmolke*, Grenzen der Selbstbindung im Privatrecht, S. 545, 672.

175 So im Ergebnis für die gesamte Beteiligungsvereinbarung *Weitnauer*, in: Weitnauer, Venture Capital, Teil F. Rn. 94.

diese schon keine AGB darstellen. Außerdem findet aufgrund des Eingreifens der Ausnahmeregelung des § 310 Abs. 4 Satz 1 BGB für Mitveräußerungspflichten, die in einem Gesellschaftsvertrag geregelt sind und eine echte Satzungsbestimmung darstellen, keine AGB-Kontrolle statt.

8. Zwischenergebnis

Die Mitveräußerungspflicht ist im Rahmen einer Venture-Capital-Finanzierung im deutschen Recht als zulässig anzusehen. Diese Vereinbarung ist nämlich schutzwürdig, da mit ihr berechtigte wirtschaftliche Interessen des Investors abgesichert werden können.

Derartige Klauseln sind insbesondere nach einer Prüfung anhand der von der Rechtsprechung aufgestellten Kriterien zu unzulässigen Hinauskündigungsklauseln als rechtlich unbedenklich anzusehen. Zum einen ist es bereits fraglich, ob eine Mitveräußerungspflicht überhaupt eine Hinauskündigungsklausel darstellt und damit der Anwendungsbereich dieser Grundsätze eröffnet ist. Die Mitveräußerungspflicht im Bereich des Venture-Capitals ist aber jedenfalls sachlich gerechtfertigt, da sie dem Schutz berechtigter ökonomischer Interessen des Investors dient.

Es ist unstrittig, dass die durch eine Mitveräußerungspflicht eingeräumten Befugnisse durch den berechtigten Gesellschafter missbraucht werden können. Derartige Fälle sind jedoch bei der abstrakten Zulässigkeitsprüfung einer Mitveräußerungspflicht ohne Bedeutung. In diesen Fällen erfolgt vielmehr eine nachträgliche Ausübungskontrolle nach den Grundsätzen von Treu und Glauben.

In gleicher Weise bleibt für die abstrakte Zulässigkeit einer Mitveräußerungspflicht der von dem Dritten gebotene Kaufpreis für die Geschäftsanteile des betroffenen Gesellschafters außer Betracht. Ein anfängliches Missverhältnis zwischen dem Verkehrswert und der zu erwartenden Abfindung, das zur Nichtigkeit der Klausel führen würde, scheidet dabei von vornherein aus, da in einer Mitveräußerungspflicht keine Abfindungsbeschränkung enthalten ist. Sofern im Einzelfall ein nachträgliches Missverhältnis entsteht, erfolgt eine Anpassung des dem betroffenen Gesellschafter zustehenden Veräußerungspreises für seine Geschäftsanteile durch ergänzende Vertragsauslegung gemäß § 242 BGB nach Treu und Glauben. Dies hat jedoch keinen Einfluss auf die Zulässigkeit der Mitveräußerungspflicht selbst.

Weiterhin ist zu beachten, dass eine Mitveräußerungspflicht in den Gesellschaftsvertrag einer GmbH ausschließlich mit der Zustimmung des hiervon betroffenen Gesellschafters aufgenommen werden kann.

Letztlich ist hervorzuheben, dass eine Kontrolle der Mitveräußerungspflicht am AGB-Recht im hier untersuchten Einsatzbereich der Venture-Capital-Finanzierung ausscheidet, da in der Mitveräußerungspflicht jedenfalls schon keine AGB zu sehen sind bzw. die Bereichsausnahme des § 310 Abs. 4 Satz 1 BGB eingreift.

III. Rechtliche Zulässigkeit der Mitveräußerungspflicht im italienischen Recht

1. Angemessene Bewertung (*equa valorizzazione*) der Geschäftsanteile

Grundsätzlich werden Mitveräußerungspflichten im italienischen Recht als wirksam angesehen.

In der italienischen Rechtsprechung und Literatur ist allerdings umstritten, wie sich das Erfordernis einer bestimmten Bewertung der Geschäftsanteile des von einer Mitveräußerungspflicht betroffenen Gründers auf die Zulässigkeit der Mitveräußerungspflicht auswirkt. Es geht dabei um die Frage, ob die Mitveräußerungspflicht zum Schutz des hiervon betroffenen Gesellschafters ein bestimmtes Korrektiv vorsehen muss, durch das ihm stets ein Mindestpreis (*floor minimo*) garantiert wird.[176] Hierbei handelt es sich um den Verkehrswert (*fair market value*) der Geschäftsanteile.[177] Dies stellt das Hauptproblem der Gültigkeit (*validità*) oder Ungültigkeit (*invalidità*) der Mitveräußerungspflicht im italienischen Recht dar.[178] Daher werden im Folgenden die unterschiedlichen Ansichten zu diesem Themenkomplex dargestellt.

a) Angemessene Bewertung der Geschäftsanteile als Gültigkeitsvoraussetzung bei der Regelung der Mitveräußerungspflicht im Gesellschaftsvertrag

Die Rechtsprechung, die notarielle Praxis und zahlreiche Stimmen in der Rechtsliteratur sehen es als Gültigkeitsvoraussetzung einer satzungsmäßigen Mitveräußerungspflicht an, dass diese dem hiervon betroffenen Gesellschafter durch eine vertragliche Regelung eine angemessene Bewertung (*equa valorizzazione*) seiner

176 *Divizia*, Le clausole di tag e drag along, S. 222.
177 *Divizia*, Le clausole di tag e drag along, S. 222.
178 *Divizia*, Le clausole di tag e drag along, S. 80.

Geschäftsanteile gewährleistet.[179] Dieses Erfordernis gilt unabhängig davon, ob die Mitveräußerungspflicht von den Gesellschaftern einer *s.r.l.* oder einer *s.p.a.* im Gesellschaftsvertrag vereinbart wurde.[180]

Bereits vor der ersten Gerichtsentscheidung im Jahr 2008 zur Zulässigkeit einer Mitveräußerungspflicht in Italien, stellte die Notarkammer Mailand in einem Leitzsatz aus dem Jahr 2005 gewisse Vorgaben hierzu auf. Danach ist für die Gültigkeit und Wirksamkeit der Mitveräußerungspflicht erforderlich, dass diese mit dem Prinzip der angemessenen Bewertung der hiervon betroffenen Beteiligung vereinbar ist.[181] Die Mitveräußerungspflicht führt nämlich zu einem zwangsweisen Ausscheiden des hiervon betroffenen Gesellschafters aus der Gesellschaft. Eine satzungsmäßig geregelte Mitveräußerungspflicht verfügt zudem, im Gegensatz zu einer lediglich in einer Beteiligungsvereinbarung enthaltenen, über eine dingliche Wirkung und führt zur Möglichkeit der Einwendung

---

179 Trib. Milano 31 marzo 2008, RDS 2010, 370, 373 f.; Trib. Milano 22 dicembre 2014, Le società 2015, 955, 959 f.; *Consiglio notarile di Milano*, Massima n. 88. Clausole statutarie disciplinanti il diritto e l'obbligo di "covendita" delle partecipazioni (artt. 2355-bis e 2469 c.c.). 22 novembre 2005, abrufbar unter http://www.consiglionotarilemilano.it/documenti-comuni/massime-commissione-societa/88.aspx (Stand: 25.4.2016); *Consiglio notarile di Roma*, n. 7 Clausole di co-vendita e trascinamento: tipologia e limiti di validità, Riv. not. 2013, 1085, 1085 ff.; *Del Linz*, Giur. comm. 2012, II, 1072, 1086 f.; *Di Bitonto*, Le società 2008, 1378, 1383 f.; *Divizia*, Le clausole di tag e drag along, S. 221 ff.; *Divizia*, Notariato 2009, 157, 172 f.; *Fabbrini*, Giur. comm. 2009, II, 1034, 1044 ff.; *Negri-Clementi/Perricone*, Le società 2015, 960, 966 f.; *Proverbio*, S. 8 f.; *Satta*, Riv. dir. impresa 2008, 525, 537 ff.; *Sangiovanni*, Notariato 2013, 695, 704 f.; *Satta*, Riv. dir. impresa 2008, 525, 538; *Sbisà*, Contr. e impr. 2015, 627, 643 f.; *Scarpa*, Giust. Civ. 2013, II, 41, 49 ff.

180 Trib. Milano 31 marzo 2008, RDS 2010, 370, 373 f.; Trib. Milano 22 dicembre 2014, Le società 2015, 955, 959 f.; *Consiglio notarile di Milano*, Massima n. 88. Clausole statutarie disciplinanti il diritto e l'obbligo di "covendita" delle partecipazioni (artt. 2355-bis e 2469 c.c.). 22 novembre 2005, abrufbar unter http://www.consigliono tarilemilano.it/documenti-comuni/massime-commissione-societa/88.aspx (Stand: 25.4.2016); *Consiglio notarile di Roma*, n. 7 Clausole di co-vendita e trascinamento: tipologia e limiti di validità, Riv. not. 2013, 1085, 1085 ff.; *Luoni*, Giur. it. 2011, 2584; *Luoni*, NDS – n. 19/2013, 196, 197; *Piselli*, Le società 2015, 968, 973; *Satta*, Riv. dir. impresa 2008, 525, 539.

181 *Consiglio notarile di Milano*, Massima n. 88. Clausole statutarie disciplinanti il diritto e l'obbligo di "covendita" delle partecipazioni (artt. 2355-bis e 2469 c.c.). 22 novembre 2005, abrufbar unter http://www.consiglionotarilemilano.it/documenti-comuni/massime-commissione-societa/88.aspx (Stand: 25.4.2016); *Divizia*, Notariato 2009, 157, 171.

gegenüber den aktuellen und zukünftigen Gesellschaftern der Gesellschaft.[182] Dies führt dazu, dass sie mit demjenigen Prinzip der Rechtsordnung übereinstimmen muss, nach dem mit dem zwangsweisen Verlust der Gesellschafterstellung jedenfalls ein angemessener Wert der verlorenen Beteiligung verbunden sein muss.[183] Dies leitet sich für eine *s.r.l.* aus den Bestimmungen zum Ausschluss eines Gesellschafters gemäß Art. 2473-bis c.c. und für eine *s.p.a.* aus den Bestimmungen der rückkaufbaren Aktien gemäß Art. 2437-sexies c.c. ab.[184] Bei diesen beiden gesetzlich geregelten Instituten geht es gleichfalls um das zwangsweise Ausscheiden eines Gesellschafters aus der Gesellschaft. In diesen Fällen gibt der Gesetzgeber dem betroffenen Gesellschafter, durch den Verweis auf die Vorschriften zum Wert beim Austritt, ein Recht auf finanzielle Befriedigung.[185] Aufgrund der dinglichen Wirkung einer satzungsmäßigen Regelung, mit der damit verbundenen Bindung auch zukünftiger Gesellschafter, ist überdies eine Beschränkung der Vertragsfreiheit durch das Kriterium der angemessenen

---

182 Oben § 4 III. 1. b) und 2. a).

183 *Comitato interregionale di consigli notarili delle Tre Venezie*, Massima H.I. SPA. Azioni e limiti alla loro circolazione, abrufbar unter http://www.notaitriveneto.it/dettaglio-massime-triveneto-61-spa-azioni-e-limiti-alla-loro-circolazione.html#inizio (Stand: 11.11.2015), H.I.19; *Comitato interregionale di consigli notarili delle Tre Venezie*, Massima I.I SRL. Partecipazioni e limiti al loro trasferimento – diritti particolari ex art. 2468, comma 3, C.C., abrufbar unter http://www.notaitriveneto.it/dettaglio-massime-triveneto-75-srl-partecipazioni-e-limiti-al-loro-trasferimento---diritti-particolari-ex-art-2468-comma-3-cc.html (Stand: 25.4.2016), I.I.25, wobei hier der Begriff angemessener Preis (*giusto prezzo*) verwendet wird; *Consiglio notarile di Milano*, Massima n. 88. Clausole statutarie disciplinanti il diritto e l'obbligo di "covendita" delle partecipazioni (artt. 2355-bis e 2469 c.c.). 22 novembre 2005, abrufbar unter http://www.consiglionotarilemilano.it/documenti-comuni/massime-commissione-societa/88.aspx (Stand: 25.4.2016).

184 *Consiglio notarile di Milano*, Massima n. 88. Clausole statutarie disciplinanti il diritto e l'obbligo di "covendita" delle partecipazioni (artt. 2355-bis e 2469 c.c.). 22 novembre 2005, abrufbar unter http://www.consiglionotarilemilano.it/documenti-comuni/massime-commissione-societa/88.aspx (Stand: 25.4.2016).

185 *Consiglio notarile di Milano*, Massima n. 88. Clausole statutarie disciplinanti il diritto e l'obbligo di "covendita" delle partecipazioni (artt. 2355-bis e 2469 c.c.). 22 novembre 2005, abrufbar unter http://www.consiglionotarilemilano.it/documenti-comuni/massime-commissione-societa/88.aspx (Stand: 25.4.2016); zu den möglichen Bewertungsmethoden beim Austritt, die nicht Gegenstand dieser Untersuchung sind, siehe *Agrusti/Marcello*, Le società 2006, 569, 572 ff.; *Iovenitti*, Riv. soc. 2005, 459, 459 ff.; *Messuti*, S. 11 ff.; *Ventoruzzo*, Nuova giur. civ. comm. 2005, II, 434, 434 ff. und *Ventoruzzo*, Riv. soc. 2005, 309, 309 ff.

Bewertung erforderlich.[186] Zudem wird mit dem Erfordernis der angemessenen Bewertung die gleiche Behandlung der Gesellschafter gewahrt.[187]

Die Rechtsprechung übernimmt diese Sichtweise der Notarkammer Mailand und spezifiziert diese teilweise noch weiter. Die Vereinbarung einer Mitveräußerungspflicht stellt nämlich für den hiervon betroffenen Gesellschafter eine tiefgreifende Einschränkung der Vertragsfreiheit und des Eigentumsrechts dar.[188] Diese kann allerdings nach der geltenden Rechtsordnung sowie der italienischen Verfassung nur unter bestimmten Bedingungen erfolgen, sofern gewährleistet ist, dass durch die Ausübung eines derartigen Rechts keine ungerechtfertigte Enteignung des betroffenen Gesellschafters erfolgt oder dieser missbräuchlich aus der Gesellschaft ausgeschlossen wird.[189] Hierzu dient das Prinzip der angemessenen Bewertung, das nicht nur in zahlreichen Regelungen im Gesellschaftsrecht, wie z.B. für die Personengesellschaften in Art. 2289 c.c., für die *s.p.a.* in Art. 2347-ter c.c. i.V.m. Art. 2347-sexies c.c., für die *s.r.l.* in Art. 2473 c.c. i.V.m. Art. 2473-bis c.c. und für börsennotierte Gesellschaften in Art. 111 TUF vorgesehen ist, sondern sich auch aus den Prinzipien der Artt. 24 (Rechtsschutz) und 42 (Eigentumsgarantie) der italienischen Verfassung ergibt, nach denen eine private Enteignung nur bei einer angemessen Entschädigung (*giusto indennizzo*) zulässig ist.[190] Diese Regelungen finden, außer in den gesetzlich geregelten Fällen, bei jeglichem zwangsweisen Ausscheiden eines Gesellschafters aus der Gesellschaft und damit auch bei einer Mitveräußerungspflicht Anwendung.[191] Zudem schaffen sie ein allgemeines Prinzip, nach dem bei jedem unfreiwilligen Verlust der Gesellschafterstellung objektive Kriterien zur Bemessung des Anteilswertes bestehen müssen und dieser gerade nicht willkürlich bemessen werden darf.[192] In diesem Zusammenhang ist besonders zu beachten, dass eine Mitveräußerungspflicht in den Gesellschaftsvertrag einer *s.r.l.* grundsätzlich

---

186 *Divizia*, Le clausole di tag e drag along, S. 228.

187 *Negri-Clementi/Perricone*, Le società 2015, 960, 967.

188 Trib. Milano 31 marzo 2008, RDS 2010, 370, 373; Trib. Milano 22 dicembre 2014, Le società 2015, 955, 959.

189 Trib. Milano 31 marzo 2008, RDS 2010, 370, 373.

190 *Del Linz*, Giur. comm. 2012, II, 1072, 1086 f.; *Di Bitonto*, Le società 2008, 1378, 1383 f.; *Divizia*, Notariato 2009, 157, 173, der im Zusammenhang mit der angemessenen Bewertung von einem grundlegenden Prinzip (*principio cardine*) des italienischen Gesellschaftsrechts spricht.

191 *Di Bitonto*, Le società 2008, 1378, 1383 f.; *Divizia*, Notariato 2009, 157, 173; *Stabilini/Trapani*, Riv. dir. comm. 2010, 949, 953 ff.

192 *Di Bitonto*, Le società 2008, 1378, 1383 f.; *Divizia*, Notariato 2009, 157, 173; *Stabilini/Trapani*, Riv. dir. comm. 2010, 949, 953 ff.

durch einen Mehrheitsbeschluss aufgenommen werden kann.[193] Die von einer Mitveräußerungspflicht betroffenen Gesellschafter können damit doppelt beeinträchtigt sein. Zum einen müssen sie bereits die Einführung der Klausel in den Gesellschaftsvertrag gegen ihren Willen erleiden und zum anderen droht ihnen die mögliche zwangsweise Veräußerung ihrer Geschäftsanteile. Daher besteht für die hiervon betroffenen Gesellschafter ein besonderes Bedürfnis zur Schaffung eines Ausgleichs.[194] Dabei ist zu beachten, dass seit der Reform des Gesellschafsrechts im Jahr 2003 die Bestimmungen zur angemessenen Bewertung von Geschäftsanteilen, insbesondere in den Fällen des Rückkaufs, des satzungsmäßigen Ausschlusses und der Einführung von Beschränkungen des Umlaufs von Beteiligungen sowie der hiermit verbundenen Möglichkeit des Austritts, keinen Ausnahmecharakter haben.[195] Diese drücken vielmehr ein allgemeines und notwendiges Prinzip zum Ausgleich der Befugnisse der Mehrheit der Gesellschafter in der Gesellschafterversammlung aus, das durch Analogie auf weitere vergleichbare Fälle anwendbar ist.[196]

In diesem Zusammenhang wird zwar einerseits anerkannt, dass die Vereinbarung der Mitveräußerungspflicht auf einer autonomen und der Vertragsfreiheit beruhenden Entscheidung der Gesellschafter beruht. Auf der anderen Seite muss jedoch ein angemessenes Gegengewicht zu der hieraus resultierenden Verpflichtung des betroffenen Gesellschafters geschaffen werden.[197] Dies geschieht zum einen durch das Erfordernis der angemessenen Bewertung der Geschäftsanteile und zum anderen dadurch, dass die Wirksamkeit der Klausel derart einzuschränken ist, dass der betroffene Gesellschafter nicht nach freiem Belieben (*ad nutum*) des berechtigten Gesellschafters aus der Gesellschaft ausgeschlossen werden kann.[198] Das Gericht verzichtet allerdings darauf nähere Angaben zu diesem zweiten Erfordernis aufzustellen. Dieses Kriterium wird überdies in der jüngsten Entscheidung desselben Gerichts zu den Mitveräußerungspflichten aus dem Jahr 2014 nicht erwähnt. Es liegt allerdings nahe, die angemessene Bewertung der betroffenen Geschäftsanteile gerade als geeignetes Mittel anzusehen, einen Ausschluss nach freiem Belieben zu verhindern.[199] Letztlich hebt das Gericht hervor, dass die Sicherstellung einer angemessenen Bewertung der

193 Oben § 4 III. 1. e) bb).
194 Trib. Milano 22 dicembre 2014, Le società 2015, 955, 959 f.
195 Trib. Milano 22 dicembre 2014, Le società 2015, 955, 960.
196 Trib. Milano 22 dicembre 2014, Le società 2015, 955, 960.
197 Trib. Milano 31 marzo 2008, RDS 2010, 370, 373.
198 Trib. Milano 31 marzo 2008, RDS 2010, 370, 373.
199 So auch *Scotti*, Notariato 2015, 620, 625.

Geschäftsanteile des von einer Mitveräußerungspflicht betroffenen Gründers die Hauptbedingung der Gültigkeit (*condizione primaria di validità*) dieser Klausel darstellt.[200] Sofern dies nicht vorab gewährleistet ist, führt dies zur Nichtigkeit einer im Gesellschaftsvertrag einer *s.r.l.* oder *s.p.a.* aufgenommenen Mitveräußerungspflicht. Hierdurch soll verhindert werden, dass für den betroffenen Gesellschafter eine enteignende Wirkung (*effetto espropriativo*) durch die Differenz zwischen dem Verkehrswert (*valore effettivo*) und dem zwischen Investor und Erwerber vereinbarten Preis der Geschäftsanteile entsteht.[201] Daher muss dem betroffenen Gesellschafter einer *s.p.a.* wenigstens der Wert für seine Anteile zugesichert werden, der ihm beim Austritt gemäß Artt. 2437-ter Abs. 2 und Abs. 4 c.c. zustehen würde.[202] Beim Gesellschafter einer *s.r.l.* richtet sich dieser angemessene Wert konsequenterweise nach den Kriterien des Art. 2473 Abs. 3 c.c. Den Parteien steht es dabei offen, eine konkrete Berechnungsmethode und die hierzu herangezogenen Bewertungskriterien festzulegen oder lediglich darauf zu verweisen, dass hierfür die entsprechenden Vorschriften beim Austritt eines Gesellschafters aus einer *s.r.l.* oder *s.p.a.* Anwendung finden.[203] Durch die Pflicht zur Gewährung einer angemessenen Bewertung soll nämlich gerade verhindert werden, dass die Verpflichtung des betroffenen Gesellschafters zur Veräußerung seiner Geschäftsanteile zu einem Schaden für diesen führt.[204] Innerhalb dieser Ansicht wird zudem vertreten, dass eine Mitveräußerungspflicht auch bei der fehlenden Regelung einer angemessenen Bewertung gültig ist, wenn sie dem hiervon betroffenen Gesellschafter jedenfalls ein Austrittsrecht gewährt.[205] In diesem Fall kann sich der verpflichtete Gesellschafter dem Verlangen des Investors zur Mitveräußerung dadurch entziehen, dass er aus der Gesellschaft austritt. Hierdurch kann er sich gleichsam einen Anspruch auf eine entsprechende angemessene Bewertung für seine Geschäftsanteile sichern, wie dies die Vertreter der in diesem Abschnitt dargestellten Meinung fordern.

---

200 Trib. Milano 31 marzo 2008, RDS 2010, 370, 373.

201 Trib. Milano 31 marzo 2008, RDS 2010, 370, 373.

202 Trib. Milano 31 marzo 2008, RDS 2010, 370, 373.

203 *Toninelli*, Rivista delle operazioni straordinarie 2015, fasc. 6, 4, 8.

204 Trib. Milano 31 marzo 2008, RDS 2010, 370, 373.

205 *Consiglio notarile di Milano*, Massima n. 88. Clausole statutarie disciplinanti il diritto e l'obbligo di "covendita" delle partecipazioni (artt. 2355-bis e 2469 c.c.). 22 novembre 2005, abrufbar unter http://www.consiglionotarilemilano.it/documenti-comuni/massime-commissione-societa/88.aspx (Stand: 25.4.2016); *Divizia*, Le clausole di tag e drag along, S. 237.

Das Erfordernis der angemessenen Bewertung gilt unabhängig davon, ob im Einzelfall zugunsten des von der Mitveräußerungspflicht betroffenen Gesellschafters ein Vorkaufsrecht für die Anteile des berechtigten Gesellschafters vereinbart ist.[206] Dieser Punkt wird weiter unten in dieser Untersuchung in § 5 III. 3. b) bb) gesondert dargestellt.

b) Ablehnung des Erfordernisses einer angemessenen Bewertung der Geschäftsanteile bei der Regelung der Mitveräußerungspflicht im Gesellschaftsvertrag

Ein Schiedsspruch sowie einige Stimmen in der Rechtsliteratur lehnen hingegen ab, dass die Zulässigkeit einer Mitveräußerungspflicht von der Gewährung einer angemessenen Bewertung der Geschäftsanteile des davon betroffenen Gesellschafters abhängt, da im italienischen Recht keine zwingenden Bestimmungen vorhanden sind, die dies erfordern.[207] Dabei ist hervorzuheben, dass der eben genannte Schiedsspruch im Rahmen des Verfahrens erging, in dem sich das Mailänder Gericht im Jahr 2008 bereits mit der Zulässigkeit einer Mitveräußerungspflicht auseinandersetzte.

Diese Ansicht wendet sich insbesondere gegen die von der Gegenmeinung vertretene Vergleichbarkeit der Mitveräußerungspflicht mit den rückkaufbaren Aktien. Aufgrund dieser fehlenden Vergleichbarkeit finden demzufolge die Regelungen zum Rückkauf des Art. 2437-sexies c.c. weder direkt noch analog Anwendung auf die Mitveräußerungspflicht, sodass gleichfalls die in Art. 2437-ter

---

206 Trib. Milano 31 marzo 2008, RDS 2010, 370, 373; *Consiglio notarile di Roma*, n. 7 Clausole di co-vendita e trascinamento: tipologia e limiti di validità, Riv. not. 2013, 1085, 1085 ff.; *Del Linz*, Giur. comm. 2012, II, 1072, 1087; *Di Bitonto*, Le società 2008, 1378, 1383; *Divizia*, Le clausole di tag e drag along, S. 228 ff.; *Fabbrini*, Giur. comm. 2009, II, 1034, 1045; *Giampaolino*, Riv. soc. 2008, 148, 155; *Malimpensa*, RDS 2010, 375, 388; *Satta*, Riv. dir. impresa 2008, 525, 537 f.; *Scarpa*, Giust. Civ. 2013, II, 41, 50; *Scotti*, Notariato 2015, 620, 625; *Toninelli*, Rivista delle operazioni straordinarie 2015, fasc. 6, 4, 8; a.A. Trib. Milano 7 gennaio 2008, Riv. dir. impresa 2008, 525, 525 ff.; Lodo arbitrale 29 luglio 2008, Banca, borsa, tit. cred. 2009, II, 493, 505, der darauf hinweist, dass ein Vorkaufsrecht im Rahmen der Gesamtbetrachtung nicht gänzlich außen vor zu lassen ist.

207 Lodo arbitrale 29 luglio 2008, Banca, borsa, tit. cred. 2009, II, 493, 504 ff.; *D'Alessandro*, Riv. dir. civ. 2010, 373, 410 f.; *De Luca*, Banca, borsa, tit. cred., 2009, I, 174, 181 ff.; *Malimpensa*, RDS 2010, 375, 385 ff.

c.c. enthaltenen Kriterien zur Bestimmung des Wertes beim Austritt keine Anwendung finden.[208]

Es wird zwar anerkannt, dass die rechtliche Stellung des aus einer Mitveräußerungspflicht berechtigten Gesellschafters mit der vergleichbar ist, die der Inhaber des Rechts zum Rückkauf inne hat.[209] Es steht nämlich in der Macht beider, den von der jeweiligen Klausel betroffenen Gesellschafter, gegen seinen Willen aus der Gesellschaft zu zwingen. Dies reicht allerdings nach dieser Ansicht noch nicht für eine Vergleichbarkeit dieser beiden Rechtsinstitute, da insbesondere ein im Rahmen der Mitveräußerungspflicht zugunsten des hiervon betroffenen Gesellschafters eingeräumtes Vorkaufsrecht zu berücksichtigen ist.[210] Es wird jedoch klargestellt, dass das Bestehen eines derartigen Vorkaufsrechts nicht allein zur Zulässigkeit der Mitveräußerungspflicht führt.[211] Das Vorkaufsrecht bietet dem zur Mitveräußerung verpflichteten Gesellschafter, der diese Verpflichtung überdies freiwillig übernommen hat, allerdings einen deutlich stärkeren Schutz, sein zwangsweises Ausscheiden aus der Gesellschaft und missbräuchliches Verhalten zu verhindern, als demjenigen, der dem Gestaltungsrecht des Rückkaufs ausgesetzt ist, da diesem keine derartige Abwendungsbefugnis zusteht.[212] Weiterhin wird aufgrund dieses unterschiedlichen Schutzniveaus argumentiert, dass es daher nachvollziehbar ist, dass das Gesetz zwar für den Rückkauf einen unabänderlichen Schutz des hiervon betroffenen Gesellschafters *ex ante* durch die Festsetzung einer Minimalschwelle vorsieht, dies allerdings nicht in derselben Weise für den von einer Mitveräußerungspflicht betroffenen Gesellschafter gelten muss.[213] Darüber hinaus wird vorgebracht, dass der Austritt und der Rückkauf sowie die Mitveräußerungspflicht entgegengesetzte Interessen verfolgen. Die ersten beiden Institute zielen nämlich darauf ab, Verteilungskonflikte unter den Gesellschaftern bei der Ausführung des Gesellschaftsvertrages zu lösen.[214]

---

208 Lodo arbitrale 29 luglio 2008, Banca, borsa, tit. cred. 2009, II, 493, 504 f.; *Giampaolino*, Banca, borsa, tit. cred. 2009, II, 523, 527; *Stabilini/Trapani*, Riv. dir. comm. 2010, 949, 954 ff.

209 Lodo arbitrale 29 luglio 2008, Banca, borsa, tit. cred. 2009, II, 493, 505.

210 Lodo arbitrale 29 luglio 2008, Banca, borsa, tit. cred. 2009, II, 493, 505; *Fabbrini*, Giur. comm. 2009, II, 1034, 1043 f., der sich zu dieser Frage zweifelnd zeigt; *Giampaolino*, Banca, borsa, tit. cred. 2009, II, 523, 527; *Malimpensa*, RDS 2010, 375, 388; *Rossano*, Riv. dir. comm. 2010, II, 124, 141.

211 Lodo arbitrale 29 luglio 2008, Banca, borsa, tit. cred. 2009, II, 493, 505.

212 Lodo arbitrale 29 luglio 2008, Banca, borsa, tit. cred. 2009, II, 493, 505.

213 Lodo arbitrale 29 luglio 2008, Banca, borsa, tit. cred. 2009, II, 493, 505.

214 *Malimpensa*, RDS 2010, 375, 387; *Stabilini/Trapani*, Riv. dir. comm. 2010, 949, 956 ff.

Bei der Mitveräußerungspflicht geht es hingegen nicht um die Lösung derartiger interner Konflikte, sondern vielmehr darum, einen bestmöglichen Verkauf der Gesellschaft sicherzustellen.[215] Dies gelte auch im Zeitpunkt des *Exits*, da hierbei sämtliche Gesellschafter das Interesse haben zu verkaufen und sich mögliche Konflikte ausschließlich über den Preis ergeben können.[216] Diese Aussage trifft allerdings im Kern bei einer Mitveräußerungspflicht gerade nicht zu. Stimmen der Gründer und der Investor nämlich überein, dass ein *Exit* durchzuführen ist, so bedarf es gerade keiner Mitveräußerungspflicht. Diese stellt vielmehr ein Mittel dar, um den Gründer zu einer Veräußerung seiner Geschäftsanteile zu zwingen. Sofern er hierzu allerdings aus freien Stücken bereit ist, ist der Einsatz dieses Mechanismus obsolet.

Desweiteren wird für diese Ansicht argumentiert, dass in der Regelung des Art. 2437 Abs. 6 c.c. zwar ein zwingendes Prinzip gesehen werden kann, nach dem jegliche Satzungsklausel als nichtig erachtet wird, durch die eine hierauf beruhende, erzwungene Veräußerung der eigenen Beteiligung zu akzeptieren ist und die zu einem Preis erfolgt, der niedriger als der ist, den das Gesetz als Mindestwert für den Fall des Austritts festlegt hat.[217] Dies spricht allerdings nicht für eine Nichtigkeit der Mitveräußerungspflicht, die keine Vorgaben zur Bewertung der Anteile enthält, da diejenigen Austritts- oder Rückkaufklauseln nicht nichtig sind, bei denen eine Regelung zur Sicherstellung des Wertes wie beim Austritt gemäß Art. 2437-ter c.c. fehlt.[218] In diesem Fall greifen nämlich die gesetzlichen Vorgaben zur Bestimmung des Wertes der Beteiligungen.[219] Eine Nichtigkeit derartiger vertraglicher Klauseln kann lediglich dann angenommen werden, wenn diese darauf ausgerichtet sind, zu einer geringeren Bewertung zu führen als dies im Gesetz in Art. 2473-ter c.c. vorgesehen ist.[220] Gerade diese Zielrichtung ist

215 *Malimpensa*, RDS 2010, 375, 387; *Stabilini/Trapani*, Riv. dir. comm. 2010, 949, 962 ff.

216 *Stabilini/Trapani*, Riv. dir. comm. 2010, 949, 972 ff.

217 Lodo arbitrale 29 luglio 2008, Banca, borsa, tit. cred. 2009, II, 493, 505 f.; a.A. *De Luca*, Banca, borsa, tit. cred., 2009, I, 174, 182 ff. nach dem nicht gesichert ist, dass die Kriterien zum Austritt nicht auch zulasten des betroffenen Gesellschafters abdingbar sind, und *Giampaolino*, Banca, borsa, tit. cred. 2009, II, 523, 528 ff., der als Folge der Differenz zwischen dem von dem Erwerber mit dem berechtigen Gesellschafter vereinbarten Preis und demjenigen, der dem betroffenen Gesellschafter beim Austritt zustehen würde, keine Nichtigkeit der Klausel annimmt, sondern darin vielmehr einen Beweis sieht, der für die Unbilligkeit des Veräußerungsvertrages zwischen dem Erwerber und dem von der Mitveräußerungspflicht betroffenen Gesellschafter spricht.

218 Lodo arbitrale 29 luglio 2008, Banca, borsa, tit. cred. 2009, II, 493, 506.

219 Lodo arbitrale 29 luglio 2008, Banca, borsa, tit. cred. 2009, II, 493, 506.

220 Lodo arbitrale 29 luglio 2008, Banca, borsa, tit. cred. 2009, II, 493, 506.

bei einer Mitveräußerungspflicht für die Anteile des hiervon betroffenen Gesellschafters jedoch nach dieser Ansicht nicht vorgesehen.[221] Es ist vielmehr zu beachten, dass der hiervon betroffene Gesellschafter anteilig in den Genuss der sog. Kontrollprämie (*premio di controllo*) bzw. Mehrheitsprämie (*premio di maggioranza*) kommt, die bei der Veräußerung sämtlicher Geschäftsanteile gewährt wird.[222] Sollten hingegen die Geschäftsanteile einzeln verkauft werden, wird der Erwerber diese Prämie nicht bezahlen und im Einzelfall sogar einen Abschlag durchsetzen können.

Nach dieser Meinung schlägt ein zwischen dem aus der Mitveräußerungspflicht berechtigten Gesellschafter und dem Erwerber vereinbarter Preis, der unter dem in Art. 2473-ter c.c. vorgesehenen Wert liegt, in Anwendung des Prinzips des Art. 2437 Abs. 6 c.c. nicht auf die Wirksamkeit der Mitveräußerungspflicht durch, sondern ist hiervon das Veräußerungsgeschäft mit der Nichtigkeitsfolge betroffen.[223] Danach zeigt sich nach dieser Ansicht, dass der Preis, den der von der Mitveräußerungspflicht betroffene Gesellschafter für seine Geschäftsanteile erhält, nicht völlig irrelevant ist. Im Gegensatz zur Ansicht der Rechtsprechung wirkt sich dieser allerdings nicht bereits auf der Ebene der Wirksamkeit der Mitveräußerungspflicht aus. Diese bleibt bei der fehlenden Festlegung eines Mindestpreises wirksam. Die vorliegend dargestellte Ansicht führt vielmehr anstatt einer vorangehenden Inhaltskontrolle der Mitveräußerungspflicht eine Art nachträgliche Ausübungskontrolle des jeweiligen Veräußerungsvertrages zwischen dem zur Mitveräußerung verpflichteten Gesellschafter und dem Dritten durch.

Im Rahmen dieser Ansicht wird überdies argumentiert, dass der Versuch einer Veräußerung der Geschäftsanteile der Gesellschaft zu einem zu niedrigen Preis sehr unwahrscheinlich ist, da sich der aus der Mitveräußerungspflicht berechtigte Gesellschafter, der dieses Verfahren einleitet, hierdurch einem Risiko aussetzt.[224] Dies besteht darin, dass er seine Anteile zu diesem günstigen Preis an den von der Mitveräußerungspflicht betroffenen Gesellschafter zu veräußern

---

221 Lodo arbitrale 29 luglio 2008, Banca, borsa, tit. cred. 2009, II, 493, 506.

222 Vgl. Lodo arbitrale 29 luglio 2008, Banca, borsa, tit. cred. 2009, II, 493, 506; *Malimpensa*, RDS 2010, 375, 387.

223 Lodo arbitrale 29 luglio 2008, Banca, borsa, tit. cred. 2009, II, 493, 506; a.A. *Giampaolino*, Banca, borsa, tit. cred. 2009, II, 523, 529 ff., der die Anwendung des Art. 2437 Abs. 6 c.c. mangels Vergleichbarkeit auf die Mitveräußerungspflicht ablehnt und daher gleichsam die Nichtigkeit des Veräußerungsvertrages aufgrund einer geringeren Bewertung als beim Austritt wegen dieser Vorschrift ablehnt.

224 Lodo arbitrale 29 luglio 2008, Banca, borsa, tit. cred. 2009, II, 493, 505.

hat, sofern letzterer sein Vorkaufsrecht ausübt.[225] Nach dieser Meinung ist vielmehr davon auszugehen, dass der Preis, den der berechtigte Gesellschafter mit dem Dritten vereinbart, angemessen ist, da er auf dem freien Markt zustande gekommen ist.[226]

Die Kritik an dem Erfordernis der angemessenen Bewertung beruht zudem darauf, dass die Vereinbarung einer Mitveräußerungspflicht durch den freien Willen und durch die Verhandlungsautonomie der Parteien erfolgt, die sich im Gesellschaftsrecht durch die Satzungsautonomie ausdrückt.[227] Daher kann bei einer entsprechenden Einigung gerade keine enteignende Wirkung angenommen werden, selbst wenn die Klausel keine bestimmte Bewertung für die Geschäftsanteile vorsieht.[228] Das durch die Einigung der Parteien geschaffene Gleichgewicht kann vom Gericht nicht bereits vorab, sondern erst im Fall des Missbrauchs durch eine Partei wiederhergestellt werden.[229] Der Ansicht der Rechtsprechung wird insbesondere vorgeworfen, dass in der italienischen Rechtsordnung eine Enteignung und im Ergebnis die Gewährung einer angemessenen Entschädigung lediglich innerhalb der strengen Grenzen des Art. 42 der italienischen Verfassung und des Art. 834 c.c. zugelassen und erforderlich ist.[230] Danach bedarf es hierfür einer gesetzlichen Bestimmung und eines öffentlichen Interesses. Beides liegt bei einer Mitveräußerungspflicht nicht vor, sodass es auch keiner angemessenen Bewertung der Geschäftsanteile bedarf. Daher kommt eine Enteignung der Geschäftsanteile des betroffenen Gesellschafters durch den Berechtigten und den Erwerber lediglich dann in Betracht, wenn sich die Parteien über die Mitveräußerungspflicht nicht einvernehmlich geeignet haben.[231] In diesem Fall kommt auch keine Heilung der Klausel durch eine angemessene Bewertung in Betracht.[232] Nach dieser Ansicht stellt die Vertragsfreiheit das entscheidende Kriterium bei der Vereinbarung der Mitveräußerungspflicht

225 Lodo arbitrale 29 luglio 2008, Banca, borsa, tit. cred. 2009, II, 493, 505.

226 *Malimpensa*, in: Colombo, I nuovi tipi di circolazione forzata delle partecipazioni sociali, S. 226, 245; *Malimpensa*, RDS 2010, 375, 387.

227 *Malimpensa*, RDS 2010, 375, 385 f.

228 *Malimpensa*, RDS 2010, 375, 385 f.; a.A. *Malimpensa*, RDS 2011, 655, 668, die Autorin geht hier gerade von einer möglichen enteignenden Wirkung der Mitveräußerungspflicht aus.

229 *De Luca*, Banca, borsa, tit. cred., 2009, I, 174, 183 f.

230 *Malimpensa*, in: Colombo, I nuovi tipi di circolazione forzata delle partecipazioni sociali, S. 226, 242; *Malimpensa*, RDS 2010, 375, 386.

231 *Malimpensa*, RDS 2010, 375, 386.

232 *Malimpensa*, RDS 2010, 375, 386.

dar, das allerdings nicht eingeschränkt werden darf. Sofern diese gewahrt wird und keine enteignende Wirkung vorliegt, ist die Mitveräußerungspflicht im Ergebnis als gültig anzusehen.[233]

Letztlich wird aus einem weiteren Gesichtspunkt heraus Kritik an dem durch die Rechtsprechung aufgestellten Erfordernis der angemessenen Bewertung der Geschäftsanteile des von der Mitveräußerung betroffenen Gesellschafters geübt. Dies sei nicht vom Normalfall geleitet, bei dem der berechtigte und der verpflichtete Gesellschafter dieselben Interessen vertreten, nämlich, dass der Erwerber einen möglichst hohen Preis für die Geschäftsanteile bezahlt.[234] Es wird vielmehr der Sonderfall angenommen, wenn nämlich etwa der berechtigte Gesellschafter seine Stellung missbraucht, mit dem Erwerber kollusiv zusammenarbeitet und hierbei ein zu niedriger Preis für die Geschäftsanteile vereinbart wird.[235] Diese Einzelfälle, die unter § 5 III. 3. dieser Untersuchung gesondert dargestellt werden, sollen sich jedoch nach dieser Ansicht nicht auf die abstrakte Prüfung der Wirksamkeit der Mitveräußerungspflicht selbst auswirken.

c) *Zwischenergebnis*

Nach den vorstehend dargelegten Meinungen zeigt sich in der italienischen Rechtsprechung und der juristischen Literatur ein völlig konträres Bild zu dem maßgeblichen Problem der Zulässigkeit einer Mitveräußerungspflicht im italienischen Recht. Hierbei handelt es sich um das Erfordernis einer angemessenen Bewertung der Geschäftsanteile des betroffenen Gesellschafters.

Die Rechtsprechung und mit ihr Teile der Rechtsliteratur sehen den Schutz des von der Mitveräußerungspflicht betroffenen Gesellschafters durch die Sicherstellung des Wertes seiner Geschäftsanteile im Fall des *Exits*, der sich an den Erfordernissen zum Austritt gemäß Art. 2473 und Art. 2437-ter c.c. orientiert, als Gültigkeitsvoraussetzung für die Mitveräußerungspflicht an.

Ein Schiedsspruch sowie andere Stimmen in der juristischen Literatur verneinen dieses Erfordernis hingegen und gehen grundsätzlich von der Gültigkeit der Klausel aus, selbst wenn diese keine Kriterien zur Bestimmung des Anteilswertes

---

233 *Malimpensa*, in: Colombo, I nuovi tipi di circolazione forzata delle partecipazioni sociali, S. 226, 245, hier stellt sie hingegen als einzige Bedingung der Gültigkeit der Mitveräußerungspflicht darauf ab, dass der Erwerber unabhängig ist; *Malimpensa*, RDS 2010, 375, 386.

234 *Malimpensa*, RDS 2010, 375, 387 f.; *Stabilini/Trapani*, Riv. dir. comm. 2010, 949, 975 f.

235 *De Luca*, Banca, borsa, tit. cred., 2009, I, 174, 184; *Malimpensa*, RDS 2010, 375, 387 f.; *Stabilini/Trapani*, Riv. dir. comm. 2010, 949, 978 f.

des betroffenen Gründers enthält und sich dieser stattdessen aus der Vereinbarung zwischen dem berechtigten Gesellschafter und dem Erwerber ergibt.

Es finden somit zwei gegenteilige Strömungen Anwendung. Die erste Ansicht nimmt eine umfassende Inhaltskontrolle der Mitveräußerungspflicht vor und überprüft hierbei bereits die vertraglich festgelegte Höhe und Gewährung der Abfindung des betroffenen Gründers. Die Gegenansicht berücksichtigt diesen Aspekt hingegen erst im Nachhinein im Rahmen einer konkreten Ausübungskontrolle. Diese kommt insbesondere in den Fällen in Betracht, in denen der Gesellschafter die ihm durch die Mitveräußerungspflicht eingeräumten Befugnisse missbraucht.

In diesem Zusammenhang lohnt ein Blick auf die aus dem deutschen Recht zur Hinauskündigung aufgestellten Grundsätze des BGH.[236] Danach ist nämlich bei der Beurteilung, ob eine unzulässige Hinauskündigungsklausel vorliegt, nicht entscheidend, ob dem hiervon betroffenen Gesellschafter ein Anspruch auf Zahlung einer Abfindung zusteht. Der italienischen Rechtsprechung geht es nämlich auch darum, einen Ausschluss eines Gesellschafters nach dem freien Belieben eines Anderen zu verhindern. Hierin kann eine gewisse Ähnlichkeit zu den unzulässigen Hinauskündigungsklauseln im deutschen Recht gesehen werden. Damit könnte aus einer Parallele zum deutschen Recht vertreten werden, dass die Frage der Abfindung keine Auswirkungen auf die Zulässigkeit einer Mitveräußerungspflicht hat und diese erst im Fall von deren Ausübung zu berücksichtigten ist. Allerdings ist darauf hinzuweisen, dass in der jüngsten Entscheidung zur Zulässigkeit einer Mitveräußerungspflicht nicht mehr auf diesen Punkt zurückgegriffen und lediglich auf das Erfordernis der angemessenen Bewertung abgestellt wird.

Innerhalb derjenigen Ansicht, die eine angemessene Bewertung der Geschäftsanteile als Gültigkeitsvoraussetzung ablehnt, besteht zudem Uneinigkeit, was z.B. die Bedeutung des in Art. 2437 Abs. 6 c.c. enthaltenen Prinzips oder die enteignende Wirkung einer Mitveräußerungspflicht angeht. Weiterhin wird innerhalb dieser Ansicht auf die umfassende Geltung der Vertragsfreiheit abgestellt. Es ist allerdings anerkannt, dass diese in gewissen Fällen zum Schutz einer Partei eingeschränkt werden kann. Eine derartige Einschränkung stellt dabei das zum Schutz des Gründers aufgestellte Erfordernis einer angemessenen Bewertung dar.

Ein weiterer Kritikpunkt an der Rechtsprechung wird mit der mangelnden Vergleichbarkeit zwischen einer Mitveräußerungspflicht und dem aktienrechtlichen Rückkauf vorgebracht. Dieser Punkt ist letztlich eine Wertungsfrage, obwohl, wie

236 Oben § 5 II. 1. a) bb).

bereits in dieser Untersuchung gesehen,[237] einiges dafür spricht, diese Ähnlichkeit zu bejahen. In diesem Zusammenhang darf allerdings nicht unerwähnt bleiben, dass die jüngste Rechtsprechung zur Mitveräußerungspflicht, die insbesondere die im Rahmen des Venture-Capitals relevante *s.r.l.* betrifft, nicht mehr allein auf die rückkaufbaren Aktien abstellt. Es wird vielmehr insgesamt eine Parallele zu den Rechten zum Rückkauf, zum satzungsmäßigen Ausschluss und zur Einführung von Beschränkungen des Umlaufs von Beteiligungen sowie der hiermit verbundenen Möglichkeit des Austritts gezogen. Mit sämtlichen Instituten ist, wie bei der Mitveräußerungspflicht, die Einschränkung der Dispositionsbefugnis des hiervon betroffenen Gesellschafters verbunden. Diesem wird insofern Schutz durch eine angemessene Bewertung seiner Geschäftsanteile gewährt.

Gleichsam muss insbesondere bei der *s.r.l.* darauf hingewiesen werden, dass bei dieser nach mittlerweile herrschender Ansicht, eine Mitveräußerungspflicht durch Mehrheitsbeschluss in den Gesellschaftsvertrag aufgenommen werden kann.[238] Durch die Aufnahme in den Gesellschaftsvertrag erlangt sie zudem eine dingliche Wirkung. Der hiervon betroffene Gesellschafter, der bereits gegen die Aufnahme gestimmt hat und anschließend die zwangsweise Mitveräußerung zu erdulden hat, ist daher besonders schutzwürdig. In diesem Fall ist eine nachträgliche Ausübungskontrolle nicht ausreichend. Ihm muss daher jedenfalls in dieser Sondersituation bereits zum Zeitpunkt der Aufnahme der Mitveräußerungspflicht in den Gesellschaftsvertrag eine angemessene Bewertung zugesichert werden.

Die Ansicht, die das Erfordernis einer angemessenen Bewertung ablehnt, argumentiert zudem damit, dass dem betroffenen Gesellschafter ein Vorkaufsrecht zusteht. Es ist nicht fernliegend, dieses als Schutzmechanismus in die Bewertung der Zulässigkeit der Mitveräußerungspflicht einzubeziehen. Es darf allerdings gerade bei einer abstrakten Bewertung allein der Mitveräußerungspflicht nicht von derart entscheidender Bedeutung sein.

Insgesamt ist daher mit der Rechtsprechung, die überdies durch die jüngste Entscheidung bestätigt und konkretisiert wurde, im italienischen Recht davon auszugehen, dass die Gültigkeit der in einem Gesellschaftsvertrag aufgenommenen Mitveräußerungspflicht von der angemessenen Bewertung der hiervon betroffenen Geschäftsanteile abhängt. Angesichts der Bedeutung des *Exits* für den Venture-Capital-Investor ist dieses Erfordernis vom Kautelarjuristen daher aufgrund der bereits ergangenen Rechtsprechung zu beachten. Die für den

---

237 Oben § 4 III. 1. e) aa) und bb).

238 Oben § 4 III. 1. e) bb).

Investor entscheidende Durchführung des *Exits* wird ihm nämlich bei einem Streit hierüber erst durch eine gültige Mitveräußerungspflicht ermöglicht. Bis zu einer höchstrichterlichen Klärung dieser Problematik ist das Erfordernis der angemessenen Bewertung daher bei einer Regelung im Gesellschaftsvertrag als Wirksamkeitsvoraussetzung zu berücksichtigen.

d) Erfordernisses einer angemessenen Bewertung der Geschäftsanteile bei der Regelung der Mitveräußerungspflicht in einer Beteiligungsvereinbarung

Der in diesem Kapital dargestellte Streit zum Erfordernis der angemessenen Bewertung der Geschäftsanteile des von einer Mitveräußerungspflicht betroffenen Gesellschafters, kommt lediglich dann zum Tragen, wenn diese in dem Gesellschaftsvertrag der finanzierten Gesellschaft aufgenommen ist.

In dieser Untersuchung wurde bereits weiter oben dargelegt,[239] dass der Vorteil der Regelung der Mitveräußerungspflicht in einer gesonderten Beteiligungsvereinbarung ist, dass hierbei das Erfordernis der angemessen Bewertung keine Gültigkeitsvoraussetzung für diese Klausel darstellt.

Bei einer Beteiligungsvereinbarung wird den Gesellschaftern durch die Prinzipien der Selbstverantwortlichkeit (*autoresponsabilità*) und der freien Verfügbarkeit der Vermögensrechte eine größere Gestaltungsfreiheit zugestanden.[240] Zudem wirken die in der Beteiligungsvereinbarung geregelten Mitveräußerungspflichten rein schuldrechtlich und können nicht gegenüber Dritten oder Rechtsnachfolgern eingewendet werden.[241] Insofern sind geringere Schutzanforderungen zugunsten des hiervon betroffenen Gesellschafters zu stellen. Insbesondere kann auf das Erfordernis der angemessenen Bewertung als Voraussetzung der Gültigkeit der Mitveräußerungspflicht verzichtet werden.

2. Bestimmung des Veräußerungspreises

Die Thematik zur Bestimmung des Preises für die Geschäftsanteile des zur Mitveräußerung verpflichteten Gesellschafters wurde bereits weiter oben in dieser Untersuchung im Rahmen der rechtlichen Einordnung der Mitveräußerungspflicht als

---

239 Oben § 4 III. 2. e).

240 *Ballerini*, Contr. e impr. 2014, 1466, 1472; *Divizia*, Le clausole di tag e drag along, S. 227; *Fabbrini*, Giur. comm. 2009, II, 1034, 1047.

241 *Divizia*, Le clausole di tag e drag along, S. 227; *Fabbrini*, Giur. comm. 2009, II, 1034, 1047.

Call-Option zugunsten eines Dritten angesprochen.[242] Dabei geht es insbesondere um die Frage, ob die Mitveräußerungspflicht deshalb als unwirksam anzusehen ist, weil der Preis für die Geschäftsanteile des Gründers aufgrund des Angebots des Erwerbers bestimmt wird.

Die einseitige Bestimmung des Preises von einer Partei (*arbitraggio di parte*) ist im Codice civile nicht geregelt.[243] Diese wird allerdings von der jüngeren rechtswissenschaftlichen Literatur in engen Grenzen als zulässig erachtet.[244] Hierzu wird im Rahmen eines Rechtsvergleichs auch auf die Zulässigkeit der Bestimmung der Leistung durch eine Partei gemäß § 315 BGB im deutschen Recht verwiesen.[245] Zudem wird die Leistungsbestimmung durch eine Partei dann als zulässig angesehen, wenn das Interesse der anderen Partei, keine schädigenden Folgen zu erleiden und Missbräuche auszuschließen, ausreichend geschützt ist, indem dem Ermessen der bestimmenden Partei Grenzen gezogen werden und die Folgen daher anhand objektiver Kriterien vorhersehbar sind.[246] Gerade eine solche Grenze wird in dem Erfordernis der angemessenen Bewertung (*equa valorizzazione*) der Anteile des zur Mitveräußerung verpflichteten Gesellschafters gesehen, die dem Wert beim Austritt entspricht.[247] Dies schützt in ausreichendem Maß das Interesse der sich in der passiven Position befindlichen Partei, sodass sich die Frage der Zulässigkeit der Bestimmung der Leistung durch eine Partei nicht mehr stellt.[248]

Andererseits wird auch vertreten, dass sich die Problematik der Unbestimmtheit des Preises und der Bestimmung durch eine Partei für die Geschäftsanteile gar nicht stellt, wenn wie im Regelfall vereinbart ist, dass sich der Preis im Verhältnis zu dem bestimmt, den der zur Mitveräußerung berechtigte Gesellschafter für seine Geschäftsanteile mit dem Dritten vereinbart hat.[249] Hierbei wird der

---

242 Oben § 3 III. 1.

243 *Delfini*, Giur. comm. 2012, II, 739, 752.

244 *Ballerini*, Contr. e impr. 2014, 1466, 1469; *Delfini*, Giur. comm. 2012, II, 739, 752 m.w.N.; *Giampaolino*, Riv. soc. 2008, 148, 155 m.w.N.; *Rossano*, Riv. dir. comm. 2010, II, 124, 143 f. m.w.N.

245 *Delfini*, Giur. comm. 2012, II, 739, 752 f.

246 *Ballerini*, Contr. e impr. 2014, 1466, 1469 f. m.w.N.; *Delfini*, Giur. comm. 2012, II, 739, 752 m.w.N.; *Giampaolino*, Riv. soc. 2008, 148, 155 m.w.N.; *Rossano*, Riv. dir. comm. 2010, II, 124, 144.

247 *Rossano*, Riv. dir. comm. 2010, II, 124, 144.

248 *Rossano*, Riv. dir. comm. 2010, II, 124, 144.

249 Lodo arbitrale 29 luglio 2008, Banca, borsa, tit. cred. 2009, II, 493, 507; *D'Alessandro*, Riv. dir. civ. 2010, 373, 385; *Giampaolino*, Banca, borsa, tit. cred. 2009, II, 523, 533, der dabei von je einem Vertrag zwischen Erwerber und Minderheitsgesellschafter

Preis nicht einseitig vom Erwerber, sondern durch gemeinsame Vereinbarung mit dem Gesellschafter bestimmt, der das Recht hat, die Mitveräußerung des anderen Gesellschafters zu verlangen.[250] Mithin ist es fernliegend anzunehmen, dass der berechtigte Investor die Preisbestimmung allein dem potenziellen Erwerber überlässt.

Zudem darf nicht unerwähnt bleiben, dass die beiden bisherigen Gesellschafter der Gesellschaft das gleiche Interesse haben, nämlich vom Erwerber einen möglichst hohen Preis für ihre Geschäftsanteile zu erhalten.[251] Sie sind daher an der Preisbildung beteiligt, sodass die Annahme einer rein einseitigen Leistungsbestimmung durch eine Partei nicht greift.[252] Dadurch lässt sich auch erklären, warum diese Problematik von dem Mailänder Gericht in seiner grundlegenden Entscheidung aus dem Jahr 2008[253] nicht behandelt wurde.

Um von vornherein das Risiko der Unzulässigkeit einer Mitveräußerungspflicht aus diesem Grund auszuschließen, wird daher vorgeschlagen, dass zusätzlich vertraglich zu regeln ist, dass zugunsten der Anteile des zur Mitveräußerung verpflichteten Gesellschafters ein Mindestpreis für die Anteile vorgesehen ist, der sich an den Kriterien des Austritts orientiert.[254] Hierdurch wird der betroffene Gesellschafter vor dem Machtmissbrauch des anderen Gesellschafters bewahrt und es wird zugleich die von der Rechtsprechung geforderte angemessene Bewertung der Geschäftsanteile garantiert.[255]

Letztlich wird darauf hingewiesen, dass der von der Mitveräußerungspflicht betroffene Gesellschafter vorab freiwillig auf das Recht verzichtet hat, den Inhalt des Vertrages mit dem Dritten zu verhandeln.[256] Dies geschah in dem Bewusstsein, dass er von einem hohen Preis für die Geschäftsanteile profitiert und ihm bei einem seiner Ansicht nach zu niedrigen Preis für die Geschäftsanteile die Möglichkeit offen steht, sein Vorkaufsrecht auszuüben und dadurch die Anteile

---

und Erwerber und Mehrheitsgesellschafter ausgeht; dies wird abgelehnt, da in Wirklichkeit ein einheitlicher Vertrag zwischen dem Erwerber und den beiden Gesellschaftern besteht, von *Rossano*, Riv. dir. comm. 2010, II, 124, 143; *Stabilini/Trapani*, Riv. dir. comm. 2010, 949, 953.

250 *Fabbrini*, Giur. comm. 2009, II, 1034, 1048; *Rossano*, Riv. dir. comm. 2010, II, 124, 145.

251 *Ballerini*, Contr. e impr. 2014, 1466, 1470.

252 *Ballerini*, Contr. e impr. 2014, 1466, 1470; *Rossano*, Riv. dir. comm. 2010, II, 124, 145.

253 Trib. Milano 31 marzo 2008, RDS 2010, 370, 370 ff.

254 *Ballerini*, Contr. e impr. 2014, 1466, 1470; *D'Alessandro*, Riv. dir. civ. 2010, 373, 385; *Divizia*, Notariato 2009, 157, 172 f.

255 *Divizia*, Notariato 2009, 157, 172 f.

256 *Rossano*, Riv. dir. comm. 2010, II, 124, 146.

seines Mitgesellschafters zu einem günstigen Preis zu erwerben.[257] Dadurch ist er ausreichend geschützt und die Mitveräußerungspflicht ist unter diesem Gesichtspunkt als zulässig anzusehen.[258]

Somit ist im Ergebnis davon auszugehen, dass es ohne Auswirkung auf die Zulässigkeit einer Mitveräußerungspflicht ist, wenn der Preis für die Geschäftsanteile des hiervon betroffenen Gesellschafters auf Basis des Angebots des am Erwerb interessierten Dritten und anschließender Verhandlung mit dem Investor erfolgt. Unbeschadet bleibt hiervon allerdings das Erfordernis der angemessenen Bewertung der Geschäftsanteile, sofern die Mitveräußerungspflicht im Gesellschaftsvertrag der Gesellschaft geregelt ist.

3. Missbrauchsrisiko bei einem manipulierten Veräußerungspreis und Vorkehrungsmöglichkeiten zum Schutz des Gründers

a) Missbrauchsrisiko bei einem manipulierten Veräußerungspreis

Im Einzelfall kann hingegen, wie bereits im deutschen Recht gesehen,[259] die Gefahr eines manipulierten Preises für die Geschäftsanteile des von der Mitveräußerungspflicht betroffenen Gesellschafters bestehen.

Sofern man der Rechtsprechung folgt und die Vereinbarung einer angemessenen Bewertung der von der Mitveräußerungspflicht betroffenen Geschäftsanteile als Gültigkeitsvoraussetzung dieser Klausel ansieht,[260] ist das Risiko der nachfolgend dargestellten Missbrauchsfälle bereits von Anfang an stark eingeschränkt. Dem betroffenen Gesellschafter steht danach nämlich bereits zum Zeitpunkt der Vereinbarung der Mitveräußerungspflicht wenigstens eine Bewertung seiner Geschäftsanteile zum Verkehrswert gemäß Art. 2473-bis c.c. und Art. 2437-ter c.c. zu. Insofern ist die Gefahr ausgeschlossen, einen wirtschaftlichen Schaden durch ein missbräuchliches Verhalten des berechtigten Investors und des Erwerbers zu erleiden.

Andererseits unterliegen gemäß der Gegenmeinung, nach der die angemessene Bewertung der Geschäftsanteile des von der Mitveräußerungspflicht betroffenen Gesellschafters keine Voraussetzung für deren Gültigkeit ist,[261] die nachfolgend dargestellten Missbräuche einer Ausübungskontrolle. Dabei hat ein missbräuchliches Verhalten nach dieser Ansicht gerade keine Auswirkungen

257 *Rossano*, Riv. dir. comm. 2010, II, 124, 146.
258 *Rossano*, Riv. dir. comm. 2010, II, 124, 146.
259 Oben § 5 II. 4. a).
260 Oben § 5 III. 1. a).
261 Oben § 5 III. 1. b).

auf die Zulässigkeit der Mitveräußerungspflicht selbst, sondern lediglich auf das hieran anknüpfende Veräußerungsgeschäft. Zu Recht wird allerdings darauf hingewiesen, dass mit dem Nachweis derartigen missbräuchlichen Verhaltens teilweise eine schwierige Beweisführung verbunden sein kann.[262]

Missbräuche der Mitveräußerungspflicht ergeben sich insbesondere durch Vereinbarungen zwischen dem berechtigten Investor und dem Erwerber. Hierzu kann der berechtigte Gesellschafter etwa die wirtschaftliche Schwäche des verpflichteten Gesellschafters derart in betrügerischer Absicht ausnutzen, wenn er mit einem anderen Unternehmen kollusiv zusammenwirkt.[263] Dieses tritt dann als vermeintlicher Erwerber für sämtliche Geschäftsanteile der Gesellschaft auf und bietet hierfür einen unangemessen niedrigen Preis.[264] Hierdurch könnte der berechtigte Investor als Hintermann des vermeintlichen Erwerbers in Kenntnis der geringen wirtschaftlichen Möglichkeiten des verpflichteten Gesellschafters sämtliche Geschäftsanteile der Gesellschaft erwerben. Zudem ist es ihm in diesem Fall möglich, das Risiko abzuschätzen, ob der betroffene Gründer ausreichende finanzielle Ressourcen hat, um ein ggf. zu seinen Gunsten bestehendes Vorkaufsrecht auszuüben. Er kann demzufolge den Kaufpreis entsprechend niedrig und insbesondere unter dem Verkehrswert ansetzen. Letztlich fallen in diese Kategorie auch diejenigen Fälle, in denen der berechtigte Gesellschafter zwar vordergründig einen niedrigen Preis akzeptiert, in Wahrheit allerdings zusätzliche Vorteile gewährt bekommt, von denen der verpflichtete Gesellschafter weder Kenntnis hat noch davon profitiert.[265]

Die Konsequenzen aus diesem Verhalten richten sich danach, ob der Gründer, als betroffener Gesellschafter, bereits vor Abschluss des Veräußerungsvertrages mit dem Dritten Kenntnis davon hatte oder diese erst danach erlangt hat. Im ersten Fall könnte er nämlich die Einrede der Arglist bzw. des Rechtsmissbrauchs (*eccezione di dolo*) erheben.[266] Dies ist zwar ohne Einfluss auf die Gültigkeit der Klausel der Mitveräußerungspflicht, jedoch wird hierdurch unmittelbar die Wirksamkeit des Mitveräußerungsverlangens des berechtigten Gesellschafters

262 *Divizia*, Le clausole di tag e drag along, S. 226; *Malimpensa*, RDS 2010, 375, 389.

263 *De Luca*, Banca, borsa, tit. cred., 2009, I, 174, 183; *Rossano*, Riv. dir. comm. 2010, II, 124, 146 f.

264 *De Luca*, Banca, borsa, tit. cred., 2009, I, 174, 183; *Rossano*, Riv. dir. comm. 2010, II, 124, 146 f.

265 *Stabilini/Trapani*, Riv. dir. comm. 2010, 949, 978.

266 *Badini Confalonieri*, NDS – n. 20/2012, 133, 181 f.; *De Luca*, Banca, borsa, tit. cred., 2009, I, 174, 185.

angegriffen.[267] Im zweiten Fall führt dies hingegen zu einem Schadensersatzanspruch des von der Mitveräußerungspflicht betroffenen Gesellschafters.[268] Der Schaden besteht dabei in der Differenz zwischen dem Verkehrswert, der durch einen gemäß Art. 2437-ter Abs. 6 c.c. vom Gericht bestellten Sachverständigen bestimmt wird, und dem Kaufpreis, den der betroffene Gesellschafter für seine Geschäftsanteile erhalten hat.[269]

Andererseits könnte das als Erwerber auftretende Unternehmen auch gar kein außenstehender Dritter sein, wenn dieses etwa vom Investor selbst kontrolliert wird.[270] Hierbei kann der Investor darauf abzielen, den betroffenen Gesellschafter aus der Gesellschaft heraus zu drängen.

In diesem Fall verletzt der Investor die ihm generell aus Verträgen und damit auch aus der Mitveräußerungspflicht obliegende Verpflichtung gemäß Art. 1375 c.c. nach Treu und Glauben (*buona fede*) zu handeln und das Interesse des betroffenen Gesellschafters zu wahren, da er die Mitveräußerungspflicht nicht aktiviert, um einen bestmöglichen *Exit* erzielen zu können, sondern allein deshalb, um den Mitgesellschafter aus der Gesellschaft ausschließen zu können.[271] Dies widerspricht jedoch der der Mitveräußerungspflicht zugrundeliegenden Interessenlage der Parteien. Danach ist nämlich die Konsequenz des *Trade Sales* der gemeinsame Ausstieg beider Gesellschafter aus der Gesellschaft und nicht deren direkte oder indirekte Übernahme durch einen der Gesellschafter. Die Prüfung des eigenen Verhaltens einer Vertragspartei an den Grundsätzen von Treu und Glauben kann insbesondere nicht durch eine vorab getroffene Vereinbarung abbedungen werden.[272] Somit stellt dies einen zwingenden Schutzmechanismus für den von der Mitveräußerungspflicht betroffenen Gründer dar.

Gegen den Unternehmenserwerb durch den bloß vermeintlich außenstehenden Dritten steht dem betroffenen Gesellschafter die Einrede der Arglist zu

---

267 *De Luca*, Banca, borsa, tit. cred., 2009, I, 174, 185.

268 *De Luca*, Banca, borsa, tit. cred., 2009, I, 174, 185; *Rossano*, Riv. dir. comm. 2010, II, 124, 147.

269 *De Luca*, Banca, borsa, tit. cred., 2009, I, 174, 185; *Rossano*, Riv. dir. comm. 2010, II, 124, 147.

270 *Divizia*, Notariato 2009, 157, 172; *Giampaolino*, Banca, borsa, tit. cred. 2009, II, 523, 537; *Malimpensa*, RDS 2010, 375, 388; *Rossano*, Riv. dir. comm. 2010, II, 124, 147; *Stabilini/Trapani*, Riv. dir. comm. 2010, 949, 978 f.

271 *Divizia*, Notariato 2009, 157, 172; *Kindler*, ZEuP 2012, 72, 83 ff. m.w.N., der auf die im Vergleich zum deutschen Recht geringere Bedeutung des Grundsatzes von Treu und Glauben im italienischen Recht hinweist; *Sbisà*, Contr. e impr. 2015, 627, 644; *Stabilini/Trapani*, Riv. dir. comm. 2010, 949, 979.

272 Lodo arbitrale 29 luglio 2008, Banca, borsa, tit. cred. 2009, II, 493, 518.

oder es greifen die Wirkungen eines Scheingeschäfts.[273] Gerade Letzeres bewirkt gemäß Art. 1414 Abs. 1 c.c., dass der Veräußerungsvertrag zwischen dem von der Mitveräußerungspflicht betroffenen Gesellschafter und dem vermeintlichen Dritten, der aufgrund der Ausübung der Mitveräußerungspflicht zustande gekommen ist, keine Wirkung erzeugt. Zudem kommen Schadensersatzansprüche in Betracht, durch die letztlich eine angemessene Bewertung der Geschäftsanteile sichergestellt wird.[274]

b) Vorkehrungsmöglichkeiten

Zum Schutz des von der Mitveräußerungspflicht betroffenen Gründers kommt eine Vielzahl von Vorkehrungsmöglichkeiten zu dessen Gunsten in Betracht.

aa) Allgemeine Schutzvorkehrungen

Dabei bieten sich grundsätzlich dieselben Schutzmechanismen an, die schon weiter oben in dieser Untersuchung für das deutsche Recht vorgeschlagen wurden[275] und auf welche in diesem Zusammenhang mit ihren entsprechenden Vor- und Nachteilen verwiesen wird.

So wird in der italienischen Rechtsliteratur etwa angeregt, einen Mindestpreises für die Geschäftsanteile zu vereinbaren, der sich zumindest an den Kriterien des Austritts gemäß Art. 2473-bis c.c. und Art. 2437-ter c.c. orientiert.[276] Danach besteht für den Gründer keine Verpflichtung zur Mitveräußerung, sofern der am Erwerb interessierte Dritte nicht mindestens diesen Wert für die Geschäftsanteile bietet. Dies bietet den Vorteil, dass ein willkürliches Handeln des Erwerbers bei der Festlegung des Erwerbspreises in gewissem Rahmen ausgeschlossen werden kann.[277] Es gibt allerdings Stimmen in der juristischen Literatur, nach denen das Erfordernis des Mindestpreises in manchen Situationen gerade nicht gelten soll. So ist der Anspruch auf eine gewisse Mindestbewertung insbesondere in den Fällen wirtschaftlich ohne Wert, in denen sich die Gesellschaft in einer finanziell schwierigen Lage etwa bei einer Kapitalherabsetzung in Folge

---

273 *Giampaolino*, Banca, borsa, tit. cred. 2009, II, 523, 529; *Malimpensa*, RDS 2010, 375, 389; *Rossano*, Riv. dir. comm. 2010, II, 124, 147.

274 *Stabilini/Trapani*, Riv. dir. comm. 2010, 949, 979.

275 Oben § 5 II. 4. b).

276 *De Luca*, Banca, borsa, tit. cred., 2009, I, 174, 183; *Divizia*, Notariato 2009, 157, 172 f.; *Fabbrini*, Giur. comm. 2009, II, 1034, 1046; *Proverbio*, S. 102 f.; *Sangiovanni*, Notariato 2013, 695, 703.

277 *Scarpa*, Giust. Civ. 2013, II, 41, 51.

von Verlusten gemäß den Artt. 2446 und 2447 c.c. befindet.[278] Es wird zudem darauf hingewiesen, dass die Festlegung eines bestimmten Mindestpreises nicht für die gesamte Zeit des Bestehens der Gesellschaft einen ausreichenden Schutz für den von der Mitveräußerungspflicht betroffenen Gründer bietet. Die Bewertung einer Gesellschaft ändert sich im Laufe ihrer Entwicklung, sodass der Mindestpreis in regelmäßigen Abständen an die aktuelle Situation anzupassen ist.[279] Ein auf Basis einer vor einigen Jahren vorgenommenen Unternehmensbewertung festgelegter Preis gewährt dem Gründer bei einer positiven Unternehmensentwicklung somit im Zweifel keinen ausreichenden Schutz vor Missbräuchen der Mitveräußerungspflicht. Hierzu ist eine engmaschige Anpassung der Unternehmensbewertung erforderlich, die jedoch mit zusätzlichen Kosten für das junge Unternehmen verbunden ist.

Zudem wird vorgeschlagen, dass die Preisfestlegung der Geschäftsanteile auf einen unabhängigen Schiedsgutachter übertragen wird.[280] Dieser bestimmt den Preis in diesem Fall nach billigem Ermessen entsprechend Art. 1349 c.c.[281] Durch dieses Verfahren ist zwar eine objektive Bewertung der Geschäftsanteile sichergestellt und es kann eine Manipulation des Preises durch eine Zwangslage des Gründers ausgeschlossen werden. Andererseits muss bedacht werden, dass dies zu einer zeitlichen Verzögerung des *Trade Sales* führt und sich ein potentieller Erwerber den von ihm zu bezahlenden Kaufpreis nicht von einem Gutachter aufoktroyieren lassen wird.

Letztlich ist erforderlich, dass der Gründer davor geschützt wird, dass der Erwerber nicht ein bloßer Strohmann des berechtigten Investors ist. Hierfür ist eine genaue Bestimmung des Erwerbers erforderlich.[282]

bb) Vorkaufsrecht

Es wurde bereits weiter oben in dieser Untersuchung dargelegt,[283] dass nach Ansicht der Rechtsprechung durch die bloße Vereinbarung eines Vorkaufsrechts

278 *Proverbio*, S. 103.

279 Vgl. *Sangiovanni*, Notariato 2013, 695, 703.

280 *De Luca*, Banca, borsa, tit. cred., 2009, I, 174, 183; *Divizia*, Notariato 2009, 157, 164; *Santangelo*, Clausole di "co-vendita" e di "trascinamento" nella S.r.l., abrufbar unter http://www.fondazionecasale.it/ (Stand: 22.2.2016), S. 13 f.

281 *Passarelli*, Rivista Notarile 2013, 65, 78; *Santangelo*, Clausole di "co-vendita" e di "trascinamento" nella S.r.l., abrufbar unter http://www.fondazionecasale.it/ (Stand: 22.2.2016), S. 14.

282 *Divizia*, Notariato 2009, 157, 172.

283 Oben § 5 III. 1. a).

zugunsten des von der Mitveräußerungspflicht betroffenen Gesellschafters noch keine angemessene Bewertung der Geschäftsanteile gewährleistet ist. Danach hat das Vorliegen eines Vorkaufsrechts keine Bedeutung für die Wirksamkeit der Mitveräußerungspflicht. Dies wird insbesondere dadurch begründet, dass ein Vorkaufsrecht keine Veräußerung zu einem unangemessenen Wert verhindern kann, wenn der hiervon betroffene Gesellschafter das ihm zustehende Vorkaufsrecht nicht ausüben kann oder will.[284] Dies ist insbesondere dann der Fall, wenn es ihm aufgrund seiner finanziellen Ressourcen oder aufgrund einer zu knappen Frist unmöglich ist, sein Vorkaufsrecht auszuüben.[285] Danach ist er in diesem Fall, sofern kein Erfordernis zu einer angemessenen Bewertung bestehen würde, zu einer Veräußerung seiner Geschäftsanteile gezwungen, ohne dass ihm ein angemessener Wert für seine Geschäftsanteile zuerkannt wird. Ein Vorkaufsrecht stellt demnach insgesamt eher ein Korrektiv im Einzelfall dar, das allerdings keine Auswirkung auf die Bejahung der abstrakten Zulässigkeit einer Mitveräußerungspflicht hat.[286]

Allerdings wird auch nach dieser Ansicht in dem Vorkaufsrecht ein Mittel gesehen, möglichen Missbräuchen des aus der Mitveräußerungspflicht berechtigten Gesellschafters durch eine Absprache mit dem Dritten über den Preis für die Geschäftsanteile vorzubeugen.[287] Damit das Vorkaufsrecht diesen Zweck erfüllen kann, muss das vom veräußerungswilligen Gesellschafter gegenüber dem Vorkaufsberechtigten abzugebende Angebot (*denuntiatio*) über die Mitteilung des Vorkaufsfalls bestimmte Anforderungen einhalten. Es muss zum einen berücksichtigt werden, ob dies derart komplexe Bedingungen enthält, die die Bewertung des Preises innerhalb der ggf. kurzen Frist zur Ausübung des Vorkaufsrechts unmöglich machen.[288] Zum anderen dürfen die neben dem Preis zusätzlich vereinbarten Bedingungen nicht allein darauf ausgerichtet sein, die Ausübung des Vorkaufsrechts zu verhindern.[289] Hierunter fallen etwa Garantien in einem Umfang, den der Gründer nicht abgeben kann, oder der Verzicht

---

284 Trib. Milano 31 marzo 2008, RDS 2010, 370, 373; *Consiglio notarile di Roma*, n. 7 Clausole di co-vendita e trascinamento: tipologia e limiti di validità, Riv. not. 2013, 1085, 1085 ff.

285 *Fabbrini*, Giur. comm. 2009, II, 1034, 1045.

286 *Divizia*, Le clausole di tag e drag along, S. 228 f.

287 Trib. Milano 31 marzo 2008, RDS 2010, 370, 373; *De Luca*, Banca, borsa, tit. cred., 2009, I, 174, 184; *Divizia*, Le clausole di tag e drag along, S. 226; *Malimpensa*, RDS 2010, 375, 388.

288 Trib. Milano 31 marzo 2008, RDS 2010, 370, 374.

289 Trib. Milano 31 marzo 2008, RDS 2010, 370, 374.

auf die Geltendmachung von Haftungsklagen. Letztlich ist gerade im Hinblick auf das Zusammenspiel der Mitveräußerungspflicht mit dem Vorkaufsrecht zu fordern, dass der zur Mitveräußerung verpflichtete Gesellschafter ein Recht darauf hat, die Identität des Erwerbers zu kennen.[290] Allein hierdurch ist es ihm möglich, die Fälle des Missbrauchs durch den Investor zu erkennen, in denen in Wahrheit der Investor selbst der Erwerber der Geschäftsanteile ist.

4. Venture-Capital-Investor als Berechtigter der Mitveräußerungspflicht

Im italienischen Recht bestehen für die *s.p.a.* und die *s.r.l.* unterschiedliche Vorgaben, wie einem Venture-Capital-Investor als deren Aktionär bzw. Gesellschafter eine Mitveräußerungspflicht eingeräumt werden kann.

a) Gleichbehandlungsgrundsatz der Aktionäre

Im Rahmen einer *s.p.a.* ist der Gleichbehandlungsgrundsatz der Aktionäre des Art. 2348 Abs. 1 c.c. zu beachten. Danach müssen Aktien ihren Besitzern die gleichen Rechte vermitteln. Einzelne Aktionäre derselben Aktiengattung dürfen somit keine persönlichen Rechte zugewiesen und andere hierdurch diskriminiert werden.[291] Dies hat zur Folge, dass das Recht die Mitveräußerungspflicht zu aktivieren, nicht explizit und namentlich dem berechtigten Gesellschafter zugewiesen werden darf. Der Gleichbehandlungsgrundsatz findet allerdings lediglich auf Regelungen in einem Gesellschaftsvertrag Anwendung und gerade nicht auf Regelungen in einer gesonderten Beteiligungsvereinbarung, da für diese die organisatorischen Regeln der Gesellschaft nicht gelten.[292]

Es wird hingegen als zulässig erachtet, wenn die Mitveräußerungspflicht allein daran knüpft, dass sie im Zeitpunkt des *Exits* von den Inhabern eines bestimmten Prozentsatzes der Aktien aktiviert werden darf, ohne dass die Aktionäre namentlich genannt werden.[293] Sofern die Möglichkeit der Aufnahme

---

290 Trib. Milano 31 marzo 2008, RDS 2010, 370, 374; Lodo arbitrale 29 luglio 2008, Banca, borsa, tit. cred. 2009, II, 493, 521.

291 *Ballerini*, Contr. e impr. 2014, 1466, 1476; *Del Linz*, Giur. comm. 2012, II, 1072, 1075; *De Luca*, Banca, borsa, tit. cred., 2009, I, 174, 181; Lodo arbitrale 29 luglio 2008, Banca, borsa, tit. cred. 2009, II, 493, 504; *Malimpensa*, RDS 2010, 375, 377.

292 *Badini Confalonieri*, NDS – n. 20/2012, 133, 179; *De Luca*, Banca, borsa, tit. cred., 2009, I, 174, 181.

293 Trib. Milano 31 marzo 2008, RDS 2010, 370, 373; *Badini Confalonieri*, NDS – n. 20/2012, 133, 179; *Ballerini*, Contr. e impr. 2014, 1466, 1476 f.; Lodo arbitrale

einer Mitveräußerungspflicht durch Mehrheitsbeschluss in einen bestehenden Gesellschaftsvertrag bejaht wird, ist darüber hinaus erforderlich, dass zu diesem Zeitpunkt kein Gesellschafter über die für die Aktivierung der Mitveräußerungspflicht erforderliche Mehrheit verfügt.[294] Diese Lösung führt somit dazu, dass die Mitveräußerungspflicht nicht von vornherein einem einzigen Aktionär zugewiesen werden kann. Sofern deren Ausübung an einen bestimmten Prozentsatz knüpft, besteht daher das Risiko, dass sich im Laufe der Zeit die Beteiligungsverhältnisse in der finanzierten Gesellschaft verschieben. Dies kann dazu führen, dass der Investor, zu dessen Gunsten die Mitveräußerungspflicht vereinbart wurde, nicht mehr die Person ist, die das Verfahren des *Exits* einleiten kann oder gar vielmehr einen *Exit* gegen ihren Willen erleiden muss. Insbesondere muss in diesem Zusammenhang auch darauf verwiesen werden, dass der Venture-Capital-Investor typischerweise die Stellung des Minderheitsgesellschafters einnimmt. Daher kann ihm durch die Zuweisung des Rechts zur Aktivierung der Mitveräußerungspflicht in diesem Fall zu keinem Zeitpunkt die alleinige Entscheidungsbefugnis über deren Aktivierung eingeräumt werden, da stets ein weiterer Gesellschafter vorhanden ist, der mindestens über dieselbe Beteiligungshöhe verfügt. Eine sinnvolle Absicherung des Investors kommt daher nur in dem außergewöhnlichen Fall in Betracht, in dem er einmal Mehrheitsgesellschafter des finanzierten Unternehmens ist.

Angesichts der entscheidenden Rolle des *Exits* im Bereich des Venture-Capitals steht dem zur Ausübung der Mitveräußerungspflicht berechtigten Investor bei der *s.p.a.* jedoch eine andere Variante zur Wahrung seiner Interessen zu. Hierdurch kann er dafür sorgen, dass ausschließlich er Inhaber dieses Rechts ist, sodass allein aufgrund seiner Initiative dieses Verfahren eingeleitet werden kann. Gemäß Art. 2348 Abs. 2 c.c. können nämlich durch eine Regelung im Gesellschaftsvertrag unterschiedliche Aktiengattungen geschaffen werden. Somit besteht die Möglichkeit, ausschließlich den Inhabern einer bestimmten Aktienkategorie das Recht zur Aktivierung der Mitveräußerungspflicht zuzuweisen.[295] Der Investor wird demnach bei seinem Einstieg die Aktien dieser besonderen Aktiengattungen übernehmen und somit die allein maßgebliche Person für die Aktivierung der Mitveräußerungspflicht und damit der Einleitung des *Exits* sein.

---

29 luglio 2008, Banca, borsa, tit. cred. 2009, II, 493, 504; *Malimpensa*, RDS 2010, 375, 377; *Scarpa*, Giust. Civ. 2013, II, 41, 52.

294 *Santangelo*, Clausole di "co-vendita" e di "trascinamento" nella S.r.l., abrufbar unter http://www.fondazionecasale.it/ (Stand: 22.2.2016), S. 14.

295 *Ballerini*, Contr. e impr. 2014, 1466, 1477; *Del Linz*, Giur. comm. 2012, II, 1072, 1075; *Giampaolino*, Banca, borsa, tit. cred. 2009, II, 523, 537 f.

b) Besondere Rechte (particolari diritti) i.S.v. Art. 2468 Abs. 3 c.c.

Fraglich ist, ob die Mitveräußerungspflicht, die einem Gesellschafter einer *s.r.l.* eingeräumt wird, ein besonderes Recht (*particolari diritti*) i.S.v. Art. 2468 Abs. 3 c.c. darstellt. Gemäß Art. 2468 Abs. 3 c.c. können durch eine gesellschaftsvertragliche Regelung einzelnen Gesellschaftern in Abweichung des sonst geltenden Gleichbehandlungs- und Verhältnismäßigkeitsgrundsatzes des Art. 2468 Abs. 2 c.c. besondere Rechte zur Verwaltung der Gesellschaft oder der Gewinnverteilung zugewiesen werden. Hierdurch zeigt sich die mit der Reform des Gesellschaftsrechts aus dem Jahr 2003 angestrebte Betonung des personalistischen Elements der *s.r.l.*[296] Unter besonderen Rechten werden diejenigen Rechte verstanden, die sich in quantitativer oder qualitativer Sicht von denen unterscheiden, die einem Gesellschafter normalerweise aufgrund seiner Beteiligung zustehen.[297] Diese Rechte sind dabei an die Person des Gesellschafters und nicht an die Beteiligung geknüpft.[298]

Eine Mitveräußerungspflicht ist vom Wortlaut des Art. 2468 Abs. 3 c.c. nicht erfasst, da es sich um kein besonderes Recht zur Verwaltung der Gesellschaft oder der Gewinnverteilung handelt.

Allerdings stellen nach der herrschenden Ansicht in der italienischen Rechtsliteratur diese beiden in Art. 2468 Abs. 3 c.c. genannten Kriterien, hinsichtlich derer besondere Rechte eingeräumt werden können, keine enumerative Aufzählung dar. Ansonsten würde sich nämlich im Vergleich zu der Vorschrift des Art. 2348 Abs. 2 c.c. bei der *s.p.a.* bei der Zuweisung von Rechten zugunsten eines Gesellschafters der *s.r.l.* eine größere Einschränkung ergeben, die angesichts der zentralen Stellung des Gesellschafters bei dieser Rechtsform im Vergleich zur *s.p.a.* nicht erwünscht ist.[299] Weiterhin spricht hierfür die große Satzungsautonomie, die den Gesellschaftern einer *s.r.l.* seit der Gesellschaftsrechtsreform

---

296 *Divizia*, Le clausole di tag e drag along, S. 185; *Santagata*, in: Dolmetta/Presti, S.r.l. commentario, Art. 2468 c.c. B. Rn. 1.

297 *Zanarone*, S. 523.

298 *Cagnasso*, S. 138 ff., der es allerdings zugleich für möglich erachtet, diese an die Beteiligung zu knüpfen; *Daccò*, S. 57 f.; *Santagata*, in: Dolmetta/Presti, S.r.l. commentario, Art. 2468 c.c. B. Rn. 4; *Zanarone*, S. 523.

299 *Consiglio notarile di Milano*, Massima n. 39: Diritti particolari dei soci nella s.r.l. (art. 2468, comma 3°, c.c.). 19 novembre 2004, abrufbar unter http://www.consigliono tarilemilano.it/documenti-comuni/massime-commissione-societa/39.aspx (Stand: 11.11.2015); *Zanarone*, S. 523 f.

aus dem Jahr 2003 eingeräumt ist.[300] Die Vorschrift des Art. 2468 Abs. 3 c.c. ist vielmehr extensiv auszulegen, sodass einem Gesellschafter einer *s.r.l.* vorbehaltlich zwingender gesetzlicher Regelungen gleichfalls besondere Rechte i.S.d. Art. 2468 Abs. 3 c.c. zu anderen als der vom Wortlauft erfassten Materien eingeräumt werden können.[301] Insbesondere der Begriff der Gewinnverteilung ist umfassend als Synonym für Vermögensrechte zu verstehen, der daher auch sonstige Rechte ohne Bezug zur Gewinnverteilung erfasst.[302]

Eine Mitveräußerungspflicht stellt jedenfalls ein Recht dar, das nicht gewöhnlich mit einer Gesellschafterstellung verbunden ist. Der Anwendungsbereich ist begrenzt und kommt insbesondere bei der Finanzierung eines Unternehmens mit Venture-Capital vor. Es betrifft hierbei den Sonderfall des *Exits* aus der Gesellschaft durch eine Veräußerung der Geschäftsanteile mittels *Trade Sale* und damit die Vermögensrechte der Gesellschafter. Zudem stehen ihr, wie in dieser Untersuchung gesehen, keine zwingenden gesetzlichen Vorschriften entgegen. Somit kann infolge der gebotenen extensiven Auslegung dieser Vorschrift eine Mitveräußerungspflicht als besonderes Recht des Venture-Capital-Investors gemäß Art. 2468 Abs. 3 c.c. ausgestaltet werden.[303]

5. Parallele zur unzulässigen Hinauskündigung

Fraglich ist, ob die Vorgaben des BGH zu den Hinauskündigungsklauseln im italienischen Recht für die Zulässigkeit von Mitveräußerungspflichten fruchtbar gemacht werden können.

In der italienischen rechtswissenschaftlichen Literatur wird in diesem Zusammenhang die Thematik behandelt, ob der Vertragsfreiheit der Gesellschafter eine Grenze zu ziehen ist mittels einer Parallele zur deutschen Rechtsprechung

---

300 *Consiglio notarile di Milano*, Massima n. 39: Diritti particolari dei soci nella s.r.l. (art. 2468, comma 3°, c.c.). 19 novembre 2004, abrufbar unter http://www.consiglionotarilemilano.it/documenti-comuni/massime-commissione-societa/39.aspx (Stand: 11.11.2015).

301 *Consiglio notarile di Milano*, Massima n. 39: Diritti particolari dei soci nella s.r.l. (art. 2468, comma 3°, c.c.). 19 novembre 2004, abrufbar unter http://www.consiglionotarilemilano.it/documenti-comuni/massime-commissione-societa/39.aspx (Stand: 11.11.2015); *Divizia*, Le clausole di tag e drag along, S. 186 ff.; *Fabbrini*, Giur. comm. 2009, II, 1034, 1041; *Zanarone*, S. 523 ff.

302 *Divizia*, Le clausole di tag e drag along, S. 187; *Zanarone*, S. 526 f.

303 *Ballerini*, Contr. e impr. 2014, 1466, 1477; *De Luca*, Banca, borsa, tit. cred., 2009, I, 174, 178 f.; *Del Linz*, Giur. comm. 2012, II, 1072, 1075; *Divizia*, Le clausole di tag e drag along, S. 188 ff., 200 f.; *Fabbrini*, Giur. comm. 2009, II, 1034, 1041.

zur unzulässigen Hinauskündigung.[304] Dies wird allerdings aus im Wesentlichen denselben Gründen verneint, die bereits oben für das deutsche Recht aufgeführt wurden und auf die hiermit vollumfänglich verwiesen wird.[305] Insbesondere wird angeführt, dass von der Mitveräußerungspflicht sämtliche Gesellschafter in gleicher Weise erfasst werden und hierdurch nicht die wechselseitigen Beziehungen innerhalb der Gesellschaft verändert werden.[306]

Die Mitveräußerungspflicht wird im italienischen Recht somit nicht als Ausschlussmöglichkeit angesehen, die im Ermessen eines Gesellschafters liegt.[307] Zudem ist sie angesichts der konkreten Situation, die zu ihrer Vereinbarung im Bereich der Finanzierung von Unternehmen durch Venture-Capital geführt hat, als gerechtfertigt anzusehen.[308]

Im Ergebnis ist somit nicht von einer primären Unwirksamkeit der Mitveräußerungspflicht auszugehen, sondern vielmehr, ob diese im Einzelfall missbräuchlich ausgenutzt wird.[309] Die Fälle des Missbrauchs der dem Investor eingeräumten Befugnis zur Aktivierung der Mitveräußerungspflicht wurden bereits weiter oben in dieser Untersuchung dargestellt,[310] worauf in diesem Zusammenhang vollumfänglich verwiesen wird.

6. Zustimmung des Gründers bei Aufnahme in Gesellschaftsvertrag

Eine Mitveräußerungspflicht soll dem Venture-Capital-Investor, wie bereits erwähnt, die für ihn entscheidende Durchführung des *Exits* aus der Gesellschaft

---

304 *Angelici*, Fra «mercato» e «società»: a proposito di venture capital e drag-along, abrufbar unter http://papers.ssrn.com/sol3/papers.cfm?abstract_id=1988343 (Stand: 25.4.2016), S. 36 ff.

305 Oben § 5 II. 1.

306 *Angelici*, Fra «mercato» e «società»: a proposito di venture capital e drag-along, abrufbar unter http://papers.ssrn.com/sol3/papers.cfm?abstract_id=1988343 (Stand: 25.4.2016), S. 36.

307 Trib. Milano 22 dicembre 2014, Le società 2015, 955, 959; *Angelici*, Fra «mercato» e «società»: a proposito di venture capital e drag-along, abrufbar unter http://papers.ssrn.com/sol3/papers.cfm?abstract_id=1988343 (Stand: 25.4.2016), S. 36 f.

308 *Angelici*, Fra «mercato» e «società»: a proposito di venture capital e drag-along, abrufbar unter http://papers.ssrn.com/sol3/papers.cfm?abstract_id=1988343 (Stand: 25.4.2016), S. 36 f.

309 *Angelici*, Fra «mercato» e «società»: a proposito di venture capital e drag-along, abrufbar unter http://papers.ssrn.com/sol3/papers.cfm?abstract_id=1988343 (Stand: 25.4.2016), S. 36 ff.

310 Oben § 5 III. 3. a).

garantieren. Er kann nämlich allein hierdurch eine Rendite mit seinem Investment erzielen.

Es ist daher entscheidend, dass bei einer Aufnahme dieser Klausel in den Gesellschaftsvertrag der finanzierten Gesellschaft, das hierfür erforderliche Verfahren eingehalten wird. Ansonsten besteht nämlich das Risiko, dass die Mitveräußerungspflicht im Streitfall nicht aktiviert werden kann, wenn sich der hiervon betroffene Gründer auf Verfahrensfehler beruft.

Das einzuhaltende Verfahren bei der Regelung im Gesellschaftsvertrag einer *s.p.a.* oder einer *s.r.l.* wurde bereits weiter oben in dieser Untersuchung dargelegt.[311] Hierauf wird in diesem Zusammenhang verwiesen und es werden nachfolgend lediglich dessen wesentliche Erkenntnisse dargestellt.

Danach ist die Zustimmung des von der Mitveräußerungspflicht betroffenen Gründers einer *s.p.a.* bei deren nachträglicher Aufnahme in den Gesellschaftsvertrag erforderlich.

Dasselbe gilt bei der Regelung der Mitveräußerungspflicht in einem bestehenden Gesellschaftsvertrag einer *s.r.l.* jedenfalls im Bereich des Venture-Capitals. Zwar wird die Aufnahme einer Mitveräußerungspflicht in den Gesellschaftsvertrag einer *s.r.l.* im Gegensatz zur *s.p.a.* grundsätzlich durch Mehrheitsbeschluss für zulässig erachtet. Dies steht allerdings unter der Voraussetzung der Wahrung des Gleichbehandlungsgrundsatzes der Gesellschafter. Bei der Anwendung der Klausel in der Finanzierungsform des Venture-Capitals sollen jedoch nicht sämtliche Gesellschafter in derselben Weise, sondern lediglich der Investor berechtigt sein, die zwangsweise Veräußerung sämtlicher Geschäftsanteile an einen Dritten herbeizuführen. Insofern liegt keine Gleichbehandlung vor und die Aufnahme durch Mehrheitsbeschluss scheidet in diesem Fall aus.

7. Kombination der Mitveräußerungspflicht mit einer Liquidationspräferenz

Im Rahmen der Untersuchung der Zulässigkeit Mitveräußerungspflicht im deutschen Recht wurde bereits auf die unter Umständen für den Gründer gefährliche Kombination dieser Klausel mit einer Liquidationspräferenz hingewiesen.[312] Insofern und insbesondere auf die Gefahr für den Gründer hierdurch letztlich keinen Erlös für seine Geschäftsanteile zu erlangen, wird vollumfänglich auf diese Darstellung verwiesen, da sich dieselbe Situation bei einem Investment in Italien ergeben kann.

---

311 Oben § 4 III. 1. e) aa) und bb).

312 Oben § 5 II. 5.

Zu diesem Themenkomplex gibt es in Italien noch keine Rechtsprechung. Bei den bislang ergangenen Entscheidungen zur Mitveräußerungspflicht lag keine derartige Kombination mit einer Liquidationspräferenz vor. Zudem findet hierzu in der rechtswissenschaftlichen Literatur im Grunde noch keine tiefgreifende Auseinandersetzung statt. Im Jahr 2013 veröffentlichte die Notarkammer Mailand allerdings einen Leitsatz zu dieser Thematik.

Danach können Liquidationspräferenzen gemeinsam mit einer Mitveräußerungspflicht ebenfalls in den Gesellschaftsvertrag einer *s.p.a.* und einer *s.r.l.* aufgenommen werden.[313] Die durch die Liquidationspräferenz bezweckte unterschiedliche Erlösverteilung der Gesellschafter wird dabei bei der *s.p.a.* mittels unterschiedlicher Aktiengattungen i.S.d. Art. 2348 Abs. 2 c.c. und bei der *s.r.l.* durch die Einräumung besonderer Rechte i.S.d. Art. 2468 Abs. 3 c.c. sichergestellt.[314]

Damit die Kombination einer Mitveräußerungspflicht mit einer Liquidationspräferenz als zulässig erachtet werden kann, sind allerdings gewisse Vorgaben der Rechtsordnung zu beachten. So sind insbesondere aus dem Bereich des Gesellschaftsrechts das Verbot der leoninischen Vereinbarung (*patto leonino*) und das Erfordernis der angemessenen Bewertung der Geschäftsanteile zu berücksichtigen.[315]

Die erste Vorgabe, das Verbot der leoninischen Vereinbarung, ist in Art. 2265 c.c. geregelt. Danach ist eine Vereinbarung nichtig, durch die ein oder mehrere Gesellschafter von jeder Beteiligung am Gewinn oder am Verlust ausgeschlossen werden. Die weitere Darstellung dieses Verbots[316] würde den Rahmen dieser Untersuchung übersteigen. Da es zudem lediglich die Liquidationspräferenz betrifft

---

313 *Consiglio notarile di Milano*, Massima n. 126. Ripartizione non proporzionale del corrispettivo di vendita o di riscatto di partecipazioni sociali (artt. 2348 e 2468 c.c.). 5 marzo 2013, abrufbar unter http://www.consiglionotarilemilano.it/documenti-comuni/massime-commissione-societa/126.aspx (Stand: 18.5.2016).

314 *Consiglio notarile di Milano*, Massima n. 126. Ripartizione non proporzionale del corrispettivo di vendita o di riscatto di partecipazioni sociali (artt. 2348 e 2468 c.c.). 5 marzo 2013, abrufbar unter http://www.consiglionotarilemilano.it/documenti-comuni/massime-commissione-societa/126.aspx (Stand: 18.5.2016); *Divizia*, Le clausole di tag e drag along, S. 207.

315 *Consiglio notarile di Milano*, Massima n. 126. Ripartizione non proporzionale del corrispettivo di vendita o di riscatto di partecipazioni sociali (artt. 2348 e 2468 c.c.). 5 marzo 2013, abrufbar unter http://www.consiglionotarilemilano.it/documenti-comuni/massime-commissione-societa/126.aspx (Stand: 18.5.2016); *Divizia*, Le clausole di tag e drag along, S. 207.

316 Die leoninische Vereinbarung wird umfassend im Rahmen eines Rechtsvergleichs dargestellt von *Frase*, S. 33 ff.

und diese im Gegensatz zur Mitveräußerungspflicht nicht Gegenstand der vorliegenden Abhandlung ist, wird auf eine weitere Darstellung verzichtet. Es sei in diesem Zusammenhang lediglich angemerkt, dass ein Risiko besteht, dass die Liquidationspräferenz im Einzelfall einen Verstoß gegen dieses Verbot darstellt, wenn der Gründer keinen Veräußerungserlös erhält.

Das Erfordernis der angemessenen Bewertung als zweite Vorgabe des Leitsatzes wurde in dieser Untersuchung bereits behandelt.[317] Auf diese Ausführungen wird insofern verwiesen.

Letztlich erscheinen die Vorgaben der Notarkammer aus dem Jahr 2013 konsequent, wenn man sich den Leitsatz[318] der Notarkammer Mailand zur Mitveräußerungspflicht vergegenwärtigt. Bereits darin wurde als Voraussetzung der Gültigkeit einer Mitveräußerungspflicht das Erfordernis der angemessenen Bewertung für die hiervon betroffenen Geschäftsanteile aufgestellt. Dieses muss dann erst recht bei der Kombination einer Mitveräußerungspflicht mit einer Liquidationspräferenz zur Anwendung kommen. Hierdurch ist nämlich die grundsätzlich schützenswerte Rechtsposition des betroffenen Gesellschafters in doppelter Weise berührt. Er scheidet nämlich nicht nur zwangsweise aus der Gesellschaft aus, sondern müsste in diesem Fall eine Begrenzung oder gar den Ausschluss des ihm zustehenden Veräußerungserlöses hinnehmen. Dies widerspricht den bereits zur bloßen Mitveräußerungspflicht aufgestellten Grundsätzen der angemessenen Bewertung der Geschäftsanteile. Die in einer zulässigen Mitveräußerungspflicht enthaltene angemessene Bewertung der Geschäftsanteile darf somit nicht durch eine gleichsam bestehende Liquidationspräferenz ausgehöhlt werden.

8. Zwischenergebnis

In Italien liegen mittlerweile Entscheidungen der Rechtsprechung vor, die sich mit der Zulässigkeit der Mitveräußerungspflicht auseinandersetzen. Danach ist anerkannt, dass mit dieser von den Parteien grundsätzlich schutzwürdige Interessen verfolgt werden. Dies darf allerdings nicht einseitig zulasten des hiervon betroffenen Gesellschafters geschehen.

---

317 Oben § 5 III. 1. a).

318 Oben § 5 III. 1. a); *Consiglio notarile di Milano*, Massima n. 88. Clausole statutarie disciplinanti il diritto e l'obbligo di "covendita" delle partecipazioni (artt. 2355-bis e 2469 c.c.). 22 novembre 2005, abrufbar unter http://www.consiglionotarilemilano.it/documenti-comuni/massime-commissione-societa/88.aspx (Stand: 25.4.2016).

So wird nach der herrschenden Meinung als Hauptbedingung für die Gültigkeit einer in einem Gesellschaftsvertrag vereinbarten Mitveräußerungspflicht angesehen, dass dem betroffenen Gesellschafter eine angemessene Bewertung seiner Geschäftsanteile gewährt wird. Diese orientiert sich dabei an den Vorgaben zum Austritt eines Gesellschafters aus der Gesellschaft. Danach steht dem betroffenen Gesellschafter grundsätzlich der Verkehrswert der Geschäftsanteile zu. Entscheidend ist in diesem Zusammenhang hervorzuheben, dass die Frage der Bewertung und damit des Veräußerungspreises der Geschäftsanteile bereits zum Zeitpunkt der Vereinbarung der Klausel und nicht erst bei deren Ausübung von Bedeutung ist.

Durch das Erfordernis der Sicherstellung der angemessenen Bewertung als zwingender zu regelnder Inhalt der Mitveräußerungspflicht können zudem bereits im Ansatz die Fälle des Missbrauchs der dem berechtigten Gesellschafter eingeräumten Befugnisse verhindert werden, die darauf abzielen, einen zu geringen Preis für die Geschäftsanteile zu bieten.

Entscheiden sich die Parteien hingegen dafür, die Mitveräußerungspflicht in einer gesonderten Beteiligungsvereinbarung zu regeln, so sind die Anforderungen an die angemessene Bewertung der Geschäftsanteile nicht einzuhalten und damit nicht als Gültigkeitsvoraussetzung für die Klausel anzusehen.

Für die Aufnahme einer Mitveräußerungspflicht in den Gesellschaftsvertrag eines mit Venture-Capital finanzierten Unternehmens in der Rechtsform der *s.p.a.* und der *s.r.l.* ist die Zustimmung des hiervon betroffenen Gesellschafters erforderlich.

Im italienischen Recht kann die Mitveräußerungspflicht zur effektiven Wahrung der Interessen des Venture-Capital-Investors bei einem jungen Unternehmen in der Rechtsform einer *s.p.a.* dem Inhaber einer bestimmten Aktiengattung i.S.d. Art. 2348 Abs. 2 c.c. zugewiesen oder bei einer *s.r.l.* als besonderes Recht i.S.d. Art. 2468 Abs. 3 c.c. ausgestaltet sein.

IV. Rechtsvergleich zur Übertragung der Vorgaben der Zulässigkeit einer Mitveräußerungspflicht im italienischen Recht auf das deutsche Recht

Die Mitveräußerungspflicht im Rahmen der Finanzierung eines jungen Unternehmens durch Venture-Capital ist nach den Ergebnissen dieser Untersuchung sowohl im deutschen als auch im italienischen Recht als zulässig anzusehen. Dies gilt unabhängig davon, ob sie in den Gesellschaftsvertrag einer GmbH, einer *s.r.l.* oder einer *s.p.a.* aufgenommen oder von den Gesellschaftern dieser Rechtsformen in einer gesonderten Beteiligungsvereinbarung geregelt wurde.

Im Folgenden ist zu untersuchen, inwiefern die Erkenntnisse und Vorgaben zum italienischen Recht und der dortigen Rechtsprechung zu den Mitveräußerungspflichten auf das deutsche Recht übertragen werden können. Dabei geht es insbesondere um das Erfordernis der angemessenen Bewertung der Geschäftsanteile als Gültigkeitsvoraussetzung der Mitveräußerungspflicht im italienischen Recht. Die sonstigen Voraussetzungen bei der Vereinbarung einer Mitveräußerungspflicht im deutschen und italienischen Recht, wie z.B. das Erfordernis der Zustimmung des hiervon betroffenen Gesellschafters, entsprechen sich nämlich weitgehend.

Es ist hervorzuheben, dass die Vorgaben der italienischen Rechtsprechung keine Einschränkung der Anwendbarkeit der Mitveräußerungspflichten darstellen. In diesen wird nämlich grundsätzlich ein schutzwürdiges Interesse des berechtigten Gesellschafters und sogar der Gesellschaft erkannt. Die Rechtsprechung stellt vielmehr gewisse Vorgaben auf, bei deren Einhaltung die Mitveräußerungspflicht rechtssicher eingesetzt werden kann.

So wird nach der italienischen Rechtsprechung, der notariellen Praxis und zahlreichen Stimmen in der juristischen Literatur die Gewährung einer angemessenen Bewertung für die Geschäftsanteile des zwangsweise ausgeschiedenen Gesellschafters einer *s.r.l.* oder *s.p.a.* als Hauptbedingung für die Wirksamkeit der satzungsmäßigen Mitveräußerungspflicht angesehen. Dieses Erfordernis ist zwar noch nicht höchstrichterlich, allerdings durch eine weitere Entscheidung in der ersten Instanz bestätigt. Daher ist diese Voraussetzung im Rahmen der Vertragsgestaltung beim Venture-Capital solange zu berücksichtigen bis eine höchstrichterliche Rechtsprechungsänderung eintritt. Ansonsten besteht nämlich die Gefahr der Unwirksamkeit der Mitveräußerungspflicht. Diese Konsequenz ist aus Sicht des Venture-Capital-Investors zwingend zu vermeiden. Sofern nämlich zwischen diesem und dem Gründer Streit über die Vornahme des *Exits* besteht, kann der Investor diesen durch die Mitveräußerungspflicht auch gegen dessen Willen durchsetzen.

Im deutschen Recht hat die Höhe der Abfindung für die Geschäftsanteile des betroffenen Gesellschafters hingegen außer bei einem anfänglichen Missverhältnis keine Auswirkungen auf die Wirksamkeit der Mitveräußerungspflicht. Dies gilt sowohl bei einer Regelung der Mitveräußerungspflicht im Gesellschaftsvertrag als auch in einer gesonderten Beteiligungsvereinbarung. Ein anfängliches Missverhältnis zwischen dem Verkehrswert und dem zu erwartendem Veräußerungspreis scheidet bei einer Mitveräußerungspflicht überdies von vornherein aus. Zum einen enthält die Mitveräußerungspflicht schon keine Begrenzung des Veräußerungspreises, die zu einem derartigen Missverhältnis führen kann.

Zum anderen ist es die gemeinsame Vorstellung der Parteien zum Zeitpunkt der Vereinbarung der Klausel, dass der zu erzielende Veräußerungspreis mindestens dem Verkehrswert der Anteile entspricht. Danach ist die vertragliche Sicherstellung eines bestimmten Veräußerungspreises, der dem von der Mitveräußerungspflicht betroffenen Gesellschafters zufließen muss, keine Voraussetzung für die Zulässigkeit der Mitveräußerungspflicht im deutschen Recht.

Es stellt sich daher die Frage, ob Gründe dafür sprechen, die vertragliche Absicherung der angemessenen Bewertung der Geschäftsanteile des verpflichteten Gesellschafters, wie im italienischen Recht, gleichsam im deutschen Recht als Gültigkeitsvoraussetzung der Mitveräußerungspflicht anzusehen.

Dies widerspricht allerdings den im deutschen Recht, auch aufgrund der Rechtsprechung, geltenden Vorgaben, da die Höhe der Abfindung für die Frage des Vorliegens einer unzulässigen Hinauskündigungsklausel ohne Bedeutung ist. Im italienischen Recht soll durch das Erfordernis der angemessenen Bewertung gerade eine enteignende Wirkung der Mitveräußerungspflicht verhindert werden. Es geht daher im Grunde darum, möglichen Missbräuchen vorzubeugen und einen Ausschluss des hiervon betroffenen Gesellschafters aus der Gesellschaft zu verhindern, der im Belieben des berechtigten Gesellschafters steht. Dadurch wird der Ausnahmefall in gewisser Weise als Grundannahme bei der Prüfung der Zulässigkeit der Mitveräußerungspflicht angesehen. Den Fällen des Missbrauchs einer Mitveräußerungspflicht, bei denen z.B. ein Gesellschafter mit einem manipuliert niedrigen Preis aus der Gesellschaft gedrängt werden soll, kann jedoch im deutschen Recht durch die umfassende nachträgliche Ausübungskontrolle gemäß den Grundsätzen von Treu und Glauben wirksam begegnet werden. Dadurch wird der von der Mitveräußerungspflicht betroffene Gesellschafter in ausreichendem Maße geschützt. Insbesondere ist es hiernach im deutschen Recht nicht erforderlich, die Vertragsfreiheit dergestalt einzuschränken, dass eine im Gesellschaftsvertrag einer GmbH oder in einer Beteiligungsvereinbarung enthaltene Mitveräußerungspflicht eine angemessene Bewertung der Geschäftsanteile garantieren muss. Somit bedarf es nach den Ergebnissen dieser Untersuchung im deutschen Recht nicht der Sicherstellung einer angemessenen Bewertung, um der Mitveräußerungspflicht zur Zulässigkeit zu verhelfen. Der von der Mitveräußerungspflicht betroffene Gesellschafter ist trotzdem nicht weniger geschützt als im italienischen Recht.

Sowohl im deutschen als auch im italienischen Recht besteht das Risiko des Missbrauchs der Befugnisse des aus der Mitveräußerungspflicht berechtigten Gesellschafters. Selbst das im italienischen Recht geltende Erfordernis der angemessenen Bewertung der Geschäftsanteile kann nicht sämtliche Fälle des möglichen

Missbrauchs verhindern. Es kann lediglich die Fälle eines manipuliert niedrigen Veräußerungspreises eindämmen. Gegen weitere Fälle des Missbrauchs, wie den Erwerb durch einen Strohmann des berechtigten Gesellschafters, bietet es vorab keinen Schutz. Dies spricht weiterhin für die deutsche Sichtweise, nach der möglichen Missbräuchen mit einer nachträglichen Ausübungskontrolle zu begegnen ist. Es ist nämlich nicht möglich, sämtliche Missbrauchsrisiken bereits bei der Vereinbarung der Klausel zu berücksichtigen und damit als Voraussetzung und Bedingung der Inhaltskontrolle zu erheben. Durch die nachträgliche Ausübungskontrolle wird vielmehr die Vertragsfreiheit gestärkt und einzelnen Missbrauchsfällen kann flexibel begegnet werden.

Weiterhin können sich in beiden Rechtsordnungen dieselben Gefahren für einen Gründer aus der Kombination einer Mitveräußerungspflicht mit einer Liquidationspräferenz ergeben. Dies ist allerdings in beiden Fällen ohne Einfluss auf die Wirksamkeit der Mitveräußerungspflicht selbst, da diese hiervon getrennt zu beachten ist und eine anfängliche Nichtigkeit ausscheidet.

Durch den im Rahmen dieser Untersuchung vorgenommenen Rechtsvergleich zur Zulässigkeit einer Mitveräußerungspflicht im deutschen und italienischen Recht ergibt sich allerdings für das deutsche Recht eine wesentliche Erkenntnis.

Im deutschen Recht fehlt hierzu bislang eine Auseinandersetzung in der Rechtsprechung. Es bestehen allerdings große Ähnlichkeiten bei den zur Venture-Capital-Finanzierung eingesetzten Rechtsformen der GmbH und der *s.r.l.* Bei der italienischen *s.p.a.* und der *s.r.l.* wird durch die Rechtsprechung jedoch ein schutzwürdiges Interesse des Investors an dieser Klausel bejaht. Die Mitveräußerungspflicht wird im italienischen Recht unter bestimmten Voraussetzungen, insbesondere der angemessenen Bewertung der Geschäftsanteile, als zulässig erachtet. Dieses Erfordernis ist im deutschen Recht allerdings keine Voraussetzung der Wirksamkeit einer Mitveräußerungspflicht, da der Gründer dieses vorab abgesicherten Schutzes nicht bedarf. Dieselbe Interessenlage bei der Venture-Capital-Finanzierung in Deutschland und Italien und der durchgeführte Rechtsvergleich zur Zulässigkeit von Mitveräußerungspflichten im italienischen Recht sprechen für die Zulässigkeit dieser Klauseln im deutschen Recht.

§ 6 Rechtliche Durchsetzbarkeit der Mitveräußerungspflicht

I. Einführung

Im Bereich des Venture-Capitals kann die Mitveräußerungspflicht aufgrund der Ausführungen in dieser Arbeit sowohl im deutschen als auch im italienischen Recht in zulässiger Weise zwischen einem Gründer und einem Investor vereinbart werden. Hierdurch entsteht die Verpflichtung des Gründers, als von der Mitveräußerungspflicht betroffener Gesellschafter, seine Geschäftsanteile auf Verlangen des berechtigten Investors an einen am Erwerb sämtlicher Geschäftsanteile des jungen Unternehmens interessierten Dritten zu veräußern.

Fraglich ist jedoch, welche Rechtsmittel dem Venture-Capital-Investor zustehen, wenn der Gründer seiner Verpflichtung aus der Vereinbarung zur Mitveräußerungspflicht nicht nachkommt. In diesem Fall besteht nämlich das Risiko, dass der Erwerber von einem Kauf absieht, wenn er nicht sämtliche Anteile der Gesellschaft erwerben kann. In dem vorliegenden Kapitel werden daher die für den Investor bestehenden Möglichkeiten zur rechtlichen Durchsetzung der Mitveräußerungspflicht sowohl für das deutsche als auch für das italienische Recht dargestellt. Vorweg sei allerdings in diesem Zusammenhang noch einmal auf die mit der Mitveräußerungspflicht verfolgten Interessen hingewiesen. Es geht dem Investor darum, einen *Exit* mittels *Trade Sale* sämtlicher Anteile der Gesellschaft durchzuführen. Dabei steht dessen effiziente und schnelle Durchführung im Vordergrund. Es ist bereits daher im Vorgriff anzumerken, dass dies durch die nachfolgend dargestellten streitigen Verfahren nicht erreicht werden kann. Die Mitveräußerungspflicht ist daher eher auf andere Art und Weise, wie im darauffolgenden Kapitel dieser Untersuchung dargestellt wird, vertraglich abzusichern. Daher erfolgt lediglich eine knappe Darstellung des Verfahrens zur streitigen Durchsetzbarkeit der Mitveräußerungspflicht in Deutschland und Italien.

II. Ordentlicher Rechtsweg

1. In Deutschland

Der Gründer übernimmt mit der Mitveräußerungspflicht eine Verpflichtung auf Verlangen des Investors einen Kauf- und Abtretungsvertrag über seine Geschäftsanteile mit dem am Erwerb interessierten Dritten zu schließen. Die rechtlich geeignete Gestaltung dieser Klasel im deutschen Recht wurde bereits weiter oben in dieser Untersuchung dargestellt.[1] Sofern der Gründer dieser Verpflichtung nicht nachkommt, steht dem hieraus berechtigten Venture-Capital-Investor die Möglichkeit offen, eine Leistungsklage auf Erfüllung der übernommenen Verpflichtung zu erheben. Bei der gerichtlichen Durchsetzung der Mitveräußerungspflicht geht es somit um die Klage auf Abgabe der Willenserklärung des Gründers zur Veräußerung der Geschäftsanteile an den Dritten.[2] Die Vollstreckung erfolgt dabei gemäß § 894 ZPO. Danach gilt gemäß § 894 Satz 1 ZPO die Erklärung des Schuldners, der zur Abgabe einer Willenserklärung verurteilt ist, als abgegeben, sobald das Urteil Rechtskraft erlangt hat. Hierdurch wird das Urteil allerdings nicht zum Gestaltungsurteil, da die Fiktion die Wirkung der Vollstreckung und nicht Inhalt des Urteils selbst ist.[3]

2. In Italien

Nicht wesentlich anders stellt sich die Situation der gerichtlichen Durchsetzung der Mitveräußerungspflicht in Italien dar. In diesem Zusammenhang wird gleichfalls auf die weiter oben in dieser Untersuchung dargestellte rechtlich zutreffende Einordnung der Mitveräußerungspflichten im italienischen Recht hingewiesen.[4] Sofern auch hier der zur Mitveräußerung verpflichtete Gründer seiner Pflicht zur Veräußerung der Geschäftsanteile nicht nachkommt, steht dem berechtigten Venture-Capital-Investor oder bei entsprechender rechtlicher Einordnung auch dem Erwerber die Möglichkeit der Klageerhebung offen. Hierbei ergeht dann allerdings ein Gestaltungsurteil (*sentenza costitutiva*) gemäß Art. 2932 c.c.[5] Somit kann gemäß Art. 2932 Abs. 1 c.c. gegen den Gründer für den Fall, dass dieser

1 Oben § 3 II. 1. und 3.

2 *Heckschen*, in: Heckschen/Heidinger, Die GmbH in der Gestaltungs- und Beratungspraxis, § 4 Rn. 187; *Heckschen*, in: Wachter, Handels- und Gesellschaftsrecht, Teil 2, 2. Kapitel, Rn. 185.

3 *Gruber*, in: Krüger/Rauscher, MünchKommZPO, § 894 Rn. 1.

4 Oben § 3 III. 1., 5. und 6.

5 Trib. Milano 31 marzo 2008, RDS 2010, 370, 371; *Ballerini*, Contr. e impr. 2014, 1466, 1490 f. m.w.N.; *D'Alessandro*, Riv. dir. civ. 2010, 373, 382; *Del Linz*, Giur. comm. 2012, II, 1072, 1081; *Divizia*, Le clausole di tag e drag along, S. 164 m.w.N.; *Fabbrini*, Giur. comm. 2009, II, 1034, 1039; *Malimpensa*, in: Colombo, I nuovi tipi di circolazione forzata delle partecipazioni sociali, S. 226, 236, die darauf hinweist, dass für den Fall, dass bereits von einem endgültig geschlossenen Veräußerungsvertrag ausgegangen wird, die Zwangsvollstreckung zur Erwirkung einer Übergabe oder Handlung gemäß den Artt. 2930 f. c.c. in Betracht kommt; *Malimpensa*, RDS 2010, 375, 376, 385; *Proverbio*, S. 137 ff.; *Sangiovanni*, Notariato 2013, 695, 701.

seiner Verpflichtung zur Mitveräußerung nicht nachkommt, ein Urteil erwirkt werden, das die Wirkungen des nicht geschlossenen Vertrages erzeugt.

3. Zwischenergebnis

Die nach den Ergebnissen dieser Untersuchung zulässige Verpflichtung zur Mitveräußerung ist, wie eben gesehen, im Verfahren des ordentlichen Rechtswegs in Deutschland und Italien durchsetzbar, sodass im Ergebnis der gewünschte Verkauf und die Abtretung der Geschäftsanteile des Gründers an den Erwerber zustande kommen kann. Allerdings ist der *Exit* im Bereich des Venture-Capitals häufig binnen einiger weniger Wochen zu vollziehen. Zwar ist die übliche Verfahrensdauer im Erkenntnisverfahren in Deutschland im Vergleich zu derjenigen in Italien kürzer. Ein erstinstanzliches und rechtskräftiges Urteil, mit dem die Verpflichtung des Gründers zur Mitveräußerung seiner Geschäftsanteile an einen Dritten Erwerber durchgesetzt werden kann, ist allerdings in dieser kurzen Zeitspanne, die für den *Exit* offen steht, weder in Deutschland noch in Italien durchzusetzen. Zudem muss in diesem Fall trotz der in zulässiger Weise möglichen Gestaltung einer Mitveräußerungspflicht auf das stets bestehende Prozessrisiko hingewiesen werden, nach dem ein Gericht im Einzelfall eine Mitveräußerungspflicht für unzulässig ansehen kann. Mithin ist die gerichtliche Durchsetzung einer Mitveräußerungspflicht im Erkenntnisverfahren nicht geeignet, um dem Interesse des Venture-Capital-Investors an einer zügigen und effizienten Herbeiführung des *Trade Sales* nachzukommen. Es stellt sich daher die Frage, ob diese Ziele im einstweiligen Rechtsschutz erreicht werden können.

III. Einstweiliger Rechtsschutz

Im Verfahren des einstweiligen Rechtsschutzes ist es in Deutschland und Italien allerdings grundsätzlich nur möglich, vorläufig einen Anspruch zu sichern oder ein Rechtsverhältnis zu regeln. Dabei sind in beiden Rechtsordnungen das Bestehen eines Verfügungsanspruchs (*fumus boni iuris*) und eines Verfügungsgrundes (*periculum in mora*) Voraussetzung für den Erlass einstweiliger Verfügungen (*provvedimenti d'urgenza*).[6] Sofern mit den Ergebnissen dieser Arbeit davon ausgegangen wird, dass die Mitveräußerungspflicht in zulässiger Weise vereinbart wurde, ist vom Bestehen des Verfügungsanspruchs auszugehen. Fraglich erscheint jedoch, ob die Durchsetzung einer Mitveräußerungspflicht einen tauglichen Gegenstand von einstweiligen Maßnahmen darstellt und ein Verfügungsgrund vorliegt.

---

6 Vgl. *Fiorucci*, S. 111 ff.

1. In Deutschland

In Deutschland ist bereits strittig, ob eine einstweilige Verfügung gemäß § 935 i.V.m. § 940 Abs. 2 ZPO zur Abgabe einer Willenserklärung i.S.d § 894 ZPO ergehen kann. Dies wird jedenfalls dann bejaht, wenn sie lediglich zu einer vorläufigen Regelung und Sicherung führt.[7] Dies hilft allerdings dem aus der Mitveräußerungspflicht berechtigten Investor nicht weiter, da er hierdurch nicht die endgültig angestrebte Übertragung der Geschäftsanteile des Gründers an den Erwerber durch *Trade Sale* erreichen kann.

Ausnahmsweise ist jedoch eine Leistungsverfügung dergestalt möglich, dass eine Befriedigung des Gläubigers im Verfahren des einstweiligen Rechtsschutzes möglich ist.[8] Hierfür ist jedoch erforderlich, dass aufgrund besonderer Umstände das Hauptsacheverfahren nicht abgewartet werden kann, ohne dass eine unverhältnismäßig große irreparable Schädigung des Antragstellers eintritt.[9] Dabei reichen für das Vorliegen eines Verfügungsgrundes bloße Vermögensnachteile nur dann aus, wenn eine Not- bzw. Zwangslage des Antragstellers vorliegt, seine Existenz gefährdet ist oder ein nicht ersetzbarer anderer Schaden droht.[10] Es ist demnach eine Interessenabwägung der Parteien anhand der drohenden Gefahr bei einer bloß vorläufigen Regelung vorzunehmen.[11]

Somit geht es darum, ob das Abwarten der Durchführung des Hauptsacheverfahrens, in dem der Gründer auf Erfüllung seiner Verpflichtung zur Mitveräußerung verklagt wird, für den Venture-Capital-Investor zu unverhältnismäßig großen irreparablen Schäden führen wird. Sofern dies bejaht wird, ist ihm dieses Zuwarten nicht zumutbar und ausnahmsweise eine Leistungsverfügung zu bejahen, die zur sofortigen Veräußerung der Geschäftsanteile des Gründers an den Erwerber führt. Der *Exit* ist für den Investor der entscheidende Moment seiner Beteiligung, da er hierdurch eine Rendite für seine geleisteten Investitionen erzielen kann. Ein Venture-Capital-Fonds investiert allerdings in der Regel in mehrere junge Unternehmen gleichzeitig, sodass nicht das gesamte Kapital in einem Unternehmen gebunden ist. Es ist zwar mitunter schwierig, einen Erwerber für ein junges Unternehmen zu finden, da kein geregelter Markt für

7 *Gruber*, in: Krüger/Rauscher, MünchKommZPO, § 894 Rn. 6.

8 *Drescher*, in: Krüger/Rauscher, MünchKommZPO, § 938 Rn. 9; *Kemper*, in: Saenger, ZPO, § 940 Rn. 9.

9 *Drescher*, in: Krüger/Rauscher, MünchKommZPO, § 938 Rn. 16; *Kemper*, in: Saenger, ZPO, § 940 Rn. 9.

10 OLG Köln, MMR 2012, 667; *Huber*, in: Musielak/Voit, ZPO, § 940 Rn. 15.

11 *Drescher*, in: Krüger/Rauscher, MünchKommZPO, § 938 Rn. 16.

Unternehmensbeteiligungen besteht. Andererseits ist es jedoch nicht völlig ausgeschlossen, dass sich in absehbarer Zeit lediglich ein einziger Erwerber für die Geschäftsanteile findet. Für den Fall, dass die Veräußerung erst nach Durchführung des Hauptsacheverfahrens stattfindet, ist zudem zu beachten, dass der Investor dann immer noch Inhaber der Geschäftsanteile ist und er über einen konkreten Gegenwert verfügt. Sofern der Gründer seine Pflicht zur Mitveräußerung verletzt, steht dem Investor gegen diesen ein Schadensersatzanspruch zu, wenn ihm hierdurch ein Gewinn durch die nicht stattgefundene Veräußerung mittels *Trade Sale* entgangen ist. In diesem Zusammenhang ist gleichfalls das Interesse des Gründers zu berücksichtigen, der im Fall der Leistungsverfügung bei einer Mitveräußerungspflicht durch eine bloß summarische Prüfung des Gerichts seine Gesellschafterstellung verlieren würde, da der Dritte als Folge hieraus seinen Anteil erwirbt. Aufgrund dieser Interessenabwägung und der großen Risikostreuung der Investitionen eines Venture-Capital-Investors ist es in der Praxis daher nahezu auszuschließen, dass dieser die ihm zustehende Mitveräußerungspflicht durch eine Leistungsverfügung im einstweiligen Rechtsschutz derart durchsetzen kann, dass er hieraus befriedigt und der *Trade Sale* vollzogen wird.

2. In Italien

Eines der Gerichtsverfahren in Italien, die die Mitveräußerungspflicht behandelten, erfolgte im Verfahren des einstweiligen Rechtsschutzes. Dabei strebte der am Erwerb interessierte Dritte die Sicherungsbeschlagnahme (*sequestro giudiziario*) gemäß Art. 670 c.p.c. der Aktien des zur Mitveräußerung verpflichteten Gesellschafters an, da er zum einen von einem bereits abgeschlossenen Veräußerungsvertrag oder jedenfalls von einer Verpflichtung des betroffenen Gesellschafters zum Abschluss dieses Vertrages ausging.[12] Dieses Verfahren kann nach dem Wortlaut des Art. 670 c.p.c. eingeleitet werden, wenn Streit über das Eigentum oder den Besitz an beweglichen Sachen besteht und Maßnahmen zu ihrer Verwahrung angebracht sind. Die Norm und insbesondere die Voraussetzung des Streits über das Eigentum oder den Besitz sind allerdings nach der Rechtsprechung weit auszulegen und findet auch Anwendung auf die Beschlagnahme schuldrechtlicher Herausgabeansprüche oder im Verfahren gemäß Art. 2932 c.c.[13] Der Gegenstand der Beschlagnahme können Gesellschaftsbeteiligungen einer

12 Trib. Milano 31 marzo 2008, RDS 2010, 370, 371.

13 *Gottwald/Nagel*, § 17 Rn. 118; *Querzola*, in: Carpi/Taruffo, Commentario breve al codice di procedura civile, Art. 670 c.p.c. Anm. III. 1 f.

s.p.a. oder *s.r.l.* sein.[14] Danach fällt bereits die Frage des Bestehens der Verpflichtung der Mitveräußerungspflicht und damit die Erlangung eines Urteils gemäß Art. 2932 c.c. in den Anwendungsbereich des Art. 670 c.p.c., da dies das Eigentum an den betreffenden Geschäftsanteilen betrifft.[15] Im Rahmen des Verfahrens nach Art. 670 c.p.c. werden an den Verfügungsgrund geringere Anforderungen als bei den sonstigen Verfahren im einstweiligen Rechtsschutz gestellt, da bereits eine abstrakte Gefahr für die streitgegenständlichen Sachen genügt.[16] Der Antragsteller muss allerdings darlegen, dass bei einem Abwarten des Ausgangs des Hauptverfahrens, der Verlust oder die Beschädigung der streitgegenständlichen Sache durch den Antragsgegner droht.[17] Die Sache kann demnach dem bisherigen Inhaber durch Beschlagnahme weggenommen werden, um sie für das spätere ordentliche Verfahren zu sichern.[18]

Sofern es dem berechtigen Venture-Capital-Investor oder je nach rechtlicher Gestaltung dem Dritten im Einzelfall gelingt darzulegen, dass eine Gefahr für die von der Mitveräußerungspflicht erfassten Geschäftsanteile des Gründers besteht, etwa durch eine anderweitige Veräußerung, ist aufgrund der geringeren Anforderungen an den Verfügungsanspruch die Sicherungsbeschlagnahme möglich. Trotz dieser Möglichkeit, werden die mit der Mitveräußerungspflicht verfolgten Interessen lediglich in begrenztem Umfang gewahrt. Es erfolgt nämlich lediglich die vorläufige Sicherung des Eigentums an den von der Mitveräußerungspflicht betroffenen Geschäftsanteilen. Dies führt jedoch im Ergebnis nicht zur gewünschten Veräußerung der Anteile im Wege des *Trade Sales* an den Erwerber.

Daneben gibt es im einstweiligen Rechtsschutz noch das Verfahren gemäß Art. 700 c.p.c. Hiernach ist, außerhalb der gesetzlich geregelten Fälle, der Erlass einer nach den Umständen am geeignetsten erscheinenden einstweiligen Verfügung in bestimmten Fällen möglich. Dies sind diejenigen, in denen der Antragsteller mit gutem Grund zu befürchten hat, dass während der zur Geltendmachung seines Rechts im ordentlichen Verfahren notwendigen Zeit dieses Recht der Gefahr einer unmittelbaren und irreparablen Schädigung (*pregiudizio*

---

14 *Querzola*, in: Carpi/Taruffo, Commentario breve al codice di procedura civile, Art. 670 c.p.c. Anm. V. 14 f.

15 Trib. Milano 31 marzo 2008, RDS 2010, 370, 372.

16 *Querzola*, in: Carpi/Taruffo, Commentario breve al codice di procedura civile, Art. 670 c.p.c. Anm. III. 8 f.

17 *Querzola*, in: Carpi/Taruffo, Commentario breve al codice di procedura civile, Art. 670 c.p.c. Anm. III. 8.

18 *Querzola*, in: Carpi/Taruffo, Commentario breve al codice di procedura civile, Art. 670 c.p.c. Anm. III. 9.

imminente e irreparabile) ausgesetzt würde. Dieses Verfahren ist allerdings, wie schon der Wortlaut ausdrückt, gegenüber den sonstigen Verfahren subsidiär.[19] Im vorliegenden Fall einer Mitveräußerungspflicht ist, wie eben gesehen, das Verfahren des Art. 670 c.p.c. einschlägig. Insofern scheidet bereits aus diesem Grund der Erlass einer einstweiligen Verfügung gemäß Art. 700 c.p.c. für eine Mitveräußerungspflicht aus. Überdies gelten hierbei erhöhte Anforderungen an den Verfügungsgrund, da bei einem Abwarten des ordentlichen Verfahrens unmittelbare und irreparable Schäden drohen müssen und nicht lediglich eine abstrakte Gefahr genügt. So darf der drohende Schaden insbesondere nicht ersetzbar sein.[20] Diese Punkte bedürfen einer umfassenden Prüfung durch das Gericht.[21] Diese Voraussetzungen sind zum Teil mit denen vergleichbar, die bereits weiter oben[22] für das Verfahren im deutschen Recht herangezogen. Daher besteht ein hohes Risiko, dass auch aus diesem Grund der Erlass einer einstweiligen Verfügung gemäß Art. 700 c.p.c. gerade im Bereich der Verletzung einer Mitveräußerungspflicht im Bereich des Venture-Capitals aus denselben Gründen ausscheidet, da dies regelmäßig nicht zu einem irreparablen Schaden für den berechtigten Investor oder den Dritten führen wird. Jedenfalls könnte auch durch dieses Verfahren keine endgültige Veräußerung der Geschäftsanteile an den Erwerber erfolgen, da es sich lediglich um eine vorläufige Maßnahme handelt.

3. Zwischenergebnis

Somit ergibt sich, dass eine Mitveräußerungspflicht im Bereich des Venture-Capitals im deutschen Recht in der Regel nicht im einstweiligen Rechtsschutz durchgesetzt werden kann. Diese Möglichkeit kommt ausschließlich in absoluten Ausnahmefällen in Betracht. Bei der Finanzierung eines jungen Unternehmens mit Venture-Capital erscheint dies allerdings nicht denkbar.

In Italien ist das Verfahren der Sicherungsbeschlagnahme hingegen im Bereich einer Mitveräußerungspflicht durchaus denkbar. Dies zeigt ein bereits durchgeführtes Verfahren. Hierdurch kann allerdings lediglich das Eigentum an den Geschäftsanteilen vorläufig gesichert werden.

---

19 *Querzola*, in: Carpi/Taruffo, Commentario breve al codice di procedura civile, Art. 700 c.p.c. Anm. I. 2.

20 *Querzola*, in: Carpi/Taruffo, Commentario breve al codice di procedura civile, Art. 700 c.p.c. Anm. III. 8.

21 *Querzola*, in: Carpi/Taruffo, Commentario breve al codice di procedura civile, Art. 700 c.p.c. Anm. III. 2.

22 Oben § 6 III. 1.

Insgesamt ist allerdings darauf hinzuweisen, dass die Durchsetzung einer Mitveräußerungspflicht im Verfahren des einstweiligen Rechtsschutzes in beiden Rechtsordnungen nicht zu dem vom Investor gewünschten Ergebnis führen kann. Diese Verfahren sind lediglich auf eine vorläufige Regelung des Streitgegenstandes ausgerichtet. Die Veräußerung der von der Mitveräußerungspflicht betroffenen Geschäftsanteile des Gründers durch *Trade Sale* kann hierdurch nicht erreicht werden, da dies eine unzulässige Vorwegnahme der Hauptsache bedeuten würde. Somit dient das Verfahren des einstweiligen Rechtsschutzes in diesem Zusammenhang neben der Verhinderung einer anderweitigen Veräußerung durch den Gründer auch dazu, auf diesen Druck aufzubauen und ihn letztlich doch dazu zu bringen, seiner Verpflichtung zur Mitveräußerung nachzukommen.

IV. Schiedsverfahren

Sowohl in Deutschland als auch in Italien ist es neben dem ordentlichen Gerichtsverfahren möglich, für Streitigkeiten unter den Gesellschaftern einer Kapitalgesellschaft ein Schiedsverfahren (*procedimento arbitrale*) durchzuführen.

Danach steht es den Gesellschaftern in Deutschland gemäß § 1042 Abs. 3 ZPO offen, eigene Regelungen zum Schiedsverfahren in der Schiedsvereinbarung festzulegen. Ansonsten richtet sich das Verfahren gemäß den Bestimmungen der §§ 1034 ff. ZPO. In Deutschland ist es mangels abweichender Vereinbarung durch die Parteien gemäß § 1041 Abs. 1 ZPO möglich, dass im Schiedsverfahren Maßnahmen des einstweiligen Rechtsschutzes erlassen werden.

In Italien gibt es die Möglichkeit des ordentlichen Schiedsverfahrens gemäß den Artt. 806 ff. c.p.c. Überdies können die Gesellschafter einer Kapitalgesellschaft durch eine entsprechende Regelung im Gesellschaftsvertrag der Gesellschaft ein Schiedsverfahren für gesellschaftsrechtliche Streitigkeiten gemäß den Artt. 34 ff. des decreto legislativo 17 gennaio 2003, n. 5[23] vorsehen. In beiden Fällen sind allerdings aufgrund der Regelung des Art. 818 c.p.c. Maßnahmen des einstweiligen Rechtsschutzes ausgeschlossen.[24]

Die Vorteile eines Schiedsverfahrens werden sowohl in Deutschland als auch in Italien in einer schnelleren Durchführung im Vergleich zu einem Verfahren

---

23 D.lgs. 17 gennaio 2003, n. 5: Definizione dei procedimenti in materia di diritto societario e di intermediazione finanziaria, nonchè in materia bancaria e creditizia, in attuazione dell'articolo 12 della legge 3 ottobre 2001, n. 366.

24 *Carrara*, SchiedsVZ 2003, 253, 256.

vor einem ordentlichen Gericht gesehen.[25] Dies trifft insbesondere für die Situation in Italien zu, da die Verfahrensdauer der dortigen ordentlichen Gerichte sehr lange ist.[26] Es wird allerdings auch darauf hingewiesen, dass eine schnellere Durchführung von den Umständen des jeweiligen Einzelfalles abhängt, da sich gerade bei emotional aufgeladenen Gesellschafterkonflikten zahlreiche Verzögerungstaktiken im Schiedsverfahren ergeben können.[27] Dies kann insbesondere die Zusammensetzung des Schiedsgerichts oder die Beseitigung eines ergangenen Schiedsspruchs vor staatlichen Gerichten betreffen.[28] Allerdings kann durch ein Schiedsverfahren ein möglicherweise bestehendes Geheimhaltungsinteresse gewahrt werden, da die Verfahren unter Ausschluss der Öffentlichkeit ausgetragen werden können.[29]

Somit kommt, sofern die Gesellschafter des jungen Unternehmens die Durchführung eines Schiedsverfahrens vereinbart haben, auch bei einem Streit über das Bestehen einer Mitveräußerungspflicht des hiervon betroffenen Gründers sowohl in Deutschland als auch in Italien ein Schiedsverfahren in Betracht. Insbesondere fand in Italien im Jahr 2008 bereits ein solches Verfahren für gesellschaftsrechtliche Streitigkeiten zu einer Mitveräußerungspflicht statt.[30] Wie bereits dargelegt, führt ein Schiedsverfahren zumindest in Deutschland nicht immer zu einer kürzeren Verfahrensdauer im Vergleich zu einem ordentlichen Verfahren. Sowohl in Deutschland als auch in Italien gilt allerdings die Tatsache, dass ein Schiedsverfahren, gerade auch bei einem sich sträubenden Gesellschafter, nicht binnen der kurzen Zeit vollzogen werden kann, in der ein *Exit* aus einem mit Venture-Capital finanzierten Unternehmen erfolgen soll. Hierfür stehen nämlich allenfalls einige Wochen im Gegensatz zu einem über Monate oder gar Jahre andauernden Verfahren zur Verfügung. Letztlich ist darauf zu verweisen, dass gerade bei einem sich in die Länge ziehenden Schiedsverfahren oftmals höhere Kosten als bei einem ordentlichen Verfahren anfallen.[31] Daher kann dieses insbesondere für den Gründer, dessen finanzielle Ressourcen in der Regel begrenzter sind als die des Investors,

---

25 Vgl. *Abt/Nacimiento*, in: Fett/Spiering, Handbuch Joint Venture, Kap. 9 Rn. 26; *Carrara*, SchiedsVZ 2003, 253; *Lutz*, Rn. 821; *Sangiovanni*, Riv. arbitrato 2007, 313, 316 f.; *Wedemann*, S. 530 ff.

26 *Sangiovanni*, Riv. arbitrato 2007, 313, 316.

27 *Lutz*, Rn. 821; *Wedemann*, S. 530 ff.

28 *Lutz*, Rn. 821; *Wedemann*, S. 531 f.

29 *Abt/Nacimiento*, in: Fett/Spiering, Handbuch Joint Venture, Kap. 9 Rn. 26; *Lutz*, Rn. 821; *Sangiovanni*, Riv. arbitrato 2007, 313, 317; *Wedemann*, S. 525.

30 Lodo arbitrale 29 luglio 2008, Banca, borsa, tit. cred. 2009, II, 493, 493 ff.

31 *Lutz*, Rn. 821; *Wedemann*, S. 529.

sehr kostenintensiv werden und ihn an der Ausübung seiner Rechte hindern. Im Ergebnis scheidet somit auch ein Schiedsverfahren zur effektiven Durchsetzung der Mitveräußerungspflicht aus.

V. Zwischenergebnis

Insgesamt können daher die mit einer Mitveräußerungspflicht verfolgten Ziele weder in einem Schiedsverfahren noch in einem Verfahren des ordentlichen Rechtswegs vollständig erreicht werden. Sämtliche dieser Verfahren benötigen eine gewisse Zeit und führen nicht dazu, eine effiziente und schnelle Veräußerung der Geschäftsanteile durch *Trade Sale* zu garantieren. Durch die Verfahren des einstweiligen Rechtsschutzes, sofern diese überhaupt auf die Durchsetzung einer Mitveräußerungspflicht Anwendung finden, gelingt zudem nicht die endgültige Veräußerung der Geschäftsanteile, da es sich um lediglich vorläufige Maßnahmen handelt. Es besteht danach bei einem je nach dem Einzelfall langwierigen Verfahren stets das Risiko, dass der am Erwerb interessierte Dritte seine Bemühungen einstellt und die Veräußerung insgesamt scheitert. Zudem wird ein Gründer, der die Veräußerung seines Unternehmens verhindern möchte, versuchen, ein Gerichts- oder Schiedsverfahren in die Länge zu ziehen.

§ 7 Vertragliche Vorkehrungen zur Erfüllung der Mitveräußerungspflicht

I. Einführung

Angesichts der vorstehend dargestellten, begrenzten Möglichkeiten die mit der Mitveräußerungspflicht verfolgten Interessen durch ein Gerichts- oder Schiedsverfahren durchzusetzen, ist zu untersuchen, ob es anderweitige Sicherungsmöglichkeiten gibt. Es stellt sich daher die Frage, ob die Mitveräußerungspflicht durch präventive vertragliche Vorkehrungen abgesichert werden kann. Durch diese könnte der Gründer dazu gebracht werden, die von ihm übernommene Verpflichtung zur Mitveräußerung einzuhalten.

Im Folgenden werden daher diejenigen Maßnahmen dargestellt, die in der deutschen und italienischen Rechtsliteratur zur Absicherung einer Mitveräußerungspflicht vorgeschlagen werden. Dabei werden die für das italienische Recht vorgeschlagenen Maßnahmen auf ihre Tauglichkeit und Übernahmemöglichkeit in das deutsche Recht und auf ein als GmbH strukturiertes mit Venture-Capital finanziertes Unternehmen überprüft. Letztlich findet für das deutsche Recht eine Überprüfung statt, ob bei der Nichterfüllung einer Mitveräußerungspflicht durch den Gründer, die Einziehung von seinen Geschäftsanteilen oder dessen Ausschluss aus der Gesellschaft erfolgen kann. Der Fokus dieses Kapitels liegt auf der Vertragsgestaltung im deutschen Recht.

II. Direkte Möglichkeiten zur Durchsetzung der Mitveräußerungspflicht

1. Vollmacht

Es ist das Ziel des Venture-Capital-Investors, dass durch die Aktivierung der Mitveräußerungspflicht eine zügige Veräußerung der Geschäftsanteile der Gesellschaft durch *Trade Sale* an den Erwerber vollzogen wird. Durch die Mitveräußerungspflicht besteht die Verpflichtung des hiervon betroffenen Gründers, einen Kauf- und Abtretungsvertrag über seine Geschäftsanteile mit dem am Erwerb interessierten Dritten zu schließen. Allein durch den Abschluss dieses Vertrages und seiner Durchführung wird der *Exit* letztlich vollzogen. In der deutschen und italienischen Rechtsliteratur wird daher vorgeschlagen, dass der verpflichtete Gründer einem außenstehenden Dritten oder gar dem Venture-Capital-Investor selbst eine Vollmacht (*procura*) zum Abschluss des Kauf- und Abtretungsvertrages einräumt.[1] Dies stellt eine Abschlussvollmacht dar. Eine weniger einschneidende Variante sieht dagegen vor, dass die Vollmacht lediglich die Befugnis umfasst, die Bedingungen des Kauf- und Abtretungsvertrages mit dem Dritten auszuhandeln. Bei dieser zweiten Variante ist der Abschluss dieses Vertrages im Unterschied zur ersten von dem von der Mitveräußerungspflicht betroffenen Gründer selbst vorzunehmen. Es handelt sich somit um eine Art Verhandlungsvollmacht. Es zeigt sich, dass im Einzelfall entscheidend ist, ob und in welchem Umfang der Gründer dem Bevollmächtigten Vertretungsmacht einräumt.

Die Vollmacht ist in § 166 Abs. 2 Satz 1 BGB definiert als durch Rechtsgeschäft erteilte Vertretungsmacht. Sie kann auch unter Bedingungen erteilt werden.[2]

Bei einer Mitveräußerungspflicht sollten die Bedingungen der Ausübung der Vollmacht zum Abschluss des Veräußerungsvertrages zum Schutz des betroffenen Gründers unmittelbar an diejenigen der Mitveräußerungspflicht selbst geknüpft werden. Dies können, wie bereits im Rahmen dieser Untersuchung gesehen, z.B. die Fassung eines Beschlusses der Gesellschafterversammlung mit einem bestimmten Quorum, die Erzielung eines Mindestpreises oder der Ablauf einer bestimmten Haltefrist sein. Diese Beschränkungen sollten allerdings aus Gründen der effektiveren Handhabung der Vollmacht ausschließlich im Innenverhältnis bestehen. In diesem Fall schlagen sie aufgrund des Abstraktionsprinzips nicht auf das Außenverhältnis durch. Sofern diese Bedingungen hingegen als Beschränkung im Außenverhältnis festgelegt sind, ist erforderlich, dass sich der am Erwerb interessierte Dritte von deren Eintritt überzeugt und diese nachprüft.

Die Vollmacht, die zur Veräußerung von Geschäftsanteilen einer GmbH berechtigt, bedarf aufgrund der Regelung des § 167 Abs. 2 BGB nicht der notariellen Form der §§ 15 Abs. 3 und Abs. 4 GmbHG.

Der Investor zielt darauf ab, seinen *Exit* möglichst vorab abzusichern. In diesem Zusammenhang stellt sich das Problem, dass die durch den Gründer erteilte Vollmacht gemäß § 168 Satz 2 BGB grundsätzlich jederzeit widerruflich ist. Die Vorschrift des § 168 BGB zum Widerruf der Vollmacht findet dabei auch bei einer unwiderruflich eingeräumten bloßen Verhandlungsvollmacht

---

1 *Brehm*, S. 142 f.; *Damiani*, S. 68; *Divizia*, Le clausole di tag e drag along, S. 163; *Divizia*, Notariato 2009, 157, 165 f.; *Fleischer/Schneider*, DB 2012, 961, 964; *Heckschen*, in: Heckschen/Heidinger, Die GmbH in der Gestaltungs- und Beratungspraxis, § 4 Rn. 188; *Lintz*, S. 86; *Mackensen*, in: Eilers/Koffka/Mackensen, Private Equity, S. 441 Rn. 61; *von Schorlemer*, in: Lorz/Pfisterer/Gerber, Beck'sches Formularbuch GmbH-Recht, S. 253; *Wälzholz*, GmbH-StB 2007, 84, 86; *Winkler*, S. 209.

2 *Schilken*, in: Staudinger, Kommentar zum Bürgerlichen Gesetzbuch, § 167 Rn. 15; *Schubert*, in: Säcker/Rixecker/Oetker, MünchKommBGB, § 167 Rn. 6.

jedenfalls analog Anwendung.[3] Sofern demnach der von der Mitveräußerungspflicht betroffene Gründer zwar bei Vereinbarung dieser Pflicht eine umfassende Vollmacht zur Veräußerung erteilt, besteht das Risiko, dass er diese zu jedem späteren Zeitpunkt widerrufen kann. Hierdurch entfällt der mit der Vollmacht bezweckte Schutz des Investors.

Es ist jedoch allgemein anerkannt und in § 168 Satz 2 BGB vorgesehen, dass die Widerruflichkeit der Vollmacht unter bestimmten Umständen ausgeschlossen werden und diese als unwiderrufliche ausgestaltet sein kann, sofern sich hierfür eine Rechtfertigung aus dem zugrundeliegenden Rechtsverhältnis ergibt.[4] Die bisherigen Stimmen in der Rechtsliteratur, die sich mit dieser Thematik zur Mitveräußerungspflicht befassen, gehen überwiegend und ohne Begründung von der Unwiderruflichkeit der Vollmacht in diesem Fall aus.[5] Ob die unwiderrufliche Vollmacht zulässig ist, richtet sich allerdings nach einer Abwägung der Interessen im Einzelfall anhand des Maßstabs des § 138 BGB, da hiermit eine Einschränkung der Privatautonomie verbunden ist.[6] Sofern demnach die Vollmacht zumindest mit einem gleichwertigen Interesse des Bevollmächtigten am Vertretergeschäft erteilt wurde, ist von einer Unwiderruflichkeit auszugehen.[7] Dieses Interesse liegt insbesondere dann vor, wenn es um die Erfüllung eines Verpflichtungsgeschäfts zwischen dem Bevollmächtigten und dem Vollmachtgeber geht.[8] Bei der Frage der Beurteilung der Zulässigkeit einer unwiderruflichen Abschlussvollmacht sind zudem wirtschaftliche Interessen miteinzubeziehen.[9]

---

3 BGH NJW-RR 1991, 439, 441; *Schilken*, in: Staudinger, Kommentar zum Bürgerlichen Gesetzbuch, Vorb. §§ 164 ff. Rn. 39, 93; *Schubert*, in: Säcker/Rixecker/Oetker, MünchKommBGB, § 164 Rn. 64 f.

4 *Schilken*, in: Staudinger, Kommentar zum Bürgerlichen Gesetzbuch, § 168 Rn. 8; *Schubert*, in: Säcker/Rixecker/Oetker, MünchKommBGB, § 168 Rn. 20.

5 *Mackensen*, in: Eilers/Koffka/Mackensen, Private Equity, S. 441 Rn. 61; *von Schorlemer*, in: Lorz/Pfisterer/Gerber, Beck'sches Formularbuch GmbH-Recht, S. 253 m.w.N.; *Winkler*, S. 209; a.A. *Wälzholz*, GmbH-StB 2007, 84, 86, der jedenfalls eine dauernde Unwiderruflichkeit ablehnt.

6 *Schilken*, in: Staudinger, Kommentar zum Bürgerlichen Gesetzbuch, § 168 Rn. 8; *Schubert*, in: Säcker/Rixecker/Oetker, MünchKommBGB, § 168 Rn. 20 f.

7 BGH NJW-RR 1991, 439, 441; *Schilken*, in: Staudinger, Kommentar zum Bürgerlichen Gesetzbuch, § 168 Rn. 8; *Schubert*, in: Säcker/Rixecker/Oetker, MünchKommBGB, § 168 Rn. 23.

8 *Schubert*, in: Säcker/Rixecker/Oetker, MünchKommBGB, § 168 Rn. 23.

9 BGH NJW-RR 1991, 439, 441; *Schubert*, in: Säcker/Rixecker/Oetker, MünchKommBGB, § 168 Rn. 21.

Selbst eine an sich unwiderrufliche Vollmacht kann stets aus wichtigem Grund widerrufen werden.[10]

Es ist somit zu untersuchen, ob die Vollmacht des Gründers an einen beauftragten Dritten oder den Investor zur Veräußerung seiner Geschäftsanteile im Fall der Aktivierung der Mitveräußerungspflicht unwiderruflich ausgestaltet werden kann. Die mit der Mitveräußerungspflicht verfolgten Interessen der Parteien im Bereich des Venture-Capitals wurden bereits weiter oben in dieser Untersuchung dargestellt.[11] Danach geht es dem Investor darum, seinen *Exit* abzusichern, da er allein dadurch eine Rendite mit seinem Investment erzielen kann. Die Mitveräußerungspflicht steht allerdings zumindest auch zu Beginn ihrer Vereinbarung im Interesse des hiervon betroffenen Gründers, da er zu diesem Zeitpunkt danach strebt, seine Idee erfolgreich am Markt zu platzieren und damit einen Gewinn zu realisieren. Zudem ermöglicht die vollständige Veräußerung der Geschäftsanteile der Gesellschaft die Generierung der sog. Kontrollprämie (*premio di controllo*) bzw. Mehrheitsprämie (*premio di maggioranza*). Von dieser profitieren sämtliche Gesellschafter anteilig, da hierdurch der Wert der Geschäftsanteile erhöht wird. Nicht zu vergessen ist in diesem Zusammenhang, dass der Venture-Capital-Investor in der Regel ein deutlich höheres wirtschaftliches Risiko übernimmt als der Gründer. Seine finanziellen Beiträge sind nämlich für den kostenintensiven Aufbau und die Entwicklung des jungen Unternehmens entscheidend. Sofern dies scheitert, sind seine Aufwendungen frustriert. Durch die Mitveräußerungspflicht kann er hingegen eine ihm günstig erscheinende *Exit*-Möglichkeit auch gegen den Willen des Gründers durchsetzen. Die Vollmacht ermöglicht die Vollziehung der hierdurch übernommenen Verpflichtung des Gründers. Daher ist diese im Bereich des Venture-Capitals zur Durchsetzung der Mitveräußerungspflicht jedenfalls auch in seinem berechtigten Interesse erteilt, das regelmäßig das Interesse des Gründers überwiegt. Angesichts der wirtschaftlichen Bedeutung des *Exits* für den Investor ist daher davon auszugehen, dass diese vom Gründer unwiderruflich erteilt werden kann.

Sofern im Einzelfall ein Missbrauch der Vollmacht vorliegt, etwa durch Kollusion zwischen dem Vertreter und dem Erwerber der Geschäftsanteile, ist der Gründer über die Nichtigkeitsfolge des § 138 BGB des hiernach geschlossenen Kauf- und Abtretungsvertrages geschützt. Bei sonstigen Fällen des Missbrauchs finden zum Schutz des Gründers die Regeln der §§ 177 ff. BGB über den Vertreter

---

10 *Schilken*, in: Staudinger, Kommentar zum Bürgerlichen Gesetzbuch, § 168 Rn. 14; *Schubert*, in: Säcker/Rixecker/Oetker, MünchKommBGB, § 168 Rn. 29.

11 Oben § 2 II. 2.

ohne Vertretungsmacht Anwendung. Sofern von vornherein jegliches Risiko des Missbrauchs der Vollmacht durch den Investor vermieden werden soll, kommt in Betracht, dass die Vollmacht nicht dem Investor, sondern einem neutralen Dritten erteilt wird. Hierdurch wird jedoch die mit der Mitveräußerungspflicht bezweckte Handlungsfreiheit des Venture-Capital-Investors eingeschränkt.

Nach alledem stellt die Erteilung einer zugunsten des Venture-Capital-Investors eingeräumten unwiderruflichen Abschlussvollmacht ein sehr geeignetes Instrument zur Durchsetzung einer Mitveräußerungspflicht dar. Dies ermöglicht dem Venture-Capital-Investor bei Vorliegen der für die Aktivierung der Mitveräußerungspflicht vereinbarten Bedingungen die völlig autonome Durchführung des *Exits* durch *Trade Sale* aus der Gesellschaft. Sofern keine außergewöhnlichen Umstände vorliegen, die einen Widerruf der Vollmacht aus wichtigem Grund durch den Gründer rechtfertigen, kann dieser den vom Investor geplanten Ausstieg aus der Gesellschaft nicht mehr verhindern. Die bloße Verhandlungsvollmacht stellt dagegen eher ein Instrument dar, die Verhandlungen mit dem potentiellen Erwerber auf Seiten der Gesellschafter in der Person des Bevollmächtigten zu kanalisieren, sodass ein Ansprechpartner für die Gesellschafter auftritt. Durch diese Art der Vollmacht kann die Mitveräußerungspflicht im Streitfall jedoch nicht gegen den Willen des Gründers durchgesetzt werden. Es wird auf den jeweiligen Einzelfall und die Verhandlungsstärke der Parteien ankommen, inwiefern sich ein Gründer derart in die Hände eines Venture-Capital-Investors begibt. Die Erteilung einer Abschlussvollmacht zur Durchsetzung der Mitveräußerungspflicht stellt jedenfalls für den Investor den Idealfall zur Absicherung seiner Interessen beim *Exit* dar.

2. Übertragung der Rechte der Geschäftsanteile auf einen Treuhänder

a) *Treuhänderische Übertragung im italienischen Recht*

In der italienischen Rechtsliteratur wird zur Sicherung der Durchsetzbarkeit einer Mitveräußerungspflicht zudem vorgeschlagen, dass die Ausübung der Rechte zur Veräußerung der Geschäftsanteile des hiervon betroffenen Gesellschafters auf einen Treuhänder übertragen werden (*intestazione fiduciaria*).[12] Hierbei geht es gerade nicht um die Übertragung des Eigentums der Geschäftsanteile auf den

12 Vgl. *Badini Confalonieri*, NDS – n. 20/2012, 133, 162; *De Luca*, Banca, borsa, tit. cred., 2013, II, 65, 71; *Divizia*, Le clausole di tag e drag along, S. 91 ff., 163 f.; *Divizia*, Notariato 2009, 157, 165 f.; *Proverbio*, S. 130 ff.; *Stabilini/Trapani*, Riv. dir. comm. 2010, 949, 990; *Tiberi*, in: Brechbühl/Wooder, Global Venture Capital Transactions, S. 261.

Treuhänder, sondern lediglich der damit verbundenen Rechte.[13] Somit ist ausschließlich der Treuhänder (*fiduciario*) in eigenem Namen und gerade nicht der jeweilige Gesellschafter als Inhaber der Geschäftsanteile berechtigt, die Rechte aus dem Geschäftsanteil auszuüben.[14] Die Zulässigkeit dieser Übertragung losgelöst von der Inhaberschaft an den Geschäftsanteilen ist bei der *s.r.l.* aufgrund des Wortlautes des Art. 2470 c.c., der bei der Wirksamkeit einer Übertragung der Geschäftsanteile zwischen den Parteien und gegenüber der Gesellschaft unterscheidet, anerkannt.[15] Folglich wird dem Treuhänder zur Absicherung der Mitveräußerungspflicht mit diesem Instrument von dem hiervon betroffenen Gesellschafter als Treugeber (*fiduciante*) ein unwiderruflicher Auftrag zur Veräußerung der Geschäftsanteile mit Vertretungsmacht erteilt, der auszuführen ist sofern die Voraussetzungen der Mitveräußerungspflicht eingetreten sind.[16] Da der Gesellschafter selbst diese Rechte nicht mehr ausüben kann, kann er die drohende Mitveräußerung seiner Geschäftsanteile nicht mehr aufhalten.

b) *Vergleichbarkeit im deutschen Recht*

Es stellt sich somit die Frage, ob diese Art der treuhänderischen Übertragung im deutschen Recht bei der GmbH gleichsam als Sicherungsinstrument der Mitveräußerungspflicht eingesetzt werden kann.

aa) *Legitimationsübertragung*

Die Zulässigkeit der bloßen Übertragung einzelner Rechte aus dem Geschäftsanteil und zur Ausübung durch einen Dritten in dessen eigenem Namen ohne Übertragung des gesamten Geschäftsanteils, sog. Legitimationsübertragung, ist im deutschen Recht umstritten.[17] Dieses Institut spielt jedoch bei der Mitveräußerungspflicht keine Rolle, da es hierbei nicht um die Absicherung der Übertragung einzelner Rechte am Geschäftsanteil, sondern um dessen erfolgreiche Veräußerung im Ganzen und den damit verbundenen Vorkehrungsmöglichkeiten geht.

---

13 Dieses Institut wird im italienischen Recht als „*fiducia germanistica*" bezeichnet, so auch *Jaeger*, Giur. comm. 1979, I, 181, 186 ff.; *Zanarone*, S. 739 f.

14 *Proverbio*, S. 130.

15 *Zanarone*, S. 740.

16 *De Luca*, Banca, borsa, tit. cred., 2013, II, 65, 71; *Divizia*, Le clausole di tag e drag along, S. 91 ff., 163 f.; *Stabilini/Trapani*, Riv. dir. comm. 2010, 949, 990.

17 Ablehnend *Zöllner/Noack*, in: Baumbach/Hueck, GmbHG, § 47 Rn. 41 m.w.N.; befürwortend *Mayer*, in: Fleischer/Goette, MünchKommGmbHG, § 47 Rn. 78 m.w.N., jedenfalls sofern keine Unwiderruflichkeit vorliegt.

bb) Ermächtigungstreuhand

Im deutschen Recht besteht allerdings die Möglichkeit der Einräumung einer Ermächtigungstreuhand, bei der der Treugeber der Vollrechtsinhaber des Treuguts bleibt und den Treuhänder lediglich gemäß § 185 Abs. 1 BGB zu Verfügungen über das Treugut in eigenem Namen ermächtigt.[18] Unberührt bleibt hiervon die Befugnis des Treugebers zu eigenen Verfügungen über das Treugut, da er weiterhin dessen Inhaber bzw. im konkreten Fall Inhaber der Geschäftsanteile ist. Für die Unwiderruflichkeit der Ermächtigung gilt dasselbe wie bei der Vollmacht.[19] Insofern wird auf die entsprechenden Ausführungen zur Unwiderruflichkeit der Vollmacht in dieser Untersuchung verwiesen.[20] Zudem kann sie unter Bedingungen erteilt werden.[21] Die Einräumung der Ermächtigungstreuhand bedarf nicht der notariellen Form der §§ 15 Abs. 3 und Abs. 4 GmbHG, weil der Treugeber seinen Geschäftsanteil nicht abtritt bzw. sich hierzu nicht verpflichtet.[22] Von der Ermächtigung gemäß § 185 Abs. 1 BGB sind allerdings aufgrund des eindeutigen Wortlautes lediglich Verfügungen und keine Verpflichtungsgeschäfte erfasst. Demnach ist das Institut der Verpflichtungsermächtigung im deutschen Recht unzulässig, da hierfür u.a. die Stellvertretung das geeignete Institut darstellt und somit kein Bedürfnis hierfür besteht.[23]

Für die Veräußerung der von der Mitveräußerungspflicht erfassten Geschäftsanteile einer GmbH an einen Dritten ist der Abschluss eines entsprechenden Kauf- und Abtretungsvertrages erforderlich. Die Ermächtigungstreuhand gibt dem Treuhänder allerdings lediglich die Befugnis zu Verfügungen über den Geschäftsanteil und gerade nicht auch zum Abschluss eines Verpflichtungsvertrages. Daher ist hiervon der schuldrechtliche Kaufvertrag über die Geschäftsanteile nicht erfasst. Dieser könnte lediglich über eine zusätzlich erteilte Vollmacht durch den Treuhänder abgeschlossen werden. Für diese Vollmacht und den ihr zugrunde liegenden Auftrag gilt das oben im Rahmen dieser Untersuchung Gesagte entsprechend.[24]

---

18 *Schubert*, in: Säcker/Rixecker/Oetker, MünchKommBGB, § 164 Rn. 53.

19 Vgl. *Gursky*, in: Staudinger, Kommentar zum Bürgerlichen Gesetzbuch, § 185 Rn. 26 i.V.m. § 183 Rn. 14.

20 Oben § 7 II. 1.

21 *Gursky*, in: Staudinger, Kommentar zum Bürgerlichen Gesetzbuch, § 183 Rn. 5.

22 *Mayer*, in: Fleischer/Goette, MünchKommGmbHG, § 2 Rn. 123.

23 *Bayreuther*, in: Säcker/Rixecker/Oetker, MünchKommBGB, § 185 Rn. 31.

24 Oben § 7 II. 1.

Die Kombination der Ermächtigungstreuhand mit einer entsprechenden Vollmacht erscheint dem im italienischen Recht zur Absicherung der Mitveräußerungspflicht vorgeschlagenen Instrument der treuhänderischen Übertragung vergleichbar. Für den erforderlichen Ausschluss der Widerruflichkeit und den Einsatz von Bedingungen gelten zudem die oben zur Vollmacht behandelten Punkte vollumfänglich, sodass hierdurch die Interessen des Investors befriedigt werden können.[25] Der Unterschied zur reinen Vollmacht besteht vor allem darin, dass der Treuhänder bei der Ermächtigungstreuhand im eigenen Namen verfügt. Bei der oben dargestellten Vollmachtslösung handelt der Bevollmächtigte hingegen in fremdem Namen. Die Kombination der Ermächtigungstreuhand mit einer entsprechenden Vollmacht ist damit aus denselben Gründen wie schon die Erteilung einer Vollmacht geeignet, um die Durchsetzung der Mitveräußerungspflicht im deutschen Recht wie schon die treuhänderische Übertragung im italienischen Recht zu sichern. Es ist dabei im Einzelfall zu entscheiden, ob diese Kombination oder die reine Vollmachtslösung bevorzugt und vom betroffenen Gründer akzeptiert wird.

cc) Vollmachtstreuhand

Daneben gibt es die Figur der Vollmachtstreuhand im deutschen Recht. Diese stellt allerdings einen Fall der unmittelbaren Stellvertretung dar, auf die die §§ 164 ff. BGB vollständig Anwendung finden.[26] Der Treugeber bleibt dabei gleichfalls alleiniger Inhaber des Treuguts und bevollmächtigt den Treuhänder als seinen Vertreter.[27] Die Vollmachtstreuhand unterscheidet sich letztlich von der reinen Vollmacht lediglich dadurch, dass die Pflichtenbindung im Innenverhältnis zwischen Treugeber und Treuhänder verstärkt ist.[28]

Insgesamt ist diese von ihren Wirkungen her vollständig mit denen der Vollmacht vergleichbar. Damit ist diese Figur, sofern sie überhaupt als eigenständig anerkannt wird, aus denselben Gründen, wie bei der reinen Vollmacht gesehen,[29] geeignet, um die Mitveräußerungspflicht abzusichern.

---

25 Oben § 7 II. 1.

26 *Schilken*, in: Staudinger, Kommentar zum Bürgerlichen Gesetzbuch, Vorb. §§ 164 ff. Rn. 48; *Schubert*, in: Säcker/Rixecker/Oetker, MünchKommBGB, § 164 Rn. 54.

27 *Schubert*, in: Säcker/Rixecker/Oetker, MünchKommBGB, § 164 Rn. 54.

28 *Schubert*, in: Säcker/Rixecker/Oetker, MünchKommBGB, § 164 Rn. 54.

29 Oben § 7 II. 1.

c) *Zwischenergebnis*

Die in der italienischen Rechtsliteratur vorgeschlagene treuhänderische Übertragung der Geschäftsanteile des von einer Mitveräußerungspflicht betroffenen Gesellschafters auf einen Dritten kommt gleichfalls im deutschen Recht als geeignetes Sicherungsmittel der Mitveräußerungspflicht in Betracht. Hierbei kann der Venture-Capital-Investor auf die vergleichbaren Institute der Kombination der Ermächtigungstreuhand mit einer entsprechenden Vollmacht sowie der Vollmachtstreuhand zurückgreifen.

Diese sind allerdings in ihrer Schutzwirkung mit der der Erteilung einer reinen Vollmacht vergleichbar hoch. Der Gründer als von der Mitveräußerungspflicht betroffener Gesellschafter, der dieses Instrument zu deren Absicherung akzeptiert, verliert somit für den Fall des Eintritts der Bedingungen der Mitveräußerungspflicht und abgesehen von Fällen des Missbrauchs jegliche Verhinderungsmöglichkeit gegenüber dem drohenden Verlust der Gesellschafterstellung. Der *Exit* durch *Trade Sale* steht somit lediglich im Ermessen des Investors, sofern die hierfür vereinbarten Bedingungen eingetreten sind. Ob der Venture-Capital-Investor die zu seinen Gunsten eingeräumte Mitveräußerungspflicht derart absichern kann, hängt letztlich vom jeweiligen Gründer ab.

3. Übertragung der Geschäftsanteile auf einen Treuhänder

In diesem Zusammenhang kommt als Sicherungsmittel für die Mitveräußerungspflicht gleichfalls die Übertragung der Geschäftsanteile des betroffenen Gründers der GmbH auf einen Treuhänder in Betracht.

Hierbei wird der Treuhänder als Gesellschafter der Gesellschaft in die Gesellschafterliste eingetragen und der Treugeber verliert seine Gesellschafterstellung.[30] Der entsprechende Vertrag zur Abtretung der Geschäftsanteile an den Treuhänder bedarf der Form der §§ 15 Abs. 3 und Abs. 4 GmbHG.[31] Das Rechtsverhältnis zwischen dem Treugeber und dem Treunehmer bestimmt sich nach dem Treuhandvertrag, aus dem sich ein umfassendes Weisungsrecht des Treugebers gegenüber dem Treunehmer zur Ausübung der Gesellschafterrechte ergibt.[32]

Zur Sicherung der zugunsten des Investors vereinbarten Mitveräußerungspflicht ist der Treuhänder gemäß den Bedingungen des dem Treuhandverhältnis

---

30 *Ebbing*, in: Heidinger/Leible/Schmidt, GmbHG, § 15 Rn. 206, 216; *Fastrich*, in: Baumbach/Hueck, GmbHG, § 15 Rn. 55.

31 *Reichert/Weller*, in: Fleischer/Goette, MünchKommGmbHG, § 15 Rn. 211.

32 *Ebbing*, in: Heidinger/Leible/Schmidt, § 15 Rn. 218; *Reichert/Weller*, in: Fleischer/Goette, MünchKommGmbHG, § 15 Rn. 225 ff.

zugrundeliegenden Auftrags- bzw. Geschäftsbesorgungsverhältnisses verpflichtet, bei dem Eintritt der Voraussetzungen der Mitveräußerungspflicht und dessen Aktivierung durch den Investor, die Geschäftsanteile an den erwerbsbereiten Dritten zu veräußern. Dabei ist darauf zu achten, dass das ordentliche Kündigungsrecht des Treuhandvertrages durch den Treugeber ausgeschlossen bzw. eine entsprechende Befristung vorgesehen wird. Ansonsten droht nämlich entsprechend der jeweiligen Vereinbarung eine jederzeit mögliche Kündigung aus ordentlichem Grund durch den Gründer. Sofern die Abtretung der Geschäftsanteile auf den Treuhänder aufschiebend bedingt durch die Beendigung des Treuhandvertrages ist, so erlangt der Gründer als Treugeber in diesem Fall wieder seine Gesellschafterstellung und der Investor ist nicht mehr geschützt. Unberührt bleibt allerdings die Kündigungsmöglichkeit des Treuhandvertrages aus wichtigem Grund.

Die Übertragung der Geschäftsanteile des Gründers auf einen Treuhänder ist unstrittig geeignet, eine Mitveräußerungspflicht im Streitfall durchsetzen zu können, da der Treuhänder berechtigt ist, die Geschäftsanteile zu veräußern. Diese Befugnis richtet sich im Innenverhältnis nach den Bestimmungen des Treuhandvertrages. Gerade ein zu Beginn der Entwicklung seiner Idee stehender Gründer wird allerdings zu diesem Zeitpunkt nicht seine Gesellschafterstellung durch die Übertragung der Anteile auf einen Treuhänder aufgeben, sofern die erhoffte Finanzierung mit Venture-Capital an diese Bedingung geknüpft ist. In diesem Fall wird der Gründer einen anderen Investor für sein Unternehmen suchen. Daher erscheint es fernliegend, dass es in der Praxis der Finanzierung eines Unternehmens mit Venture-Capital gelingt, dieses Instrument trotz seiner Effektivität zur Absicherung der Mitveräußerungspflicht zu vereinbaren.

4. Call-Option zugunsten des Venture-Capital-Investors

Als weitere Möglichkeit zum Schutz des Venture-Capital-Investors wird in der deutschen und italienischen Rechtsliteratur vorgeschlagen, dass die Mitveräußerungspflicht mit einer zugunsten des Investors eingeräumten *Call*-Option (Kaufoption) zum Erwerb der Geschäftsanteile des verpflichteten Gesellschafters abgesichert wird.[33] Das Institut der *Call*-Option wurde bereits weiter oben in

33 Vgl. *Badini Confalonieri*, NDS – n. 20/2012, 133, 161 f.; *Picot*, M&A REVIEW 2012, Heft 12, VI; *Proverbio*, S. 126 f.; *Sáez Lacave/Bermejo Gutiérrez*, EBOR 2010, Vol. 11, 423, 434.

dieser Untersuchung dargestellt.[34] Es wird in diesem Zusammenhang auf diese Ausführungen verwiesen.

a) *Maßstab Hinauskündigungsrechtsprechung des BGH*

Fraglich ist zunächst, ob eine *Call*-Option am Maßstab der Hinauskündigungsrechtsprechung des BGH zu messen ist. Auf die bereits im Rahmen der Prüfung der Zulässigkeit der Mitveräußerungspflicht dargestellten Grundsätze dieser Rechtsprechung wird insofern verwiesen.[35]

aa) *Anwendbarkeit der Grundsätze zur Hinauskündigung*

Durch die *Call*-Option erfolgt der Ankauf und Erwerb des Geschäftsanteils des hierdurch verpflichteten Gesellschafters durch den Berechtigten.[36] Damit führt dies zu einem Ausscheiden des betroffenen Gesellschafters aus der Gesellschaft. Die Grundsätze der Hinauskündigung finden grundsätzlich, wie bereits gesehen,[37] gleichfalls auf Optionsrechte und damit auf die vorliegende *Call*-Option Anwendung.

Für die generelle Eröffnung des Anwendungsbereichs dieser Grundsätze ist allerdings weiter erforderlich, dass in der *Call*-Option überhaupt eine Hinauskündigungsklausel gesehen werden kann. Dies liegt dann vor, wenn deren Ausübung und damit der Ausschluss des Gesellschafters im freien Ermessen des berechtigten Gesellschafters stehen. Somit wird zu Recht darauf hingewiesen, dass eine *Call*-Option, die ohne die Erfüllung bestimmter vorab festgelegter Voraussetzungen und zeitlich unbegrenzt ausgeübt werden kann, allein im Ermessen des hieraus berechtigten Gesellschafters steht und damit als Hinauskündigungsklausel anzusehen ist.[38] Danach würde nämlich in diesem Fall zu jeder Zeit das

---

34 Oben § 3 II. 1. a).

35 Oben § 5 II. 1. a).

36 *Busche*, in: Säcker/Rixecker/Oetker, MünchKommBGB, Vor § 145 Rn. 70; *Ernst/Thümmel*, FB 2000, 665, 672; *Fett/Spiering*, in: Fett/Spiering, Handbuch Joint Venture, Kap. 7 Rn. 580; *Priester*, in: FS Hopt, 2010, S. 1139, 1141; *Reichert/Weller*, in: Fleischer/Goette, MünchKommGmbHG, § 15 Rn. 95.

37 Oben § 5 II. 1. a) bb).

38 Vgl. BGH, DNotZ 1989, 512, 513 f., hier wurde eine Frist von sechs Monaten nicht beanstandet; *Fett/Spiering*, in: Fett/Spiering, Handbuch Joint Venture, Kap. 7 Rn. 583; *Heckschen*, in: Heckschen/Heidinger, Die GmbH in der Gestaltungs- und Beratungspraxis, § 4 Rn. 189a; *Priester*, in: FS Hopt, 2010, S. 1139, 1148 f., der eine Befristung von einigen Jahren im Gegensatz zu einem Zeitraum von zehn Jahren als zulässig erachtet; *Reinhard*, in: Wachter, Handels- und Gesellschaftsrecht, Teil 2, 12. Kapitel, Rn. 71.

Damoklesschwert der Hinauskündigung über dem betroffenen Gesellschafter schweben und er wäre gehindert, seine Gesellschafterrechte frei auszuüben.

Ist die Ausübung der *Call*-Option hingegen an den Eintritt fester Bedingungen geknüpft, liegt gerade schon keine Hinauskündigungsklausel vor, da diese Bedingungen nicht im freien Ermessen des berechtigten Gesellschafters stehen. Der hier vorgeschlagene Einsatz der *Call*-Option zur Absicherung der Mitveräußerungspflicht sieht nicht generell und einen jederzeit möglichen Erwerb der Geschäftsanteile des Gründers durch den Investor vor. Dies soll lediglich und ausschließlich für den Fall greifen, in dem der Gründer seinen Verpflichtungen gemäß der nach den festgelegten Bedingungen ordnungsgemäß aktivierten Mitveräußerungspflicht nicht nachkommt. Mit dem Einsatz der *Call*-Option in diesem Zusammenhang bezweckt der Venture-Capital-Investor zudem nicht, sich des Unternehmens zu bemächtigen und dieses alleine weiterzuführen. Die dauerhafte Unternehmensführung steht nämlich schon gar nicht in seinem Interesse. Dieser zielt hiermit vielmehr darauf ab, eine Rendite mit seinem Investment zu erzielen, indem er die vormals vom Gründer gehaltenen Geschäftsanteile unmittelbar an den am Erwerb des gesamten Unternehmens interessierten Dritten veräußern kann. Gerade hierzu hatte sich der Gründer durch die ursprüngliche Mitveräußerungspflicht nämlich verpflichtet. Danach ist die Verweigerung der Erfüllung der Mitveräußerungspflicht durch den Gründer als Bedingung für die Ausübung der *Call*-Option festzulegen. Diese Verweigerung steht nicht im freien Ermessen des berechtigten Investors, sondern des Gründers.

Es ist für den Venture-Capital-Investor entscheidend, dass der *Exit* aus der Gesellschaft schnell erfolgt, da ein am Erwerb interessierter Dritter hierfür nicht zeitlich unbegrenzt zur Verfügung stehen wird. Danach genügt zum Schutz des Investors die Vereinbarung einer relativ kurzen Frist zur Ausübung der *Call*-Option, da ansonsten ohnehin das Risiko besteht, dass der Mitveräußerungsfall nicht eintritt. Zudem steht die Ausübung der *Call*-Option unter der Bedingung der endgültigen Nichterfüllung der Mitveräußerungspflicht durch den verpflichteten Gründer. Daher liegt in diesem Fall gerade keine zeitlich unbegrenzte *Call*-Option vor, deren Rechtswirksamkeit fraglich wäre.

Im Ergebnis ist daher festzuhalten, dass in der ausschließlich zur Absicherung der Mitveräußerungspflicht vorgesehenen *Call*-Option bereits keine unzulässige Hinauskündigungsklausel zu sehen ist.

bb) Sachliche Rechtfertigung der Call-Option

Unabhängig davon könnte die *Call*-Option jedenfalls auch sachlich gerechtfertigt sein. Hierdurch soll nämlich nicht primär der Gründer aus der Gesellschaft gedrängt werden. Dies stellt bei dem nach der konkreten Vereinbarung als einzig vorgesehenen Einsatz der *Call*-Option als Sicherungsmittel der Mitveräußerungspflicht lediglich den notwendigen Zwischenschritt dar, um den *Trade Sale* durchführen zu können. Die Mitveräußerungspflicht selbst ist, wie in dieser Untersuchung bereits gesehen,[39] im Bereich des Venture-Capitals durch berechtigte und schützenswerte ökonomische Interessen des Investors erforderlich und sachlich gerechtfertigt. Aus denselben Gründen kann demnach nichts anderes für die zur Sicherung der Erfüllung der Mitveräußerungspflicht durch den Gründer und zugunsten des Investors vereinbarte *Call*-Option gelten. Diese zielt nämlich ausschließlich darauf ab, die mit der Mitveräußerungspflicht verbundenen schützenswerten Interessen des Investors gegenüber einem pflichtwidrig handelnden Gesellschafter durchzusetzen.

b) Beschränkung des Kaufpreises für die Geschäftsanteile

aa) Festlegung einer Bewertungsmethode

Der von einer *Call*-Option betroffene Gesellschafter hat Anspruch auf Zahlung eines Kaufpreises für seine Geschäftsanteile. Bei der Vereinbarung der *Call*-Option wird es angesichts der ungewissen Unternehmensentwicklung schier unmöglich sein, bereits vorab einen bestimmten Kaufpreis für die Geschäftsanteile des Gründers festzulegen. Daher ist es sinnvoll, dass die Klausel eine bestimmte Methode zu dessen Ermittlung vorsieht.[40] Sofern sich hierdurch allerdings ein für den Gründer ein wirtschaftlich vorteilhafter Wert ergibt, wird die Wirkung der *Call*-Option als Druckmittel zur Erfüllung der Mitveräußerungspflicht äußerst beschränkt sein.

bb) Verkehrswert als Kaufpreis

Bei der Bestimmung des Kaufpreises für die Anteile des Gründers kann die *Call*-Option zudem derart gestaltet werden, dass als Kaufpreis derjenige fällig wird, der anteilig dem entspricht, den der am Erwerb sämtlicher Geschäftsanteile interessierte Dritte geboten hat. Hierdurch erleidet der von der Mitveräußerungspflicht betroffene Gründer regelmäßig keine wirtschaftlichen Nachteile sofern man davon ausgeht, dass dieser Wert dem Verkehrswert entspricht. Für den berechtigten Venture-Capital-Investor entstehen durch den Zwischenerwerb

---

39 Oben § 5 II. 1. b) bb).

40 *Fett/Spiering*, in: Fett/Spiering, Handbuch Joint Venture, Kap. 7 Rn. 586; *Priester*, in: FS Hopt, 2010, S. 1139, 1148; *Reinhard*, in: Wachter, Handels- und Gesellschaftsrecht, Teil 2, 12. Kapitel, Rn. 72.

allerdings unerwünschte Transaktionskosten.[41] Danach kann hierin kein wirkliches Druckmittel gesehen werden, das den Gründer zur Erfüllung seiner Mitveräußerungspflicht anhält. Es dient vielmehr eher der rein tatsächlichen Vollziehung dieser Pflicht.

cc) Beschränkung des Kaufpreises

Daher wird im Zusammenhang mit dem Einsatz der *Call*-Option als Sicherungsmittel der Mitveräußerungspflicht überdies vorgeschlagen, dass der Ankaufspreis für die Geschäftsanteile des Gründers unterhalb des Verkehrswertes liegen soll.[42] Hierdurch soll ein weiteres wirtschaftliches Druckmittel für den betroffenen Gesellschafter geschaffen werden, damit dieser seinen Verpflichtungen nachkommt und die *Call*-Option schon gar nicht aktiviert werden muss.[43]

Die Grundsätze zur Beschränkung des Preises der Geschäftsanteile wurden im Rahmen dieser Untersuchung bereits dargestellt, worauf in diesem Zusammenhang verwiesen wird.[44] Da die Ausübung der *Call*-Option gleichsam zu einem Ausscheiden des Gesellschafters aus der Gesellschaft führt, liegt es nahe, dass diese Grundsätze hier gleichsam Anwendung finden.

Insbesondere bei Gesellschaftern, die für die Beendigung ihrer Gesellschafterstellung selbst verantwortlich sind, ist es anerkannt, dass die Abfindung einen geringeren Wert als den Verkehrswert ausweisen kann.[45] Daher liegt es nahe, bei dem Veräußerungspreis für die Ausübung einer *Call*-Option ebenfalls eine derartige Differenzierung vorzunehmen.[46] Dabei darf die Beschränkung allerdings nicht so weit führen, dass lediglich der Buch- bzw. Nominalwert der Geschäftsanteile zu bezahlen ist.[47] Entsprechend den Grundsätzen zur Abfindungsbeschränkung kommt danach eine Nichtigkeit der Abfindungsklausel gemäß § 138 Abs. 1 BGB lediglich bei einem bereits zum Zeitpunkt der Vereinbarung der Option bestehenden groben Missverhältnis zwischen Verkehrswert und

---

41 Oben § 3 II. 1. b).

42 Vgl. *Badini Confalonieri*, NDS – n. 20/2012, 133, 161 f.; *Proverbio*, S. 126 f.

43 *Proverbio*, S. 126.

44 Oben § 5 II. 3. a).

45 *Fett/Spiering*, in: Fett/Spiering, Handbuch Joint Venture, Kap. 7 Rn. 586, 614; *Kästle/Heuterkes*, NZG 2005, 289, 290 f.; *Priester*, in: FS Hopt, 2010, S. 1139, 1149.

46 *Fett/Spiering*, in: Fett/Spiering, Handbuch Joint Venture, Kap. 7 Rn. 586; *Priester*, in: FS Hopt, 2010, S. 1139, 1149; *Seibt*, in: Seibt, Beck'sches Formularbuch Mergers & Acquisitions, F.V.2 Anm. 6.

47 *Heckschen*, in: Heckschen/Heidinger, Die GmbH in der Gestaltungs- und Beratungspraxis, § 4 Rn. 189a; *Priester*, in: FS Hopt, 2010, S. 1139, 1149.

vereinbartem Abfindungsbetrag in Betracht. Zudem bergen Buch- bzw. Nominalwertklauseln bei einer positiven Unternehmensentwicklung das Risiko einer späteren Anpassung, da ein nachträgliches Missverhältnis zwischen Verkehrswert und vereinbartem Wert vorliegt.[48] Diese Gefahr besteht insbesondere bei einem schnell wachsenden innovativen Unternehmen, die Gegenstand dieser Untersuchung sind.

Die hier vorgeschlagene *Call*-Option kommt ausschließlich dann zur Anwendung, wenn der Gründer seiner Pflicht zur Mitveräußerung nicht nachkommt. Die Mitveräußerungspflicht hat er allerdings durch freiwillige und bewusste Entscheidung akzeptiert, da ihm in diesem Zusammenhang das für den Aufbau seines Unternehmens erforderliche Kapital durch den Investor zur Verfügung gestellt wurde. Abgesehen von den Fällen des Missbrauchs sind keine Aspekte auf der Seite des Gründers ersichtlich, die eine Nichterfüllung der ordnungsgemäß aktivierten Mitveräußerungspflicht rechtfertigen könnten. Es liegt damit in seinem alleinigen Verantwortungsbereich dieser Verpflichtung nachzukommen. Der Investor verfolgt mit dem angestrebten *Exit* schützenswerte Interessen, da er ausschließlich hierdurch eine Rendite mit seiner Unternehmensbeteiligung erzielen kann. Nach diesen Umständen erscheint es daher sachgerecht, dass der Gründer, der seiner Mitveräußerungspflicht nicht nachkommt, einen gewissen Abschlag beim Kaufpreis für seine Geschäftsanteile im Vergleich zum Verkehrswert hinzunehmen hat. Für die Höhe des zulässigen Abschlags gibt es keine festen Grenzen, sodass es auf die jeweilige Vereinbarung im Einzelfall ankommt.

c) Zwischenergebnis

Somit ergibt sich, dass eine *Call*-Option in der zuletzt dargestellten Variante zum Kaufpreis durchaus als Sicherungsinstrument zur Durchsetzung einer Mitveräußerungspflicht eingesetzt werden kann. Da deren Ausübung jedenfalls an die pflichtwidrige Erfüllung der Mitveräußerungspflicht durch den Gründer knüpft, ist in ihr schon keine unzulässige freie Hinauskündigungsklausel zu sehen. Zudem gibt der Gründer in diesem Fall selbst Anlass für die Ausübung der Option durch den Investor. Jedenfalls werden durch dieses Instrumentarium die mit der Mitveräußerungspflicht verbundenen schutzwürdigen Interessen des Investors durchgesetzt. Daher liegt eine sachliche Rechtfertigung vor.

Die *Call*-Option, bei der als Kaufpreis der anteilige Verkehrswert oder ein diesem annähernd entsprechender Wert vorgesehen ist, stellt kein geeignetes

---

48 *Fastrich*, in: Baumbach/Hueck, GmbHG, § 34 Rn. 35 f.; *Strohn*, in: Fleischer/Goette, MünchKommGmbHG, § 34 Rn. 255 ff.

Mittel dar, um die Erfüllung der Mitveräußerungspflicht durch den Gründer sicherzustellen. Bei dieser Gestaltungsvariante droht ihm nämlich kein wirtschaftlicher Nachteil. Daher könnte er sich aus opportunistischen Gründen auf dieses Verfahren einlassen, da es zu einer Verzögerung des *Exits* führt.

Es ist allerdings darauf hinzuweisen, dass der infolge der *Call*-Option erfolgende Zwischenerwerb des Venture-Capital-Investors aufgrund der damit verbundenen zeitlichen Verzögerung und der aufwändigeren Vertragsgestaltung grundsätzlich nicht in seinem Interesse ist.[49] Im Ergebnis zeigt sich jedoch, dass durch die *Call*-Option, angesichts der drohenden wirtschaftlichen Einbuße für den Gründer, ein gewisses Drohpotential gegenüber diesem aufgebaut werden kann, sodass er seiner Verpflichtung zur Mitveräußerung doch nachkommt. Sofern dies allerdings nicht wirkt, bietet die *Call*-Option den entscheidenden Vorteil, dass der Verkauf und die Abtretung der Geschäftsanteile des Gründers an den Investor ohne eine weitere hierfür erforderliche Erklärung oder Handlung des Gründers vorgenommen werden kann. Infolgedessen kann der Venture-Capital-Investor als nunmehriger Inhaber der Geschäftsanteile des Gründers den vollständigen *Trade Sale* eigenständig vornehmen. Sofern der Gründer anderen Sicherungsmaßnahmen nicht zustimmt, kann daher die *Call*-Option für den Investor im Einzelfall, trotz des unerwünschten Zwischenerwerbs, einen geeigneten Mechanismus zur Durchsetzung der Mitveräußerungspflicht darstellen.

5. Put-Option zugunsten des Venture-Capital-Investors

a) *Funktionsweise der Put-Option*

In der deutschen und italienischen Rechtsliteratur wird als weiterer Schutzmechanismus für die Mitveräußerungspflicht die Vereinbarung einer *Put*-Option (Verkaufsoption) zugunsten des Venture-Capital-Investors vorgeschlagen.[50] Die *Put*-Option wurde in dieser Untersuchung bereits dargestellt, worauf insofern vollumfänglich verwiesen wird.[51] Danach gewährt diese dem berechtigten Gesellschafter nach festgelegten Bedingungen das Recht zum Verkauf und zur Abtretung seiner Geschäftsanteile an einen Mitgesellschafter.

Somit kann der Investor bei diesem Schutzmechanismus ab dem Zeitpunkt, in dem der von der Mitveräußerungspflicht betroffene Gründer seiner Pflicht

---

49 Oben § 3 II. 1. b).

50 Vgl. *Badini Confalonieri*, NDS – n. 20/2012, 133, 161 f.; *Proverbio*, S. 126 f.; *Schäfer/Stephan*, Rn. 608 f.; *Simon*, S. 426; *Toninelli*, Rivista delle operazioni straordinarie 2015, fasc. 6, 4, 6; *von Bünau/Bassewitz*, Corporate Finance biz 2013, 42, 51.

51 Oben § 3 II. 1. a).

zur Mitveräußerung trotz der drohenden Ausübung der *Put*-Option nicht nachkommt, das ihm zustehende Optionsrecht ausüben. Hierdurch kommt der vereinbarte Kauf- und Abtretungsvertrag über die Geschäftsanteile des Investors mit dem Gründer zustande.

Der Kaufpreis für die Geschäftsanteile kann sich zum einen nach einem bestimmten festgelegten Bewertungsverfahren richten oder zum anderen nach dem Preis, den der am Erwerb interessierte Dritte anteilig für die Geschäftsanteile geboten hat.[52] Sofern die zweite Variante gewählt und erfolgreich durchgeführt wird, besteht für den Investor wenigstens die Gewähr dafür, dass er in wirtschaftlicher Sicht gleich steht, wie bei dem geplanten *Trade Sale*.

Andererseits wird auch vorgeschlagen, dass hierfür vom betroffenen Gesellschafter ein höherer Preis für die Geschäftsanteile des Investors als der reine Verkehrswert zu bezahlen ist.[53]

b) Bewertung

Die Ausübung der *Put*-Option durch den Investor hat zur Folge, dass der hiervon betroffene Gründer der Gesellschaft die Anteile des Venture-Capital-Investors erwirbt. Der Investor verliert damit seine Gesellschafterstellung aus eigenem Entschluss. Der Gründer selbst scheidet hingegen nicht aus der Gesellschaft aus. Somit ist bereits der Anwendungsbereich einer Hinauskündigungsklausel nicht eröffnet. Weiterhin enthält die *Put*-Option gerade keine Abfindungsbeschränkung des Kaufpreises für die Geschäftsanteile des Investors, da dieser keine Vereinbarung akzeptieren wird, durch die ihm ein geringerer Preis als der Verkehrswert zugesichert wird. Somit stellt sich in diesem Fall im Unterschied zur *Call*-Option ebenfalls der Komplex der Zulässigkeit der Abfindungsbeschränkungen nicht.

Die *Put*-Option ist allerdings nicht in jedem Fall geeignet, eine Mitveräußerungspflicht durchzusetzen. Sollte sich etwa der von der Mitveräußerungspflicht betroffene Gründer nicht davon abschrecken lassen, dass er bei der Verletzung dieser Pflicht, infolge der Ausübung der *Put*-Option durch den Investor, dessen Geschäftsanteile erwirbt und zu einer entsprechenden Kaufpreiszahlung verpflichtet ist, scheitert der vom Investor geplante *Trade Sale* vollständig. Die *Put*-Option kann allenfalls dann ein Drohmittel darstellen, das den Gründer zur Erfüllung seiner Mitveräußerungspflicht bewegen kann, wenn er einen erheblichen Aufschlag zum Verkehrswert bzw. zum vom Dritten gebotenen Preis für

---

52 *Schäfer/Stephan*, Rn. 608; *Simon*, S. 426; *von Bünau/Bassewitz*, Corporate Finance biz 2013, 42, 51.

53 Vgl. *Badini Confalonieri*, NDS – n. 20/2012, 133, 161 f.; *Proverbio*, S. 126 f.

die Geschäftsanteile des Investors zahlen muss. In diesem Fall könnte er nämlich, angesichts der auf ihn zukommenden finanziellen Belastung, gehalten sein, seinen Verpflichtungen aus der Mitveräußerungspflicht nachzukommen. Doch selbst in diesem Fall ist nicht gewährleistet, dass sich der Gründer einschüchtern lässt. Es besteht daher ein Risiko für den erwerbsbereiten Dritten, dass der *Trade Sale* infolge der Optionsausübung scheitert. Daher könnte dies zu der gegenteiligen Situation führen, dass die Mitveräußerungspflicht durch die *Put*-Option nämlich gerade nicht durchgesetzt, sondern vielmehr das mit ihr verfolgte Ziel des *Trade Sales* verhindert wird. Dieses Risiko wird ein verständiger Erwerber erkennen. Daher kann die im konkreten Fall zur Absicherung der Mitveräußerungspflicht zugunsten des Investors eingeräumte *Put*-Option einen Erwerber abschrecken, da dieser damit rechnen muss, im Ergebnis frustrierte Aufwendungen im Zusammenhang mit dem geplanten Unternehmenserwerb zu tätigen.[54] Allerdings wird sich ein Venture-Capital-Investor in diesem Fall kaum darauf einlassen, die *Put*-Option auszuüben und damit den geplanten *Trade Sale* scheitern zu lassen. Dies würde eine erhebliche Beschädigung seines Rufes nach sich ziehen. Dies lässt nämlich den Schluss zu, dass er, zum einen nicht in der Lage war, den *Trade Sale* durchzusetzen, und zum anderen seine wirtschaftlichen Interessen auf Kosten derjenigen des Erwerbers durchgesetzt hat.

Zudem muss in diesem Zusammenhang auf die oftmals angespannte finanzielle Situation des Gründers eines jungen Unternehmens hingewiesen werden, der üblicherweise bereits sein gesamtes Kapital in seine Idee und damit das Unternehmen gesteckt hat. Dementsprechend besteht ein Risiko, dass der Investor den ihm infolge der Optionsausübung zustehenden Kaufpreis für seine Anteile vom Gründer nicht erlangen kann.[55]

Insgesamt ist daher zu sagen, dass eine *Put*-Option lediglich im Einzelfall, nämlich wenn sich der Gründer angesichts des drohenden und ihn finanziell überfordernden Erwerbs zur Erfüllung der Mitveräußerungspflicht gezwungen sieht, geeignet sein kann, die Durchsetzung einer Mitveräußerungspflicht zu erleichtern. In der Mehrzahl der Fälle besteht vielmehr ein Risiko, dass der geplante *Trade Sale* infolge der Optionsausübung scheitert. Damit stellt die *Put*-Option in der Regel kein geeignetes Instrumentarium zur Durchsetzung der Mitveräußerungspflicht dar.

---

54 Vgl. *Simon*, S. 426.

55 Vgl. *Simon*, S. 426; *Trezzini*, S. 293 f.; *von Bünau/Bassewitz*, Corporate Finance biz 2013, 42, 51.

III. Indirekte Möglichkeiten zur Durchsetzung der Mitveräußerungspflicht

1. Schadensersatz und Vertragsstrafe

a) Schadensersatz

Sofern der Gründer einer ordnungsgemäß aktivierten und bestehenden Verpflichtung zur Mitveräußerung seiner Geschäftsanteile an einen Erwerber nicht nachkommt, stellt dies eine Pflichtverletzung dar. Erleidet der aus der Mitveräußerungspflicht berechtigte Venture-Capital-Investor hierdurch einen Schaden, weil der geplante *Trade Sale* scheitert, kommt grundsätzlich ein Schadensersatzanspruch für den Investor gegen den pflichtwidrig handelnden Gründer in Betracht. Hierbei stellt sich allerdings die Problematik des Nachweises des konkret eingetretenen Schadens.[56] Es ist zu beachten, dass der aus der Mitveräußerungspflicht berechtigte Investor trotz eines Scheiterns des *Exits* weiterhin Gesellschafter der Gesellschaft ist und damit über einen bestimmten Anteilswert verfügt. Sofern der am Erwerb interessierte Dritte lediglich den Marktwert für die Anteile geboten hätte, ist bereits fraglich, worin der Schaden für den Investor zu sehen ist, da er gerade weiter Inhaber der Geschäftsanteile mit diesem Marktwert ist. In diesem Fall erleidet der Investor damit keine unmittelbaren Vermögensnachteile. Durch die Weigerung des Gründers ist es ihm allerdings verwehrt, sein Investment zu liquidieren und er muss seine Gesellschafterstellung länger erhalten. Inwiefern hierin ein Schaden gesehen und wie dieser beziffert werden kann, hängt vom jeweiligen Einzelfall ab und wird schwer zu beweisen sein. Hätte der Dritte allerdings einen Zuschlag zum Verkehrswert bezahlt, sog. Kontrollprämie (*premio di controllo*) bzw. Mehrheitsprämie (*premio di maggioranza*), so ist der hierbei auf den Investor entfallende Anteil als entgangener Gewinn zu beurteilen, den er ersetzt verlangen kann. Zur Vereinfachung der konkreten Schadensberechnung könnte durch die Parteien bei der Verletzung der Mitveräußerungspflicht jedenfalls eine Schadenspauschale vorgesehen werden. Mit dieser ist keine Straffunktion verbunden, da sie vielmehr lediglich den typischerweise zu erwartenden Schaden beziffern und den Schadensersatzanspruch erleichtert durchsetzen soll.[57] Es ist daher fraglich, inwieweit dieses Mittel

---

56 *Huber/Zandler*, ecolex 2007, 832, 834; *Tiberi*, in: Brechbühl/Wooder, Global Venture Capital Transactions, S. 249.

57 *Rieble*, in: Staudinger, Kommentar zum Bürgerlichen Gesetzbuch, Vorb. §§ 339 ff. Rn. 65.

den sich gegen die Veräußerung sträubenden Gründer zur Erfüllung seiner Mitveräußerungspflicht anhalten kann.

b) *Vertragsstrafe*

Als effektiveres Mittel zur Erfüllung einer Mitveräußerungspflicht wird daher in der deutschen und italienischen juristischen Literatur die Vereinbarung einer Vertragsstrafe (*penale*) angesehen.[58]

Die Vertragsstrafe ist im deutschen Recht in den §§ 339 BGB geregelt. Im Gegensatz zur Schadenspauschale übernimmt sie zwei Funktionen. Es geht nämlich einmal darum, ein Druckmittel für den Schuldner zu schaffen, dass er seinen Verpflichtungen in ordnungsgemäßer Weise nachkommt.[59] Zum anderen dient sie dazu, im Fall der trotz der drohenden Vertragsstrafe eingetretenen Pflichtverletzung, den Schadensersatzanspruch erleichtert durchzusetzen, indem der Beweis des Schadens obsolet wird.[60] Die Höhe der Vertragsstrafe stellt ein entscheidendes Kriterium beim Einsatz dieses Mittels dar. Sofern sie allzu niedrig angesetzt ist, kann dies dazu führen, dass sich der dadurch Verpflichtete nicht ausreichend abschrecken lässt und er damit deren Eintritt aufgrund einer wirtschaftlichen Abwägung in Kauf nimmt. Eine zu hohe Vertragsstrafe birgt allerdings im Streitfall die Gefahr, gleichfalls nicht durchgesetzt werden zu können. So besteht das Risiko der Nichtigkeit der gesamten Strafklausel gemäß § 138 BGB, wenn diese zum einen nicht nur unverhältnismäßig hoch ist, sondern darüber hinaus noch weitere die Sittenwidrigkeit begründenden Umstände hinzukommen.[61] Diese können darin bestehen, dass die Existenz des Betroffenen gefährdet ist oder die Strafe völlig außer dem Verhältnis zur übernommenen Verpflichtung steht.[62] Darüber hinaus kommt bei einer unverhältnismäßig hoch verwirkten Strafe, die dem Grunde nach besteht und damit nicht nichtig ist, auf

58 Vgl. *Badini Confalonieri*, NDS – n. 20/2012, 133, 161; *Ballerini*, Contr. e impr. 2014, 1466, 1489 f.; *Divizia*, Le clausole di tag e drag along, S. 86 ff.; *Gores*, in: Hauschild/Kallrath/Wachter, Notarhandbuch, § 20 Rn. 49; *Grisebach*, S. 252; *Proverbio*, S. 121 ff.; *Seibt*, in: Seibt, Beck'sches Formularbuch Mergers & Acquisitions, F.V.2 Anm. 2; *Tiberi*, in: Brechbühl/Wooder, Global Venture Capital Transactions, S. 261; *Toninelli*, Rivista delle operazioni straordinarie 2015, fasc. 6, 4, 6; *Ziegert*, S. 171.

59 *Gottwald*, in: Säcker/Rixecker/Oetker, MünchKommBGB, Vor § 339 Rn. 6; *Rieble*, in: Staudinger, Kommentar zum Bürgerlichen Gesetzbuch, Vorb. §§ 339 ff. Rn. 16 ff.

60 *Gottwald*, in: Säcker/Rixecker/Oetker, MünchKommBGB, Vor § 339 Rn. 6; *Rieble*, in: Staudinger, Kommentar zum Bürgerlichen Gesetzbuch, Vorb. §§ 339 ff. Rn. 16.

61 *Rieble*, in: Staudinger, Kommentar zum Bürgerlichen Gesetzbuch, § 339 Rn. 74.

62 *Rieble*, in: Staudinger, Kommentar zum Bürgerlichen Gesetzbuch, § 339 Rn. 77.

Antrag des Schuldners eine Herabsetzung durch das Gericht gemäß § 343 Abs. 1 Satz 1 BGB auf einen angemessenen Betrag in Betracht. Die Vorschrift des § 348 HGB, die die Anwendbarkeit des § 343 BGB auf eine von einem Kaufmann im Betriebe seines Handelsgewerbes versprochene Vertragsstrafe ausschließt, greift bei einem GmbH-Gesellschafter nicht. Dieser ist nämlich kein Kaufmann i.S.d. § 1 Abs. 1 HGB, da er kein Handelsgewerbe betreibt.[63] Im Übrigen ist der § 343 BGB unabdingbar.[64] Bei der Beurteilung der Angemessenheit der Vertragsstrafe ist gemäß § 343 Abs. 1 Satz 2 BGB jedes berechtigte Interesse des Gläubigers einzubeziehen. Es ist jedenfalls eine Abwägung sämtlicher Umstände des Einzelfalls erforderlich, bei der u.a. die Schwere und das Ausmaß der Zuwiderhandlung, die Funktion der Vertragsstrafe als Druck- und Sicherungsmittel und das Verschulden des Schuldners einzubeziehen sind.[65]

Eine sorgfältig abgefasste und im Einzelfall wirksame Vertragsstrafe kann durchaus geeignet sein, Druck auf den von der Mitveräußerungspflicht betroffenen Gründer aufzubauen, dass er seiner Verpflichtung nachkommt. Insofern wird zu Recht angeführt, dass diese dafür sorgen soll, ein opportunistisches Verhalten des verpflichteten Gründers zu verhindern.[66] Ein Vorteil in der Vertragsstrafe ist zudem darin zu sehen, dass der Nachweis des konkreten Schadens obsolet wird, der im Fall der Mitveräußerungspflicht mitunter schwierig zu beweisen ist. Es ist anhand des jeweiligen Einzelfalls darauf zu achten, dass die Höhe der Vertragsstrafe angemessen ist, da ansonsten eine Herabsetzung durch das Gericht droht. Dabei ist der Ausgang dieses Gerichtsverfahrens im Vorhinein ungewiss. Der Investor strebt jedoch danach, jegliche Unsicherheiten beim *Exit* zu vermeiden. Durch die Vertragsstrafe selbst kann zudem die erstrebte Veräußerung der Geschäftsanteile nicht erfolgen.[67] Letztlich ist zu beachten, dass sich sich die Vertragsstrafe dann als weitgehend wirkungslos darstellt, wenn der Gründer, wie es häufig der Fall ist, nicht über die finanziellen Mittel zu ihrer Begleichung verfügt.[68] In diesem Fall lässt er sich womöglich nicht von

---

63 *Hopt*, in: Baumbach/Hopt, HGB, § 1 Rn. 50; *Roth*, in: Koller/Kindler/Roth, HGB, § 1 Rn. 23.

64 *Gottwald*, in: Säcker/Rixecker/Oetker, MünchKommBGB, § 343 Rn. 2; *Rieble*, in: Staudinger, Kommentar zum Bürgerlichen Gesetzbuch, § 343 Rn. 28.

65 BGH, NJW 1994, 45, 46 f.; *Gottwald*, in: Säcker/Rixecker/Oetker, MünchKommBGB, § 343 Rn. 18; *Rieble*, in: Staudinger, Kommentar zum Bürgerlichen Gesetzbuch, § 343 Rn. 114 f.

66 *Sáez Lacave/Bermejo Gutiérrez*, EBOR 2010, Vol. 11, 423, 434.

67 *Divizia*, Le clausole di tag e drag along, S. 90 f.

68 *Grisebach*, S. 252.

der drohenden Zahlung einer Vertragsstrafe abschrecken, da seine finanziellen Ressourcen ohnehin bereits erschöpft sind.

c) Bewertung

Vorab ist anzumerken, dass eine Inhaltskontrolle der Schadenspauschale gemäß § 309 Nr. 5 BGB sowie der Vertragsstrafe gemäß § 307 BGB im Rahmen der Absicherung einer Mitveräußerungspflicht im Bereich des Venture-Capitals ausscheidet. Hierin sind nämlich aus denselben Gründen, wie bereits in dieser Untersuchung dargestellt,[69] keine AGB zu sehen, da diese zum einen nicht vorformuliert und zum anderen individuell ausgehandelt sind.

Der bloße drohende Schadensersatzanspruch stellt in der Regel für den sich gegen die Veräußerung sträubenden Gründer kein ausreichendes Druckmittel zur Erfüllung seiner Mitveräußerungspflicht dar, da insofern bereits die Bemessung des Schadens mit Schwierigkeiten behaftet ist und selbst durch eine Schadenspauschale mangels Strafcharakters kein ausreichender Druck erzeugt werden kann.

Eine wirksam vereinbarte Vertragsstrafe für den Fall der Verletzung der Mitveräußerungspflicht kann den Gründer dazu bewegen, seine Pflicht zu erfüllen. Die Vertragsstrafe stellt nämlich angesichts des finanziellen Schadens für den Gründer ein Druckmittel des Investors gegenüber dem Gründer dar. Insofern kann es zur Wahrung des Interesses des Venture-Capital-Investors an der Durchführung des *Exits* durchaus sinnvoll sein, eine Vertragsstrafe zu vereinbaren. Sofern sich der Gründer hiervon allerdings nicht einschüchtern lässt, wird der vom Investor angestrebte *Trade Sale* dennoch nicht stattfinden. In der Praxis kann es zudem durchaus vorkommen, dass die Vereinbarung einer Vertragsstrafe zur Absicherung der Mitveräußerungspflicht vom Gründer abgelehnt wird, da sie zumindest in wirtschaftlicher Sicht ein scharfes und ggf. existenzbedrohendes Instrumentarium für den Gründer darstellt.

2. Aussetzung des Stimmrechts

a) Im italienischen Recht

Um den von der Mitveräußerungspflicht betroffenen Gesellschafter dazu zu bringen, seiner Verpflichtung zur Veräußerung der Geschäftsanteile nachzukommen, wird von einer Stimme in der italienischen Rechtsliteratur ein weiteres Druckmittel vorgeschlagen. Demnach soll es dem betroffenen Gesellschafter in dem Fall,

69 Oben § 5 II. 7. b).

in dem er sich nach einer Aktivierung der Mitveräußerungspflicht weigert, seine Geschäftsanteile an den Dritten zu veräußern, verwehrt sein, seine Gesellschafterrechte und insbesondere das Stimmrecht (*diritto di voto*) in der Gesellschafterversammlung auszuüben.[70] Hergeleitet wird dies aus einer Parallele zwischen der Mitveräußerungspflicht und dem Vorkaufsrecht, da diese Sanktion in der italienischen Rechtsliteratur für die Verletzung des Vorkaufsrechts vorgeschlagen wird.[71] Diese Parallele ist jedoch bereits infrage zu stellen, da die Mitveräußerungspflicht und das Vorkaufsrecht, wie im Rahmen dieser Untersuchung aufgezeigt, unterschiedliche Interessen verfolgen. Selbst innerhalb dieser Ansicht wird aber darauf hingewiesen, dass gewisse Unsicherheiten zur Vereinbarkeit dieses Instruments mit dem geltenden Recht bestehen. Insbesondere stellt sich die Frage, ob die für diese Sanktion als zuständiges Organ vorgeschlagenen Geschäftsführer (*amministratori*) hierzu überhaupt befugt sind, da diese Rechtsfolge lediglich für einen säumigen Gesellschafter vorgesehen ist.[72] Insbesondere ist die diese Rechtsfolge enthaltene Vorschrift des Art. 2466 Abs. 4 c.c. an sich aufgrund ihres Ausnahmecharakters nicht per Analogie auf andere Fälle als der Säumnis ausdehnbar.[73] Damit ist die Wirksamkeit dieser Sicherungsmaßnahme im italienischen Recht ungeklärt. Zudem ist zu beachten, dass bei einem mit Venture-Capital finanzierten Start-up der Gründer üblicherweise zugleich der Geschäftsführer der Gesellschaft ist. Bei dem hier vorgeschlagenen Druckmittel würde dann die abwegige Situation eintreten, dass der Gründer Sanktionen gegen sich selbst einleiten müsste.

b) *Im deutschen Recht*

Trotz allem ist nachfolgend zu überprüfen, ob dieser Vorschlag im deutschen Recht in zulässiger Weise fruchtbar gemacht werden kann. Dabei ist entscheidend, ob der Ausschluss des Stimmrechts unter diejenigen Rechte eines Gesellschafters fällt, die unentziehbar sind.

Bestimmte Rechte, absolut unentziehbare Mitgliedschaftsrechte, sind selbst mit Zustimmung des betroffenen Gesellschafters nicht entziehbar, da diesem ein gewisses Mindestmaß an gesellschaftlicher Teilhabe zustehen muss.[74] Hierzu

---

70 *Stabilini/Trapani*, Riv. dir. comm. 2010, 949, 989 ff.

71 *Stabilini/Trapani*, Riv. dir. comm. 2010, 949, 990.

72 *Stabilini/Trapani*, Riv. dir. comm. 2010, 949, 990.

73 *Zanarone*, S. 428.

74 *Ebbing*, in: Heidinger/Leible/Schmidt, GmbHG, § 14 Rn. 60; *Pentz*, in Rowedder/Schmidt-Leithoff, GmbHG, § 14 Rn. 18; *Reichert/Weller*, in: Fleischer/Goette, MünchKommGmbHG, § 14 Rn. 83.

zählt das Recht des Gesellschafters auf Teilnahme an den Gesellschafterversammlungen, da dies zum Kernbereich seiner Mitgliedschaft zählt.[75] In den Gesellschafterversammlungen werden nämlich die für die Gesellschaft wesentlichen Beschlüsse gefasst. Somit ist es im deutschen Recht nicht möglich, dem Gründer, der seiner Mitveräußerungspflicht nicht nachkommt, anzudrohen, dass ihm sein Teilnahmerecht an der Gesellschafterversammlung entzogen wird.

In Betracht kommt allerdings der Entzug des Stimmrechts des pflichtwidrig handelnden Gesellschafters. Das Stimmrecht zählt zu den relativ unentziehbaren Mitgliedschaftsrechten, für deren Einschränkung oder Entziehung die Zustimmung des betroffenen Gesellschafters erforderlich ist.[76] Die Entziehung des Stimmrechts von einem bis dahin stimmfähigen Geschäftsanteil erfolgt durch eine Satzungsänderung, der der betroffene Gesellschafter zu ihrer Wirksamkeit zustimmen muss, da dies zu seinem Nachteil gereicht.[77] Sofern ausnahmsweise ein wichtiger Grund, für den dieselben Grundsätze wie beim Ausschluss gelten und die in dieser Untersuchung[78] bereits dargestellt wurden, für die Entziehung des Stimmrechts vorliegt, ist die Zustimmung des Gesellschafters zur Satzungsänderung entbehrlich.[79] Unabhängig davon und damit vom Bestehen des Stimmrechts steht dem jeweiligen Gesellschafter allerdings das Recht zur Anfechtung von Gesellschafterbeschlüssen zu, da es sich hierbei um ein absolut unentziehbares Mitgliedschaftsrecht handelt.[80]

Danach bedarf der Ausschluss des Stimmrechts eines Gesellschafters grundsätzlich seiner Zustimmung. Es ist im Einzelfall zu entscheiden, ob die Verletzung der Mitveräußerungspflicht einen wichtigen Grund darstellt, der einen Verlust des Stimmrechts auch ohne Zustimmung des jeweiligen Gesellschafters

75 *Ebbing*, in: Heidinger/Leible/Schmidt, GmbHG, § 14 Rn. 60; *Pentz*, in Rowedder/Schmidt-Leithoff, GmbHG, § 14 Rn. 18; *Reichert/Weller*, in: Fleischer/Goette, MünchKommGmbHG, § 14 Rn. 85.

76 *Ebbing*, in: Heidinger/Leible/Schmidt, GmbHG, § 14 Rn. 63 f.; *Pentz*, in Rowedder/Schmidt-Leithoff, GmbHG, § 14 Rn. 21; *Reichert/Weller*, in: Fleischer/Goette, MünchKommGmbHG, § 14 Rn. 89.

77 *Altmeppen*, in: Roth/Altmeppen, GmbHG, § 14 Rn. 16; *Fastrich*, in: Baumbach/Hueck, GmbHG, § 14 Rn. 16; *Pentz*, in Rowedder/Schmidt-Leithoff, GmbHG, § 14 Rn. 24; *Reichert/Weller*, in: Fleischer/Goette, MünchKommGmbHG, § 14 Rn. 82, 94; *Zöllner/Noack*, in: Baumbach/Hueck, GmbHG, § 47 Rn. 33.

78 Oben § 2 II. 3. a) cc).

79 *Fastrich*, in: Baumbach/Hueck, GmbHG, § 14 Rn. 17; *Reichert/Weller*, in: Fleischer/Goette, MünchKommGmbHG, § 14 Rn. 93.

80 *Ebbing*, in: Heidinger/Leible/Schmidt, GmbHG, § 14 Rn. 60; *Reichert/Weller*, in: Fleischer/Goette, MünchKommGmbHG, § 14 Rn. 85.

rechtfertigt. Die heikle Frage des Vorliegens eines wichtigen Grundes wird unter § 7 III. 3. b) dieser Untersuchung näher dargestellt. Im Zusammenhang mit der sinnvollen Absicherung der Mitveräußerungspflicht sei allerdings in diesem Zusammenhang darauf hingewiesen, dass der betroffene Gesellschafter unabhängig vom ggf. bestehenden Stimmrechtsentzug seinen Gewinnanspruch behält. Zudem erfolgt durch diese Maßnahme nicht die Veräußerung des Geschäftsanteils durch *Trade Sale* an den Dritten. Der drohende Entzug des Stimmrechts stellt vielmehr lediglich ein Druckmittel für den Gründer dar.

c) Zwischenergebnis

Durch einen entsprechenden Beschluss der Gesellschafterversammlung kann demnach im deutschen Recht das Stimmrecht eines Gesellschafters durchaus entzogen werden. Eine derartige Beschlussfassung ist als Sanktion der Verletzung der Mitveräußerungspflicht im deutschen Recht denkbar. Hierfür ist allerdings grundsätzlich die Zustimmung des Gründers als hiervon betroffener Gesellschafter erforderlich, wenn in seiner Person kein wichtiger Grund vorliegt.

Im Gegensatz zum Vorschlag für das italienische Recht ist es im deutschen Recht allerdings gerade nicht möglich, dass die Geschäftsführer der Gesellschaft die Entziehung des Stimmrechts bewirken. Im deutschen Recht ist hierfür vielmehr ein Beschluss der Gesellschafterversammlung erforderlich.

Bei einem Entzug des Stimmrechts verbleibt der betroffene Gesellschafter zudem weiterhin als Gesellschafter in der Gesellschaft und kann trotz fehlendem Stimmrecht jedenfalls die Beschlüsse der Gesellschafterversammlung anfechten. Hierdurch ergibt sich ein großes Potenzial zu opportunistischem Verhalten. Es hängt dabei von den Umständen des jeweiligen Falles ab, inwiefern durch dieses Mittel ausreichend Druck auf den Gründer aufgebaut werden kann, damit er seiner Mitveräußerungspflicht nachkommt. Im Vergleich zu den bislang dargestellten Schutzmechanismen bietet der Ausschluss des Stimmrechts dem Venture-Capital-Investor allerdings eine geringere Gewähr zur Durchführung eines effektiven und schnellen *Exits* und kann in bestimmten Umständen das ohnehin schon vorhandene Konfliktpotenzial noch verstärken.

3. Einziehung der Geschäftsanteile und Ausschluss des Gründers

Es wurde in dieser Untersuchung bereits dargestellt,[81] dass die Möglichkeiten der Einziehung der Geschäftsanteile und des Ausschlusses des Gründers für sich

81 Oben § 2 II. 3. a) bb) und cc).

alleine nicht geeignet sind, die Interessen des Venture-Capital-Investors beim *Exit* in der Weise zu wahren, wie dies durch die Mitveräußerungspflicht möglich ist.

Im Zusammenhang mit der Durchsetzung der Mitveräußerungspflicht wird allerdings in der deutschen und italienischen Rechtsliteratur ohne nähere Begründung vorgeschlagen, dass bei einer Weigerung des hiervon betroffenen Gesellschafters zur Erfüllung dieser Verpflichtung die Einziehung von dessen Geschäftsanteilen oder sein Ausschluss aus der Gesellschaft erfolgen soll.[82] Dabei soll zur Verstärkung des Drohpotentials zudem vorgesehen werden, dass als Abfindung für den betroffenen Gesellschafter ein Betrag unterhalb des Verkehrswertes der Geschäftsanteile fällig ist.[83]

Im Folgenden wird daher untersucht, ob die Einziehung und der Ausschluss als Sicherungsmittel der Mitveräußerungspflicht bei einer GmbH vorgesehen werden können. Denn nur bei deren wirksamer Vereinbarung kann ein Drohpotential aufgebaut werden, das den Gründer zur Einhaltung seiner Mitveräußerungspflicht anhalten kann.

a) Verstoß gegen Mitveräußerungspflicht als sachlicher Grund

aa) Sachlicher Grund

Auf die an anderer Stelle dieser Untersuchung bereits dargestellten[84] Grundsätze der Einziehung von Geschäftsanteilen wird verwiesen. Im Rahmen der Überprüfung der Tauglichkeit der Einziehung als Schutzmechanismus der Mitveräußerungspflicht geht es daher primär um das Vorliegen des sachlichen Grundes.

Im Fall der zwangsweisen Einziehung von Geschäftsanteilen müssen deren Voraussetzungen gemäß § 34 Abs. 2 GmbHG im Gesellschaftsvertrag festgelegt werden.

Der für die Einziehung erforderliche sachliche Grund muss jedoch nicht den Anforderungen eines wichtigen Grundes entsprechen, da es ansonsten nicht des Rückgriffs auf die Einziehung bedürfte, wenn schon das Verfahren des

---

82 Vgl. *Ellrott*, in: Eilers/Koffka/Mackensen, Private Equity, S. 597 Rn. 22; *Heckschen*, in: Heckschen/Heidinger, Die GmbH in der Gestaltungs- und Beratungspraxis, § 4 Rn. 188, 208a; *Heckschen*, in: Wachter, Handels- und Gesellschaftsrecht, Teil 2, 2. Kapitel, Rn. 185; *Mayer/Weiler*, in: Heckschen/Herrler/Starke, Beck'sches Notar-Handbuch, D.I. Rn. 94, 133; *Rescio*, Giur. comm. 2012, II, 1055, 1059.

83 *Ellrott*, in: Eilers/Koffka/Mackensen, Private Equity, S. 597 Rn. 22.

84 Oben § 2 II. 3. a) bb).

Ausschlusses eingreifen würde.[85] Unzulässig ist es hingegen, wenn die Einziehung an gar keine Gründe geknüpft ist und vielmehr im freien Belieben eines oder mehrerer Gesellschafter steht und hierfür im Ausnahmefall keine sachliche Rechtfertigung besteht.[86] Es sollen nämlich gerade keine Willkürentscheidungen möglich sein.[87] Dies ist dann ausgeschlossen, wenn die Einziehung der Geschäftsanteile an ein festes Tatbestandsmerkmal geknüpft ist und nur binnen eines begrenzten Zeitraumes nach Eintritt der Tatbestandsvoraussetzungen erfolgen kann.[88] Zudem darf es sich bei dem Einziehungsgrund um keine unbedeutende Tatsache handeln, da die Einziehung die *ultima ratio* zur Beseitigung dieses Zustandes darstellt.[89]

bb) Durchsetzung der Mitveräußerungspflicht als sachlicher Grund

Daher ist zu untersuchen, ob die Durchsetzung der Mitveräußerungspflicht als sachlicher Grund, der zur Einziehung der Geschäftsanteile des Gründers berechtigt, im Gesellschaftsvertrag der GmbH festgelegt werden kann.

Vorab ist in diesem Zusammenhang darauf hinzuweisen, dass die Mitveräußerungspflicht im Bereich des Venture-Capitals nach den Ergebnissen dieser Untersuchung[90] bereits nicht im freien Ermessen des berechtigen Investors steht und jedenfalls durch dessen berechtigte und schützenswerte ökonomische Interessen erforderlich und sachlich gerechtfertigt ist.

Sofern nun im Gesellschaftsvertrag des jungen innovativen Unternehmens vorgesehen ist, dass die Geschäftsanteile desjenigen Gesellschafters, der seiner Verpflichtung aus der ordnungsgemäß aktivierten Mitveräußerungspflicht nicht binnen eines bestimmten Zeitraumes nachkommt, eingezogen werden können, ist hierin jedenfalls eine klare und eindeutige Regelung zu sehen. Hierauf kann sich der Gründer als Betroffener von vornherein einstellen, sodass ihm klar ist,

---

85 *Altmeppen*, in: Roth/Altmeppen, GmbHG, § 34 Rn. 35; *Fastrich*, in: Baumbach/Hueck, GmbHG, § 34 Rn. 9a; *Schwab*, DStR 2012, 707, 711; *Strohn*, in: Fleischer/Goette, MünchKommGmbHG, § 34 Rn. 43.

86 BGH, NJW 1990, 2622, 2623; *Altmeppen*, in: Roth/Altmeppen, GmbHG, § 34 Rn. 34 ff.; *Fastrich*, in: Baumbach/Hueck, GmbHG, § 34 Rn. 9 f.

87 *Miesen*, RNotZ 2006, 522, 530.

88 BGH, DNotZ 1989, 512, 513 f., hier wurde eine Frist von sechs Monaten nicht beanstandet; *Fastrich*, in: Baumbach/Hueck, GmbHG, § 34 Rn. 9a f.

89 *Strohn*, in: Fleischer/Goette, MünchKommGmbHG, § 34 Rn. 43; *Wicke*, in: Wicke, GmbHG, § 34 Rn. 17.

90 Oben § 5 II. 1. b) aa) und bb).

welche Konsequenzen bei der Verletzung der Pflicht zur Mitveräußerung auf ihn zukommen.

Der Bezugspunkt für den Einziehungsgrund ist zudem fest umrissen, da dies die Nichterfüllung der Mitveräußerungspflicht binnen eines bestimmten vorab definierten Zeitraumes darstellt. Damit liegt ein festes Tatbestandsmerkmal vor. Die Entscheidung über die Erfüllung der Mitveräußerungspflicht liegt außerdem vollständig im Verantwortungsbereich des hiervon betroffenen Gründers. Somit scheidet ein freies Ermessen des Investors bei der Vornahme der Einziehung aus, da diese ausschließlich für den Fall der endgültigen Nichterfüllung der Mitveräußerungspflicht durch den Gründer vorgesehen ist.

Es wurde bereits in anderem Zusammenhang weiter oben in dieser Untersuchung dargestellt,[91] dass der *Exit* schnell und binnen weniger Wochen zu erfolgen hat, wenn ein am Erwerb interessierter Dritter vorhanden ist. Folglich gilt auch für die Möglichkeit der Initiierung der Einziehungsmöglichkeit bei der Verweigerung der Mitveräußerungspflicht durch den Gründer, dass diese sinnvollerweise lediglich innerhalb eines kurzfristigen Zeitraumes nach dieser Verweigerung eingeleitet werden kann. Dies stellt somit in keinem Fall ein unzulässig langes bzw. unbegrenztes Einziehungsrecht dar, da es zudem erst im Fall der Verweigerung durch den Gründer zum Tragen kommt.

Letztlich ist darauf zu verweisen, dass die Einziehung lediglich der Erfüllung der Mitveräußerungspflicht dienen soll. Die Mitveräußerungspflicht soll hingegen die Durchführung eines schnellen und effizienten *Trade Sales* gewährleisten. Der Venture-Capital-Investor stellt dem jungen Unternehmen und damit auch dem Gründer Kapital zur Verfügung, damit dessen Geschäftsidee verwirklicht werden kann. Hierfür erhält er keine laufende Verzinsung. Zudem ist es üblicherweise erforderlich, dass eine einmalige Kapitalzufuhr nicht ausreichend ist und diese vielmehr in mehreren Runden entsprechend der Entwicklung des Unternehmens zu erfolgen hat. Der Venture-Capital-Investor übernimmt daher finanziell ein deutlich höheres Risiko als der Gründer der Gesellschaft. Seine wirtschaftlichen Aufwendungen erhält der Investor lediglich im Fall eines erfolgreichen *Exits* rückvergütet. Daher dient die Mitveräußerungspflicht dem Schutz dieser berechtigten Interessen, da der Investor allein durch den *Exit* eine Rendite erzielen kann. Diese Tatsache ist dem Gründer von Anfang an bewusst und er hat sich hierzu aufgrund freier Entscheidung eingelassen und die Mitveräußerungspflicht akzeptiert. Daher ist die Erfüllung dieser Pflicht für den Venture-Capital-Investor wesentlich, da ansonsten sein gesamtes Investment

91 Oben § 7 II. 4. a) aa).

gefährdet ist. Erfüllt demnach der Gründer diese Pflicht nicht, hat dies für den Investor weitreichende wirtschaftliche Konsequenzen. Sofern keine sonstigen Mittel zur Absicherung der Mitveräußerungspflicht vorgesehen sind, stellt die Einziehungsmöglichkeit das einzige Mittel zur Durchsetzung dieser berechtigten Interessen, mithin der Mitveräußerungspflicht, dar.

Folglich kann die Nichterfüllung der Mitveräußerungspflicht durch den Gründer als sachlicher Grund, der zur Einziehung von dessen Geschäftsanteilen führt, wirksam im Gesellschaftsvertrag des jungen Unternehmens festgelegt werden.

b) *Verstoß gegen Mitveräußerungspflicht als wichtiger Grund*

Der Ausschluss eines Gesellschafters aus der GmbH ist bei einer entsprechenden Regelung im Gesellschaftsvertrag auch aus einem sachlichen Grund möglich.[92] Insofern kann auf die vorstehenden Ausführungen[93] verwiesen werden, da die Verletzung der Mitveräußerungspflicht hier, wie bei der Einziehung, gleichfalls einen sachlichen Grund darstellt, der zum Ausschluss berechtigt.

Die Grundsätze zum Ausschluss eines Gesellschafters aus der GmbH wurden in dieser Untersuchung bereits dargestellt,[94] worauf vollumfänglich verwiesen wird.

Fraglich ist in diesem Zusammenhang ausschließlich, ob bei einer Verletzung der Mitveräußerungspflicht eine im Gesellschaftsvertrag vorgesehene Einziehung der Geschäftsanteile oder ein Ausschluss des Gesellschafters erfolgen kann, deren Bezugspunkt jeweils ein wichtiger Grund in der Person oder im Verhalten des Gesellschafters darstellt. Es geht somit darum, ob die Verletzung der Mitveräußerungspflicht einen wichtigen Grund zur Einziehung oder zum Ausschluss darstellt. Dies wird in dem Fall relevant, in dem gerade keine explizite Festlegung dieses Falles in dem Gesellschaftsvertrag vorhanden ist und daher ein Rückgriff auf das Institut des wichtigen Grundes erforderlich ist.

aa) *Wichtiger Grund*

Ein wichtiger Grund in der Person oder im Verhalten des Gesellschafters, der zum Ausschluss berechtigt, liegt dann vor, wenn dessen Verbleib in der Gesellschaft für die übrigen Gesellschafter untragbar erscheint und die weitere

---

92 BGH, NJW 1990, 2622, 2623; *Gehrlein*, NJW 2005, 1969, 1970; *Miesen*, RNotZ 2006, 522, 529 f.

93 Oben § 7 III. 3. a) bb).

94 Oben § 2 II. 3. a) cc).

Fortführung und das Bestehen der Gesellschaft ernsthaft infrage stellt oder gar unmöglich macht.[95] Dabei sind sämtliche wesentliche Umstände des Einzelfalls abzuwägen.[96] Bei der Interessenabwägung wird somit ein Verschulden des betroffenen Gesellschafters sowie das Verhalten der Mitgesellschafter einbezogen.[97] Wie bereits die Einziehung, so kommt auch der Ausschluss lediglich als *ultima ratio* in Betracht.[98]

bb) Durchsetzung der Mitveräußerungspflicht als wichtiger Grund

Im Rahmen dieser Untersuchung wurde bereits dargelegt,[99] dass der Verstoß des Gründers gegen die ihm obliegende Mitveräußerungspflicht jedenfalls einen sachlichen Grund darstellt, der zur Einziehung von dessen Geschäftsanteilen bzw. zum persönlichen Ausschluss berechtigt. Dabei sind sämtliche dort angeführten Argumente gleichsam bei der Frage des Vorliegens des wichtigen Grundes heranzuziehen. Die Anforderungen an den wichtigen Grund sind allerdings höher als an einen sachlichen.

Bei der Beurteilung des wichtigen Grundes geht es auch um die Frage des Fortbestehens der Gesellschaft. Insofern könnte auf den ersten Blick daran zu zweifeln sein, dass in der Durchsetzung der Mitveräußerungspflicht ein wichtiger Grund zum Ausschluss des pflichtwidrig handelnden Gründers gesehen werden kann. Die Mitveräußerungspflicht führt nämlich zu einem *Exit* aus der Gesellschaft. Dabei geht es allerdings um die Beendigung der Gesellschafterstellung und nicht um eine Beendigung der Gesellschaft selbst. Die Gesellschaft selbst und die mit ihr verwirklichte Geschäfts- bzw. Produktidee soll vielmehr fortgeführt werden, wenn auch durch einen anderen Gesellschafter. Zudem muss beachtet werden, dass der von Anfang an gewünschte *Exit* die Geschäftsgrundlage der Beteiligung des Venture-Capital-Investors als Gesellschafter des jungen Unternehmens

---

95 BGH, NJW 1953, 780, 781; *Fastrich*, in: Baumbach/Hueck, GmbHG, Anh. § 34 Rn. 3; *Strohn*, in: Fleischer/Goette, MünchKommGmbHG, § 34 Rn. 108, 123; *Wicke*, in: Wicke, GmbHG, Anh. § 34 Rn. 3.

96 *Fastrich*, in: Baumbach/Hueck, GmbHG, Anh. § 34 Rn. 3; *Klingsch*, in: Saenger/Inhester, GmbHG, Anh. § 34 Rn. 6; *Strohn*, in: Fleischer/Goette, MünchKommGmbHG, § 34 Rn. 124; *Wicke*, in: Wicke, GmbHG, Anh. § 34 Rn. 3.

97 *Fastrich*, in: Baumbach/Hueck, GmbHG, Anh. § 34 Rn. 3 f.; *Strohn*, in: Fleischer/Goette, MünchKommGmbHG, § 34 Rn. 123.

98 Vgl. *Fastrich*, in: Baumbach/Hueck, GmbHG, Anh. § 34 Rn. 6; *Sosnitza*, in: Heidinger/Leible/Schmidt, GmbHG, Anh. § 34 Rn. 18; *Strohn*, in: Fleischer/Goette, MünchKommGmbHG, § 34 Rn. 109; *Wicke*, in: Wicke, GmbHG, Anh. § 34 Rn. 6.

99 Oben § 7 III. 3. a) bb).

darstellt.[100] Es ist für ihn wesentlich, den *Exit* durchzuführen, um mit seiner Beteiligung eine wirtschaftliche Rendite zu erzielen. Dabei besteht aufgrund des nicht vorhandenen Marktes für Geschäftsanteile einer GmbH eine große Schwierigkeit, lediglich die für den Venture-Capital-Investor typische Minderheitsbeteiligung zu veräußern. Sollte sich hierfür doch einmal ein Erwerber finden, so wäre dies in der Regel mit einem Bewertungsabschlag verbunden. Zudem entfällt in diesem Fall auch die Zahlung der sog. Kontrollprämie (*premio di controllo*) bzw. Mehrheitsprämie (*premio di maggioranza*) durch den Erwerber. Es wäre zudem unbillig, wenn der Gründer zwar einerseits die Vorteile der Beteiligung des Venture-Capital-Investors zur Verwirklichung seiner Geschäftsidee ausnützen könnte, u.a. die Bereitstellung von nicht verzinstem Kapital und Know-how, und auf der anderen Seite die, wie im Rahmen dieser Untersuchung dargestellt, schutzwürdigen Interessen des Investors an der Durchführung des *Trade Sales* schuldhaft und ohne Konsequenzen verletzen und letztlich vereiteln könnte. Ein Venture-Capital-Fonds kann zudem schon gar nicht dauerhaft Gesellschafter der finanzierten Gesellschaft sein, da er nach einer bestimmten Zeit liquidiert wird und verpflichtet ist, das Kapital an seine Kapitalgeber zurückzuzahlen.

Zwar wird man bei dieser Interessenabwägung nicht außen vor lassen dürfen, dass der Gründer durch die Entwicklung seiner Idee das Unternehmen und damit die Beteiligung des Investors erst ermöglicht hat. Genauso wenig darf allerdings vergessen werden, dass die finanziellen Beiträge des Venture-Capital-Investors dem Gründer erst ermöglicht haben, seine Idee zu verwirklichen und hiermit seinen Lebensunterhalt zu bestreiten. Aus wirtschaftlichen Gesichtspunkten hat der Investor ein höheres Risiko als der Gründer bei der Unternehmensbeteiligung auf sich genommen.

Der Ausschluss bzw. die Einziehung stellt hierbei, mangels sonstiger im Einzelfall vereinbarter Schutzmechanismen, das einzige Mittel dar, um einen *Exit* durchführen zu können. Es geht nämlich um die Durchführung des *Trade Sales*, der sämtliche Geschäftsanteile der Gesellschaft betrifft.

c) Zwischenergebnis

Im Ergebnis spricht daher nach der Interessenabwägung vieles dafür, dass im Bereich des Venture-Capitals in der Verletzung der Mitveräußerungspflicht durch den hiervon betroffenen Gründer gleichsam ein wichtiger Grund zu sehen ist, der zur Einziehung der Geschäftsanteile oder zum Ausschluss des Gründers berechtigt.

---

100 *Otto*, GmbHR 1996, 16, 22.

Allerdings wird sich ein verständiger Investor angesichts der für ihn entscheidenden Bedeutung des *Exits* nicht allein darauf verlassen. Streitet der Gründer nämlich ab, dass die Voraussetzungen für einen wichtigen Grund vorliegen, muss hierüber ein Gericht entscheiden. Dies führt zum einen zu erheblichen Unsicherheiten des Verfahrensausgangs und zum anderen zu einer in jedem Fall unerwünschten zeitlichen Verzögerung des *Exits*. Das Risiko einer derartigen Unsicherheit ist zudem gar nicht erforderlich, da, wie in dieser Untersuchung dargelegt,[101] die Verletzung der Mitveräußerungspflicht als festes Tatbestandsmerkmal und damit als sachlicher Grund, der eine Einziehung oder einen Ausschluss rechtfertigt, in dem Gesellschaftsvertrag der Gesellschaft vorgesehen werden kann. Daher wird ein Investor auf diese Möglichkeit zur Absicherung seiner Mitveräußerungspflicht zurückgreifen anstatt auf den auslegungsbedürftigen Begriff des wichtigen Grundes.

Bei dem Ausschluss des Gesellschafters kann durch entsprechende Vereinbarung in der Satzung festgelegt werden, dass der betroffene Geschäftsanteil an einen Mitgesellschafter oder einen Dritten abzutreten ist. Gleichfalls kann im Verfahren der Einziehung zudem statt der Vernichtung des Geschäftsanteils ein anderes Verfahren im Gesellschaftsvertrag vereinbart werden. Danach kann festgelegt werden, dass statt der Einziehung die Abtretung des Geschäftsanteils an andere Gesellschafter oder Dritte zu erfolgen hat.[102] Hierdurch kann der erwünschte Übergang der Geschäftsanteile auf den Erwerber vorgenommen werden.

d) Beschränkung der Abfindung

Es wurde in dieser Untersuchung bereits dargelegt,[103] dass ein von der Einziehung oder vom Ausschluss betroffener Gesellschafter grundsätzlich Anspruch auf Zahlung einer Abfindung in Höhe des Verkehrswertes seiner Geschäftsanteile hat.

Für den Einsatz dieser beiden Instrumente als Druckmittel gegenüber dem Gründer zur Erfüllung der Mitveräußerungspflicht ist es daher erforderlich, dass dieser Abfindungsanspruch begrenzt wird.[104] Ansonsten drohen dem opportunistisch handelnden Gründer nämlich keine wirtschaftlichen Nachteile aus

101 Oben § 7 III. 3. a) bb).

102 *Altmeppen*, in: Roth/Altmeppen, GmbHG, § 34 Rn. 89; *Strohn*, in: Fleischer/Goette, MünchKommGmbHG, § 34 Rn. 99.

103 Oben § 2 II. 3. a) bb) und cc).

104 Vgl. *Ellrott*, in: Eilers/Koffka/Mackensen, Private Equity, S. 597 Rn. 22.

seinem pflichtwidrigen Handeln und es besteht kein Grund für ihn, seiner Mitveräußerungspflicht nachzukommen.

Diese Möglichkeit der Begrenzung besteht aus denselben Gründen, die bereits weiter oben zum Einsatz der *Call*-Option als Sicherungsmittel der Mitveräußerungspflicht dargestellt wurden.[105] Insofern kann die Abfindung auf einen niedrigeren Betrag als den Verkehrswert der Geschäftsanteile begrenzt werden.

e) Bewertung

Das Vorsehen einer Einziehungsmöglichkeit der Geschäftsanteile des Gründers oder dessen Ausschluss für den Fall, dass dieser gegen die Mitveräußerungspflicht verstößt, verbunden mit einer Abfindungsbeschränkung stellt ein wirksames Druckmittel gegenüber dem Gründer zur Einhaltung der Mitveräußerungspflicht dar. Sein Pflichtenverstoß kann aufgrund der Erörterungen in diesem Abschnitt wirksam als sachlicher Grund für die Einziehung seiner Geschäftsanteile oder seinen Ausschluss in dem Gesellschaftsvertrag des jungen Unternehmens aufgenommen werden. Kommt der Gründer demnach seiner Pflicht zur Mitveräußerung nicht nach, muss er damit rechnen, dass seine Anteile einzogen werden bzw. er selbst aus der Gesellschaft ausgeschlossen wird. Für diesen Fall erhält er allerdings nicht, wie beim bevorstehenden *Trade Sale* üblicherweise zu erwarten, den vollen Verkehrswert für seine Geschäftsanteile, sondern nur einen gewissen Prozentsatz hiervon. Ein wirtschaftlich denkender Gründer wird dies bei seiner Abwägung zur Erfüllung der Mitveräußerungspflicht berücksichtigen und dieser Pflicht nachkommen.

IV. Zwischenergebnis

Nach alledem zeigt sich, dass die Einhaltung der zugunsten des Venture-Capital-Investors wirksam vorgesehenen Mitveräußerungspflicht bei der typischerweise in diesem Finanzierungsbereich verwendeten GmbH durch verschiedene Mechanismen abgesichert werden kann.

Allerdings sind nicht sämtliche der vorstehend genannten Methoden in derselben Weise geeignet, für eine gleichwertige Absicherung der Interessen des Investors zu sorgen.

Sämtlichen dieser Mechanismen wohnt dabei ein Drohpotenzial inne, das den von der Mitveräußerungspflicht betroffenen Gründer dazu anhalten soll,

105 Oben § 7 II. 4. b) cc).

dieser Pflicht nachzukommen, damit der vom Venture-Capital-Investor angestrebte *Trade Sale* durchgeführt werden kann.

Insbesondere die Vollmacht stellt mehr als ein bloßes Drohmittel dar. Sofern sich nämlich ein Gründer aus welchen Gründen auch immer weigert, seine Mitveräußerungspflicht zu erfüllen, ermöglicht die vom Gründer unwiderruflich erteilte Abschlussvollmacht dem Investor, den *Exit* vollständig autonom durchzuführen. Zu einer im Wesentlichen gleichen Absicherung kommt der Investor durch den Einsatz einer Ermächtigungstreuhand kombiniert mit einer entsprechenden Vollmacht oder alternativ der Vollmachtstreuhand.

Mit derselben Effektivität ermöglicht eine Übertragung der Geschäftsanteile des Gründers auf einen Treuhänder die Durchsetzung der Mitveräußerungspflicht im Streitfall. Diese Schutzmaßnahme wird jedoch regelmäßig bei einem mit Venture-Capital finanzierten Unternehmen ausscheiden, da sich der Gründer hierauf nicht einlassen und seine Geschäftsanteile zu einem derart frühen Zeitpunkt in der Unternehmensentwicklung auf einen Dritten übertragen wird.

Im Gegensatz zur *Put*-Option stellt die *Call*-Option zugunsten des Venture-Capital-Investor, bei deren Ausübung der Gründer einen Abschlag des Verkehrswertes für seine Geschäftsanteile hinnehmen muss, ein weiteres, durchaus geeignetes Mittel dar, um die Mitveräußerungspflicht durchzusetzen. Diese hat den Vorteil, dass sie zum einen ein Druckmittel darstellt, da der Gründer bei deren Ausübung wirtschaftliche Nachteile erleidet. Zum anderen ermöglicht die *Call*-Option dem Investor für den Fall, dass der Gründer sich hiervon nicht abschrecken lässt, gleichfalls wie bei der Erteilung einer Vollmacht, die autonome Durchführung des *Trade Sales*. Letztere ist jedoch in diesem Fall mit dem zwangsläufigen, grundsätzlich unerwünschten Zwischenerwerb des Investors verbunden.

Die Vertragsstrafe kann anstatt dem bloßen Schadensersatzanspruch bei einer entsprechenden Höhe durchaus geeignet sein, auf den Gründer ausreichend Druck auszuüben, sodass dieser seiner Mitveräußerungspflicht nachkommt. Es ist allerdings hervorzuheben, dass der Investor, bei einer trotz der drohenden Vertragsstrafe bestehenden Verweigerungshaltung des Gründers, kein anderes Mittel zur Hand hat, um den *Trade Sale* gelingen zu lassen. Daher sollte die Vertragsstrafe für den Fall ihrer Wirkungslosigkeit mit einem zusätzlichen Mechanismus verbunden werden, der die unmittelbare Durchführung des *Exits* ermöglicht.

Die für das italienische Recht vorgeschlagene Maßnahme zur Aussetzung der Stimmrechte scheidet hingegen als wirksames Druckmittel zur Erfüllung der Mitveräußerungspflicht aus. So ist schon fraglich, ob dies im italienischen

Recht überhaupt wirksam vorgesehen werden kann. Im deutschen Recht ist dieser Mechanismus allerdings mit zu vielen Unsicherheiten belastet, sodass sich ein Investor in diesem Zusammenhang und angesichts der Bedeutung des *Exits* hierauf nicht verlassen sollte.

Letztlich bietet die Einziehung der Geschäftsanteile des Gründers oder dessen Ausschluss aus dem sachlichen Grund, dass dieser die von ihm übernommene Mitveräußerungspflicht verletzt, verbunden mit einer Abfindungsbeschränkung eine sinnvolle Alternative oder Ergänzung zu den bereits dargestellten Maßnahmen zur Absicherung der Mitveräußerungspflicht.

Es wird dabei letztendlich auf den jeweiligen Einzelfall ankommen, welches Sicherungsinstrument der Venture-Capital-Investor gegenüber dem Gründer durchsetzen kann. Dies wird von der jeweiligen Dringlichkeit des Finanzierungsbedarfs des jungen Unternehmens und der Attraktivität der Geschäfts- bzw. Produktidee des Gründers auch für andere Investoren abhängen. Um die Interessen des Venture-Capital-Investors bei der Durchführung des *Trade Sales* zu sichern, sollte aber zumindest eines der in diesem Kapitel als geeignet dargestellten Sicherungsmittel der Mitveräußerungspflicht vorgesehen werden.

In diesem Zusammenhang ist allerdings darauf hinzuweisen, dass trotz der genannten Maßnahmen ein Vorgehen gegen den betroffenen Gründer im Einzelfall schwierig bis unmöglich sein kann. Der Gründer ist nämlich in der Regel zugleich Geschäftsführer der Gesellschaft. Bei der üblicherweise durchzuführenden *Due Diligence* bedarf es daher üblicherweise auch seiner Mitwirkung.[106] Dies zeigt sich insbesondere daran, dass das Unternehmen dem am Erwerb interessierten Dritten sämtliche wesentlichen Verträge sowie betriebswirtschaftliche Kennziffern und Geschäftspläne offenlegen muss. Einen vollständigen Überblick hierüber hat jedoch regelmäßig der Geschäftsführer der Gesellschaft.

Zudem wird bereits mit der Mitveräußerungspflicht bezweckt, mögliche *moral hazard*-Risiken und ein opportunistisches Verhalten des Gründers zu vermeiden.[107] Die Maßnahmen zur Durchsetzung der Mitveräußerungspflicht verstärken diese Zielsetzung dabei nochmals.[108] Somit kommt es entscheidend auf eine vorausschauende und vor allem rechtswirksame Vertragsgestaltung bei der Beteiligung eines Venture-Capital-Investors an. Hierdurch werden klare und im Streitfall durchsetzbare Regeln geschaffen. Sofern die Mitveräußerungspflicht wirksam abgefasst und deren Durchsetzung durch die in diesem Kapitel als

106 *Kühni*, in: Gericke, Private Equity, S. 147, 198.
107 Oben § 2 II. 2. b) und d).
108 *Gericke*, in: Gericke, Private Equity II, S. 141, 157.

geeignet eingeordneten Instrumente abgesichert ist, wird der Gründer erkennen müssen, dass er den angestrebten *Exit* nicht mehr verhindern kann. Schließt sich der Gründer demnach mehr oder weniger freiwillig dem geplanten *Trade Sale* an, muss die zwischen dem Gründer und dem Venture-Capital-Investor vorgesehene Mitveräußerungspflicht samt deren Absicherungsmechanismen nicht aktiviert werden. Diese reibungslose Durchführung wird das Interesse des Venture-Capital-Investors in höchstem Maße befriedigen und der *Exit* kann geräuschlos durchgeführt werden.

§ 8 Schlussbetrachtung

Die Mitveräußerungspflicht stellt für den Venture-Capital-Investor ein essentielles Vertragselement bei seiner Beteiligung an einem jungen Unternehmen dar. Nach den Ergebnissen der vorliegenden Untersuchung kann dieses Instrument sowohl bei der Finanzierung deutscher als auch italienischer junger Unternehmen rechtswirksam eingesetzt werden.

I. Mitveräußerungspflicht im Bereich des Venture-Capital

Die aus der US-amerikanischen Vertragspraxis stammende Mitveräußerungspflicht bietet dem Venture-Capital-Investor die Möglichkeit der wirtschaftlichen Absicherung seines Investments. So kann er hierdurch bei einem ihm günstig erscheinenden Angebot eines Dritten zum Erwerb sämtlicher Geschäftsanteile des Start-ups, an dem er beteiligt ist, eine gemeinsame und zwangsweise Veräußerung der Geschäftsanteile der Gesellschaft durch deren bisherige Gesellschafter erzwingen. Dabei kann der berechtigte Investor dieses Recht ausschließlich dann aktivieren, wenn die in der konkret vereinbarten Mitveräußerungspflicht ggf. festgelegten Bedingungen eingehalten werden. Entscheidend ist, dass mit der gegenüber dem verpflichteten Mitgesellschafter bestehenden Mitveräußerungspflicht ein Recht des Investors zur Aktivierung dieser Pflicht korrespondiert. Die Mitveräußerung der Geschäftsanteile der hiervon betroffenen Gesellschafter erfolgt zeitgleich und zu gleichen wirtschaftlichen Konditionen an den Erwerber, wie die Veräußerung der Geschäftsanteile des Venture-Capital-Investors. Hierdurch kann der Venture-Capital-Investor die Ausstiegsvariante des *Trade Sales* gegen den Willen des Gründers herbeiführen.

Die Finanzierung eines Unternehmens in Deutschland und Italien mit Venture-Capital weist Unterschiede zu der mit Private-Equity auf. Letztere stellt dabei sowohl nach dem deutschen als auch italienischen Begriffsverständnis den Oberbegriff dar, unter den auch Venture-Capital als Spezialfall der Finanzierung von Unternehmen in deren Anfangsstadium gefasst werden kann. Aufgrund des unterschiedlichen Begriffsverständnisses in den USA, Deutschland und Italien wurden daher in dieser Untersuchung Kriterien herausgearbeitet, die eine Venture-Capital-Finanzierung im Rahmen dieser Arbeit kennzeichnen. Danach geht es beim Venture-Capital um die Finanzierung junger Unternehmen mit hohem Wachstumspotenzial aus dem Bereich der Hochtechnologie durch den Investor. Dieser beteiligt sich an dem Unternehmen als Minderheitsgesellschafter mit voll haftendem Eigen- bzw. Mezzaninekapital, das er zeitlich begrenzt (mittel-/langfristig) und ohne laufende Rendite zur Verfügung stellt. Der Investor zielt ausschließlich darauf ab, eine Rendite durch eine Veräußerung der Beteiligung am Ende des Investments, dem *Exit*, zu erzielen. Zudem leistet der Venture-Capital-Investor neben finanzieller auch betriebswirtschaftliche, organisatorische und sonstige Beratung und Unterstützung beim Aufbau des Unternehmens.

In den USA begann ab Mitte der 1940er Jahre die Entwicklung des Venture-Capitals als Form der Unternehmensfinanzierung in seiner heutigen Form. Aufgrund der positiven Auswirkungen auf das gesamte Wirtschaftssystem der USA waren auch europäische Länder bestrebt, diese Finanzierungsform zu fördern. Allerdings dauerte es in Deutschland bis zum Anfang der 1970er Jahre und Italien gar bis ins Jahr 1986 bis sich das Venture-Capital auch in diesen Ländern durchzusetzen begann.

Diese spätere Entwicklung im Vergleich zu den USA ist bis heute anhand aktueller Kennziffern zur Bedeutung und dem Umfang der Investitionen in diesem Bereich erkennbar. Insbesondere Italien zeigt dabei eine schleppende Entwicklung, da es sich im europäischen Vergleich gemessen an den getätigten Investitionen im letzten Fünftel aller Länder befindet. Deutschland steht bei dieser Erhebung zwar europaweit nicht an der Spitze, aber immerhin zuletzt innerhalb der ersten beiden Fünftel und damit oberhalb des europäischen Durchschnitts.

Die Beteiligten und der Ablauf einer Venture-Capital-Finanzierung stimmen in Deutschland und Italien im Wesentlichen überein. Am Ende der Verhandlungen zum Einstieg eines Investors werden in einer zwischen den Gesellschaftern geschlossenen Beteiligungsvereinbarung sowie in dem Gesellschaftsvertrag des jungen Unternehmens die entsprechenden Regelungen des Investments sowie das Verhältnis der Gesellschafter bei der Unternehmensführung festgelegt.

Ein Teil dieses Regelungskomplexes besteht in der Vereinbarung der Mitveräußerungspflicht, die für den Venture-Capital-Investor aus mehreren Gründen von entscheidender Bedeutung ist. Durch diese kann er bei einer wirtschaftlich attraktiven Gelegenheit die Veräußerung des gesamten jungen Unternehmens autonom durchführen. Der Investor stellt dem Unternehmen, wie in dieser Untersuchung gesehen, das erforderliche Kapital ohne laufende Verzinsung zur Verfügung. Daher kann er lediglich durch einen erfolgreichen *Exit* eine Rendite mit seinem Investment erzielen. Angesichts seiner Minderheitsbeteiligung und des nicht vorhandenen Marktes für Gesellschaftsbeteiligungen, erhöht die Möglichkeit der Veräußerung sämtlicher Anteile der Gesellschaft mit dem damit verbundenen Kontrollerwerb die Chancen des *Trade Sales* bei der Suche nach einem Erwerber. Der Erwerber wird, zum einen angesichts drohender

Konflikte mit weiterhin vorhandenen Altgesellschaftern sowie zum anderen um das Produkt des Start-ups ohne Beschränkungen für das eigene Unternehmen nutzen zu können, regelmäßig ausschließlich an einem Erwerb sämtlicher Geschäftsanteile der Gesellschaft interessiert sein. Hierfür erhalten die bisherigen Gesellschafter häufig einen Zuschlag zum Verkehrswert ihrer Geschäftsanteile. Die Mitveräußerungspflicht ermöglicht zudem, ein opportunistisches Verhalten des Gründers zu vermeiden. Aufgrund einer klaren Regelung wird nämlich das Risiko ausgeschlossen, dass dieser die Veräußerung seiner Geschäftsanteile an die Erfüllung erpresserischer Forderungen knüpft. Zuletzt geht es bei der Mitveräußerungspflicht darum, einen geeigneten Mechanismus zu schaffen, der bei dem oft zeitkritischen Punkt des *Exits*, eine effektive und schnelle Veräußerung sämtlicher Geschäftsanteile der Gesellschaft garantiert.

Die im deutschen und italienischen Recht vorhandenen Mechanismen zum Ausscheiden eines Gesellschafters aus der Gesellschaft, wie der Ausschluss, der Austritt, die Liquidation und die Zwangseinziehung, sind nicht geeignet, die mit der Mitveräußerungspflicht verfolgten Ziele und den *Trade Sale* in derselben Effizienz und Wirkungsweise durchzusetzen. Daher entwickelte die Kautelarjurisprudenz das Beendigungsinstrument der Mitveräußerungspflicht.

II. Rechtliche Einordnung der Mitveräußerungspflicht in Deutschland und Italien

Sowohl für das deutsche als auch das italienische Recht gilt, dass aufgrund der fehlenden gesetzlichen Regelung der Mitveräußerungspflicht deren rechtliche Einordnung stets an dem Willen der Parteien und der von ihnen gewählten Formulierung im Einzelfall ausgerichtet werden muss.

Nach den Ergebnissen dieser Untersuchung kann die Mitveräußerungspflicht im deutschen Recht rechtlich als bedingte Kaufoption (*Call*-Option) und als aufschiebend bedingte Veräußerungspflicht eingeordnet werden.

Im italienischen Recht kommt dagegen grundsätzlich eine rechtliche Qualifikation der Mitveräußerungspflicht als *Call*-Option zugunsten eines Dritten, als einseitiger Vorvertrag zugunsten eines Dritten und als Vertrag zur Leistung an einen Dritten in Betracht.

Es wurde in dieser Arbeit untersucht, ob diese für das italienische Recht vorgeschlagenen Möglichkeiten zur rechtlichen Einordnung der Mitveräußerungspflicht auch für die Einordnung im deutschen Recht herangezogen werden können.

Danach ergibt sich, dass die *Call*-Option zugunsten eines Dritten, also des Erwerbers, der ein eigenes Forderungsrecht inne hat, nicht sinnvollerweise auf das deutsche Recht übertragen werden kann. Von diesem Vertrag zugunsten Dritter können im deutschen Recht aufgrund der systematischen Stellung und des eindeutigen Wortlauts des § 328 BGB lediglich schuldrechtliche Verpflichtungsgeschäfte und gerade nicht die für die Durchführung des *Trade Sales* erforderliche Abtretung als Verfügungsgeschäft erfasst sein. Hier zeigt sich das im deutschen Recht geltende Abstraktionsprinzip. Der Dritte kann damit im deutschen Recht nicht in gleicher Weise wie der aus der Mitveräußerungspflicht berechtigte Investor, bei der zu seinen Gunsten eingeräumten Option zur Herbeiführung des *Trade Sales*, berechtigt sein. Zudem steht dem Dritten, bei einer Option im Rahmen eines echten Vertrages zu seinen Gunsten, das Recht zu, die Leistung unmittelbar an sich zu verlangen. Hierdurch verliert der Investor ohne Not einen gewissen Entscheidungsspielraum. Somit ist es im Gegensatz zum italienischen im deutschen Recht nicht sinnvoll festzulegen, dass der Erwerber anstatt der Investor der Berechtigte der bedingten Kaufoption (*Call*-Option) ist.

Im deutschen Recht ist die in Italien grundsätzlich geeignete Qualifikation der Mitveräußerungspflicht als einseitiger Vorvertrag zugunsten eines Dritten abzulehnen. Dies scheitert nämlich einerseits bereits am fehlenden Bedürfnis des Instituts des Vorvertrages, wenn von diesem, wie im Fall der Mitveräußerungspflicht, auch Verpflichtungen des Gründers zu Verfügungsgeschäften erfasst sein sollen. In diesem Fall handelt es sich nämlich nicht mehr um den Vorvertrag, sondern um einen bedingten Hauptvertrag. Dies ist allerdings im deutschen Recht bereits durch die rechtliche Qualifikation als aufschiebend bedingte Veräußerungspflicht erfasst und bietet dem Investor den gewünschten Schutz. Andererseits fallen hierunter im deutschen Recht gerade nicht die für den *Trade Sale* erforderlichen Verfügungsgeschäfte.

Die in Italien vorgenommene rechtliche Einordnung der Mitveräußerungspflicht als Vertrag zur Leistung an einen Dritten entspricht der für das deutsche Recht vorgenommenen Einordnung der aufschiebend bedingten Veräußerungspflicht. In diesem Fall stellt das dem Venture-Capital-Investor zustehende Wahlrecht zur Bestimmung des Erwerbers einen unechten Vertrag zugunsten Dritter dar. Dadurch erlangt der Dritte kein eigenes Recht, die Veräußerung der Geschäftsanteile des Gründers an sich zu verlangen. Er nimmt vielmehr die Position des zukünftigen Erwerbers ein. Dies entspricht dem in der italienischen Rechtsliteratur vorgeschlagenen Vertrag zur Leistung an einen Dritten, da dem potentiellen Erwerber hierbei gleichfalls kein eigenes Forderungsrecht zusteht. Bei einem geeigneten Angebot zum Erwerb der Geschäftsanteile durch diesen Dritten, ernennt ihn der berechtigte Venture-Capital-Investor vielmehr als denjenigen, an den die Geschäftsanteile aller Gesellschafter zu veräußern sind.

Dabei kann sowohl im deutschen als auch im italienischen Recht die Wirksamkeit dieser rechtlichen Einordnung unter Bedingungen stehen. Dies können u.a. die Festlegung eines bestimmten Mindestpreises für die Geschäftsanteile, die fehlende Ausübung möglicherweise bestehender Vorkaufs- bzw. Vorerwerbsrechte sowie das Erfordernis eines Gesellschafterbeschlusses mit einem bestimmten Quorum über die Veräußerung der Geschäftsanteile durch *Trade Sale* sein. Damit kann durch diese rechtliche Einordnung ein geeigneter Mechanismus geschaffen werden, um die mit der Mitveräußerungspflicht verbundenen Ziele zu erreichen.

III. Regelung der Mitveräußerungspflicht im Gesellschaftsvertrag oder in einer Beteiligungsvereinbarung

Die Wahl des Regelungsortes der Mitveräußerungspflicht hängt bei der Beteiligung eines Venture-Capital-Investors sowohl an einem deutschen als auch an einem italienischen jungen Unternehmen von den Präferenzen, der Verhandlungsstärke und der Abwägung der mit dem jeweiligen Regelungsort verbunden Risiken durch die Gründer und Investoren ab.

Bei der dieser Untersuchung zugrundeliegenden Venture-Capital-Finanzierung bedarf die nachträgliche Aufnahme einer Mitveräußerungspflicht in den Gesellschaftsvertrag einer *s.r.l.* der Zustimmung des hiervon betroffenen Gesellschafters. Zwar ist es nach der herrschenden Ansicht der Rechtsliteratur und der Rechtsprechung in Italien aufgrund des geltenden Mehrheitsprinzips möglich, die Mitveräußerungspflicht in den existierenden Gesellschaftsvertrag einer *s.r.l.* mit den gewöhnlichen Mehrheitserfordernissen aufzunehmen. Dies steht allerdings unter dem Vorbehalt der Wahrung des Gleichbehandlungsgrundsatzes der Gesellschafter. Danach darf zum Zeitpunkt der Aufnahme der Mitveräußerungspflicht in den Gesellschaftsvertrag noch kein Gesellschafter unmittelbar hieraus berechtigt sein. Dies trifft bei einer Venture-Capital-Beteiligung nicht zu, da das Recht zur Aktivierung der Mitveräußerungspflicht vom Zeitpunkt des Einstiegs des Investors an ausschließlich diesem zugewiesen ist. Folglich ist für die Aufnahme der Mitveräußerungspflicht in den schon existierenden Gesellschaftsvertrag einer *s.r.l.* die Zustimmung des hiervon betroffenen Gesellschafters erforderlich. Dies entspricht der Rechtslage bei der GmbH.

Für die Aufnahme einer Mitveräußerungspflicht in den bestehenden Gesellschaftsvertrag einer *s.p.a.* ist gleichfalls neben einem Mehrheitsbeschluss der Aktionäre die Zustimmung der hiervon betroffenen Aktionäre vonnöten.

In eine bereits abgeschlossene Beteiligungsvereinbarung zwischen den Gesellschaftern einer GmbH und einer *s.r.l.* bzw. *s.p.a.* kann eine Mitveräußerungspflicht nachträglich lediglich mit der Zustimmung sämtlicher Parteien aufgenommen werden.

Zwar sind die Vor- und Nachteile einer Vereinbarung der Mitveräußerungspflicht im Gesellschaftsvertrag oder in einer Beteiligungsvereinbarung in Deutschland und Italien im Wesentlichen gleich. Diese Arbeit zeigt jedoch, dass beim Regelungsort in den beiden Rechtssystemen zum Teil Ähnlichkeiten und zum Teil Unterschiede bestehen.

Nach der hier vertretenen Meinung bietet die Vereinbarung der Mitveräußerungspflicht im Gesellschaftsvertrag einer GmbH sowie einer *s.r.l.* und *s.p.a.* den großen Vorteil, dass hiermit eine dingliche Wirkung verbunden ist. Dies führt dazu, dass die Mitveräußerungspflicht auch gegenüber dem jeweiligen Rechtsnachfolger in die Geschäftsanteile wirkt und sie gegenüber Dritten einwendbar ist. Zudem ist eine ggf. erfolgende pflichtwidrige Veräußerung der Geschäftsanteile durch den Gründer unwirksam.

In dem Gesellschaftsvertrag einer GmbH kann ein Dritter i.S.d. § 328 BGB hingegen lediglich schuldrechtlich berechtigt sein. Hierbei kommt ein Unterschied im Vergleich zu den Wirkungen bei der von der italienischen Rechtsprechung angenommenen Einordnung der Mitveräußerungspflicht als *Call*-Option zugunsten eines Dritten (*opzione call a favore di terzo*) zum Tragen. Die dem Dritten im italienischen Recht zugestandene hohe Schutzposition, das Recht gegenüber dem Gründer die Abtretung der Geschäftsanteile unmittelbar an sich zu verlangen, kann dem Dritten im deutschen Recht aufgrund der bloßen schuldrechtlichen Berechtigung nicht in gleicher Weise gewährt werden.

Ein ggf. bestehendes Geheimhaltungsinteresse des Gründers und des Investors an der Vereinbarung der Mitveräußerungspflicht kann bei der Aufnahme in den Gesellschaftsvertrag nicht gewahrt werden. Dieser ist nämlich aufgrund der Publizität des Handelsregisters sowohl bei der GmbH als auch bei der *s.r.l.* und *s.p.a.* öffentlich einsehbar. Die Mitveräußerungspflicht kann hingegen bei diesen Rechtsformen sowohl in Deutschland als auch in Italien durch die Vereinbarung in einer gesonderten Gesellschaftervereinbarung vor Dritten geheim gehalten werden.

Allerdings wird dieser Vorteil durch die in beiden Rechtsordnungen lediglich schuldrechtliche Wirkung der Mitveräußerungspflicht bei der Aufnahme in einer Beteiligungsvereinbarung im Gegensatz zur Regelung im Gesellschaftsvertrag erkauft. Dies führt dazu, dass bei einer pflichtwidrigen Veräußerung des Geschäftsanteils durch den Gründer an einen anderen als den vom Investor benannten Dritten, diese Veräußerung wirksam ist. Daher stehen dem Venture-Capital-Investor in diesem Fall, abhängig von der konkreten Vereinbarung, lediglich Schadensersatzansprüche oder die Zahlung einer Vertragsstrafe zu.

Zwischen dem deutschen und italienischen Recht bestehen allerdings große Unterschiede in der zulässigen zeitlichen Bindungsdauer der Mitveräußerungspflicht. Sofern nämlich im italienischen Recht die Mitveräußerungspflicht als Beschränkung des Umlaufs der Beteiligungen i.S.d. Artt. 2355-bis und 2469 c.c. angesehen wird, führt dies zu bestimmten zeitlichen Begrenzungen dieser Vereinbarung. In die Satzung einer *s.p.a.* können derartige Beschränkungen gemäß Art. 2355-bis für eine Dauer von bis zu fünf Jahren vorgesehen werden. Bei der *s.r.l.* bestehen keine derartigen Vorgaben. Den Gesellschaftern der *s.r.l.* steht allerdings in diesem Fall ein Austrittsrecht zu, das gemäß Art. 2469 Abs. 2 Satz 2 c.c. höchstens für einen Zeitraum von zwei Jahren seit Gründung der Gesellschaft oder Übernahme der jeweiligen Beteiligung ausgeschlossen werden kann. Folglich ergibt sich bei dieser rechtlichen Einordnung die Gefahr, dass der Gründer nach Ablauf des Zwei-Jahres-Zeitraums aus der Gesellschaft austritt. Dies hätte angesichts seiner Bedeutung für das Unternehmen fatale Auswirkungen auf dessen weitere Entwicklung. Zwar geht die im Gesellschaftsvertrag enthaltene Mitveräußerungspflicht durch die dingliche Wirkung auf den Rechtsnachfolger der Geschäftsanteile über. Der Investor sieht sich in diesem Fall allerdings der Gefahr ausgesetzt, dass der Nachfolger des Gründers die Anteile nur unter der Bedingung übernimmt, dass die Mitveräußerungspflicht aufgehoben wird. Es ergeben sich damit Unsicherheiten in dem für den Investor entscheidenden Punkt des *Exits*, die er durch die Mitveräußerungspflicht gerade vermeiden möchte. Daher spricht dieser Punkt gegen die Aufnahme der Mitveräußerungspflicht in den Gesellschaftsvertrag einer *s.r.l.*

Derartige Unwägbarkeiten bestehen hingegen bei der Aufnahme in die Satzung einer GmbH nicht, da hierfür insbesondere keine zeitlichen Beschränkungen gelten.

Die von den Gesellschaftern einer GmbH geschlossene Beteiligungsvereinbarung kann im deutschen Recht mit einer zulässigen Bindungsdauer von bis zu 15 Jahren vereinbart werden. Ein derart langer Zeitraum stellt sich für die Finanzierung eines jungen Unternehmens mit Venture-Capital als ausreichend dar, da üblicherweise deutlich unterhalb dieses Zeitraums ein *Exit* erfolgt.

Die Beteiligungsvereinbarungen unterliegen im italienischen Recht einer deutlich kürzeren Bindungsdauer. Zwischen den Aktionären einer *s.p.a.* kann diese gemäß Art. 2341-bis Abs. 1 c.c. höchstens für einen Zeitraum von fünf Jahren geschlossen werden. Für das Recht der *s.r.l.* fehlt eine korrespondierende

Vorschrift. Im italienischen Recht dürfen allerdings keine übermäßig langen Vertragsbindungen eingegangen werden. Entsprechend den allgemeinen Regeln für Verträge und Schuldverhältnisse sind daher ebenfalls im Einzelfall zu beurteilende zeitliche Grenzen einzuhalten. Im Bereich des Venture-Capitals dürften diese jedenfalls nicht unter fünf Jahren liegen.

Die Beteiligungsvereinbarungen können jedoch nach Ablauf des jeweiligen Zeitraums verlängert werden. Hierdurch entsteht für den Venture-Capital-Investor allerdings wiederum das in jedem Fall unerwünschte Risiko, dass Vereinbarungen bei dem für ihn entscheidenden *Exit* nachverhandelt werden müssen.

Entscheidend gegen die Aufnahme der Mitveräußerungspflicht in den Gesellschaftsvertrag einer *s.r.l.* und einer *s.p.a.* spricht das für deren zulässige Vereinbarung von der Rechtsprechung und Teilen der Rechtliteratur als zwingend angesehene Erfordernis der angemessenen Bewertung der Geschäftsanteile bei deren Veräußerung. Dieses Erfordernis besteht bislang für die in einer Beteiligungsvereinbarung geregelte Mitveräußerungspflicht nicht. Daher sind die Parteien in letzterem Fall freier bei der Bemessung des Veräußerungspreises für die Geschäftsanteile der Gesellschaft. Dies liegt ganz im Interesse des Venture-Capital-Investors, da er beim *Exit* nach größtmöglicher Autonomie strebt.

IV. Gesellschaftsrechtliche Zulässigkeit der Mitveräußerungspflicht

Unabhängig vom konkreten Regelungsort in dem Gesellschaftsvertrag einer GmbH, einer *s.r.l.* oder einer *s.p.a.* oder in einer gesonderten Beteiligungsvereinbarung ist die Mitveräußerungspflicht im Rahmen der Finanzierung eines jungen Unternehmens mit Venture-Capital sowohl im deutschen als auch im italienischen Recht als zulässig anzusehen.

Die im deutschen und italienischen Recht geltenden Vorgaben zur Zulässigkeit dieses *Exit*-Mechanismus, wie z.B. das Erfordernis der Zustimmung des hiervon betroffenen Gesellschafters bei der Aufnahme in einen bestehenden Gesellschaftsvertrag, entsprechen sich weitgehend.

Ein großer Unterschied besteht allerdings bei der Bedeutung des Veräußerungspreises für die von der Mitveräußerungspflicht betroffenen Geschäftsanteile des verpflichteten Gesellschafters.

In der italienischen Rechtsprechung, der notariellen Praxis und zahlreichen Stimmen in der juristischen Literatur stellt die Gewährung einer angemessenen Bewertung (*equa valorizzazione*) für die Geschäftsanteile des zwangsweise ausscheidenden Gesellschafters einer *s.r.l.* oder *s.p.a.* die Hauptbedingung für die Wirksamkeit der satzungsmäßigen Mitveräußerungspflicht dar. Dieses

Erfordernis ist zwar in der rechtswissenschaftlichen Literatur gleichsam teilweise auf Ablehnung gestoßen. Im Rahmen der Vertragsgestaltung beim Venture-Capital ist dies allerdings zumindest solange zu berücksichtigen bis eine höchstrichterliche abweichende Entscheidung hierüber getroffen wurde. Ansonsten steht die Wirksamkeit der ganzen Mitveräußerungspflicht auf dem Spiel. Angesichts der wirtschaftlichen Bedeutung des *Exits* für den Investor, kann kein Investor dieses Risiko eingehen und auf eine Regelung zur angemessenen Bewertung der Geschäftsanteile verzichten.

Die Höhe der Abfindung für die Geschäftsanteile des betroffenen Gesellschafters betrifft im deutschen Recht außer bei einem anfänglichen Missverhältnis nicht die grundsätzliche Wirksamkeit der Mitveräußerungspflicht. Dies gilt unabhängig davon, an welchem der beiden möglichen Orte die Mitveräußerungspflicht geregelt ist.

Der Rechtsvergleich in dieser Untersuchung hat gezeigt, dass die im italienischen Recht erforderliche Absicherung der angemessenen Bewertung im deutschen Recht als Gültigkeitsvoraussetzung der Mitveräußerungspflicht nicht in gleicher Weise erforderlich ist.

Hierin wäre ein Widerspruch zu den im deutschen Recht auch aufgrund der Rechtsprechung des BGH geltenden Vorgaben zu sehen, nach denen die Höhe der Abfindung für die Frage des Vorliegens einer unzulässigen Hinauskündigungsklausel ohne Bedeutung ist. Das Erfordernis der angemessenen Bewertung soll im italienischen Recht gerade möglichen Missbräuchen der Mitveräußerungspflicht vorbeugen. Durch diese Sichtweise wird somit der Ausnahmefall in gewisser Weise als Grundannahme bei der Prüfung der Zulässigkeit der Mitveräußerungspflicht angesehen. Möglichen Missbrauchsfällen der Mitveräußerungspflicht, bei denen ein Gesellschafter mit einem manipuliert niedrigen Preis aus der Gesellschaft gedrängt werden soll, kann jedoch im deutschen Recht wirksam durch eine umfassende nachträgliche Ausübungskontrolle gemäß den Grundsätzen von Treu und Glauben begegnet werden. Dies bietet dem von der Mitveräußerungspflicht betroffenen Gesellschafter einen ausreichenden Schutz. Daher besteht im deutschen Recht kein Bedürfnis, die Vertragsfreiheit der Gesellschafter in der Weise einzuschränken, dass die im Gesellschaftsvertrag einer GmbH bzw. in einer Beteiligungsvereinbarung enthaltene Mitveräußerungspflicht, um wirksam zu sein, zwingend eine angemessene Bewertung der Geschäftsanteile des Gründers vorsehen muss. Die Mitveräußerungspflicht bedarf somit im deutschen Recht gerade keiner präventiven Absicherung der angemessenen Bewertung. Dies führt zudem nicht zu einem geringeren Schutz des hiervon betroffenen Gesellschafters als im italienischen Recht.

Es besteht sowohl im deutschen als auch im italienischen Recht das Risiko des Missbrauchs der Mitveräußerungspflicht durch den berechtigten Gesellschafter. Dabei kann das im italienischen Recht geltende Erfordernis der angemessenen Bewertung der Geschäftsanteile nicht sämtliche denkbaren Missbrauchsfälle verhindern. Dies ist ein weiteres Argument für die Ablehnung dieses Erfordernisses im deutschen Recht. Bei diesem kann nämlich auch unvorhergesehenen Fällen des Missbrauchs mit der nachträglichen Ausübungskontrolle begegnet werden. Diese bietet somit eine gewisse Flexibilität, um einen wirksamen Schutz im Einzelfall zu ermöglichen.

Im deutschen Recht fehlen bislang Entscheidungen der Rechtsprechung zur Zulässigkeit der Mitveräußerungspflicht. Die zur Finanzierung mit Venture-Capital in Deutschland und Italien eingesetzten Rechtsformen der GmbH und der *s.r.l.* weisen allerdings große Ähnlichkeiten auf. Die Mitveräußerungspflicht wird im italienischen Recht insbesondere unter der Voraussetzung der angemessenen Bewertung der Geschäftsanteile als zulässig erachtet. Dieses Erfordernis ist im deutschen Recht nach den Ergebnissen dieser Arbeit gerade keine Voraussetzung der Wirksamkeit einer Mitveräußerungspflicht.

Die italienische Rechtsprechung erkennt allerdings die grundsätzliche Schutzwürdigkeit der mit der Mitveräußerungspflicht verfolgten Interessen an. Sie hat in diesem Zusammenhang gewisse Vorgaben aufgestellt, bei deren Einhaltung die Mitveräußerungspflicht rechtssicher eingesetzt werden kann.

Es bleibt abzuwarten, wie ein deutsches Gericht über die Zulässigkeit einer Mitveräußerungspflicht entscheiden wird. Hierbei lohnt allerdings ein Blick nach Italien, um sich von der positiven Grundeinstellung der dortigen Gerichte in dieser Frage inspirieren zu lassen. Der im Rahmen dieser Untersuchung vorgenommene Rechtsvergleich spricht jedenfalls für die Zulässigkeit der Mitveräußerungspflicht auch im deutschen Recht.

V. Durchsetzung der Mitveräußerungspflicht

Diese Untersuchung hat gezeigt, dass eine Mitveräußerungspflicht sowohl in Deutschland als auch in Italien aufgrund der damit verbundenen zeitlichen Verzögerung oder der Ungeeignetheit des Verfahrens weder in einem Schiedsverfahren noch in einem Verfahren des ordentlichen Rechtswegs oder im einstweiligen Rechtsschutz sinnvollerweise durchgesetzt werden kann.

Für das deutsche Recht zeigte sich allerdings, dass die zugunsten des Venture-Capital-Investors wirksam vereinbarte Mitveräußerungspflicht bei der GmbH durch verschiedene vertragliche Vorkehrungen abgesichert werden kann.

Dabei stellen diese Mechanismen ein sinnvolles Druckmittel dar, um den von der Mitveräußerungspflicht betroffenen Gründer davon abzuhalten, seine hieraus bestehende Pflicht zu verletzen.

Die untersuchten Instrumente der unwiderruflichen Abschlussvollmacht, der Ermächtigungstreuhand kombiniert mit einer entsprechenden Vollmacht oder alternativ der Vollmachtstreuhand, die jeweils vom Gründer erteilt bzw. eingeräumt werden, verfügen dabei über mehr als ein bloßes Drohpotential. Hierdurch ist der Investor nämlich in der Lage, den *Exit* bei Vorliegen der für die Mitveräußerungspflicht vereinbarten Bedingungen vollständig autonom durchführen zu können. Dies ermöglicht auch der Mechanismus der Übertragung der Geschäftsanteile des Gründers auf einen Treuhänder. Auf Letzeres wird sich ein Gründer jedoch üblicherweise nicht einlassen, da dies für ihn einen zu starken Eingriff in seine Rechtsposition darstellt. Im Einzelfall kann auch eine durch den Gründer zugunsten des Venture-Capital-Investors eingeräumte *Call*-Option, bei deren Ausübung der Gründer einen Abschlag des Verkehrswertes für seine Geschäftsanteile hinnehmen muss, ein geeignetes Mittel zur Durchsetzung der Mitveräußerungspflicht darstellen.

Zudem kann die bei der Verletzung einer Mitveräußerungspflicht fällige Vertragsstrafe ein wirksames wirtschaftliches Druckmittel für den Gründer darstellen.

Letztlich kann die Mitveräußerungspflicht durch die Einziehung der Geschäftsanteile des Gründers oder dessen Ausschluss aus dem sachlichen Grund, dass dieser die von ihm übernommene Mitveräußerungspflicht verletzt, jeweils verbunden mit einer Abfindungsbeschränkung, abgesichert werden.

Es gibt hierbei nicht das einzig richtige Vorkehrungsmittel für den Investor. Insbesondere ist zu deren Vereinbarung stets die Zustimmung des hiervon betroffenen Gründers erforderlich, sodass der Venture-Capital-Investor hierüber nicht allein bestimmen kann und sich damit den Gegebenheiten des jeweiligen Investments anpassen muss. Insofern gilt es in der Praxis der Vertragsgestaltung immer die Risiken abzuwägen und einen Ausgleich der Interessen der Parteien zu schaffen. Diese Untersuchung zeigt auf, dass eine sorgfältige Vertragsgestaltung im Bereich der Finanzierung junger Unternehmen mit Venture-Capital von entscheidender Bedeutung ist. Durch die zugewiesenen Rechte und die übernommenen Pflichten ergeben sich nicht zuletzt enorme wirtschaftliche Auswirkungen für die beteiligten Parteien.

VI. Ausblick

Die weitere Entwicklung der Anzahl und der Höhe der Investitionen in junge Unternehmen im Bereich des Venture-Capital bleibt in Deutschland und Italien ungewiss. Anhand dieser Untersuchung kann allerdings festgehalten werden, dass die Vorgaben der italienischen Rechtsprechung zur Zulässigkeit der satzungsmäßigen Mitveräußerungspflicht, mithin der angemessenen Bewertung der Geschäftsanteile des betroffenen Gründers, zu keiner Einschränkung in der Entwicklung dieser Finanzierungsform in Italien führen dürften.

Die italienische Rechtsprechung hat nämlich die grundsätzliche Schutzwürdigkeit der Mitveräußerungspflicht anerkannt und für den Fall der Vereinbarung im Gesellschaftsvertrag bestimmte Voraussetzungen aufgestellt. Zwar könnte einerseits daran gedacht werden, dass durch das zwingende Erfordernis der angemessenen Bewertung Investoren abgehalten werden könnten, einem Unternehmen Venture-Capital zur Verfügung zu stellen, da dies ihre Freiheit bei der Durchführung des für sie entscheidenden *Exits* zu sehr einschränkt. Andererseits gilt dieses Erfordernis lediglich für die Aufnahme der Mitveräußerungspflicht in den Gesellschaftsvertrag der *s.r.l.* oder *s.p.a.* Zudem spricht insbesondere bei der für die Venture-Capital-Finanzierung relevanten *s.r.l.* das dem Gründer nach zwei Jahren zustehende Austrittsrecht aus der Gesellschaft gegen die Regelung der Mitveräußerungspflicht in der Satzung. Für eine dem italienischen Recht unterfallende Beteiligungsvereinbarung bestehen derartige zeitliche Beschränkungen nicht und es kann zugleich das Geheimhaltungsinteresse der Parteien gewahrt werden. Zudem besteht bei der Beteiligungsvereinbarung gleichfalls nicht das Erfordernis der zwingend festzulegenden angemessenen Bewertung der Geschäftsanteile. Insgesamt wird durch die grundsätzliche Anerkennung der Mitveräußerungspflicht dem Investor in Italien eine gewisse Gewähr für deren Wirksamkeit und damit zur Wahrung seiner Interessen bei dem für ihn wichtigen Punkt des *Exits* geboten. Daher bieten sich dem Venture-Capital-Investor in Italien in diesem Punkt geeignete Bedingungen für eine Beteiligung an einem Start-up.

In Deutschland gibt es noch keine Gerichtsentscheidung zur Mitveräußerungspflicht. Damit besteht im deutschen Recht an sich nicht in gleicher Weise wie in Italien eine Gewähr für deren Wirksamkeit. Es ist jedoch nach den Ergebnissen dieser Untersuchung und dem vorgenommenen Rechtsvergleich von deren Wirksamkeit bei einer Venture-Capital-Finanzierung im deutschen Recht auszugehen. Die Tatsache, dass es noch keine Gerichtsentscheidungen gab, könnte auch ein Indiz dafür sein, dass die Kautelarjurisprudenz bei der Vereinbarung einer Mitveräußerungspflicht einen angemessenen Interessenausgleich zwischen dem Venture-Capital-Investor und dem Gründer schafft.

Die Mitveräußerungspflicht stellt ein komplexes *Exit*-Instrument dar. Für ihre wirksame Vereinbarung muss das jeweilige Rechtssystem den Gesellschaftern daher eine hohe Autonomie ermöglichen. Dies ist bei der GmbH und der *s.r.l.*

gewährleistet, da hierdurch dem Bedürfnis beim Venture-Capital nach der Vereinbarung unterschiedlicher im Zusammenhang mit dieser Finanzierungsform stehender Rechte entsprochen werden kann. Insbesondere die Gesellschaftsrechtsreform in Italien aus dem Jahr 2003 stärkte die Satzungsautonomie und die Stellung des Gesellschafters der *s.r.l.* Die für den Venture-Capital-Investor entscheidende Absicherung des *Exits* durch *Trade Sale* mittels einer Mitveräußerungspflicht kann sowohl in Deutschland als auch in Italien wirksam vorgenommen werden. Daher ergeben sich insbesondere aus diesem Grund keine Anhaltspunkte, die die schwache Entwicklung dieser Finanzierungsform in Italien rechtfertigen könnten.

Es ist vielmehr darauf hinzuweisen, dass die Entwicklung des Venture-Capitals eine gewisse Zeit benötigt, um in den traditionell bankendominierten Ländern Deutschland und Italien zur vollen Akzeptanz und Entfaltung zu gelangen. Hierfür sind staatliche Fördermaßnahmen und die Schaffung günstiger Rahmenbedingungen für die Entwicklung junger und innovativer Unternehmen unerlässlich. Diese wurden selbst in den USA, dem Mutterland des Venture-Capitals, eingesetzt, um diese Finanzierungform zu stärken. Die nach den Ergebnissen dieser Untersuchung im deutschen und italienischen Recht rechtswirksam mögliche Absicherung der Interessen des Investors beim *Trade Sale* durch eine Mitveräußerungspflicht stellt jedenfalls einen Mosaikstein bei der Schaffung geeigneter Rahmenbedingungen für diese Finanzierungsform in beiden Ländern dar.

Abkürzungsverzeichnis

a.A.	anderer Ansicht
Abs.	Absatz
AEUV	Vertrag über die Arbeitsweise der Europäischen Union
a.F.	alte Fassung
AGB	Allgemeine Geschäftsbedingungen
AIFI	Associazione Italiana del Private Equity e Venture Capital
AktG	Aktiengesetz
Alt.	Alternative
Anh.	Anhang
App.	Corte d'Appello
ARD	American Research and Development Corporation
Aufl.	Auflage
Art. (Artt.)	Artikel, (Plural)
Banca, borsa, tit. cred.	Banca, borsa e titoli di credito
BayObLG	Bayerisches Oberstes Landesgericht
BB	Betriebs-Berater
BC	Zeitschrift für Bilanzierung, Rechnungswesen und Controlling
Bd.	Band
Beschl.	Beschluss
BGB	Bürgerliches Gesetzbuch
BGH	Bundesgerichtshof
BIP	Bruttoinlandsprodukt
BR-Dr.	Drucksachen des Deutschen Bundesrates
BReg.	Beschwerderegister
BVK	Bundesverband Deutscher Kapitalbeteiligungsgesellschaften – German Private Equity and Venture Capital Association e.V.
BWNotZ	Zeitschrift für das Notariat in Baden-Württemberg
bzw.	beziehungsweise
ca.	circa
Cass.	Corte di Cassazione
c.c.	codice civile
Consob	Commissione Nazionale per le Società e la Borsa

Contr. e impr.	Contratto e Impresa
c.p.c.	codice di procedura civile
Ctr.	Center
D.	decreto
DB	Der Betrieb
Diss.	Dissertation
D.L.	decreto legge
D.lgs.	decreto legislativo
DNotI-Report	Informationsdienst des Deutschen Notarinstituts
DNotZ	Deutsche Notar-Zeitschrift
DStR	Deutsches Steuerrecht
EBOR	European Business Organization Law Review
ECFR	European Company and Financial Law Review
EGV	Vertrag zur Gründung der Europäischen Gemeinschaft
Einf.	Einführung
ERCL	European Review of Contract Law
EU	Europäische Union
EUR	Euro (Währungseinheit)
EuZW	Europäische Zeitschrift für Wirtschaftsrecht
f./ff.	folgende/fortfolgende
fasc.	Faszikel
FB	Finanz-Betrieb
Fn.	Fußnote
FS	Festschrift
ggf.	gegebenenfalls
Giur. comm.	Giurisprudenza commerciale
Giur. it.	Giurisprudenza italiana
Giust. Civ.	Giustizia civile
GmbH	Gesellschaft mit beschränkter Haftung
GmbHG	Gesetz betreffend die Gesellschaft mit beschränkter Haftung
GmbHR	GmbH-Rundschau
GmbH-StB	GmbH-Steuerberater
GWR	Gesellschafts- und Wirtschaftsrecht
Hdb.	Handbuch
HGB	Handelsgesetzbuch
h.M.	herrschende Meinung
Hrsg.	Herausgeber

Hs.	Halbsatz
i.S.d.	im Sinne des
i.V.m.	in Verbindung mit
IW	Institut der deutschen Wirtschaft Köln
J. Bank. Financ.	Journal of Banking & Finance
JBV	Journal of Business Venturing
J. Econ. Manag. Strateg.	Journal of Economics & Management Strategy
JEP	Journal of Economic Perspectives
JFE	Journal of Financial Economics
JMS	Journal of Management Studies
JZ	Juristenzeitung
KAGB	Kapitalanlagegesetzbuch
Kap.	Kapitel
KfW	Kreditanstalt für Wiederaufbau
KG	Kommanditgesellschaft
L.	legge
lit.	Buchstabe
M & A REVIEW	Mergers & Acquisitions, Beteiligungen, Allianzen, Restrukturierungen, Divestments, Private Equity
MAH	Münchener Anwalts Handbuch
MittBayNot	Mitteilungen des Bayerischen Notarvereins, der Notarkasse und der Landesnotarkammer Bayern
MittRhNotK	Mitteilungen der Rheinischen Notarkammer
MMR	MultiMedia und Recht
MoMiG	Gesetz zur Modernisierung des GmbH-Rechts und zur Bekämpfung von Missbräuchen
MoRaKG	Gesetz zur Modernisierung der Rahmenbedingungen für Kapitalbeteiligungen
n.	numero (Nummer)
NDS	Il Nuovo Diritto delle Società
NJW	Neue Juristische Wochenschrift
NJW-RR	NJW-Rechtsprechung-Report
no.	number (Nummer)
Nuova giur. civ. comm.	La nuova giurisprudenza civile commentata
NWB	Neue Wirtschafts-Briefe
NYU	New York University
NZG	Neue Zeitschrift für Gesellschaftsrecht

OECD	Organisation für wirtschaftliche Zusammenarbeit und Entwicklung
OLG	Oberlandesgericht
p.a.	per annum
prot.	protocollo
RAND J. Econ.	The RAND Journal of Economics
RDS	Rivista di diritto societario
RG	Reichsgericht
RICAFE	Risk Capital and the Financing of European Innovative Firms
Rirea	Rivista Italiana di Ragioneria e di Economia Aziendale
Riv. arbitrato	Rivista dell'arbitrato
Riv. dir. civ.	Rivista di diritto civile
Riv. dir. comm.	Rivista del diritto commerciale e del diritto generale delle obbligazioni
Riv. dir. impresa	Rivista di diritto dell'impresa
Riv. not.	Rivista del notariato
Riv. soc.	Rivista delle società
Rn.	Randnummer
RNotZ	Rheinische Notar-Zeitschrift
S.	Seite
s.p.a.	società per azioni
sog.	sogenannte
s.r.l.	società a responsabilità limitata
s.r.l.c.r.	società a responsabilità limitata a capitale ridotto
s.r.l.s.	società a responsabilità limitata semplificata
SchiedsVZ	Zeitschrift für Schiedsverfahren
StB	Der Steuerberater
Trib.	Tribunale (Gericht)
u.a.	unter anderem
UBGG	Gesetz über Unternehmensbeteiligungsgesellschaften
UmwG	Umwandlungsgesetz
US	Vereinigte Staaten
USA	Vereinigte Staaten von Amerika
USD	United States Dollar
Versäumnisurt.	Versäumnisurteil
vgl.	vergleiche
Vita not.	Vita notarile

Vol.	Volume
Vorb.	Vorbemerkungen zu
WM	Wertpapier-Mitteilungen
z.B.	zum Beispiel
ZEuP	Zeitschrift für Europäisches Privatrecht
ZfKE	Zeitschrift für KMU & Entrepreneurship
ZGR	Zeitschrift für Unternehmens- und Gesellschaftsrecht
ZIP	Zeitschrift für Wirtschaftsrecht
ZPO	Zivilprozessordnung

Literaturverzeichnis

Achleitner, Ann-Kristin/Schraml, Stephanie C./Tappeiner, Florian, Private Equity in Familienunternehmen – Erfahrungen mit Minderheitsbeteiligungen, abrufbar unter http://www.familienunternehmen.de/media/public/pdf/publikationen-studien/studien/Studie_Stiftung_Familienunternehmen_Minderheitsbeteiligungen.pdf (Stand: 26.10.2015)

Adilardi, Giulio, Il contratto preliminare, Padua 2008

Agrusti, Giovanni, Le clausole di drag along e tag along, Amministrazione & Finanza 2014, n. 6, 34–39

Agrusti, Giovanni/Marcello, Raffaele, Il recesso del socio nelle s.r.l.: modalità, termini, efficacia e liquidazione della quota, Le società 2006, 569–577

AIFI, Alcune domande e risposte sul come e perché investire in fondi di Private Equity, abrufbar unter http://www.aifi.it/?wpdmact=process&did=ODk5LmhvdGxpbms= (Stand: 21.1.2016)

AIFI, Documento propositivo per il nuovo Parlamento. Marzo 2013, abrufbar unter http://www.aifi.it/?wpdmact=process&did=NTk0LmhvdGxpbms (Stand: 8.2.2016)

AIFI, Guida al Venture Capital. Come finanziare lo startup dell'impresa, abrufbar unter https://dato-images.imgix.net/32/1446106257-Guida%20al%20venture%20capital_VentureUp.pdf?ixlib=rb-0.3.5 (Stand: 19.1.2016)

AIFI, Il Mercato Italiano del Venture Capital e Private Equity, abrufbar unter http://www.aifi.it/?wpdmact=process&did=ODUuaG90bGluaw== (Stand: 22.1.2016)

AIFI, Il Mercato Italiano del Private Equity e Venture Capital nel 2013, abrufbar unter http://www.aifi.it/?wpdmact=process&did=MjcwLmhvdGxpbms (Stand: 11.2.2016)

AIFI, Il Mercato Italiano del Private Equity e Venture Capital nel 2014, abrufbar unter http://www.aifi.it/?wpdmact=process&did=MTQ3NS5ob3RsaW5r (Stand: 22.1.2016)

AIFI, Il mercato italiano del private equity, venture capital e private debt nel 2015, abrufbar unter https://dato-images.imgix.net/45/1460365169-Datiprivateequity,venturecapitaleprivatedebt2015.pdf?ixlib=rb-1.1.0 (Stand: 3.6.2016)

AIFI, Libro Bianco. Progetto per lo sviluppo del private equity e venture capital in Italia. Marzo 2006, abrufbar unter http://www.aifi.it/?wpdmact=process&did=NTkxLmhvdGxpbms (Stand: 8.2.2016)

AIFI/PricewaterhouseCoopers, Guida pratica al Capitale di Rischio, abrufbar unter http://www.aifi.it/?wpdmact=process&did=MzQ5LmhvdGxpbms= (Stand: 5.1.2016)

Albach, Horst/Hunsdiek, Detlef/Kokalj, Ljuba, Finanzierung mit Risikokapital, Stuttgart 1986

Angelici, Carlo, Fra «mercato» e «società»: a proposito di venture capital e drag-along, abrufbar unter http://papers.ssrn.com/sol3/papers.cfm?abstract_id=1988343 (Stand: 25.4.2016)

Armbrüster, Christian, Grenzen der Gestaltungsfreiheit im Personengesellschaftsrecht, ZGR 2014, 333–364

Assmann, Heinz-Dieter/Schütze, Rolf A. (Hrsg.), Handbuch des Kapitalanlagerechts, 4. Aufl., München 2015 (zitiert: *Bearbeiter*, in: Assmann/Schütze, Handbuch des Kapitalanlagerechts)

Avagliano, Marco, Le clausole che limitano o escludono la circolazione di azioni e di partecipazioni: tra norme statutarie e patti parasociali, in: Irrera, Maurizio, Le acquisizioni societarie, Bologna 2011, S. 355–428 (zitiert: *Avagliano*, in: Irrera, Le acquisizioni societarie)

Bader, Klaus, Die neue società a responsabilità limitata in Italien, GmbHR 2005, 1474–1477

Badini Confalonieri, Alfonso, I patti parasociali (Parte I), NDS – n. 17/2012, 9–49 (zitiert: *Badini Confalonieri*, NDS – n. 17/2012, 9)

Badini Confalonieri, Alfonso, I patti parasociali (Parte II), NDS – n. 20/2012, 133–184 (zitiert: *Badini Confalonieri*, NDS – n. 20/2012, 133)

Ballerini, Luca, I patti di co-vendita: aspetti operativi, Contr. e impr. 2014, 1466–1493 (zitiert: *Ballerini*, Contr. e impr. 2014, 1466)

Ballerini, Luca, I patti di co-vendita nelle società: funzioni e strutture, Contr. e impr. 2014, 1011–1034 (zitiert: *Ballerini*, Contr. e impr. 2014, 1011)

Barth, Wolfgang, Die Reform des Rechts der italienischen GmbH, MittBayNot 2006, 1–9

Bartlett, Joseph W., Fundamentals of venture capital, Lanham u.a. 1999

Batterson, Leonard A., Raising venture capital and the entrepreneur, Englewood Cliffs, 1986

Battiloro, Roberto, Accordi di co-vendita (Drag e Tag Along): profili civilistici e prassi applicativa, Diss. Palermo 2012, abrufbar unter https://iris.unipa.it/handle/10447/94910#.VtGdq9Bu0yE (Stand: 26.10.2015)

Baudino, Alessandro/Comellini, Stefano/Frascinelli, Roberto, La tutela delle minoranze nelle società di capitali in particolare nelle S.r.l. Poteri del socio. Patti sociali. Clausole statutarie. Tutela penale, Santarcangelo di Romagna 2007

Baumann, Peter, Die Ausschließung von GmbH-Gesellschaftern. Möglichkeiten der Satzungsgestaltung, MittRhNotK 1991, 271–283

Baumbach, Adolf/Hopt, Klaus J., Handelsgesetzbuch mit GmbH & Co., Handelsklauseln, Bank- und Börsenrecht, Transportrecht (ohne Seerecht), 37. Aufl., München 2016 (zitiert: *Bearbeiter*, in: Baumbach/Hopt, HGB)

Baumbach, Adolf/Hueck, Alfred, GmbHG. Gesetz betreffend die Gesellschaften mit beschränkter Haftung, 21. Aufl., München 2017 (zitiert: *Bearbeiter*, in: Baumbach/Hueck, GmbHG)

Baums, Theodor/Möller, Matthias, Venture Capital: U.S.-amerikanisches Modell und deutsches Aktienrecht, in: Baums, Theodor/Hopt, Klaus J./Horn, Norbert (Hrsg.), Corporations, Capital Markets and Business in the Law Liber Amicorum Richard M. Buxbaum, London u.a. 2000, S. 33–87 (zitiert: *Baums/Möller*, in: FS Buxbaum, 2000)

Becker, Benjamin, Die Zulässigkeit von Hinauskündigungsklauseln nach freiem Ermessen im Gesellschaftsvertrag. Zugleich eine Besprechung von Russian Roulette-, Texan Shoot Out- und Drag-along-Klauseln, Frankfurt am Main 2010 (zitiert: *Becker*, Die Zulässigkeit von Hinauskündigungsklauseln nach freiem Ermessen im Gesellschaftsvertrag)

Becker, Hans Paul, Investition und Finanzierung. Grundlagen der betrieblichen Finanzwirtschaft, 7. Aufl., Wiesbaden 2016 (zitiert: *Becker*, Investition und Finanzierung)

Bentivogli, Chiara/Carmignani, Amanda/Del Colle, Diana Marina u.a., Il private equity in Italia, Banca d'Italia, Questioni di Economia e Finanza (Occasional Papers), n. 41 (2009), abrufbar unter https://www.bancaditalia.it/pubblicazioni/qef/2009-0041/QEF_41.pdf (Stand: 9.2.2016)

Bergmann, Jan (Hrsg.), Handlexikon der Europäischen Union, 5. Aufl., Baden-Baden 2015 (zitiert: *Bearbeiter*, in: Bergmann, Handlexikon der Europäischen Union)

Bergemann, Dirk/Hege, Ulrich, Venture capital financing, moral hazard, and learning, J. Bank. Financ., Vol. 22 (1998), 703–735

Berkery, Dermot, Raising venture capital for the serious entrepreneur, New York u.a. 2008

Bernardi, Maurizio, Gli aspetti legali, in: Gervasoni, Anna/Sattin, Fabio L., Private equity e venture capital. Manuale di investimento nel capitale di rischio, 5. Aufl., Mailand 2015, S. 437–509 (zitiert: *Bernardi*, in: Gervasoni/Sattin, Private equity e venture capital)

Bernardi, Maurizio/De Biasi, Pierluigi, The Main Legal Profiles of Investing and Divesting Processes in Private Equity and Venture Capital Deals, in: Gervasoni, Anna (Hrsg.), Private Equity and Venture Capital. Regulation and Good

Practice, London 2014, S. 289–310 (zitiert: *Bernardi/De Biasi*, in: Gervasoni, Private Equity and Venture Capital)

Bienz, Carsten/Walz, Uwe, Venture Capital Exit Rights, J. Econ. Manag. Strateg., Vol. 19 (2010), Issue 4, 1071–1116

Black, Bernard S./Gilson, Ronald J., Venture capital and the structure of capital markets: banks versus stock markets, JFE, Vol. 47 (1998), 243–277

Blasche, Sebastian, Vinkulierungsklauseln in GmbH-Gesellschaftsverträgen, RNotZ 2013, 515–534 (zitiert: *Blasche*, RNotZ 2013, 515)

Blasche, Sebastian, Die Ausgestaltung schuldrechtlicher Vorerwerbsrechte bei GmbH-Geschäftsanteilen, NZG 2016, 173–177 (zitiert: *Blasche*, NZG 2016, 173)

Bonini, Stefano/Motta, Stefania, Strumenti innovativi di debito, in: Cenciarini, Renzo A./Dallocchio, Maurizio/Dell'Acqua, Alberto/Etro, Leonardo L., Un ponte per la crescita: imprese, banche e finanza per il futuro del sistema Italia, Rom 2006, S. 55–71 (zitiert: *Bonini/Motta*, in: Cenciarini/Dallocchio/Dell'Acqua/Etro, Un ponte per la crescita)

Bonini, Stefano/Zullo, Roberto, Venture Capital ed imprenditorialità. Prospettive di crescita a confronto, Quaderni di Ricerche n. 30, abrufbar unter http://www.enteluigieinaudi.it/pdf/Pubblicazioni/Quaderni/Q_30.pdf (Stand: 11.11.2015)

Boos, Karl-Heinz/Fischer, Reinfrid/Schulte-Mattler, Hermann (Hrsg.), KWG. CRR-VO. Kommentar zu Kreditwesengesetz, VO (EU) Nr. 575/2013 (CRR) und Ausführungsvorschriften. Band 2, 5. Aufl., München 2016 (zitiert: *Bearbeiter*, in: Boos/Fischer/Schulte-Mattler, Kreditwesengesetz)

Bottazzi, Laura/Da Rin, Marco, Venture capital in Europe and the financing of innovative companies, Economic Policy 2002, Vol. 17, Issue 34, 229–269

Bracchi, Giampio/Gervasoni, Anna, L'importanza del capitale di rischio per lo sviluppo del sistema economico, in: Bracchi, Giampio/Gervasoni, Anna (Hrsg.), Venti anni di private equity, Mailand 2006, S. 5–44 (zitiert: *Bracchi/Gervasoni*, in: Bracchi/Gervasoni, Venti anni di private equity)

Brehm, Christian, Das Venture-Capital-Vertragswerk. Die Bedeutung für Management und Strategie des Zielunternehmens, Wiesbaden 2012

Breithaupt, Joachim/Ottersbach, Jörg H. (Hrsg.), Kompendium Gesellschaftsrecht, Formwahl – Gestaltung – Muster für die Praxis, München 2010 (zitiert: *Bearbeiter*, in: Breithaupt/Ottersbach, Kompendium Gesellschaftsrecht)

Breithecker, Volker, Beratereinfluß auf die Rechtsformwahlentscheidung für Existenzgründer, DStR 1998, 219–224

Bruno, Albert V./Tyebjee, Tyzoon T., The entrepreneur's search for capital, JBV, Vol. 1 (1985), 61–74

Bundesministerium für Wirtschaft und Energie, Eckpunktepapier Wagniskapital vom 16.9.2015, abrufbar unter https://www.bmwi.de/BMWi/Redaktion/PDF/E/eckpunkte-wagniskapital,property=pdf,bereich=bmwi2012,sprache=de,rwb=true.pdf (Stand: 18.11.2015)

Bundesministerium für Wirtschaft und Energie, Wachstumsfinanzierung voranbringen. Startschuss für zwei neue Instrumente für mehr Risikokapital in Deutschland vom 15.3.2016, abrufbar unter http://www.bmwi.de/BMWi/Redaktion/PDF/E/ergaenzende-informationen-erp-eif-wachstumsfazilitaet,property=pdf,bereich=bmwi2012,sprache=de,rwb=true.pdf (Stand: 21.3.2016)

Bundesministerium für Wirtschaft und Energie/Bundesministerium des Innern/Bundesministerium für Verkehr und digitale Infrastruktur, Digitale Agenda 2014 – 2017, abrufbar unter http://www.bmwi.de/BMWi/Redaktion/PDF/Publikationen/digitale-agenda-2014-2017,property=pdf,bereich=bmwi2012,sprache=de,rwb=true.pdf (Stand: 5.1.2016)

Bundesverband Deutscher Kapitalbeteiligungsgesellschaften – German Private Equity and Venture Capital Association e.V. (BVK), BVK Statistik 2000, abrufbar unter http://www.bvkap.de/sites/default/files/page/bvk_statistik_2000.pdf (Stand: 22.1.16)

Bundesverband Deutscher Kapitalbeteiligungsgesellschaften – German Private Equity and Venture Capital Association e.V. (BVK), BVK-Statistik – Das Jahr 2014 in Zahlen, abrufbar unter http://www.bvkap.de/sites/default/files/page/20150223_bvk-statistik_das_jahr_in_zahlen2014.pdf (Stand: 22.1.2016)

Bundesverband Deutscher Kapitalbeteiligungsgesellschaften – German Private Equity and Venture Capital Association e.V. (BVK), BVK-Statistik – Das Jahr 2015 in Zahlen. Vorläufige Ergebnisse, abrufbar unter http://www.bvkap.de/sites/default/files/page/20150222_bvk-statistik_das_jahr_in_zahlen2015_final.pdf (Stand: 24.2.2016)

Bundesverband Deutscher Kapitalbeteiligungsgesellschaften – German Private Equity and Venture Capital Association e.V. (BVK), Private Equity-Eigenkapital für den Mittelstand – Ein Leitfaden für Unternehmer, abrufbar unter http://www.bvkap.de/sites/default/files/publication/bvk_mittelstandsleitfaden_0.pdf (Stand: 18.1.2016)

Bundesverband Deutscher Kapitalbeteiligungsgesellschaften – German Private Equity and Venture Capital Association e.V. (BVK)/Otto Küsters & Company/AFC Consulting Group, Private Equity und Venture Capital, abrufbar unter http://www.bvkap.de/sites/default/files/press/2015_bvk-okc-afc-studie_private_equity_und_venture_capital.pdf (Stand: 14.12.2015)

Bunz, Thomas, Vorbereitungs- und Reaktionsmöglichkeiten börsennotierter Unternehmen auf Shareholder Activism, NZG 2014, 1049–1053

Bygrave, William D./Timmons, Jeffry A., Venture Capital at the Crossroads, Boston 1992

Cacciapuoti, Emidio/Witney, Simon/Lanfranchi, Valentina, The Impact of the AIFM Directive in Europe, in: Gervasoni, Anna (Hrsg.), Private Equity and Venture Capital. Regulation and Good Practice, London 2014, S. 159–186 (zitiert: *Cacciapuoti/Witney/Lanfranchi*, in: Gervasoni, Private Equity and Venture Capital)

Cagnasso, Oreste, La società a responsabilità limitata, Padua 2007

Caliceti, Pietro/Martoglia, Gianni, Il contratto e il patto parasociale, in: Carlotti, Matteo (Hrsg.), Tecniche di private equity. Il fondo, le SPAC e l'origination. Linvestimento. La gestione e il disinvestimento, 3. Aufl., Mailand 2012, S. 335–359 (zitiert: *Caliceti,/Martoglia*, in: Carlotti, Tecniche di private equity)

Campobasso, Gian Franco, Diritto commerciale 2. Diritto delle società, 8. Aufl., Turin 2012

Caringella, Francesco/De Marzo, Giuseppe, Manuale di diritto civile III. Il contratto, 2. Aufl., Mailand 2008

Carpi, Federico/Taruffo, Michele, Commentario breve al codice di procedura civile, 8. Aufl., Padua 2015 (zitiert: *Bearbeiter*, in: Carpi/Taruffo, Commentario breve al codice di procedura civile)

Carrara, Cecilia, Die italienische Reform der Schiedsgerichtsbarkeit bei gesellschaftsrechtlichen Streitigkeiten, SchiedsVZ 2003, 253–256

Casale, Francesco, L'esclusione del socio nella società a responsabilità limitata, Giur. comm. 2009, I, 816–846

Caselli, Stefano, Private Equity and Venture Capital in Europe. Markets, Techniques, and Deals, Amsterdam u.a. 2010

Cendon, Paolo (Hrsg.), Commentario al codice civile. artt. 1343–1469 bis. Contratto in generale. interpretazione, effetti, rappresentanza, simulazione, invalidità, risoluzione, Mailand 2010 (zitiert: *Cendon*, artt. 1343–1469)

Cendon, Paolo (Hrsg.), Commentario al codice civile. artt. 2452–2483. Società in accomandita per azioni. Società a responsabilità limitata, Mailand 2010 (zitiert: *Cendon*, artt. 2452–2483)

Cerabolini, Claudio, Corporate Governance Issues: The Relationship Between Players and Target Companies, in: Gervasoni, Anna (Hrsg.), Private Equity and Venture Capital. Regulation and Good Practice, London 2014, S. 311–333 (zitiert: *Cerabolini*, in: Gervasoni, Private Equity and Venture Capital)

Chemla, Gilles/Habib, Michel A./Ljungqvist, Alexander, An Analysis of Shareholder Agreements, NYU, Ctr. for Law and Business Research Paper no. 02-01; RICAFE Working Paper no. 006, July 2004, abrufbar unter http://papers.ssrn.com/sol3/papers.cfm?abstract_id=299420 (Stand: 30.10.2014)

Coing, Helmut, Aufgaben der Rechtsvergleichung in unserer Zeit, NJW 1981, 2601–2604

Colella, Domenico/Flora, Paola, La nuova disciplina dei patti parasociali nel private equity, AIFI Quaderni sull'Investimento nel Capital di Rischio, n. 5, Mailand 2005

Comitato interregionale di consigli notarili delle Tre Venezie, Massima H.I. SPA. Azioni e limiti alla loro circolazione, abrufbar unter http://www.notaitriveneto.it/dettaglio-massime-triveneto-61-spa-azioni-e-limiti-alla-loro-circolazione.html#inizio (Stand: 11.11.2015)

Comitato interregionale di consigli notarili delle Tre Venezie, Massima I.I SRL. Partecipazioni e limiti al loro trasferimento – diritti particolari ex art. 2468, comma 3, C.C., abrufbar unter http://www.notaitriveneto.it/dettaglio-massime-triveneto-75-srl-partecipazioni-e-limiti-al-loro-trasferimento---diritti-particolari-ex-art-2468-comma-3-cc.html (Stand: 25.4.2016)

Commissione Nazionale per le Società e la Borsa (Consob), Equity Crowdfunding: cosa devi assolutamente sapere prima di investire in una "start-up innovativa" tramite portali on-line, abrufbar unter http://www.consob.it/documenti/crowdfunding/equity_crowdfunding_v3.pdf (Stand: 21.1.2016)

Consiglio notarile di Milano, Massima n. 9. Conferimenti d'opera nella s.r.l. (artt. 2464 e 2465 c.c.). 18 marzo 2004, abrufbar unter http://www.consiglionotarilemilano.it/documenti-comuni/massime-commissione-societa/09.aspx (Stand: 25.4.2016)

Consiglio notarile di Milano, Massima n. 31. Introduzione o rimozione di limitazioni alla circolazione di partecipazioni di s.r.l. (artt. 2469 e 2473 c.c.). 19 novembre 2004, abrufbar unter http://www.consiglionotarilemilano.it/documenti-comuni/massime-commissione-societa/31.aspx (Stand: 11.11.2015)

Consiglio notarile di Milano, Massima n. 39: Diritti particolari dei soci nella s.r.l. (art. 2468, comma 3°, c.c.). 19 novembre 2004, abrufbar unter http://www.consiglionotarilemilano.it/documenti-comuni/massime-commissione-societa/39.aspx (Stand: 11.11.2015)

Consiglio notarile di Milano, Massima n. 74. Cause convenzionali di recesso (artt. 2437 e 2473 c.c.). 22 novembre 2005, abrufbar unter http://www.consiglionotarilemilano.it/documenti-comuni/massime-commissione-societa/74.aspx (Stand: 10.3.2016)

Consiglio notarile di Milano, Massima n. 88. Clausole statutarie disciplinanti il diritto e l'obbligo di "covendita" delle partecipazioni (artt. 2355-bis e 2469 c.c.). 22 novembre 2005, abrufbar unter http://www.consiglionotarilemilano.it/documenti-comuni/massime-commissione-societa/88.aspx (Stand: 25.4.2016)

Consiglio notarile di Milano, Massima n. 99. Azioni riscattabili e introduzione della clausola di riscatto (art. 2437-sexies c.c.). 18 maggio 2007, abrufbar unter http://www.consiglionotarilemilano.it/documenti-comuni/massime-commissione-societa/99.aspx (Stand: 27.4.2016)

Consiglio notarile di Milano, Massima n. 115. Clausole statutarie sul libro dei soci nella s.r.l. dopo il D.L. 29 novembre 2008 n. 185 (artt. 2470, 2478 e 2479-bis c.c.). 10 marzo 2009, abrufbar unter http://www.consiglionotarilemilano.it/documenti-comuni/massime-commissione-societa/115.aspx (Stand: 11.11.2015)

Consiglio notarile di Milano, Massima n. 126. Ripartizione non proporzionale del corrispettivo di vendita o di riscatto di partecipazioni sociali (artt. 2348 e 2468 c.c.). 5 marzo 2013, abrufbar unter http://www.consiglionotarilemilano.it/documenti-comuni/massime-commissione-societa/126.aspx (Stand: 18.5.2016)

Consiglio notarile di Roma, Massime societarie del Consiglio Notarile di Roma del luglio 2013. n. 7 Clausole di co-vendita e trascinamento: tipologia e limiti di validità, Riv. not. 2013, 1085–1108 (zitiert: *Consiglio notarile di Roma*, n. 7 Clausole di co-vendita e trascinamento: tipologia e limiti di validità, Riv. not. 2013, 1085)

Consiglio notarile di Roma, Massime societarie del Consiglio Notarile di Roma del luglio 2013. n. 8 Clausole di co-vendita e trascinamento: possibilità di introduzione a maggioranza, Riv. not. 2013, 1085–1108 (zitiert: *Consiglio notarile di Roma*, n. 8 Clausole di co-vendita e trascinamento: possibilità di introduzione a maggioranza, Riv. not. 2013, 1085)

Corno, Alessandro, Key Characteristics of Venture Capital Deals, in: Gervasoni, Anna (Hrsg.), Private Equity and Venture Capital. Regulation and Good Practice, London 2014, S. 335–354 (zitiert: *Corno*, in: Gervasoni, Private Equity and Venture Capital)

Cossu, Monica, I patti parasociali, in: Farina, Franco/Ibba, Carlo/Racugno, Gabriele u.a. (Hrsg.), La nuova s.r.l. Prime letture e proposte interpretative, Mailand 2004, S. 51–71 (zitiert: *Cossu*, in: Farina/Ibba/Racugno, La nuova s.r.l.)

Costi, Renzo, I patti parasociali e il collegamento negoziale, Giur. comm. 2004, I, 200–212

Cumming, Douglas J./Johan, Sofia A., Venture capital and private equity contracting, 2. Aufl., Amsterdam u.a. 2014

D'Alessandro, Carlo, Patti di « Co-Vendita » (Tag Along e Drag Along), Riv. dir. civ. 2010, 373–414

Da Rin, Marco/Hege, Ulrich/Llobet, Gerard/Walz, Uwe, The Law and Finance of Venture Capital Financing in Europe: Findings from the Ricafe Research Project, EBOR 2006, Vol. 7, 525–547

Daccò, Alessandra, "Diritti particolari" e recesso dalla s.r.l., Mailand 2013

Dallocchio, Maurizio, Il mercato del private equity e del venture capital, in: Cenciarini, Renzo A./Dallocchio, Maurizio/Dell'Acqua, Alberto/Etro, Leonardo L., Un ponte per la crescita: imprese, banche e finanza per il futuro del sistema Italia, Rom 2006, S. 75–93 (zitiert: *Dallocchio*, in: Cenciarini/Dallocchio/Dell'Acqua/Etro, Un ponte per la crescita)

Damiani, Enrico, Venture capital e private equity, Neapel 2010

De Campo, Valentina, Anmerkung zu Trib. Milano 4 dicembre 2014, Le società 2015, 841–848

Delfini, Francesco, Opzioni put con prezzo determinato "a consuntivo", arbitraggio della parte e nullità. Anmerkung zu Trib. Milano 30 dicembre 2011, Giur. comm. 2012, II, 739–756

Del Linz, Manuel, L'introduzione delle clausole die co-vendita negli statuti sociali. Anmerkung zu Trib. Milano 25 marzo 2011, Giur. comm. 2012, II, 1072–1087

De Luca, Nicola, Validità delle clausole di trascinamento ("drag-along"), Banca, borsa, tit. cred., 2009, I, 174–186 (zitiert: *De Luca*, Banca, borsa, tit. cred., 2009, I, 174)

De Luca, Nicola, Ancora sulle clausole statutarie di accodamento e trascinamento (tag e drag-along). Possono essere introdotte a maggioranza?. Anmerkung zu Trib. Milano, 24 marzo 2011, Banca, borsa, tit. cred., 2013, II, 65–79 (zitiert: *De Luca*, Banca, borsa, tit. cred., 2013, II, 65)

De Stasio, Vincenzo, Sulla "eliminazione" del libro dei soci nella s.r.l., Giur. comm. 2010, I, 110–121

Deutsches Notarinstitut, Wiederkaufsrecht zugunsten Dritter, DNotI-Report 1996, 74–76

Di Bitonto, Cosimo, Anmerkung zu Trib. Milano 31 marzo 2008, Le società 2008, 1378–1384

Di Cataldo, Vincenzo, Il recesso del socio die società di capitali. È legittima una clausola statutaria di recesso per giusta causa?, Giur. comm. 2015, I, 605–621

Di Giorgio, Giorgio/Di Odoardo, Massimo, Venture Capital e Private Equity in Italia, Working Paper del Dipartimento del Tesoro (DT) del Ministero dell'Economia e delle Finanze (MEF) 2008, n. 3, abrufbar unter http://www.dt.tesoro.it/modules/documenti_it/analisi_progammazione/working_papers/N.-3-2008---Venture-capital-e-private-equity-in-Italia.pdf (Stand: 8.2.2016)

Di Paolo, Matteo, Le clausole di Drag Along. Legittimità e responsabilità del notaio rogante, Vita not. 2014, 1409–1430

Divizia, Paolo, Clausole statutarie di covendita e trascinamento, Notariato 2009, 157–173 (zitiert: *Divizia*, Notariato 2009, 157)

Divizia, Paolo, Anmerkung zu Trib. Milano 24 marzo 2011, Notariato 2011, 398–407 (zitiert: *Divizia*, Notariato 2011, 398)

Divizia, Paolo, Circolazione della partecipazione sociale e limiti soggettivi di efficacia dei patti parasociali, Riv. not. 2012, 615–633 (zitiert: *Divizia*, Riv. not. 2012, 615)

Divizia, Paolo, Le clausole di tag e drag along. Nuove regole statutarie di società di capitali e patti parasociali, Milanofiori Assago 2013 (zitiert: *Divizia*, Le clausole di tag e drag along)

Dolmetta, Aldo A./Presti, Gaetano (Hrsg.), S.r.l. commentario dedicato a Giuseppe B. Portale, Mailand 2011 (zitiert: *Bearbeiter*, in: Dolmetta/Presti, S.r.l. commentario)

Donativi, Vincenzo, Il trasferimento delle quote di s.r.l. con firma digitale, alla luce delle recenti novità legislative, Le società 2009, 410–424

Dotti, Vittorio, Clausole relative ad acquisti parziali di pacchetti azionari, in: Bonelli, Franco/De Andrè, Mauro (Hrsg.), Acquisizioni di società e di pacchetti azionari di riferimento, Mailand 1990, S. 207–233 (zitiert: *Dotti*, in: Bonelli/De Andrè, Acquisizioni di società e di pacchetti azionari di riferimento)

Draxler, Jürgen, Private Equity Exit. Strategie und Vertragsgestaltung, Wien 2010

Eccher, Bernhard/Schurr, Francesco A./Christandl, Gregor, Handbuch Italienisches Zivilrecht, Wien 2009 (zitiert: *Bearbeiter*, in: Eccher/Schurr/Christandl, Handbuch Italienisches Zivilrecht)

Eckhardt, Dirk/Hermanns, Marc (Hrsg.), Kölner Handbuch Gesellschaftsrecht, 3. Aufl., Köln 2017 (zitiert: *Bearbeiter*, in: Eckhardt/Hermanns, Kölner Handbuch Gesellschaftsrecht)

Eilers, Stephan/Koffka, Nils Matthias/Mackensen, Marcus (Hrsg.), Private Equity. Unternehmenskauf. Finanzierung. Restrukturierung. Exitstrategien, 2. Aufl., München 2012 (zitiert: *Bearbeiter*, in: Eilers/Koffka/Mackensen, Private Equity)

Emmerich, Volker/Habersack, Mathias, Aktien- und GmbH-Konzernrecht, 8. Aufl., München 2016 (zitiert: *Bearbeiter*, in: Emmerich/Habersack, Aktien- und GmbH-Konzernrecht)

Ernst, Dietmar/Häcker, Joachim, Applied International Corporate Finance, 2. Aufl., München 2011

Ernst, Dietmar/Thümmel, Roderich C., Realoptionen zur Strukturierung von M&A-Transaktionen, FB 2000, 665–673

Ernst & Young, Start-up-Barometer Deutschland August 2015, abrufbar unter http://www.ey.com/Publication/vwLUAssets/EY-Start-up-Barometer-2015-August/$FILE/EY-Start-up-Barometer-2015.pdf (Stand: 10.2.2016)

Europäische Kommission, Aktionsplan zur Schaffung einer Kapitalmarktunion vom 30.9.2015, abrufbar unter http://ec.europa.eu/finance/capital-markets-union/docs/building-cmu-action-plan_de.pdf (Stand: 17.11.2015)

Europäische Kommission, Public Consultation Paper. Problems that arise in the direct tax field when venture capital is invested across borders, abrufbar unter http://ec.europa.eu/taxation_customs/resources/documents/common/consultations/tax/venture_capital/consultation_document_en.pdf (Stand: 9.2.2016)

Europäische Zentralbank (EZB), Pressemitteilung vom 8. Dezember 2016. Geldpolitische Beschlüsse, abrufbar unter https://www.bundesbank.de/Redaktion/DE/Downloads/Presse/EZB_Pressemitteilungen/2016/2016_12_08_beschluesse.pdf?__blob=publicationFile (Stand: 12.12.2016)

European Private Equity and Venture Capital Association, 2014 European Private Equity Activity, abrufbar unter http://www.investeurope.eu/media/385581/2014-european-private-equity-activity-final-v2.pdf (Stand: 26.10.2015)

Eurostat, Pressemitteilung 244/2016 vom 6. Dezember 2016 – Schätzung des BIP und der Hauptaggregate für das dritte Quartal 2016. BIP im Euroraum um 0,3% und in der EU28 um 0,4% gestiegen, abrufbar unter http://ec.europa.eu/eurostat/documents/2995521/7756317/2-06122016-AP-DE.pdf/cad3fb9f-f12a-4c9a-aae5-5b4457e66bf8 (aufgerufen am 12.12.16) (zitiert: Eurostat, Pressemitteilung 244/2016 vom 6. Dezember 2016 – Schätzung des BIP und der Hauptaggregate für das dritte Quartal 2016. BIP im Euroraum um 0,3% und in der EU28 um 0,4% gestiegen)

Eurostat, Wachstumsrate des realen BIP – Volumen, abrufbar unter http://ec.europa.eu/eurostat/tgm/table.do?tab=table&init=1&language=de&pcode=tec00115&plugin=1 (Stand: 12.12.2016) (zitiert: Eurostat, Wachstumsrate des realen BIP. Volumen)

Fabbrini, Lorenzo, Validità delle clausole statutarie di drag along. Anmerkung zu Trib. Milano 1 aprile 2008, Giur. comm. 2009, II, 1034–1048

Feld, Brad/Mendelson, Jason, Venture deals: be smarter than your lawyer and venture capitalist, 2. Aufl., Hoboken, New Jersey 2013

Ferrante, Manuel, Obbligo di Covendita, Diss. Campobasso 2011, abrufbar unter http://road.unimol.it/handle/2192/156 (Stand: 26.2.2016)

Ferraresi, Marco Tonino, Le operazioni di M&A e il controllo antitrust delle concentrazioni; il caso T-Mobile/Orange, Diss. LUISS Guido Carli Rom 2010/2011, abrufbar unter http://tesi.eprints.luiss.it/6758/1/ferraresi-tesi-2011.pdf (Stand: 3.11.2015)

Ferrarini, Guido/Ottolia, Andrea, Corporate Disclosure as a Transaction Cost: The Case of SMEs, ERCL 2013, 363–386

Ferrucci, Annamaria/Ferrentino, Carmine, Società di capitali, società cooperative e mutue assicuratrici, Bd. 1, 2. Aufl., Mailand 2012

Fett, Torsten/Spiering, Christoph (Hrsg.), Handbuch Joint Venture, 2. Aufl., Heidelberg 2015 (zitiert: *Bearbeiter*, in: Fett/Spiering, Handbuch Joint Venture)

Fico, Daniele, Anmerkung zu Trib. Verona 14 settembre 2009, Le società 2009, 1509–1513

Fiorucci, Fabio, I provvedimenti d'urgenza ex art. 700 c.p.c., 2. Aufl., Mailand 2009

Fleischer, Holger/Goette, Wulf (Hrsg.), Münchener Kommentar zum Gesetz betreffend die Gesellschaften mit beschränkter Haftung (GmbHG). Band 1. §§ 1–34 GmbHG, 2. Aufl., München 2015 (zitiert: *Bearbeiter*, in: Fleischer/Goette, MünchKommGmbHG)

Fleischer, Holger/Goette, Wulf (Hrsg.), Münchener Kommentar zum Gesetz betreffend die Gesellschaften mit beschränkter Haftung (GmbHG). Band 2. §§ 35–52 GmbHG, 2. Aufl., München 2016 (zitiert: *Bearbeiter*, in: Fleischer/Goette, MünchKommGmbHG)

Fleischer, Holger/Goette, Wulf (Hrsg.), Münchener Kommentar zum Gesetz betreffend die Gesellschaften mit beschränkter Haftung (GmbHG). Band 3. §§ 53–85 GmbHG, 2. Aufl., München 2016 (zitiert: *Bearbeiter*, in: Fleischer/Goette, MünchKommGmbHG)

Fleischer, Holger/Schneider, Stephan, Zulässigkeit und Grenzen von Shoot-Out-Klauseln im Personengesellschafts- und GmbH-Recht, DB 2010, 2713–2719 (zitiert: *Fleischer/Schneider*, DB 2010, 2713)

Fleischer, Holger/Schneider, Stephan, Tag along- und Drag along-Klauseln in geschlossenen Kapitalgesellschaften, DB 2012, 961–968 (zitiert: *Fleischer/Schneider*, DB 2012, 961)

Fondo Italiano d'Investimento, I primi tre anni di attività, abrufbar unter http://www.mef.gov.it/ufficio-stampa/comunicati/2014/documenti/Sintesi_attivitx_FII_per_Conferenza_Stampa_def_x2x_-_Allegato_al_comunicato_n._38_del_12_febbraio_2014.pdf (Stand: 8.2.2016)

Frase, Henning, „Leoninische Vereinbarungen" und Ergebnisbeteiligungspflicht im deutschen und italienischen Gesellschaftsrecht. Zum patto leonino des italienischen Rechts und möglichen Entsprechungen im deutschen Recht, Frankfurt am Main 2010

Freyling, Till/vom Hofe, Katja/Klingsch, Welf, Venture Capital – Rechtliche, wirtschaftliche und steuerliche Rahmenbedingungen von Venture Capital in Deutschland im Vergleich zu anderen europäischen Ländern und den USA, StB 2003, 21–31

Fritzsche, Michael/Häußermann, Christoph, Exit, in: Berens, Wolfgang/Brauner Hans U./Frodermann, Jürgen (Hrsg.), Unternehmensentwicklung mit Finanzinvestoren. Eigenkapitalstärkung, Wertsteigerung, Unternehmensverkauf, Stuttgart 2005, S. 375–394 (zitiert: *Fritzsche/Häußermann*, in: Berens/Brauner/Frodermann, Unternehmensentwicklung mit Finanzinvestoren)

Funke, Karl-Heinz, Beteiligungsgesellschaften als Finanzpartner, DStR 1992, 1106–1112

Fusaro, Giovanni/Muzio, Alessia, History and Definitions of the Private Equity and Venture Capital Industry, in: Gervasoni, Anna (Hrsg.), Private Equity and Venture Capital. Regulation and Good Practice, London 2014, S. 13–22 (zitiert: *Fusaro/Muzio*, in: Gervasoni, Private Equity and Venture Capital)

Fusaro, Giovanni/Muzio, Alessia/Mueller, Cornelius u.a., Industry Statistics: European Market Trends and Characteristics, in: Gervasoni, Anna (Hrsg.), Private Equity and Venture Capital. Regulation and Good Practice, London 2014, S. 25–59 (zitiert: *Fusaro/Muzio/Mueller* u.a., in: Gervasoni, Private Equity and Venture Capital)

Gaetano Giuliano/De Stefano, Paolo, I contratti preparatori: l'opzione, in: Fava, Pasquale (Hrsg.), Il contratto. Trattato teorico – pratico, Mailand 2012, S. 1125–1149 (zitiert: *Gaetano/De Stefano*, in: Fava, Il contratto)

Gaida, Michael, Venture Capital in Deutschland und den USA. Finanzierung von Start-ups im Gefüge von Staat, Banken und Börsen, Wiesbaden 2002

Galgano, Francesco, Il contratto, Padua 2007

Galgano, Francesco/Zorzi Galgano, Nadia (Hrsg.), Trattato di diritto civile. Volume secondo. Le obbligazioni in generale. Il contratto in generale. I singoli contratti, 3. Aufl., Padua 2015 (zitiert: *Galgano/Zorzi Galgano*, Trattato di diritto civile. Volume secondo)

Galgano, Francesco/Zorzi Galgano, Nadia (Hrsg.), Trattato di diritto civile. Volume quarto. Le società in genere. Le società di persone. Le società di capitali. I gruppi di società. Il fallimento e le altre procedure concorsuali. Indici generali, 3. Aufl., Padua 2015 (zitiert: *Galgano/Zorzi Galgano*, Trattato di diritto civile. Volume quarto)

Gehrig, Thomas/Stenbacka, Runde, Venture Cycles: Theory and Evidence, in: Kanniainen, Vesa/Keuschnigg, Christian (Hrsg.), Venture capital, entrepreneurship, and public policy, Cambridge, Mass. 2005, S. 151–177 (zitiert: *Gehrig/Stenbacka*, in: Kanniainen/Keuschnigg, Venture capital, entrepreneurship, and public policy)

Gehrlein, Markus, Neue Tendenzen zum Verbot der freien Hinauskündigung eines Gesellschafters, NJW 2005, 1969–1973

Gericke, Dieter, Trade Sale-Exit, in: Gericke, Dieter (Hrsg.), Private Equity II: rechtliche, steuerliche und regulatorische Aspekte von Buy-out bis Exit, Zürich u.a. 2012, S. 141–193 (zitiert: *Gericke*, in: Gericke, Private Equity II)

Gervasoni, Anna, Private equity e venture capital: definizioni, origine e caratteristiche generali, in: Gervasoni, Anna (Hrsg.)., Venture capital e sviluppo economico, Mailand 2006, S. 11–25 (zitiert: *Gervasoni*, in: Gervasoni, Private equity e venture capital)

Giampaolino, Carlo Felice, Clausola di co-vendita (drag-along) ed "equa" valorizzazione dell'azione. Anmerkung zu Lodo arbitrale 29 luglio 2008, Banca, borsa, tit. cred. 2009, II, 523–538 (zitiert: *Giampaolino*, Banca, borsa, tit. cred. 2009, II, 523)

Giampaolino, Carlo Felice, Stabilizzazione della compagine e clausole di lock-up sociali e parasociali, Riv. soc. 2008, 148–180 (zitiert: *Giampaolino*, Riv. soc. 2008, 148)

Giovannini, Renato, A Broad Vision of the Investment Process in Venture Capital, in: Caselli, Stefano/Gatti, Stefano (Hrsg.), Venture Capital. A Euro-System Approach, Berlin u.a. 2004, S. 27–51 (zitiert: *Giovannini*, in: Caselli/Gatti, Venture Capital)

Gladstone, David/Gladstone, Laura, Venture capital handbook. An entrepreneur's guide to raising venture capital, London u.a. 2002

Glen, John, The European Venture Capital Market, in: Greenwood, Robert P. (Hrsg.), Handbook of Financial Planning and Control, 3. Aufl., Aldershot 2002, S. 325–336 (zitiert: *Glen*, in: Greenwood, Handbook of Financial Planning and Control)

Goette, Wulf/Habersack, Mathias/Kalss, Susanne (Hrsg.), Münchener Kommentar zum Aktiengesetz, Band 5 §§ 278–328, SpruchG, ÖGesAusG, österreichisches Konzernrecht, 4. Aufl., München 2015 (zitiert: *Bearbeiter*, in: Goette/Habersack/Kalss, MünchKommAktG)

Goette, Wulf/Habersack, Mathias/Kalss, Susanne (Hrsg.), Münchener Kommentar zum Aktiengesetz, Band 1. §§ 1–75, 4. Aufl., München 2016 (zitiert: *Bearbeiter*, in: Goette/Habersack/Kalss, MünchKommAktG)

Goette, Wulf/Habersack, Mathias/Kalss, Susanne (Hrsg.), Münchener Kommentar zum Aktiengesetz, Band 3. §§ 118–178, 4. Aufl., München 2018 (zitiert: *Bearbeiter*, in: Goette/Habersack/Kalss, MünchKommAktG)

Gompers, Paul/Lerner, Josh, The Venture Capital Revolution, JEP 2001, 15(2), 145–168

Gottwald, Peter/Nagel, Heinrich, Internationales Zivilprozessrecht, 7. Aufl., Köln 2013

Granelli, Carlo (Hrsg.), Trattato del contratto. I. Formazione, Mailand 2006

Grisebach, Rolf, Innovationsfinanzierung durch Venture Capital, München 1989

Güllmann, Peter, Jungunternehmen in Deutschland. Mit Wagniskapital Spitzentechnologien sichern, VentureCapital Magazin, Sonderheft „Spezial VC Gesetz" 2015, 12–13

Gündel, Matthias/Hirdes, Mario, Mezzanine-Kapital zur Bilanzoptimierung und bankenunabhängigen Unternehmensfinanzierung. Praxisfall zur Beschaffung von Mezzanine-Kapital im Wege der Privatplatzierung, BC 2005, 205–210

Gummert, Hans/Weipert, Lutz (Hrsg.), Münchener Handbuch des Gesellschaftsrechts. Band 2. Kommanditgesellschaft. GmbH & Co. KG. Publikums-KG. Stille Gesellschaft, 4. Aufl., München 2014 (zitiert: *Bearbeiter,* in: Gummert/Weipert, MünchHdbGesR, Bd. 2)

Haag, Maximilian/Veith, Amos, Das MoRaKG und seine Auswirkungen für Wagniskapital in Deutschland – oder was von einem Private-Equity-Gesetz geblieben ist, BB 2008, 1915–1922

Hamann, Hartmut/Sigle, Axel (Hrsg.), Vertragsbuch Gesellschaftsrecht. Gestaltung. Finanzierung. Internationalisierung. Mergers & Acquisitions und Nachfolge, 2. Aufl., München 2012 (zitiert: *Bearbeiter,* in: Hamann/Sigle, Vertragsbuch Gesellschaftsrecht)

Hannich, Andrea, Exitentscheidungen und die Allokation von Exitrechten in der Venture Capital Finanzierung, Diss. Karlsruher Institut für Technologie (KIT) 2012

Hauschild, Armin/Kallrath, Jürgen/Wachter, Thomas (Hrsg.), Notarhandbuch Gesellschafts- und Unternehmensrecht, 2. Aufl., München 2017 (zitiert: *Bearbeiter,* in: Hauschild/Kallrath/Wachter, Notarhandbuch)

Hax, Karl, Kapitalbeteiligungsgesellschaften zur Finanzierung kleiner und mittlerer Unternehmungen, Köln, Opladen 1969

Heckschen, Heribert/Heidinger, Andreas, Die GmbH in der Gestaltungs- und Beratungspraxis, 3. Aufl., Köln 2013 (zitiert: *Bearbeiter,* in: Heckschen/Heidinger, Die GmbH in der Gestaltungs- und Beratungspraxis)

Heckschen, Heribert/Herrler, Sebastian/Starke, Timm (Hrsg.), Beck'sches Notar-Handbuch, 6. Aufl., München 2015 (zitiert: *Bearbeiter,* in: Heckschen/Herrler/Starke, Beck'sches Notar-Handbuch)

Heidinger, Andreas/Leible, Stefan/Schmidt, Jessica (Hrsg.), Kommentar zum Gesetz betreffend die Gesellschaften mit beschränkter Haftung (GmbH-Gesetz). Band I. Systematische Darstellungen. §§ 1–34 GmbHG, 3. Aufl., München 2017 (zitiert: *Bearbeiter,* in: Heidinger/Leible/Schmidt, GmbHG)

Heimlich, Benjamin, Die Aufgabenliste ist noch lang. Die Rolle der Politik für den Gründerstandort Deutschland, VentureCapital Magazin, Sonderheft „Spezial VC Gesetz" 2015, 6–8

Heitzer, Bernd, Risikomanagement bei Venture Capital-Finanzierungen, FB 2002, 471–478

Heitzer, Bernd, Venture Capital-Finanzierungen von jungen innovativen Unternehmen, FB 2006, 514–518

Hennrichs, Joachim/Kleindiek, Detlef/Watrin, Christoph (Hrsg.), Münchener Kommentar zum Bilanzrecht, Band 2 §§ 238–342e HGB, München 2013 (zitiert: *Bearbeiter*, in: Hennrichs/Kleindiek/Watrin, MünchKommBilR)

Henssler, Martin/Strohn, Lutz (Hrsg.), Gesellschaftsrecht. BGB. HGB. PartGG. GmbHG. AktG. GenG. UmwG. InsO. AnfG. IntGesR, 3. Aufl., München 2016 zitiert: *Bearbeiter*, in: Henssler/Strohn, Gesellschaftsrecht)

Hergeth, Armin/Mingau, Katja, Beteiligungsverträge bei der GmbH, DStR 2001, 1217–1220

Hölters, Wolfgang (Hrsg.), Handbuch Unternehmenskauf, 8. Aufl. Köln 2015 (zitiert: *Bearbeiter*, in: Hölters, Handbuch Unternehmenskauf)

Hoffmann, Ralf/Hölzle, Achim W., Die „liquidation preference" in VC-Verträgen nach deutschem Recht, FB 2003, 113–120

Holler, Lorenz/Frese, Yorck, Pattsituationen in Gemeinschaftsunternehmen – Vereinbarung von Pattauflösungsmechanismen am Maßstab des § 723 Abs. 3 BGB, BB 2014, 1479–1482

Honold, Dirk, Neue Formen der Eigenkapitalfinanzierung für Innovation & Wachstum – Strukturen, Risiko und Kapitalkosten, Corporate Finance 2015, 197–205

Huber, Peter/Zandler, Dieter, Exit-Regelungen in Private Equity-Transaktionen, ecolex 2007, 832–836

Iovenitti, Paolo M., Il nuovo diritto di recesso: aspetti valutativi, Riv. soc. 2005, 459–486

Invest Europe, 2015 European Private Equity Activity, abrufbar unter http://www.investeurope.eu/media/476271/2015-european-private-equity-activity.pdf (Stand: 3.6.2016)

Invest Europe, Professional Standards Handbook, abrufbar unter http://www.investeurope.eu/media/431779/invest-europe-professional-standards-handbook-2015.pdf (Stand: 18.1.2016)

Jäger, Axel, Thema Börse (2): Alternative Maßnahmen der Kapitalbeschaffung, NZG 1998, 718–720

Jäger, Axel, Venture-Capital-Gesellschaften in Deutschland – Bestandsaufnahme und Perspektiven nach dem Dritten Finanzmarktförderungsgesetz, NZG 1998, 833–839

Jäger, Axel, Thema Börse (9): Wiege für die New Economy, NZG 2000, 1049–1058

Jaeger, Pier Giusto, Sull'intestazione fiduciaria di quote di società a responsabilità limitata, Giur. comm. 1979, I, 181–207

Jaeger, Pier Giusto/Denozza, Francesco/Toffoletto, Alberto, Appunti di diritto commerciale: impresa e società, 7. Aufl., Mailand 2010

Jesch, Thomas A., Private-Equity-Beteiligungen, Wirtschaftliche, rechtliche und steuerliche Rahmenbedingungen aus Investorensicht, Wiesbaden 2004

Jesch, Thomas A./Striegel, Andreas/Boxberger, Lutz (Hrsg.), Rechtshandbuch Private Equity, München 2010 (zitiert: *Bearbeiter*, in: Jesch/Striegel/Boxberger, Rechtshandbuch Private Equity)

Jesch, Thomas A./von Raven, Phillip/Wischermann, Anja, Der Beteiligungsvertrag, Frankfurt am Main 2005

Kästle, Florian/Heuterkes, Katja, Leaver-Klauseln in Verträgen über Management-Beteiligungen im Lichte der neuesten OLG-Rechtsprechung, NZG 2005, 289–294

Kestler, Achim, Finanzierung junger Unternehmen mit Risikokapital, Baden-Baden 2011

Kindler, Peter, Immobilienerwerb in Italien, MittBayNot 2000, 265–279 (zitiert: *Kindler*, MittBayNot 2000, 265)

Kindler, Peter, Geschäftsanteilsabtretungen im Ausland. Die kollisionsrechtliche Anknüpfung des Beurkundungserfordernisses nach § 15 Abs. 3 GmbHG, München 2010 (zitiert: *Kindler*, Geschäftsanteilsabtretungen im Ausland)

Kindler, Peter, Keine Geltung des Ortsstatuts für Geschäftsanteilsabtretungen im Ausland, BB 2010, 74–77 (zitiert: *Kindler*, BB 2010, 74)

Kindler, Peter, Entwicklungslinien des italienischen Gesellschaftsrechts seit Beginn dieses Jahrhunderts, ZEuP 2012, 72–98 (zitiert: *Kindler*, ZEuP 2012, 72)

Kindler, Peter, Italienisches Handels- und Wirtschaftsrecht, 2. Aufl. 2014, Frankfurt am Main 2013 (zitiert: *Kindler*, Italienisches Handels- und Wirtschaftsrecht)

Kloyer, Andreas, Secondary-Transaktionen als Exitvariante. Gute Aussichten für einen Secondary-Markt in der Private Equity-Branche, VentureCapital Magazin, 2005, Heft 11, 16–17

Koch, Barbara, Ausschluss von GmbH-Gesellschaftern ohne wichtigen Grund. Die Rechtmäßigkeit von Hinauskündigungsklauseln, Berlin 2008

Köllen, Katja, WirtschaftsWoche Gründer vom 16.7.2015, Wie Start-ups von Niedrigzinsen profitieren, abrufbar unter http://gruender.wiwo.de/wie-start-ups-von-niedrigzinsen-profitieren/ (Stand: 18.11.2015)

König, David C./Götte, Tilman/Bormann, Jens, Das Formstatut für die dingliche Abtretung von GmbH-Geschäftsanteilen nach geltendem und künftigem Recht, NZG 2009, 881–887

Kötz, Hein, Alte und neue Aufgaben der Rechtsvergleichung, JZ 2002, 257–264

Koller, Ingo/Kindler, Peter/Roth, Wulf-Henning u.a., Handelsgesetzbuch. Kommentar, 8. Aufl., München 2015 (zitiert: *Bearbeiter*, in: Koller/Kindler/Roth, HGB)

Kortum, Samuel/Lerner, Josh, Assessing the Contribution of Venture Capital to Innovation, RAND J. Econ. Vol. 31 (2000), no. 4, 674–692

KPMG AG Wirtschaftsprüfungsgesellschaft (Hrsg.), 3. Deutscher Start-up-Monitor 2015, abrufbar unter https://assets.kpmg.com/content/dam/kpmg/pdf/2015/09/deutscher-startup-monitor-2015-KPMG.pdf (Stand: 5.10.2015)

KPMG AG Wirtschaftsprüfungsgesellschaft (Hrsg.), Deutscher Startup Monitor 2016, abrufbar unter http://deutscherstartupmonitor.de/fileadmin/dsm/dsm-16/studie_dsm_2016.pdf (Stand: 12.12.2016)

Krüger, Wolfgang/Rauscher, Thomas (Hrsg.), Münchener Kommentar zur Zivilprozessordnung mit Gerichtsverfassungsgesetz und Nebengesetzen. Band 2. §§ 355–945b, 5. Aufl., München 2016 (zitiert: *Bearbeiter*, in: Krüger/Rau scher, MünchKommZPO)

Kühni, Beat, Exitregelungen in Venture Capital/Private Equity Finanzierungen – Ausgestaltung, Durchsetzung und Schranken, in: Gericke, Dieter (Hrsg.), Private Equity. Verträge und Rechtsfragen bei Venture Capital Investments (auf Grundlage der SECA-Musterverträge), Zürich u.a. 2011, S. 147–229 (zitiert: *Kühni*, in: Gericke, Private Equity)

Kuntz, Thilo, Gestaltung von Kapitalgesellschaften zwischen Freiheit und Zwang. Venture Capital in Deutschland und den USA, Tübingen 2016

Kußmaul, Hein/Richter, Lutz, Betriebswirtschaftliche Aspekte von Venture Capital-Gesellschaften und ihre Bedeutung im Hinblick auf Existenzgründungen: Einordnung, Funktionsweise, Beteiligungsformen, Finanzierungsphasen, DStR 2000, 1155–1160

Laars, Reinhard, Versicherungsaufsichtsgesetz, 3. Aufl., Baden-Baden 2015

Leible, Stefan/Lehmann, Matthias, Das MoRaKG – ein zeitgemäßes Private-Equity-Gesetz für Deutschland?, NZG 2008, 729–734

Leopold, Günter, Venture Capital – Das Eigenkapitalgeschäft mit kleinen und mittleren Unternehmen, DStR 1999, 470–476

Leopold, Günter/Frommann, Holger/Kühr, Thomas, Private Equity – Venture Capital. Eigenkapital für innovative Unternehmer, 2. Aufl., München 2003

Lintz, Christoph, Drag-Along Right. Wirtschaftliche Interessen, rechtliche Grenzen und Gestaltung von Mitverkaufsverpflichtungen in der GmbH, Frankfurt am Main 2013

Loffredo, Elisabetta/Racugno, Gabriele, Società a responsabilità limitata, Giur. comm. 2011, II, 5–48 (zitiert: *Loffredo/Racugno*, Giur. comm. 2011, II, 5)

Loffredo, Elisabetta/Racugno, Gabriele, Società a responsabilità limitata, Giur. comm. 2014, II, 319–385 (zitiert: *Loffredo/Racugno*, Giur. comm. 2014, II, 319)

Lombardi, Giuseppe, I patti parasociali nella società non quotate e la riforma del diritto societario, Giur. comm. 2003, I, 267–285

Lorz, Rainer/Pfisterer, Benedikt/Gerber, Olaf (Hrsg.), Beck'sches Formularbuch GmbH-Recht, München 2010 (zitiert: *Bearbeiter*, in: Lorz/Pfisterer/Gerber, Beck'sches Formularbuch GmbH-Recht)

Lo Schiavo, Antonio Maria, L'esclusione del socio per giusta causa nella nuova disciplina della s.r.l.: natura giuridica e modalità di liquidazione della quota. Anmerkung zu Trib. Milano 10 giugno 2008, RDS 2010, 614–622

Lubrano di Scorpaniello, Manlio, L'esclusione facoltativa del socio nella s.r.l., Giur. comm. 2011, I, 853–886

Luoni, Sergio, Introduzione a maggioranza delle clausole die covendita: osservazioni sul tema. Anmerkung zu Trib. Milano 24 marzo 2011, Giur. it. 2011, 2584–2586 (zitiert: *Luoni*, Giur. it. 2011, 2584)

Luoni, Sergio, Limiti all'introduzione a maggioranza delle clausole di covendita, NDS – n. 19/2013, 196–202 (zitiert: *Luoni*, NDS – n. 19/2013, 196)

Lutter, Marcus/Hommelhoff, Peter (Hrsg.), GmbH-Gesetz. Kommentar, 19. Aufl., Köln 2016 (zitiert: *Bearbeiter*, in: Lutter/Hommelhoff, GmbH-Gesetz)

Lutz, Reinhard, Der Gesellschafterstreit in der GbR, PartG, OHG, KG, GmbH & Co. KG und GmbH. Mit Mustern und Checklisten, 5. Aufl., München 2017

Macrì, Enrico, Patto parasociale di prelazione e di covendita e denuntiatio. Anmerkung zu Trib. Milano 25 giugno 2006, RDS 2007, 102–106 (zitiert: *Macrì*, RDS 2007, 102)

Macrì, Ubalda, Il recesso del socio nelle società per azioni e nelle società a responsabilità limitata, Le società 2016, 98–106 (zitiert: *Macrì*, Le società 2016, 98)

Maffeis, Daniele, Sale and purchase agreement: clausole aliene di drag along e tag along, di prelazione, di gradimento, Rivista di Diritto Bancario 12/2013, 1–8 abrufbar unter http://www.dirittobancario.it/sites/default/files/allegati/maffeis_d._sale_and_purchase_agreement_clausole_aliene_di_drag_along_e_tag_along_di_prelazione_di_gradimento_2013.pdf (Stand: 22.3.2016)

Magrini, P. Paolo, Italienisches Gesellschaftsrecht. Das neue Recht und seine erweiterten Aufbau- und Finanzierungsformen, München 2004

Maidl, Johannes/Kreifels, Rainer, Beteiligungsverträge und ergänzende Vereinbarungen, NZG 2003, 1091–1095

Majunke, Sven, Venture Capital-Markt in Deutschland 2004, FB 2005, 145–151

Malimpensa, Eulalia, L'obbligo di co-vendita statutario (drag-along): il socio obbligato ha davvero bisogno di tutela?. Anmerkung zu Trib. Milano 31 marzo 2008, RDS 2010, 375–391 (zitiert: *Malimpensa*, RDS 2010, 375)

Malimpensa, Eulalia, Introduzione durante societate di riscatto e drag-along e principio maggioritario. Anmerkung zu Trib. Milano 25 marzo 2011, RDS 2011, 655–668 (zitiert: *Malimpensa*, RDS 2011, 655)

Malimpensa, Eulalia, I nuovi tipi di circolazione forzata delle partecipazioni sociali: spunti di riflessione, in: Colombo, Giovanni E., La struttura finanziaria e i bilanci delle società di capitali. studi in onore di Giovanni E. Colombo, Turin 2011, S. 226–251 (zitiert: *Malimpensa*, in: Colombo, I nuovi tipi di circolazione forzata delle partecipazioni sociali)

Mansfeld, Wolfgang, AIFMD-Richtlinie – eine Zwischenbilanz, Die Bank, Heft 07/2011, S. 12–15

Martinius, Philip/Stubert, Julia, Venture-Capital-Verträge und das Verbot der Hinauskündigung, BB 2006, 1977–1984

May, Markus, Shareholder Drag-Along Rights in Illinois, Illinois Bar Journal 2012, Vol. 100, 320–324

Mayer, Dieter, Grenzen von Aktionärsvereinbarungen, MittBayNot 2006, 281–292

Merkt, Hanno, Grundsatz- und Praxisprobleme der Amerikanisierungstendenzn im Recht des Unternehmenskaufs, in: Berger, Klaus/Ebke, Werner/Elsing, Siegfried u.a. (Hrsg.), Festschrift für Otto Sandrock zum 70. Geburtstag, Heidelberg 2000, S. 657–688 (zitiert: *Merkt*, in: FS Sandrock, 2000)

Meoli, Bruno/Sica, Salvatore, I patti parasociali nella riforma del diritto societario, Giur. comm. 2003, I, 590–619

Messuti, Andrea, Metodi di valutazione e clausole anti-diluzione nel Private Equity e nel Venture Capital, AIFI Quaderni sull'Investimento nel Capital di Rischio, n. 22, Mailand 2009

Miesen, Sebastian, Gesellschaftsrechtliche Hinauskündigungsklauseln in der Rechtsprechung des Bundesgerichtshofs, RNotZ 2006, 522–538

Ministero dello Sviluppo Economico, Parere del 18 agosto 2014, prot. n. 146215, abrufbar unter http://www.bo.camcom.gov.it/registro-imprese-e-albi/registro-delle-imprese-e-r-e-a/manuali-e-istruzioni-ri-e-rea/circolari-ministeriali/

Parere-MISE-146215-del-18-08-2014-su-organo-amministrativo-srls (Stand: 16.2.2016)

Ministero dello Sviluppo Economico, Restart, Italia! Un anno dopo, 2013, abrufbar unter http://www.italiastartup.it/wp-content/uploads/2013/11/RestartItalia-1 AnnoDopo.pdf (Stand: 8.1.2016)

Miras, Antonio/Langenfeld, Gerrit, GmbH-Vertragspraxis. Gestaltung. Beratung. Muster zur GmbH und GmbH & Co. KG, 7. Aufl., Köln 2015

Mitter, Christine, Venture Capital – Empirische Erkenntnisse im Kontext der Entrepreneurial Finance, ZfKE 2010, 121–139

Möllmann, Jean-Claude/Möllmann, Jean-Philip, Gestaltung der GmbH-Satzung bei Venture Capital-Finanzierung (Privat Equity), BWNotZ 2013, 74–87

Montalenti, Paolo, The New Italian Corporate Law: an Outline, ECFR 2004, 368–379

Mueller, Cornelius, Private Equity- und Venture Capital-Aktivität in Europa und der DACH-Region. Gemischtes Bild im deutschsprachigen Beteiligungsmarkt, VentureCapital Magazin, 2015, Heft 6, 28–31

Mülsch, Hanns-William/Penzel, Cornelia, Optionen auf Beteiligungen an Personenhandelsgesellschaften und GmbH, ZIP 2004, 1987–1996

Musielak, Hans-Joachim/Voit, Wolfgang (Hrsg.), Zivilprozessordnung mit Gerichtsverfassungsgesetz, 14. Aufl., München 2017 (zitiert: *Bearbeiter*, in: Musielak/Voit, ZPO)

Nassall, Wendt, Fort und Hinaus. Zur Zulässigkeit von Hinauskündigungsklauseln in Gesellschaftsverträgen von Personengesellschaften und Satzungen von GmbH, NZG 2008, 851–855

Navarretta, Emanuela/Orestano, Andrea (Hrsg.), Commentario del Codice civile diretto da Enrico Gabrielli. Dei contratti in generale. Vol. II: artt. 1350–1386, Turin 2011 (zitiert: *Bearbeiter*, in: Navarretta/Orestano, Commentario del Codice civile)

Negri-Clementi, Annapaola/Perricone, Nicolò, Modifiche statutarie e clausole di circolazione della partecipazione: una questione di quorum o di equa valorizzazione. Anmerkung zu Trib. Milano 22 dicembre 2014, Le società 2015, 960–974

Occhilupo, Roberta, SRl ordinaria, SRl semplificata e start-up innovative costituite sotto forma di SRl: quali vantaggi da una destrutturazione del diritto societario?, Banca impresa società 2013, n. 3, 389–425

Oderkerk, Marieke, The CFR and the Method(s) of Comparative Legal Research, ERCL 2007, 315–331

Odetto, Gianluca/Zanetti, Enrico, Il recesso del socio: Aspetti civilistici e fiscali, 2. Aufl. Milanofiori Assago, 2008

OECD, Entrepreneurship at a Glance 2015, abrufbar unter http://dx.doi.org/10.1787/entrepreneur_aag-2015-en (Stand: 3.2.2016)

Orsi, Claudio, Manuale di Diritto tributario. Istituzioni di diritto tributario. L'applicazione dell'imposta. La disciplina dei singoli tributi. Le sanzioni e il contenzioso tributario, 3. Aufl., Santarcangelo di Romagna 2014

Otto, Hans-Jochen, Gesellschafterstreit und Anteilsfungibilität in der gesellschaftsrechtlichen Vertragspraxis, GmbHR 1996, 16–22

Panfilo, Matteo, Il venture capital in Italia, numeri e prospettive, INNOV'AZIONE 2012, n. 17, 16–17

Panzarini, Elisabetta, Il contratto di opzione. I. Struttura e funzioni, Mailand 2007

Parmiggiani, Sara, La dichiarazione di recesso del socio di s.r.l. Anmerkung zu Trib. Trapani 21 marzo 2007, Giur. comm. 2009, II, 529–544

Passarelli, Marianna, Socio di minoranza: padrone della propria partecipazione o socio in balia del «trascinatore»? Analisi delle clausole «tag, drag e bring along», Rivista Notarile 2013, 65–83

Patzner, Andreas/Döser, Achim/Kempf, Ludger J., Investmentrecht, 3. Aufl., Baden-Baden 2017 (zitiert: *Bearbeiter*, in: Patzner/Döser/Kempf, Investmentrecht)

Perathoner, Christoph, Italien, in: Laimer, Simon/Perathoner, Christoph (Hrsg.), Gesellschaftsrechtliche Nebenvereinbarungen in Europa, München 2013, S. 165–215 (zitiert: *Perathoner*, in: Laimer/Perathoner, Gesellschaftsrechtliche Nebenvereinbarungen in Europa)

Peta, Giorgio, La clausola statutaria di drag along, Diss. Università Cattolica del Sacro Cuore Mailand 2013, abrufbar unter http://tesionline.unicatt.it/handle/10280/2350 (Stand: 6.10.2014)

Pfeiffer, Axel, Venture Capital als Finanzierungs- und Beteiligungsinstrument, BB 1999, 1665–1672

Picot, Gerhard, Der Unternehmenskaufvertrag – Vertragliche Gestaltung und Abschluss, in: Picot, Gerhard (Hrsg.), Handbuch Mergers & Acquisitions. Planung, Durchführung, Integration, 5. Aufl., Stuttgart 2012, S. 297–367 (zitiert: *Picot*, in: Picot, Handbuch Mergers & Acquisitions)

Picot, Gerhard, Tag-along- und Drag-along-Vereinbarungen in Transaktionsverträgen, M&A REVIEW 2012, Heft 12, VI

Pintucci, Francesco, La way out, in: Carlotti, Matteo (Hrsg.), Tecniche di private equity. Il fondo, le SPAC e l'origination. Linvestimento. La gestione e il disinvestimento, 3. Aufl., Mailand 2012, S. 449–465 (zitiert: *Pintucci*, in: Carlotti, Tecniche di private equity)

Piselli, Diego, Il principio di "equa valorizzazione" della partecipazione sociale è riferibile solo all'uscita del socio della società?. Anmerkung zu Trib. Milano 22 dicembre 2014, Le società 2015, 968–974

Popov, Alexander/Roosenboom, Peter, Venture capital and new business creation, J. Bank. Financ., Vol. 37 (2013), 4695–4710

Portolano, Francesco, Gli statuti delle portfolio compagnie dopo la riforma del diritto societario, AIFI Quaderni sull'Investimento nel Capital di Rischio, n. 24, Mailand 2010

Prester, Melanie, Exit-Strategien deutscher Venture Capital Gesellschaften, Münster 2002

PricewaterhouseCoopers, L'impatto economico del Private Equity e del Venture Capital in Italia, abrufbar unter http://www.aifi.it/?wpdmact=process&did=MTc4OC5ob3RsaW5r (Stand: 16.12.2015)

Priester, Hans-Joachim, Drag along- und Call-Option-Klauseln in der GmbH-Satzung, in: Grundmann, Stefan/Haar, Brigitte/Merkt, Hanno u.a. (Hrsg.), Festschrift für Klaus J. Hopt zum 70. Geburtstag am 24. August 2010. Unternehmen, Markt und Verantwortung, Berlin u.a. 2010, S. 1139–1151 (zitiert: *Priester*, in: FS Hopt, 2010)

Priester, Hans-Joachim/Mayer, Dieter/Wicke, Hartmut (Hrsg.), Münchener Handbuch des Gesellschaftsrechts. Band 3. Gesellschaft mit beschränkter Haftung, 4. Aufl., München 2012 (zitiert: *Bearbeiter*, in: Priester/Mayer/Wicke, Münch. Hdb. GesR III)

Prinz, Ulrich/Winkeljohann, Norbert (Hrsg.), Beck'sches Handbuch der GmbH. Gesellschaftsrecht. Steuerrecht, 5. Aufl., München 2014 (zitiert: *Bearbeiter*, in: Prinz/Winkeljohann, Beck'sches Handbuch der GmbH)

Proverbio, Davide, I patti parasociali. Disciplina, prassi e modelli contrattuali, 2. Aufl., Milanofiori Assago 2010

Pytlik, Matthias, Vertragsgestaltung bei Wagniskapitalfinanzierungen. Auswirkungen von Wettbewerb auf den Finanzierungsvertrag, Wiesbaden 2003

Reißig-Thust, Solveig/Brettel, Malte/Witt, Peter, Vertragsgestaltung durch Venture Capital-Gesellschaften, FB 2004, 636–645

Rescio, Giuseppe Alberto, Anmerkung zu Trib. Verona 14 settembre 2009, Le società 2009, 1500–1508 (zitiert: *Rescio*, Le società 2009, 1500)

Rescio, Giuseppe Alberto, Regolamentazione statutaria dell'investimento azionario: unanimità o maggioranza nell'introduzione della clausola di drag-along?. Anmerkung zu Trib. Milano 25 marzo 2011, Giur. comm. 2012, II, 1055–1072 (zitiert: *Rescio*, Giur. comm. 2012, II, 1055)

Reymann, Christoph, Risikominimierung bei der Gestaltung von GmbH-„Hinauskündigungsklauseln", DNotZ 2006, 106–121

Rickman, Cheryl/ital. Ausgabe: *Abirascid, Emil* (Hrsg.), La start-up digitale: guida pratica step by step: dall'idea al mercato, Mailand 2013 (zitiert: *Bearbeiter*, in: Rickman/Abirascid, La start-up digitale)

Rinaldi, Alma Agnese, Anmerkung zu Cass. 14 gennaio 2005, Le società 2005, 1521–1528

Röhl, Klaus-Heiner, Venture Capital: Ein neuer Anlauf zur Erleichterung von Wagniskapitalfinanzierungen, IW policy paper, No. 6/2014, abrufbar unter http://www.econstor.eu/handle/10419/96516 (Stand: 5.2.2016)

Römermann, Volker (Hrsg.), Münchener Anwalts Handbuch GmbH-Recht, 3. Aufl., München 2014 (zitiert: *Bearbeiter*, in: Römermann, MAH GmbH-Recht)

Rossano, Luca, La natura e la validità della clausola drag along, Riv. dir. comm. 2010, II, 124–147

Roth, Günter H./Altmeppen, Holger, Gesetz betreffend die Gesellschaften mit beschränkter Haftung. Kommentar, 8. Aufl., München 2015 (zitiert: *Bearbeiter*, in: Roth/Altmeppen, GmbHG)

Rowedder, Heinz/Schmidt-Leithoff, Christian (Hrsg.), Gesetz betreffend die Gesellschaften mit beschränkter Haftung (GmbHG). Kommentar, 6. Aufl., München 2017 (zitiert: *Bearbeiter*, in Rowedder/Schmidt-Leithoff, GmbHG)

Ruhnka, John C./Young, John E., A venture capital model of the development process for new ventures, JBV, Vol. 2 (1987), 167–184

Ruvolo, Michele, Il contratto preliminare nella giurisprudenza. Questioni applicative e forme di tutela, Milanofiori Assago 2011

Säcker, Franz Jürgen/Rixecker, Roland/Oetker, Hartmut u.a. (Hrsg.), Münchener Kommentar zum Bürgerlichen Gesetzbuch. Band 1. Allgemeiner Teil. §§ 1–240. ProstG. AGG, 7. Aufl., München 2015 (zitiert: *Bearbeiter*, in: Säcker/Rixecker/Oetker, MünchKommBGB)

Säcker, Franz Jürgen/Rixecker, Roland/Oetker, Hartmut u.a. (Hrsg.), Münchener Kommentar zum Bürgerlichen Gesetzbuch. Band 2. Schuldrecht. Allgemeiner Teil. §§ 241–432, 7. Aufl., München 2016 (zitiert: *Bearbeiter*, in: Säcker/Rixecker/Oetker, MünchKommBGB)

Säcker, Franz Jürgen/Rixecker, Roland/Oetker, Hartmut u.a. (Hrsg.), Münchener Kommentar zum Bürgerlichen Gesetzbuch. Band 3. Schuldrecht. Besonderer Teil I. §§ 433–534. Finanzierungsleasing. CISG, 7. Aufl., München 2016 (zitiert: *Bearbeiter*, in: Säcker/Rixecker/Oetker, MünchKommBGB)

Säcker, Franz Jürgen/Rixecker, Roland/Oetker, Hartmut u.a. (Hrsg.), Münchener Kommentar zum Bürgerlichen Gesetzbuch. Band 6. Schuldrecht. Besonderer

Teil IV. §§ 705–853. Partnerschaftsgesellschaftsgesetz. Produkthaftungsgesetz, 7. Aufl., München 2017 (zitiert: *Bearbeiter*, in: Säcker/Rixecker/Oetker, MünchKommBGB)

Saenger, Ingo (Hrsg.), Zivilprozessordnung. Familienverfahren. Gerichtsverfassung. Europäisches Verfahrensrecht, 7. Aufl., Baden-Baden 2017 (zitiert: *Bearbeiter*, in: Saenger, ZPO)

Saenger, Ingo/Inhester, Michael (Hrsg.), GmbHG, 3. Aufl., Baden-Baden 2016 (zitiert: *Bearbeiter*, in: Saenger/Inhester, GmbHG)

Sáez Lacave, Isabel/Bermejo Gutiérrez, Nuria, Specific Investments, Opportunism and Corporate Contracts: A Theory of Tag-along and Drag-along Clauses, EBOR 2010, Vol. 11, 423–458

Salvatore, Lorenzo, Le start up innovative tra dato normativo e prassi contrattuale, NDS – n. 19/2014, 7–57

Sangiovanni, Valerio, Arbitrato societario, società di capitali e categorie d'investitori, Riv. arbitrato 2007, 313–326 (zitiert: *Sangiovanni*, Riv. arbitrato 2007, 313)

Sangiovanni, Valerio, Finanziamenti dei soci e particolarità nelle società cooperative, Le società 2008, 1202–1213 (zitiert: *Sangiovanni*, Le società 2008, 1202)

Sangiovanni, Valerio, Le pattuizioni di co-vendita quali limiti alla circolazione di azioni e quote, Notariato 2013, 695–705 (zitiert: *Sangiovanni*, Notariato 2013, 695)

Santangelo, Stefano, Clausole di "co-vendita" e di "trascinamento" nella S.r.l., abrufbar unter http://www.fondazionecasale.it/ (Stand: 22.2.2016)

Satta, Giuseppina, Clausola di bring along: struttura, finalità e requisiti essenziali, Riv. dir. impresa 2008, 525–543

Sbisà, Giuseppe, Dialogo con la giurisprudenza sulle clausole statuarie di trascinamento (drag-along), Contr. e impr. 2015, 627–645

Scalese, Vincenzo/Scalese, Fernanda, Codice delle società. Annotato con la giurisprudenza della Corte di Cassazione e dei giudici di merito, 7. Aufl., Mailand 2013

Scarpa, Dario, Clausole di trascinamento di partecipazione societaria tra struttura e limiti, Giust. Civ. 2013, II, 41–61

Schäfer, Helge/Stephan, Marie-Luise, Venture-Capital-Verträge, Köln 2003

Schefczyk, Michael, Finanzieren mit Venture Capital und Private Equity. Grundlagen für Investoren, Finanzintermediäre, Unternehmer und Wissenschaftler, 2. Aufl., Stuttgart 2006

Schiavello, Enzo/De Lance Holmes, Jonathan, Legal Issues for Italian Venture Capital Investment Schemes, in: Caselli, Stefano/Gatti, Stefano (Hrsg.), Venture

Capital. A Euro-System Approach, Berlin u.a. 2004, S. 369–406 (zitiert: *Schiavello/De Lance Holmes*, in: Caselli/Gatti, Venture Capital)

Schilling, Wolfgang, Zur Abfindung bei der Ausschließung ohne wichtigen Grund aus einer Personengesellschaft. Besprechung der Entscheidung des BGH vom 29.5.1978, ZGR 1979, 419–429

Schmidt, Karsten/Ebke, Werner F. (Hrsg.), Münchener Kommentar zum Handelsgesetzbuch. Band 4. §§ 238–342e HGB, 3. Aufl., München 2013 (zitiert: *Bearbeiter*, in: Schmidt/Ebke, MünchKommHGB)

Schmitt, Christoph/Doetsch, Matthias, Crowdfunding: neue Finanzierungsmöglichkeit für die Frühphase innovativer Geschäftsmodelle, BB 2013, 1451–1454

Schmolke, Klaus Ulrich, Grenzen der Selbstbindung im Privatrecht. Rechtspaternalismus und Verhaltensökonomik im Familien-, Gesellschafts- und Verbraucherrecht, Tübingen 2014 (zitiert: *Schmolke*, Grenzen der Selbstbindung im Privatrecht)

Schmolke, Klaus Ulrich, „Shoot out"-Klauseln und Verpflichtung des Vorstands zur Amtsniederlegung. Zugleich Besprechung OLG Nürnberg v. 20.12.2013 – 12 U 49/13, ZIP 2014, 897–905 (zitiert: *Schmolke*, ZIP 2014, 897)

Schockenhoff, Martin/Culmann, Johannes, Shareholder Activism in Deutschland, ZIP 2015, 297–307

Schüppen, Matthias/Schaub, Bernhard (Hrsg.), Münchener Anwaltshandbuch Aktienrecht, 2. Aufl. München 2010 (zitiert: *Bearbeiter*, in: Schüppen/Schaub, MAH Aktienrecht)

Schulte, Knut/Schwindt, Karl-Heinz/Kuhn, Christian, Joint Ventures. Nationale und internationale Gemeinschaftsunternehmen, München 2009 (zitiert: *Bearbeiter*, in: Schulte/Schwindt/Kuhn, Joint Ventures)

Schulte, Norbert/Sieger, Jürgen J., „Russian Roulette" und „Texan Shoot Out". Zur Gestaltung von radikalen Ausstiegsklauseln in Gesellschaftsverträgen von Joint-Venture-Gesellschaften (GmbH und GmbH & Co. KG), NZG 2005, 24–31

Schulze, Reiner, Bürgerliches Gesetzbuch. Handkommentar, 9. Aufl., Baden-Baden 2017 (zitiert: *Bearbeiter*, in: Schulze, BGB)

Schwab, Martin T., Kündigung, Ausschluss und Einziehung in der GmbH, DStR 2012, 707–714

Scotti, Ilaria, Anmerkung zu Trib. Milano 22 dicembre 2014, Notariato 2015, 620–628

Seibt, Christoph H. (Hrsg.), Beck'sches Formularbuch Mergers & Acquisitions, 2. Aufl., München 2011 (zitiert: *Bearbeiter*, in: Seibt, Beck'sches Formularbuch Mergers & Acquisitions)

Serrao, Eugenia, Il contratto preliminare, Lavis 2011

Sgroi, Renato (Hrsg.), La giurisprudenza sul codice civile. Coordinata con la dottrina. Libro IV. Delle obbligazioni. (artt. 1362–1424), 2. Aufl., Mailand 2011 (zitiert: *Bearbeiter*, in: Sgroi, La giurisprudenza sul codice civile)

Shakespeare, William, As you like it, Champaign, III, Project Gutenberg, eBook Collection (EBSCOhost), abrufbar unter NetLibrary EBSCOhost, (Stand: 14.10.2015) (zitiert: *Shakespeare*, As you like it)

Shakespeare, William, Wie es euch gefällt, übersetzt von Herwegh, Georg, in: Bodenstedt, Friedrich (Hrsg.), William Shakespeare's dramatische Werke – Wie es euch gefällt, Leipzig 1871 (zitiert: *Shakespeare*, in: Bodenstedt, Wie es euch gefällt)

Sherman, Andrew J., Raising Capital. Get the Money You Need to Grow Your Business, 3. Aufl., New York u.a. 2012

Simon, Jens, Der Wert von Beteiligungsverträgen. Abbildung von Vertragsbestandteilen aus Venture-Capital-Verträgen in Bewertungsmodellen, Wiesbaden 2010

Simoni, Massimo/Gamba, Alessandra, Le clausole di covendita. Tipologie, inserimento nello statuto e soppressione, Il Commercialista Veneto, n. 207, Maggio / Giugno 2012, S. 5–8

Sörgel, Michael, Minderheitsbeteiligungen – Wenn es nur ein kleines Stück vom Kuchen sein soll, M&A REVIEW 2014, 474–479

Spedicato, Giovanni, Le operazioni di venture capital, Diss. LUISS Guido Carli Rom 2014, abrufbar unter http://eprints.luiss.it/1318/1/20140318-spedicato.pdf (Stand: 17.2.2016)

Spindler, Gerald/Stilz, Eberhard (Hrsg.), Kommentar zum Aktiengesetz. Band 1 §§ 1–149, 3. Aufl., München 2015 (zitiert: *Bearbeiter*, in: Spindler/Stilz, AktG)

Spolidoro, Elena, La contrattazione delle condizioni di introduzione, nello statuto della società a responsabilità limitata, delle clausole che comportano il disinvestimento della partecipazione dei soci. Anmerkung zu Trib. Milano 22 dicembre 2014, Banca, borsa, tit. cred., 2016, II, 92–108

Stabilini, Alessandra/Trapani, Matteo, Clausole di drag along e limiti all'autonomia privata nelle società chiuse, Riv. dir. comm. 2010, 949–1000

Steier, Lloyd/Greenwood, Royston, Venture capitalist relationships in the deal structuring and post-investment stages of new firm creation, JMS 1995, Vol. 32(3), 337–357

Steinhauer, Carsten, Die Reform des Gesellschaftsrechts in Italien, EuZW 2004, 364–367

Strehle, Christopher, Meilenstein-basierte Venture Capital-Finanzierungen, Baden-Baden 2007

Süß, Rembert/Wachter, Thomas (Hrsg.), Handbuch des internationalen GmbH-Rechts, 3. Aufl., Bonn 2016 (zitiert: *Bearbeiter*, in: Süß/Wachter, Handbuch des internationalen GmbH-Rechts)

Szego, Bruna, Finanziare l'innovazione: il venture capital dopo la riforma del diritto societario, Riv. dir. comm. 2005, I, 821–866 (zitiert: *Szego*, Riv. dir. comm. 2005, I, 821)

Szego, Bruna, Il venture capital come strumento per lo sviluppo delle piccole e medie imprese: un'analisi di adeguatezza dell'ordinamento italiano, Quaderni di ricerca giuridica della Consulenza legale, Banca d'Italia, n. 55, 2002, abrufbar unter https://www.bancaditalia.it/pubblicazioni/quaderni-giuridici/2002-0055/quaderno_55.pdf (Stand: 11.12.2015) (zitiert: *Szego*, Quaderni di ricerca giuridica)

Tal, Michael, Innovationsfinanzierung durch privates Beteiligungskapital in Deutschland und Großbritannien. Eine vergleichende Analyse rechtlicher Gestaltungsmöglichkeiten, Frankfurt am Main 2010

Tian, Xuan, The causes and consequences of venture capital stage financing, JFE, Vol. 101 (2011), 132–159

Tiberi, Luca, Italy, in: Brechbühl, Beat A./Wooder, Bob (Hrsg.), Global Venture Capital Transactions: A Practical Approach, Den Haag 2004, S. 245–262 (zitiert: *Tiberi*, in: Brechbühl/Wooder, Global Venture Capital Transactions)

Tognacci, Marco, La postergazione del rimborso del finanziamento dei socio, Rirea 2013, 694–702

Toninelli, Luca, Patti/clausole di co-vendita e trascinamento: avvertenze d'uso, Rivista delle operazioni straordinarie 2015, fasc. 6, 4–9

Topf, Cornelia, Das Vorkaufsrecht an GmbH-Anteilen, Baden-Baden 2005

Trezzini, Lorenzo, Finanzierungsstrukturierung im Venture Capital. Ein integrierter Ansatz, Bern 2005

Trinchese, Gabriella, La valutazione della partecipazione del socio recedente, abrufbar unter http://www.fondazionenazionalecommercialisti.it/node/785 (Stand: 16.11.2015)

Tucci, Andrea, Trasferimento delle quote di società a responsabilità limitata e patti parasociali. Anmerkung zu Lodo arbitrale 29 marzo 2007, RDS 2010, 182–190

Ulmer, Peter, Verletzung schuldrechtlicher Nebenabreden als Anfechtungsgrund im GmbH-Recht?, NJW 1987, 1849–1855 (zitiert: *Ulmer*, NJW 1987, 1849)

Ulmer, Peter, Die Einziehung von GmbH-Anteilen – ein Opfer der MoMiG-Reform?, DB 2010, 321–323 (zitiert: *Ulmer*, DB 2010, 321)

Ventoruzzo, Marco, I criteri di valutazione delle azioni in caso di recesso del socio, Riv. soc. 2005, 309–458 (zitiert: *Ventoruzzo*, Riv. soc. 2005, 309)

Ventoruzzo, Marco, Recesso da società a responsabilità limitata e valutazione della quota del socio, Nuova giur. civ. comm. 2005, II, 434–472 (zitiert: *Ventoruzzo*, Nuova giur. civ. comm. 2005, II, 434)

Ventoruzzo, Marco, Sindacati di voto a "tempo indeterminato" e diritto di recesso dei paciscenti nelle società a responsabilità limitata, Giur. comm. 2006, I, 573–602 (zitiert: *Ventoruzzo*, Giur. comm. 2006, I, 573)

Verse, Dirk A., Inhaltskontrolle von „Hinauskündigungsklauseln" – eine korrekturbedürftige Rechtsprechung. Zugleich Besprechung von BGH v. 19.3.2007, II ZR 300/05, DStR 2007, 914 und v. 7.5.2007, II ZR 281/05, DStR 2007, 1216, DStR 2007, 1822–1829

Viola, Luigi (Hrsg.), Il contratto. Validità, inadempimento, risarcimento. Tomo primo, Padua 2009

Von Bünau, Heinrich/Bassewitz, Gerd, Minderheitsbeteiligungen im Mittelstand – Zum Interessenausgleich zwischen Unternehmern und Finanzinvestoren, Corporate Finance biz 2013, 42–52

Von Einem, Henning, Die Rechtsnatur der Option, Berlin 1974

Von Morgen, Carl-Christian, Das Squeeze-Out und seine Folgen für AG und GmbH, WM 2003, 1553–1560

Von Salis, Ulysses, Funktionen einzelner Vertragsklauseln bei Venture Capital und Private Equity Finanzierungen, in: Gericke, Dieter (Hrsg.), Private Equity. Verträge und Rechtsfragen bei Venture Capital Investments (auf Grundlage der SECA-Musterverträge), Zürich u.a. 2011, S. 269–296 (zitiert: *Von Salis*, in: Gericke, Private Equity)

Von Staudinger, Julius, Kommentar zum Bürgerlichen Gesetzbuch mit Einführungsgesetz und Nebengesetzen. Buch 2. Recht der Schuldverhältnisse. §§ 305–310; UKlaG (Recht der Allgemeinen Geschäftsbedingungen), Neubearbeitung 2013 (zitiert: *Bearbeiter*, in: Staudinger, Kommentar zum Bürgerlichen Gesetzbuch)

Von Staudinger, Julius, Kommentar zum Bürgerlichen Gesetzbuch mit Einführungsgesetz und Nebengesetzen. Buch 1. Allgemeiner Teil. §§ 164–240 (Allgemeiner Teil 5), Neubearbeitung 2014 (zitiert: *Bearbeiter*, in: Staudinger, Kommentar zum Bürgerlichen Gesetzbuch)

Von Staudinger, Julius, Kommentar zum Bürgerlichen Gesetzbuch mit Einführungsgesetz und Nebengesetzen. Buch 2. Recht der Schuldverhältnisse.

§§ 433–480 (Kaufrecht), Neubearbeitung 2014 (zitiert: *Bearbeiter*, in: Staudinger, Kommentar zum Bürgerlichen Gesetzbuch)

Von Staudinger, Julius, Kommentar zum Bürgerlichen Gesetzbuch mit Einführungsgesetz und Nebengesetzen. Buch 1. Allgemeiner Teil. §§ 139–163 (Allgemeiner Teil 4b), Neubearbeitung 2015 (zitiert: *Bearbeiter*, in: Staudinger, Kommentar zum Bürgerlichen Gesetzbuch)

Von Staudinger, Julius, Kommentar zum Bürgerlichen Gesetzbuch mit Einführungsgesetz und Nebengesetzen. Buch 2. Recht der Schuldverhältnisse. Einleitung zum Schuldrecht; §§ 241–243 (Treu und Glauben), Neubearbeitung 2015 (zitiert: *Bearbeiter*, in: Staudinger, Kommentar zum Bürgerlichen Gesetzbuch)

Von Staudinger, Julius, Kommentar zum Bürgerlichen Gesetzbuch mit Einführungsgesetz und Nebengesetzen. Buch 2. Recht der Schuldverhältnisse. §§ 328–345 (Vertrag zugunsten Dritter. Draufgabe. Vertragsstrafe), Neubearbeitung 2015 (zitiert: *Bearbeiter*, in: Staudinger, Kommentar zum Bürgerlichen Gesetzbuch)

Wachter, Thomas, Praxis des Handels- und Gesellschaftsrechts, 3. Aufl., Münster 2014 (zitiert: *Bearbeiter*, in: Wachter, Handels- und Gesellschaftsrecht)

Wackerbeck, Matthias, Die Grenzen der Zulässigkeit des Gesellschafterausschlusses unter besonderer Berücksichtigung freier Hinauskündigungsklauseln, Hamburg 2010

Wächter, Gerhard H., M&A-Litigation. M&A-Recht im Streit, 3. Aufl., Köln 2017

Wälzholz, Eckhard, Alternative Regelungstypen zum Gesellschafterausschluss. Texan Shoot out, Tag along, Drag along, Russian Roulette, Bieterverfahren, GmbH-StB 2007, 84–89 (zitiert: *Wälzholz*, GmbH-StB 2007, 84)

Wälzholz, Eckhard, Gesellschaftervereinbarungen (side-letters) neben der GmbH-Satzung. Chancen - Risiken - Zweifelsfragen, GmbHR 2009, 1020–1027 zitiert: *Wälzholz*, GmbHR 2009, 1020)

Wagner, Vanessa Sofia, Verkehrsschutz beim redlichen Erwerb von GmbH-Geschäftsanteilen. Ein Vergleich des Rechts für Gesellschaften mit beschränkter Haftung in Deutschland, England und Italien, Frankfurt am Main 2011

Wedemann, Frauke, Gesellschafterkonflikte in geschlossenen Kapitalgesellschaften, Tübingen 2013

Weitnauer, Wolfgang, Der Beteiligungsvertrag, NZG 2001, 1065–1073 (zitiert: *Weitnauer*, NZG 2001, 1065)

Weitnauer, Wolfgang, Handbuch Venture Capital, 4. Aufl., München 2011 (zitiert: *Bearbeiter*, in: Weitnauer, Venture Capital, 4. Aufl. 2011)

Weitnauer, Wolfgang, Handbuch Venture Capital, 5. Aufl., München 2016 (zitiert: *Bearbeiter*, in: Weitnauer, Venture Capital)

Weitnauer, Wolfgang/Parzinger, Josef, Das Crowdinvesting als neue Form der Unternehmensfinanzierung, GWR 2013, 153–158

Wells Stevenson, Shannon, The venture capital solution to the problem of close corporation shareholder fiduciary duties, Duke Law Journal, 2001, 1139–1178

Wenger, Christian, Die Welt des Venture Capital, in: Gericke, Dieter (Hrsg.), Private Equity. Verträge und Rechtsfragen bei Venture Capital Investments (auf Grundlage der SECA-Musterverträge), Zürich u.a. 2011, S. 1–29 (zitiert: *Wenger*, in: Gericke, Private Equity)

Werner, Rüdiger, Alternative Möglichkeiten zur Kontrolle des Gesellschafterbestands. Alternativen zur Vinkulierung bei der GmbH, NWB 2012, 2936–2946

Werner, Rüdiger, Kautelarjuristische Strategien zur Trennung zerstrittener Gesellschafter, GmbHR 2005, 1554–1558

Wicke, Hartmut, Schuldrechtliche Nebenvereinbarungen bei der GmbH – Motive, rechtliche Behandlung, Verhältnis zum Gesellschaftsvertrag, DStR 2006, 1137–1144 (zitiert: *Wicke*, DStR 2006, 1137)

Wicke, Hartmut, Corporate Governance-Fragen in der Kautelarjurisprudenz kleiner und mittelgroßer Unternehmen, ZGR 2012, 450–488 (zitiert: *Wicke*, ZGR 2012, 450)

Wicke, Hartmut, Gesetz betreffend die Gesellschaften mit beschränkter Haftung (GmbHG), 3. Aufl., München 2016 (zitiert: *Bearbeiter*, in: Wicke, GmbHG)

Willms, Nicole/Bicker, Eike, Shoot-Out – der wirksame Ausstieg aus einem paritätischen Joint Venture. Anmerkung zu OLG Nürnberg, 20.12.2013 – 12 U 49/13, BB 2014, 1347–1352

Winkler, Christoph, Rechtsfragen der Venture Capital-Finanzierung, Berlin 2004

Wyss, Hugo, Wenn Wagemut sich auszahlt. Die wechselvolle Geschichte des Venture Capital, in: Weiss, Branco (Hrsg.), Praxis des Venture Capital, Zürich 1991, S. 14–22 (zitiert: *Wyss*, in: Weiss, Praxis des Venture Capital)

Zanarone, Giuseppe, Il Codice Civile Commentario. Artt. 2462–2474. Della società a responsabilità limitata. Tomo primo, Mailand 2010

Zanoni, Andrea, Venture capital e diritto azionario, esperienza statunitense e prospettive in Italia, Mailand 2010

Ziegert, Nicholas, Der Venture Capital-Beteiligungsvertrag (VCB). Typisierung, Amerikanisierung und Flexibilisierungselemente eines Finanzierungsvertrages, Berlin 2005

Zimmermann, Friedrich, Zivil- und steuerrechtliche Aspekte zu Management- und Mitarbeiter-Beteiligungsprogrammen, GmbHR 2006, 231–237

Zirngibl, Nikolas/Kupsch, Andreas, Erlöspräferenzen für Venture Capital-Investoren – ein neuer Gestaltungsvorschlag für Gesellschaftervereinbarungen, BB 2011, 579–585

Zweigert, Konrad/Kötz, Hein, Einführung in die Rechtsvergleichung, 3. Aufl., Tübingen 1996

Rechtsprechungsverzeichnis

Rechtsprechung deutscher Gerichte

BayObLG, Beschl. vom 24.11.1988 - BReg. 3 Z 111/88 - ZIP 1989, 638–642

BGH, Beschl. vom 10.6.1991 - II ZR 248/90 - DStR 1991, 1290–1291

BGH, Beschl. vom 20.9.2011 - II ZB 17/10 - NZG 2011, 1268–1271

BGH, Urteil vom 1.4.1953 - II ZR 235/52 - NJW 1953, 780–784

BGH, Urteil vom 25.10.1962 - II ZR 188/61 - NJW 1963, 203–205

BGH, Urteil vom 20.1.1977 - II ZR 217/75 - NJW 1977, 1292–1293

BGH, Urteil vom 13.7.1981 - II ZR 56/80 - NJW 1981, 2565–2567

BGH, Urteil vom 19.9.1988 - II ZR 329/87 - DNotZ 1989, 512–516

BGH, Urteil vom 9.7.1990 - II ZR 194/89 - NJW 1990, 2622–2624

BGH, Urteil vom 13.12.1990 - III ZR 333/89 - NJW-RR 1991, 439–442

BGH, Urteil vom 16.12.1991 - II ZR 58/91 - NJW 1992, 892–896

BGH, Urteil vom 30.9.1993 - I ZR 54/91 - NJW 1994, 45–47

BGH, Urteil vom 8.3.2004 - II ZR 165/02 - ZIP 2004, 903–906

BGH, Urteil vom 19.9.2005 - II ZR 173/04 - NJW 2005, 3641–3644

BGH, Urteil vom 19.9.2005 - II ZR 342/03 - NJW 2005, 3644–3646

BGH, Urteil vom 22.5.2012 - II ZR 205/10 - DNotZ 2012, 869–873

BGH, Urteil vom 12.7.2013 - V ZR 122/12 - NJW 2013, 3779–3781

BGH, Urteil vom 18.2.2014 - II ZR 174/11 - NZG 2014, 541–543

BGH, Versäumnisurt. vom 2.12.2014 - II ZR 322/13 - NZG 2015, 429–432

OLG Köln, Urteil vom 8.3.2012 - 15 U 193/11 - MMR 2012, 667–668

OLG München, Urteil vom 9.6.1989 - 23 U 6437/88 - DB 1990, 473–474

OLG Nürnberg, Urteil vom 20.12.2013 - 12 U 49/13 - ZIP 2014, 171–175

RG, Urteil vom 5.2.1902 - V 282/01 - RGZ 50, 163–169

Rechtsprechung italienischer Gerichte und italienische Schiedsverfahren

App. Milano 23 giugno 1997, Le società 1997, 1308–1309

Cass. 23 novembre 2001, Giur. comm. 2002, II, 666–671

Cass. 14 gennaio 2005, Le società 2005, 1520–1521

Lodo arbitrale 29 luglio 2008, Banca, borsa, tit. cred. 2009, II, 493–523

Trib. Milano 7 gennaio 2008, Riv. dir. impresa 2008, 525–527

Trib. Milano 31 marzo 2008, RDS 2010, 370–375

Trib. Milano 24 marzo 2011, Banca, borsa, tit. cred. 2013, II, 59–64; Giur. it. 2011, 2582–2584 = Trib. Milano 25 marzo 2011, Giur. comm. 2012, II, 1050–1055

Trib. Milano 4 dicembre 2014, Le società 2015, 839–841

Trib. Milano 22 dicembre 2014, Le società 2015, 365–367 = Le società 2015, 955–960

Trib. Monza 7 maggio 1997, Le società 1997, 1304–1308

Trib. Padova 22 maggio 2014, abrufbar unter http://www.fallimentiesocieta.it/sites/default/files/Decreto_PD_2014%281%29.pdf (Stand: 14.3.2016)

Trib. Perugia 29 febbraio 2008, Giur. comm. 2010, II, 304–313

Trib. Roma 15 gennaio 2015, abrufbar unter http://www.giurisprudenzadelleimprese.it/wordpress/wp-content/uploads/2015/09/20150115_RG72180-20141.pdf (Stand: 8.3.2016)

Trib. Verona 14 settembre 2009, Le società 2009, 1497–1499

STUDIEN ZUM VERGLEICHENDEN UND INTERNATIONALEN RECHT

Herausgeber: Bernd von Hoffmann (†), Erik Jayme und Heinz-Peter Mansel

Band 1 Ferdinand Henke: Die Datenschutzkonvention des Europarates. 1986.

Band 2 Peter Czermak: Der express trust im internationalen Privatrecht. 1986.

Band 3 Peter Kindler: Der Ausgleichsanspruch des Handelsvertreters im deutsch-italienischen Warenverkehr. Eine rechtsvergleichende und kollisionsrechtliche Untersuchung. 1987.

Band 4 Wilhelm Denzer: Stellung und Bedeutung des Engineers in den FIDIC-Bauvertragsbedingungen. 1988.

Band 5 Marijan-Maximilian Lederer: Die internationale Enteignung von Mitgliedschaftsrechten unter besonderer Berücksichtigung der französischen Enteignungen 1982. 1989.

Band 6 Rainer Esser: Klagen gegen ausländische Staaten. 1990.

Band 7 Chang Jae-Ok: Auf dem Weg zu einer Materialisierung des Immateriellen? Personen-, Persönlichkeitsschutz und Geldersatz des immateriellen Schadens in rechtsvergleichender Hinsicht am Beispiel des koreanischen und japanischen Zivilrechts unter besonderer Berücksichtigung des deutschen Rechts. 1990.

Band 8 Paul-Frank Weise: Lex mercatoria. Materielles Recht vor der internationalen Handelsschiedsgerichtbarkeit.1990.

Band 9 Werner Born: Der Auftrittsvertrag für Musikgruppen im Bereich der Rock- und Popmusik. 1990.

Band 10 Ralf Erich Jürgens: IPR und Verfassung in Italien und in der Bundesrepublik Deutschland. 1990.

Band 11 Rainer Gildeggen: Internationale Schieds- und Schiedsverfahrensvereinbarungen in Allgemeinen Geschäftsbedingungen vor deutschen Gerichten. 1991.

Band 12 Klaus Grabinski: Die kollisionsrechtliche Behandlung des Durchgriffs bei rechtlich verselbständigten Unternehmen in privater oder öffentlicher Hand. 1991.

Band 13 Dieter Stummel: Konkurs und Integration. Konventionsrechtliche Wege zur Bewältigung grenzüberschreitender Insolvenzverfahren. 1991.

Band 14 Joachim Güntzer: Die Rechtsstellung des Geschäftsführers im spanischen Aktienrecht. Die Neuregelung des spanischen Aktienrechts nach dem Beitritt Spaniens zur EG. 1991.

Band 15 Sabine Isenburg-Epple: Die Berücksichtigung ausländischer Rechtshängigkeit nach dem Europäischen Gerichtsstands- und Vollstreckungsübereinkommen vom 27.9.1968. Untersuchungen zum Anwendungsbereich von Art. 21 EuGVÜ unter schwerpunktmäßiger Behandlung der Frage nach der Bestimmung eines europäischen Streitgegenstandsbegriffs. 1992.

Band 16 Ulrich Nickl: Die Qualifikation der culpa in contrahendo im Internationalen Privatrecht. 1992.

Band 17 Theo Rauh: Leistungserschwerungen im Schuldvertrag. Eine rechtsvergleichende Untersuchung des englischen, US-amerikanischen, französischen und deutschen Rechts unter besonderer Berücksichtigung der gerichtlichen Praxis. 1992.

Band 18 Bernadette Chaussade-Klein: Vorvertragliche „obligation de renseignements" im französischen Recht. 1992.

Band 19 Josef Sievers: Verbraucherschutz gegen unlautere Vertragsbedingungen im französischen Recht. Vom Code civil zum „Code de la consommation" – die Entstehung eines Sonderprivatrechts für Verbraucher. 1993.

Band 20 Achim Schäfer: Grenzüberschreitende Kreditsicherung an Grundstücken, unter besonderer Berücksichtigung des deutschen und italienischen Rechts. 1993.

Band 21 Eugenio Hernández-Breton: Internationale Gerichtsstandsklauseln in Allgemeinen Geschäftsbedingungen. Unter besonderer Berücksichtigung des deutsch-südamerikanischen Rechtsverkehrs (dargestellt am Beispiel Argentinien, Brasilien und Venezuela). 1993.

Band 22 Ingo Reng: Unterhaltsansprüche aufgrund nichtehelicher Lebensgemeinschaft – Internationales Privatrecht und ausländisches materielles Recht. 1994.

Band 23 Stefanie Roloff: Die Geltendmachung ausländischer öffentlicher Ansprüche im Inland. 1994.

Band 24 Katharina Ludwig: Der Vertragsschluß nach UN-Kaufrecht im Spannungsverhältnis von Common Law und Civil Law. Dargestellt auf der Grundlage der Rechtsordnungen Englands und Deutschlands. 1994.

Band 25 Malte Diesselhorst: Mehrparteienschiedsverfahren. Internationale Schiedsverfahren unter Beteiligung von mehr als zwei Parteien. 1994.

Band 26 Manfred Kost: Konsensprobleme im internationalen Schuldvertragsrecht. 1995.

Band 27 Wolff-Heinrich Fleischer: Das italienische Wettbewerbsrecht und die Probleme des selektiven Parfümvertriebs unter Berücksichtigung der Rechtslage in Frankreich und Deutschland. 1995.

Band 28 Angelika Fuchs: Lateinamerikanische Devisenkontrollen in der internationalen Schuldenkrise und Art. VIII Abschn. 2 b) IWF-Abkommen. 1995.

Band 29 Jacques Matthias Aull: Der Geltungsanspruch des EuGVÜ: „Binnensachverhalte" und Internationales Zivilverfahrensrecht in der Europäischen Union. Zur Auslegung von Art. 17 Abs. 1 S. 1 EuGVÜ. 1996.

Band 30 Hartmut Ost: EVÜ und fact doctrine. Konflikte zwischen europäischer IPR-Vereinheitlichung und der Stellung ausländischen Rechts im angelsächsischen Zivilprozeß. 1996.

Band 31 Stefan Wagner: Die Testierfähigkeit im Internationalen Privatrecht. 1996.

Band 32 Wolfgang Jakob Hau: Positive Kompetenzkonflikte im Internationalen Zivilprozeßrecht. Überlegungen zur Bewältigung von *multi-fora disputes*. 1996.

Band 33 Markus Schütz: UN-Kaufrecht und *Culpa in contrahendo*. 1996.

Band 34 Volker Geyrhalter: Das Lösungsrecht des gutgläubigen Erwerbers. Ein „vergessener" Kompromiß und die Auswirkungen auf das heutige deutsche Recht unter besonderer Berücksichtigung des internationalen Sachenrechts. 1996.

Band 35 Andreas Kramer: Abwicklungsstörungen bei Kaufverträgen. Die Lieferung vertragswidriger Sachen im deutschen und italienischen Recht. 1996.

Band 36 Petra Krings: Erfüllungsmodalitäten im internationalen Schuldvertragsrecht. 1997.

Band 37 Tonja Gaibler: Der rechtsgeschäftliche Irrtum im französischen Recht. 1997.

Band 38 Dirk Otto: Rechtsspaltung im indischen Erbrecht. Bedeutung und Auswirkungen auf deutsch-indische Nachlaßfälle. 1997.

Band 39 Gregor W. Decku: Zwischen Vertrag und Delikt. Grenzfälle vertraglicher und deliktischer Haftung dargestellt am Beispiel der Berufs- und Expertenhaftung zum Schutze des Vermögens Dritter im deutschen und englischen Recht. 1997.

Band 40 Gregor W. Decku: Zwischen Vertrag und Delikt. Grenzfälle vertraglicher und deliktischer Haftung dargestellt am Beispiel der Berufs- und Expertenhaftung zum Schutze des Vermögens Dritter im deutschen und englischen Recht. 1997.

Band 41 Ulrike Höpping: Auswirkungen der Warenverkehrsfreiheit auf das IPR unter besonderer Berücksichtigung des Internationalen Produkthaftungsrechts und des Internationalen Vertragsrechts. 1997.

Band 42 Helene Boriths Müller: Die Umsetzung der europäischen Übereinkommen von Rom und Brüssel in das Recht der Mitgliedstaaten. Dargestellt am Beispiel Deutschlands und Dänemarks. 1997.

Band 43 Bernd von Hoffmann / Myong-Chang Hwang (eds.): The Public Concept of Land Ownership. Reports and Discussions of a German-Korean Symposium held in Seoul on October 7-9, 1996. 1997.

Band 44 Oliver Heeder: Fraus legis. Eine rechtsvergleichende Untersuchung über den Vorbehalt der Gesetzesumgehung in Deutschland, Österreich, der Schweiz, Frankreich und Belgien unter besonderer Berücksichtigung des Internationalen Privatrechts. 1998.

Band 45 Heinrich Schütt: Deliktstyp und Internationales Privatrecht. Dargestellt an grenzüberschreitenden Problemen der Arzthaftung. 1998.

Band 46 Axel Steiner: Die stillschweigende Rechtswahl im Prozeß im System der subjektiven Anknüpfungen im deutschen Internationalen Privatrecht. 1998.

Band 47 Martina Schulz: Der Eigentumsvorbehalt in europäischen Rechtsordnungen. Rechtsvergleichende Untersuchung des deutschen, englischen und französischen Rechts unter besonderer Berücksichtigung von Erweiterungen und Verlängerungen. 1998.

Band 48 Karin Dreher: Die Rechtswahl im internationalen Erbrecht. Unter besonderer Berücksichtigung des italienischen IPR-Reformgesetzes N. 218 vom 31. Mai 1995. 1999.

Band 49 Giuliano Gabrielli: Das Verhältnis zwischen der Anfechtung wegen Eigenschaftsirrtums und den Gewährleistungsansprüchen im deutschen, österreichischen und italienischen Recht. 1999.

Band 50 Bernd von Hoffmann / Myong-Chan Hwang (eds.): Developments in Land Law. Reports and Discussions of a German-Korean Symposium held in Berlin and Trier on July 21-24, 1997. 1999.

Band 51 Volker Heidbüchel: Das UNCITRAL-Übereinkommen über unabhängige Garantien und Standby Letters of Credit. Vergleiche mit den Richtlinien der Internationalen Handelskammer, dem deutschen, englischen und US-amerikanischen Recht. 1999.

Band 52 Jan Christoph Nordmeyer: Pflichtteilsansprüche und Wiedervereinigung. Eine systematische Analyse der Ausgleichsansprüche nach BGB-Pflichtteilsrecht unter besonderer Berücksichtigung der durch den Wiedervereinigungsprozeß eingetretenen Wertveränderungen. 1999.

Band 53 Bettina Linder: Vertragsabschluß beim grenzüberschreitenden Verbraucherleasing. 1999.

Band 54 Almontasser Fetih: Die zivilrechtliche Haftung bei Vertragsverhandlungen. Eine rechtsvergleichende Studie zum deutschen, französischen, ägyptischen und islamischen Recht. 2000.

Band 55 Sona Rajani: Die Geltung und Anwendung des Gemeinschaftsrechts im Vereinigten Königreich von Großbritannien und Nordirland. Der Grundsatz der Parlamentssouveränität im Wandel. 2000.

Band 56 Joachim Kayser: Gegenmaßnahmen im Außenwirtschaftsrecht und das System des europäischen Kollisionsrechts. Eine Analyse der EU-Abwehrverordnung gegen die Auswirkungen extraterritorialer Rechtserstreckung eines Drittlandes. 2001.

Band 57 Albrecht Conrad: Qualifikationsfragen des Trust im Europäischen Zivilprozeßrecht. 2001.

Band 58 Bernd Borgmann: Die Entsendung von Arbeitnehmern in der Europäischen Gemeinschaft. Wechselwirkungen zwischen Kollisionsrecht, Grundfreiheiten und Spezialgesetzen. 2001.

Band 59 Aleksandar Jaksic: Arbitration and Human Rights. 2002.

Band 60 Islamisches und arabisches Recht als Problem der Rechtsanwendung. Symposium zu Ehren von Professor Emeritus Dr. iur. Omaia Elwan. Veranstaltet vom Institut für ausländisches und internationales Privat- und Wirtschaftsrecht der Universität Heidelberg und der Gesellschaft für Arabisches und Islamisches Recht e.V. Herausgegeben von Herbert Kronke, Gert Reinhart und Nika Witteborg. 2001.

Band 61 Patrick Fiedler: Stabilisierungsklauseln und materielle Verweisung im internationalen Vertragsrecht. 2001.

Band 62 Werner Mangold: Die Abtretung im Europäischen Kollisionsrecht. Unter besonderer Berücksichtigung des spanischen Rechts. 2001.

Band 63 Eike Dirk Eschenfelder: Beweiserhebung im Ausland und ihre Verwertung im inländischen Zivilprozess. Zur Bedeutung des US-amerikanischen discovery-Verfahrens für das deutsche Erkenntnisverfahren. 2002.

Band 64 Bernd Ehle: Wege zu einer Kohärenz der Rechtsquellen im Europäischen Kollisionsrecht der Verbraucherverträge. 2002.

Band 65 Heiko Lehmkuhl: Das Nacherfüllungsrecht des Verkäufers im UN-Kaufrecht. 2002.

Band 66 Jochen Nikolaus Schlotter: Erbrechtliche Probleme in der Société Privée Européenne. IPR-Harmonisierung im einheitlichen Europäischen Rechtsraum. 2002.

Band 67 Konrad Ost: Doppelrelevante Tatsachen im Internationalen Zivilverfahrensrecht. Zur Prüfung der internationalen Zuständigkeit bei den Gerichtsständen des Erfüllungsortes und der unerlaubten Handlung. 2002.

Band 68 Tobias Bosch: Die Durchbrechungen des Gesamtstatuts im internationalen Ehegüterrecht. Unter besonderer Berücksichtigung deutsch-französischer Rechtsfälle. 2002.

Band 69 Ursula Philipp: Form im amerikanischen Erbrecht. Zwischen Formalismus und harmless error. 2002.

Band 70 Christian Stefan Wolf: Der Begriff der wesentlich engeren Verbindung im Internationalen Sachenrecht. 2002.

Band 71 André Fomferek: Der Schutz des Vermögens Minderjähriger. Ein Vergleich des deutschen und des englischen Rechts unter Berücksichtigung des schottischen und irischen Rechts. 2002.

Band 72 nicht erschienen

Band 73 Markus Dreißigacker: Sprachenfreiheit im Verbrauchervertragsrecht. Der Verbraucher im Spannungsfeld zwischen kultureller Identität und Privatautonomie. 2002.

Band 74 Vassiliki Myller-Igknay: Auskunftsansprüche im griechischen Zivilrecht. Auswirkungen im deutsch-griechischen Rechtsverkehr sowie im deutschen internationalen Privat- und Verfahrensrecht. 2003.

Band 75 Stefan Bruinier: Der Einfluss der Grundfreiheiten auf das Internationale Privatrecht. 2003.

Band 76 Nika Witteborg: Das gemeinsame Sorgerecht nichtverheirateter Eltern. Eine Untersuchung im soziologischen, rechtsgeschichtlichen, verfassungsrechtlichen, rechtsvergleichenden und internationalen Kontext. 2003.

Band 77 Peter Stankewitsch: Entscheidungsnormen im IPR als Wirksamkeitsvoraussetzungen der Rechtswahl. 2003.

Band 78 Jan Wilhelm Ritter: Euro-Einführung und IPR unter besonderer Berücksichtigung nachehelicher Unterhaltsverträge. Eine Untersuchung mit Blick auf das deutsche, französische und schweizerische Recht. 2003.

Band 79 Wolf Richard Herkner: Die Grenzen der Rechtswahl im internationalen Deliktsrecht. 2003.

Band 80 Ira Ditandy: Internationale Zuständigkeit. Neuregelung durch die LOPJ 1985. Vergleich mit dem europäischen Vorbild und Auswirkungen auf das spanische internationale Zivilverfahrensrecht. 2003.

Band 81 Andrea Verena Schefold: Werbung im Internet und das deutsche Internationale Privatrecht. 2004.

Band 82 Klaus Herkenrath: Die Umsetzung der Richtlinie 93/13/EWG über missbräuliche Klauseln in Verbraucherverträgen in Deutschland, dem Vereinigten Königreich, Frankreich und Italien. Auswirkungen nationaler Umsetzungstechniken auf dem Harmonisierungserfolg. 2003.

Band 83 Alexander Thünken: Das kollisionsrechtliche Herkunftslandprinzip. 2003.

Band 84 Barbara v. Daumiller: Die Rechtswahl im italienischen internationalen Erbrecht: und ihre Auswirkungen im deutsch-italienischen Rechtsverkehr. 2003.

Band 85 Robert Mödl: Macht, Verantwortlichkeit und Zurechnung im Konzern. Eine rechtsvergleichende Untersuchung auf der Grundlage des deutschen, spanischen und US-amerikanischen Rechts. 2003.

Band 86 Ursula Kerpen: Das Internationale Privatrecht der Persönlichkeitsrechtsverletzungen. Eine Untersuchung auf rechtsvergleichender Grundlage. 2003.

Band 87 Barbara Ploeckl: Umgangsrechtsstreitigkeiten im deutsch-französischen Rechtsverkehr. Bestehende internationale und nationale Regelungen und der geplante *europäische Besuchstitel*. 2003.

Band 88 Katrin Wannemacher: Die Außenkompetenzen der EG im Bereich des Internationalen Zivilverfahrensrechts. Der räumliche Anwendungsbereich des Art. 65 EGV am Beispiel der EuGVO und der EheVO. 2003.

Band 89 Maren B. Eilinghoff: Das Kollisionsrecht der ungerechtfertigten Bereicherung nach dem IPR-Reformgesetz von 1999. 2004.

Band 90 Patrick Niehr: Die zivilprozessuale Dokumentenvorlegung im deutsch-englischen Rechtshilfeverkehr nach der deutschen und der englischen Prozessrechtsreform. 2004.

Band 91 Anna Christina Gördes: Internationale Zuständigkeit, Anerkennung und Vollstreckung von Entscheidungen über die elterliche Verantwortung. Die VO(EG) Nr. 1347/2000, ihre geplanten µnderungen und das Verhältnis beider zum Minderjährigen- und Kinderschutzabkommen. 2004.

Band 92 Martin Rädler: Rechtsbehelfe des Käufers eines Unternehmens oder einer unternehmerischen Beteiligung gegen den Verkäufer im deutschen und französischen Recht. 2004.

Band 93 Marc-Yngve Dietrich: Rechtsstellung und Beteiligung der Gläubiger im französischen Insolvenzverfahren. 2004.

Band 94 Katia Niemann: Die rechtsgeschäftliche und organschaftliche Stellvertretung und deren kollisionsrechtliche Einordnung. Deutschland und England im Vergleich. 2004.

Band 95 Daniel Ludwig: Neuregelungen des deutschen Internationalen Insolvenzverfahrensrechts. Eine Untersuchung unter vergleichender Heranziehung der Europäischen Insolvenzver-ordnung. 2004.

Band 96 Cordelia Faulenbach: Der gemeinschaftsrechtliche Vorbehalt im europäischen Wettbewerbsrecht. Die Herkunftslandanknüpfung der E-Commerce-Richtlinie unter dem Einfluss der Grundfreiheiten. 2004.

Band 97 Ulf Dörner: Der Vertragsgerichtsstand nach dem Protokoll von Buenos Aires. 2004.

Band 98 Martin Schmidhuber: Verhaltenskodizes im nationalen und grenzüberschreitenden elektronischen Geschäftsverkehr. Zur Frage der Integration der Selbstregulierung durch Private in die staatliche Rechtsordnung. 2004.

Band 99 Florian Kienle: Die fehlerhafte Banküberweisung im internationalen Rechtsverkehr. Unter besonderer Berücksichtigung des Artikels 4A US Uniform Commercial Code. 2004.

Band 100 Thomas Alexander Brandt: Die Adoption durch eingetragene Lebenspartner im internationalen Privat- und Verfahrensrecht. 2004.

Band 101 Florian Pulkowski: Subunternehmer und Internationales Privatrecht. Der Subunternehmer als Quasi-Verbraucher im Europäischen Kollisionsrecht. 2004.

Band 102 Ulrich Becker: Grundrechtsschutz bei der Anerkennung und Vollstreckbarerklärung im europäischen Zivilverfahrensrecht. Bestimmung der Grenzen für die Einführung eines europäischen Vollstreckungstitels. 2004.

Band 103 Thomas Badelt: Aufrechnung und internationale Zuständigkeit unter besonderer Berücksichtigung des deutsch-spanischen Rechtsverkehrs. 2005.

Band 104 Florian D. Wagner: Vorvertragliche Aufklärungspflichten im internationalen Franchising. Zur Harmonisierung von Delikts- und Vertragsstatut im internationalen Privatrecht unter besonderer Berücksichtigung der Franchise-Gesetzgebung des US-Bundesstaates Kalifornien. 2005.

Band 105 Vera Heine: Die Umsetzung der *EG-Richtlinie über missbräuchliche Klauseln in Verbraucherverträgen* im englischen und deutschen Recht. 2005.

Band 106 Alexander Franz: Überregionale Effektentransaktionen und anwendbares Recht. Eine kollisionsrechtliche Untersuchung unter besonderer Berücksichtigung der Vorschrift des § 17 a DepotG. 2005.

Band 107 Hanna-Maria Uhlenbrock: Gesetzliche Regelungen für nichteheliche Lebensgemeinschaften in Deutschland und Frankreich. Ein Vergleich des Unterhaltsrechts bei der eingetragenen Lebenspartnerschaft und beim Pacte civil de Solidarité. 2005.

Band 108 Katrin Stieß: Anknüpfungen im internationalen Urheberrecht unter Berücksichtigung der neuen Informationstechnologien. 2005.

Band 109 Hendrik Otto: Der gesetzliche Abschlussprüfer im italienischen Recht. Eine rechtsvergleichende Untersuchung unter besonderer Berücksichtigung der zivilrechtlichen Haftung. 2005.

Band 110 Frauke Stuphorn: Bankhaftung für Kreditauskünfte im deutschen und französischen Recht. 2005.

Band 111 Nina Fürer: Die zivilrechtliche Haftung für Raucherschäden. 2005.

Band 112 Giovanni B. Barillà: *Contratto autonomo di garanzia* e *Garantievertrag*. Categorie civilistiche e prassi del commercio. 2005.

Band 113 Timo Torz: Gerichtsstände im Internationalen Insolvenzrecht zur Eröffnung von Partikularinsolvenzverfahren. 2005.

Band 114 Martina Schmid: Die Grenzen der Auslegungskompetenz des EuGH im Vorabentscheidungsverfahren nach Art. 234 EG. Dargestellt am Beispiel der überschießenden Richtlinienumsetzung. 2005.

Band 115 Stephan Lesage-Mathieu: Dispositives Kollisionsrecht im prozessualen Kontext. 2005.

Band 116 Jürgen Görtz: Die subjektiven Grenzen der Rechtskraft US-amerikanischer Urteile. 2005.

Band 117 Vera Hoppe: Die Einbeziehung ausländischer Beteiligter in US-amerikanische class actions. Unter Berücksichtigung des Class Action Fairness Act 2005. 2005.

Band 118 Silke Pütz: Parteiautonomie im internationalen Urhebervertragsrecht – Eine rechtsdogmatische und rechtspolitische Betrachtung der Grenzen freier Rechtswahl im internationalen Urhebervertragsrecht unter besonderer Berücksichtigung des neuen deutschen Urhebervertragsrechts. 2005.

Band 119 Alice Nieroba: Die europäische Rechtshängigkeit nach der EuGVVO (Verordnung (EG) Nr.®44/2001) an der Schnittstelle zum nationalen Zivilprozessrecht. 2006.

Band 120 Jan Kayser: Alternative Formen gerichtlicher und außergerichtlicher Streitbeilegung im deutschen und französischen Zivilprozess. Les modes alternatifs judiciaires et extrajudiciaires de résolution des conflits en procédure civile allemande et française. 2006.

Band 121 Mirko Ehrich: Der internationale Anwendungsbereich des deutschen und französischen Rechts gegen irreführende Werbung. Freie Wahl von Form und Mittel, Rom II und Herkunftslandprinzip. 2006.

Band 122 Daniel Thelen: Die Haftung des Sekundärschädigers für Gewalttaten anderer im US-amerikanischen Deliktsrecht ausgehend von dem Problem rechtsextremistisch motivierter Gewalttaten. 2006.

Band 123 Anne Winterling: Die Entscheidungszuständigkeit in Arbeitssachen im europäischen Zivilverfahrensrecht. 2006.

Band 124 Sarah Gerling: Die Gleichstellung ausländischer mit inländischen Vollstreckungstiteln durch die Verordnung zur Einführung eines Europäischen Vollstreckungstitels für unbestrittene Forderungen. Im Vergleich zum bisherigen Recht und zur Rechtslage in den USA. 2006.

Band 125 Christian Bank: Präventivmaßnahmen börsennotierter Gesellschaften zur Abwehr feindlicher Übernahmeversuche in Deutschland und Großbritannien. Eine rechtsvergleichende Untersuchung des deutschen und britischen Rechts unter Berücksichtigung der Europäischen Übernahmerichtlinie. 2006.

Band 126 Christian Weis: Kaufrechtliche Gewährleistung und Garantievergabe in Deutschland und Spanien. Unter besonderer Berücksichtigung des Unternehmenskaufs. 2006.

Band 127 Emilio Maus Ratz: Der Nacherfüllungsanspruch nach UN-Kaufrecht. Im Lichte der deutschen, spanisch-mexikanischen und US-amerikanischen Rechtswissenschaft. 2006.

Band 128 Constanze Jacobs: Die Sachmängelgewähr im deutschen und belgischen Kaufrecht nach Umsetzung der Verbrauchsgüterkauf-Richtlinie. 2006.

Band 129 Ulrike Teichert: Lückenfüllung im CISG mittels UNIDROIT-Prinzipien – Zugleich ein Beitrag zur Wählbarkeit nichtstaatlichen Rechts. 2007.

Band 130 Sascha Reichardt: Internationale Zuständigkeit im Gerichtsstand der unerlaubten Handlung bei Verletzung europäischer Patente. 2006.

Band 131 Bilgehan Cetiner: Die Sachmängelhaftung des Verkäufers im UN-Kaufrecht und im neuen deutschen Schuldrecht. Eine rechtsvergleichende Studie. 2006.

Band 132 Jan Streer: Die Umsetzung der Verbrauchsgüterkaufrichtlinie im englischen Recht durch die Sale and Supply of Goods to Consumer Regulations 2002. 2007.

Band 133 Kathrin Wannenmacher: Einstweilige Maßnahmen im Anwendungsbereich von Art. 31 EuGVVO in Frankreich und Deutschland: Eine Betrachtung ausgesuchter Verfahren des einstweiligen Rechtsschutzes im internationalen Zivilverfahrensrecht – gerichtliche Zuständigkeit, Anerkennung und Vollstreckung. 2007.

Band 134 Wim Kreytenberg: Die individuelle Schwerpunktbestimmung internationaler Schuldverträge nach der Ausweichklausel des Artikel 4 Absatz 5 Satz 2 EVÜ. Ein Beitrag zur Förderung von Rechtssicherheit und Einzelfallgerechtigkeit im europäischen Kollisionsrecht der Schuldverträge. 2007.

Band 135 Nikolaus Geiben: Der Vorvertrag im Internationalen Privatrecht. Unter besonderer Berücksichtigung des Immobilienerwerbs im portugiesischen und brasilianischen Recht. 2007.

Band 136 Predrag Maksimovic: Der Kapitalschutz im europäischen, serbischen und deutschen Recht der Gesellschaft mit beschränkter Haftung. 2007.

Band 137 Alexander Rathenau: Die Anwendung des EuGVÜ durch portugiesische Gerichte unter Berücksichtigung des autonomen internationalen Zivilverfahrensrechts. 2007.

Band 138 Matthias Creydt: Die Besicherung von Weltraumvermögenswerten. Ein neues einheitliches internationales Sicherungsrecht und dessen Vergleich zum US-amerikanischen Mobiliarsicherungsrecht. 2007.

Band 139 Oliver Borkhardt: Registerpublizität und Kollisionsrecht besitzloser Mobiliarsicherheiten nach dem neuen Art. 9 UCC. 2007.

Band 140 Jens Engelmann-Pilger: Deliktische Haftung für das Fehlverhalten Dritter im Common Law. 2007.

Band 141 Bastian Rotmann: Der Schutz des Dritten in der europäischen Mobiliarzwangsvollstreckung. Eine rechtsvergleichende Untersuchung vor dem Hintergrund der Verordnung (EG) Nr. 805/2004 zur Einführung eines Europäischen Vollstreckungstitels für unbestrittene Forderungen. 2007.

Band 142 Oliver Ratzel: Die Präklusion isolierter Unterhaltsverfahren durch den ausländischen Scheidungsverbund. Zugleich ein Beitrag zur internationalen Verbundszuständigkeit im Lichte der Quellenveränderung. 2007.

Band 143 Bettina Maria Stade: Die Konstitutionalisierung des Zivilprozessrechts in Spanien und Deutschland vor dem Hintergrund der Europäisierung des Zivilprozessrechts. 2007.

Band 144 Julia El-Bitar: Der deutsche und der französische Kulturgüterschutz nach der Umsetzung der Kulturgüterrückgaberichtlinie. Eine materiellrechtliche und kollisionsrechtliche Untersuchung. 2007.

Band 145 Aris Kaschefi: Sachmängelhaftung im französischen Kaufrecht vor und nach Umsetzung der Verbrauchsgüterkaufrichtlinie. Mit rechtsvergleichenden Hinweisen zum deutschen Recht unter besonderer Berücksichtigung von Weiterfressersachverhalten. 2007.

Band 146 Isabel Roth: Die internationale Zuständigkeit deutscher Gerichte bei Persönlichkeitsrechtsverletzungen im Internet. 2007.

Band 147 Theresa Wilhelmi: Das Weltrechtsprinzip im internationalen Privat- und Strafrecht. Zugleich eine Untersuchung zu Parallelitäten, Divergenzen und Interdependenzen von internationalem Privatrecht und internationalem Strafrecht. 2007.

Band 148 Alice Halsdorfer: Privat- und kollisionsrechtliche Folgen der Verletzung von Kulturgüterschutznormen auf der Grundlage des UNESCO-Kulturgutübereinkommens 1970. 2008.

Band 149 Thomas Müller-Froelich: Der Gerichtsstand der Niederlassung im deutsch-amerikanischen Rechtsverkehr. Eine Untersuchung zu Fragen der Entscheidungs- und Anerkennungszuständigkeit. 2008.

Band 150 Christopher Luhn: Privatautonomie und Inhaltskontrolle von Eheverträgen. Ein kritischer Vergleich des deutschen und des australischen Rechts mit Bezügen zum Internationalen Privatrecht. 2008.

Band 151 Kristin Kohler: Die grenzüberschreitende Verbraucherverbandsklage nach dem Unterlassungsklagengesetz im Binnenmarkt. 2008.

Band 152 Dorothee Maria Kaulen: Die Anerkennung von Gesellschaften unter Artikel XXV Abs. 5 S. 2 des deutsch-US-amerikanischen Freundschafts-, Handels- und Schifffahrtsvertrags von 1954. 2008.

Band 153 Birka Vanessa Stroschein: Parteizustellung im Ausland. Eine systemvergleichende Untersuchung des Gemeinschafts- und Staatsvertragsrechts unter Einbeziehung des deutschen, französischen, englischen und US-amerikanischen Zustellungsrechts. 2008.

Band 154 Nancy Gruschinkse: Das europäische Kollisionsrecht der Aufrechnung unter besonderer Beachtung des Insolvenzfalles. 2008.

Band 155 Hans-Christian Frick: Sprachrisiko im Zeitalter des Ethnomarketings. US-amerikanische Erfahrungen und europäische Rechtsentwicklung. 2009.

Band 156 Stephan Mangold: Verbraucherschutz und Kunstkauf im deutschen und europäischen Recht. 2009.

Band 157 Robert Beier: Die gesetzlichen Rechte des überlebenden Ehegatten nach dem deutschen und spanischen Kollisionsrecht. Unter besonderer Berücksichtigung der *viudedad aragonesa*. 2009.

Band 158 Julia-Marie Oppermann: Internationale Handelsschiedsgerichtsbarkeit und Verjährung. 2009.

Band 159 Stephan Boese: Strukturprinzipien im Gläubigerschutz. Eine rechtsvergleichende Untersuchung zur GmbH und zur englischen Limited Company. 2009.

Band 160 Thomas Rosa: Das Kaufrecht nach dem Zivilgesetzbuch der Tschechischen und Slowakischen Republik. Eine rechtsvergleichende Darstellung im Lichte des deutschen Bürgerlichen Gesetzbuches. 2009.

Band 161 Roland Weis: Rechnungslegungspflichten von EU-Scheinauslandsgesellschaften im Land ihrer tatsächlichen wirtschaftlichen Betätigung. Insbesondere im Hinblick auf in Deutschland tätige englische Limiteds. 2009.

Band 162 Henning Frase: „Leoninische Vereinbarungen" und Ergebnisbeteiligungspflicht im deutschen und italienischen Gesellschaftsrecht. Zum *patto leonino* des italienischen Rechts und möglichen Entsprechungen im deutschen Recht. 2010.

Band 163 Christiane Tödter: Europäisches Kindschaftsrecht. Nach der Verordnung (EG) Nr. 2201/ 2003. 2010.

Band 164 Edda Gampp: *Perpetuatio fori internationalis* im Zivilprozeß und im Verfahren der freiwilligen Gerichtsbarkeit. 2010.

Band 165 Mei Wu: Die Reform des chinesischen Beweisrechts vor dem Hintergrund deutscher und US-amerikanischer Regelungsmodelle. 2010.

Band 166 Corina Leimert: Stand und Entwicklung des italienischen Rechts der Unternehmenszusammenschlüsse (gruppi di società / gruppi di imprese). 2010.

Band 167 Kasim Özen: Die Scheidungsgründe im türkischen Zivilgesetzbuch. 2010.

Band 168 Helena Isabel Maier: Marktortanknüpfung im internationalen Kartelldeliktsrecht. Eine internationalzuständigkeits- und kollisionsrechtliche Untersuchung unter Einbeziehung rechts-vergleichender Überlegungen zum englischen Recht. 2011.

Band 169 Thomas Spernat: Die gleichgeschlechtliche Ehe im Internationalen Privatrecht. Unter besonderer Berücksichtigung des Einflusses des EG-Vertrags. 2011.

Band 170 Max Johann Lipsky: Statutenwechsel im italienischen Sachenrecht – Auswirkungen auf den Im- und Export von Mobiliarsicherheiten. Eine Untersuchung der rechtlichen Beständigkeit dinglicher Kreditsicherheiten im deutsch-italienischen Rechtsverkehr. 2011.

Band 171 Silvia Karolina Seilstorfer: Die Umsetzung der Verbrauchsgüterkaufrichtlinie in Portugal mit rechtsvergleichenden Hinweisen zum deutschen Recht. 2011.

Band 172 Stephan Georg Knöchel: Anerkennung französischer Urteile mit Drittbeteiligung. Eine Untersuchung der Anerkennung von Drittbindungswirkungen nach der EuGVVO und autonomem deutschem Recht. 2011.

Band 173 Kristina Menzel: Vollstreckungsschutz zugunsten privater Altersvorsorge. Eine rechtsvergleichende Untersuchung zum deutschen und schweizerischen Recht. 2011.

Band 174 Manuela Krach: Scheidung auf Mexikanisch. Das materielle Recht der Scheidung im Mehrrechtsstaat Mexiko unter Berücksichtigung von Eheschließung und Ehewirkungen. 2011.

Band 175 Vanessa Sofia Wagner: Verkehrsschutz beim redlichen Erwerb von GmbH-Geschäfts-anteilen. Ein Vergleich des Rechts für Gesellschaften mit beschränkter Haftung in Deutschland, England und Italien. 2011.

Band 176 Alexander Swienty: Der Statutenwechsel im deutschen und englischen internationalen Sachenrecht unter besonderer Betrachtung der Kreditsicherungsrechte. 2011.

Band 177 Kathrin Süß: Streitbeilegungsmechanismen im Verbraucherrecht. Unter besonderer Berücksichtigung der australischen Rechtsordnung. 2011.

Band 178 Efe Direnisa: Die materielle Rechtskraft im deutschen und türkischen Zivilverfahrensrecht. 2012.

Band 179 Julia Faenger: Leistungsunabhängige Nebenpflichten zum Schutz des Integritätsinteresses im deutschen und französischen Recht. Eine rechtsvergleichende Betrachtung ausgehend von den Rücksichtspflichten des § 241 Abs. 2 BGB. 2012.

Band 180 Dorothea Heine: Das Kollisionsrecht der Forderungsabtretung. UNCITRAL-Abtretungs-konvention und Rom I-Verordnung. 2012.

Band 181 Lisa B. Möll: Kollidierende Rechtswahlklauseln in Allgemeinen Geschäftsbedingungen im internationalen Vertragsrecht. 2012.

Band 182 Jutta Jasmin Uusitalo: Einbeziehung von AGB im unternehmerischen Geschäftsverkehr zwischen Deutschland und Finnland. 2012.

Band 183 Darya Alikhani Chamgardani: Der Allgemeine Teil des iranischen Schuldvertragsrechts. Im Spannungsverhältnis zwischen rezipiertem französischen und traditionellem islamischen Recht. 2013.

Band 184 Volker Anton: Aktuelle Entwicklungen des Bankgeheimnisses im Rechtsvergleich unter besonderer Berücksichtigung seiner exterritorialen Wirkungen. Deutschland, Luxemburg, Österreich, Schweiz und Liechtenstein. 2013.

Band 185 Charlotte Wilhelm: Die Regelung der Geld- und Warenkreditsicherheiten nach dem deutschen Recht im Vergleich zum Draft Common Frame of Reference (DCFR). 2013.

Band 186 Michael Nehmer: Erbunwürdigkeit und Elternunterhalt im Internationalen Privatrecht. Eine historisch-rechtspolitische Betrachtung. 2013.

Band 187 Pınar Şamiloğlu-Riegermann: Türkisches und deutsches Vertragshändlerrecht im Rechtsvergleich. 2014.

Band 188 Elvan Er: Realsicherheiten des türkischen Mobiliarsachenrechts. Eine Darstellung des geltenden türkischen Rechts unter vergleichender Berücksichtigung des deutschen und schweizerischen Kreditsicherungsrechts. 2014.

Band 189 Maya Mandery: Party Autonomy in Contractual and Non-Contractual Obligations. A European and Anglo-Common Law perspective on the freedom of choice of law in the Rome I Regulation on the law applicable to contractual obligations and the Rome II Regulation on the law applicable to non-contractual obligations. 2014.

Band 190 Gregor Nikolas Rutow: Rechtsvergleich über die Zulässigkeit von Haftungsausschlüssen, Haftungsbeschränkungen und pauschaliertem Schadensersatz in einzelnen arabischen Rechtsordnungen. 2014.

Band 191 Christoph Rödter: Das Gesellschaftskollisionsrecht im Spannungsverhältnis zur Rom I- und II-VO. Eine Untersuchung zur Reichweite des Gesellschaftsstatuts in Abgrenzung zu den Kolligionsregeln der Rom I- und II-VO. 2014.

Band 192 Melanie Kaspers: Die gemischten und verbundenen Verträge im Internationalen Privatrecht. 2015.

Band 193 Tong Xue: Parteiautonomie im chinesischen Internationalen Privatrecht. Am Beispiel der Rechtswahl im Internationalen Vertrags-, Delikts-, und Sachenrecht. 2016.

Band 194 Martin Metz: US-Menschenrechtsklagen und Neoterritorialismus. 2017.

Band 195 Matthias A. Sauter: Mitveräußerungspflichten im deutschen und italienischen Recht. 2018.

www.peterlang.com

www.ingramcontent.com/pod-product-compliance
Ingram Content Group UK Ltd.
Pitfield, Milton Keynes, MK11 3LW, UK
UKHW022106051026
15623UKWH00003B/713

9 783631 755334